国家“八五”重点图书规划项目

中国数学史大系

吴文俊 主编

本卷主编 沈康身

副卷第一卷 早期数学文献

北京师范大学出版社

图书在版编目（CIP）数据

中国数学史大系．第1卷，早期数学文献：副卷/吴文俊主编．—北京：北京师范大学出版社，2004.5
ISBN 7-303-05292-5

Ⅰ．中…　Ⅱ．吴…　Ⅲ．①数学史－中国②数学－文献－汇编－中国－古代　Ⅳ．0112

中国版本图书馆 CIP 数据核字（2004）第 026086 号

北京师范大学出版社出版发行
（北京新街口外大街 19 号　邮政编码：100875）
出版人：赖德胜
北京师范大学印刷厂印刷　全国新华书店经销
开本：850mm×1 168mm　1/32　印张：26　字数：650 千字
2004 年 5 月第 1 版　2004 年 5 月第 1 次印刷
印数：1～2 000 册　定价：65.00 元

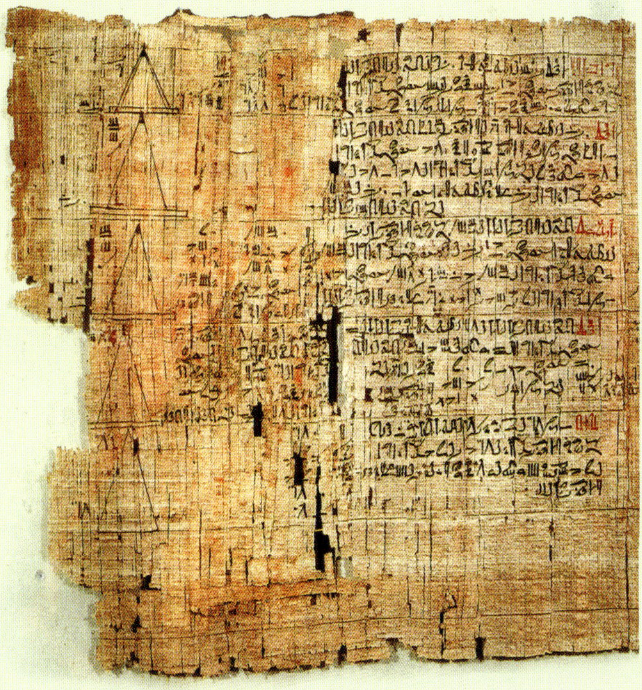

古埃及Rhind纸草片段

（公元前1650年文物，今藏英国伦敦不列颠博物馆，10057，10058藏品）李文林、沈之璋 供稿

古印度婆罗门教圣坛砖块铺地图案（公元前6世纪文物）

采自《Sulba Sultra》Sen&Bag,Delhi,1983

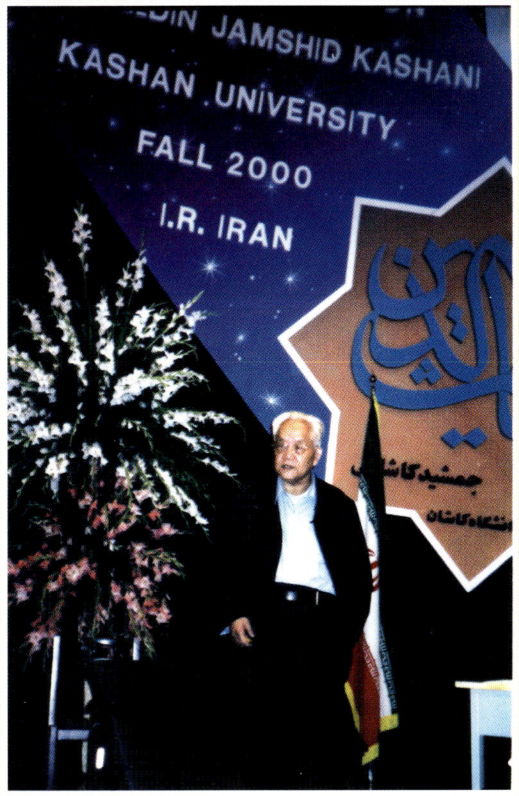

本《大系》主编吴文俊院士出席纪念数学家
al-Kashi（? -1429，阿拉伯）国际会议留影

刘卓军摄于伊朗卡山大学2000年11月

本《大系》副主编沈康身与《国际数学史杂志》
(Historia Mathematica) 主编道本周 (J.Dauben)合影

沈嘉禾摄于杭州，1988年7月

序

1984年间，四位中国数学史的专家教授，倡议缮写一部全面论述中国传统数学历史发展的巨大著作，取名为《中国数学史大系》，这四位教授(以年事为序)是：

北京师范大学的白尚恕教授；

杭州大学的沈康身教授；

内蒙古师范大学的李迪教授；

西北大学的李继闵教授。

中国传统数学源远流长，有其自身特有的思想体系与发展途径，从远古以至宋元，在很长一段时间内成为世界数学发展的主流，但自明代以来，由于政治社会等种种原因，特别如明末徐光启所指出的那样，一方面“名理之儒，土苴天下之实事”，另方面“妖妄之术，谬言数有神理”，致使中国传统数学濒于灭绝，以后全为西方欧几里得传统所凌替以至垄断，虽然康乾之世曾有一度重视，但仅止于发掘阐释古籍而已，循至20世纪中叶，李俨、钱宝琮先生撰写中国数学史专门著作进行介绍，使中国古算得以不绝如缕。到70年代特别是改革开放以来，全国兴起了研习中国传统数学的高潮，论著迭出，仅就对《九章算术》与注者刘徽的各种形式的专著，就在10种以上，其它方面论著之多，更难以统计，这些研究使中国传统数学的固有特色，如构造性、机械化、以及离散型的算法形式等,与西方欧几里得传统迥然异趣,得以贻然在目,甚至国外数学史家,也表示了对中国古算的浓厚兴趣,李约瑟的中国科技史巨著固不待论,此外还酝酿了《九章算术》与刘徽注的英文与法文编译,尤其值得一提的是:《九章算术》刘徽注中关于阳马术的一段术文,过去认为有脱漏舛误而难以理解。丹麦的 Wagner 先生却给予了正确的解释,使中国古算中一段辉煌成就,得以大白于世。虽然如此,目前国内大部分群众对中国数学的成就和发展情况了解仍嫌不足,已有的同类书籍却偏于某一侧面,不能满足现在教学、科研或其他方面的需求。已有的工作与我国的发展形势还不太相称,国际学术界也有较强烈的要求,希望有大型的中国数学史著作问世。《大系》的倡议,可谓来自这些对客观形势的分析,有鉴于客观上有此必要而来。《大系》全书是编年史,自上古以迄清末,共分八卷,各卷自成断代史,除复原古代算法的形式,并对照以近代算法外,将尽量收入各家最新研究成果,以期能对中国古代数学的发展情况与辉煌成就作一次较彻底的清理与研究,借以达到发扬成绩,总结规律,预见未来并服务于我国四化建设的目的。

《大系》在白、沈与二李等四位倡议与领导之下,有不少中算史的专家学者参与了写作,规模之宏,在国内外还从未见过,可谓首创。不幸的是:在写作过程中,李继闵教授于 1993 年因病逝世,白尚恕教授也于 1995 年因肺癌逝世。这影响了编写进程,使《大系》的写作不得不一再延期,原来的计划也作了某些局部修改,所幸赖写作者的积极工作，以及北师大出版社的高度热情，第一部分一、二、三卷自上古以迄以刘徽为中心的三国时代，终于问世。在《大系》全书不久即可全部出齐之际，聊志数语，以示庆贺。

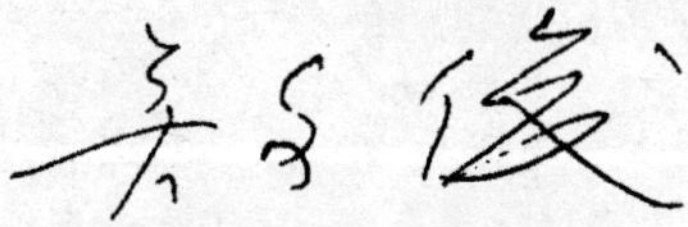

1997.12.25

目　录

副卷第一卷前言

1996年之秋与李迪教授在北京师范大学新松公寓促膝讨论、筹划八卷（正卷）本《中国数学史大系》编写程序及提纲，并约在正卷完成后，另编副卷二卷，由我俩分担工作。

当1999年年终正卷编务初成，笔者即着手撰写所分担的副卷第一卷：《早期数学文献》。

汉简《算数书》已在80年代出土，举世瞩目。但迟至2000年9月才整理发表。作为内篇引入本卷，并作解说，非常及时。

经过一个世纪学者们的辛勤发掘、钻研和发扬光大，博大精深的中算在世界文化史中倍受关注，已取得盛誉。有比较才能有鉴别，我们应该尽可能详尽地了解各时期世界各地区各民族数学发展情况：对同一数学现象各自研究的深度、广度，解决问题的方式方法，繁简程度，时间先后。知己知彼，才能进一步给中算作出客观、中肯的评价。这是之所以在《大系》中写这一副卷的主要目的。

早期外国数学文献材料时间起迄问题。我们考虑到中算数学内涵跨度很大，要做好中外比较，这些材料上自远古，下限应达18世纪，甚至到18，19世纪之交。这样做，H. G. Horner (1786—1837) 数值解方程的创见和 C. F. Gauss 名著《算术探讨》(1800) 才能与贾宪的增乘方法和秦九韶的大衍总数术相匹配。另一方面，又考虑到数学史研究在数学教育中的作用，那么欧洲中世纪、文艺复兴时期、以及17，18世纪时有关的丰硕成果，也应纲领性地提示或列举。

远古先民因受交通条件限制，文化交流几乎是不可能的。后来丝绸之路既通，驼铃铿锵商旅往来、文化传播就不可能避免。这条丝路纽带沿途及其周边地域数学文化作为外篇。我们分七编撰写：埃及、巴比伦、希腊、印度、阿拉伯、欧洲（6至18世纪）和日本。

笔者对于中外数学发展比较研究特感兴趣。这一研究首要条件是掌握第一手资料，这在先前是有困难的，当时曾经率直申述："今后如能多看到一些外国古代原著，这些问题还会发现。比如，如能看到梁拿度（斐波那契）的原著，或是阿奈尼（Anania）的原著。"① 改革开放后情况就大不一样。我先习读J. W. Dauben送给我的那部巨著：The History of Mathematics from Antiquity to the Present——A Selective Bibliography，Pub. Inc. New York and London，1986（《古今数学历史文献菁华》)，按图索骥地圈点必需的文献。然后在国内图书馆、在出国工作期间着意完整复制；又央请挚友和在国外儿女辈协助收集提供。积数年之力，过去可望不可接的要籍18种竟按需全部上我书案。

由于材料来处不易，笔者确实痛下决心，潜心习读。各种专著文种不一，语言难度，不言而喻。曾经请教我校有关专家指点。各编人物、成果介绍，大致先录（译）文献，注明出处（原著章节）然后作数理分析，必要时作中外史事简要对比。

为加强真实感，各编还穿插图版、插图及原著书影。为达到见贤思齐的效果，我们还慎选数学家造像数十帧，散列有关文字之中。我们还绘制数学历史地图，这是创举。

本卷第五编第二章第二节阿尔·卡西是我校物理系毛培根教

① 沈康身．中国古算题的世界意义．数学通报，1957（6）：1～4．

授主稿。他早年留学苏联莫斯科大学，精通俄文。从卡西《数学钥》、《量图》俄文本撰写文稿，为此他辛勤工作两月。本卷其余各编各章节都是笔者执笔。限于水平，虽经多方努力，仍存在缺陷，请同志们批评指正。

笔者的妻子鲍靓包干一切家政,使能全力投入写书,对她衷心感谢。

在编写过程中，对中国科学院吴文俊院士的热心指导、鼓励，对北京师范大学出版社的大力支持表示衷心感谢。

沈康身

2001年12月5日于

浙江大学理学院数学系

凡 例

一、符号统释

对种概念作分类时，其并列类概念用①，②，③…表示；作说明、解释分层次时，用其一、其二……分档。

解题分步骤，或公式出现有先后，用 (i)，(ii)，(iii) …表示。

题号用1，2，3…表示。

以［a］记a的最大整数部分，$\{a\}$记其小数部分。

$a|b$ 指a 整除b，$a\nmid b$ 指a 不整除b。

以（a，b，…，c）记自然数a，b，…，c 的最大公约数，以$\{a$，b，…，$c\}$ 记其最小公倍数，或公共周期（如a，b，…，c 中有分数）。

以 min（a，b，…，c）记 a，b，…，c 中的最小者，以 max（a，b，…，c)记它们中的最大者。

$\triangle ABC$ 中$\angle A$，$\angle B$，$\angle C$ 所对边依次记为a，b，c；当为直角三角形时，记直角为C，其短直角边（勾）、长直角边（股），斜边（弦）依次记为a，b，c。

$\triangle ABC$ 中a，b，c 边上的中线依次记为m_a，m_b，m_c，它们的高则记为h_a，h_b，h_c。三个角的角平分线记为t_a，t_b，t_c。

三角形（多边形）的内切圆和外接圆半径分别记为r，R，相应的直径为d，D。

单位圆内接正多边形、外切正多边形。边长分别记为a_n，b_n，它们的周长记为p_n，q_n。

以S（ABC）记$\triangle ABC$ 的面积，类似地记相应多边形的面积。

以V（$ABCD$）记四面体A-BCD 的体积，类似地记相应多面体的体积。

以$\binom{n}{m}$记$\frac{n!}{(n-m)!\ m!}$，其中$m \leqslant n$。

二、常引文献缩写记号

AC. И. Н. Веселовский и Б. А. РозенФельд, Архимед Сочинения，1962，ГИФМЛ.

Am. T. A. S. Amma，Geometry in Ancient and Medieval India，Delhi，1979

B. Bhaskara，Vija-Ganita，English version，London，1817

Bag. A. K. Bag，Math. in Ancient and Medieval India，Varamasi，1979

BDS. 科学家传记辞典

Ber. J. L. Berggen Episodes in the Math. of Medieval Islam，Spr. -Ver.，1988

BMS. C. R. Kaye，Bakhahali MS. Calcutta，1927

Br. Brahmagupta，Brahme-Sphuta-Siddhanta，Benares，1902

D. 中国大百科全书·数学，大百科全书出版社，1988

Da. B. Datta & A. N. Singh，History of Hindu Math，2 vols. Lahore，1935，1938

E. H. Eves，An Introduction to the Hist. of Math；CBS College Pub，1983. 中译本：数学史概论，山西人民出版社，1986

F. H. B. Fine，College Algebra，汉译本：范氏大代数，求益书店，1939

HA. T. L. Heath，The works of Archimedes，Dover，1958

HE. T. L. Heath，The Thirteen Books of Euclid's Elements. Cambridge，1926

HG. T. L. Heath, A Hist. of Greek Math., Orford, 1921

J. 日本学士院，明治前日本数学史，5卷本，东京，1959

K. M. Kline, Mathematical Thoughts from Ancient to Modern Times, Nr, 1972. 汉译本：古今数学思想，上海科学技术出版社，1978

Kh. al-Khowarizmi, Algebra of Mohammed ben Musa, translated by F. Rose, London, 1831

M. Mahavira, Ganita-Sara-Sangraha, Madras, 1919

N. J. Needham, Science and Civilization in China, 汉译本：中国科学技术史，科学出版社，1975

Q. В. Д. Чистяков, Рассказы о математиках, Минск, 1963

S. 沈康身，历史数学名题赏析，上海教育出版社，2002

Sen. The Sulbasutras, S. N. Sen 及 A. K. Bag 英文译本，Delhi, 1983

Sm. D. E. Smith, Hist. of Math. Boston, 1925

Sr. C. N. Srinivasiengor, The Hist. of Ancient Indian Math., Calcutta, 1967

St. D. J, Struik, A Source Book in Mathematics, 1200～1800, Cambridge, 1969

WGA. B. L. Vander Waerden, Geometry and Algebra in Ancient Civilization, Spr. -Ver., 1988

WS. B. L. Vander Waerden, Science Awakening, Noordhoff Co., 1954

Y. А. П. Юшкевич, Мат. История в Сред. Веках., Москва, 1963

内　篇

早期中国数学文献

关于《算数书》的说明

《算数书》竹简于1983年，1984年在湖北省江陵县出土。这是今存最早的中算有系统的典籍。本《大系》第一卷第三编第二章对于这一竹简文书出土概况、面世后对中国数学史研究的意义和价值等已有记述。由于各种原因竹简全文久久未见整理发表，所以第一卷对《算数书》内容的剖析只能根据一鳞半爪。未见此文书全豹应该说是一大憾事。

所幸的是在2000年9月《文物》杂志披露了经审慎整理后的《算数书》全文，随即引起广大数学界的浓郁兴趣和重视，一年多来已发表有关论著多篇，代表作有：

江陵张家山汉简整理小组．江陵张家山汉简《算数书》释文．文物，2000（9）

彭浩．中国最早的数学著作《算数书》．文物，2000（9）

郭世荣．《算数书》勘误．内蒙古师范大学学报（自然科学），2001（3）

邹大海．《算数书》初探．自然科学史研究，2001，20（3）

苏意雯、苏俊鸿、苏惠玉等．《算数书》校勘．HPM 通讯，2001，3（11）

郭书春．《算数书》校勘．中国科技史料，2001，22（3）

《算数书》竹简在出土时有整简约200枚，原件用三道韦编连缀，因年深月久，韦编全部已烂脱。竹简先后次序凌乱，可以想见。笔者根据已发表竹简文书及有关论著作如下加工整理。

一、全文改用今通行的简体字。

二、改用同行习惯用字，例如：直改为置或值，泰半改为太半，参改为三，毋改为无等等。

三、鉴于已发表《算数书》全文凌乱无序，对学习、查阅都带来不便。笔者改用周代以来学者惯用的九数为序、以及以一般对客观事物认识的先后为序，例如先整数后分数，先加减后乘除等等。

四、标题为“负炭”、“取枲程”、“程竹”、“行”四条据意有较多更动。

《算数书》

里田 里田术曰：里乘里，里也，广、从各一里。即置一，因而三之，又三五之，即为田三顷七十五亩。其广从不等者，先以里相乘，已，乃因而三之，又三五之，乃成。今有广二百二十里，从三百五十里，为田二十八万八千七百五十顷。置提封以此为之。一曰：里而乘里，里也。一、三而三五之，即顷亩数也。又曰：里乘里，里也。因而五之，以里之下即予二十五，因而三之，亦其顷亩数也。曰：广一里、从一里，为田三顷七十五亩。

约分 约分术曰：以子除母，母亦除子。子、母数交等者，即约之矣。又曰：约分术曰：可半、半之。可令若干一、若干一。其一术曰：以分子除母，少；以母除子，子、母等，以为法。子、母各如法而成一。不足除者可半，半母亦半子。二千一十六分之百六十二。约之，百一十二分之九。

合分 合分术曰：母相类，子相从；母不相类，可倍、倍，可三、三，可四、四，可五、五，可六、六，七亦辄。倍、倍，及三、四、五之如母。母相类者，子相从。其不相类者，母相乘为法，子互乘母，并以为实，如法成一。今有五分二、六分三、十分八、十二分七、三分二、为几何？曰：二钱六十分钱五十七。其术如右方。又曰：母乘母为法，子羡乘母为实，实如法而一。其一曰：可十、十，可九、九，可八、八，可七、七，可六、六，可五、五，可四、四，可三、三，可倍、倍，母相类止。母相类，子相从。

出金　有金三铢九分铢五。今欲出其七分铢六，问：余金几何？曰：余金二铢六十三分铢四十四。其术曰：母相乘也为法，子互乘母，各自为实，以出除焉，余即余也。以九分铢乘二铢，与小五相并。今有金七分铢之三，益之几何而为九分七？曰：益之六十三分铢二十二。术曰：母相乘为法，子互乘母，各自为实。以少除多，余即益也。

径分　径分以一人命其实，故曰。五人分三又半、少半，各受三十分之二十三。其术曰：下有少半，以一为六，以半为三，以少半为二，并之，为二十三。即置人数，因而六之，以命其实。五人分七钱少半、半钱。人得一钱三十分钱十七。术曰：下三分，以一为六，即因而六人以为法，亦六钱以为实。又曰，术曰：下有半，因而倍之；下有三分，因而三之；下有四分，因而四之。

分当半者　诸分之当半者，倍其母；当少半者，三其母；当四分者，四其母；当五分者，五其母；当十、百分者，辄十、百其母。如欲所分，虽有百分，以此进之。

增减分　增分者，增其子；减分者，增其母。

乘　一乘十，十也；十乘万，十万也；千乘万，千万。一乘十万，十万也；十乘十万，百万；半乘千，五百。一乘百万，百万；十乘百万，千万。半乘万，五千。十乘千，万也；百乘万，百万。半乘百，五十。少半乘少半，九分一也。半步乘半步，四分一；半步乘少半步，六分一也。少半乘大半，九分二也。四分乘四分，十六分一；四分乘五分，二十分一；五分乘五分，二十五分一；五分乘六分，三十分一也；六分乘六分，三十六分一也；六分乘七分，四十二分也；七分乘七分，四十九分一也；七分乘八分，五十六分一也。

相乘 寸而乘寸，寸也；乘尺，十分尺一也；乘十尺，一尺也；乘百尺，十尺也；乘千尺，百尺也。半分寸乘尺，二十分尺一也，三分寸乘尺，三十分尺一也，四分寸乘尺，四十分尺一也；五分寸乘尺，五十分尺一也；六分寸乘尺，六十分尺一也；七分寸乘尺，七十分尺一也；八分寸乘尺，八十分尺一也。一半乘一，半也；乘半，四分一也。三分而乘一，三分一也；乘半，六分一也；乘三分，九分一也。四分而乘一，四分一也；乘半，八分一也；乘三分，十二分一也；乘四分，十六分一也。五分而乘一，五分一也；乘半，十分一也；乘三分，十五分一也；乘四分，二十分一也；乘五分，二十五分一也。乘分之术曰：母乘母为法，子相乘为实。

分乘 分乘分术皆曰：母相乘为法，子相乘为实。

大广 广十二步四十九分步之七，从十三步七分步之四，问：为田几何？曰：为百六十四步又三百四十三分步之二百七十三。大广术曰：置广从，而各以其分母乘其上全步，令分子从之，令相乘也为实。又各令分母相乘为法。如法得一步。不盈步，以法命之。

粺毇 米少半升为粺十分升之三，九之，十而一。米少半升为毇米十五分升之四，八之，十而一。米少半升为麦半升，三之，二而一。麦少半升为粟二十七分升之十，九母，十子；十之，九而一。麦少半升为米九分升之二，三母，再子；二之，三而一。麦少半升为粺五分升之一，十五母，九子；九之，十五而一。麦少半升为毇四十五分升之八，十五母，八子。粺米四分升之一为粟五十四分升之二十五，二十七母，五十子。粺米四分升之一为米十八分升之五，九母，十子。粺米四分升之一为毇米九分升之二，九母，八子。粺米四分升之一为麦十二分升之五，九母，十五子。

毇米四分升之一为米十六分升之五，八母，十子。毇四分升之一为粺三十二分升九，八母，九子。毇米四分升之一为麦三十二分升之十五，八母，十五子。毇米四分升之一为粟四十八分升之二十五，二十四母，五十子。

粟求米　粟求米，因而三之，五而成一。今有粟一升七分三，当为米几何？曰：为米七分升六。术曰：母相乘为法，以三乘十为实。

米求粟　以米求粟，因而五之，三成一。今有米七分升六，当为粟几何？曰：为粟一升七分升三。术曰：母相乘为法，以五乘六为实。

粟为米　麻、麦、菽、荅三而当米二；九而当粟十。粟五为米三；米十为粺九，为毇八。麦三而当稻粟四，禾粟五为稻粟四。

粟求米　粟求米，三之，五而一；粟求麦，九之，十而一；粟求粺，二十七之，五十而一；粟求毇，二十四之，五十而一；米求粟，五之，三而一。

舂粟　禀粟一石，舂之，为秏米八斗八升。今有秏米二斗二十五分升二十二，当益秏粟几何？曰：二斗三升十一分升八。术曰：置所得米升数以为法，又置一石粟升数，而以秏米升数乘之，如法得一升。

取程　取程十步，一斗。今乾之八升。问：几何步一斗？得田十二步半一斗。术曰：八升者为法。置一斗步数而十之，如法一步。竞程三十七步，得禾十九斗七升。问：几何步一斗？得曰：减田一步又九十七分步百七十三而一斗。取程五步一斗，今乾之一斗一升。欲乾之令一升，问：减田几何？得曰：减田十一分步五。术曰：以一升数乘五步，令十一而一。

秏　粟一石秏一斗二升少半升。稟米少半升者得粟七百八十九分升之五百，稟一升者得粟一升二百六十三分升之二百三十七，稟一斗者得粟一斗九升又二百六十三分升之三，稟一石者得粟十九斗又二百六十三分升之三十。粟石耗五升。稟耗少半升者得粟百七十一分升之百，稟一升者得粟一升又二百八十五分升之二百十五，稟一斗者得粟十七升又二百八十五分升之百五十五，稟一石者得粟十七斗五升又二百八十五分升之百二十五。

耗租 耗租产多乾少。曰：取程七步四分步一而一斗。今乾之七升少半升，欲求一斗步数。曰：九步四十四分步三十九而一斗。术曰：置十升，以乘七步四分步一，如乾成一数也。程它物如此。

程禾 程曰：禾黍一石为粟十六斗太半斗，舂之为粝米一石，粝米一石为糳米九斗，糳米九斗为毇米八斗。程曰：稻禾一石为粟二十斗，舂之为米十斗，为毇、粲米六斗太半斗。麦十斗为糳三斗。程曰：麦、菽、荅、麻十五斗为一石，稟毇、糳者，以十斗为一石。

丝练 以络丝求练，因而十二之，除十六而得一。

羽矢 羽二䑀五钱。今有五十七分䑀四十七，问：得几何？曰：得一钱百一十四分钱七十一。术曰：二乘五十七为法，以五乘三十七为实，如法一钱。不盈，以法命法。

取臬程 取臬程十步，三尺围束一，今乾之二十八寸，问：几何步一束？十一步又九十八分步四十七而一束。术曰：乾自乘为法。生自乘，又以生一束步数乘之，为实。实如法得一。

程竹 程曰：竹大八寸者为三尺简百八十三。今以九寸竹为简，简当几何？曰：为二百五简八分简七。术曰：以八寸为法。程曰：八寸竹一个为尺五寸简三百六十六。今欲以此竹为尺六寸简，简当几何？曰：为三百四十三简八分简一。术曰：以十六寸为法。

挐脂 为挐，米一斗、水一斗半斗、□脂二十斤，为挐脂三十六斤。今有□脂五斤，问：用米、水、为挐各几何？得曰：用米二升半升，水三升四分升三，为挐九斤。术曰：以二十为法，置水十五、米十、挐三十六，以五乘之为实，实如法得水、米各一升、挐一斤。又米三升，问：用脂、水各几何，为挐几何？曰：用脂六斤、水四升半升，为挐脂十斤十二两十九铢五分铢一。

铜耗　铸铜一石耗七斤八两。今有铜一斤八两八铢，问：耗几何？得曰：一两十二铢半。术曰：置一石铢数为法，亦置七斤八两者铢数，以一斤八两八铢者铢数乘之，如法得一铢。

金价　金价两三百一十五钱。今有一铢，问：得钱几何？曰：得十三钱八分一。术曰：置一两铢数以为法，以钱数为实，实如法得一钱。二十四铢一两，三百八十四铢一斤，万一千五百二十铢一钧，四万六千八十铢一石。

漆钱　漆斗三十五钱。今有四十分斗五。问：得几何钱？曰：得四钱八分钱三。术曰：以四十为法，以五乘三十五为实，实如法得一钱。

饮漆　漆一斗饮水三斗而盘。饮水二斗七升即盘，问：余漆、水各几何：曰：余漆三十七分升三十，余水二升三十七分升七。术曰：以二斗七升者同一斗，三十七为法。又置二十七、十升者各三之，为实，实如法而一。

医　程曰：医治病者得二百一十一算百九十一分算九十九，负六十算二百六十九分算二十，□□程□弗……得六十算而负几何？曰：负十七算二百六十九分算十一。其术曰：以今得算为法，令六十乘负算为实。

石率　石率之术曰：以所卖买为法，以得钱乘一石数以为实，其下有半者倍之，少半者三之，有斗、升、斤、两、铢者亦皆破其上，令下从之，以为法，钱所乘亦破如此。

贾盐　今有盐一石四斗五升少半升，贾，取钱百五十，欲石率之，为钱几何？曰：百三钱四百三十六分钱九十二。术曰：三盐之数以为法，亦三一石之升数，以钱乘之，为实。

米粟并　有米一石、粟一石，并提之，问：米、粟当各取几何？曰：米主取一石二斗十六分斗八，粟主取七斗十六分斗八。术曰：置米十斗、六斗，并以为法。以二石遍乘所值，各自为实。六斗者，粟之米数也。

粟米并 米一、粟二，凡十斗，精之为七斗三分斗一。术曰：皆五，米、粟并为法。五米、三粟，以十斗乘之，为实。又米、粟不知数，合粟米精之，为米一斗，问：米、粟各出几何？得曰：米六升四分升之一，粟三升四分升之三。术曰：置米五升，粟五升。粟五升为米三升，并米五升者八，以为法。乃更置三升、五升，而十之。令如法，粟、米各一升。□□二斗五升。其术曰：置米、粟，五米三粟，并，以为法。并米、粟，各乘之，为实。实如法而成一。

并租 禾三步一斗，麦四步一斗，荅五步一斗。今并之，租一石，问：租几何？得曰：禾租四斗四十七分十二，麦租三斗分九，荅租二斗分二十六。术曰：置禾三步，麦四步，荅五步。令禾乘麦为荅实，麦乘荅为禾实，荅乘禾为麦实，各副置之。以一石各乘之，为实。并诸实，四十七，为法而一斗。

女织 邻里有女恶自善也织，日自再，五日织五尺。问：始织日及其次各几何？曰：始织一寸六十二分寸三十八，次、三寸六十二分寸十四，次、六寸六十二分寸二十八，次、尺二寸六十二分寸五十六，次、二尺五寸六十二分寸五十。术曰：置二、置四、置八、置十六、置三十二，并，以为法。以五尺遍乘之，各自为实。实如法得尺。不盈尺者，十之，如法一寸。不盈寸者，以法命分。

妇织 有妇三人，长者一日织五十尺，中者二日织五十尺，少者三日织五十尺。今织有功五十尺，问：各受几何尺？得曰：长者受二十五尺，中者受十六尺又十八分尺之十二，少者受八尺又十八分尺之六。其术曰：置一、置二、置三而各几以为法，又十而五之，以为实，如法而一尺。不盈尺者，以法命分。三为长者实，二为中者，一为少者。

狐皮　狐皮三十五裁、狸皮廿五裁、犬皮十二裁偕出关，关并租二十五钱。问：各出几何？得曰：狐出十二、七十二分十一，狸出八、七十二分四十九，犬出四、七十二分十二。术：并价为法，以租各乘价为实。

狐出关　狐、狸、犬出关，租百一十一钱。犬谓狸、狸谓狐：尔皮倍我，出租当倍我。问：出各几何？得曰：犬出十五钱七分六，狸出三十一钱分五，狐出六十三钱分三。术曰：令各相倍也，并之，七为法。以租各乘之，为实。实如法得一。

传马　传马日三匹共刍、稿二石，令刍三而稿二。今马一匹前到，问：予刍、稿各几何？曰：予刍四斗，稿二斗太半斗。术曰：置刍三、稿二并之，以三马乘之为法，以二石乘所置各自为实。

共买材　三人共材以贾。一人出五钱，一人出三钱，一人出二钱。今有盈四钱，欲以钱数衰分之。出五者得二钱，出三者得一钱五分钱一，出二者得五分钱四。术曰：并三人出钱数，以为法。即以四钱各乘所出钱数，如法得一钱。

税田　税田二十四步，八步一斗，租三斗。今误券三斗一升，问：几何步一斗？得曰：七步三十一分步二十三而一斗。术曰：三斗一升者为法，十税田，令如法一步。

误券　租禾误券者，术曰：无升者，置税田数以为实。而以券斗为一，以石为十，并以为法。如法得一步。其券有斗者，置与田步数以为实。而以券斗为一，以石为十，并以为法。如法得一步。其券有升者，置与田步数以为实。而以券之升为一，以斗为十，并为法。如法得一步。

租误券　田一亩租之十步一斗，凡租二石四斗。今误券二石五斗，欲益耎其步数，问：益耎几何？曰：九步五分步三而一斗。术曰：以误券为法，以与田为实。

缯幅　缯幅广二十二寸，袤十寸，价二十三钱。今欲买缯幅广三寸、袤六十寸，问：积寸及价钱各几何？曰：八寸十一分寸二，价十八钱十一分钱九。术曰：以二十二寸为法，以广从相乘为实，实如法得一寸。亦以一尺寸数为法，以所得寸数乘一尺价钱数为实，实如法得一钱。

息钱 贷钱百，息月三。今贷六十钱，月未盈十六日归，计息几何？得曰：二十五分钱二十四。术曰：计百钱一月，积钱数以为法，置贷钱，以一月百钱息乘之。又以日数乘之为实，实如法得一钱。

少广 求少广之术曰：先置广，即曰：下有若干步，以一为若干，以半为若干，以三分为若干。积分以尽所求分同之，以为法。即借置田二百四十步，亦以一为若干，以为积步。除积步如法，得从一步。不盈步者，以法命其分。又曰：复之，即以广乘从，令复为二百四十步，田一亩。其从有不分者，置如法增不分，复乘之，以为小十；有分步者，以广乘分子，如广步数，得一步。

少广 广一步、半步。以一为二，半为一，同之，三，以为法。即置二百四十步，亦以一为二。除如法，得从一步，为从百六十步。因以一步、半步乘。

下有三分，以一为六，半为三，三分为二，同之，十一。得从百三十步又十一分步之十。乘之，田一亩。

下有四分，以一为十二，半为六，三分为四，四分为三，同之，二十五。得从百一十五步又二十五分步之五，乘之，田一亩。

下有五分，以一为六十，半为三十，三分为二十，四分为十五，五分为十二，同之，百三十七。得从百五步又百三十七分步之十五。乘之，田一亩。

下有六分，以一为六十，半为三十，三分为二十，四分为十五，五分为十二，六分为十。同之，百四十七。得从九十七步又百四十七分步之百四十一，乘之，田一亩。

下有七分，以一为四百二十，半为二百一十，三分为百四十。

四分为百五，五分为八十四，六分为七十，七分为六十。同之，千八十九。得从九十二步又千八十九分步之六百一十二，乘之，田一亩。

下有八分，以一为八百四十，半为四百二十，三分为二百八十，四分为二百一十，五分为百六十八，六分为百四十，七分为百二十，八分为百五，同之，二千二百八十三，以为法。得从八十八步又二千二百八十三分步之六百九十六，乘之，田一亩。

下有九分，以一为二千五百二十，半为千二百六十，三分为八百四十，四分为六百三十，五分为五百四，六分为四百二十，七分为三百六十，八分为三百一十五，九分为二百八十，同之，七千一百二十九，以为法。得从八十四步又七千一百二十九分步之五千九百六十四，乘之，成田一亩。

下有十分，以一为二千五百二十，半为千二百六十，三分为八百四十，四分为六百三十，五分为五百四，六分为四百二十，七分为三百六十，八分为三百一十五，九分为二百八十，十分为二百五十二，同之，七千三百八十一，以为法。得从八十一步又七千三百八十一分步之六千九百三十九，乘之，成田一亩。

启广 田从三十步，为启广几何，而为田一亩？曰：启八步。术曰：以三十步为法，以二百四十步为实。启从亦如此。

启从 广二十三步，为启从，求田四亩。曰：启从四十一步二十三分步之十七。术曰：置四亩步数，令如广步数，而得从一步。不盈步者，以广命分。复之，令相乘也。有分步者，以广乘分子，如广步数，得一步。广八分步之六，求田七分步之四，其从二十一分之十六。广七分步之三，求田四分步之二，其从一步六分步之一。求从术：广分子乘积分母为法，积分子乘广分母为实，实如法一步。即以广、从相乘，凡令分母相乘为法，分子相乘为实，实如法一。

圆材 有圆材一断之□市□□□□□□□大几何？曰：七十六

□□□四寸半寸。术曰：□自乘，以……一即成。

井材 圆材、井窌若它物，周二丈四尺，深丈五尺，积七百二十尺。术曰：借周自乘，以深乘之，十二成一。一曰：以周乘径，四成一。积一百半，问：径几何？

圆亭 圆亭上周三丈，下周四丈，高二丈。积二千五十五尺三十六分尺二十。术曰：下周乘上周，周自乘，皆并，以高乘之，三十六成一。今二千五十五尺分二十。

除 羡除，其定二丈，高丈二尺，其除广丈，袤三丈九尺，其一旁无高。积三千一百二十尺。术曰：广积四十尺，以除高、袤乘之，六成一，即定。

郓都 郓都下厚四尺，上厚二尺，高五尺，袤二丈，积百三十三尺少半尺。术曰：倍上厚，以下厚增之，以高及袤乘之，六成一。

刍 刍童及方阙，下广丈五尺，袤三丈；上广二丈，袤四丈；高丈五尺。积九千二百五十尺。术曰：上广袤、下广袤各自乘，又上袤从下袤，以乘上广；下袤从上袤，以乘下广；皆并。以高乘之，六成一。

旋粟 旋粟高五尺，下周三丈，积百二十五尺。二尺七寸而一石，为粟四十六石二十七分石之八。其术曰：下周自乘，以高乘之，三十六成一。大积四千五百尺。

囷盖 囷下周六丈，高二丈，为积尺二千尺。术曰：置如其周，令相乘也。又以高乘之，三十六成一。

负炭 负炭山中，日为成炭七斗到车。次一日而运车到官一石。今欲负炭山中，运车到官，问：日到炭几何？曰：日得炭四斗十七分斗二。术曰：取七斗者十之，得七石。即取十日与七日，并为法。如法得一斗。

羽矢 程曰：一人一日为矢三十，羽矢二十。今欲令一人为矢且羽之，一日为几何？曰：为十二。术曰：并矢、羽以为法，以矢、羽相乘为实。

卢唐　程曰：一日伐竹六十个，一日为卢唐十五。一竹为三卢唐。欲令一人自伐竹，因为卢唐，一日为几何？曰：为十三卢唐十三分之十一。术曰：以六十五为法，以六十乘十五为实。

负米　人负米不知其数，以出三关，三税之一。已出，余米一斗。问：始行赍米几何？得曰：赍米三斗三升四分三。术曰：置一关而三倍为法，又置米一斗而三之，又三倍之，而关数焉，为实。

分钱　分钱、人二而多三，人三而少二，问：几何人，钱几何？得曰：五人，钱十三。术曰：盈不足互乘母，并之为实，子相从为法。皆盈若不足，子互乘母而各异置之，以子少者除子多者，余为法，以不足为实。

米出钱　粺米二斗三钱，粝米三斗二钱。今有粝、粺十斗，卖得十三钱，问：粝、粺各几何？曰：粺七斗五分三，粝二斗五分二。术曰：令皆粺也钱盈二；令皆粝也钱不足六少半。同盈、不足以为法，以盈乘十斗为粝，以不足乘十斗为粺，皆如法一斗。米斗一钱三分钱二，黍斗一钱半钱。今以十六钱买米、黍凡十斗，问：各几何，用钱亦各几何？得曰：米六斗、黍四斗，米钱十、黍六。术曰：以盈不足，令皆为米，多三分钱二；皆为黍，少钱。下有三分，以一为三，命曰多二少三，并多而少为法。更异置二、三，以十斗各乘之，即贸其得。如法一斗。

方田　田一亩，方几何步？曰：方十五步三十一分步十五。术曰：方十五步，不足十五步；方十六步，有余十六步。曰：并盈、不足以为法。不足子乘盈母，盈子乘不足母，并以为实。复之，如启广之术。

以方材圆　以方为圆曰材，方六寸五分寸二，为圆材几何？曰：四围二寸二十五分十四。术曰：方材之一面即圆材之径也，因而二之，以为实，令五而成一。

以圆材方 以圆材为方材，曰：大四围二寸二十五分寸十四，为方材几何？曰：方六寸五分寸二。术曰：置大四围，因而五之，为实，令七而一四。

行 甲行五十日，令今日壬申，问：何日初行？曰：壬戌日初行。术曰：问壬申何旬也，曰：甲子之旬也。既道甲数到壬九日，置九有增。

《算数书》解说

一、在《算数书》所见中国传统数学的一贯性与持续性

中国传统数学所用算具、算法、计量制度，所用数学语言及其风格二、三千年来长期一致。众信汉时张苍、耿寿昌编订了今传本《九章算术》之后，中算得到规范化，而中算绵延和发展的一贯性和持续性离不开《九章算术》规范。从地域来说，3 世纪时刘徽魏人、赵爽吴人、魏、吴二国南北相去千里，两人专著却如共话一室，非常协调。13 世纪时秦九韶、杨辉、李冶、朱世杰四大家分别生活在宋、金、元不同政治环境。所论也同出一辙。从时间来说，自从今传本《九章算术》编订以来，越汉、唐、宋、金、元、明、清各朝，中算研究虽代有创造发明，其鲜明特色始终如一。这说明《九章算术》规范指导下的中国传统数学也正是中华民族强大凝聚力之一。随着《算数书》的出土有力地证明：这种一贯性和持续性还可以追迹、上溯到先秦——公元前221 年以前。

我们认为很可能《算数书》是张苍、耿寿昌编订《九章算术》时所用母本之一。也就是说，《九章算术》是《算数书》以及其他同类数学专著基础上的加工、抽象和提高。这一设想可以从几方面得到证实。

1. 九数

“九数”是中国数学文化中很早就形成的重要内容。什么是九数？这不是抽象概念，刘徽在《注〈九章算术〉·序》已具体点明：“按周公制礼而有九数，九数之流，则九章是矣。”当年张苍、耿寿昌“因旧文之遗残，各称增补”，就以此九数标准成今传本《九章算术》。以此九数标准给分类，可以认为，《算数书》已具九数雏形，只是后面几章竹简已烂脱（如方程），或绝大部分残缺（如盈不足）。今存200多枚竹简则都集中在九数的前面几章。我们把今存出土竹简标题依序以术归类如下：

方田术：里田

约分术：约分

合分术：合分

减分术：出金

经分术：经分、分当半者、增减分

乘分术：乘、相乘、分乘

大广田术：大广

今有术：粺毇、粟求米、米求粟、粟为米、米为粟、舂粟、取程、耗、耗租、程禾、丝练、羽矢①、取枲程、程竹、挐脂、铜耗、金价、漆钱、饮漆、医

经率术：石率、贾盐

衰分术：米粟并、粟米并、并租、女织、妇织、狐皮、狐出关、传马、共买材

反衰术：税田、误券、租误券

重今有术：缯幅

息钱术：息钱

少广术：少广、启广、启从

---

① 与下文羽矢术标题同名，异义。

圆堡垮术：圆材、井材

圆亭术：圆亭

羡除术：除

刍甍术：郓都

刍童术：刍

委粟术：旋粟、囷盖

程传委输术：负炭

羽矢术：羽矢、卢唐

持米出三关术：负米

盈不足术：分钱、米出钱、方田

勾股术：以方材圆、以圆材方

另类：行

2. 格式

这里所说格式是指：中算专著当以题集形式撰写时，每题内容次序：先述题文，次为答数，后以术文殿尾。《算数书》也是如此安排，例如以负米题为例：

人负米不知其数以出关。关三，税之一，已出，余米一斗。问：始行赍米几何？

得曰：赍米三斗三升四分三。

术曰：置一关而三倍为法。又置米一斗而三之，又三倍之，而关数焉为实。

3. 用语

《算数书》全书用语、词汇绝大部分与后世相同或一致。

计量

系统论述我国计量制度文献以《汉书·律历志》为最早。记载五度：引、丈、尺、寸、分，五量：斛、斗、升、合、龠，五权：石（dàn）、钧、斤、两、铢以及各自进制。

在《算数书》可见汉（及）以前计量制度。

度　有丈、尺、寸、步、里。而无引、分单位，与《九章算术》一致。

量　有石（shí）、斗、升而无合、龠单位，也与《九章算术》一致，于此也说明它是汉(及)前作品。

权　五权俱全。其进制与《九章算术》一致。在以金价标题的简中道之甚详："二十四铢一两，三百八十四铢一斤，万一千五百二十铢一钧，四万六千八十铢一石。"

粮食　简中出现多种粮食及其半制成品名称，在《九章算术》绝大部分都有出现，如：

禾、稻、黍、麦、麻、荅、菽，

粝米、糳米、粺米、毇米，

数学用语

数量关系

全、约分、等、率、益、并、除（去）、实、法、实如法而一

分子、分母、半、少半、太半

合分、乘分、径分

命、不盈寸者、以法命其分、(少广)①、不盈步者、以广命分(启广)

空间形式

方、圆

刍（童）、圆亭、（羡）除、囷盖

用字审慎，起到后世中算专著榜样作用，例如：

互，相　做分数运算法时，平行位置用相字，交叉位置用互字，全书无一差错：

"母相乘为法，子相乘为实"（分乘）指

---

① 括弧内记《算数书》标题，下文同.

$\frac{a}{b}\cdot\frac{d}{c}=\frac{ad}{bc}$，$a$，$d$；$b$，$c$ 分别都在平行位置

“母相乘为法，子互乘母，并以为实，如法而一。”（合分）指 $\frac{a}{b}+\frac{d}{c}=\frac{ac+bd}{bc}$。$b$，$c$ 在平行位置，用“相”字，而a，c；b，d 分别在交叉位置用“互”字。

“以少除多”（出金）当$b-a$，$a<b$。“以少（a，减数）除去多“（a，被减数）。”与今日领会适相反，但中算习惯在《算数书》中已明确形成。

4. 经济活动数据

利率 “百钱月息三”，（息钱）这与《九章算术·衰分第27题）“贷人千钱，月息三十”都是月利率3%。

关税 “出三关，三税之一”（负米）。据题文所说是值三税一。这与《九章算术·衰分》第28题“持米出三关，外关三而取一”有相同税率。

物价

金 “金价两三百一十五钱”（金价），折合每斤5 040钱。与《九章算术·均输》第28题所记金每斤值6 250钱相仿佛，而偏低。

粮食 “米斗一钱三分钱二，黍斗一钱半钱，粺米二斗三钱，粝米三斗二钱”（米出钱）与《九章算术·均输》第3，4题所记十个县，粟价平均每斛（10斗）14.2钱相一致。

5. 算题题材

《九章算术》是应用题题集。它题材多样，丰富多采，引人入胜，为古世界数学专著中所罕见。因此德国学者福格（K·Vogel）在他的《九章算术》德文译本序中称道说：“所含246题就其丰富题材来说，其他任何传世的古代数学教科书，埃及也好，巴比伦也好，是无与伦比的。”如果作一对比，可以看到《算数书》已先于《九章算术》，记载有取材相同的算题。我们举例列表如下：

题材	《算数书》标题	《九章算术》题号
女子善织	女织	衰分 4
持米三关	负米	均输 27
一人成矢	羽矢	均输 23
贷人三千	息钱	衰分 28
以石率之	价盐	粟米 37
粟米互换	程禾、粟为米，米为粟	粟米章
牝瓦牡瓦	卢唐	均输 22
出八盈三	分钱	盈不足 1

6. 术

术（算法或计算公式）是中算特色之一，多种多样的术已大量在《算数书》出现。与《九章算术》相比，虽然在术的名称，术的说法并未全部规范，但其实质已定型。例如约分术（约分），乘分术（分乘），合分术（合分），减分术（出金）；今有术（金价）；衰分术（共买材）；少广术（少广）；羡除术（除），刍甍术（郓都），刍童术（刍），圆锥术（旋粟），圆囷术（囷盖），圆亭术（圆亭）；凫雁术（羽矢），重今有术（息钱）；盈不足术（分钱，米出钱、方田）两盈术、两不足术（分钱）。

其中有些术与《九章算术》对应术文已完全一致：合分术，少广术，刍甍术，盈不足术。

有些术只是说法相异，形异实同。例如：刍童术，标题为刍的术文说："上广（a_1）袤（b_1）、下广（a_2）袤（b_2）各自乘；又上袤从下袤，以乘上广；下袤从上袤，以乘下广。皆并。以高 (h) 乘之，六而一”。这里“各自乘”是指 a_1b_1，a_2b_2。因此《算数书》的结果是

$$\frac{h}{6}\left[a_1b_1+a_2b_2+(a_1+a_2)b_1+(a_2+a_1)b_2\right]$$

$$=\frac{h}{6}\left[(2a_1+a_2)b_1+(a_1+2a_2)b_2\right]$$

与《九章算术》术文相合。

有些术说法还不够完整，只需稍给润饰就是《九章算术》规范化的术文。用语朴素，弥足珍贵，例如：

约分术：“以分子除母，……以母为子，子、母等以为法。子、母各如法而成一。”（约分）

衰分术：“置二、置四、置八、置十六、置三十二，并以为法。以五尺遍乘之，各自为实。实如法得尺。”（女织）

凫雁术：“并矢、羽以为法，以矢、羽相乘为实。”（羽矢）

二、在《算数书》中值得注意的几种数学思想

《算数书》虽成书在秦汉，其中有些数学思想很杰出。由于各种原因并未被总结到今传本《九章算术》之中，例如：

1. 素因数分解及其速算法

按《九章算术·方田》里田术：“广从里数相乘，得积里，以三百七十五乘之，即亩数。”而《算数书》把方里数折算为亩的算法却是：“先以里相乘。已、乃因而三之，又三五之，乃成”又说：“三三五之，即顷亩数也。”（里田）这是说，对于面积为 a 方里的地域，《九章算术》用乘数为375，做乘法；而《算数书》用个位数 $3\times5\times5\times5$ 做乘法。从近代算法研究结果。在笔算中，n 个个位数乘（除）某数，比用这 n 个个位数乘（除）此数要快。[1] 对于

① 姚人杰，速算，上海教育出版社，1965

筹算尤其如此。但这一速算方法并未总结进入《九章算术》。特别应该指出，《算数书》作者对于合数375已具有素数因数分解的正确判断能力。所以这是非常珍贵的文献。

2. 分数基本性质

《算数书》对于分数值的变化与其分子、分母扩大或缩小的关系，已有很好认识。“增分者，增其子；减分者，增其母。诸分之当半者，倍其母；当少半者，三其母。……百分者，百其母。”（增减分）《算数书》在阐述理论的同时，还在多次解题中得到实践。比如用这一基本性质做分数除法（除数为分数）“今有盐一石四斗五升少半升。贾，取钱百五十，欲石率之，为钱几何？曰：百三钱四百三十六分钱九十二。术曰：三盐之数以为法，亦三一石之升数，以钱乘之，为实。”（贾盐）术文相当于做分数除法：

$$150\div145\frac{1}{3}=\frac{150}{145\frac{1}{3}}。$$

根据基本性质，扩大分母3倍，分子值就缩小3倍。为了答数不变，就又扩大分子3倍，于是原式是

$$\frac{150\times3}{145\times3+1}=\frac{450}{436}\text{（每升钱数）}$$

$$=\frac{450\times100}{436}\text{（每石钱数）}=103\frac{92}{436}。$$

这一理论又用以做被除数为分数的除法。“五人分三又半、少半。各受三十分之二十三。其术曰：下有少半，以一为六，以半为三，以少半为二。并之，为二十三。即置人数，因而六之，以命其实”（径分）

术文是在做分数除法，相当于说：

$$3\frac{1}{2}\frac{1}{3}\div5=\frac{3\frac{1}{2}\frac{1}{3}}{5}=\frac{3\times6+3+2}{5\times6}=\frac{23}{30}。$$

在此基础上，后世才能熟练地处理繁分数化简问题，也就是除数、

被除数都含分数的除法运算。

3. 合作问题

《算数书》有二例

其一：负炭　题意是说：一人在山中负炭，1日运7斗；在平地用车运炭1日运1石到官。问：他从山中直接运炭到官，一日能运炭多少？

从题意知，在山中负炭每斗要运$\frac{1}{7}$日，在平地用车每斗要运$\frac{1}{10}$日。这样每斗从山中直接运炭到官，要用$\frac{1}{7}+\frac{1}{10}$日。因此每日能运

$$1\div\left(\frac{1}{7}+\frac{1}{10}\right)=7\times10\div(7+10)=4\frac{2}{11}\text{（斗）。}$$

对照原著答案及术文：“取七斗者十之，得七石即取十日与七日，并为法。如法得一斗”正合此意。

本题属于合作问题中的一人经营几事类型。① 当是《九章算术·均输》第5题（行程委输）的原型。

其二：卢唐　卢唐不知为何物。据题意当为竹制器皿。题给：一人能制作卢唐每日15个。又已给此人每日可以伐竹60枝，又每枝竹可制卢唐3个。问：此人自伐竹，以制卢唐，他每日能生产卢唐多少个？

据题意，此人每日所伐竹可以提供$60\times3=180$个卢唐用的原材料。因此每制一个卢唐要伐竹$\frac{1}{180}$日，又他制作一个卢唐需$\frac{1}{15}$日。这就导致他生产一个卢唐需$\frac{1}{180}+\frac{1}{15}$日。反过来，他每日能生产

---

① 本《大系》卷2，p. 383～385

$$1\div\left(\frac{1}{180}+\frac{1}{15}\right)=\frac{180\times 15}{180+15}=\frac{60\times 15}{60+5}=\frac{60\times 15}{65}=13\frac{11}{13}。$$

本题也属于一人经营几事类型，但题中“一竹为三卢唐”较《九章算术·均输》牡瓦牝瓦题深刻了一层次。

4. 假设法

我们知道当算题中变量是线性关系时，对于$ax=b$可以用单假设法；对于$ax+b=c$，因古人不知移项，单假设法就无能为力，就应该用双假设法。显然前者如用双假设法也获解。在我国传统数学中的盈不足术就是双假设法。

《算数书》中两种假设法兼而有之。

单假设法

“邻里有女恶自善也织。日而再，五日织五尺。问：始织日及其次各几何？曰：始织一寸六十二分寸三十八；次、三寸六十二分寸十四，次、六寸六十二分寸二十八，次、尺二寸六十二分寸五十六，次、二尺五寸六十二分寸五十。术曰：置二、置四、置八、置十六、置三十二、并以为法。以五尺遍乘之，各自为实。实如法得尺。不盈尺者，如法一寸，不盈寸者，以法命分。”（女织）

我们如设织女第一日织x尺，据题意要解$x+2x+4x+8x+16x=50$，$31x=50$。按照单假设法解法，如设$x=x_1$，得$31x_1=c$，如果$c=50$，则x_1是解。如果$c\neq 50$，那么方程的解应是

$$x=\frac{50}{c}。$$

《算数书》的术文恰是这样做的。术文相当于说，设$x=x_1=2$，于是

$$2+4+8+16+32=62=c,$$

因此所求　$x=\frac{50}{c}=\frac{50}{62}$（寸），

于是她五日间每日依次应织：

$\frac{52}{62}\times2=1\frac{38}{62}$（寸），$\frac{50}{62}\times4=3\frac{14}{62}$（寸），$\frac{50}{62}\times8=6\frac{28}{62}$（寸），

$\frac{50}{62}\times16=12\frac{56}{62}$（寸），$\frac{50}{62}\times32=25\frac{50}{62}$（寸），

与原著答数相合。

双假设法

值得我们重视的是：在《算数书》中不但给出盈不足术，还给出了两盈或两不足术：

“分钱人二而多三，人三而少二。问：几何人？钱几何？得曰：五人，钱十三。

术曰：盈不足互乘母，并之、为实。子相从为法。

皆盈若不足，子互乘母而各异置之，以子少者除子多者，余为法，以不足为实。”（分钱）

对于方程 $ax+b=c$ 做两次假设

$$x=x_1,\ x=x_2>0。$$

设 $x=x_1$，如 $ax_1+b=d_1$，而 $c_1=c-d_1$，

$x=x_2$，如 $ax_2+b=d_2$，而 $c_2=c-d_2$，

术文有二层意义：

其一：如 $c_1c_2<0$。不妨设 $c_1>0$（盈），$c_2<0$（不足）。术文所说母就是 x_1，x_2，子就是 $|c_1|$，$|c_2|$，相当于说，所求方程的解

$$x=\frac{x_1|c_1|+x_2|c_2|}{|c_1|+|c_2|}。$$

其二：术文最后一段相当于说：如 $c_1c_2>0$，不妨设 c_1，$c_2>0$（皆盈），c_1，$c_2<0$（皆不足），那么方程的解是

$$x=\frac{|x_1|c_1|-x_2|c_2||}{||c_1|-|c_2||}①。$$

① 最外一层绝对值记号就是：“以子少者除子多者.”第二层意思就是《九章算术》两盈两不足术.

借助于盈不足术《算数术》设题并解：

“米斗一钱三分钱二，黍斗一钱半钱。今以十六钱买米、黍凡十斗。问：各几何？用钱亦各几何？得曰：米六斗、黍四斗；米钱十，黍六。术曰：以盈不足。今皆为米，多三分钱二。皆为黍，少钱。下有三分，以一为三。命曰多二少三。并多而少为法。更异置二、三，以十斗各乘之，即贸而得，如法一斗。”（米出钱）

本题我们如设所求米斗数为x，按题意是解方程

$$1\frac{2}{3}x+1\frac{1}{2}(10-x)=16。$$

方程左边有常数项，应该用双假设法解。《算数书》恰如其分地运用盈不足术。本文所说，相当于设：

$$x=x_1=10\text{（皆为米）}，c_1=\frac{2}{3}；x=x_2=0\text{（皆为黍）}，c_2=-1。$$

于是所求米斗数为

$$x=\frac{10\times1+\frac{2}{3}\times0}{1+\frac{2}{3}}=\frac{10}{1+\frac{2}{3}}。$$

又借助于分数基本性质，所求$x=6$。

从计算方法来考虑《算数书》所作两设应该说是优美解：“皆为米”又“皆为黍”，使其中一个所设数为0，这就避免（减少）一次乘法！遗憾的是：这一成功的算法没有总结进入《九章算术》。

非线性问题

我们知道对于$y=f(x)$，做两次假设

$$x=x_1，y=c_1；x=x_2，y=c_2。$$

$$x_0=\frac{c_1x_1-c_2x_2}{c_1-c_2}，\text{一般说它只是}\begin{cases}y=f(x),\\y=0\end{cases}\quad(*)$$

的近似值。除非$y=f(x)$是线性代数式，x_0才是方程组（*）的准确解，即图像$y=f(x)$在x轴上的截距（x_0）。我们有兴趣地

看到在《算数书》记有："田一亩，方几何？曰：方十五步三十一分步十五。术曰：方十五步、不足十五步，方十六步、有余十六步。曰：并盈、不足以为法。不足于乘盈母，盈子乘不足母。并以为实。"（方田）

本题相当于解非线性方程　$y=x^2=240$，

原著做两次假设 $x_1=15$，$c_1=-15$；$x_2=16$，$c_2=16$ 于是借助于盈不足术，得所求

$$x=\frac{15\times16+16\times15}{15+16}=15\frac{15}{31}\text{（步）},$$

显然 $15\frac{15}{31}$ 只是 $x=\sqrt{240}$ 的近似值。

对于非线性问题用双假设法的近似解方法，《九章算术》也未继承。有人认为《九章算术·盈不足》第11题（蒲莞共长），第12题（两鼠对穿）是非线性问题。莫绍揆已有文正误，可参看。

三国刘徽在注《九章算术·少广》第16题时，对于开方运算曾指出近似计算。他说："令不加借算而命分，则常微少；其加借算而命分则又微多。"刘注相当于说：

$$a+\frac{r}{2a+1}<\sqrt{A}=\sqrt{a^2+r}<a+\frac{r}{2a}。\quad(*\,*)$$

如果本题按刘徽算法处理：$A=240$，$a=15$，$r=15$ 那么

$$15\frac{15}{31}<\sqrt{240}=\sqrt{15^2+15}<15\frac{15}{30}=15\frac{1}{2},$$

《算数书》用盈不足术所得答数适与刘注不足近似值相同。

刘徽对于平方根 A 结果的估计（$*\,*$）的造术长期为待解之谜，三国时代的刘徽有可能先用数值例用双假设法得到近似值（不足），然后他又用开方术提高精度，再适当调整不足近似值的分母，使成过剩近似值，最后总结为一般。《算数书》这一创举和上文"米出钱"题中"皆为米"，"皆为黍"一样，为计算方法学科省约计算提供重要史料。

5. 直径与圆周长及其面积的关系

《算数书》作者深知不同两圆周长之比是直径之比，而面积之比是直径平方之比。

“竹大八寸者为三尺简百八十三。今以九寸竹为简，简当几何？曰：为二百五简八分简七。术曰：以八寸为法……”（取程）从答数可推知，原著认为裁竹为竹简，取竹周围，因此圆周长之比是直径之比。假定竹等高，又竹简都高3尺时，从题设数据：$D_1=8$，$D_2=9$。设所求竹简数为x，则$183:x=8:9$于是所求

$$x=\frac{183\times 9}{8}=205\,\frac{7}{8}。$$

“取枲程十步，三尺围束一。今乾之二十八寸。问：几何步一束？十一步又九十八分步四十七而一束。术曰：乾自乘为法，生自乘。又以生一束步数乘之，为实。实如法得一。”（枲程）

原著认为枲取其体积[①]，当枲高度相等时，体积之比是面积之比，又转化为直径平方之比。如设所求取枲步数为x，从题设数据：$D_1=30$，$D_2=28$，则$10:x=30^2:28^2$，于是所求

$$x=\frac{10\times 30^2}{28^2}=11\,\frac{47}{98}\ (步)。$$

《算数书·枲程》术文与欧几里得《原本》卷12命题2：“圆与圆之比如同直径上正方形之比”同义[②]。

6. 同余概念

我国自古以来以天干地支搭配记时（年、月、日、时辰）。在河南省安阳县出土的商代（约公元前16～前11世纪）甲骨文文书中已有完整的自甲子至癸亥六十干支记载[③]。日序是无穷无尽的，干支记日序，相当于以同余式

---

① 原著考虑种植枲的面积（方）步数与所收获枲的体积数成正比.

② 对照本卷p. 172

③ 本《大系》卷1，p. 159.

$$x \equiv a \pmod{60} \qquad (*)$$

标号。其中$a=1, 2, \cdots, 60$，即60的完全剩余组，它们依次对应于甲子，乙丑，…，癸亥①。这六十个日序又以旬排序，依次称为一甲、二甲、…、六甲，相当于以同余式

$$y \equiv b \pmod{6} \qquad (**)$$

标号，其中$b=1, 2, \cdots, 6$，即6的完全剩余组，它们依次对应于一甲（以甲子为始的旬）、二甲、三甲、四甲、五甲、六甲，分别以甲寅、甲辰、甲午、甲申、甲戌为始的旬。每旬十日又以天干排序，相当于以

$$z = c \pmod{10} \qquad (***)$$

标号，其中$c=1, 2, \cdots, 10$，即10的完全剩余组。它们依次对应于甲、乙、丙、丁、戊、己、庚、辛、壬、癸。这就是说，当确定了同余式（$**$）（$***$）中完全剩余组b（$1, 2, \cdots, 6$），c（$1, 2, \cdots, 10$）之后，也就指明了日序。

在标题为“行”的竹简设题，相当于说，甲行走了50日，题给第51日是壬申。问：甲出发那一天是哪一干支？原著自答：“壬申何旬也？曰：甲子之旬也。”意指壬申属于一甲。题意一甲这一旬从甲行走第43日至第52日止，那么二甲这一旬从第53日至第62日止。而所求始行日干支应从二甲始日。甲寅起数第九日为壬戌，相当于同余式（$**$），（$***$）中$b=2$，$c=9$。这也满足同余式（$*$）：$61 \equiv 1 \pmod{60}$，向后数60与向前数60在同余意义上是等价的。而原著说：“甲数到壬九日，置九有增”正是同一见解。

7. 反比例

《九章算术》虽有反比例（反衰术），但都依附于分配比例题中，《张邱建算经》卷上第31题（造浮桥）也用到反比例，却依附

① 详见本《大系》卷5，p. 379脚注列表.

在复比例中。《算数书》独立提出反比例题二则：税田和误券，是南宋以前中算史上孤例。

8. 详尽无余

《算数书》对讨论的对象按一定标准分类，做到详尽无余，深合逻辑学分类原理，例如对分数加法，按分母是否相同分类：要么“母相类者，子相从。”要么“母不相类者，母相乘为法，子互乘母，并以为实，如法而一。”（合分）

而《九章算术·方田》合分术未考虑前者。

9. 验算

《算数书》有两处提到“复”，即对答数的验算。这是解题不能缺少的步骤。

“复之，如启广之术。”（方田）

当用双假设法得到结果$\sqrt{240}$为$15\dfrac{15}{31}$。反过来，$15\dfrac{15}{31}$自乘是否等于240？虽然原著未具体说明验算后与240发生矛盾。但这一操作能使原著作者发现：双假设法对于此题仅能得到近似值；经过“复之”，还会了解其误差情况。

“复之”这一运算在另一简中具体体现：

“广二十三步，为启从求田四亩。曰：启从四十一步二十三分步之十七。……复之，令相乘也。有分步者，以广乘分子，如广步数，得一步。”（启从）

意指从长方形田4亩，宽23步求长，要做除法。答数是长（启从）$41\dfrac{17}{23}$。反过来，验算答数是否正确，应该用乘法。

$$41\frac{17}{23}\times 23=960\text{（方步）}=4\text{ 亩。}$$

这种良好的习惯为后世继承，例如刘徽注《九章算术》就多次用之。

“凡开积为方，方之自乘当还复其积分。”（《九章算术·少

广》第16题注）

“按此术，本周自相乘，以高乘之，十二而一，得此积。今还原：置此积，以十二除之，令高而一，即复本周自乘之数。凡物自乘，开方除之，复其本数，故开方除之，即得也。”（《九章算术·商功》第28题注）

三、《算数书》在古世界数学文化中的学术地位

古世界交通维艰，互相隔离，数学各自独立成长。但是存在决定意识，天象变化等自然规律，商贾卖买等社会法则是先民共有的现象。因此从此抽象出来的数量关系和空间形式等数学知识彼此却一致。

埃及、巴比伦、中国、印度人称四大文明古国。《算数书》既成书于公元前1千纪，对照另三个国家当时有代表意义的数学文献，可以客观地评估和了解《算数书》的学术地位。

1. 埃及

古埃及文化始于公元前3千纪至公元前4世纪。期间，埃及人在北非尼罗河沿岸建立过十二个王朝的王国，文化发达，举世周知。①

古埃及人在纸草文书上书写文件，这种传统还绵延到公元元年之后。纸草数学文书以莱因得纸草、莫斯科纸草为代表作。这两种文书都是19世纪考古学家在埃及古墓发现。

莱因得纸草书写的古文字经德国学者A. Eisenlohn破译，全书含八十几个算题。莫斯科纸草因藏俄罗斯莫斯科博物馆得名，全书含25个算题。从这两种纸草我们获知古埃及数学实况。

计量

古埃及有完整的度、量、衡、面积、体积计量制度，只是进位比较复杂。

① 详见本卷外篇第一编.

以长度为例：4 指为1 掌，7 掌为1 肘尺，100 肘尺为1 亥特，以容积说：20 海卡为1 哈尔，20 哈尔为1 大海卡等等。

记数

整数用十进非位值制。

分数用单位分数之和表示。例如：

$\frac{2}{13}$计为$\frac{1}{8}\frac{1}{52}\frac{1}{104}$，$\frac{1}{61}$记为$\frac{1}{40}\frac{1}{244}\frac{1}{488}\frac{1}{610}$，以此运算就很困难。

《莱因得纸草》与《算数书》所用算法的比较表：

算法	《莱因得纸草》题号	《算数书》代表作
减法	21～23	出金
乘法	7～20，61～62	乘分，分乘
除法	1～6	径分
正比例和反比例	69～78	金价，取程
分配比例	35～40，63～65	共买材，女织
单假设法	24～34	负米
面积	48～55	启广，启从
体积	41～46	刍，郓都

从上文简介可知

——在计量、记数方面《算数书》见胜。

——在有杰出意义的数学思想方面，纸草数学也有完整的反比例算题及其算法，也非常重视验算，也用单假设法解题。其余则《算数书》见长。

——在图形知识上《算数书》圆取径1 周3，纸草则取径1 周$\left(\frac{4}{3}\right)^4\approx 3.14$。《算数书》对长方台（刍）已有准确体积公式，而纸草对其特殊情况方台仅有数值体积计算例，并未上升为一般理论。

——从算题取材多样，算法（术）量多质精来衡量，纸草文书未免逊色。

——纸草文书有些算题所含数据容量很大。所用十进非位值制及单位分数记数法对运算带来不便，但计算结果并无差错，是它的特点和优点。

2. 巴比伦

巴比伦文化是指西亚两河流域从公元前3千世纪至公元前4世纪止。当地奴隶制国家的人文现象总称。公元19世纪考古学家在此（今伊朗、伊拉克境）发掘巴比伦人用楔形文字书写的泥版文书。已出土文书泥版达50万块。据专家鉴定属于数学文书的有300块，其记载内容先后已解密。从中得知巴比伦人的数学修养。

计量　古巴比伦人有完整的度、量、衡、面积、体积计量制度。一般都以6，60进位。以长度为例：

基本单位：肘尺。1基为6肘尺，1加尔为12肘尺，1曷斯为60加尔。

以重量说：

基本单位：码那。1色为$\frac{1}{180}$金，1金为$\frac{1}{60}$码那，1弓为6码那等等。

记数

用六十进位值制记数，可以想象这对计算带来不便；而且分数与整数无特用记号标志，只能看上下文才可判识。造成舛错，就不可避免。

主要数学成就

算术：单假设法，$\sqrt{2}$近似值，勾股数数表。

几何：勾股定理及其应用，圆周长、弓形、矢及弦有关公式。方台、堤体、楔形体体积公式。

代数：一元一次方程、二次方程、二元二次方程组、三元方程组的数值例及其解法。[1]

综上所述，古巴比伦和《算数书》数学各有千秋。

巴比伦$\sqrt{2}$近似值和十五组勾股数表是古世界辉煌之作。相当于代数方程（组）的数值解法也无有能与伦比者。在几何方面运用勾股定理解题能力也非常杰出。

巴比伦算题题材多样可以与《算数书》媲美。

在计量、记数制度方面则逊于《算数书》。

在“刍”、“除”两简中《算数书》对长方台、楔形体提出一般求积公式即

$$V_{刍}=\frac{h}{6}\left[(2a_1+a_2)b_1+(a_1+2a_2)b_2\right];$$

$V_{除}=\frac{h}{6}(a_1+a_2+a_3)l$（其中$a_1$，$a_2$，$a_3$分别是羡除（楔形体）上前宽、下前宽、后宽；$l$，$h$分别为长及高），而巴比伦泥版所示数值例：方台是“刍”的特殊情况，方台：$a_1=b_1=a$，$b_2=a_2=b$，

$$V_{方台}=\frac{h}{3}(a^2+b^2+ab);$$

另一数值例，据答数及其计算过程可知，楔形体积误用

$$V_{楔}=\frac{h}{2}\left(\frac{a_1+a_2}{2}+\frac{a_3}{2}\right)l。$$

3. 印度

自从1922年谟亨达罗遗址发掘后，从出土文物看，印度文化可上溯到公元前3千纪。上古时雅利安人盛行自然崇拜，天、地、日月星辰、水火风雷都视为神明。后来神人合一，产生专职祭司，并逐渐孕育成为婆罗门教。婆罗门教以《吠陀》为经典、教义把

① 详见本卷外篇第三编

人类社会分为婆罗门、刹帝利等四等级，婆罗门是天之骄子。人称当时文化为吠陀文化。

公元前6世纪悉达多（释迦牟尼）创立佛教，否定《吠陀》以及婆罗门等级制度。与此同一时期瓦尔达玛那创立耆那教，也否定《吠陀》及其等级制度，但教义与佛教有别。耆那教也有许多传世经典，后世又有不少注释文本。

宗教经典离不开数量关系和空间形式，因此也刊载有各种数学知识。[①]

婆　罗　门　教

宗教活动中重视圣坛建筑，其建筑《法典》有不少数学知识

几何

有相当复杂的图形变形及其规律，例如

（1）作正方形等于二已给正方形之和。

（2）作正方形等于已给正方形的几倍。

（3）正方形对角线长是边长加上它的$\frac{1}{3}$，又加上它的$\frac{1}{3}$的$\frac{1}{4}$，再减去它的$\frac{1}{3}$的$\frac{1}{4}$的$\frac{1}{34}$。

（4）圆面积等于它的外切正方形面积减去它的$\frac{1}{8}$，加上它的$\frac{1}{8}$的$\frac{1}{29}$，又减去它的$\frac{1}{8}$的$\frac{1}{29}$的$\frac{1}{6}$，再加上它的$\frac{1}{8}$的$\frac{1}{29}$的$\frac{1}{6}$的$\frac{1}{8}$。

（5）正方形化为等积的圆。

不定分析

婆罗门教圣坛平面图形有各种形状。《法典》规定所有圣坛用砖块数应是整200块；而且用三种、四种、或五种不同形状砖块铺砌，每种砖块各自有确定的面积，其面积总和是$7\frac{1}{2}$玻。由此导致

① 详见本卷外篇第四编

许多不定方程的正整数解问题。

耆　那　教

印度学者研究公元前4—2世纪耆那教经典中已出现圆及其部分的度量关系公式：

（1）圆周$=\sqrt{10}$直径。

（2）圆面积$=\frac{1}{4}$周长×直径。

（3）弓形的弦$=\sqrt{\frac{1}{4}\text{矢}（\text{直径}-\text{矢}）}$。

（4）弓形的矢$=\frac{1}{2}\left(\text{直径}-\sqrt{\text{直径}^2-\text{弦}^2}\right)$。

（5）直径$=\dfrac{\text{矢}^2+\frac{1}{4}\text{弦}^2}{\text{矢}}$。

与同时期古印度宗教文献中的数学比较，

——在计量上，耆那教建筑《法典》所记制度，进制复杂。《算数书》见胜。记数则中算、印算都取十进位值制。

——在算题、算法的记载，从量到质印算较逊。

——在几何方、圆图形变换及其各种规则、公式，在不定分析方面的罕见成果等均是《算数书》的空白点。

经过比较，我们深信：中国竹简文书《算数书》与举世闻名的埃及纸草文书、巴比伦泥版文书和印度《建筑法典》中的数学篇章具有同等重要学术价值。

外　篇

早期外国数学文献

第 一 编

埃　　及

概　　说

古埃及的历史与文化

埃及是四大文明古国之一，大约在公元前3千纪埃及已有文字可考的历史。从那时起，在长达6 500公里、世界第一长河——尼罗河沿岸，埃及王国逐渐兴起、繁盛，直至公元前1千纪下半叶被波斯、希腊民族征服止，王国屹立达2 500年之久。历史学家分为四个时期：

早期王国时期　第一、二王朝（公元前30至28世纪）。

古王国时期　第三至八王朝（公元前27至23世纪）。第四王朝时在开罗附近建成三个大金字塔和人面狮身像。

中王国时期　第九至十二王朝（公元前22至17世纪），正是莫斯科纸草、莱因得纸草缮写时代。

新王国时期　第十三至二十一王朝（公元前16至13世纪）。

新王国时期　第二十一王朝于1071年逊位，以后战乱频甚，直至异族入侵：公元前525年波斯、公元前334年希腊陷国都开罗。

古埃及文化辉煌，文学、科学、艺术、建筑、医学俱为古文明之最。与本编有密切关系者是它的语言文字。古埃及文字是用字母、音符和词组组成的一种复合文字。为书写方便，从第八王朝时开始出现一种草书，迄中王国时已规范化，史称僧侣(hieratic)文字。但在书写正式文件或石材铭刻时，则用象形(hieroglyphic)文字。

纸草与纸草数学文书

古埃及人在纸草上书写文件。纸草是尼罗河下游的特产，纸草是莎草科植物。把纸草的茎干剖成长条，彼此排齐，连结成片。然后晒干成为纸草纸①，这是地中海沿岸古世界通行的文化用纸。希腊人、罗马人和往后阿拉伯人也都用它书写文书。埃及人用芦苇管制作笔，用菜汁调和油烟作为墨汁。

反映古代埃及高度数学水平的传世四部纸草文书，我们记其简况如下：

《莱因得纸草》 19世纪上半叶考古工作者在埃及第比斯古墓中发现此纸草文书。1858年为英国苏格兰收藏家H. Rhind购藏，世称《莱因得纸草》，今为不列颠博物馆10057，10058藏品。原来中间有缺损，1922年时意外地在纽约私人藏医学纸草文书中发现，终成全璧。此纸草长$18\frac{1}{2}$英尺(5.64米)，宽13英寸(33.02厘米)。经考证此文书为中王国时期，公元前1650年时有Ahmes者，用僧侣文手抄自更古老的数学作品。后人又据以译成象形文。此古老文字陈述何事？谜样“天书”在出土后不久竟被德人A. Eisenlohr全部破译。他1877年在来比锡出版Ein Mathematishes Handbuch der Alten Agypter Papyrus Rhind des British Museum übersetzt und erkl ärt (《译并释不列颠博物馆藏古埃及莱因得数

① 历史学简称为纸草.

学手册纸草文书》）全书问题85则，计278页，注释296页。半个世纪后英人T. E. Peet著Rhind Mathematical Papyrus（《莱因得数学纸草》）利物浦大学出版社1923年出版，全书127页，并附象形文全部摹本。美国全美数学教师协会、美国数学会于1927年联合出版The Rhind Mathematical Papyrus（《莱因得数学纸草》），作者系A. B. Chace。书后附有僧侣文、象形文摹本，并有详细说明、解释。此书一再重印，直至20世纪70，80年代盛行不衰。

《莫斯科纸草》　1893年俄罗斯人B. C. Голеничев在开罗大学任古埃及学教授，他购藏此纸草文书。原件后藏苏联莫斯科普希金精品艺术博物馆。经考证此文书是中王国时期第十二王朝时文物，大致是公元前1890年时抄本。纸草长度同《莱因得纸草》，宽度仅及其$\frac{1}{3}$，史称《莫斯科纸草》，全书问题25则，苏联学者B. A. Тураев及B，B. Струве有研究成果发表（1930）。[①]英人T. E. Peet有英文译注本[②]。

《卡宏（Kahun）纸草》是公元前2000年作品。

《哈里斯（Harris）纸草》是新王国时期Rameses四世王在位时文书，公元前1167年，表彰他的父王丰功伟绩以及寺庙财富明细清册，含大数记数等文献。

① W. W. Struve, Mathematischer Papyrus des Staatlichen Museums der schöner Künste in Moskau, Quellen und studien 3ur Geschichte der Mathematik, Abteilung A: Quellen 1, Berlin Springer, 1930, pp. 1～198, 10 pls.

② T. E. Peet, Journal of Egyptian Archaeology, 1931 (17), pp. 100～106.

古埃及度量衡制度①

长度

基本单位：肘尺（cubit），长20.62英寸，52.3厘米。

导出单位：

1肘尺＝7掌（palm）。

1掌＝4指（finger）。

1亥特（khet）＝100肘尺。

面积

基本单位：塞塔（Setat），1平方亥特，约今$\frac{2}{3}$英亩。

容积

基本单位：海卡（hekat），292.24立方英寸（4.8升）。

导出单位：哈尔（khar）＝20海卡。大海卡＝20哈尔，400海卡。亨奴（hinu）＝$\frac{1}{10}$海卡。罗（ro）＝$\frac{1}{320}$海卡，约15毫升。

重量

基本单位：突本（deben），约1.5公斤。（从新王国时期出土文物实测）

导出单位：凯特（kite）＝$\frac{1}{10}$突本。

图版1.0.1为第十八王朝阿曼王一世（公元前1559－前1539）时肘尺摹本。

图版1.0.1 肘尺（原件金属制）

① 据T. E. Peet，莱因得纸草，pp. 25～27.

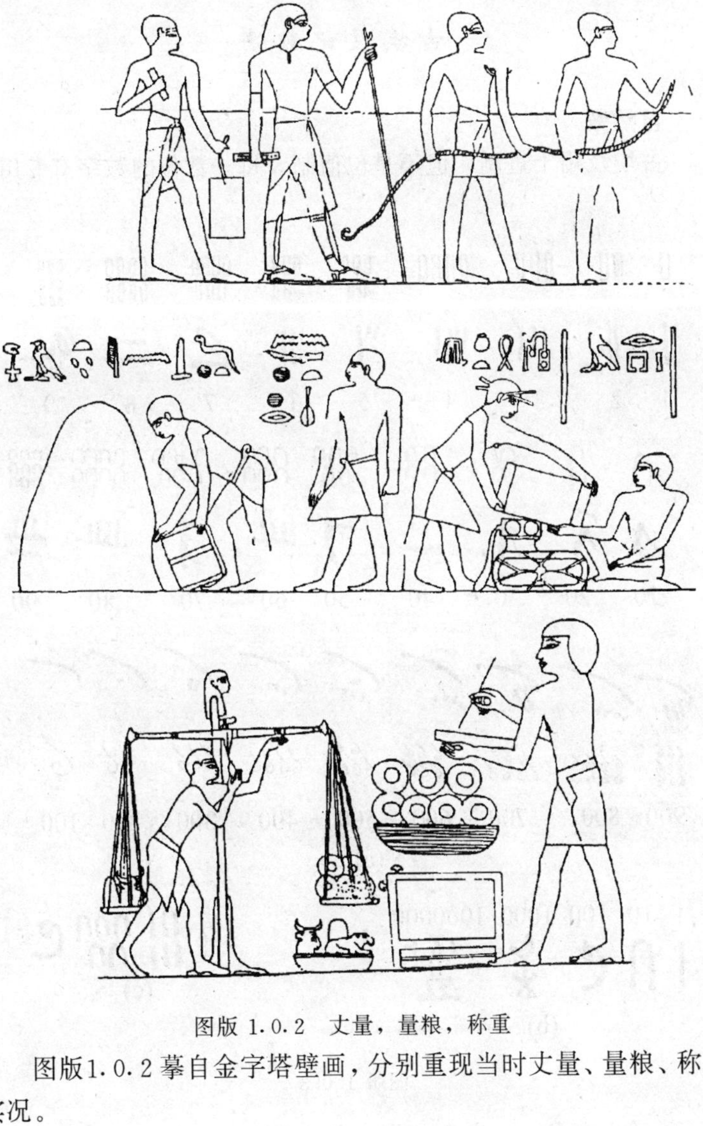

图版 1.0.2　丈量，量粮，称重

图版1.0.2摹自金字塔壁画，分别重现当时丈量、量粮、称重实况。

古埃及记数法

自然数

古埃及用十进制，但不是位值制。每一数位的数字有专用记

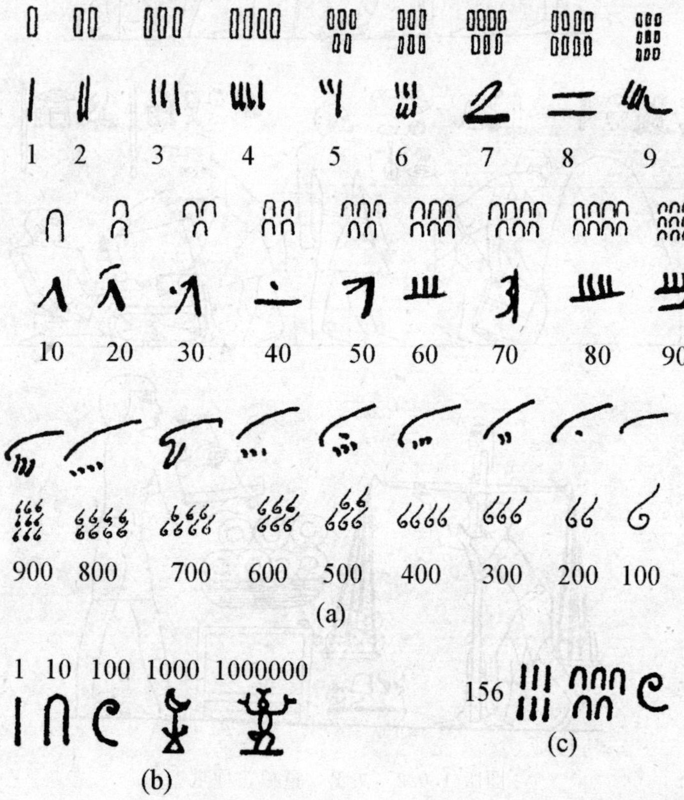

图版 1.0.3

号，图版1.0.3（a）示个位、十位、百位上的数字。每行上为象形文，下为僧侣文。更大的数位：千位、百万位如图1.0.3（b）所示。古埃及的“156”记法如图1.0.3（c）。那时大位写在右侧，自右而左记数位渐小，与今适相反序。我们还应注意此为十进非位值制记数法。

分数

古埃及在自然数上加一符号，以示单位分数以此自然数为分母。除$\frac{2}{3}$以外，古埃及只用单位分数及其和描述分数。图版1.0.4示象形文所加符号为椭圆，僧侣文为点。

图版 1.0.4

希腊马其顿亚历山大一世的入侵，标志古埃及王朝的复灭。文化上的希腊化从此开始。尼罗河三角洲亚历山大城成为当时学术中心，以后学者辈出，兴旺发达，长且千年。我们以此为界分划埃及数学文化为前期和后期。

第一章 前 期

第一节 《莱因得纸草》

一、$\frac{2}{n}$化为单位分数的和

《莱因得纸草》开始有一张很长的表，记$\frac{2}{n}$（n是自然数：1，3，…，101五十个奇数）化为单分数（含$\frac{2}{3}$）之和。表中还有解释，验证答案是对的。答案从何而来？已有包括数学家Sylvester在内的猜测。其中以A. B. Chace的设想最能切中纸草表中所列答案。Chace根据纸草一开始对50个分数所作逐题验证的材料作出综合解释，认为它们是对$\frac{2}{n}$连续乘法（打折扣）的结果。他把50个分数区别对待，分为A，B，C，D，E五类，其中：

①A类是指先取分母的$\frac{2}{3}$，然后逐次折半，例如$\frac{2}{17}$

折扣	n
1	17
$\frac{2}{3}$	$11\frac{1}{3}$
$\frac{1}{3}$	$5\frac{2}{3}$
$\frac{1}{6}$	$2\frac{1}{2}\frac{1}{3}$
$\frac{1}{12}$	$1\frac{1}{4}\frac{1}{6}$

就取$\frac{1}{12}$为第一项单位分数，右端$1\ \frac{1}{4}\frac{1}{6}$与2之差是$\frac{1}{3}\frac{1}{4}$，扩大分母17倍，就导致$\frac{1}{51}\frac{1}{68}$成为第二、三项单位分数。

②B类是把分母连续折半的结果，例如$\frac{2}{13}$

折扣	n
1	13
$\frac{1}{2}$	$6\ \frac{1}{2}$
$\frac{1}{4}$	$3\ \frac{1}{4}$
$\frac{1}{8}$	$1\ \frac{1}{2}\frac{1}{8}$

第一项取$\frac{1}{8}$，右端$1\ \frac{1}{2}\frac{1}{8}$与2之差是$\frac{1}{4}\frac{1}{8}$，扩大分母13倍，就得第二、三项是$\frac{1}{52}$，$\frac{1}{104}$。

③C类是当n含某个因数，例如21有因素3。21的$\frac{2}{3}$是14，21的$\frac{1}{14}$是$1\ \frac{1}{2}$，与2的差是$\frac{1}{2}$，仿照A，B类的做法 $\frac{2}{21}=\frac{1}{14}\frac{1}{42}$。

④D类是A，B二类的综合应用。有时还取折扣$\frac{1}{7}$或$\frac{1}{10}$。

⑤E类是特殊情况$n=35$，91，101。

Chace的结果总结成表1.1.1。

表 1.1.1 $\frac{2}{n}$（n=3～101）的构造设想

类	分母	第一项	乘积	余数	答案
A	3	$\frac{2}{3}$	2		$\frac{2}{3}$
A	5	$\frac{1}{3}$	$1\ \frac{2}{3}$	$\frac{1}{3}$	$\frac{1}{3}\ \frac{1}{15}$
B	7	$\frac{1}{4}$	$1\ \frac{1}{2}\ \frac{1}{4}$	$\frac{1}{4}$	$\frac{1}{4}\ \frac{1}{28}$
A	9	$\frac{1}{6}$	$1\ \frac{1}{2}$	$\frac{1}{2}$	$\frac{1}{6}\ \frac{1}{18}$
A	11	$\frac{1}{6}$	$1\ \frac{2}{3}\ \frac{1}{6}$	$\frac{1}{6}$	$\frac{1}{6}\ \frac{1}{66}$
B	13	$\frac{1}{8}$	$1\ \frac{1}{2}\ \frac{1}{8}$	$\frac{1}{4}\ \frac{1}{8}$	$\frac{1}{8}\ \frac{1}{52}\ \frac{1}{104}$
BD	15	$\frac{1}{10}$	$1\ \frac{1}{2}$	$\frac{1}{2}$	$\frac{1}{10}\ \frac{1}{30}$
A	17	$\frac{1}{12}$	$1\ \frac{1}{4}\ \frac{1}{6}$ 或 $1\ \frac{1}{3}\ \frac{1}{12}$	$\frac{1}{3}\ \frac{1}{4}$	$\frac{1}{12}\ \frac{1}{51}\ \frac{1}{68}$
A	19	$\frac{1}{12}$	$1\ \frac{1}{2}\ \frac{1}{12}$	$\frac{1}{4}\ \frac{1}{6}$	$\frac{1}{12}\ \frac{1}{76}\ \frac{1}{114}$
C	21	$\frac{1}{14}$	$1\ \frac{1}{2}$	$\frac{1}{2}$	$\frac{1}{14}\ \frac{1}{42}$
A	23	$\frac{1}{12}$	$1\ \frac{1}{2}\ \frac{1}{4}\ \frac{1}{6}$ 或 $1\ \frac{2}{3}\ \frac{1}{4}$	$\frac{1}{12}$	$\frac{1}{12}\ \frac{1}{276}$
AD	25	$\frac{1}{15}$	$1\ \frac{2}{3}$	$\frac{1}{3}$	$\frac{1}{15}\ \frac{1}{75}$
C	27	$\frac{1}{18}$	$1\ \frac{1}{2}$	$\frac{1}{2}$	$\frac{1}{18}\ \frac{1}{54}$
A	29	$\frac{1}{24}$	$1\ \frac{1}{6}\ \frac{1}{24}$	$\frac{1}{2}\ \frac{1}{6}\ \frac{1}{8}$	$\frac{1}{24}\ \frac{1}{58}\ \frac{1}{174}\ \frac{1}{232}$
BD	31	$\frac{1}{20}$	$1\ \frac{1}{2}\ \frac{1}{20}$	$\frac{1}{4}\ \frac{1}{5}$	$\frac{1}{20}\ \frac{1}{124}\ \frac{1}{155}$
C	33	$\frac{1}{22}$	$1\ \frac{1}{2}$	$\frac{1}{2}$	$\frac{1}{22}\ \frac{1}{66}$

续表

类	分母	第一项	乘积	余数	答案
E	35	$\frac{1}{30}$ $\frac{1}{42}$	$1\ \frac{1}{6}$ $\frac{2}{3}\ \frac{1}{6}$		$\frac{1}{30}\ \frac{1}{42}$
A	37	$\frac{1}{24}$	$1\ \frac{1}{2}\ \frac{1}{24}$	$\frac{1}{3}\ \frac{1}{8}$	$\frac{1}{24}\ \frac{1}{111}\ \frac{1}{296}$
C	39	$\frac{1}{26}$	$1\ \frac{1}{2}$	$\frac{1}{2}$	$\frac{1}{26}\ \frac{1}{78}$
A	41	$\frac{1}{24}$	$1\ \frac{2}{3}\ \frac{1}{24}$	$\frac{1}{6}\ \frac{1}{8}$	$\frac{1}{24}\ \frac{1}{246}\ \frac{1}{328}$
AD	43	$\frac{1}{42}$	$1\ \frac{1}{42}$	$\frac{1}{2}\ \frac{1}{3}\ \frac{1}{7}$	$\frac{1}{42}\ \frac{1}{86}\ \frac{1}{129}\ \frac{1}{301}$
C	45	$\frac{1}{30}$	$1\ \frac{1}{2}$	$\frac{1}{2}$	$\frac{1}{30}\ \frac{1}{90}$
AD	47	$\frac{1}{30}$	$1\ \frac{1}{2}\ \frac{1}{15}$	$\frac{1}{3}\ \frac{1}{10}$	$\frac{1}{30}\ \frac{1}{141}\ \frac{1}{470}$
BD	49	$\frac{1}{28}$	$1\ \frac{1}{2}\ \frac{1}{4}$	$\frac{1}{4}$	$\frac{1}{28}\ \frac{1}{196}$
C	51	$\frac{1}{34}$	$1\ \frac{1}{2}$	$\frac{1}{2}$	$\frac{1}{34}\ \frac{1}{102}$
AD	53	$\frac{1}{30}$	$1\ \frac{2}{3}\ \frac{1}{10}$	$\frac{1}{6}\ \frac{1}{15}$	$\frac{1}{30}\ \frac{1}{318}\ \frac{1}{795}$
AD	55	$\frac{1}{30}$	$1\ \frac{2}{3}\ \frac{1}{6}$	$\frac{1}{6}$	$\frac{1}{30}\ \frac{1}{330}$
C	57	$\frac{1}{38}$	$1\ \frac{1}{2}$	$\frac{1}{2}$	$\frac{1}{38}\ \frac{1}{114}$
AD	59	$\frac{1}{36}$	$1\ \frac{1}{2}\ \frac{1}{12}\ \frac{1}{18}$	$\frac{1}{4}\ \frac{1}{9}$	$\frac{1}{36}\ \frac{1}{236}\ \frac{1}{521}$
BD	61	$\frac{1}{40}$	$1\ \frac{1}{2}\ \frac{1}{40}$	$\frac{1}{4}\ \frac{1}{8}\ \frac{1}{10}$	$\frac{1}{40}\ \frac{1}{244}\ \frac{1}{488}\ \frac{1}{610}$
C	63	$\frac{1}{42}$	$1\ \frac{1}{2}$	$\frac{1}{2}$	$\frac{1}{42}\ \frac{1}{126}$
C	65	$\frac{1}{39}$	$1\ \frac{2}{3}$	$\frac{1}{3}$	$\frac{1}{39}\ \frac{1}{195}$
BD	67	$\frac{1}{40}$	$1\ \frac{1}{2}\ \frac{1}{8}\ \frac{1}{20}$	$\frac{1}{5}\ \frac{1}{8}$	$\frac{1}{40}\ \frac{1}{335}\ \frac{1}{530}$
C	69	$\frac{1}{46}$	$1\ \frac{1}{2}$	$\frac{1}{2}$	$\frac{1}{46}\ \frac{1}{138}$

续表

类	分母	第一项	乘积	余数	答案
BD	71	$\frac{1}{40}$	$1\ \frac{1}{2}\ \frac{1}{4}\ \frac{1}{40}$	$\frac{1}{8}\ \frac{1}{10}$	$\frac{1}{40}\ \frac{1}{568}\ \frac{1}{710}$
AD	73	$\frac{1}{60}$	$1\ \frac{1}{6}\ \frac{1}{20}$	$\frac{1}{3}\ \frac{1}{4}\ \frac{1}{5}$	$\frac{1}{60}\ \frac{1}{219}\ \frac{1}{292}\ \frac{1}{365}$
C	75	$\frac{1}{50}$	$1\ \frac{1}{2}$	$\frac{1}{2}$	$\frac{1}{50}\ \frac{1}{150}$
C	77	$\frac{1}{44}$	$1\ \frac{1}{2}\ \frac{1}{4}$	$\frac{1}{4}$	$\frac{1}{44}\ \frac{1}{308}$
AD	79	$\frac{1}{60}$	$1\ \frac{1}{4}\ \frac{1}{15}$	$\frac{1}{3}\ \frac{1}{4}\ \frac{1}{10}$	$\frac{1}{60}\ \frac{1}{237}\ \frac{1}{316}\ \frac{1}{790}$
C	81	$\frac{1}{54}$	$1\ \frac{1}{2}$	$\frac{1}{2}$	$\frac{1}{54}\ \frac{1}{162}$
AD	83	$\frac{1}{60}$	$1\ \frac{1}{3}\ \frac{1}{20}$	$\frac{1}{4}\ \frac{1}{5}\ \frac{1}{6}$	$\frac{1}{60}\ \frac{1}{332}\ \frac{1}{415}\ \frac{1}{498}$
C	85	$\frac{1}{51}$	$1\ \frac{2}{3}$	$\frac{1}{3}$	$\frac{1}{51}\ \frac{1}{255}$
C	87	$\frac{1}{58}$	$1\ \frac{1}{2}$	$\frac{1}{2}$	$\frac{1}{58}\ \frac{1}{174}$
AD	89	$\frac{1}{60}$	$1\ \frac{1}{3}\ \frac{1}{10}\ \frac{1}{20}$	$\frac{1}{4}\ \frac{1}{6}\ \frac{1}{10}$	$\frac{1}{60}\ \frac{1}{350}\ \frac{1}{534}\ \frac{1}{890}$
E	91	$\frac{1}{70}$ $\frac{1}{180}$	$1\ \frac{1}{5}\ \frac{1}{10}$ $\frac{2}{3}\ \frac{1}{30}$		$\frac{1}{70}\ \frac{1}{130}$
C	93	$\frac{1}{62}$	$1\ \frac{1}{2}$	$\frac{1}{2}$	$\frac{1}{62}\ \frac{1}{186}$
AD	95	$\frac{1}{60}$	$1\ \frac{1}{2}\ \frac{1}{12}$	$\frac{1}{4}\ \frac{1}{6}$	$\frac{1}{60}\ \frac{1}{380}\ \frac{1}{570}$
BD	97	$\frac{1}{56}$	$1\ \frac{1}{2}\ \frac{1}{8}\ \frac{1}{14}\ \frac{1}{28}$	$\frac{1}{7}\ \frac{1}{8}$	$\frac{1}{56}\ \frac{1}{679}\ \frac{1}{776}$
C	99	$\frac{1}{66}$	$1\ \frac{1}{2}$	$\frac{1}{2}$	$\frac{1}{66}\ \frac{1}{198}$
E	101	$\frac{1}{101}$	1	$\frac{1}{2}\ \frac{1}{3}\ \frac{1}{6}$	$\frac{1}{101}\ \frac{1}{202}\ \frac{1}{303}\ \frac{1}{606}$

二、《莱因得纸草》题选

纸草含85个算题，基本包含了现代小学算术教科书所有内容。美国全美数学教师所编《莱因得纸草》选编其中23个题，门类俱全，有代表意义。我们根据问题不同性质分为三类，每类问题中选录典型。(括弧内数为纸草题号)

算法

减法（21～23），乘法（7～20，61），除法（1～6，47，66，80～81），数列（79）。

应用问题及其解法

单假设法（24～34，67），饲料计算（82～85），比例（69～78），分配（35～40，62～65，68）。

几何

面积（48～55），体积（41～46），方锥陡度（56～60）。

三、算法

减法

问题21　请问：$\frac{2}{3}\frac{1}{15}$关于1的补数是多少？①

解法：$\frac{2}{3}$，$\frac{1}{15}$都扩大15倍将是10，1，它们的和是11。11关于15的补数是4。问题化为$\frac{2}{3}\frac{1}{15}$乘多少才是15。

---

① 单位分数并列，表示它们之间是加法关系．a'关于b的补数c，指$c=b+a$.

1	15
$\frac{1}{10}$	$1\ \frac{1}{2}$
$\backslash\ \frac{1}{5}$	3①
$\backslash\ \frac{1}{15}$	1
和	4

因此$\frac{1}{5}\ \frac{1}{15}$就是所求的答数。

可以验证，答案是对的。

$$\frac{2}{3}+\frac{1}{5}+\frac{1}{15}+\frac{1}{15}=1。$$

乘法

问题 7 $\frac{1}{4}\ \frac{1}{28}$乘以$1\ \frac{1}{2}\ \frac{1}{4}$。

解法：

1	$\frac{1}{4}\ \frac{1}{28}$	
$\frac{1}{2}$	$\frac{1}{8}\ \frac{1}{56}$	
$\frac{1}{4}$	$\frac{1}{16}\ \frac{1}{112}$	这是$\frac{1}{28}$的$1\ \frac{1}{2}\ \frac{1}{4}\ \frac{1}{4}$倍②
和	$\frac{1}{2}$	

除法

问题 1 1个面包10个人等分，每人得$\frac{1}{10}$个。

---

① 斜划表示参加运算的项. 下文仿此，类推.

② 从第一段$\frac{2}{n}$化为单分数和，表1.1.1查出$\frac{2}{7}=\frac{1}{4}\ \frac{1}{28}$，因此纸草文书作者得此结论$\frac{2}{28}=\frac{1}{8}\ \frac{1}{112}$，而$1\ \frac{1}{2}\ \frac{1}{4}\ \frac{1}{4}=2$.

验证：$\frac{1}{10}$乘以 10

1	$\frac{1}{10}$
\2	$\frac{1}{5}$
4	$\frac{1}{3}$ $\frac{1}{15}$
\8	$\frac{2}{3}$ $\frac{1}{10}$ $\frac{1}{30}$
和	1　正确

问题 66　10 海卡油脂规定使用 1 年，问：每日该用多少？

解法：把 10 海卡化成 3 200 罗，又把 1 年化成 365 日。3 200 除以 365，结果是每日用

$$8\ \frac{2}{3}\ \frac{1}{10}\ \frac{1}{2190}$$ （罗）。

计算如下

1	365
2	730
4	1 460
\8	2 920
\\$\frac{2}{3}$	$243\frac{1}{3}$
\\$\frac{1}{10}$	$36\frac{1}{2}$
\\$\frac{1}{2190}$	$\frac{1}{6}$
和 $8\ \frac{2}{3}\ \frac{1}{10}\ \frac{1}{2\,190}$	3 200

同类问题都用这种解法。

从此题运算实录，可见古埃及以乘代除，凑合结果，先民用心良苦。

数列

问题79 求等比数列前五项的和，已知它的首项、公比都是7。

解法：从法则求和，2 801乘以7

1	2 801
2	5 602
4	11 204
和	19 607

所求和用加法完成：

房间	7
猫	49
老鼠	343
大麦	2 401
海卡	16 807
和	19 607

本《大系》第二卷第四编第九章第三节第5题曾录此题的另一种译法。对照纸草原件（图版1. 1. 1）僧侣文及象形文摹本：上面叙述为直译。其中值得指出的是前半段所说“从法则求和”，相当于说，文书作者已知公式：

$$S=\frac{a\ (r^n-1)}{r-1}=a(r^{n-1}+r^{n-2}+\cdots+r+1),$$

这里$a=r=7, n=5$，于是括弧内的值是$7^4+7^3+7^2+7+1=2\ 801$。后半段是对法则的验证。$S=7^5+7^4+7^3+7^2+7$。此外我们从图可以观察到古埃及对十进非位值制记数法已很成熟。

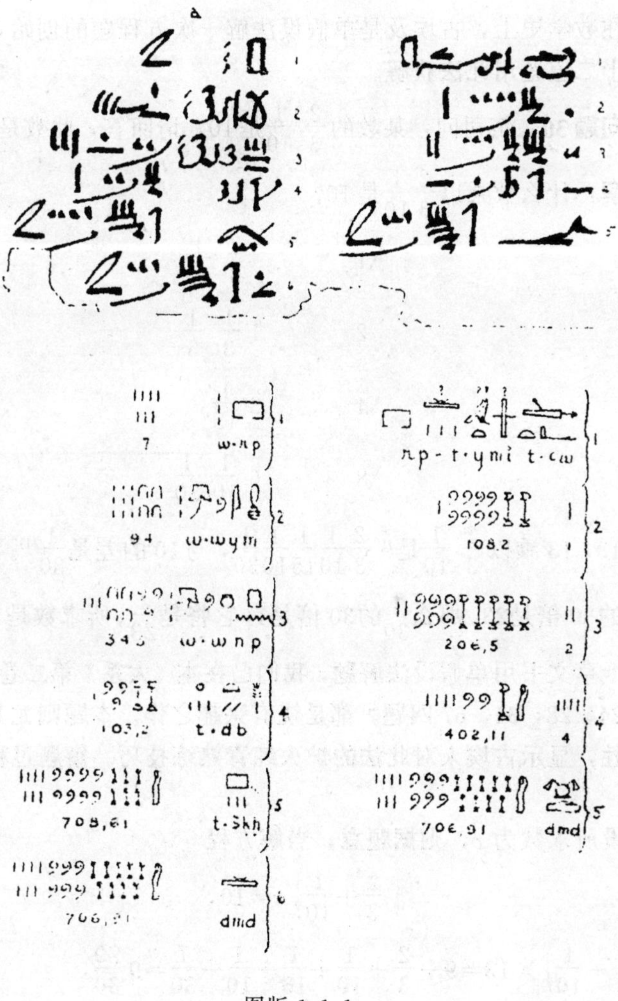
7
w·np
94
w·wym
343
w·wnp
103,2
t·db
708,61
t·skh
706,91
dmd
np-t·ymi t·cw
108.2
206,5
402,11
706,91
dmd

图版 1.1.1

四、应用问题及其解法

单假设法

在数学史上，古埃及是单假设法解一次方程题的创始者。全书有十二道题用此法获解。

问题 30　祭司问：某数的$\frac{2}{3}\ \frac{1}{10}$是10，请回答，此数是多少？

解：什么数乘以$\frac{2}{3}\frac{1}{10}$是10？

\1	$\frac{2}{3}\ \frac{1}{10}$
2	$1\frac{1}{3}\ \frac{1}{5}$
\4	$3\frac{1}{15}$
\8	$6\ \frac{1}{10}\ \frac{1}{30}$

和是13，13乘以$\frac{2}{3}\ \frac{1}{10}$是$9\ \frac{2}{3}\frac{1}{10}\frac{1}{15}\frac{1}{10}\frac{1}{30}$，与10的差是$\frac{1}{30}$①。取30，$\frac{2}{3}\frac{1}{10}$的30倍是23。那么$\frac{1}{30}$的30倍是1，它将是$\frac{1}{23}$。所求数是$13\ \frac{1}{23}$。

纸草文书用单假设法解题，我们已在本《大系》第二卷讨论。其中24，28，31，67四题，都是饶有兴趣之作。本题则尤其是引人入胜，显示古埃人对此法的炉火纯青熟练技巧。解题过程相当于说：

设所求数为x，则据题意，当解方程

$$\left(\frac{2}{3}+\frac{1}{10}\right)x=10,$$

而$\left(\frac{2}{3}+\frac{1}{10}\right)\times 13=9+\frac{2}{3}+\frac{1}{10}+\frac{1}{15}+\frac{1}{10}+\frac{1}{30}=9\ \frac{29}{30}$,

① 注意9与这五个单位分数的和是$9\ \frac{29}{30}$.

前者减去后者，化简得：$23x=23\times13+1$，

所求
$$x=13\frac{1}{23}。$$

对照图1.1.2,此题书影,更可领略和感受古埃及文明的高度。

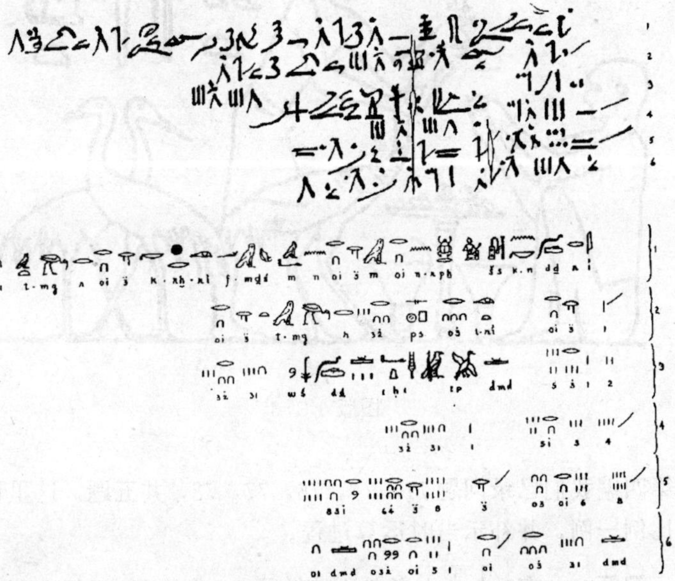

图版 1.1.2

饲料计算

问题82B

我们在本《大系》第二卷第四编第一章第3题已录本题及答案。

图版1.1.3为摹自金字塔壁画，重现当时饲养业实况。

比例

粮食加工在纸草文书中出现很多比例问题。在《大系》第二

图版 1.1.3

卷第四编我们已录问题71，74，76，77，78，共五题。这里再选录比例一例，并补示当时运算过程。

问题70 有$7\frac{1}{2}\frac{1}{4}\frac{1}{8}$海卡原粮做了100个面包。问每个面包用多少原粮？又计算其标号。

解法：做乘法，$7\frac{1}{2}\frac{1}{4}\frac{1}{8}$乘多少等于100？

	1	$7\ \frac{1}{2}\ \frac{1}{4}\ \frac{1}{8}$
	2	$15\ \frac{1}{2}\ \frac{1}{4}$
\	4	$31\ \frac{1}{2}$
\	8	63

\ $\frac{2}{3}$	$5\ \frac{1}{4}$
和	$99\ \frac{1}{2}\ \frac{1}{4}$

与100差　　$\frac{1}{4}$

$\frac{1}{63}$　　$\frac{1}{8}$

把分数$\frac{1}{4}$加倍①

\ $\frac{1}{42}\ \frac{1}{126}$　　$\frac{1}{4}$

标号是　$12\ \frac{2}{3}\frac{1}{42}\frac{1}{126}$。

$7\ \frac{1}{2}\frac{1}{4}\frac{1}{8}$海卡含2 520罗：

1	320
2	640
4	1 280
$\frac{1}{2}$	160
$\frac{1}{4}$	80
$\frac{1}{8}$	40
和	2 520

100乘多少，等于2 520？

① 这相当于说：$1:\left(7+\frac{1}{2}+\frac{1}{4}+\frac{1}{8}\right)=x:\frac{1}{8}$，$x=\frac{1}{63}$. 此处"$\frac{1}{4}$"似为多余，应删.

1	100
10	1 000
20	2 000
5	500
$\frac{1}{5}$	20
和 $25\frac{1}{5}$	2 520

因此每个面包用原粮 $25\frac{1}{5}$ 罗，或 $\frac{1}{16}\frac{1}{64}$ 海卡又 $\frac{1}{5}$ 罗。

上半段算标号时，右侧差 $\frac{1}{4}$。这里相当于说：$1:\left(7+\frac{1}{2}+\frac{1}{4}+\frac{1}{8}\right)=x:\frac{1}{4}$，求 x。因此，左侧差对应是 $x=\frac{8}{63}\times\frac{1}{4}=\frac{1}{42}+\frac{1}{126}$。于是按照古代埃及粮食标号的定义①，就得出答案的第二要求。由于海卡数少于面包数，文书作者把基本单位化为导出单位罗数，这也是很得体的运算。

分配

分配是人类生产活动中的永恒课题，我们已在《大系》第二编第四章分配比例中选录40，63，104 三题。此类问题文书尤有精彩者，这里续选二则，并示原著解法及运算过程。

问题39　100 个面包分给10 人，其中50 个平均分给6 人；其余50 个平均分给 4 人。问：各人得多少？

解法：4 乘多少，得到50？

1	4
\ 10	40

① 参见本《大系》第二卷p. 413 脚注.

	\ 2	8
	\ $\frac{1}{2}$	2
和	$12\frac{1}{2}$	50

6 乘多少，得到50？

	1	6
	2	12
	4	24
	\ 8	48
	\ $\frac{1}{3}$	2
和	$8\frac{1}{3}$	50

因此其中 4 人每人得 $12\frac{1}{2}$ 个，6 人每人得 $8\frac{1}{3}$ 个。

问题62　袋子里有三种重量相同的金、银、铅块。已知共值 84 个喜都①。已给这三种金属每重1 突本依次值12，6，3 喜都。问：各值多少喜都？

解法：12×4 得 48 是金块所值钱币数。

6×4，3×4 各得24，12，分别是银，铅所值钱币数。21×4 得 84 是三种金属块总和所值。

问题68　祭司问你：四个工头共有粮食 100 大海卡。他们分别有12，8，6，4 个工人。如果按工人人数分粮，各工头各应得多少？

解法：共有 30 工人。30 乘多少，得 100？答数是 $3\frac{1}{3}$。所以

① 喜都（Sha'ty）货币名.

每人应得$3\frac{1}{4}\frac{1}{16}\frac{1}{64}$海卡又$1\frac{2}{3}$罗。第一个工头应得此数的12倍。其余三工头依次得8，6，4倍。做乘法

(i) $3\frac{1}{4}\frac{1}{14}\frac{1}{64}$海卡$1\frac{2}{3}$罗；

(ii) $6\frac{1}{2}\frac{1}{8}\frac{1}{32}$海卡$3\frac{1}{3}$罗；

(iii) $13\frac{1}{4}\frac{1}{16}\frac{1}{64}$海卡$1\frac{2}{3}$罗；

(iv) $26\frac{1}{2}\frac{1}{8}\frac{1}{32}$海卡$3\frac{1}{3}$罗。

四个工头各应得粮食：

有12个工人的工头得100海卡的$\frac{1}{4}$又15海卡，即40海卡。有8个工人的工头得100海卡的$\frac{1}{4}$又$1\frac{1}{2}\frac{1}{8}\frac{1}{32}$海卡$3\frac{1}{3}$罗，即$26\frac{2}{3}$海卡。有6个工人的工头得20海卡。有4个工人的工头得$13\frac{1}{4}\frac{1}{16}\frac{1}{64}$海卡又$1\frac{2}{3}$罗，即$13\frac{1}{3}$海卡①。

五、几何

面积

我们已在《大系》第二卷第四编引录纸草三角形、四边形、圆面积问题（48，49，50，52四题）足以代表此文书求图形面积的实际能力。

体积

在上述二卷四编仅录纸草长方体计算一例（问题44）在此副卷我们补录其他二例。

问题42　求圆柱形仓体积：已知其直径为10肘尺，高也是10

① 各工头实得数是这些粮食的400倍.

肘尺。

解法：在10中减去其$\frac{1}{9}$，即$1\ \frac{1}{9}$。余下$8\ \frac{2}{3}\frac{1}{6}\frac{1}{18}$乘以$8\ \frac{2}{3}\frac{1}{6}\frac{1}{18}$得$79\ \frac{1}{108}\frac{1}{324}$平方肘尺。又乘以10，得$790\ \frac{1}{18}\frac{1}{27}\frac{1}{54}\frac{1}{81}$立方肘尺。加上它的半数，得$1185-\frac{1}{54}$哈尔，它的$\frac{1}{20}$是$59\ \frac{1}{4}\frac{1}{108}$大海卡。

T. E. Peet 最先指出本题记录了古埃及量制与立方肘尺的关系：

1 哈尔$=\frac{2}{3}$立方肘尺。

1 大海卡＝20 哈尔＝400 海卡。

另据文物检测，1 肘尺＝20.62 英寸，于是借以计算海卡与今容制的关系：

1 海卡＝292.24 立方英寸。

埃及人以正方形的$\left(\frac{8}{9}\right)^2$作为它的内切圆圆面积①。本题所求圆柱形仓体积是说：

$$
\begin{aligned}
V &= \frac{\pi}{4}D^2h \approx 10^2\left(\frac{8}{9}\right)^2 10 \\
&= \left(10-1\ \frac{1}{9}\right)^2 \times 10 = \left(8\ \frac{2}{3}\frac{1}{6}\frac{1}{18}\right)^2 \times 10 \\
&= 79\ \frac{1}{108}\frac{1}{324} \times 10 = 790\ \frac{1}{18}\frac{1}{27}\frac{1}{54}\frac{1}{81}\ \text{（立方肘尺）} \\
&= \left(1+\frac{1}{2}\right) \times 790\ \frac{1}{18}\frac{1}{27}\frac{1}{54}\frac{1}{81} = 1\ 185\ \frac{1}{6}\frac{1}{54}\ \text{（哈尔）} \\
&= 59\ \frac{1}{4}\frac{1}{108}\ \text{（大海卡）。}
\end{aligned}
$$

可见本题在限定以单位分数和入算的条件下，运算是准确无误的。

问题45 有一长方体仓含7 500×4 海卡粮食，问：这粮仓的

① 参见本《大系》第二卷p. 465～466

长、宽、高是多少？

解法：75 乘以 20 得 1 500。它的$\frac{1}{10}$是 150，$\frac{1}{10}$是 15。这$\frac{1}{10}$的$\frac{2}{3}$是 10。因此粮仓的尺寸是 10×10×10。

算式		
	1	75
	10	750
	20	1 500

它含哈尔数

1	1 500
$\frac{1}{10}$	150
$\frac{1}{10}\times\frac{1}{10}$	15
$\frac{2}{3}\times\frac{1}{10}\times\frac{1}{10}$	10

乍一看，此题解法难以理解。其实文书作者的思路是，先把海卡化为大海卡，然后化为哈尔，然后化为立方肘尺：

7 500×4÷400 ＝75（大海卡）

75×20 ＝1 500（哈尔）

$1\ 500\times\frac{2}{3}$ ＝1 000（立方肘尺）。

方锥陡度

纸草文书含方锥陡度计算五题，我们已在《大系》二卷四编举一例（问题59）：从已给底边、陡度求高。在评论中又比较了今存开罗附近吉萨村三大金字塔侧面倾角，说明纸草文书所说与今存建筑一脉相承，倾角约略相同。陡度计算题中还有从已给方锥底边长及高求陡度者，是今存求角度余切的最早记录：

问题 56 有一正方锥，高 250 肘尺，边长 360 肘尺，问：它的陡度是多少？

解法：360 的二分之一是180。250 乘多少是180？它是$\frac{1}{2}\frac{1}{5}\frac{1}{50}$（肘尺）。1 肘尺有7 掌，$\frac{1}{2}\frac{1}{5}\frac{1}{50}$乘以7。

1	7
$\frac{1}{2}$	$3\frac{1}{2}$
$\frac{1}{5}$	$1\frac{1}{3}\frac{1}{15}$
$\frac{1}{50}$	$\frac{1}{10}\frac{1}{25}$

所求陡度是$5\frac{1}{25}$掌。

这是说，所求方锥陡度是$\frac{250}{180}=\frac{1}{2}\frac{1}{5}\frac{1}{50}$。相当于纵 7 掌、横$\left(\frac{1}{2}+\frac{1}{5}+\frac{1}{50}\right)\times 7=5\frac{1}{25}$（掌）。

用我们的话来说，所求

$$\cot\theta=\frac{250}{80}=0.72，\theta=54°14'46''。$$

与其他各题所反映的侧面倾角相仿。

我们感到有兴趣的是本题用僧侣文和象形文抄写的摹本，左侧还画有插图（图版1.1.4）。图版1.1.5 为文物原件摄影更真实反映了古埃及文明的一个侧面。

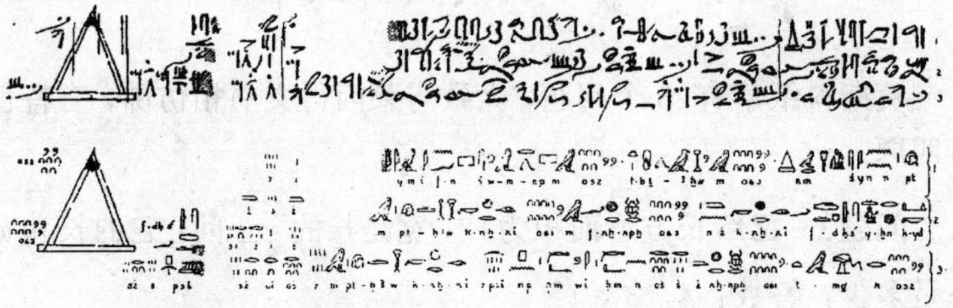

图版 1.1.4

图版 1.1.5 《莱因得纸草》问题56～60

第二节 《莫斯科纸草》

莫斯科纸草有25个问题，大致与莱因得文书相仿佛，有特色者四题。

问题3 已给长方形面积为12，宽是长的$\frac{3}{4}$。问：它的长和宽各是多少？答数：4，3。

原著解法相当于说设宽、长分别为x，y。

据题意　$\frac{x}{y}=\frac{m}{n}$，$xy=S$，m，n，S 为已给。

则　$x^2=\frac{m}{n}S$，$x=\sqrt{\frac{m}{n}S}$，而 $y=\frac{n}{m}\sqrt{\frac{m}{n}S}=\sqrt{\frac{n}{m}S}$，

把 $S=12$，$m=4$，$n=3$ 代入公式，得解。

问题6　已给直角三角形直角边，长边是短边的 $2\frac{1}{2}$ 倍，它的面积是20。求二直角边长。答数：4，10。

原著解法相当于说，设短边为 a，而

$\frac{5}{2}\times\frac{1}{2}a^2=20$。　于是 $a=4$，长边 $b=10$。

问题10　已给半球直径是9，求它的表面积。答：32。

解法：从9减去其九分之一。半个“蛋形”体计算方法如下。计算余数8乘余数8，得到 $\frac{2}{3}\frac{1}{6}\frac{1}{18}$。结果再乘以8，得到 $7\frac{1}{9}$。它与 $4\frac{1}{2}$ 相乘，得答数32。

可以认为纸草文书作者已知半球表面积公式：$S=2\pi R^2$。因为上文解法思路正是

$$\begin{aligned}S&=2\pi\times\frac{9}{2}\times\frac{9}{2}\\&\approx2\left(1-\frac{1}{9}\right)\left(1-\frac{1}{9}\right)\times\frac{9}{2}\times\frac{9}{2}\\&=\frac{8}{9}\times8\times\frac{9}{2}\\&=\left(\frac{2}{3}+\frac{1}{6}+\frac{1}{18}\right)\times8\times\frac{9}{2}\\&=\left(7+\frac{1}{9}\right)\times\frac{9}{2}=32。\end{aligned}$$

问题14　为莫斯科纸草中最负盛名的问题，我们已在二编四章引录，并附象形文摹本。读者还可对照图版1.1.6，此为原著书影。

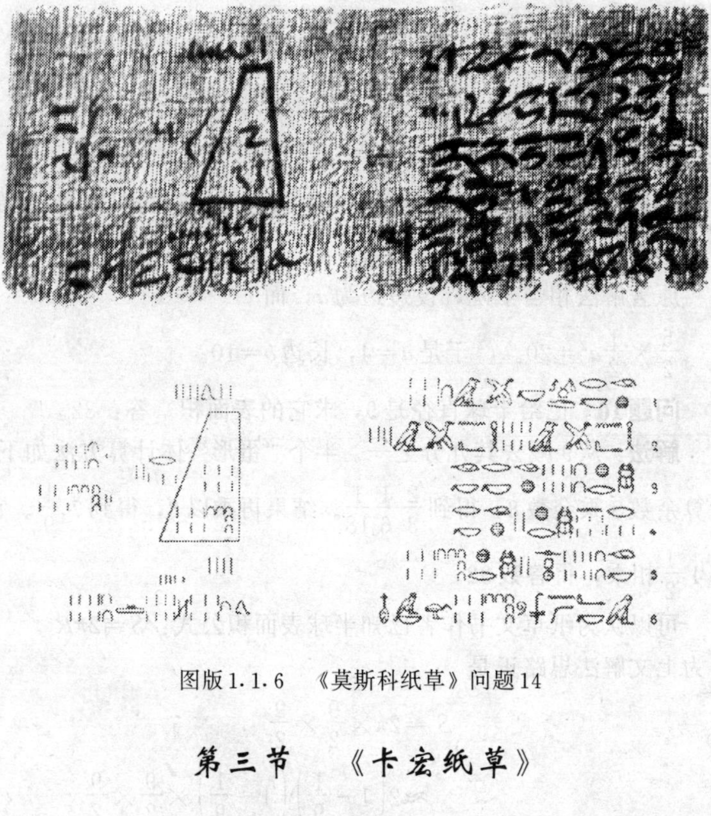

图版1.1.6　《莫斯科纸草》问题14

第三节　《卡宏纸草》

卡宏（Kahun）城在尼罗河三角洲上，是第十二王朝国都。从此出土的纸草分藏伦敦和柏林博物馆。

问题　已给长方形对角线长是10，长、宽比是$1:\frac{3}{4}$，问：长、宽各是多少？

在此纸草文书上有用单假法解二次方程的记录：

相当于说，要解二次方程

$$\begin{cases}x^2+y^2=100,\\ x:y=1:\frac{1}{2}\frac{1}{4}。\end{cases}$$

解法：

假设　$x=1$，$y=\frac{1}{2}\frac{1}{4}$，

那么　$x^2+y^2=1\ \frac{1}{2}\frac{1}{16}$。

为使　$x^2+y^2=100$。

1	$1\frac{1}{2}\frac{1}{16}$
2	$3\frac{1}{8}$
4	$6\frac{1}{4}$
8	$12\frac{1}{2}$
16	25
32	50
64	100

$1\frac{1}{2}\frac{1}{16}$必须扩大64倍，也就是所求$x=1\times8=8$，$y=6$。

第四节　《哈里斯纸草》

史称哈里斯（Harris）大纸草，是传世容量最大的纸草，含79张散叶，用僧侣文精抄①，并彩绘祭司在神前虔诚祈祷。原件有六部分。这里仅录“神庙臣民交纳现金及实物税单”片段：

黄金217突本5凯特，

① 周一良等，世界通史资料选辑，上古部分，商务印书馆，1974．20～30．

得自努比亚的黄金290突本8 $\frac{1}{2}$凯特，

得自科不多斯沙漠的黄金61突本3凯特，合计569突本6 $\frac{1}{2}$凯特，

白银10 964突本9凯特，

人们用以祭神的代实物税银3 601突本1凯特，

农民交纳的面粉309 550袋，

蔬菜24 650捆，

亚麻64 000束，

捕鸟人贡税水鸟289 530只，

埃及牲口847头，叙利亚贡牛19头，总计866头，

鹅744只，

雪松造巨舰11艘，洋槐造巨舶、运输船、木筏71条，总计82条。

第二章　后　期

第一节　艾德夫神庙石刻

古时埃及巨石建筑至今林立，神庙巨柱、栋梁处处石刻，记载各时期重大历史事件，是一部用石材制造的历史书，其中也不乏数学史料。在尼罗河上艾德夫（Edfu）有Horus 神庙（公元前237 年建）[1]，在公元前107 至前88 年期间，神庙祭司在石造门楼楣石刻着很多当时丈量土地田亩面积记录。对四边形（三角形作为一边长为零的特殊情况）两边对边分别长为a，c；b，d 的面积都取近似值：$A=\frac{1}{2}(a+c)\times\frac{1}{2}(b+d)$。石刻上记录相当于说：

$$16，15；4，3\frac{1}{2}：\frac{1}{2}(16+15)\times\frac{1}{2}\left(4+3\frac{1}{2}\right)=58\frac{1}{8}。$$

$$22，23；4，4：\frac{1}{2}(22+23)+\frac{1}{2}(4+4)=90。$$

$$0，5；17，17：\frac{1}{2}(0+5)+\frac{1}{2}(17+17)=42\frac{1}{2}。$$

$$9\frac{1}{2}，10\frac{1}{2}；24\frac{1}{2}\frac{1}{3}，22\frac{1}{2}\frac{1}{3}：\frac{1}{2}\left(9\frac{1}{2}+10\frac{1}{2}\right)+\frac{1}{2}\left(24\frac{1}{2}\frac{1}{3}+22\frac{1}{2}\frac{1}{3}\right)=236\frac{1}{4}，等等。$$

历史记载，田亩丈量时，正当希腊王托勒密（Ptolemy）十一世治时。在罗马恺撒大帝焚烧亚历山大图书馆（公元前47 年）之前，希腊数学已很发达，而祭司所用田亩公式却很粗糙，令人

① HG.，vol. 1，p. 124

费解。

第二节　《第莫梯克纸草》

纸草系公元前1世纪时所写，开罗附近Hermopolis出土，共40个问题，英国Brown大学出版社出版R. A. Parker著Demotic Mathematical Papyrus（《第莫梯克纸草》）并附录其他纸草25个问题，K. Vogel在Historia Mathematica. 1974（1）pp. 195～199作述评。全书仍用单位分数入算，我们选录六题。

问题8　7肘尺长，5肘尺宽布一段共35布尺（平方肘尺）。问：长度减去1肘尺，宽度增加多少，使布面积保持不变？

原著说：长度从7减少到6，面积少了5布尺，6乘以多少，才等于5？$\frac{2}{3}\frac{1}{6}$增入5，面积保持不变。

问题24～31与我国《九章算术·勾股》第8题“垣高一丈，倚木于垣”相仿，其中

问题24　杆长10肘尺，底部外移6肘尺。问：杆顶新的高度是多少?，杆顶低了多少?

解法：$10\times10=100$，$6\times6=36$，

$$\sqrt{100-36}=\sqrt{64}=4，10-8=2。$$

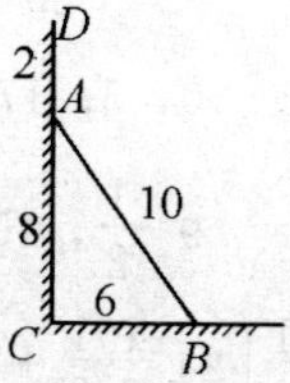

图1.2.1

文书作者熟知勾股定理，借以回答问题：新高度8，低了2肘尺。

问题27，29　已给杆长（CD），杆顶低了肘尺数（DA），求杆底外移肘尺数（CB）。文书作者运用勾股定理做另一种运算。

问题34　丈量长方形土地，已知它有60平方肘尺，对角线长13肘尺。问：它的长、宽各长多少?

解法：计算

$$13\times13=169,$$
$$60\times2=120,$$
$$169+120=289,$$
$$\sqrt{289}=17,$$
$$169-120=49,$$
$$\sqrt{49}=7,$$
$$17-7=10,$$
$$\frac{1}{2}\times10=5,\text{这是宽。}$$
$$17-5=12,\text{这是长。}$$

你可以回答，土地长、宽分别是12和5。

验证：$12\times12=144$，$5\times5=25$。

$\sqrt{144+25}=\sqrt{169}=13$，对角线长。

从解法过程可追迹文书作者的设想：如果我们设长方形长、宽分别是x，y。题给条件是

$$\begin{cases}xy=60,\\x^2+y^2=13^2=169。\end{cases}$$

原著是说：　$x+y=\sqrt{x^2+y^2+2xy}=17$，

而　$x-y=\sqrt{x^2+y^2-2xy}=10$。

于是所求　$y=\frac{17-7}{2}=5$，$x=17-5=12$。本题与卡宏纸草所设题可前后媲美。

问题56

$$\frac{2}{35}=\frac{1}{35}+\frac{1}{35}=\frac{1}{30}+\frac{1}{42}。$$

怎样化为单位分数？

解法：

$$35=5\times7,$$
$$5+7=12,$$

$$12\div 2=6,$$
$$6\times 5=30,$$
$$6\times 7=42。$$

在这一题解法启示下，对于形如$\frac{2}{n}$普通分数，n是奇数，很方便地都可以化为二单位分数和。如果$n=uv$取$u+v=2\omega$，那么

$\frac{2}{n}=\frac{2}{uv}=\frac{1}{u\omega}+\frac{1}{v\omega}$。例如

$\frac{2}{95}=\frac{2}{5\times 19}=\frac{1}{5\times 12}+\frac{1}{19\times 12}=\frac{1}{60}+\frac{1}{228}$。理由是显然的。可以认为，6～7世纪时的阿克明纸草的单位分数构造法是本题承前启后之作。

问题62　10的平方根是多少？

解法：$3\times 3=9$，有余数1。

取1的半数：$\frac{1}{2}$，又取它的三分之一：$\frac{1}{6}$。

$3+\frac{1}{6}$是答数。

可见作者取近似值

$$\sqrt{a^2+b}\approx a+\frac{1}{2a}。$$

我们还可以举其

问题7　船用正方形帆布，已给面积1 000布尺（平方肘尺）。又帆布的长宽比为$1\frac{1}{2}:1$，问：长、宽各是多少。

解法：相当于说已给长（x）、宽（y）。

$$xy=1\ 000\text{而}x:y=1\frac{1}{2}:1。$$

需解　　$x^2=1\ 500$，

原著取$\sqrt{1\ 500}=38\ \frac{2}{3}\frac{1}{20}$。①

第三节　《密芝安纸草》

纸草原件在埃及出土，约为公元后2世纪时作品《算术史》作者L. C. Karpinski 和F. E. Robbins 发表Michigan Papyrus 620（《密芝安纸草620》）于Science 1929（70）pp. 311～314. 纸草含三个算题，均为线性方程组题，其中的

问题1　四数之和是9 900。设第二数比第一数大$\frac{1}{7}$倍。第三数比第一数、第二数之和大300。第四数比前面三数之和大300。求此四数。

解法：②

$\frac{1}{7}$		300	300	9 900
$7S$	$8S$	$15S+300$	$30S+600$	
1 050	1 200	2 550	5 100	
150				

第一行记问题数据。

第二行：设第一未知数为$7S$，第二未知数为$8S$，第三未知数为$15S+300$，第四未知数为$30S+600$。

① B. L. van der Waerden 把1 500 化为60 进制$\sqrt{1\ 500}=38\ \frac{43}{60}\frac{47}{60^2}$，两相比较可见纸草近似值有较高精度. 见WGA.，pp. 168

② 原件前半部已损毁，论文作者据意复原. 本题答数是1 050，1 200，2 550，5 100.

题意四数之和 $60S+900=9\,900$，$S=150$。(第四行)

把 S 值写在第三行。

从原件解法可见当时的代数处理与今日解线性方程组已非常接近。

第四节 《阿克明纸草》[1]

阿克明(AKhmin)在开罗吉萨村附近，即三大金字塔所在地。纸草在此出土，因得名，是公元6～7世纪时所作。J. Baillet 在1892年著文报导此藏于吉萨村博物馆的纸草。

纸草文书用希腊文书写。

纸草记载化普通分数为单位分数的方法，方法多样。

把普通分数的分母分解成二因数 (b, c) 或三因数 (c, d, f)，那么

① $\dfrac{a}{bc}=\dfrac{1}{c\cdot\dfrac{b+c}{a}}+\dfrac{1}{b\cdot\dfrac{b+c}{a}}$。

例如 $\dfrac{2}{11}=\dfrac{1}{6}+\dfrac{1}{66}$，$\dfrac{3}{110}=\dfrac{1}{70}+\dfrac{1}{77}$，

$\dfrac{18}{323}=\dfrac{18}{17\times19}=\dfrac{1}{34}+\dfrac{1}{38}$。

② $\dfrac{a}{cdf}=\dfrac{1}{c\cdot\dfrac{cd+df}{a}}+\dfrac{1}{f\cdot\dfrac{cd+df}{a}}$。

例如 $\dfrac{28}{1\,320}=\dfrac{28}{10\times12\times11}=\dfrac{1}{10\times\dfrac{120+132}{28}}+\dfrac{1}{11\times\dfrac{120+132}{28}}=\dfrac{1}{90}+\dfrac{1}{99}$。

---

① Sm，vol. 2，pp. 212～214.

这两种情况是在$a|b+c$或$a|cd+df$条件下才分解成功，否则失效。纸草文书作者另有补充方法：

③当分母分解为bc时，如$a\nmid b+c$，就另设一自然数m，使$a|b+mc$，那么

$$\frac{a}{bc}=\frac{1}{c\cdot\frac{b+mc}{a}}+\frac{1}{b\cdot\frac{b+mc}{a}\cdot\frac{1}{m}}$$，再进一步分解。

例如$\frac{7}{176}=\frac{7}{11\times16}$，$7\nmid 11+16$，但$7|16+3\times11$，于是

$$\frac{7}{176}=\frac{1}{11\times\frac{16+3\times11}{7}}+\frac{1}{16\times\frac{16+3\times11}{7}\times\frac{1}{3}}=\frac{1}{77}+\frac{3}{112}。$$

而 $$\frac{3}{112}=\frac{1}{7\times\frac{16+2\times7}{3}}+\frac{1}{16\ \frac{16+2\times7}{3}}=\frac{1}{70}+\frac{1}{80},$$

因此 $$\frac{7}{176}=\frac{1}{70}+\frac{1}{77}+\frac{1}{80}。$$

④从已给分数中减去某一单位分数后，再进一步分解。

例如$\frac{31}{616}$，$616=8\times77=7\times88$，$31\nmid 8+77$，$31\nmid 7+88$。就化$\frac{31}{616}=\frac{1}{88}\frac{24}{616}=\frac{1}{88}\frac{3}{77}=\frac{1}{88}+\frac{1}{77}+\frac{2}{77}$，而$\frac{2}{77}$就归结为情况①，分解为$\frac{1}{63}+\frac{1}{99}$，因此$\frac{31}{616}=\frac{1}{63}+\frac{1}{77}+\frac{1}{88}+\frac{1}{99}$。

再如$\frac{239}{6\,460}$，$6\,460=85\times76=95\times68$ 归结为情况①，都失效，就在原分数内减去$\frac{1}{85}$。

$$\frac{239}{6\,460}=\frac{1}{85}+\frac{163}{6\,460}=\frac{1}{85}+\frac{1}{95}+\frac{95}{6\,460}=\frac{1}{68}+\frac{1}{85}+\frac{1}{95}。$$

此外纸草还有许多算题：

分配比例，把一数化为已给之比。

余数问题，从某金库取出$\frac{1}{13}$，又取余下财富的$\frac{1}{17}$，金库剩150（金币）。问：原有多少金币。原答数：172 $\frac{21}{32}$（金币）这类问题相当于解一次方程：$\left(x-\frac{1}{a}x-\frac{1}{b}\left(x-\frac{1}{a}x\right)-\cdots\right)=R$。

分数减法，从$\frac{2}{3}$减去$\frac{1}{10}\frac{1}{11}\frac{1}{20}\frac{1}{22}\frac{1}{30}\frac{1}{33}\frac{1}{40}\frac{1}{44}\frac{1}{50}\frac{1}{55}\frac{1}{60}\frac{1}{66}\frac{1}{70}\frac{1}{77}\frac{1}{80}\frac{1}{88}$ $\frac{1}{90}\frac{1}{99}\frac{1}{100}\frac{1}{110}$，答数是$\frac{1}{10}+\frac{1}{50}$。

纸草文书的末尾有附表：

其一，用$\frac{2}{3}$，$\frac{1}{3}$，$\frac{1}{4}$，$\frac{1}{5}$，$\frac{1}{6}$，…，$\frac{1}{10}$分别乘十，百，千，万。

其二，1，2，…，n 乘以$\frac{1}{n}$，$n=1$，2，3，…，20

答数都用整数以及单位分数之和表示。

第 二 编

巴 比 伦

概　　说

巴比伦的历史与文化

巴比伦文化是指西亚两河流域从公元前 3 千纪开始至公元前 4 世纪止、奴隶制国家所有文化现象的总称，各国家其著称为

苏美尔王朝　公元前 30 世纪至前 25 世纪。

阿卡德王朝　公元前 24 世纪至前 22 世纪。

古巴比伦王国　公元前 19 世纪至前 18 世纪。

亚述帝国　公元前 18 至前 8 世纪。

新巴比伦王国　公元前 7 至 6 世纪。

波斯帝国　公元前 6 至前 4 世纪。

希腊民族入侵后，建立了

塞琉古王朝　公元前 4 世纪起。

巴比伦文化区适是今伊拉克、伊朗所在地，当年以盛产橄榄油闻名，殊不知地下丰藏石油。当年奴隶主瑰丽建筑至今犹存遗迹。其著称者如阿卡德后裔所建高层观象台，萨艮皇宫五腿翼兽浮雕，巴比伦王国城门彩色琉璃砖饰，塞琉古帕赛波里斯百柱厅跪牛柱头大理石群柱等都是足以说明西亚能工巧匠的工作是杰出

的。此外巴比伦有高度发达的文学、历史学和科学。后者以天文、数学为最，文献都用刻在泥版上的楔形文字保存下来。

泥版与泥版数学文书

从19世纪开始，考古学家在西亚两河流域发掘文物，嗣后不断出土巴比伦时代据以记录文化的泥版文书，已达50万块。不少精品都珍藏在巴黎、柏林、伦敦、纽约等地博物馆中。泥版是用削尖的芦苇杆（一说木条）在泥版上刻写楔形文字。经过日晒(一说烘焙)，就成为易于保存、长期无损的文书档案。泥版有大有小，小的方圆仅几寸，最大也不过教科书那么大。泥版中间厚，约1.2寸，四周薄。有的仅一面有字，有的两面都有字，有的四边都有字。1847年H. C. Rawlinson最早为这些文书的丰富内涵解密。在数以十万计的泥版中经鉴定为数学文书的约300块，其中约200块为各种数学用表。在这些文书中O. Neugebauer (1899— ，奥地利—美国人）钻研最有成绩，他是哥廷根大学数学系毕业生(1926）并留校任教，1936年到美国。代表作《古代科学史教程》和Mathematische Keilschrift Texte，1935（《数学楔形文字译释》)。苏联A. A. Вайман著《苏美尔巴比伦数学》是一本中型的介绍泥版文书的学术著作。

巴比伦度量衡制度[①]

长度

基本单位：肘尺（Kus）

导出单位：

① 据《苏美尔巴比伦数学》辑出.

1 苏西（susi）$=\frac{1}{30}$肘尺。

1 基（gi）=6 肘尺。

1 加尔（GAR）=12 肘尺，折合分 6 米。

1 曷斯（US）=60 加尔=720 肘尺。

面积和容积

基本单位：沙尔（SAR 面积）=1 平方加尔，144 平方肘尺。沙尔（体积）=沙尔（面积）×1 肘尺=144 立方肘尺。

导出单位：

1 色（se）$=\frac{1}{3}\times\frac{1}{60}\times\frac{1}{60}$沙尔。

1 京（gin）$=\frac{1}{60}$沙尔。

1 曷婆（ubu）=50 沙尔。

1 婆尔（bur）=30×60 沙尔。

1 刷鲁（saru）=5×60×60×60 沙尔。

重量

基本单位：码那（mana）。

导出单位：

1 金（Kin）$=\frac{1}{60}$码那。

1 色$=\frac{20}{60^3}$码那。

1 弓（gun）=60 码那。

巴比伦记数法

巴比伦用六十进位值制记数，图 2.0.1 示某些自然数的楔形符号记数例。缺陷是整数与分数无统一规定，因此图中的120 可视为 2 或$\frac{2}{60}$，或 2×60^2；而 227 也可视为 $3\ \frac{47}{60}$，或$\frac{3}{60}\frac{47}{60^2}$，或 3×

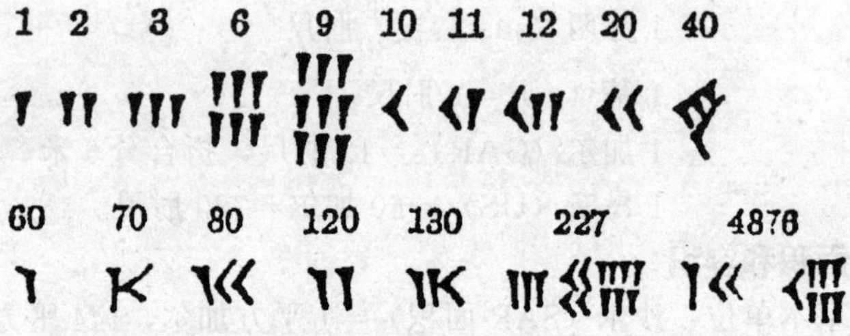

图 2.0.1

$60^2+47\times 60$。

按照数学史专著惯例，我们用阿拉伯数字记楔形符号，并以分号“;”为界，其左为整数部分，其右为分数部分。每向左（右）又以逗号“,”分节，每向左（右）一节升值（降值）60 倍。例如

$$29,13;18,20,13=29\times 60+13+18\times\frac{1}{60}+20\times\frac{1}{60^2}+13\times\frac{1}{60^2}。$$

希腊马其顿亚历山大一世的入侵，标志两河流域土著民族政权的灭亡。7 世纪起阿拉伯国家势力又伸入本地区。虽然希腊文化和阿拉伯文化与巴比伦文化有异，受土著习惯影响还是深刻的。在巴比伦数学文书研究中常分之为前期与后期。后期是指塞琉古王朝时期及以后的出土泥版，其余都称前期。

泥版数量很多，已解密的数学现象也很多。本编选择其有特色者，力图无重复。叙述次序是先原著所提问题、原著所作数值解法（分行并编序号），后作今释。其特别有典型意义者附原件图版或其摹本。所有今释中牵涉到计算时，一律用六十进记数法以存其真。

本章文献主要来源

O. Neugebauer, Mathematische Keilschrift Texte, T. 1～3,

Berlin，1935～1937

B. L. Van der Waerden，Science Awakening，Groningen，Holland，1954

B. L. Van der Waerden，Geometry and Algebra in Ancient Civilizafion，Springer-Verlag，1981

А. А. Вайман，Шумеро-Вавилонская Математика，Москва，1961

第一章 英国藏品

英国伦敦不列颠博物馆藏泥版极为丰富，其中已经研究、鉴定为数学文献者有以下几种。

第一节 BM 13901[①]

此泥版为早期文物，含 24 个问题。

问题1 我把正方形的面积与其边长相加，得0；45。求边长。

解法：

(i) 写下1。

(ii) 取1的一半是0；30。

(iii) 自乘得0；15。

(iv) 0；15 加上0；45，得1。

(v) 1减去0；30，就是所求边长。

从上面解法可以认为泥版作者已知二次方程 $x^2+ax=b$ 的正根是

$$x=\sqrt{\left(\frac{a}{2}\right)^2+b}-\frac{a}{2}。$$

我们如设所求边长是 x，本题就是要解

$$x^2+x=0;45。$$

而 $a=1$，$\frac{a}{2}=\frac{1}{2}=0;30$，$\left(\frac{a}{2}\right)^2=\left(\frac{1}{2}\right)^2=0;15$，$\left(\frac{a}{2}\right)^2+b=1$；

① BM 为British Museum 缩写，后为藏品编号.

0；15＋0.45＝1，$x=\sqrt{\left(\frac{a}{2}\right)^2+b}-\frac{a}{2}=0$；30。这正是第（i）～（v）行内容。

问题2　我从正方形的面积减去它的边长，得14；30。求边长。

解法：

（i）把1分成两份：0；30，0；30。

（ii）0；30与0；30的乘积是0；15。

（iii）你加上14；30。

（iv）14;30,15有平方根29；30。

（v）29；30加上0；30，得30。这是所求边长。

从解法可以认为这是从二次方程 $x^2-ax=b$ 计算正根 $x=\sqrt{\left(\frac{a}{2}\right)^2+b}+\frac{a}{2}$的过程。

问题8　我把两个正方形面积加起来，得到和21，40。二者边长加起来，和是50。问：它们的边长各是多少？

解法：

（i）25的平方是10,25。

（ii）21,40的一半是10,50。

（iii）二者之差是25，平方根是5。

（iv）25加上5，是其中一条边长。

（v）25减去5，是另一条边长。

权威学者认为从解法说明：巴比伦人已明确二元二次方程组

$$\begin{cases}x^2+y^2=a,\\x+y=b。\end{cases}$$

一般的解法：设$x=\frac{b}{2}+t$，$y=\frac{b}{2}-t$，代入二次式。从$2\left(\frac{b}{2}\right)^2+2t^2=a$，得

$$t=\sqrt{\frac{a}{2}-\left(\frac{b}{2}\right)^2}。$$

于是所求 $x=\frac{b}{2}+\sqrt{\frac{a}{2}-\left(\frac{b}{2}\right)^2}$，$y=\frac{b}{2}-\sqrt{\frac{a}{2}-\left(\frac{b}{2}\right)^2}$。本题$a=21,40$，$b=50$。因此解法第（i）～（iii）行恰是平方根$t$的运算过程，第（iv），（v）行分别是计算$x$，$y$的叙说。

问题9 我把两个正方形面积加起来，得到和21，40。二者之差是10。问：二者边长各是多少？

本题相当于要求解

$$\begin{cases}x^2+y^2=a,\\x-y=b。\end{cases}$$

易于作与上题类似的变换

$$x=t+\frac{b}{2}，y=t-\frac{b}{2}。$$

$$t=\sqrt{\frac{a}{2}-\left(\frac{b}{2}\right)^2}。$$

于是所求 $x=\frac{b}{2}+\sqrt{\frac{a}{2}-\left(\frac{b}{2}\right)^2}$，$y=\sqrt{\frac{a}{2}-\left(\frac{b}{2}\right)^2}-\frac{b}{2}$。

原著本题解法及答数30及20正是当$a=21$，40，$b=10$时取代公式的结果。

问题10 两个正方形面积和是21；15。其中一个边长是另一个边长的$\frac{6}{7}$。问：二者边长各是多少？

解法：

(i) 你写下7和6。

(ii) 7自乘得49。

(iii) 6自乘得36。

(iv) 36加49得1,25。

(v) 1,25 没有倒数。①

(vi) 改问：什么数乘以 1，25 得到 21；25？

(vii) 答：0；15，它是 0；30 的平方。

(viii) 0；30 的 7 倍是 3；30，这是一个正方形的边长。

(ix) 0；30 的 6 倍是 3。这是另一正方形的边长。

从解法分析可见原著作者对于解二元二次方程组

$$\begin{cases} x^2+y^2=a, \\ y=\dfrac{x}{b}x。 \end{cases}$$

已有变换的认识：相当于说取 $t=\dfrac{x}{b}$，于是 $x=bt$，$y=ct$，代入二次式得 $t^2=\dfrac{a}{b^2+c^2}$。那么所求

$$x=b\sqrt{\frac{a}{b^2+c^2}},\quad y=c\sqrt{\frac{a}{b^2+c^2}}。$$

对照本题解法：第 (i) ～ (iv) 行正是在求 b^2+c^2；第 (v) ～ (vii) 行是求 t^2，t。第 (viii)，(ix) 行从 $x=bt$，$y=ct$ 求出答案。

问题 14　我把两个正方形加起来，它们的和是 25,25。第二个正方形边长是第一个边长的 $\dfrac{2}{3}$ 加上 5。问：两正方形边长各是多少？

解法：相当于说

(i) $1+0；40^2=1；26，40$。　　(A)

(ii) $5\times0；40=3；20$。　　(B)

(iii) $25，25-5^2=25，0$。　　(C)

(iv) 第一个正方形边长是 $\dfrac{1}{A}$ $(\sqrt{B^2+AC}-B)$。

(v) 第二个正方形边长是 $\dfrac{2}{3A}$ $(\sqrt{B^2+AC}-B)+5$。

---

① 巴比伦数学认为，不能表示六十进的数无意义.

据题意应解方程组

$$\begin{cases}x^2+y^2=25,25,\\ y=\dfrac{2}{3}x+5,\end{cases}$$

其中x，y分别是题设二正方形边长。
泥版作者深知，对于一般问题

$$\begin{cases}x^2+y^2=a,\\ y=bx+c,\end{cases}$$

当y消去后就得到

$$(1+b^2)\ x^2+2bcx+c^2-a=0。$$

记 $A=1+b^2$，$B=bc$，$C=a-c^2$。
原著解法恰是这一般问题的特例。

问题18 我把三个正方形加起来，它们面积的和是23，20。第一、第二与第二、第三个正方形边长的差都是10。问：这三个正方形边长各是多少？
答数：30，20及10。

从原著数值解法追迹，后人觉察泥版作者用相当于今称消元法化三元方程为二元方程，然后借助于问题1公式取得答数。本题应解

$$\begin{cases}x^2+y^2+z^2=23,20,\\ x-y=10,\\ y-z=10。\end{cases}$$

原著作者从后二式获得x，y分别与z的线性关系，然后代入第一式，就消去x，y而得关于z的二次方程。

第二节 BM 34568

此泥版为后期塞琉古王朝文物。含19个问题。文书记录了当

时对直角三角形勾股定理及其推广的正确理解。我们记其直角边为a，b（$b>a$），斜边为c，那么问题已给件有5种类型：

①a，b；②b，c；③$c+b$，a；④$b-a$，ab；⑤$a+b+c$，ab。

当时不少问题用文字代替具体的数，使答案起到公式的作用。

问题1　长方形长4，宽3。问：对角线长多少？

答数：对角线$c=a+\frac{b}{2}=5$或$c=4+\frac{a}{3}=5$。

问题2　已给长方形斜边为c，一边长为a，求另一边长。

答数：另一边$b=\sqrt{c^2-a^2}$。

问题9　已给直角三角形直角边和及其乘积，求此二直角边。

这一问题相当于解方程组

$$\begin{cases}x+y=A,\\ xy=B。\end{cases}$$

文书作者用相当于BM 13901问题1作解。

问题12　一根芦苇靠墙放着。顶端向下移3肘尺，另一端向外移9肘尺。问：芦苇长多少？移动后顶端高多少？

本题已给$c-b=3$，$a=9$。

解法：所求芦苇长

$$c=\frac{1}{2}\times\frac{(c-b)^2+a^2}{c-b}=\frac{1}{2}\times\frac{3^2+9^2}{3}=15,$$

而$b=\sqrt{c^2-a^2}=12$。（图2.1.1）

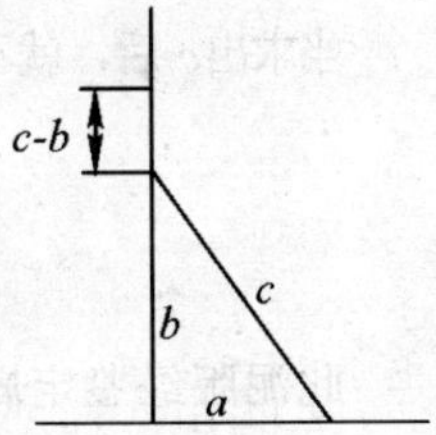

图 2.1.1

问题13　已给$a=3$，$b+c=9$，求b，c。文书给出求解公式：

$$b=\frac{(b+c)^2-a^2}{2\ (b+c)},$$

$$c=b+c-b。$$

答数：$b=4$，$c=5$。

问题15　已给直角三角形直角二边长之差及其乘积。求此二直角边。

此题与BM 13901 问题9 同型，相当于解方程组

$$\begin{cases}x-y=C,\\ xy=B。\end{cases}$$

问题14，17，18 已给直角三角形三边长之和以及二直角边乘积。求三边长。

问题18 原著解法说：三边长之和自乘，减去2 倍面积（二直角边乘积），那么所求斜边是差的一个因数。这是说，如果设三边长之和为S，二直角边乘积为F，文书作者认为所求c 是S^2-2F 中的一个因数。可以验证

$$\begin{aligned}\frac{1}{2}(S^2-2F)&=\frac{1}{2}(a^2+b^2+c^2+2bc+2ac)\\&=\frac{1}{2}(2c^2+2bc+2ac)=c(a+b+c)\\&=cS。\end{aligned}$$

其中的一个因数，就是所求的斜边：

$$c=\frac{S^2-2F}{S}。$$

当求出c 后，就不难按BM 13901 问题8 的思路继续计算出a 和b。

第三节 BM 85194

此泥版经鉴定属后期文物，它保存完好，除正面外，边款俱有文字（图版2.1.1）；共含35 个问题。其中有涉及几何图形面积、体积计算，我们录有关梯形、圆、方台、堤体，共5 题。

问题1 图2.1.2 中已给等腰梯形下底a，腰斜率m 及其面积A。问：梯形的上底是多少？

解法：从已给数据，文书作数值计算。相当于说，所求上底

$$b=\sqrt{a^2-4mA}。$$

图版 2.1.1　BM 85194

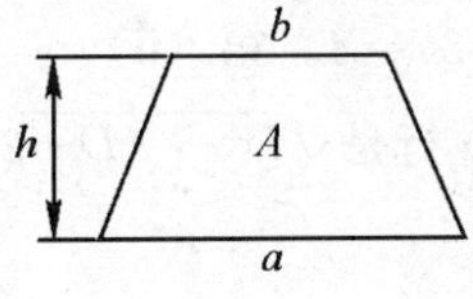

图 2.1.2

后人分析，这一公式的来源是基于文书作者对图形性质已正确掌握。

$$m=\frac{a-b}{2h}\text{，而 }A=\frac{a+b}{2}h\text{，}$$

那么 $2m\cdot 2A=4mA=(a-b)(a+b)=a^2-b^2$，

于是 $b^2=a^2-4mA$。

问题2 同图已给上底 b，腰的斜率 m 及其面积 A。问：梯形的下底是多少？

答数：$a=\sqrt{b^2+4mA}$。

问题3 已给圆周长1，0，弓形矢高为2。问，它的弦长是多少？

解法：

(i) 2乘2，得4。

(ii) 直径20减去4，得16。

(iii) 16的平方是4，16。

(iv) 直径20的平方是6，40，6，40减去4，16是2，24，平方根是多少？

(v) 这个平方根就是所求弦长（12）。

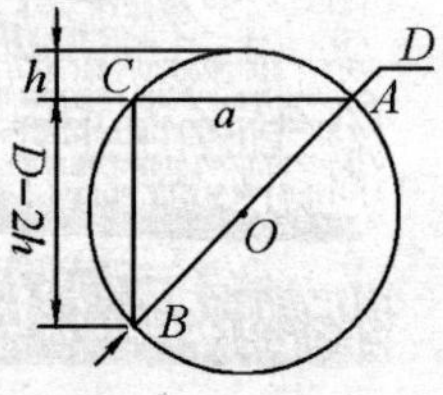

图 2.1.3

从解法可以窥测巴比伦人取 $\pi\approx 3$（题给圆周长1，0[1]，直径取20）。已知直径（D），矢高（h），求弦长（a），他们运用勾股定理得解，从图2.1.3所求

$$a^2=AC^2=AB^2-BC^2=D^2-(D-2h)^2\text{，}$$

$$a=\sqrt{D^2-(D-2h)^2}\text{。}$$

解法中第（i）行正是 $2h=4$。第（ii）～（iii）行是在作 $(D-2h)^2$ 运算。第（iv），v行是 $\sqrt{D^2-(D-2h)^2}$。

① 注意六十进制1，0=60.

问题 4 有一方台形挖方。已给上底正方形边长10加尔，方台高18加尔，侧棱每向下1加尔，向内收进1肘尺。求此挖方体积。(图2.1.4)

解法：

(i) 0；5加0；5得0；10。

(ii) 高乘以0；10，你得到3。

(iii) 10减去3，你得到7。

(iv) 进一步计算10加上7，得17。

(v) 17的一半是8；30。

(vi) 它的平方是1，12；15。

(vii) 3的一半是1；30。

(viii) 平方是2；15，三分之一是0；45。

(ix) 1，12；15加上0；45是1，13。

(x) 1，13乘以18得22，30。这是答数。

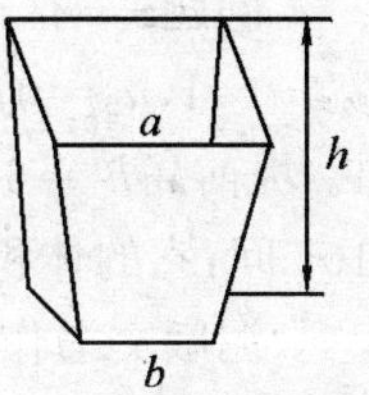

图 2.1.4

从解法可知泥版文书作者深知当方台上下底边长为a，b，高为h时，它的体积（图2.1.5）

$$V=\left(\left(\frac{a+b}{2}\right)^2+\frac{1}{3}\left(\frac{a-b}{2}\right)^2\right)h。$$

可以验证公式正确无误。因为

第(i)，(ii)行根据题设条件，侧棱收进率

1肘尺：1加尔$=1:12=\frac{5}{60}=0;5$，两侧收进$0;5+0;5=0;10$。借此计算出向下18加尔，两侧应向内共收进了3加尔。于是$b=a-3=7$。

第(iii)，(iv)行是计算$a-b$，$a+b$。

第(v)，(vi)行计算$\left(\frac{a+b}{2}\right)^2$。

第(vii)，(viii)行原件漫漶，由笔者据意增补。

第（ix）行是$\left(\frac{a+b}{2}\right)^2+\frac{1}{3}\left(\frac{a-b}{2}\right)^2$。

第（x）行是乘以高的最后一次计算，但答数有误，正确值应是21，54。

问题5 有一堤体，已给上底前宽$a_1=1, a_2=0;30, b_1=1;30, b_2=1$。堤前高$h_1=6, h_2=4$。堤全长$l=10$。问：它的体积是多少？答数：50。

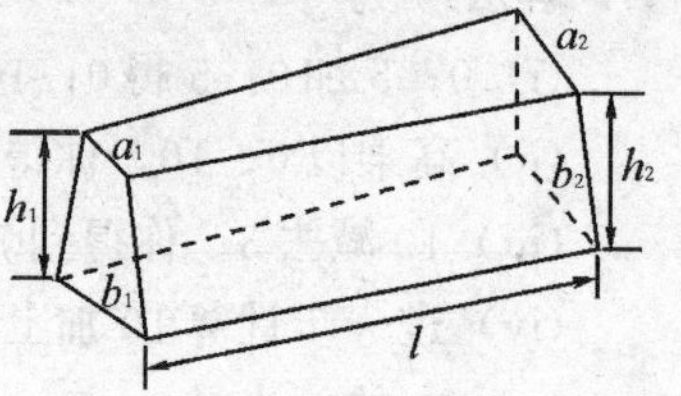

图 2.1.5

泥版文书作者解法所示堤体近似计算公式（图2.1.5）为

$$V=\left(\frac{1}{2}\left(\frac{a_1+b_1}{2}+\frac{a_2+b_2}{2}\right)\frac{h_1+h_2}{2}\right)l。$$

第四节 BM 85196

此泥版含18个问题。经鉴定为前期文物。在几何图形计算方面可以补充前二泥版者有三题，录如下。

问题9 一杆长0；30，靠墙竖立。顶端向下移0；6。问：另一端向外移多少？

答数：0;18。

原著解法相当于说。已给$d=0;6$，计算$b=c-d=0;24$，于是所求$a=\sqrt{0;30^2-0;24^2}=0;18$（图2.1.6）。

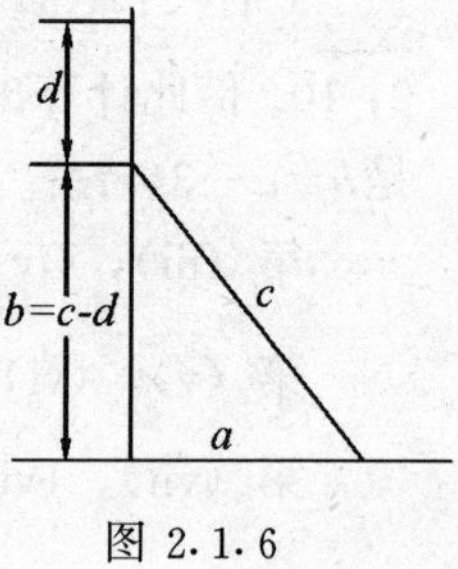

图 2.1.6

问题4 楔形体①已给上宽$a_1=2$肘尺，后宽$a_2=\frac{1}{2}$加尔，前宽$a_3=2$肘尺。高$h=6$肘尺，

① 中算称为羡除.

长$l=\frac{1}{2}$加尔。问：它的体积是多少？答数：90 立方肘尺（图2.1.7）。

从解法获知文书作者的近似体积公式为

$$V=\frac{1}{2}\left(\frac{a_1}{2}+\frac{a_2+a_3}{2}\right)hl。$$

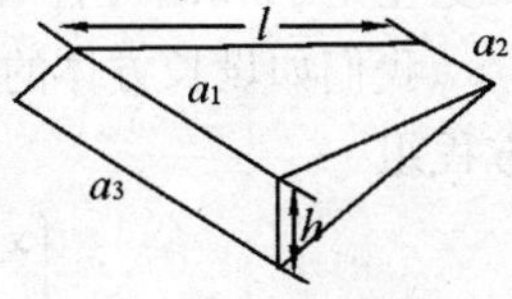

图 2.1.7

问题 17　有一堤体，已给（图 2.1.7）$a_1=0$；50 加尔，$a_2=1$ 加尔，$b_1=$ 1 加尔，$b_2=1$；30 加尔。$h=18$ 肘尺，$l=30$ 加尔。求体积。

本题与BM 85194 问题5 同一类型（前后高度相同）。计算体积（解法）用同一公式。

第五节　BM 85200

此泥版所记数学问题以解高次方程见长。如所周知巴比伦文化中有大量数学用表：倒数、平方、平方根、立方及立方根等表。经过代数变换消元之后，文书作者最终查表求对应的根或其近似值。我们选录 4 题如下。

问题 22　一个数立方的 12 倍是1；30，求此数。

本题就是解方程$12x^3=1$；30。

原著解法说$\frac{1}{12}\times 1$；30=0；7，30。

查立方根表：0；7，30 的立方根是0；30，这是答数。

问题 23　相当于要解方程

$$x^2(12x+1)=1；45。$$

解法：两边都扩大12^2倍，

$(12x)^2(12x+1)=4$，12。

查$n^2(n+1)$表，对应于4，12 的自变量是6。这就是$12x=6$，$x=0$；30 是答数。

问题24　已给长方体的体积为27；46，40，它的高是3；20，长宽差是0；50。问：它的长、宽各是多少？

我们如设长方体的长、宽、高分别是x，y，z，那么本题要解方程组

$$\begin{cases} xyz=V=27;\ 46,\ 40, \\ z=h=3;\ 20, \\ x-y=b=0;\ 50. \end{cases}$$

原著解法相当于说：$\begin{cases} xy=\dfrac{V}{h}, \\ x-y=b, \end{cases}$

记
$$t=\sqrt{\left(\frac{b}{2}\right)^2+\frac{V}{h}}=2;\ 55.$$

而所求
$$x=t+\frac{b}{2}=3;\ 20,$$

$$y=t-\frac{b}{2}=2;\ 30.$$

我们知道巴比伦人善于解已知两数乘积、和或差求此两数这一类问题。本泥版文书作者就把三元方程变换为这类问题是很得当的做法。

问题25　与上题相仿，又是把长宽差改为长宽和是$a=5;\ 50$。原著把三元方程化为二元方程组

$$\begin{cases} xy=\dfrac{V}{h}, \\ x+y=a. \end{cases}$$

解法相当于说：

$$x=\frac{a}{2}+t=3;\ 20,$$

$$y=\frac{a}{2}-t=2;\ 30,$$

其中
$$t=\sqrt{\left(\frac{a}{2}\right)^2-\frac{V}{h}}=0;\ 25.$$

第二章　美国藏品

美国藏巴比伦泥版其著称者分别在哥伦比亚大学和耶鲁大学。这里分三节介绍

第一节　MLC 1950

此为耶鲁大学摩根图书馆藏品。为了记录巴比伦文化在三角形、梯形性质方面所做的工作。

问题　三角形分成两部分。已给其中梯形面积为5，20。上面二线段长分别为20及30，求梯形上底、下底长。这是说，在图2.2.1中Rt△ABC，与直角边平行的线段DE分AB为二线段$AD=h_1=20$，$DB=h_2=30$，分AC为二线段AM，MC。求梯形$ADEC$下底AC，上底DE的长x_1，x_2。又已给梯形面积$A=5$，20。

解法：

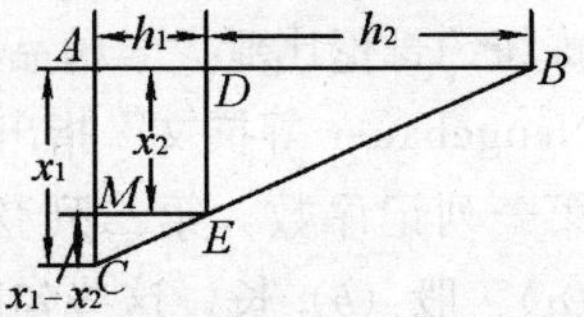

图 2.2.1

(i) 在计算时，你取20的倒数，你得结果0；3。

(ii) 5，20乘以0；3得到16。

(iii) 长30乘以2得1，0。

(iv) 1，0加上另一长度20，得数1，20。

(v) 取1，20的倒数是0；0，45。

(vi) 乘以面积5，20，结果是4。

(vii) 16加上4是下底20。

(viii) 16减去4是上底12。

后人据解法钻研，作出复原设想：

$$\frac{1}{2}(x_1+x_2)=\frac{A}{h_1}=\frac{5,20}{20}=16。(第 (i)，(ii) 行)$$

$\triangle ABC \backsim \triangle EMC \backsim \triangle BDE$，从相似三角形性质定理知，

$$\frac{h_1}{x_1-x_2}=\frac{h_1+h_2}{x_1}=\frac{h_2}{x_2}=\frac{h_1+2h_2}{x_1+x_2}，得：$$

$$\frac{1}{2}(x_1-x_2)=\frac{(x_1+x_2)h_1}{2(h_1+2h_2)}=\frac{A}{h_1+2h_2}$$

$$=\frac{5,20}{20+30\times 2}=4。(第 (iii)，(vi) 行)$$

所求上、下底：$x_1=16+4=20$。（第（vii）行）

$x_2=16-4=12$。（第（viii）行）

第二节 Plimpton 322

19 世纪时在两河流域Senkerch 出土一泥版，经鉴定为巴比伦后期文书。泥版并不大，长宽是12.7 cm×8.8 cm。初为美国佛罗里达州E. J. Banks 所有，1923 年归G. A. Plimpton 收藏。现藏纽约哥伦比亚大学精品图书馆。编号Plimpton 322。1945 年，O. Neugebauer 等撰文① 指出：泥版所记为勾股数（十五组）表，右第一列记序数，第二列弦长（c），第三、四列分别为对应的勾（a）、股（b）长，这些勾股数都符合公式：

$$a=2mn，b=m^2-n^2，c=m^2+n^2，$$

其中m，n 为某二自然数。

我们改用十进制记其成果，见表2.2.1。图版2.2.1 为原件书影，在今日录音带盒大小的泥版上有如此精巧文献，除了显示巴

① O. Neugebauer and A. J. Sachs，Mathematical Cuneiform Texts，American Oriental Series，vol. 29，New Haven，1946

比伦人的数学才华之外，还可以见当时工艺（制陶、雕镂）技术的惊人水平。

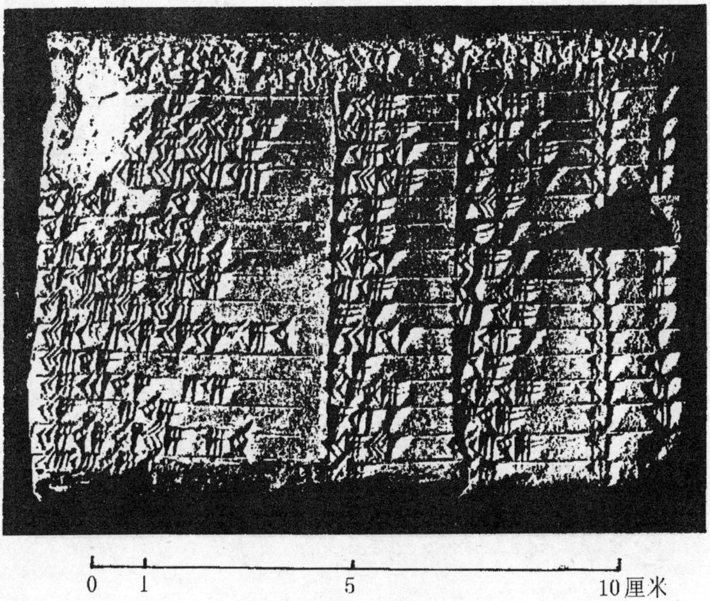

图版 2. 2. 1　Plimpton 322

表 2. 2. 1　Plimpton 322 藏品巴比伦泥版

序	a	b	c	m	n
1	120	119	169	12	5
2	3 456	3 367	4 825	64	27
3	4 800	4 601	6 649	75	32
4	13 500	12 709	18 541	125	54

续表

序	a	b	c	m	n
5	72	65	97	9	4
6	360	319	481	20	9
7	2 700	2 291	3 541	54	25
8	960	799	1 249	32	15
9	600	481	769	25	12
10	6 480	4 961	8 161	81	40
11	60	45	75	2	1
12	2 400	1 679	2 929	48	25
13	240	161	289	15	8
14	2 700	1 771	3 229	50	27
15	90	56	106	9	5

第三节 YBC

耶鲁大学藏巴比伦泥版甚夥（简记为YBC）我们以内容分类选介。

算术计算

问题1 一立方体蓄水库，每边长10加尔。将蓄水灌田，使水深1苏西。问：可以灌溉多少农田？（YBC 186）

解法：(i) 农田的水深是0；0，10。

(ii) 水深的倒数是6，0。

(iii) 与库深相乘，得1，0，0，记住这个数。

(iv) 边长的平方是1，40。

（v）1，40 乘以你记住的数 1，0，0。所求农田面积是 1，40，0，0 沙尔。

解法显示当时六十进制算术运算的熟练水平。从题意知库容 $V=10\times10\times10$ 立方加尔。所以，应求 $A=\frac{V}{h}$，而水深1 苏西 $=\frac{1}{30}$ 肘尺 $=\frac{1}{360}$ 加尔（第（i），（ii）行），因此库深10 加尔是农田水深的 10÷0；0，6=10×6，0=1，0，0 倍（第（iii）行）这是说，所求农田面积是1，0，0 的10×10 倍=1，40×1，0，0=1，40，0，0 沙尔（第（iv），（v）行）。

问题2　有长方柱形挖方：已给边长3 加尔4 肘尺，边宽2；30 加尔，深3；30 肘尺。每一工人日挖方10 京，工银6 色（重量）。问：挖方体积、工人数、共工银多少？（YBC 5037）

从解法知文书作者用乘法、除法获取答数。

几何计算

问题1　已给直角三角形面积为11；22，30，直角边长为6；30。把它分成六等份。从等分点作平行线（平行于另一直角边）段。问：这些线段各长多少？（YBC 4608）

这相当于说，在图 2.2.2 中直角△ABC 的面积 A=11；22，30[①]，边 $AB=h$=6；30。六等分：$h_1=h_2=h_3=h_4=h_5=h_6$。作相应平行线段，求 a_1，a_2，a_3，a_4，a_5，a_6 各自长度。

解法：

(i) $\frac{22;\ 45}{6;\ 30}=3;\ 30$。

(ii) $\frac{6;\ 30}{6}=1;\ 5$。

---

① 注意：11；22，30 $=11+\frac{22}{60}+\frac{30}{60^2}$.

(iii) $\frac{3;\ 30}{6}=0;\ 35$。

(iv) 所求各线段

3；30－0；35＝2；55。

2；55－0；35＝2；26。

2；20－0；35＝1；45。

1；45－0；35＝1；10。

1；10－0；35＝0；35。

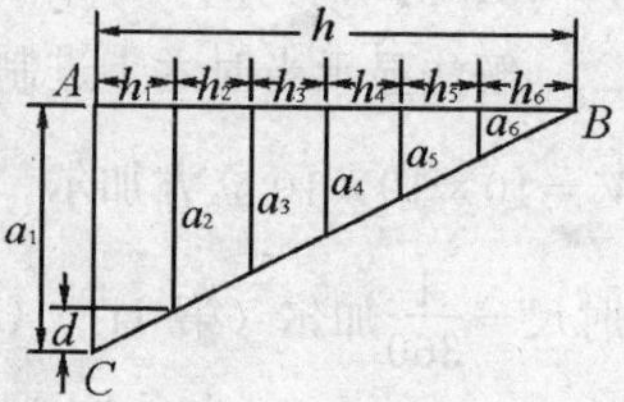

图 2.2.2

从解法可知：先计算$a_1=\frac{2A}{h}$（第 (i) 行）。其次求等分线段长 $h_1=h_2=h_3=h_4=h_5=h_6=\frac{h}{6}$（第 (ii) 行）。从勾股比例：$\frac{h_1}{d}=\frac{h}{a_1}$，于是$d=\frac{h_1a_1}{h}$（第 (iii) 行）。把 a_1 依次减去d，$2d$，…获得答数。

问题 2 方台上底每边长$\frac{1}{2}$加尔，下底边长4 肘尺，高$\frac{1}{2}$加尔。求它的体积。答数1 沙尔5 京。(YBC 7289)

可以验证文书作者所用方台体积公式准确无误。[①] 所用计量制度也符合当时标准，答数也是精确值。

平方根近似值

YBC 7289 是一块泥饼 (图版2.2.2) 图2.2.3 左为其摹本，右为用阿拉伯数字标记的图释。在正方形左上角刻着30 (a)，对角线上刻有：1；24，51，10 (b)。下面又刻有42；25，35，10 (c)。可以验证$b^2=(1;\ 24,\ 51,\ 10)^2=1;\ 59,\ 59,\ 38,\ 1,\ 40$。这说明巴比伦人所取$\sqrt{2}$的近似值已有很高精度。相对误差为$1.41\times10^{-6}$。又$c=ab=42;\ 25,\ 35,\ 10$。这是说：$c$ 正是对角线的绝对长度。

① 见BM85194 问题4.

图版 2.2.2　YBC 7289

解方程问题

问题1　我找到一块石头，不知道它的重量。石重的6倍加上2京。得数的24倍乘以$\frac{1}{7}$，再乘以$\frac{1}{3}$，乘积与得数的和刚好重1码那。问：石重多少？(YBC 4652)

从原著解法可以推测文书作者思路相当于是设石重为x京。据题意，按衡制进法要解方程

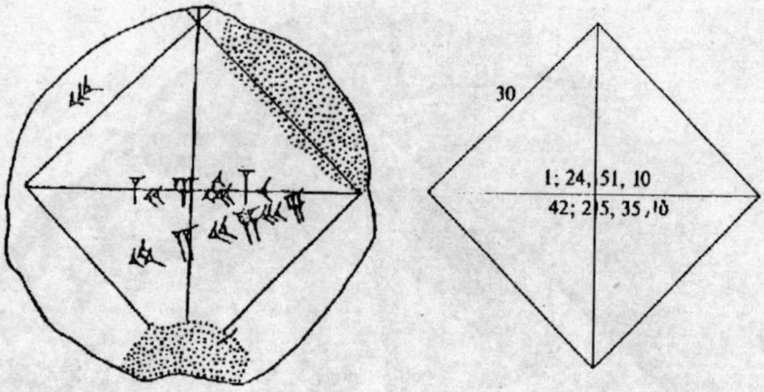

图 2.2.3

$(6x+2)\times 24\times\frac{1}{7}\times\frac{1}{3}+6x+2=1, 0$。①

答数 4；20 京。②

问题2 我找到一块石头，不知道它的重量，我加上它的$\frac{1}{7}$，然后再加上增加后的$\frac{1}{11}$，我称得总重是1 码那。问：石头原重多少？(YBC4652)

从原著解法，据题意要解方程

$$\left(1+\frac{1}{7}\right)\left(1+\frac{1}{11}\right)x=1, 0。$$

原著计算所求石重是

$$\frac{11\times 7}{8\times 12}=0; 48, 7, 30\text{ 码那}=48\text{ 京 }20; 30\text{ 色}^{③}。$$

问题3 两数互为倒数④，又其中一数比另一数大7。问：两数

---

① 注意：1 码那＝60 京，又 1，0＝60.

② 注意：4；20＝4 $\frac{20}{60}$.

③ 1 色＝$\frac{2}{60}$京.

④ 文书所说倒数是指两数乘积是 1，0＝60.

各是多少？（YBC 6967）

解法：

(i) 你取 7 的一半，得 3；30。

(ii) 3；30 与 3；30 相乘得 12；15。

(iii) 得数加上 1，0，得 1，12；15。

(iv) 1，12；15 的平方根是多少？是 8；30。

(v) 8；30 加上 3；30 得 12，是所求的一数。

(vi) 8；30 减去 3；30 得 5，是所求另一数。

这是巴比伦数学文化中典型的二次方程组解法。

相当于说：

从$\begin{cases}xy=1,\ 0\\ x-y=7\end{cases}$消去 y 得二次方程

$$x^2-7x-1,\ 0=0。$$

$$归结为 x，y=\sqrt{\left(\frac{7}{2}\right)^2+1,\ 0}\pm\frac{7}{2}$$

$$=\sqrt{1,\ 12;\ 15}\pm3;\ 30$$

$$=8;\ 30\pm3;\ 30=\begin{cases}12,\\ 5。\end{cases}$$

易于对照原著解法共六行恰是上述运算流程。

问题4　已给长方形面积、其长、宽和平方倍数以及长宽差倍数的和，求此长方形的长、宽。（YBC 4668）

此泥版共有 11 个问题，要解如下类型的二元二次方程组

$\begin{cases}xy=S,\\ A(x+y)^2+B\ (x-y)\ =C,\end{cases}$其中 x，y 是长方形的长、宽。从原著解法过程可以推测，文书作者已具有思路：设 $x+y=u$，$x-y=v$，那么 $x=\frac{u+v}{2}$，$y=\frac{u-v}{2}$。于是 $\frac{u^2-v^2}{4}=S$。上面方程组就化为

$$\begin{cases}u^2=v^2+4S,\\Au^2+Bv=C。\end{cases}$$

又进一步化为v的二次方程

$$Av^2+Bv+4AS=C,$$

借以解出v，而$u=\sqrt{v^2+4S}$。又以其和差关系最终得答数x，$y=\frac{1}{2}(u\pm v)$。

问题30 相当于要解方程组

$$\begin{cases}xy=10,0,\\(x+y)^2+2,0(x-y)=1,1,40\end{cases}$$

[①]。答数$x=30$，$y=20$。

原著解法第一步化为v的二次方程

$$v^2+2,0v+4\times(10,0)=1,1,40。$$

如果把它化为10进制就是

$$v^2+120v+2\ 400=3\ 700。$$

$v=10$，$u=\sqrt{v^2+4S}=50$。从和差关系就获得答数。

① 注意1，1，40的十进制记法等于3700.

第三章　德国藏品

第一节　Strassberg 367

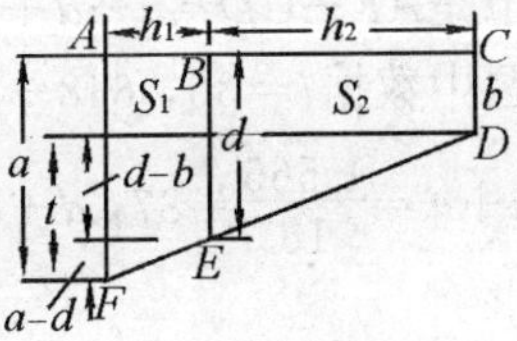

图 2.3.1

问题　梯形土地，以平行于底的线段分成两块。已给二者面积为13，3以及22，57。右侧梯形上、下底长差加上右侧梯形上下底长差是36。又左、右两梯形高之比为1比3。问：两梯形的高、上下底各是多少？

图2.3.1中如设BE分梯形$ACDF$为两梯形$ABEF$，$BCDE$。已给$S_1=13，3$，$S_2=22，57$。$(a-d)+(d-b)=t=36$，$h_2:h_1=1:3$。

解法：泥版文书上的楔形文字计算相当于说：

(i) $1+3=4$。

(ii) $36\div4=9$。

(iii) $9\times1=9$。

(iv) $9\times3=27$。

(v) $13,3\div1=13,3$。

(vi) $22,57\div3=7,39$。

(vii) $13,3-7,39=5,24$。

(viii) $1+3=4$。

(ix) $\frac{1}{2}\times4=2$。

(x) $5,24\div2=2,42$。

(xi) $9\div2,42=0;3,20$。

(xii) $1\div0;3=18$。

(xiii) $18\times1=18$。

(xiv) $18\times3=54$。

(xv) $36\times\frac{1}{2}=18$。

(xvi) $18+54=1,12$。

(xvii) $18\times1,12=21,36$。

(xviii) $13,3+22,57=36,0$。

(xix) $36,0-21,36=14,24$。

(xx) $14,24\div1,12=12$。

(xxi) $12+36=48$。

(xxii) $27+12=39$。

本题是巴比伦数学用单假设法解题的好例，我们考虑：据题意，如设$h_1=1$，那么$h_2=3$，既然$S_1=13, 3=783$①，那么

$$\frac{AF+BE}{2}=\frac{a+d}{2}=\frac{S_1}{h_1}=783，a+d=1\,566。$$

$S_2=22, 57=1\,377$，那么

$$\frac{BE+CD}{2}=\frac{d+b}{2}=\frac{S_2}{h_2}=459，d+b=918。$$

于是$AF-CD=a-d+d-b=a+d-(d+b)=1\,566-918=648$。题中数据$l=36$，$648\div36=18$。真值应缩小18倍。这就是说真值$a+d=\frac{1\,566}{18}=87$，$d+b=\frac{918}{18}=17$，$a-b=\frac{648}{18}=36$。借以获知所求。

$a=48$，$b=12$，$d=39$，$h_1=18$，$h_2=54$。

而泥版文书作者另有考虑：原著解法

第（i）～（iv）行所作单假设，使$(a-d)+(d-b)=t=36$，比我们所设还缩小4倍。

第（v），（vi）行与我们的设想一致，计算对应的$\frac{a+d}{2}$，$\frac{d+b}{2}$。

第（vii）行就是$\frac{a+d}{2}-\frac{d+b}{2}$。

第（viii）～（x）行，对应于所求二梯形高差的和$5,24\div2=2,42$。

第（xi），（xii）行与我们取得共识：所计算的结果比真值扩大了18倍。

第（xiii）～（xxii）行。把假设的结果分别缩小18倍。

① 为阅读方便，这里改用十进制记数.

第二节　柏林博物馆 VAT

反映从农田面积计算中发生的数学问题，有特色者如：

问题1　泥版文书相当于说，要求梯形顶点 A（图 2.3.2）所作垂线 AF，分割 DE 两线段的长度（VAT 7531）。对原著图我们分别标注边长 AB，BC，AD，DC，虽然原著未示解法，可以窥测先民有能力获解。如设 $DF=x$，$FE=y$，又从勾股定理

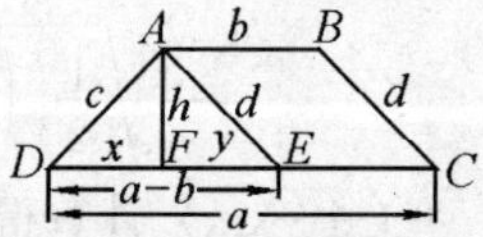

图 2.3.2

$$h^2=c^2-x^2=d^2-y^2。$$

于是问题化为巴比伦人熟知的解二次方程组

$$\begin{cases}x^2-y^2=c^2-d^2,\\x+y=a-b。\end{cases}$$

问题2　直角三角形中，已知一直角边长是3，又把另一直角边分成两份，其长度差是20。三角形也分成两份，左侧梯形与右侧小三角形面积差是7，0。问：梯形右侧底长是多少？直角边所分长度各是多少？梯形和小三角形面积各是多少？（VAT 8512）

图2.3.3中，我们据题意设直角边 $AC=a=3$。梯形 $ADEC$，小三角形 DBE 面积分别为 S_1，S_2，题意是说，$S_1-S_2=7，0$。另一直角边 AB，分点为 D，分成 $AD=y_1$，$DB=y_2$，$DE\,/\!/\,AC$，设 $DE=x$。问题就是要从方程组

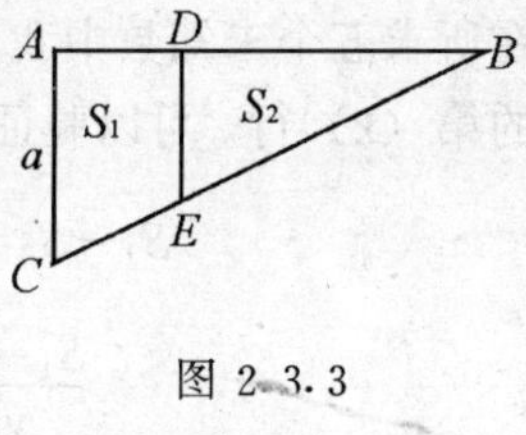

图 2.3.3

$$\begin{cases}S_1-S_2=S=7，0,\\y_2-y_1=d=20,\end{cases}$$

求 S_1，S_2，x，y_1 和 y_2。

原著解法用楔形文字有40行数值计算，最终获得准确答数。

数值计算的细致说明巴比伦人解题的有条不紊精神；而且解的虽是数值题，而解法本身却有一般意义。这体现了巴比伦文明的高度。

解法：

（i～ix）叙述问题已给件及求件。

（x）本行相当于说，所求

$$x=\sqrt{\frac{1}{2}\left(\left(\frac{S}{d}+a\right)^{2}+\left(\frac{S}{d}\right)^{2}\right)}-\frac{S}{d}=e=18。$$

（xi～xix）计算得

$$y_1=(a-e)\frac{S}{\frac{a^2}{2}-e}=40。$$

（xx～xxxiii）计算所求

$$S_1=\frac{1}{2}(a+e)y_1=16，0。$$

（xxxiv～xxxviii）所求

$$y_2=y_1+d=1，0。$$

（xxxix～xl）得 $S_2=\frac{1}{2}ay_2=9，0$。

在所求五个未知数中我们知道：关键是求其中的x，即上面解法中的第（x）行。可以验证所用公式是正确的。我们试作分析：

$$S_1-S_2=\frac{1}{2}((a+x)y_1-xy_2), \qquad (1)$$

$$\frac{S_1-S_2}{y_1}=\frac{1}{2}\left(a+x-\frac{xy_2}{y_1}\right)。 \qquad (2)$$

从勾股比例知，$\frac{y_2}{y_1}=\frac{x}{a-x}$。 (3)

把（3）代入（2）以消去y_2，得

$$\frac{S}{y_1}=\frac{1}{2}\cdot\frac{a^2-2x^2}{a-x}。 \qquad (4)$$

又从（3）知

$$\frac{y_2-y_1}{y_1}=\frac{d}{y_1}=\frac{2x-a}{a-x}。\qquad (5)$$

那么
$$y_1=\frac{d}{\frac{2x-a}{a-x}},$$

又从（4）$\frac{S}{y_1}=\frac{S}{d}\cdot\frac{2x-a}{a-x}=\frac{\frac{a^2}{2}-x^2}{a-x}$，

整理得 $x^2+\frac{2S}{d}x-\left(\frac{Sa}{d}+\frac{1}{2}a^2\right)=0$。　（6）

解此二次方程，取正根，就是原著第（x）行结果。

第四章 其他国家藏品

第一节 AO 8812

问题1 我把长度、宽度相乘就得到长方形地段的面积。我把面积加上长度、宽度之差，得到3，3。我又取长宽之和，得27。求长度、宽度各是多少？(图版2.4.1为原件摹本)

解法：

(i) 27＋3，3＝3，30。

(ii) 2＋27＝29。

(iii) 取29的一半是14；30。

(iv) 14；30×14；30＝3，30；15。

(v) 3，30；15－3，30＝0；15。

(vi) 0；15的平方根是0；30。

(vii) 14；30＋0；30＝15，这是所求长度。

(viii) 14；30－0；30＝14，这是宽度。[①]

这是一道另具特色的二次方程组问题。从解法可以探索文书作者解题思路。

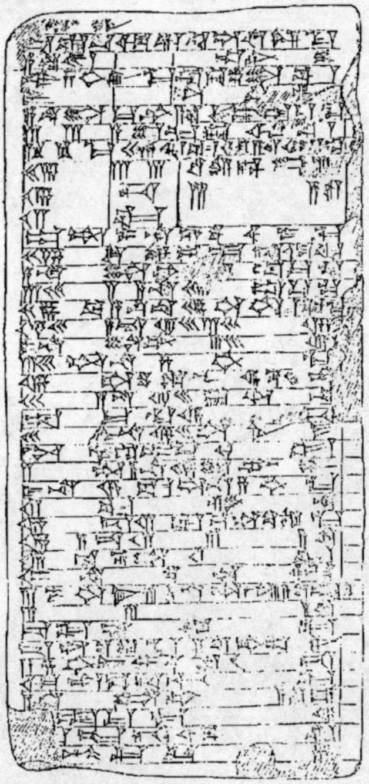

图版 2.4.1

① 应是14；30－10；30－2＝12.

据题意，如设长方形长、宽各是x，y，应解

$$\begin{cases}xy+x-y=3,3\\x+y=27。\end{cases}\quad(1)$$

作变换　$y_1=y+2$，$y=y_1-2$，于是（1）变换为

$$\begin{cases}xy_1=3,3+27=3,30,\\x+y_1=27+2=29。\end{cases}\quad(2)$$

这就是第（i）、第（ii）行。这样，问题就化成巴比伦人熟悉的算题：已知二数乘积及其和，求此二数。原著解法相当于设$x=\frac{29}{2}+u$，$y_1=\frac{29}{2}-u$。

代入（ii），整理，得

$$u=\sqrt{\left(\frac{29}{2}\right)^2-xy_1}=\sqrt{(14;30)^2-3,30}$$

$$=\sqrt{14;30\times14;30-3;30}=\sqrt{0;15}=0;30。$$

这就是第（iii）～（vi）行的运算流程。

回代，就得到$x=\frac{29}{2}+0;30=15$，$y_1=14;30-0;30=14$，$y=y_1-2=12$。这是第（vii），（viii）行所说同一内容。

本题解法原是数值特殊情况，但却有一般意义：对于

$$\begin{cases}xy+x-y=a,\\x+y=b。\end{cases}\quad(3)$$

设$y=y_1-2$就能变换为

$$\begin{cases}xy_1=a+b=c,\\x+y_1=b+2=d。\end{cases}\quad(4)$$

设$x=\frac{d}{2}+u$，$y_1=\frac{d}{2}-u$，方程组成为

$$xy_1=c=\left(\frac{d}{2}\right)^2-u^2,$$

$$u=\sqrt{\left(\frac{d}{2}\right)^2-c}。$$

因此（3）的解是 $x=\frac{d}{2}+u$，$y=\frac{d}{2}-u-2$。

问题2　$1+2+4+\cdots+2^p$ 是多少？

答数：$2^p+(2^p-1)$。(AO 6484)

问题3　$1^2+2^2+3^2+\cdots+n^2$ 是多少？

答数：$\left(\frac{1}{3}+\frac{2}{3}n\right)(1+2+3+\cdots+n)$。(AO 6484)

第二节　莫斯科精品博物馆

编号 Эмц 5073 有题（图版 2.4.2）

问题1　已给堤体截面为梯形：上底 0；10 加尔，下底 0；50 加尔，高 4 肘尺，堤长 1 加尔。问：堤体体积是多少？(图 2.4.1)

解法：

(i) 你把 0；50 及 0；10 相加，得 1。

(ii) 把它对分，你得到 0；30。

(iii) 0；30 与 4 相乘，你得 2。

(iv) 2 乘 1，得所求体积是 2 沙尔。

我们如设堤截面，梯形上底、下底、高分别为 a，b，h；而堤长为 l，从解法可知，文书作者所用体积公式是

$$V=\frac{1}{2}(a+b)hl。$$

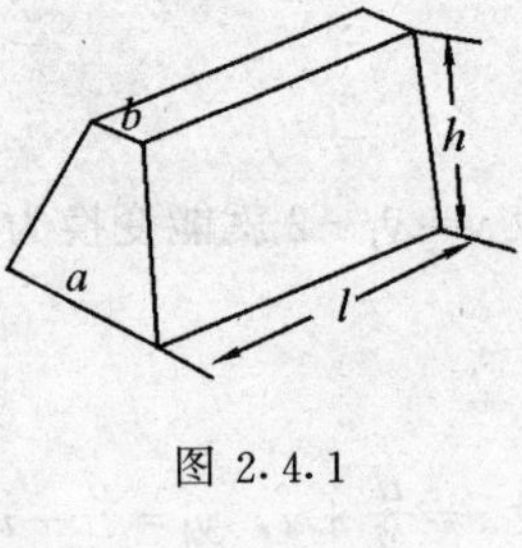

图 2.4.1

又从体积基本单位沙尔的定义：底面积1 平方沙尔、深为1 肘尺的长方体，上引（i）～（iv）行的运算正确无误。(图 2.4.1)

问题2　四边形田，已知四边长分别为42；30、46、17；30、14。答

莫斯科精品博物馆，Эмц 5073

图版 2.4.2

数 15,0。

据解法、答数可以复原：当时四边形面积公式，是取对边平均值乘积：

$$\frac{42;30+17;30}{2}\times\frac{46+14}{2}=30\times30=15,0。$$

巴比伦数学内涵小结

以上四章已引述泥版文书数十件，可见巴比伦数学文化内涵是丰富多采的。为使读者查阅、研究方便，在此按数学分类作一小结。

算术（数论）

从水库库容反算灌田面积（YBC 186）。
从土方体积估算用工人人数及其费用（YBC 186）。
用单假设法解一次方程（Strassberg 367）。
$\sqrt{2}$ 近似值（YBC 7289）。
等比级数求和、二阶幂和公式（AO 6484）。
勾股数形成及其数表（Plimpton 322）。

几　　何

解直角三角形（边）（BM 34568，85196）。
四边形田面积（莫斯科博物馆 5073）。
三角形线段与面积（MLC 1950，VAT 7531）。
梯形线段、面积及其性质（BM 85194，VAT 7531）。
圆周长、直径，弓形矢及弦（BM 85194）。
方台体积（BM 85194）。
楔形体体积（BM 85196）。
堤体体积（BM 85194　莫斯科精品博物馆 5073）。

代　　数

蕴含近代消元法则的数值解各种方程（组），其类型有

$ax \pm b = c$（BM 13901，YBC 4652）。

$ax^2 \pm bx = c$（BM 13901）。

$ax^3 = b$（BM 85200）。

$x^2(ax+1) = b$（BM 85200）。

$\begin{cases} xy = a, \\ x \pm y = b \end{cases}$（BM 13901，YBC 6967）。

$\begin{cases} xy + x - y = 0, \\ x + y = b \end{cases}$（AO 8862）。

$\begin{cases} xy = a, \\ b(x+y)^2 + c(x-y) = d \end{cases}$（YBC 4668）。

$\begin{cases} x^2 + y^2 = a, \\ x \pm y = b \end{cases}$（BM 13901）。

$\begin{cases} x^2 + y^2 = a, \\ y = \dfrac{c}{b}x + d \end{cases}$（BM 13901）。

$\begin{cases} x^2 + y^2 + z^2 = a, \\ x - y = b, \\ y - z = c \end{cases}$（BM 13901）。

$\begin{cases} xyz = a, \\ z = b, \\ x - y = c \end{cases}$（BM 85200）。

在巴比伦泥版文书中对某些数学现象的处理方法与中算相仿佛。例如：与勾股定理有关的问题，不等边四边形面积近似公式，各种多面体体积公式等。异途同归，耐人寻味。

第三编

希 腊

概 说

埃及、巴比伦文化对希腊文化的影响是深刻的，经希腊民族整理、加工和创新，成为古世界最重要文化之一。希腊民族从本土逐渐移民于地中海沿岸，小亚细亚、意大利半岛、西西里和北非都有希腊人定居。希腊文化也随之传播，超越希腊半岛。在各种学术领域内，希腊人结社讲学，著书立说，论辩等活动很是活跃。数学也逐渐形成独立的学科。马其顿亚历山大一世于公元前4世纪时统一希腊半岛后，又扩展领土于北非、西亚，建立地跨欧亚非三洲王朝。历史学家把希腊文化以公元前4世纪为界，其前称古典时期，其后称亚历山大时期，后者绵延一千多年，直至公元后5世纪止。（地图见图版3.0.1）

古典时期

从数学发展史看，希腊古典时期数学家师弟相承，形成著名学派：

爱奥尼亚学派 以Thales（约公元前625—前547）为首。

1. 罗马　2. 叙拉古斯（Syracus）　3. 西西里（S cily）　4. 爱里雅（Elea）　5. 克隆通（Crontona）　6. 爱里斯（Elis）　7. 雅典　8. 西伦（Cyrene）　9. 克里地岛（Cretes）　10. 开幄（Chios）　11. 萨摩斯（Samos）　12. 拜占庭（Byzantine）　13. 鲁得岛（Rhodes）　14. 克尼突斯（Cnidus）　15. 米利都（Miletus）　16. 塞浦鲁斯（Cyprus）　17. 亚历山大城　18. 帕迦（Perga）

图版 3.0.1

毕达哥拉斯学派 毕达哥拉斯（Pythagoras，约公元前560—前480）他在克隆通城讲学，并建立学派。在数论、几何学方面都有开创性贡献，学派绵延一百多年，Philolaus，Archytas，Hippasus为学派中杰出人物。

辩士学派 公元前5世纪，波斯—希腊战争后，雅典成为希腊盟主、雅典城成为半岛政治、经济中心，也是文化中心。百家争鸣、能言善辩成为一时风气。辩士学派应运而生。Hippias和Antiphon都属学派中人。

柏拉图学派 以柏拉图（Plato，公元前427—前347）为盟主。

亚历山大时期

公元前338年马其顿国王Philip二世征服希腊半岛。他的儿子亚历山大一世嗣位后，历年东征西战，先后兼并小亚细亚、波斯和埃及，建立欧亚非大帝国，建亚历山大城以为帝国首都。公元前326年还挥师进军印度。同年亚历山大一世死，帝国分裂。埃及领地由大将托勒密（Ptolemy）统治，公元前305年正式称王。他十分重视科学研究，惨谈经营亚历山大城，成为科学城。此城在尼罗河三角洲上，是东西方文化交流中心。城中有图书馆，藏书75万卷（纸草）。一时学者云从。可以说亚历山大时期，11个世纪期间著名数学家都曾就学于此。

罗马帝国于公元前146年征服希腊本土。公元前64年又攻占两河流域。公元前47年罗马统治者恺撒纵火焚烧亚历山大港埃及舰队，大火延烧图书馆，藏书大部分被毁。公元5世纪时女数学家Hypatia因宗教原因惨死，意味着亚历山大科学城学术活动的低谷。

主要参考文献

19～20 世纪英国学者T. L. Heath 立志从希腊原著用英文写出二卷本《希腊数学史》、三卷本欧几里得《原本》及其注释、一卷本阿基米德《文集》及其注释。因对数学文化贡献特大，皇家授予爵士殊荣。本编三章众多希腊哲人有意义的文献都得力于他的力作。苏联在这方面的工作做得也非常出色，虽然没有全面介绍希腊数学的专著问世，但对欧氏《原本》有三卷俄文译注本，称得上图文并茂。对阿基米德《文集》增补佚稿多处（自阿拉伯文）填补往日Heath 的空白。本编撰写时也受益于此二俄文专著。

T. L. Heath，A History of Greek Mathematics，2vols.，Oxford University Press，1921，pp. 1～446，1～586

T. L. Heath，The Works of Archimedes，Camlridge University Press，1897，pp. i～clv，1～529

T. L. Heath，The Thirteen Books of Euclid's Elements，3vols，Cambridge University Press，1926，pp. 1～432，1～436，1～536

Д. Д. Мордухай-Болтовский，И. Н. Веселовский（俄文译自希腊文并注释），Начала Евклида，ГИТТИ，1949，pp. 1～443，1～446,1～510

И. Н. Веселовский，Б. А. Розенфельла，（俄文译自阿拉伯文并注释），АРХИМЕДА СОЧИНЕНИЯ，ГИФМΛ，1962，pp. 1～636

第一章 古典时期

第一节 Thales

古希腊为数众多的知名数学家中首推Thales。他生于米利都(Miletus)。青年时从事商业，曾到埃及和地中海克里地(Cretes)岛旅游，中年时任官吏，晚年从事学术活动，研究天文、数学和哲学。他设社讲学，对当时很有影响，可惜无专著传世。所幸在东罗马时学者Proclus (410—485)长期在亚历山大城学习，获知古典时期希腊数学发展史事，撰写有关专著，流传至今，后人可借以引征。无例外，他也追迹Thales往事。①

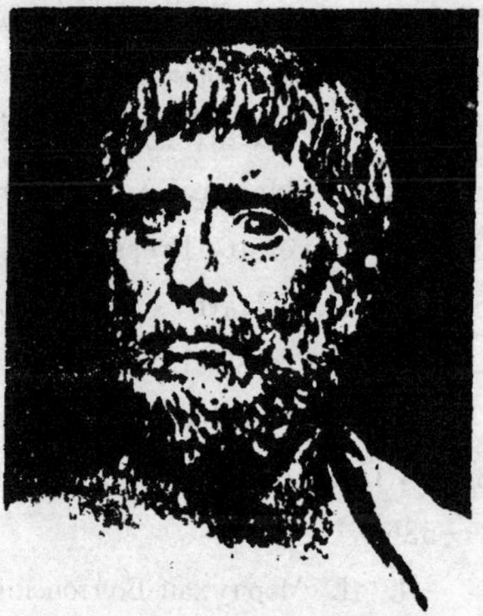

Thales

图 3.1.1

Thales被尊为古希腊七贤(seven wise men)之一，Proclus说，其余六人功在政治，Thales则是演绎几何学的创始人。他的主要成果，如

定理 圆被直径等分。

定理 等腰三角形底角相等。

① HG., vol. 1, pp. 130～136.

定理　两直线相交，对顶角相等。

Thales 对此三命题都曾作证明。

定理　两三角形中二角及夹边对应相等，则两三角形合同。

Thales 借助于本定理间接测量海上船只与海岸的距离。图3.1.2中如AC为岸，E为海上船只位置，只要在岸上平地量等距$AD=DC$，两等角$\angle A=\angle C$，$\angle ADB=\angle CDE$。当测得直线AB，DB的交点位置后，从本定理知，所求距离CE，即在岸上所能量度的距离AB。

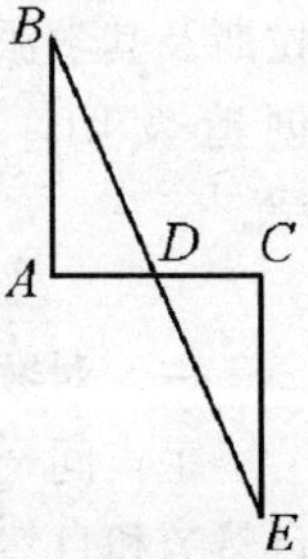

图 3.1.2

定理　半圆内以直径为底、顶点在圆周上的三角形为直角三角形。

定理　两相似三角形对应边成比例。

Thales 应用本定理作间接测量。

其一、测定金字塔以及其他建筑物的高度。他认为：当他自己的影长与自己一样长的时刻所测物的影长就是所求的高度。

其二、测量海上船只与海岸距离(图3.1.3)，在高为$BD=h$的塔顶，竖立矩尺，设其一边长$DA=l$，从A前视海上船只C，视线截另一边于E，读出距离$DE=m$，那么从本定理知

$BC:DE=BA:DA$，于是所求距离

$BC=(l+h)\cdot\dfrac{m}{l}$。

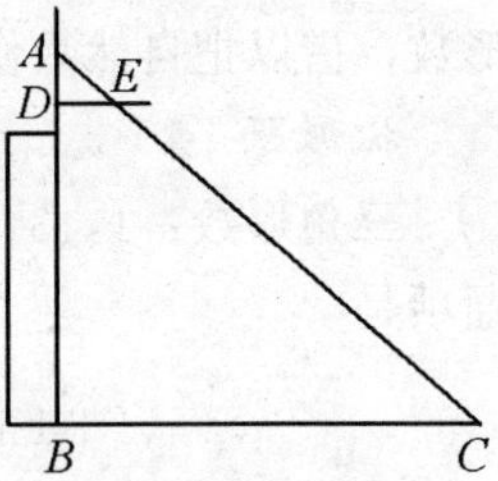

图 3.1.3

第二节　毕达哥拉斯及其学派

毕达哥拉斯生于小亚细亚萨摩斯（Samos）岛，曾受学于Thales。并在巴比伦、埃及游学，后因政治原因逃亡，在梅他波通

(Metapontum)被害。学派中人嗣后在希腊各学术中心继续活动，直至公元前400年。毕达哥拉斯及其学派中人对数学颇多创造发明。我们分两段介绍。[①]

毕达哥拉斯

图 3.1.4

一、对数的一般认识

宇宙间一切现象都归结为自然数和自然数之比。

自然数是单位的积累。

自然数有两种：偶数和奇数。偶数能够平分，即能分成二相等部分；奇数不能平分，只能分成二不相等部分。

学派中人还把自然数与用小石子排列的图形相比拟，称为拟形数，借以把自然数作另一种分类。(图3.1.5)

拟形题

三角形数：1，3，6，…各项结构为1，1+2，1+2+3，…，通项是

$$1+2+\cdots+n=\frac{n}{2}(1+n)$$

正方形数：1，4，9，16，…，n^2。

五角形数：1，5，12，22，…各项结构为1，1+4，1+4+7，…，通项是

$$1+4+7+\cdots+3n-2=\frac{1}{2}(3n^2-n)。$$

① HG.，vol. 1，pp. 66～117

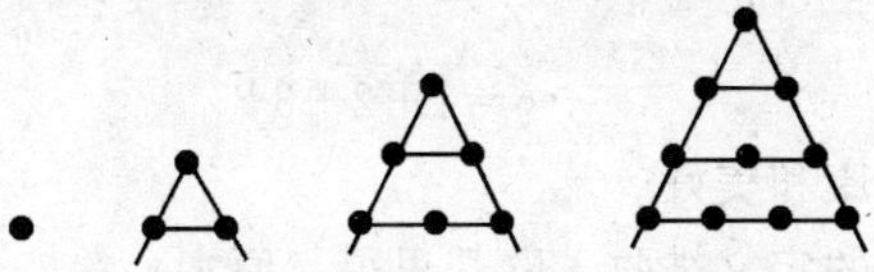

三角形数

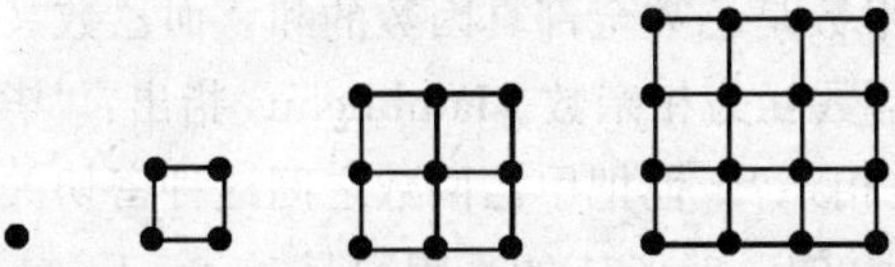

正方形数

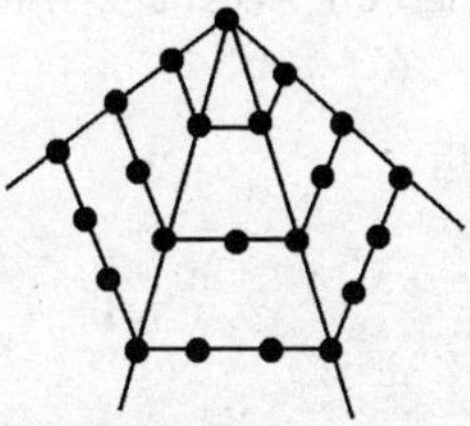

五角形数

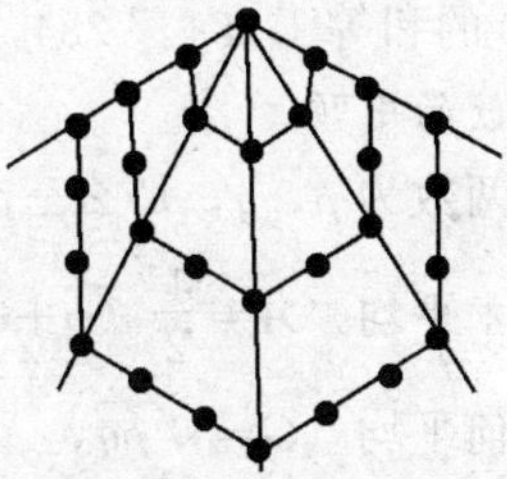

六角形数

图 3.1.5

六角形数：1，6，15，28，…各项结构为1，1＋5，1＋5＋9，…，通项是

$$1+5+9+\cdots+4n-5=2n^2-n。$$

完美数

定义　一个数如等于它全部真因数①的和，这个数是完美数。亚历山大时期希腊数学家Iamblichus（约250—330）著有九部关于毕达哥拉斯学派的书，其中前四部至今犹存，书中说，学派中人

① 真因数见第二章第一节，七、卷7脚注.

当年视数

$$6=1+2+3$$①

为喜庆、建康和美好。

完美数的定义被收入欧几里得《原本》卷7。

相亲数

定义 甲数是乙数全部真因数的和，而乙数又是甲数全部真因数的和，两数互为相亲数。Iamblichus 指出："毕达哥拉斯曾提问：'什么是相亲？'他把甲乙两数之间这种密切关系，象征亲密无间的友谊。$284=2^2\times71$ 的真因数是1，2，4，71，142。它们的和等于 $220=2^2\times5\times11$。而220的真因数1，2，4，5，10，22，44，55，110的和等于284。"284，220是人们最早知道的一对相亲数。

两数的中项

设两数为 p，q，那么三个中项是指

算术平均 $A=\frac{1}{2}(p+q)$，

几何平均 $G=\sqrt{pq}$，

调和平均 $H=\frac{2pq}{p+q}$。②

勾股数公式

毕达哥拉斯深知边长比为3∶4∶5的三角形是直角三角形。一般说，取任一自然数 m，那么

$$m^2+\left(\frac{m^2-1}{2}\right)^2=\left(\frac{m^2+1}{2}\right)^2。\qquad (*)$$

他从下面途径获得这一公式：从正方形拟形数构造图出发，在 n^2

① 6的真因数是1，2，3，而6=1+2+3，所以6是完美数.

② 两数倒数算术平均的倒数，Philolaus 说，立方体的顶点数 v 是它的面数 f 与棱数 e 的调和平均，$v=\frac{2fe}{f+e}=\frac{2\times6\times12}{6+12}=8$.

个点组成的正方形拟形数外面，镶一条矩尺形(gnomon)边，应含$2n+1$个点(图3.1.6)。如果$2n+1$本身是平方数m^2，那么

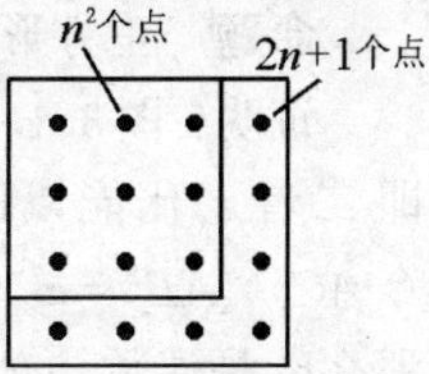

图 3.1.6

$$2n+1=m^2,$$

$$n=\frac{1}{2}(m^2-1),$$

$$n+1=\frac{1}{2}(m^2+1)。$$

而$n^2+2n+1=\left(\frac{1}{2}(m^2-1)\right)^2+m^2=(n+1)^2$。

这就是毕达哥拉斯勾股数公式(*)。①

无理数

Hippasus(公元前470年前后)，梅他波通人。他首次发现：竟然存在不能表示为自然数之比的数。这就违反了学派基本信条，遭到溺于海的惩罚。他的不可公度学说在两处经典中保存着。

命题　正方形一边与其对角线为不可公度量。

证明　设正方形$ABCD$(图3.1.7)，AC为对角线，我宣称：AC和AB是不能公度的量。因为如果它们是可公度量，我宣称将会有一个量既是奇数量又是偶数量。……假定边长AB是N倍某线段，而对角线是M倍同一线段。从毕达哥拉斯定理得$M^2=2N^2$。再假设M和N不同是偶数，否则考虑正方形对角线和边长各缩短一半便是。假设M是偶数，则N必是奇数。又置$M=2T$，则$4T^2=M^2=2N^2$，即$2T^2=N^2$，故N^2是偶数，N也是偶数。那么N怎么能既是奇数又是偶数呢？结论应当是正方形边长与对角线长不可能有公度量。

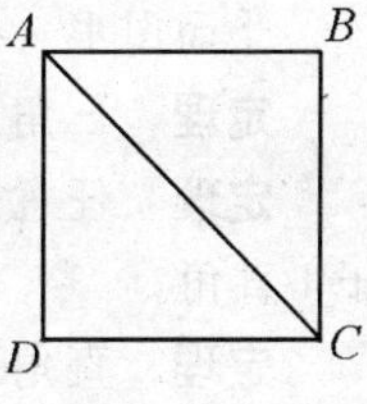

图 3.1.7

(Aristotle，公元前384—322，《分析前篇》第一章第二三节)

① 勾股数公式西方国家称为Pythagorean triplet，我们称为勾股数公式.

命题 正方形对角线不能被它的边长量尽。

证明：图3.1.5中如正方形的对角线能被它的边长AB量尽。即二者之比能以既约分数$\alpha:\beta$表示。如$\alpha>\beta$，此比大于1。今$AC^2:AB^2=\alpha^2:\beta^2$，因此据卷1命题47，$AC^2=2AB^2$，$\alpha^2=2\beta^2$。那么$\alpha^2$是偶数，$\alpha$也是偶数。而$\alpha:\beta$是既约的，$\beta$必须是奇数。但是$\alpha=2\gamma$，因此$4\gamma^2=2\beta^2$或$\beta^2=2r^2$，那么$\beta^2$，也就是$\beta$必须是偶数。而$\beta$是奇数，这是不可能的事。

(欧几里得《原本》卷10命题117)

英国T. L. Heath（1861—1940）认为本命题不是欧几里得原作①。事实上证法与Aritotle《分析前编》精神一致，而被引用在各种版本数学教科书有关实数的开头章节内。19世纪50年代李善兰与英人A. Wylie译《原本》后九卷把此命题作为卷10命题117，② 命题就译为“凡正方形之边与对角线无等”，译笔可信。

二、图形

平面图形

定理 三角形三内角和等于二直角。

定理 任意n边形n个内角和等于2（$n-2$）直角，外角和等于4直角。

定理 直角三角形斜边上的正方形面积等于二直角边上正方形面积和。③

定理 正三角形、正方形以及六边形覆盖平面。

---

① H. E. vol. 3，p. 2.

② 《原本》1950年俄文译本含此命题.

③ 西方国家称为毕达哥拉斯定理．众信毕氏自己并未发现此一般关系．我们称为勾股定理.

面积与几何代数

定理　对线段a求作另一线段x，使这两线段分别为长与宽，作长方形，其中一部分等于已给面积S，而另一部分D'与已给长方形D相似。

图3.1.8中已给AB为a，D的二边是b，c。设所求长方形的宽为x，那么面积D'：面积$D=\left(\frac{x}{c}\right)^2$，而$D'=\frac{b}{c}x^2$。

$S=ax-\frac{b}{c}x^2$。（*）

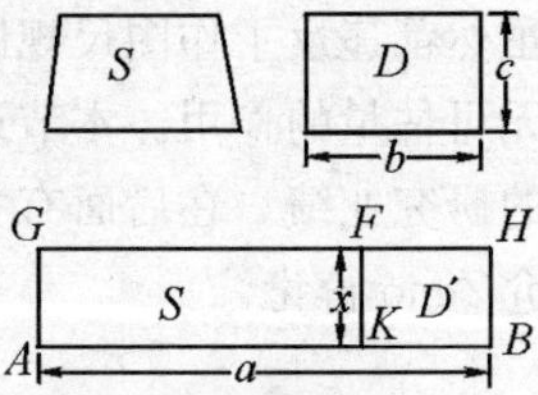

图 3.1.8

用几何方法作出的长x就是二次方程（*）的根。

定理　对线段a求作另一线段x。当a，x成为长方形的长与宽时，使与另一同宽的长方形D'面积和等于已给面积S，而D'与长宽分别是b，c的长方形相似。

用几何方法作出的长x就是二次方程

$$\frac{b}{c}x^2+ax=S$$

的根。

正多面体

学派中人还发现了“宇宙体”——五种正多面体。

第三节　辩士学派

波（斯）希（腊）战争以波斯全面败退告终，雅典成为希腊城邦联盟首府。盟主Pericles发奋图强，尊重知识和知识分子，学者云从。人们在抽象推理上下功夫。辩士学派在文法、修辞、哲学、科学等方面都有建树。在数学领域内提出了几何三大作图问题：三等分任意角；给定立方体的一边，求作另一立方体的边，使后者体积是前者的二倍（立方倍积）；作一正方形使与给定的圆有相等的面积（化圆为方）。三个问题都限用圆规和无刻度的直尺作出[①]，直到19世纪经研究，这些问题都以否定有解作为最终定论。二千多年数学家们对之所作出多方探索并提出过不少解题方案。虽然都违反了作图尺规制约，但是这些副产品对数学发展却起到无可估量的作用。本节述在辩士学派内部或其同代人对三个问题的研究业绩。在后面有关编、章、节继续叙述。此外，本节又简介Zeno 诘论。

一、三等分任意角

Hippias of Elis（公元前400年）设计割圆曲线解题[②]。当动径AB（$\perp AD$）绕A点顺时匀速转动到AD'（图3.1.9）。另一方面直线BC（$/\!/ AD$）以同样时间匀速平移到$B'C'$。在AB，BC运动时，瞬时交点，例如$B'C'$，AD'的交点E（x，y）的轨迹就是圆积曲线。我们设$AB=a$，转$\frac{\pi}{2}$到AD需时间T。又设AD'转动角φ需时间$\frac{t}{T}$，则$B'C'$平移到达AD，也需时间$\frac{t}{T}$。从曲线形成条件知$\frac{\varphi}{\frac{\pi}{2}}=\frac{y}{a}$，又$\varphi=\operatorname{arccot}\frac{y}{x}$，于是割圆曲线$BELG$的方程是

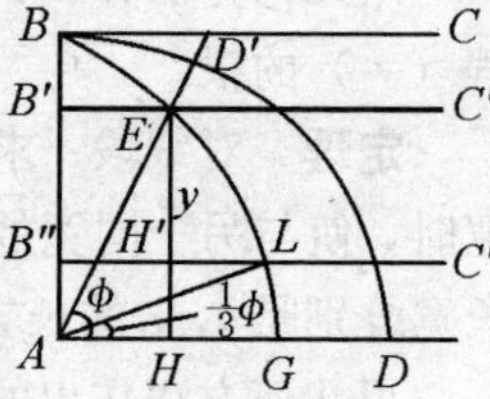

图 3.1.9

$$y=x\tan\frac{\pi y}{2a}。$$

作法：设$\angle DAD'$为已给任意角。以定长$AB\perp AD$为半径作圆

① 以下简称“尺规”.

② HG，vol. 1，pp. 219，225，226.

弧，依上面步骤作割圆曲线。已给角的一边AD'交曲线于E。引$EH\perp AD$，又取$HH'=\frac{1}{3}EH$。过H'引$B''C''\parallel AD$交曲线于L，那么

$$\angle LAD=\frac{1}{3}\angle DAD'。$$

这是因为从割圆曲线方程，下面等式成立

$$\frac{\angle LAD}{\frac{\pi}{2}}=\frac{HH'}{BA},\quad \frac{\angle DAD'}{\frac{\pi}{2}}=\frac{EH}{BA},$$

而$EH=3HH'$，作法为真。[①] 显然此作法非尺规所能为。

二、立方倍积

Hipocrates of chios（公元前5世纪下半叶）最先指出立方倍积问题实质是要在线段a与$2a$之间插入二比例中项x，y，使得

$$a:x=x:y=y:2a,$$

x就是所求的解：$x=\sqrt[3]{2}\,a$[②]。这就是说x为边的立方体体积是a为边的立方体体积之2倍。这一理论为后来数学家们有关工作提供重要根据，例如：

Menaechmus（公元前4世纪中叶）借助于两条抛物线。它们共顶点O（原点），对称轴正交。二者分别有正焦弦a，$2a$，那么它们交点的坐标是a，$2a$间的比例中项。用解析式表示，两条抛物线方程是$x^2=ay$，$y^2=2ax$。二者异于O（0，0）的交点是($\sqrt[3]{2}\,a$，$\sqrt[3]{4}\,a$)。其中横坐标是问题的解。Menaechmus还借助于抛物线和双曲线作解。相当于以$y^2=ax$，$xy=2a^2$异以原点的交点（$\sqrt[3]{4}\,a$，

---

① 为便于读者理解，这些古典问题及其解法，我们都用现代数学语言表达解释．下文同．

② HG.，vol. 1，pp. 183，200，245.

$\sqrt[3]{2}a$)作为$2a$，a之间的二比例中项，其中纵坐标是问题的解[①]。

Achytas（公元前4世纪）把立方倍积问题的解不作为平面曲线的交点，而是归结为三种空间曲面：圆柱、圆锥和圆环面的交点。在图3.1.10中他取$AB=a$，$AC=b$，作为需要插入二比例中项的已给线段。[②] 在平面xAy上作以AC为直径的圆，AB为其一弦。解题作法全过程为：

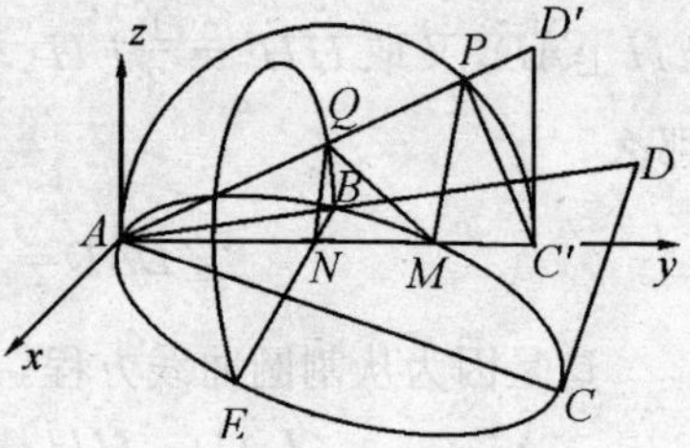

图 3.1.10

(i) 把AC为直径的半圆垂直于xAy平面，绕Az轴转动180°，成为内半径为零的半圆环。

(ii) 以圆ABC为底作以Az为轴的直圆柱。

(i)，(ii) 相交成空间曲线。

(iii) 又作ABC圆在C点的切线，AB延长线交此切线于D。把直角$\triangle ACD$绕直径AC转180°成为圆锥面。此圆锥曲面与(i)，(ii) 空间曲线交于定点P。

(iv) 在B点作截面垂直xAy平面，且过BE，其中$BE\perp AC$。

(v) 自P引PM垂直xAy平面，则PM是圆柱的母线，M在圆周ABC上。

设APC'半圆是圆环的一个截面。AP交半圆BQE于Q，AC'交EB于N。连PC'，QN，PM。所作二半圆都垂直于xAy，其交线$QN\perp xAy$。

另一方面，$QN^2=BN\cdot NE=AN\cdot NM$。这说明$\angle AQM=90°$，$MQ /\!/ C'P$。从相似三角形对应边成比例关系：

$C'A:AP=AP:AM=AM:AQ$，这就是

① HG，vol. 1，pp. 251～255

② HG，vol. 1，pp. 246～249

$$AC : AP = AP : AM = AM : AB。$$

AP，AM 就是在 AC，AB 间所要插入的二比例中项。

我们还可以用解析几何方法作证。①

设锥面方程：$x^2+y^2+z^2=\frac{b^2}{a^2}x^2$，柱面 $x^2+y^2=bx$，环面 $x^2+y^2+z^2=b\sqrt{x^2+y^2}$。从前二式得 $x^2+y^2+z^2=\frac{(x^2+y^2)^2}{a^2}$。

再与第三式联系，得 $\frac{b}{\sqrt{x^2+y^2+z^2}}=\frac{\sqrt{x^2+y^2+z^2}}{\sqrt{x^2+y^2}}=\frac{\sqrt{x^2+y^2}}{a}$。这就是同一关系：

$$AC : AP = AP : AM = AM : AB，AC : AB = (AM : AB)^3。$$

当 $AC=2AB$ 时，$AM^3=2AB^3$，$AM=\sqrt[3]{2}\,AB$。那么 AM 就是所要求的线段。

Menaechmus 和 Archytas 的解法中都使用了异于尺规的工具。

三、化圆为方

Hippocrates of Chios 还发明

定理 在 Rt△ABC 中，两直角边 AC，BC 为直径向外作半圆，斜边 BC 为直径向外也作半圆（图 3.1.11），那么

S（月牙形 AC）$+S$（月牙形 BC）$=S$（△ABC）。②这是以尺规为工具化曲为直（线形）的首例，也许因此引起人们化圆为方的探索。

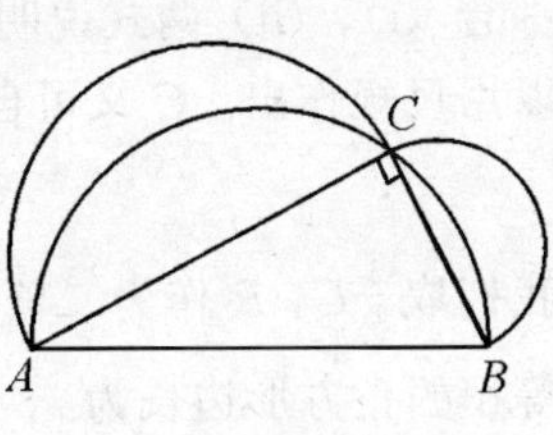

图 3.1.11

① 我们取坐标 A（0，0，0），M（x，y，0），P（x，y，z）.

② 我们记 S（图形）表示图形的面积，下文同此.

辩士学派成员Antiphon（公元前5世纪）认为可以用不断增加内接多边形边数逼近于圆。他还进一步把圆视为内接无穷多边的正多边形，而多边形可以化为等积的正方形。

其实Hippias为三等分任意角所设计的割圆曲线(图3.1.9)也可以用来解化圆为方问题。

我们设圆半径为R，那么曲线方程可改写为$x=y\cot\frac{\pi y}{2R}$。当向量半径AD'，平行线$B'C'$都逐渐趋近x轴时，借助于分析工具[1]求出

$$AG=\lim_{y\to 0} y\cot\frac{\pi y}{2R}=\lim_{y\to 0}\frac{y}{\tan\frac{\pi y}{2R}}$$

$$=\lim_{y\to 0}\frac{2R}{\pi}\cdot\frac{\frac{\pi y}{2R}}{\tan\frac{\pi y}{2R}}=\frac{2R}{\pi}。$$

这是说 $\pi=\frac{2R}{AG}$。 (i)

另一方面$C=2\pi R$。 (ii)

综合(i)，(ii)两式说明，圆周长借助于割圆曲线求出的AG，可以用尺规作出。C又可自下式用尺规作出：

$$AG:2R=2R:C。$$

我们取$\frac{1}{2}C$，R作为二项，求其比例中项（尺规可作）得所求与圆等积的正方形边长为

$$x=\sqrt{\frac{1}{2}CR}。$$

---

① 古希腊先凭观察得G，然后用穷举证法证命题为真.

四、诗论

Zeno of Elea（约公元前490—前430）有四条诗论传世，其中一条是：行动得慢的不能被行动得快的人赶上。因为追赶者首先必须到达被追赶者的出发点，因而行动慢的总是在追赶者的前面。①

Zeno 把有限的路程作无限分割，并断言经过这被无限分割的路程要用无穷的时间。17 世纪时Gregory of Saint Vincent（1584—1667，比利时）在其《几何学》中证明Achilles 追赶乌龟的悖论可以用无穷几何级数求和来解决。②

第四节 柏拉图学派

柏拉图学派受到毕达哥拉斯学派很大影响。毕氏学派成员 Archytas 就是柏拉图的老师。柏拉图在雅典创办学院，这是今日科学院的雏形。后来于公元前三、四世纪之交移址到亚历山大城，直至公元529 年被东罗马王查封止，前后绵延达900 年。学院开办之初有数学学科，特别重视几何。盛传学院大门口榜示："不习几何者不得入。"③

柏拉图是著名哲学家，对数学研究也很热心，学派成员重要成果为

一、勾股数公式

取任意奇数 m，那么 $2m$，m^2-1，m^2+1 是勾股数：$4m^2+$

---

① HG.，vol. 1，p. 275

② 本《大系》卷2，p. 399，又见：第六章第二节.

③ T. L. Heath 记："Let no one ignoreand of geometry enter my door." HG.，vol. 1，p. 286

$(m^2-1)^2=(m^2+1)^2$。虽然这一公式并不完备，但却是能获知勾股数的最方便公式。

二、几何三大作图问题

化圆为方

学派成员Dinostratus（公元前4世纪）曾指出怎样用Hippias设计的割圆曲线来化圆为方，我们已在上一节介绍其细节。

立方倍积

传说立方倍积的起因：

一说古希腊Delos地方遭受瘟疫。人们向太阳神庙祭司求教。祭司告诉他们应该把现有立方体神坛体积加倍，疫疠乃止。

一说古希腊克里地的米诺王为Glaucus营造巨墓。对每边100肘尺立方体规模还不满意，要求加倍体积。不知怎样加大每边边长。

同一数学问题的不同提法都汇集到柏拉图那里，请求解决。他回答说；神明和王者本意不在乎把神坛或坟墓体积加倍，之所以提出这一问题是要希腊人感到羞耻——当他们忽略数学，特别是失去几何学修养。

学派对这一问题的研究取得成绩。

其一，上一节所说借助于圆锥曲线交点坐标作为问题的解，其发明人Menaechmus就是柏拉图学派中人。

其二，柏拉图自己也提出了解法，借助于双直角尺以取得互相正交两轴上的截线段，以线段长作为问题的解。他也遵循Hippocrates的理论基础。图3.1.12为正交于O的二直线Ox，Oy。取$AO=2a$，$OB=a$。取两条直角尺HGC和LKF。使前者内边过B，后者外边过A，不断调整两尺位置，使前者内边角顶N在Ox上，

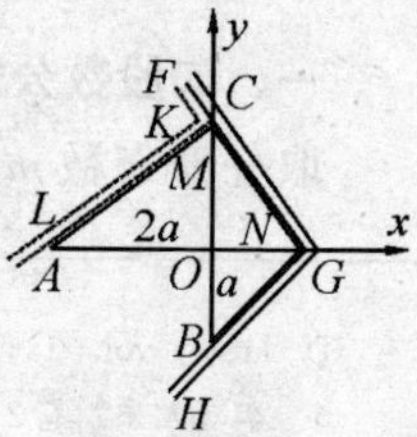

图 3.1.12

而后者外边角顶 M 在 Oy 上，而且又在前者另一边 GC 的内侧边上。由于在图中 $\triangle AMO \backsim \triangle NMO \backsim \triangle NBO$，于是

$$AO : OM = OM : ON = ON : OB,$$

线段 OM，ON 满足 Hipocrates 的要求，也就是说

$$ON = \sqrt[3]{2}\,a。$$

三、正多面体

命题　正多面体有五种：正四面体、立方体、正八面体、正十二面体和正二十面体。

柏拉图完整地叙述这一命题。并指出这五种立体的构造法。西方把五种正方面体称为柏拉图体。我们依次记为 P_1，P_2，P_3，P_4，P_5（图版 6.2.12）。

柏拉图还构造一种半正多面体——截去立方体的八个三面角（图版 6.2.14）。

第二章 亚历山大时期

第一节 欧几里得及其《原本》

欧几里得(Euclid，约公元前330—前275)可能是柏拉图的再传弟子，在雅典求学。公元前三、四世纪之交受托勒密王邀聘，执教于亚历山大柏拉图学院。教学态度严谨，以致盛传托勒密王因感到几何难学，请教有否捷径可循。他回答说："几何学并无为大王铺设的御道。"[①]有一青年人向他学习几何，才学了第一个定理，就问老师，我学它有什么用？欧几里得就要他的仆人给予三分钱币，以示蔑视急功近利之辈。[②]

欧几里得有数学、天文学、音乐和光学专著传世。其中最重要的是其(Elements)(《原本》)十三卷，英国学者A. Demorgan(1806—1871)曾说：除了耶稣《圣经》而外，再没有一种书像《原本》那样拥有如此众多的读者。它被译成多种语言版本1000种以上。(图版3.2.1～3.2.3为)希腊文、阿拉伯文以及拉丁文版本。《原本》原著早佚。今传本据亚历山大Theon(约公元390年前后)修订本，以及在罗马梵蒂冈发现的希腊文手抄本翻译。我国在1607年徐光启(1562—1633)与意大利来华传教士利玛窦(M. Ricci，1552—1610)合译O. Clavius(1537—1612)校订、增订的拉丁文本《原本》前6卷。250年后李善兰(1811—1882)与

---

① H. E., p. 1, There is no royal way to geometry.

② H. E., p. 3, Euclid called his slave and said: "Give him threepence, Since he must gain out of what he learnd."

Ἐὰν ἐν κύκλῳ δύο εὐθεῖαι τέμνωσιν ἀλλήλας μὴ διὰ τοῦ κέντρου οὖσαι, οὐ τέμνουσιν ἀλλήλας δίχα· ἔστω κύκλος ὁ ΑΒΓΔ καὶ ἐν αὐτῷ δύο εὐθεῖαι αἱ ΑΓ ΒΔ τεμνέτωσαν ἀλλήλας κατὰ τὸ Ε μὴ διὰ τοῦ κέντρου οὖσαι· λέγω ὅτι οὐ τέμνουσιν ἀλλήλας δίχα· εἰ γὰρ δυνατόν, τεμνέτωσαν ἀλλήλας δίχα· ὥστε ἴσην εἶναι τὴν μὲν ΑΕ τῇ ΕΓ, τὴν δὲ ΒΕ τῇ ΕΔ· καὶ εἰλήφθω τὸ κέντρον τοῦ ΑΒΓΔ κύκλου καὶ ἔστω τὸ Ζ καὶ ἐπεζεύχθω ἡ ΖΕ· ἐπεὶ οὖν εὐθεῖά τις διὰ τοῦ κέντρου ἡ ΖΕ εὐθεῖάν τινα τὴν ΑΓ δίχα τέμνει, καὶ πρὸς ὀρθὰς αὐτὴν τέμνει· ὀρθὴ ἄρα ἐστὶν ἡ ὑπὸ ΖΕΑ· πάλιν ἐπεὶ εὐθεῖά τις ἡ ΖΕ εὐθεῖάν τινα τὴν ΒΔ δίχα τέμνει, καὶ πρὸς ὀρθὰς αὐτὴν τέμνει· ὀρθὴ ἄρα ἡ ὑπὸ ΖΕΒ· ἐδείχθη δὲ καὶ ἡ ὑπὸ ΖΕΑ ὀρθή· ἴση ἄρα ἡ ὑπὸ ΖΕΑ τῇ ὑπὸ ΖΕΒ· ἡ ἐλάττων τῇ μείζονι· ὅπερ ἐστὶν ἀδύνατον· οὐκ ἄρα αἱ ΑΓ ΒΔ τέμνουσιν ἀλλήλας δίχα· ἐὰν ἄρα ἐν κύκλῳ δύο εὐθεῖαι τέμνωσιν ἀλλήλας καὶ τὰ ἑξῆς· ὅπερ ἔδει δεῖξαι:–

Ἐὰν δύο κύκλοι τέμνωσιν ἀλλήλους, οὐκ ἔσται αὐτῶν τὸ αὐτὸ κέντρον· δύο γὰρ κύκλοι οἱ ΑΒΓ ΓΔΗ τεμνέτωσαν ἀλλήλους κατὰ τὰ Β Γ σημεῖα· λέγω ὅτι οὐκ ἔσται αὐτῶν τὸ αὐτὸ κέντρον· εἰ γὰρ δυνατόν, ἔστω τὸ Ε καὶ ἐπεζεύχθω ἡ ΕΓ καὶ διήχθω ἡ ΕΖΗ ὡς ἔτυχεν· καὶ ἐπεὶ τὸ Ε σημεῖον κέντρον ἐστὶ τοῦ ΑΒΓ κύκλου, ἴση ἐστὶν ἡ ΕΓ τῇ ΕΖ· πάλιν ἐπεὶ τὸ Ε σημεῖον κέντρον ἐστὶ τοῦ ΓΔΗ κύκλου, ἴση ἐστὶν ἡ ΕΓ τῇ ΕΗ· ἐδείχθη δὲ ἡ ΕΓ καὶ τῇ ΕΖ ἴση· καὶ ἡ ΕΖ ἄρα τῇ ΕΗ

图版 3.2.1　《原本》888 年希腊文抄本书影

图版 3.2.2 《原本》1350年阿拉伯文抄本书影

图版 3.2.3　《原本》1482 年拉丁文印刷版

英人A. Wylie(1815—1887)续译后9卷,其中第14卷系Hypasicles(公元前180年),第15卷系Damascius(公元6世纪)所作,并非欧几里得原著。目前《原本》的最好版本(含评注)系英人T. L. Heath1908年在剑桥大学出版社出版的三卷本《The Thirteen Books of Euclid's Elements》。兰纪正、朱恩宽在1990年据以用白话文译白文[①]《原本》。苏联于1949年译自希腊文的俄文本并作译注[②]。

本节据T. L. Heath英文译本、明清古汉语译本和兰、朱白话文译本选辑与中国数学发展史有关的命题。为便于读者理解,在不失《原本》原意条件下,适当变通,用现代数学语言写出参考译文。必要时给出命题的证明(作法)和笔者的注解,特别是与中算的比较。

一、卷1[③]

定义

1. 点是没有部分的。

2. 线有长,无宽。

3. 线的尽头是点。

4. 直线为线的一种:在两尽头之间保持平坦者。

欧几里得

图 3.2.1

5. 面只有长和宽。

6. 面的边界是线。

7. 平面为一种面:把直线放在它上面,保持平坦者。

8. 平面角:二直线在平面上相遇,但不共线。

---

① 白文指只译《原本》内容,略去Heath的译注。但必要处还给少量译者自注.

② И. Н. Веселовский 主编. ГИТΛ 出版.

③ HE., vol. 1, pp. 153～369

9. 二直线相遇成角，当共线时，称为平角。

10. 二直线相遇，如二角相等，称为直角；二直线互相垂直。

11. 大于直角的角称为钝角。

12. 小于直角的角称为锐角。

13. 边界是物体的边缘。

14. 一条或几条边界围成图形。

15. 圆是平面图形：从内部某定点作直线，与边界有相等距离。

16. 这个定点称为圆心。

17. 过圆心作直线，在边界间的线段称为直径。直径平分圆。

18. 直径与边界间的图形是半圆。

19. 直线围成的图形称为直线形，三条直线围成者称为三角形。四条直线围成四边形，四条以上直线围成的称为多边形。

20. 三角形中三边都相等，称为正三角形；有二边相等称为等腰三角形；三边各不相等称为斜三角形。

21. 三角形中有一角为直角，称为直角三角形；有一角为钝角，称为钝角三角形；三个角都是锐角，称为锐角三角形。

22. 四边形中四条边相等，且四个角都是直角称为正方形；四个角都是直角，边不全相等者称为长方形；四条边相等，角不是直角者称为菱形；对角相等、对边又相等，而边不全相等，角也不是直角者称为平行四边形。除此以外的四边形称为一般四边形。

23. 在同平面内，二直线向两方向无限延长，不论哪一方向它们都不相遇，称为平行线。

公设

1. 从一点到另一点可以作一直线。

2. 线段可以延长。

3. 以一点为心，任意距离（半径）可作一圆。

4. 直角都相等。

5. 在同平面内一直线与另二直线相交，如果同侧两内角的和小于二直角，则此二直线在这一侧相交。

公理

1. 等于同一量的量彼此相等。

2. 等量加等量，所得和彼此相等。

3. 等量减等量，所得余数，彼此相等。

4. 彼此合同的图形，二者全等。

5. 全体大于其部分。

命题

1. 在已给线段上作正三角形。

2. 从已给点引直线，作一线段为已给长。

3. 已给二线段，求作：从长线段上截去一线段等于短线段。

4. 两三角形有二边及其夹角对应相等，则第三边相等；两形全等；其他等边所对角相等。

5. 等腰三角形底角相等，延长二腰其外角也相等。

6. 三角形底角相等，则两腰相等。

8. 两三角形有二边及其所夹底边都对应相等，则二边所夹角对应相等。

9. 二等分一已给角。

10. 二等分一已给线段。

11. 从直线上已给点作垂直线。

12. 从直线外已给点作垂直线。

13. 二直线相交所成角或等于直角，或二者和等于二直角。

15. 二直线相交，对顶角相等。

16. 三角形的外角大于任一内对角。

18. 三角形中大边对大角。

20. 三角形中任意二边和大于第三边。

22. 已给三线段作三角形，其中每二线段之和大于第三线段。

23. 从直线上已给点作角等于已给角。

26. 两三角形有二角及其夹边对应相等，或其他一边对应相等，则二者其他的边、角都对应相等。

27. 一直线与另二直线相交，如果内错角相等，则此二直线平行。

28. 一直线与另二直线相交，如果外错角相等，或同侧内角和为二直角，则此二直线平行。

29. 一直线与二平行线相交，则内错角相等，外错角相等，同侧内角和为二直角。

30. 平行于同一直线的二直线平行。

31. 从已给点作定直线的平行线。

32. 三角形的外角等于二内对角和；三角形的内角和等于二直角。

34. 平行四边形两组对角相等，对边相等，且为对角线平分。

42. 作一平行四边形与已给三角形相等[①]，且有一角等于已给角。

43. 平行四边形内关于其对角线上的余形相等。

44. 作一平行四边形与已给三角形相等，且有一角等于已给角，一边等于已给线段。

45. 作一平行四边形与已给直线形相等，且有一角等于已给角。

46. 在已给线段上作一正方形。

47. 直角三角形斜边上的正方形等于二直角边上正方形的和。

48. 三角形一边上的正方形如等于另二边上正方形之和，则另二边所夹角为直角。

本卷为《原本》首卷，定义、公理、公设、命题特多。中算的逻辑系统虽远不如希腊数学完整、严密，但是，它源远流长，其中不少内容也有相应论说，例如：

其一，战国时墨翟《墨经》五十三篇中的经上、经说上、经

① 图形相等指所含面积相等，下文同此.

下、经说下有关命题与同义或近义。

"平、同高也。"

"直、三也。"

用同样高低定义平；用三点（目标、准星、视点重合）定义直。刘徽、赵爽数学专著都有"三相直"的说法。

"中、同长也。"

"圆、一中同长也。"

用与中心轴等距来定义对称图形，以与心等距离来定义圆周。

"端、体之无厚而最前者也。"

则与《原本》点的定义很接近。

其二，命题 43 中所说余形是指如图 3.2.2 中$\square AEPF$，$\square PGCH$ 为$\square ABCD$对角线DB 上一点P 的余形、三国时刘徽、赵爽运用以盈补盈、出入相补原理解决很多理论问题，常以长方形余形面积相等为重要工具。[1]

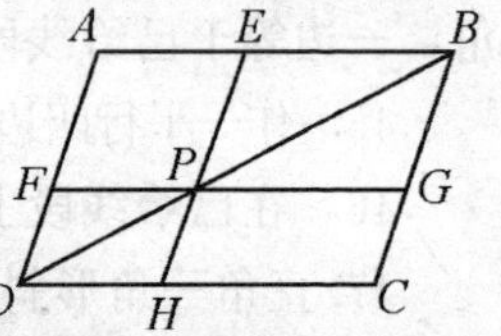

图 3.2.2

其三，命题47《原本》证法是分割弦上正方形为二长方形，然后，通过三角形合同关系，证明勾、股上正方形分别等于弦上所

① 例如赵爽注《周髀算经·日高图》就用这一工具．在本《大系》卷3，p. 32，图1.3.7 中青丙、黄甲之和、青己、黄乙之和分别是图中大长方形的对角线两侧形状相异而面积相等的余形．

分二长方形。我国在很久远的年代已有勾股定理的一般形式这一命题的证明，刘徽、赵爽分别有完整叙说。①

二、卷2②

定义

1. 相邻边夹直角的平行四边形称为长方形。

2. 平行四边形对角线上的小平行四边形连同二余形在一起构成矩尺形③。

命题

4. 一线段分为任意二线段。原线段上的正方形等于二线段上正方形以及二线段所围长方形二倍的和。

5. 一线段作二等分，又作不等分。则二不相等线段所围长方形以及二分点间线段上的正方形等于原线段一半上的正方形。④

6. 一线段作二等分，又在其延长线上加一线段。则所加线段与二线段之和所围长方形以及原线段一半上的正方形等于原线段一半与添加线段上的正方形。⑤

7. 一线段作不等分，则原线段上的正方形与所分线段之一上的正方形之和等于原线段与此小线段所围的长方形二倍与另一小线段上正方形之和。⑥

8. 一线段作不等分，则原线段与小线段所围长方形的四倍以

---

① 本《大系》卷3，p. 33，pp. 214～216.

② HE.，vol. 1，pp. 370～410

③ 图3.2.2中对角线上一点P的矩尺形指小□$FPHD$（或□$EPGB$）与二余形的总和.

④ 图3.2.3中，C为AB等分点，D为不等分点. 命题是说，$(c+a)(c-a)+a^2=c^2$.

⑤ 图3.2.4中，C为AB等分点，AB延长至D. 命题是说，$(c+a)(c-a)+a^2=c^2$.

⑥ 图3.2.5中，D为AB不等分点，命题是说$a^2+b^2=2ab+(b-a)^2$.

及大线段上正方形的和等于原线段与小线段和的正方形①。

9. 一线段作二等分，又作不等分，则大小二线段上正方形的和是原线段一半上的正方形以及二分点间线段上正方形和的二倍②。

10. 一线段作二等分后，又给延长。延长后，原线段上正方形与延长线段上正方形之和等于原线段一半上的正方形与半线段以及延长线段和上正方形和的二倍。③。

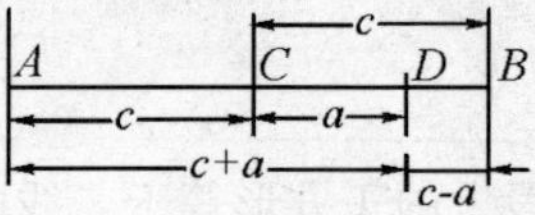

图 3.2.3

图 3.2.4

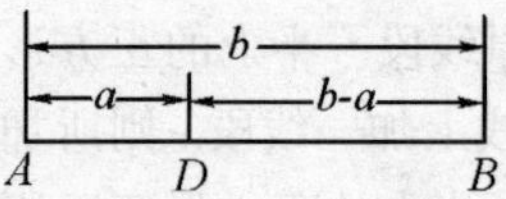

图 3.2.5

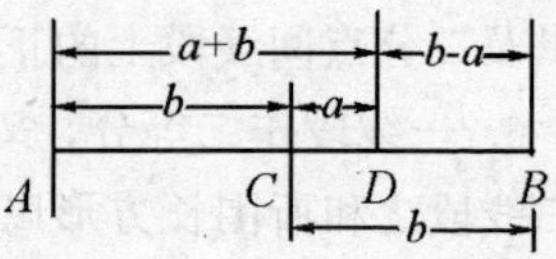

图 3.2.6

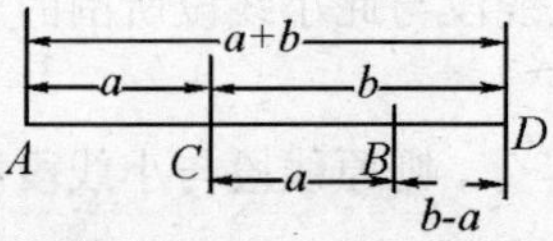

图 3.2.7

11. 一线段作不等分，使小线段与原线段围成的长方形等于

---

① 图3.2.5中，$4ab+(b-a)^2=(a+b)^2$.

② 图3.2.6中，$(b+a)^2+(b-a)^2=2(b^2+a^2)$.

③ 图3.2.7中，$(a+b)^2+(b-a)^2=2(a^2+b^2)$.

大线段上的正方形①。

12. 钝角三角形中，钝角所对边上的正方形大于另二边上正方形之和，相差一长方形的二倍：自一锐角顶引对边的垂线，对边与钝角顶点与垂足间线段围成的长方形。

13. 锐角三角形中锐角所对边上的正方形小于另二边上正方形之和，相差一长方形的二倍：自另一锐角顶引对边的垂线，对边与原锐角顶点到垂足间线段围成的长方形。

14. 作一正方形与已给直线形相等。

本卷命题用几何方法探索代数问题，后世称为几何代数。命题4 至命题10 为恒等变形，命题11、命题14 为解方程。这类问题也是中算自《九章算术》以来热衷于此，并具丰富成果的领域，我们分三方面陈述。

其一，恒等变形。

命题7 是说：$a^2+b^2=2ab+(b-a)^2$，如果我们进一步把a，b看成是直角三角形的勾，股，那么本命题与赵爽所作勾股圆方图注："勾股相乘，倍之，以勾股之差自相乘……加差实一，亦成弦实。"② 同义：

命题5、命题6 同样是说：$(c+a)(c-a)+a^2=c^2$。如果我们把a，b也看成是直角三角形的勾、股，那么本命题就是《九章算术·勾股》题与刘徽注所说："二幂（a^2，b^2）之数谓倒在于弦幂（c^2）之中而可更相表里。……股幂之矩青卷居表，是其幂以勾弦差（$c-a$）为广，勾弦并（$c+a$）为袤，而勾幂（a^2）方其里。"③

① 卷6 定义3 称此不等分线段之比为中外比.后世称此不等分点为线段的黄金分割点.

② 弦实：$c^2=a^2+b^2$

③ 参见本《大系》卷3，p. 219 图3.3.6

命题8是说，$4ab+(b-a)^2=(a+b)^2$。

如把a，b视为直角三角形的直角边勾、股，那么它等价于《九章算术·勾股》题11刘徽注："朱幂$\left(\frac{1}{2}ab\right)$二、黄幂（$(b-a)^2$）四分之一，其于大方（$(a+b)^2$）得四分之一。"

命题9、命题10同样得结论

$$(a+b)^2+(b-a)^2=2(a^2+b^2)。$$

如也把a，b视为勾、股，那么这两命题就是《九章算术·勾股》题11另一刘徽注："半相多（$b-a$）自乘倍之，又半勾股并$\left(\frac{1}{2}(a+b)\right)$自乘，亦倍之，合为弦幂（$a^2+b^2=c^2$）。"

从此可看到《原本》对线段乘积仅作代数恒等变换，中算则更多一层次：结合勾、股、弦间的几何关系以推导新的结果。

其二，解二次方程。

命题14为一作图题，《原本》先把多边形变换为面积相等的长方形，使边长为a，b。然后用几何方法作解，事实上就是二次方程$x^2=ab$的解。《九章算术·勾股》题19刘徽注的解法与此同义。

命题11相当于要解二次方程$x^2=a(a-x)$。《九章算术·勾股》题20及其刘徽注的解与同义。

其三，开平方法则。

《九章·少广》有开方术，这是数学历史上首次记载的十进位制数的开平方法则。刘徽为作几何解释，反复运用相当于《原本》卷2命题4同一理论。原有插图，后失传。这种方法沿用到后代。在明代《永乐大典》卷16344有开方图① 尚可窥见刘注原意：把方根$\sqrt{71\,824}$看成一线段。分为整百数（200）及其余数两段。原线段上的正方形减去面积是200^2的正方形，其初余71 824－

① 见本《大系》卷5，p. 560

40 000＝31 824是小线段上正方形以及两线段所围成的长方形两倍。又把二余31 824－（$60^2+2\times200\times60$）＝4 224又看成小线段（整数8）上正方形，以及两线段所围成的长方形两倍……

这种开方步骤与公元四、五世纪之交Theon操作一致①。

三、卷3②

定义

1. 直径相等、或半径相等的圆全等。

2. 与圆相遇，但延长后不再与圆相交的直线称为圆的切线。

3. 两圆相遇，但不相交称为相切。

6. 直线与圆围成的图形称为弓形。

8. 在圆上取一点与弓形的底两端连结，二直线间所夹角为弓形角。

10. 从圆心作角，夹角二边与圆围成的图形称为扇形。

命题

1. 作已给圆的圆心。

3. 经过圆心的直线，如果二等分不经过圆心的弦，则二者成直角。如果二者交成直角，直线二等分这一弦。

11. 二圆内切，二圆圆心连线过切点。

12. 二圆外切，二圆圆心连线过切点。

14. 同圆内等弦的弦心距相等；弦心距相等则弦相等。

17. 从已给点作直线切已给圆。

18. 直线切于一圆，则圆心与切点连线与切线垂直。

20. 同圆内同弧上的圆心角等于圆周角的二倍。

22. 内接于圆的四边形，其对角和是二直角。

---

① 见本编第三章第八节

② HE.，vol. 2，pp. 1～77

27. 等圆中相等弧的圆心角或圆周角相等。

30. 二等分已给弧。

31. 圆内半圆的圆周角为直角。大于半圆弓形角小于直角，小于半圆弓形角大于直角。

32. 直线切于一圆，弦与切线的夹角等于弦所对圆周角。

33. 在已给线段上作一弓形使其弓形角等于已给角。

34. 在已给圆内作弓形，使它的弓形角等于已给角。

35. 圆内有相交二弦，其中一弦上所截线段围成的长方形等于另一弦上所截线段围成的长方形。

36. 圆外一点引圆的切线，又引与圆相交的二直线，则后者整线段与圆外的线段所围长方形等于切线上的正方形。

四、卷4①

定义

3. 各角顶都在一圆上的直线形称为内接直线形。

4. 各边都切于一圆的直线形称为外切直线形。

5. 内切于直线形各边的圆称为内切圆。

6. 经过直线形各顶点的圆称为外接圆。

7. 二端点在圆周上的线段称为弦。

命题

1. 在圆内作一弦等于不大于直径的已给线段。

2. 作圆的内接三角形与已给三角形等角。

3. 作圆的外切三角形与已给三角形等角。

4. 作已给三角形的内切圆。

5. 作已给三角形的外接圆。

6. 作已给圆的内接正方形。

① HE.，vol. 2，pp. 78～111

7. 作已给圆的外切正方形。

8. 作已给正方形的内切圆。

9. 作已给正方形的外接圆。

10. 作等腰三角形，使其底角是顶角的二倍。

11. 作已给圆的内接正五边形。

12. 作已给圆的外切正五边形。

13. 作已给正五边形的内切圆。

14. 作已给正五边形的外接圆。

15. 作已给圆的内接正六边形。

16. 作已给圆的内接正十五边形。

本卷论圆与直线（段）及其外切、内接正多边形的关系以及作图题。

命题6，7作已给圆的内接（外切）正方形，命题8，9作正方形的内切（外接）圆。

《九章算术·方田》题32刘徽注："方幂二百，其中圆幂一百五十七……按弧田图令方中容圆，圆容方、内方含外方之半。然则圆幂一百五十七，其中容方幂一百也。"这里刘徽指出圆及其外切、内接正方形面积之比的同时，还明确提到附有插图。

命题15作已给圆的内接正六边形。《九章算术·方田》题32刘徽注："圆中容六觚之一面与圆径之半，其数相等。……又按为图，以六觚之一面乘半径，因而三之，得十二觚之幂"。注中也明确说附有插图。它的作法：$a_6=R$；适与《原本》命题15所说一致。

刘徽注中所作上述两种插图都已失去，在清人戴震著作中据原意补图，可以查考。

五、卷5①

定义

1. 能量尽较大量的较小量，后者称为前者的部分。

2. 定义1中前者是后者的倍数量。

3. 同类量之间的某种大小关系称为比。

6. 具有相同比的量称为成比例。

9. 三个量成连比例时，第一量与第三量的比是第一量与第二量的平方比。②

10. 四个量成连比例时，第一量与第四量的比是第一量与第二量的立方比③。不论有几个量的连比依次类推。

11. 成比例四量中，前项与前项、后项与后项称为对应量④。

12. 前项比前项、后项比后项称为交比⑤。

13. 后项比前项称为反比⑥。

14. 前、后项之和比后项称为合比⑦。

15. 前、后项之差比后项称为差比⑧。

17. 已给个数相等的某些量，两两成比例。第一组量中首项与末项等于第二组量中首项比末项。这种关系称为首末比。这就是说，除去中间项，保留中间项⑨。

---

① HE，vol. 2，pp. 112～186

② 这是说，如果$a:b=b:c$，则$a:c=a^2:b^2$.

③ 如果$a:b=b:c=c:d$，则$a:d=a^3:b^3$.

④ 如果$a:b=c:d$，a，c是相对应的前项，b，d是相对应的后项.

⑤ $a:c$，$b:d$分别是$a:b$，$c:d$的交比.

⑥ $b:a$，$d:c$分别是$a:b$，$c:d$的反比.

⑦ $(a+b):b$是$a:b$的合比.

⑧ $(a-b):b$是$a:b$的差比.

⑨ 这是说，如果有四个量a，b，c，d，另又有四个对应的量，a'，b'，c'，d'. 它们之间有关系$a:b=a':b'$，$b:c=b':c'$，$c:d=c':d'$，那么$a:d=a':d'$.

命题

1. 如果某些量依次是另一些量的倍量，则前者之和是后者之和的同倍量①。

4. 如果四个量成比例，则二前项的同倍量与二后项的另一同倍量成比例②。

12. 一些量成比例，则它们的前项和与后项和之比等于其中某一前项与对应后项之比③。

16. 四个量成比例，则它们的交比相等④。

18. 四个量成比例，则它们的合比相等⑤。

自先秦起中算关于比及比例概念、判断、推理与应用的传世材料很是充实，可与《原本》在本卷、卷6至卷8所论媲美，某些观点的认识有过之者，我们综合作如下比较。

比

在卷5定义3对“比”作了描述。刘徽在《九章·方田》题18注中对“率”下定义说：“凡数相与者谓之率，……等［数］除法实，相与率也”这里他把成线性相关的两数a，b定义为率。在此他还进一步明确说，如果等数$d=(a, b)$，那么这个率就是既约分数$\frac{a_1}{b_1}$⑥，其中$a=a_1d$，$b=b_1d$。可见刘徽所定义的率较《原本》清楚：他讲清楚这种“大小关系”是两数相除的商。此外，“率”概念的外延包含了今称“比”。$a_1:b_1$只是率的特殊情况。按照率

---

① 如果ma，mb，…，mc是a，b，…，c的倍量，则$ma+mb+\cdots+mc=m(a+b+\cdots+c)$.

② 如果$a:b=c:d$，则$ma:nb=mc:nd$.

③ 如果$a:b=c:d=\cdots=e:f$，则$(a+c+\cdots+e):b+d+\cdots+f=a:b$.

④ 如果$a:b=c:d$则$a:c=b:d$.

⑤ 如果$a:b=c:d$，则$(a+b):b=(c+d):d$.

⑥ “等［数］(d)除法(b)实(a)”的结果就是$a_1:b_1$.

的定义a_1e，b_1e与a_1，b_1属于相同的率，其中，e是任一确定的有理数，所以“率”的外延比较“比”的外延要大得多。

比例

卷5定义6、卷7命题19从正反两方面阐明四数成比例的数量关系。

《九章·粟米》前面31个题都是成比例的量。粟米章之首今有术：“以所有数（c）乘所求率（b）为实（cb），以所有率（a）为法，实如法而一”是说，如果四个量成比例$a:b=c:x$，那么所求$x=\frac{bc}{a}$。可见中算中的今有术与《原本》比例法则一致，公称比例基本定理。

《原本》所讨论过的比，种类多样，其中重要的几种在中算中都有独立研究结果。

反比　《原本》卷5定义13，反比是“后项比前项”卷6命题14：“在［面积］相等且等角的平行四边形中夹等角的边成反比。”可见《原本》指出比$a:b$的反比是$b:a$。

《九章·衰分》、《九章·均输》都有按反比规律解题的算例。《九章·粟米》一开始就列出20种粮食互换率：在等值（钱币）条件下能够购买粮食的份量（重量或容积）。任取其中两种如为a，b，那么二者单价（相等份量所值）应是$a:b$的反比$b:a$。《九章·方程》题18刘徽注中还为反比进一步引伸：如已知五种粮食互换率为$a:b:c:d:e$，那么这五种粮食单价之比是

$\frac{1}{a}:\frac{1}{b}:\frac{1}{c}:\frac{1}{d}:\frac{1}{e}=bcde:acde:abde:abce:abcd$。中算对反比的理解已从《原本》仅涉及二量推广到五个量。

连比　《原本》卷8命题4是从已给由最小数构成的几个比，求成连比的一些数。《九章·均输》题10相当于说，已给$A:B=4:3$，$B:C=32:33$，那么把前面一个比的前、后项都扩大32倍，后面一个比的前、后项都后扩大3倍。就得到$A:B:C$的连比是

128∶96∶99。在本题刘徽注中作了推广："凡率错互不通者，皆积齐同而用之。放此，虽四五转不异也"。这是说如果已给

$A:B=a:b$, $B:C=c:d$, $C:D=e:f$, $D:E=g:h$，那么：$A:B:C=ac:bc:bd$，

$A:B:C:D=ace:bce:bde:bdf$，而

$A:B:C:D=aceg:bceg:bdeg:bdfg:bdfh$。这种算法当 $(b, c)=(d, e)=(f, g)=1$ 时，所求得的连比各项将是最小数，如果彼此并不互素，则应按《原本》算法，才能满足最小数的要求。

复比　《原本》未给复比下定义。在卷6命题23中说："等角平行四边形面积是它们边的复比。"这是说，如果夹等角两平行四边形边长之比为 $a:c$, $b:d$，则二者面积之比是 $\left(\frac{a}{c}\right)\left(\frac{b}{d}\right)=ab:cd$。也就是说，《原本》所说的复比就是比的连乘积。《九章·衰分》，《九章·均输》共有三个题要用复比知识解决，是数学史上应用复比解题的最早文献。

六、卷6①

定义

1. 对应角相等，夹角的边对应成比例的直线形称为相似。

3. 一线段作不等分，如果原线段与大线段之比等于大线段与小线段之比，则称此线段已分为中外比。

4. 从顶点到对边所引垂线称为图形的高。

命题

1. 有等高的三角形或平行四边形，彼此大小之比等于它们底的比。

2. 平行于三角形底的直线截另二边成比例的线段。如果三角

① HE., vol. 2, pp. 187～276

形两边被截成成比例的线段，则截线平行于另一边。

3. 三角形中一角的角平分线截对边为两部分，与角的两边成比例。

4. 三角形各角对应相等，对应边成比例。

5. 三角形对应边成比例，则对应边所对角相等。

8. 直角三角形中，从直角顶点向斜边引垂线所截成的两三角形与原三角形两两相似。

11. 作已给二线段的第三比例项①。

12. 作已给三线段的第四比例项。

13. 作已给二线段的比例中项。

14. 在［面积］相等且等角的平行四边形中夹等角的边成反比。夹等角的边成反比，则二平行四边形相等。

16. 四线段成比例，则二外项围成的长方形等于二内项围成的长方形。如果二外项、二内项围成的长方形相等，则四线段成比例。

18. 在已给线段上作直线形与已给直线形位似。

19. 相似三角形［大小］之比等于对应边平方比。

20. 与同一直线形相似的图形彼此相似。

23. 有相等角的平行四边形［大小］之比是它们边的复比。

25. 作直线形与已给直线形相似且等于另一直线形。

29. 在已给线段上作平行四边形等于已给直线形并且在线段的延长线上有一个平行四边形与另一已给平行四边形相似。

30. 分已给线段成中外比。

31. 直角三角形斜边上的图形与二直角边上与相似的二图形和相等。

32. 在两三角形中，其中两边对应成比例且两两平行，当两

---

① 已给 a，b 如 $a:b=b:c$，则 c 是 a，b 的第三比例项.

第三边角顶重合时，二者在一直线上。

33. 等圆内的圆心角或圆周角之比等于它们所对弧之比。

本卷主要讨论相似三角形性质。命题4是相似三角形性质定理。中算多次运用同一命题解决实际问题。《九章·勾股》题17至24共8题就是著例。不仅如此，有的还运用《原本》卷5比和比例的理论，更深入地解题。《九章·勾股》题16相当于说，已给Rt△ABC勾、股、弦是a，b，c，则其内切圆直径（图3.2.8）

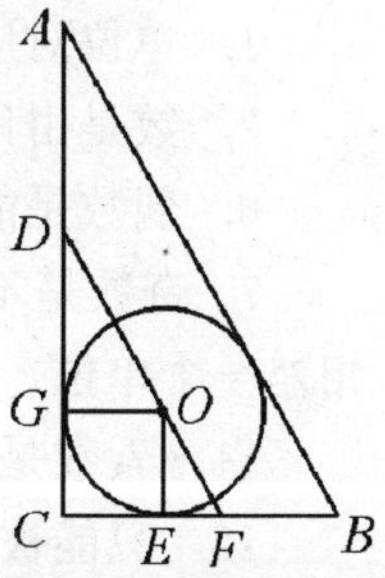

图 3.2.8

$$D=\frac{2ab}{a+b+c}。$$

刘徽为此命题提出三种证明，其中第二种证明就综合运用相当于《原本》卷5命题12以及卷6命题4。注中说："又画中弦（过圆心O引$DF/\!/AB$）以观其会，则勾股之面（边BC，AC）中央各有小勾股弦）（Rt△OEF，Rt△DGO）。勾面之小股（OE），股面之小勾（OG）皆小方（正方形$GOEC$）之面（边），皆圆径之半。其数故可衰。（指△OEF∽△DGO∽△ABC，因此$DG:AC=GO:CB=OD:BA$）以勾股弦为列衰，副并为法，以勾乘未并者为实。实除法而一，得面之小股，可知也。"当他得知三个相似的三角形对应边成比例后，关键的一着是合比变换：即从$DG:AC=GO:CB=OD:BA$，推出$(DG+GO+OD):(AC+CB+BA)=GO:CB$，而左边比的前项和恰是$AC$，于是半径$GO$

$$\frac{D}{2}=OG=\frac{AC\cdot BC}{AC+CB+BA}。$$

命题已证。

七、卷7①

定义

1. 单位对应于任何一个事物。

2. 数是由许多单位合成的。

6. 偶数是能分为相等两部分的数。

7. 奇数是不能分为相等两部分的数，或者说，它与一个偶数相差一个单位。

11. 素数是只能被单位量尽的数。

12. 只能被单位量尽的几个数称为互素数。

13. 有其他数量尽的数称为合数。

14. 有公约数的 n 个数称为互约数。

22. 完美数是等于它真因数和的数。

命题

1. 有相异二数，从大数连续减去小数，直到余数小于小数。又从小数连续减去余数，直到小于余数。一直做类似运算，如果余数总是量不尽前面一个数，直到最后的余数是单位，则二数互素。

2. 求不互素［二］数的最大公约数。

3. 求不互素三数的最大公约数。

17. 如果一数乘以两数得两数，则所得两数之比与被乘数之比相同。

18. 如果两数各乘以一数得两数，则所得两数之比与原两数之比相同。

19. 四数成比例，则第一、四两数乘积等于第二、三两数乘积，反之亦然。

21. 互素二数是它们有相同比中的最小者。

22. 有相同比的数对之中、最小一对是互素的。

---

① HE.，vol. 2，pp. 277～344.

23. 如果两数互素，则能量尽其中一数者必与另一数互素。

24. 二数都与某数互素，则二数乘积与此某数也互素。

28. 二数互素，则其和与其中任一数都互素；反之亦然。

31. 合数能被某个素数量尽。

34. 求已给二数的最小公倍数。

36. 求已给三数的最小公倍数。

《原本》本卷以线段长短代替数（有理数）的大小，论述单位素数、合数以及数与数之间的约数、倍数关系，是数论开山之作。中算无素数概念，但在繁多的计算中、不可避免地会遇到约数、倍数问题。有关认识深入、细致，与《原本》所论很合拍。我们分四方面陈述。

其一、单位。《九章·粟米》刘徽注："少者多之始，一者数之母"与定义1，2同义。

其二，分数基本定理。命题17，18 相当于说 $am:bn=a:b$。而《九章·方田》题6 刘徽注说："设有四分之二者，繁而言之，亦可为八分之四；约而言之，则二分之一也。虽则异辞，至于为数，亦同归尔。"同章题9 注中对分数加法运算：$\frac{b}{a}+\frac{d}{c}=\frac{bc}{ac}+\frac{da}{ac}=\frac{bc+da}{ac}$，刘徽又解释说："约而言之者，其分粗；繁而言之者，其分细。虽则粗细有殊，然其实一也。"这种理解与《原本》正同：对于不等于0 的任何数 m，$\frac{am}{bm}=\frac{a}{b}$。

其三，最大公约数。《原本》卷7 求二数 a，b 最大公约数用的是辗转相减。除法是简便的减法运算。因此辗转相减亦称辗转相除。其中的各次商就是相同减数减法的次数。这种连续不断从大数减去小数，以获致最大公约数是人们熟知的算法，今称欧几里得算法：设有二自然数 a，b，那么

$$a=q_1b+r_1,$$

$$b=q_2r_1+r_2,$$

$$r_1=q_3r_2+r_3,$$

$$\cdots\cdots$$

$$r_{n-2}=q_nr_{n-1}+r_n,$$

$$r_{n-1}=q_{n+1}r_n+r_{n+1},$$

而$r_{n+1}=0$，则$r_n=(a, b)$。

这里q_1，q_2，…，q_n，q_{n+1}是逐次商，r_1，r_2，…，r_n，r_{n+1}是相应的余数。

当$r_n=1$，则$(a, b)=1$，a，b为互素，这正是命题1的结论。

当$r_n\neq 1$，则$r_n=(a, b)$，正是命题2求不互素两数最大公约数的算法结论。

对于约简分数$\frac{b}{a}$，《九章·方田》题6设有约分术："可半者半之，不可半者，副置分母、子之数，以少减多，更相减损，求其等也。以等数约分"。这是说，在分数约分时，当分子、分母都是偶数，就彼此折半。当不是偶数时，就布列分子、分母，互相减损，连续不断地从大数减去较小数，以求出"等数"，以等数约分子、分母，可见中算的更相减损算法与欧几里得算法同义。但二者同中也有差异。由于算具（算筹）运算的需要，中算在算到$r_{n+1}=0$之前，故意保留

$$r'_{n+1}=r_{n-1}-(q_{n+1}-1)r_n=r_n。$$

即出现前后两次余数相等时，运算即予终止。这个r_n就是所求的最大公约数。所以中算称最大公约数为等数。

以《九章算术·方田》题6作为例："九十一分之四十九。问：约之，得几何？"按照更相减损术：

$(91, 49)=(91-49, 49)=(42, 49)$

$=(42, 49-42)=(42, 7)$

$=(42-7-7-7-7-7, 7)=(7, 7)=7$。

7 就是等数，因此答数就是$\frac{7}{13}$。

为什么两数更相减损的结果就是两数的“等数？”刘徽为之作注说：“其所以相减者，皆等数之重叠，故以等数约之。”（之所以要进行更相减损，是因为［每次相减去的余数］都是等数的重叠（倍数），所以要用等数来约分）这是他对更相减损算法可以得到最大公约数的言简意赅的证明。我们知道当出现 $r'_{n+1}=r_n$，向上递推，所有余数 r_{n-1}，r_{n-2}，…，r_2，r_1，直到 b，a 都是等数 r_n 的倍数，因此 r_n 是这些数：包括 b，a 在内的公约数。而等数自己是本身的最大约数。命题得证。令人惊奇的是《原本》素以论证严密著称，但卷 7 命题 2 只证前面二步，未及一般，相当于说：“如果 $b|a$，则 $r_1=0$，则 $b=(a, b)$。如果 $b\nmid a$，$r_1=c\neq 0$。$r_2=d\neq 0$，而 $d|c$，即 $r_3=0$，则 $r_2=d=(a, b)$。”至此竟无后文。此处欧几里得千虑有失，不如刘徽周到。

其四，最小公倍数。《九章·少广》在不使用分解素因数条件下求最小公倍数，中算称为少广术，与《原本》本卷命题 34，36 异曲同工，有其特色。[①]

八、卷 8[②]

命题

4. 已给几组比，求它们的连比[③]。

---

① 参见本《大系》卷 2，pp. 152～154

② HE.，vol. 2，pp. 345～383

③ 《原本》命题作法中相当于说，已给三组比 $a:b$，$c:d$，$e:f$，求 x，y，z，u 使 $x:y=a:b$，$y:z=c:d$，$z:u=e:f$. 作法是求 $\{b, c\}=r$，设 $\frac{r}{b}=n$，$\frac{r}{c}=m$，于是 $r=mb=na$. 又求 $\{nd, e\}=s$，$\frac{s}{nd}=p$，$\frac{s}{e}=q$，于是 $s=npd=eq$，则

$$amp,\ bmp\ (=cnp),\ dnp\ (=eq),\ fq$$

就是所求的最小数：$x:y=a:b$，$y:z=c:d$，$z:u=e:f$。

5. 二长方形面积之比是它们边长的复比①。

九、卷9②

命题

14. 一个数仅有一种方法分解为素数的乘积。

20. 素数个数无限。

35. 等比数列中，第二项与第一项之差与第一项之比等于末项与第一项之差与除去末项以外所有项的和。

36. 首项为单位，公比为2的等比数列中，如果数列的和是素数，则和与末项的乘积是完美数。

卷7至卷10为《原本》的数论内容，其中主要情节引入C. F. Gauss（1777—1855，德国）《算术探讨》第一、二两章，并以现代数学语言给出证明。③

命题20证法大意：反证法，如果素数个数有限，记为p_1，p_2，…，p_n；则$p_1p_2\cdots p_n+1$或者是素数，或者不是素数。

如果是素数，在已给n个素数之外增添了新的素数。

如果不是素数，按照卷7命题31的说法，应有某一素数，例如q，整除$p_1p_2\cdots p_n+1$。q不可以与p_i（$i=1$，2，…，n）之一相等，因为如果相等，它将整除$p_1p_2\cdots p_n$，同时它又可整除$p_1p_2\cdots p_n+1$，它势必整除二者之差，即单位1，这是不可能的。综上所说，在任何情况下我们又得到一个新的素数，这与假设素数有限相矛盾，人们称赞本命题的证法是数学历史上永恒的典范，是数学美最佳例之一。证法轻巧，虽寥寥数笔，只给出几个素数就能构造

① 《原本》讲复比，仅此一例，命题是说，二长方形的边如分别为a，b；c，d，则$ab:cd=\begin{cases}a:c,\\ b:d.\end{cases}$

② HE.，vol. 2，pp. 384～426

③ 参见本卷外篇第六编第三章第四节

出新的素数，是构造性证明的首例。人们称赞这一证法妙在仅向人们指出珍宝的存在，却未泄露它在哪里。

命题35说的是，等比数列$\{a_n\}$：a，ar，ar^2，…，ar^{n-1}，ar^n。由于$\frac{a_2-a_1}{a_1}=\frac{a_3-a_2}{a_2}=\cdots=\frac{a_{n+1}-a_n}{a_n}$，从合比关系知，$\frac{a_2-a_1}{a_1}=\frac{a_{n+1}-a_1}{a_1+a_2+\cdots+a_n}$命题已证。对公比是$r$的等比数列来说，等式就是$\frac{ar-a}{a}=\frac{ar^n-a}{S_n}$。所以本命题等价于$S_n=\frac{a(r^n-1)}{r-1}$。

一〇、卷10①

命题

1. 有相异二量，从较大量减去大于它的一半，再由余量减其去大于此余量的一半，连续这样做类似运算，则必定得到余量小于较小的量，……如果从较大量减去余量之半，命题也成立。

29. 求二平方数，使其和也是平方数。

命题1是证明曲边图形面积、立体体积所用穷竭法的理论基础。穷竭法与现代极限理论相似，但同中有异。如果$\{a_n\}$是用穷竭法逐次减去图形的面积（体积）所组成的数列。现代对数列$\{a_n\}$有极限0的定义是："对于任意给定的$\varepsilon>0$，存在自然数N，当$n>N$时，如果$|a_n|<\varepsilon$，那么$\lim\limits_{n\to\infty}a_n=0$。"而穷竭法考虑的是有限项$N$，即对于任意给定的$\varepsilon>0$，存在自然数$N$，当$n=N$时有$|a_n|<\varepsilon$则$a_n$趋向于0。因此穷竭法并没有使用极限手段。作为穷竭法理论基础的卷10命题1如果取用命题末尾所作对分声明，那么它与欧几里得的同代人、我国战国时哲学家庄周（公元前约369—前286）在《庄子·天下篇》所作"一尺之棰，日取其半，万

① HE.，vol. 3，pp. 1～254

世不竭。”论断同义。

命题29 作法说：当u，v都是平方数，且同是偶数或同是奇数，则$\sqrt{uv}$，$\frac{u-v}{2}$，$\frac{u+v}{2}$满足条件。《原本》用几何方法证明：取$CB=BE=v$，$AB=u$为边作长方形。D为AC的中点（图3.2.9），于是长方形AE与正方形DC的和等于正方形BD。（这正满足卷2命题6）也就是说

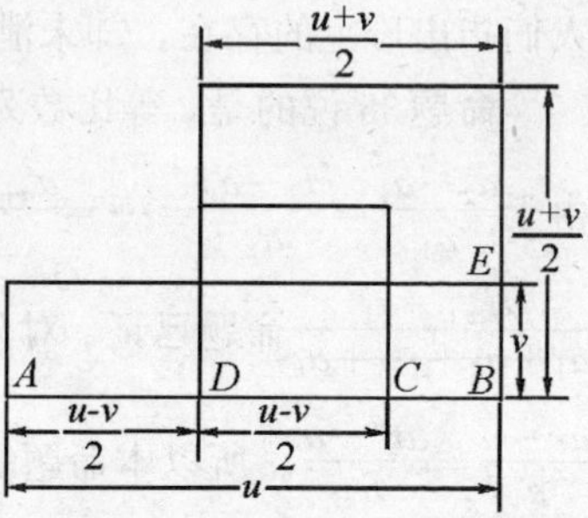

图 3.2.9

$$(\sqrt{uv})^2+\left(\frac{u-v}{2}\right)^2=\left(\frac{u+v}{2}\right)^2。$$

勾股数是古世界最熟悉的整数关系知识。全部基本勾股数①可以用勾股数公式表示。②

公式一：当a，b之一是偶数，设a为偶数，则$a=2mn$，$b=m^2-n^2$，$c=m^2+n^2$，其中$m>n$，$(m,n)=1$，m，n中有一个是奇数，另一个是偶数。

公式二：当a，b之一是奇数，设b是奇数，则$a=\frac{m^2-n^2}{2}$，$b=mn$，$c=\frac{m^2+n^2}{2}$．$m>n$，$(m,n)=1$两公式中m，n都是奇数。

古希腊四哲人所拟勾股数公式都有缺陷。毕达哥拉斯和柏拉图公式没有包括所有勾股数在内，例如8，15，17就被排斥在外。欧几里得在本命题虽已强调u，v必须同是偶数或同是奇数，否则将得不到整数解。但是如果同时取偶数，所得数两两不互素，因此不是基本勾股数。Diophantus 在其《算术》卷2命题8解：分一平方数为两部分，各自是平方数，答数并不总是自然数解。

① 基本勾股数指a，b，c间两两互素.

② 公式一、公式二等价.

中算对勾股数有精湛研究：从直角三角形三边特殊关系：$(c-a)(c+a)=b^2$ 入手。当已给 $b=n$，$c+a=m$（$m>n$ 为奇数），就轻而易举地获得勾股数公式二。而且在《九章·勾股》题14 注中刘徽为之作出两种证明。[①] 正因为有公式可依，在勾股章24 道题中出现8 组勾股数：3，4，5；5，12，13；7，24，25；8，15，17；20，21，29；20，99，101；48，55，73；60，91，109。这在古世界数学文献中所仅见。

《九章·勾股》题14 计算勾股数公式（即公式二）从已给满足条件的自然数 m，n，就会得到相应的勾股数，如果按序计算，当遍历所有 m，n，就会得到所有且不重复的勾股数。

一一、卷11[②]

定义

1. 体有长、宽和高。

2. 体的边界是面。

3. 一直线与平面内所有与它相交的直线都成直角，称此直线垂直于平面。

4. 在相交二平面之一内作直线与交线成直角，当此直线与另一平面垂直，称此二平面互相垂直。

6. 从相交二平面交线上一点，分别在二平面内作交线的垂线，此二垂线的夹角称为二平面的两面角。

8. 永不相交的平面称为平行平面。

11. 不在同一平面内交于一点、多于二条直线构成多面角。或者说，交于一点、多于二面的平面构成多面角。

12. 多面角为另一平面所截，其间的体称为棱锥。

---

① 参见本《大系》卷3，pp. 411～422

② HE.，vol. 3，pp. 260～364

13. 由一些直线形构成体。其中两个面相对，它们合同且平行，其余各面都是平行四边形。这个体称为棱柱。

14. 以直径为轴旋转半圆一周形成球。

16. 半圆的圆心是球心。

17. 过球心的直线被球面截出的线段称为球的直径。

18. 以直角三角形一直角边为轴旋转一周形成圆锥。当二直角边相等称为直角圆锥。作为轴的边小于另一边，为钝角圆锥；大于另一边，为锐角圆锥。

21. 以长方形一边为轴旋转一周，形成圆柱。

25. 六个全等正方形围成的体，称为立方体。

26. 八个全等正三角形围成的体，称为正八面体。

27. 二十个全等正三角形围成的体，称为正二十面体。

28. 十二个全等的正五边形围成的体，称为正十二面体。

命题

3. 二平面相交成直线。

4. 一直线与另二直线相交成直角，则此直线垂直于另二直线所在平面。

6. 二直线垂直于同一平面，此二直线平行。

11. 从平面外一点作直线垂直于已给平面。

12. 在平面内已给点作直线，垂直此平面。

14. 与同一直线垂直的二平面平行。

15. 二相交直线与另二不在同平面内的二相交直线两两平行，则两对相交直线所在平面平行。

16. 二平行平面为另一平面相截，所截二交线平行。

17. 二直线为平行平面所截，所截得的线段成比例。

18. 一直线垂直于某平面，则过此直线的所有平面与此平面垂直。

19. 二相交平面各与某平面垂直，则二者交线与此平面垂直。

20. 多面角中所有面角之和小于四直角。

28. 平行六面体为对角面平分。

31. 等底同高的平行六面体彼此相等。

32. 等高平行六面体的比等于底的比。

34. 相等二平行六面体，其底与高成反比。反之亦然。

本卷论述空间图形。中算对多面体都有研究，《九章·商功》列有专章。对平行六面体的特殊情况从定量方面考虑，中算研究胜于《原本》。从定性方面考虑，中算也有论述，例如对命题28 就有对应讨论:《九章·商功》题14 刘徽注堑堵（直三棱柱）的形成说:“斜解立方，得两堑堵、虽复椭方，亦为堑堵。故二而一”是从长方体这一特殊情况认识平分平行六面体的几何现象。

一二、卷12①

命题

1. 圆内接相似多边形之比等于圆直径上正方形之比。

2. 二圆之比等于直径上正方形之比。

3. 三棱锥可以分成二相等且与原棱锥相似的三棱锥以及其和大于原棱锥之半的二相等棱柱。

4. 如果二等高的三棱锥各分为二相似于原棱锥的相等小棱锥以及二相等棱柱，则二棱锥底之比等于二棱锥内所有棱柱和之比。

5. 等高三棱锥之比等于它们底之比。

6. 等高棱锥之比等于它们底之比。

7. 三棱柱可以分成三个彼此相等的三棱锥。

推论　棱锥等于它同底等高棱柱的三分之一。

10. 圆锥是同底等高圆柱的三分之一。

15. 求作球内接立方体，并证明球直径上的正方形是立方体

---

① HE.，vol. 3，pp. 365～437

边上正方形的三倍。

18. 二球之比等于它们的直径三次比。

本卷对棱柱、棱锥，圆柱、圆锥以及球的性质取得众多的结论。中算对这些立体也非常熟悉，也在定量上取胜于《原本》，特别是在棱台、圆台方面的工作填补了《原本》的空白。①

《原本》用穷竭法以及穷举证法证明命题2类似方法证明了命题5，10～12四命题。

命题3是指三棱锥 $G\text{-}ABC$ 可以分为与原棱锥相似的棱锥 $G\text{-}PMN$，$P\text{-}AKL$ 以及二相等棱柱 $PMN\text{-}LOC$，$PKL\text{-}MBO$。（图3.2.10）

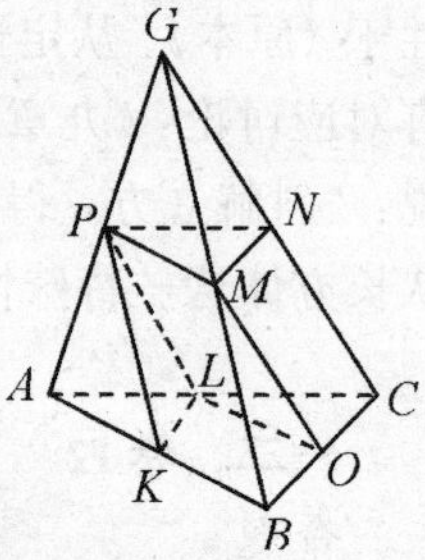

图 3.2.10

从命题3～7系统地获得命题7的重要推论。先是在命题4中对上下两个小三棱锥再作类似截割，又各形成两个相似三棱锥以及两个三棱柱。它们的体积都缩小为前一次相应立体的八分之一。照此手续截割，意味着一系列棱柱体积总和将是原三棱锥的体积。然后用穷举证法得到命题5。在此基础上有命题7，才有其推论："棱锥等于它同底等高棱柱的三分之一。"在《九章·商功》题15刘徽注通过无限分割两种锥体建立了刘徽原理，得到锥体体积公式。其分割方式竟与《原本》不约而同，而在理论上以极限代替穷竭法，优于《原本》②。这是因为：一、刘徽对数列极限的认识，不局限于定性地了解立体体积是数列的极限，而且还定量地算出这极限是多少。二、刘注还指出："半之弥少，其余弥细。至细曰微，微则无形，由是言之，

① 本《大系》卷2，pp. 184～187，卷3，pp. 186～213

② 参见本《大系》卷3，pp. 206～209并比较. 沈康身《九章算术导读》，pp. 374～376，湖北教育出版社，1997.

安取余哉?”（每次对分，余数减小，小到极细，则称为微数。微数无形，那么哪里还有余数呢?）对照《原本》命题4 证明中只说：“类似地也有，再分余下的棱锥为两个棱锥以及两个棱柱。”(And similarly also, we divide the remaining pyramids into two pyramids and into two prisms.)[①] 戛然而止，并无深入进行极限过程的描述。

命题15　中算也有相应研究，《九章·少广》命题24 刘徽注：“令丸径自乘，三而一，开方除之，即丸中之立方也。”显然这一判断与之等价。对此刘徽还作了证明：“假令丸中立方(AC)（图3.2.11）为勾，勾自乘幂……倍之，……以为弦幂(CB^2)，谓平面方五尺之弦也，以此弦为股，亦以（CE）……为勾，并勾、股幂得大弦（EB）幂，开方除之，则大弦可知也。大弦则中立方之长斜、斜即丸径也。故中立方自乘之幂于丸径自乘三分之一也。”对照《原本》，两种证明如出一辙。

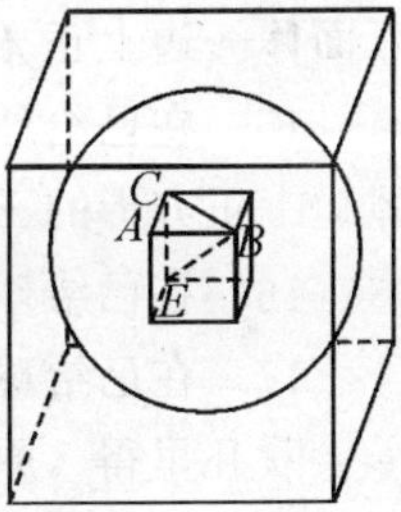

图 3.2.11

一三、卷13[②]

命题

1. 线段分成中外比，那么大线段与原线段之半的和上正方形等于原线段之半上正方形的五倍。

8. 正五边形的对角线相交成中外比，其较长线段等于边长。

9. 同圆内接正六边形边长与内接正十边形边长成中外比：前者是较长线段，后者是较小线段。

10. 圆内接正五边形一边上的正方形等于同圆正六边形边上

---

① HE., vol. 3, p. 384

② HE., vol. 3, pp. 438～511

正方形与内接正十边形边上正方形之和。

12. 圆内接正三角形边上的正方形等于圆半径上正方形的三倍。

13. 在已给球内作内接正四面体，并证明球直径上正方形是四面体一边上正方形的一倍半。

14. 在已给球内作内接正八面体，并证明球直径上正方形是八面体一边上正方形的二倍。

15. 在已给球内作内接立方体，并证明直径上正方形是立方体边上正方形的三倍。

16. 在已给球内作内接正二十面体。

17. 在已给球内作内接正十二面体。

欧几里得《原本》卷13命题13至17正多面体作法及其证明过程写得十分精彩。我们用现代数学语言记其全部内容。

命题13 如d为球直径。就以d（AB）为直径作半圆，并取C，使$AC=2CB$。又取AC，BC的比例中项CD（图3.2.12左）。以DC为半径作圆，$\triangle FEG$内接此圆。H为内心（即圆心），作KH垂直于圆平面，又取$HK=AC$。连KE，KF，KG，（图3.2.12右），则$K\text{-}EFG$为所求内接于直径为d的球的正四面体。

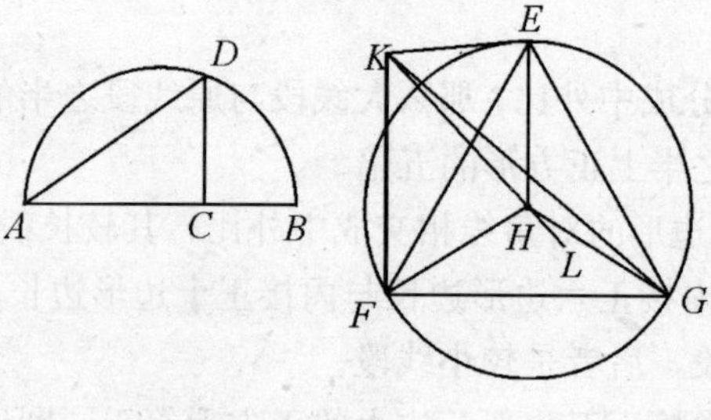

图 3.2.12

证明：$FH=CD=\sqrt{\frac{2}{3}d\cdot\frac{1}{3}d}=\frac{\sqrt{2}}{3}d$。棱长$KG=KF=$

$KE=\sqrt{FH^2+HK^2}=\sqrt{CD^2+AC^2}=\sqrt{\frac{2}{3}}d$。[①] 这就是“球直径上正方形是正四面体一边上正方形的一倍半”。

命题14　以 d（AB）为直径作圆。C 为圆心。作 $CD\perp AB$（图3.2.13右）。以 DB 为边作正方形 $EFGH$，对角线交于 K。作 KL 垂直于正方形所在平面。取 $LK=KM=\frac{d}{2}$，于是 L-$EFGH$-M 为所求内接于直径为 d 的球的正八面体（图3.2.13左）。

易知：球直径上正方形是正八面体一边上正方形的二倍。

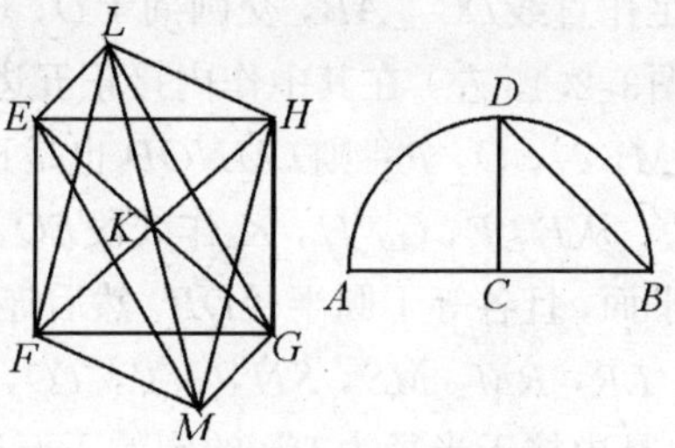

图 3.2.13

命题15　以 d（AB）为直径作半圆。取 $AC=2BC$，作 $DC\perp AB$（图3.2.14左）。以 DB 为边作正方形 $EFGH$，再取 $KE=DB=NH=LF=MG$，且都垂直于正方形所在平面。依次以线段连接相应顶点，那么 $KLMN$-$EFGH$ 为所求的内接于直径为 d 的球的立方体（图3.2.14右）。

证明：计算图3.2.14左的 $DB=\sqrt{\frac{1}{3}}d=KE$。而 $EG=\sqrt{\frac{2}{3}}d$，$KG=d$。这已证“直径上正方形是立方体上正方形的三倍[②]。”

---

① 易知正△EFG 边长，且棱长，也是 $\sqrt{\frac{2}{3}}d$.

② 参见卷12 命题15.

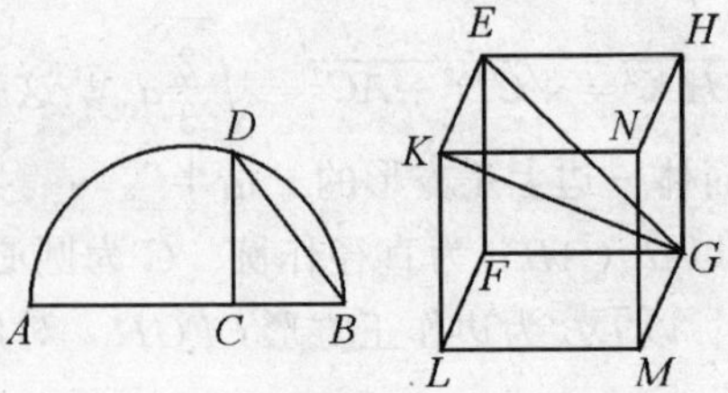

图 3.2.14

命题16　仍以$d(AB)$作半圆。改取C，使$AC=4BC$（图3.2.15右）。以C为垂足作直线$DC\perp AB$，交圆周于D，取DB为半径，V为圆心作圆。（图3.2.15左）在其中作内接正五边形$EFGHK$。又取五弧中点L，M，N，O，P；则$LMNOP$也是正五边形，而EP为正十边形一边。从E，F，G，H，K作线段EQ，FR，GS，HT，KU，垂直于圆平面，且各等于圆半径DB。然后连接QR，RS，ST，TU，UQ，QL，LR，RM，MS，SN，NT，TO，OU，UP，PQ。显然$QRSTU$也是内接于半径为DB的圆的正五边形。

进一步考察：QE，EP分别是同圆正六边形、正十边形的边，而$\angle QEP$是直角，那么QP是同圆正五边形的边①。同理PU，QU也是同圆正五边形的边。于是$\triangle PQU$是正三角形。同理$\triangle QLR$，$\triangle RMS$，$\triangle SNT$，$\triangle TOU$也都是正三角形。同理$\triangle LRM$，$\triangle MSN$，$\triangle NTO$，$\triangle OUP$，$\triangle PQL$都是以同圆正五边形为边的正三角形。

现在作Z过圆心V，垂直于圆平面，取$VW=DB$（正六边形边长），又取$VX=WZ=EP$（正十边形边长）。连接ZQ，ZR，ZS，ZT，ZU，XL，XM，XN，XO，XP，则Z，Q，R，S，T，U，L，M，N，O，P，X是球内接正二十面体的十二个顶点。

---

① 《原本》卷13 命题10.

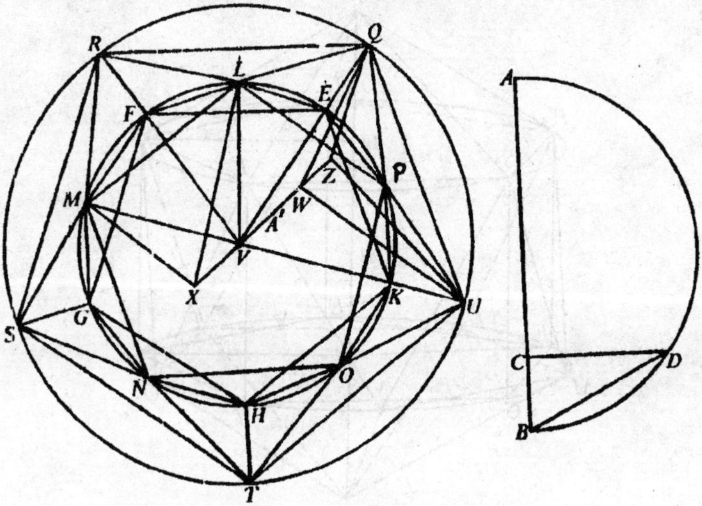

图 3.2.15

证明：图3.2.16是近人据《原本》意重绘①。

先证：Z，X 在球面上。我们知道在单位圆内，$a_6=1$，$a_{10}=\frac{\sqrt{5}-1}{2}$，$a_5=\frac{\sqrt{2(5-\sqrt{5})}}{2}$。作法开始取半径$=a'_6=\frac{d}{\sqrt{5}}$，因此$a'_{10}=\left(\frac{1}{2}-\frac{1}{2\sqrt{5}}\right)d$。 $a'_5=\frac{\sqrt{10(\sqrt{5}-1)}}{5}d$。

那么　$ZX=a'_6+2a'_{10}=d$。

这就是说，Z，X 是球直径两端点。

次证：E，F，G，H，K 都在球面上。取 VW 的中点 A（球心）在直角三角形 AVF 中，$\angle AVF$ 为直角，计算

① 《原本》俄文译本，卷3，p. 129. 笔者又据以改动相应的字母，使与图3.2.15相应.

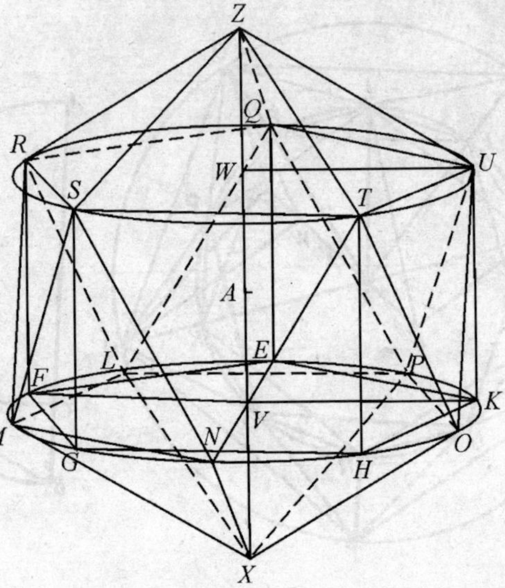

图 3.2.16

$$AF^2=AV^2+FV^2=\left(\frac{1}{2}a'_6\right)^2+a'^2_6。$$

$$AF=\frac{\sqrt{5}}{2}a'_6=\frac{\sqrt{5}}{2}\times\frac{1}{\sqrt{5}}d=\frac{1}{2}d。$$

因此，F 在球面上，同理其余四点也在球面上。类似地，可证上层正五边形顶点 Q，R，S，T，U 都在球面上。

最后证：上、下两正五边形间十个三角形为合同的正三角形。例如$\triangle QPU$ 中 QU 本身是a'_5，$QP=\sqrt{QE^2+EP^2}=\sqrt{a'^2_6+a'^2_{10}}=a'_5=QU$，而$PU=\sqrt{PK^2+PU^2}=\sqrt{a'^2_{10}+a'^2_6}=a'_5$。类似地，其他九个三角形都是以$a'_5$为边长的正三角形。至于以$Z$，$X$ 为顶点的上、下各五个三角形，例如$\triangle ZQU$ 中 QU 是a'_5，而 $ZU=ZQ=\sqrt{WZ^2+WU^2}=\sqrt{a'^2_{10}+a'^2_6}=a'_5$。类似地，其他九个三角形都是以$a'_5$为边的正三角形。

命题 17　前面四命题都以球直径作半圆起头。对正十二面体作法欧几里得文思突转，改从立方体入手。图3.2.17 中$ABCD$为立方体前立面，$BEFC$ 为顶面。取相应各棱中点G，H，K，L，M，O，N。又取MP，PO，HQ 上成中外比的点，其中PR，PS，HT 分别为较长部分。又以R，S，T 为垂足作垂直线分别垂直于顶面及前立面。在其上各取线段等于中外比的较长部分，U，V，W 各为端点。连结线段BU，UV，VC，CW，WB 就形成正五边形。对其余的面作类似垂直线段，并连结相应端点，将构造出十二个正五边形。它们都是所求正十二面体的面。

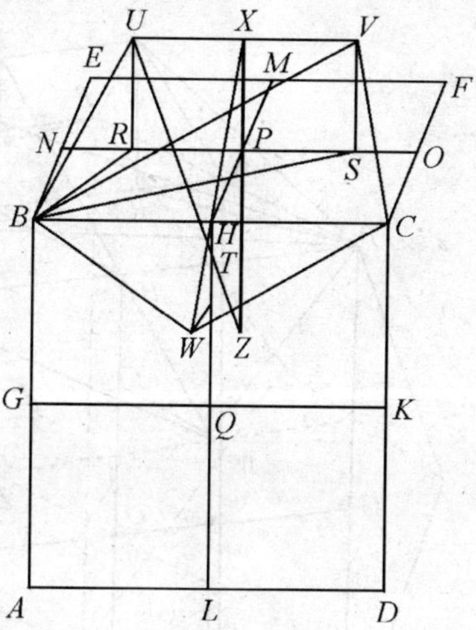

图 3.2.17

证明：图 3.2.18 据《原本》意重绘。①

先证：所有棱长（共30 条）都相等。不失一般性，设立方体棱长为2。又以中外比分割单位长线段为两部分，设其较长部分为x，则较短部分为$1-x$，据中外比性质可知：$x^2+x=1$。十二面体30 条棱有两种类型：

其一，UV，$UV=2x=\sqrt{5}-1$。

其二，UB，$UB^2=BR^2+RU^2=BN^2+NR^2+RU^2$

$$=1+(1-x)^2+x^2=2(1-x+x^2)=4x^2。$$

因此，$UV=UB$。于是五边形都等边。

次证：五边形各角都相等，以五边形$BUVCW$ 为例，只需证

① 据俄译本《原本》卷3，p. 134 改动某些字母，使与图3.2.15 一致.

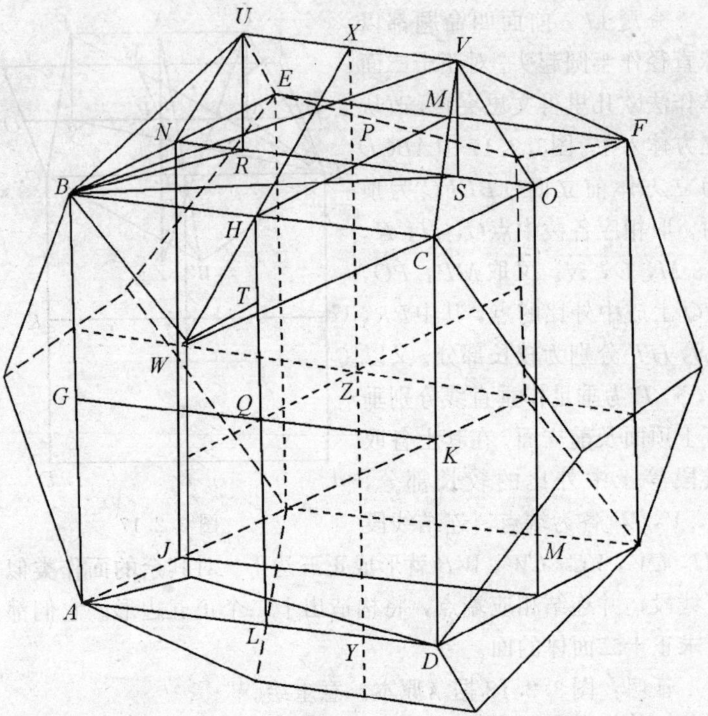

图 3.2.18

$\triangle BUV \cong \triangle BWC$。从已证边边相等。如果 $BV=BC$，则对应角 $\angle BUV=\angle BWC$。而

$$BV^2=SV^2+BS^2=SV^2+NB^2+NS^2$$
$$=x^2+1+(1+x)^2=2(1+x+x^2)=4,$$
$$BV=2=BC。$$

类似地，由于位置及长度相同关系，可证所有12个面、共60个角，都相等。

再证：这些五边形都是平面多边形。不失一般性，仍以五边形 $BUVCW$ 为例。连结 W 与 UV 的中点 X，又连 H，W。如能证

明XH，HW 在一直线上，则在BC，XW 相交直线所决定的平面上的B，U，V，C，W 显然共面。我们来看：对$HQ=1$ 上的T 来说，从作图可知$TQ=x$，那么

$$HQ : QT = QT : TH,$$

而 $$HQ = HP, \quad QT = TW = PX,$$

从而 $$HP : PX = TW : TH。$$

又 $$HP /\!/ TW, \quad PX /\!/ TH,$$

两三角形$\triangle XPH$，$\triangle HTW$ 又有一角顶H 重合，则XH_1 与HW 共线①。

最后证：正十二面体二十个顶点都在同一球面上。用中算传统术语说，《原本》的作图法无非是在立方体六个面外作六个合同的刍童。UV-$BCFE$ 就是其中之一。我们取UV 脊线作顶面$BCFE$ 的垂直面$UVOMJN$（图3.2.18）XY 为对称轴，Z 为对称中心，易于计算

$$UZ=\sqrt{(1+x)^2+x^2}=\sqrt{1+2x+2x^2}。$$

取$x=\dfrac{\sqrt{5}-1}{2}$，则$UZ=\sqrt{3}=VZ=WZ$。

类似地其他各顶点都在以Z 为中心，以$\sqrt{3}$ 为半径的球面上。

作为《原本》最后命题、压轴好戏的五种正多面体，欧几里得对命题的证明小心谨慎，严格细致。虽然他的工作完成在二千多年前，今日展读，仍似晨间清露，新鲜逗人。我国清代梅文鼎(1633—1721) 在《几何补编》中研究成果是正多面体互容这一课题的结论。事实上，就是借助于立方体所得相应正四面体、正八面体、正二十面体，正十二面体作法，较《原本》作法简便很多，

① 《原本》卷6 命题32.

而且易于证明①。

梅文鼎读过《原本》译本前六卷，在其《几何补编》四卷自序中说：《原本》只译到平面部分，七卷以后未译出，但在历算书中往往引到后续部分，每使读者困惑。于是他就著书补充：对于正二十面体作法在《几何补编》卷4中他讲了三段话：

“立方与所容二十等面之边若全边与理分中末（中外比）之大分也。”

“二十等面在立方内，皆以其边棱切立方之面。有三十棱，其切立方，只有其六。”

“凡立方内容二十等面，皆以其边正切于立方各面之正中凡六。皆遥对如十字。假如上下两面所切二十等面之边横，则前后两面所切之边纵，而左右两面所切之边又横。”

对照图3.2.19可见他的深入浅出的讲解跃然纸上。这是说，把立方体作为辅助图形，在它六个面上作对称轴。取对称轴（如PQ）的黄金分割，$P'Q'$为其长的一段，P'，Q'与上、下面等距。类似地，在其他五个面上取对应点如图。这十二个点是内容正二十面体的顶点。

类似地，梅文鼎还以立方体为辅助图形在其六个面上作对称轴（图3.2.20）在各轴的正中位置取黄金分割的较短的一段($P''Q''$)，这样就取得十二个点如图。再取立方体对称心与八个顶点相连，黄金分割这连线，使其较短部分靠近顶点，又得到八点。所得二十个点是所求内容十二面体的顶点。

苏联Д. И. Перепёлкин 1919年著文“正二十面体及正二十

---

① 沈康身．梅文鼎在立体几何研究中的几点创见．杭州大学学报第一卷第一期，1962，1（1）：1～7．

面体的一种作法”①，正与梅氏所说完全一致，被作为高等学校教材，但已迟于梅氏三百多年。他的作法及其证明（正二十面体）我们引录如下：（图 3.2.21）

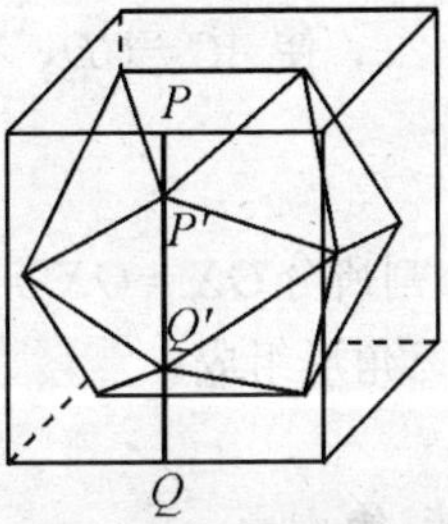

图 3.2.19

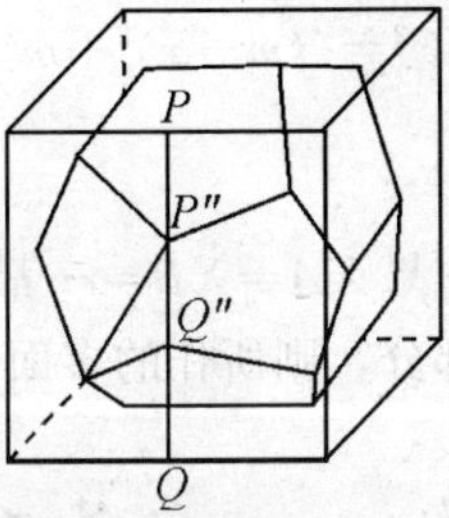

图 3.2.20

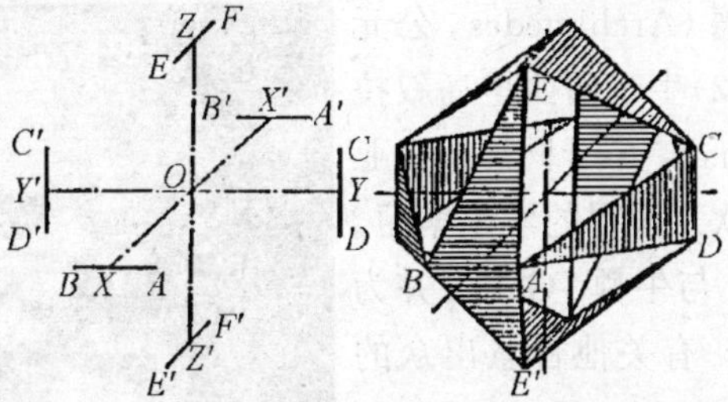

图 3.2.21

作三个两两垂直的相等线段XX'，YY'，ZZ'，同以O为中心。过X，X'各引直线$AB /\!/ A'B' /\!/ YY'$，并截取线段$XA=XB=X'A'=X'B'$。同样过Y，Y'各引直线$CD /\!/ C'D' /\!/ ZZ'$，并截取$YC=YD=Y'C'=Y'D'=XA$，又过Z，Z'各引$ZE=ZF=Z'E'=Z'F'=XA$。将点A与C，D，E，E'连结，A'与C，D，E，F'连结……于是得一多面体。它是由十二个等腰三角形ABE，ABE'，CDA……和八个正三角形ACE，ADE'……组成。选择等长线段$XA=XB=$

---

① Д. И. Перепёлкин《初等几何教程》卷下，高等教育出版社，1953 吸收论文要点撰写.

$X'A'=\cdots=Z'F'=x$，使等腰三角形成为正三角形，设等长线段 $OX=OX'=\cdots=OZ'=m$，那么 $AC^2=AY^2+YC^2=(OY-XA)^2+OX^2+YC^2$，这就是

$AC^2=(m-x)^2+m^2+x^2$，而 $CD=2x$，使 $AC=CD$，得

$$\frac{m}{x}=\frac{x}{m-x}。$$

如果 $XA=XB=\cdots$ 都等于按黄金分割所分 $OX=OX'=\cdots$ 的较长部分，则所作的多面体由二十个正三角形组成。

第二节　阿基米德

阿基米德（Archimedes，公元前287—前212）生于西西里岛叙拉古斯（Syracus），卒于同地。在亚历山大城从欧几里得的学生学习。后世称道他：与牛顿、Gauss 并为数学界三杰，有关他智慧出众的记载特多：

阿基米德

图 3.2.22

——当获知杠杆原理后，他自信地宣称："给我一个支点，我可以移动这个地球。"

——当发现水力学浮体定理后，对Hiero 王交给他检测金冠真伪问题昼思夜想，一旦得解，正在浴盆洗澡，他未及衣冠，在通衢惊呼"Heuriko"（我找到了）①。

——当罗马大军围叙拉古斯，他用抛射机发射巨石攻敌阵营，

① 现代教育学中发现法（heuristic method）的语源．见沈康身文，释"赫列斯的克"，数学通报，1957．(12)：16．

用反射镜聚焦焚烧敌舰。

——当叙拉古斯城陷于敌，他还在地上作图研究，面对罗马兵告诫说："Don't destroy my circle"（毋毁我圆，图版3.2.4)。

图版 3.2.4　阿基米德面对入侵罗马兵说："毋毁我圆。"

阿基米德著作等身，他的重要作品历经沧桑，但大多传世。有两种文集收罗最是完备：

①T. L. Heath，The Works of Archimedes，Cambridge University Press，1897。1912年另有增订。

②И. Н. Веселовокий 及 Б. А. Розенфельд，Архимед Сочинения，1962，ГИФМЛ。

在这两种文集中我们读到阿氏原著：《论球与圆柱》，《量圆》，《论螺线》，《论平面平衡》，《数砂者》，《求抛物线面积》，《论浮体》，《方法》，《牛群问题》，《论多面体》，《引理之书》，《折弦问题》，《正七边形作法》等。本节据两种文集选辑有关内容，分三段介绍。

阿基米德所著各书都有创造性：不论是在内容新鲜、在解题方法、证明方法方面都具有独特巧思，出奇制胜，不同凡响。无愧人称从来数学家三杰之一。以《引理之书》为例，全书共收十五道命题。命题本身至今新颖逗人，证法简洁，简洁得几乎不能再减少语句。此书今仅存阿拉伯文译本，未具作者姓名，但人们断为阿基米德专著。正如希腊数学史研究权威英人T. L. Heath说："从定理本身的不凡，足证此专著必是大师阿基米德的手笔"①。

一、不定方程

*《牛群问题》*②

问题 太阳神在西西里岛上牧牛。牛多如云霞、如波涛。朋友，请运用你的智慧告诉我有多少头牛？这些牛分成四群：一群乳白色闪闪发光，一群灰黑色如同海浪，一群红褐色像一团火焰，

① HA.，pp. 301～318

② HA.，pp. 319～326

一群杂色像花朵盛放。每一牛群都有公牛和母牛。它们虽然很多，却不是没有规则：白色公牛等于$\left(\frac{1}{2}+\frac{1}{3}\right)$黑色公牛，加上褐色公牛数；黑色公牛等于$\left(\frac{1}{4}+\frac{1}{5}\right)$杂色公牛，加上褐色公牛数；杂色公牛等于$\left(\frac{1}{6}+\frac{1}{7}\right)$白色公牛，加上褐色公牛数；

母牛数也有一定规则：

白色母牛等于$\left(\frac{1}{3}+\frac{1}{4}\right)$黑色公牛加上母牛数；黑色母牛等于$\left(\frac{1}{4}+\frac{1}{5}\right)$杂色公牛加上母牛数；杂色母牛等于$\left(\frac{1}{5}+\frac{1}{6}\right)$褐色公牛加上母牛数；褐色母牛等于$\left(\frac{1}{6}+\frac{1}{7}\right)$白色公牛加上母牛数。

朋友，还请你注意。公牛数的特别性质，如果把白色和黑色的一个挨一个排列，将构成正方形数[①]，如果把杂色和褐色的一个挨一个排列，将构成三角形数。

朋友，请告诉我，太阳神共有多少公牛和母牛？每种颜色的公牛和母牛各有多少？如果你能回答，你将是世界上最聪明的人。

原著有问、无解无答，直至1880年德国人Amthor有完整讨论，并作解，载《德国数学与物理学杂志》。解法：设白、黑、花、棕公牛数各为X，Y，Z，T；白、黑、花、棕母牛数各为x，y，z，t。据题意可列出方程组：

① 见第一章第二节，一、对数的一般认识·拟形数.

$$(1)\begin{cases}X-T=\frac{5}{6}Y,\\ Y-T=\frac{9}{20}Z,\\ Z-T=\frac{13}{42}X。\end{cases}\qquad (2)\begin{cases}x=\frac{7}{12}(Y+y),\\ y=\frac{9}{20}(Z+z),\\ z=\frac{11}{30}(T+t),\\ t=\frac{13}{42}(X+x)。\end{cases}$$

再设正方形数边长为U，三角形数边长为V，则

$$(3)\begin{cases}X+Y=U^2,\\ T+T=\frac{1}{2}V(V+1)。\end{cases}$$

需要解含有十个未知数的九个方程的不定方程组。Amthor 先解第（1）组方程得

$$X=\frac{742}{297}T,\ Y=\frac{178}{99}T,\ Z=\frac{1\,580}{891}T。$$

整数解是$X=2\,226G$，$Y=1\,602G$，$Z=1\,580G$，$T=891G$。

再解第（2）组方程，把X，Y，Z，T代入，可得

$$x=\frac{7\,206\,360}{4\,657}G,\ y=\frac{4\,893\,246}{4\,657}G,$$

$$z=\frac{3\,515\,820}{4\,657}G,\ t=\frac{5\,439\,213}{4\,657}G。$$

为得整数解，取$G=4\,657g$。x，y，z，t用g表达，而

$X=10\,366\,482g$，$Y=7\,460\,514g$，$Z=7\,358\,060g$，$T=4\,149\,387g$,代入第（3）组方程

$$\begin{cases}3\,828\times 4\,657g=U^2,\\ 4\,942\times 4\,657g=V^2+V。\end{cases}$$

要使第一个方程左边是完全平方，对任意自然数ξ，设$g=3\times 11\times$

$29\times4\ 657\xi^{2}$①，

于是第二个方程成为 $2\times3\times7\times11\times29\times353\times4\ 657^{2}\xi^{2}=V^{2}+V$。可以变换为

$$(2V+1)^{2}=2\times3\times4\times7\times11\times29\times353\times4\ 657^{2}\xi^{2}+1。$$

又设 $u=2V+1$，$w=2.465\ 7\xi$，$d=2\times3\times7\times11\times29\times353=4\ 729\ 494$，那么得解Pell 方程。②

$$u^{2}-4\ 729\ 494\omega^{2}=1。$$

Amthor 展开$\sqrt{4\ 929\ 494}$为连分数，循环节长达91 项。经过十分艰辛计算仅是白公牛数最小值也达

$$X=1\ 598\times10^{206\ 541}。$$

八种牛总数将达$7\ 766\times10^{206\ 541}$。每页排2 500 个数字，要有660 页的厚书来记载这个数。所以阿基米德只提出了问题，至于解这个问题，当时是没有条件的。

二、平面图形

《正七边形作法》

此书久佚，我们在阿拉伯数学家Thabit ibn Qurra（约826—901）阿拉伯文译希腊遗书中尚可读到此文献③。

命题　在线段AB 所在直线上取C,D 两点使$AB\cdot AC=BD^{2}$，$CB\cdot CD=AC^{2}$。

人称古代有四大尺规不能作问题，除熟知的三题外，另一题就是阿基米德企图用尺规在圆内作正七边形。为实现设想，他设计此命题作为预备定理。今日我们检验：此题将导致求解它的根不能表示为平方根的三次方程，因此，事实上本命题为尺规不可

---

① 注意 $3828=4\times3\times11\times29$

② 参考第四编第三章第一节，四、二次不定方程.

③ AC.，pp.　401～416

作。阿基米德的

作 法：在 AB 上作 $\square ABEF$（图3.2.23），AE 是其对角线。从 F 起作一直线 FD，与 AE，BE 分别交于 G，H，使两三角形（面积）$\triangle FGE=\triangle BHD$。过 G 引直线 $KC\perp AD$ 交 AD 于 C。则 C，D 就是所求点。

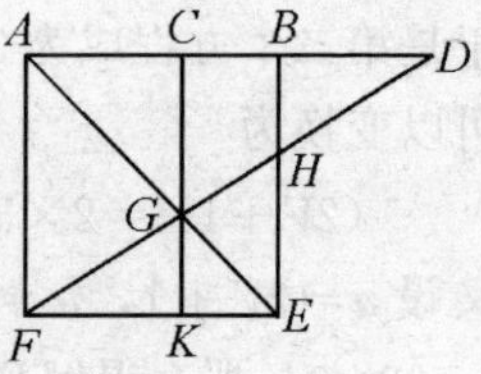

图 3.2.23

证明　从面积相等两三角形知

$$GK\cdot EF=BH\cdot BD,\ \frac{BH}{GK}=\frac{FE}{BD}$$

又从 $\triangle BHD\backsim\triangle KGF$，知 $\dfrac{BH}{GK}=\dfrac{BD}{FK}$，

因此 $\dfrac{FE}{BD}=\dfrac{BD}{FK}$。又 $AB=FE$，$AC=FK$，于是

$$AB\cdot AC=BD^2$$

又从 $\triangle DCG\backsim\triangle FKG$，$\dfrac{GK}{FK}=\dfrac{GC}{CD}$，

又 $FK=AC=GC$，$GK=KE=CB$，于是 $CB\cdot CD=AC^2$。

命题　在圆内作正七边形。

作法　在线段 AB 及其延长线上取 C，D 两点使 $AB\cdot AC=BD^2$，且 $CD\cdot CB=AC^2$。（图3.2.24）又取 $CE=CA$，$BE=BD$，[①]。作圆外接于 $\triangle AED$，则 AE 为此圆内接正七边形一边。

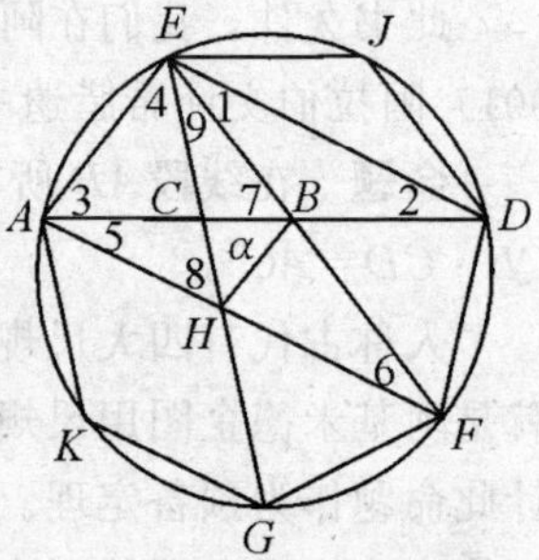

图 3.2.24

证明　延长 EB，EC 与圆周分别交于 F，G。连结 AF，交 EG 于 H，又连 HB，则

$\angle 1=\angle 2$，$\angle 3=\angle 4$，（等腰三角形

---

① 此E点尺规也不能作出.

底角)

$\angle 2=\angle 6$，$\angle 1=\angle 5$。(同弧所对圆周角)

这说明弧 DF，AE 所对圆周角$\angle 6=\angle 1$。从条件$CD\cdot CB=AC^2$，$EC=AC$，且共有$\angle C$ 知：$\triangle BEC\backsim\triangle EDC$，于是弧$GF$ 所对圆周角$\angle 9=\angle 2=\angle 1$。

从$\angle 7=\angle 5+\angle 6=2\angle 1$，$\angle 8=\angle 9+\angle 6=\angle 7$ 知A，E，B，H 四点共圆。得$\angle 4=\angle\alpha$。

又从条件$AB\cdot AC=BD^2$，而$BE=BD$，$AH=BD$，$\angle 5=\angle 9$，知$\triangle BEC\backsim\triangle HAB$，得$\angle 4=\angle\alpha=\angle 7=\angle 3=2\angle 1$。这说明弧$AG$，$ED$ 所对圆周角都是$2\angle 1$。在二者各取中点J，K，则$AE=EJ=JD=DF=FG=GK=KA$。

《引理之书》①

全书列命题十五则，我们选译，有的还记其证明。

命题

1. 两圆切于A，直径BD 与EF 平行，则A，D，F (A，B，E) 三点共线。(图 3.2.25)

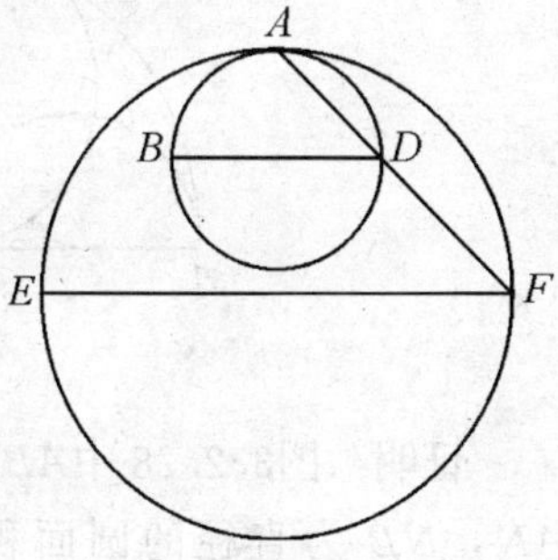

图 3.2.25

2. AB 是半圆直径，过B 引切线，过半圆上另一点D 也引切线，二者交于T。如果DE 垂直于AB，交AT 于F，则

$DF=FE$。(图 3.2.26)

3. P 是弓形上的点，AB 为其弦，作PN 垂直于AB，又取$AN=ND$，$PQ=AP$，则

$BQ=BD$。(图 3.2.27)

① HA., pp. 301～318

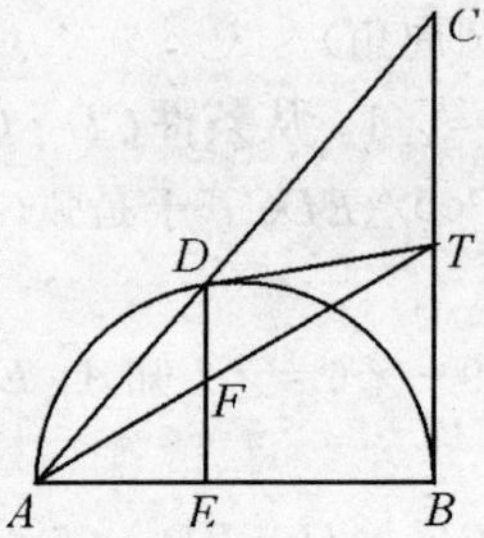

图 3.2.26

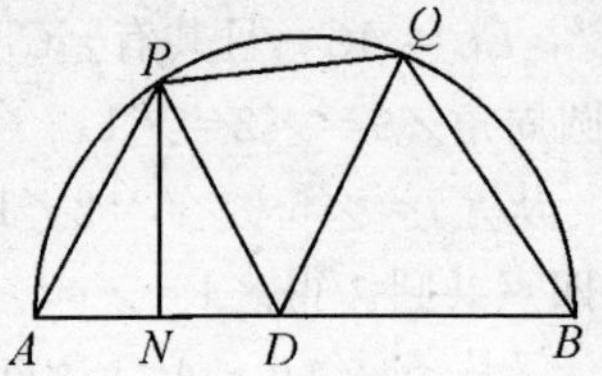

图 3.2.27

4. 大半圆内含两个互切小半圆。三个半圆间的曲边图形（皮匠刀形）面积等于两小半圆公切线[①]（至大半圆止）长为直径的圆面积。

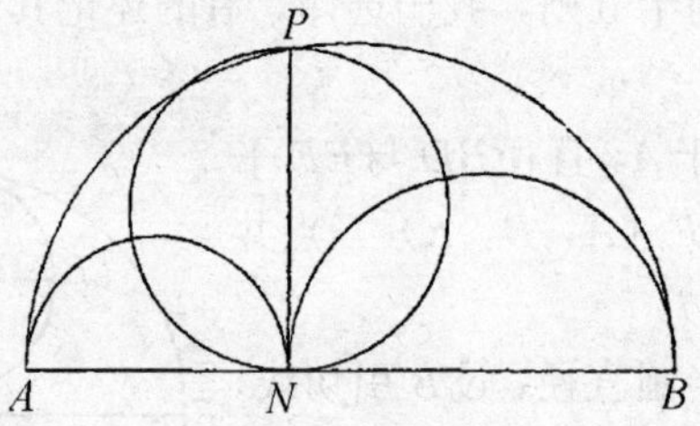

图 3.2.28

证明　图3.2.28中AB是大半圆直径，N为其上一点，以AB，AN，NB为直径的圆面积。这是因为　$AB^2=AN^2+NB^2+2AN\cdot NB=AN^2+NB^2+2PN^2$。而圆与圆［面积］之比是其半径平方之比。

5. 在皮匠刀形内、两小半圆公切线左右各作切于切线和大小半圆的圆，二者面积相等。

① 指内公切线.

证明 C 是 AB 上任一点，$CD\perp AB$。以 AC，CB 为直径作半圆，则在 CD 两侧所作切于两半圆及 CD 的二圆等积。（图 3.2.29）

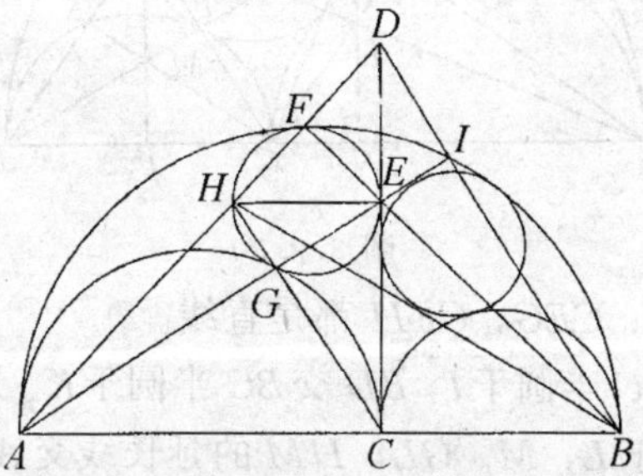

图 3.2.29

左侧的圆切 CD 于 E，切大半圆于 F，切小半圆于 G。作所切圆的直径 EH，它垂直于 CD，因此与 AB 平行连结 FH，HA；FE，EB，则 FHA，FEB 为直线①。同理 AGE，CGH 也是直线。把 AF 延长交 CD 于 D，又延长 AE，交大半圆于 I。连结 BI，ID。由于 $\angle AFB$，$\angle ACD$ 都是直角，自顶点到四边所引垂线都交于 E。那么 $AE\perp BD$。而 $AE\perp BI$，因此 BID 也是直线。又由于 $\angle G$，$\angle I$ 都是直角，得 $CH /\!/ BD$。从 $AB:BC=AD:DH=AC:HE$，得 $AC\cdot CB=AB\cdot HE$。同理如果 d 是右侧切圆的直径我们也有 $AC\cdot CB=AB\cdot d$。已证 $d=HE$。

6. 在皮匠刀形内内切于大半圆而外切于二小半圆的圆面积(图3.2.30)已给二小半圆直径为3∶2。又须求出所求圆直径与大半圆直径的关系。

解法 在图中作所求圆直径 $GH /\!/ AB$，设此圆切以 AB，AC，CB 为直径的半圆于 D，E，F。前已证 AGD，BHD 都是直线。同

① 阿基米德已证此三点共线.

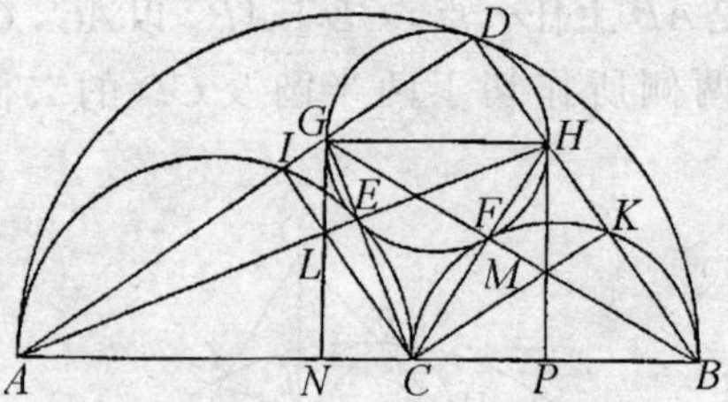

图 3.2.30

理 AEH，BFG；CEG，CFH 都是直线。

设 AD 交 AC 半圆于 I，BD 交 BC 半圆于 K。连结 CI，CK，分别交 AE，BF 于 L，M。GL，HM 的延长线交 AB 于 N，P。

在 $\triangle AGC$ 中过 A，C 到对边的垂线交于 L，因此 $GLN\perp AC$。同理 $HMP\perp CB$。

又由于 $\angle I$，$\angle K$，$\angle D$ 都是直角，$CK /\!/ AD$，$CI /\!/ BD$，于是 $AC:CB=AL:LH=AN:NP$，$BC:CA=BM:MG=BP:PN$。

这就是说，

$$AN:NP=NP:PB。$$

根据题设条件 $AC=\frac{3}{2}CB$，$AN=\frac{3}{2}NP=\frac{3}{4}PB$。

那么 $BP:PN:NA:AB=4:6:9:19$，

所求
$$GH=NP=\frac{6}{19}AB$$

同样的方法可以求二小半圆半径为任何比值。

8. 图3.2.31 中，AB 为圆 O 内任一弦，延长至 C。取 BC 等于半径。OC 交圆于 D，延长（另一方向）遇圆于 E，则弧 $AE=$ 3 弧 BD。

10. 图3.2.32 中，AT，BT 为圆的切线。任意引一割线 TC，又引 $BD /\!/ CT$。直线 AD 交 CT 于 E。作 $EH\perp DB$，则垂足 H 等分 DB。

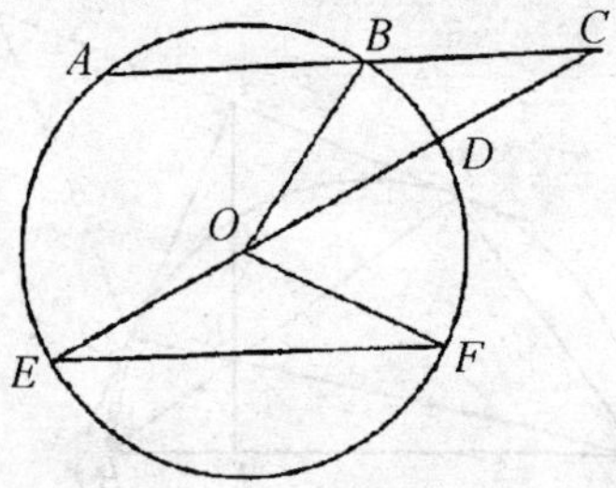

图 3.2.31

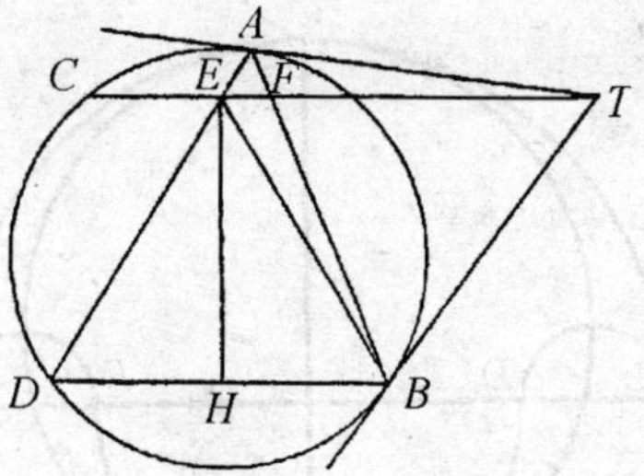

图 3.2.32

11. AB，CD 为圆中互相正交二弦，交于O，O 不是圆心，则

$$AO^2+BO^2+CO^2+DO^2=d^2,$$

d 是圆的直径。

12. 图3.2.33 中AB 是半圆的直径。PT，QT 为切线。如果AQ，BP 交于R，则$TR\perp AB$。

13. AB 是圆的直径，与弦CD（不是直径）交于E。作BN，AM 分别垂直于CD，则$CN=DM$。

14. 图3.2.34 中在半圆ACB 内作两小半圆，各以AD，BE 为直径，其中$AD=EB$ 如图。又以DE 为直径在相反方向作半圆。$CF\perp AB$ 且过AB，DE 的中点O。则四半圆间曲边图形（盐窖形）等于以直径CF 为圆的面积。

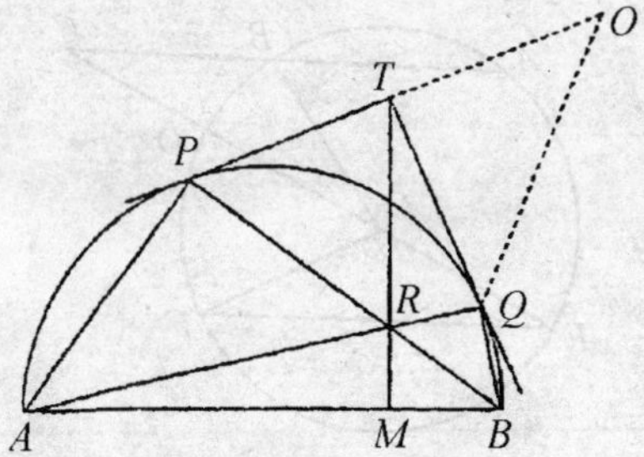

图 3.2.33

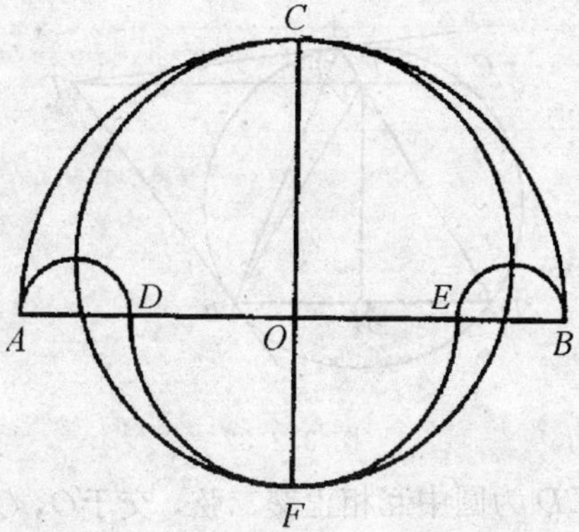

图 3.2.34

证明 按照欧几里得《原本》卷2命题10：DE 的中点是O，$EA^2+AD^2=2\ (EO^2+OA^2)$，而$CF=OA+OE=EA$。于是$AB^2+DE^2=4\ (EO^2+OA^2)\ =2\ (CF^2+AD^2)$。我们知道圆面积之比是其半径平方之比，那么

AB,DE 上半圆和$=CF$ 上圆$+AD$,BE 上半圆和，也就是说，盐窖形面积$=$以CF 为直径的圆面积。

15. 图3.2.35 中，AB 为圆直径，AC 是其内接正多边形一边，D 为弧AC 的中点。连结CD，延长交AB 于E。又连结AC，BD，交于F，并作$FM\perp AB$，则EM 与圆的半径等长。

《折弦问题》

aL-Biruni（973－1050 以后）阿拉伯文译本中保存此题[1]。

定理　圆内折弦ABC，M 是弧ABC的中点，作$MP\perp BC$，则垂足P 是折弦ABC 的中点。（图 3.2.35）

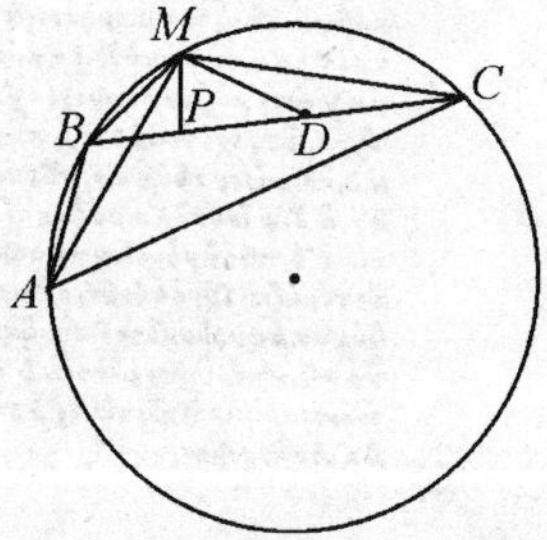

图 3.2.35

证明　在弦BC上取D，使$CD=AB$，则$\triangle ABM\cong\triangle CDM$（边、角、边），对应边$DM=BM$，导致$BM=PD$。于是$AB+BP=PD+CD$。命题已证。

《量圆》

全书有命题三则，论述详略不一。对圆面积、圆周长有周到的探讨，是数学史从来最早文献。

命题[2]

1. 圆面积与直角边分别等于其周长以及半径的直角三角形面积相等。图版 3.2.5 为希腊文版书影。

证明　图3.2.36 中，设$ABCD$ 为已给圆，K 为满足条件的三角形.

①假设圆面积大于K。作圆内接正方形$ABCD$。等分弧AB，BC，CD，DA。再等分这些弧，照此方式继续等分，直至某一多边形，使它与圆之间的部分（若干个合同的小弓形）比圆面积与K 的差还要小。（《原本》卷10 命题1）。这就是说这个多边形大于K。设AE 是多边形的一边，而ON 是边心距。显然ON 小于圆半径，即K 的一直角边。多边形的周长也小于圆周，即K 的另一直角边，那么，多边形又小于K，导致矛盾。因此圆面积不可能大于K。

① AC.，p. 417

② HA.，pp. 91～98

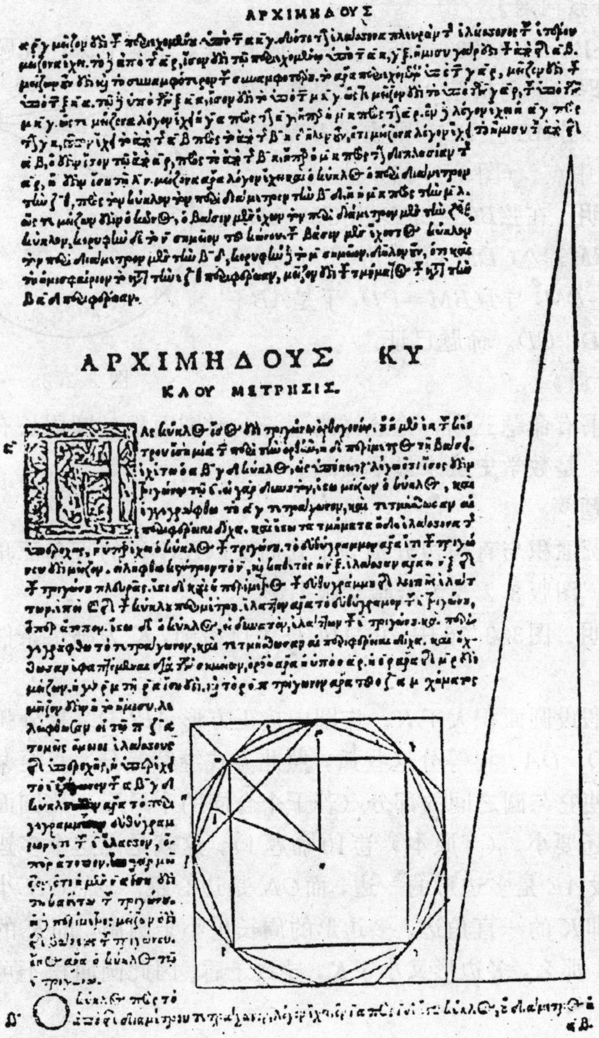
ΑΡΧΙΜΗΔΟΥΣ
ΑΡΧΙΜΗΔΟΥΣ ΚΥ
ΚΛΟΥ ΜΕΤΡΗΣΙΣ.

图版 3.2.5 (《量圆》希腊文版)

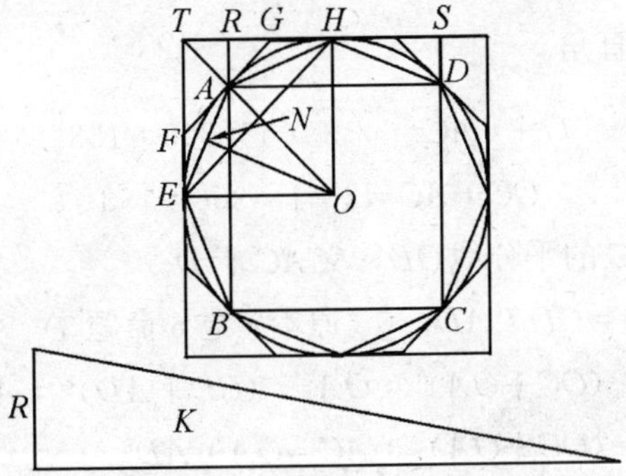

图 3.2.36

②假设圆面积小于K。作圆外切正方形，等分相邻两切点间所有弧（如E，H，…）。又过各分点（如A）作切线。由于$\angle TAG$为直角，$TG>GA=GH$，$\triangle FTG$大于四边形$TEAH$的一半。类似地，如果平分弧AH，又过分点作切线，又从$\triangle GAH$中截去一个大于相应四边形之半的三角形。照此继续进行，终将得到某一多边形，使它与圆之间的部分（若干个合同的曲边三角形）比圆面积与K的差还要小。（《原本》卷10命题1）这就是说，这个多边形小于K。但是另一方面，这个多边形的边心距等于圆半径，周长大于圆周，多形边又大于K，导致矛盾。因此圆面积不可能小于K。

那么圆面积等于K。

2．圆面积与外切正方形面积之比为11∶14。

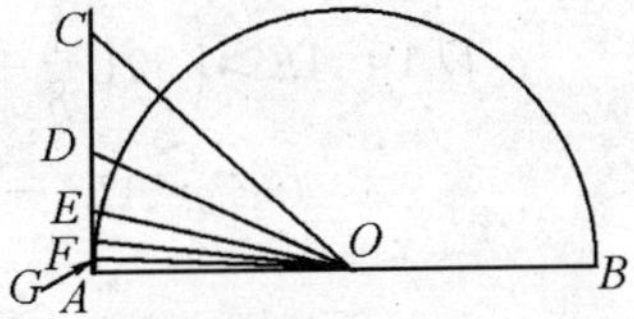

图 3.2.37

3．圆周长与直径之比小于$3\frac{1}{7}$，大于$3\frac{10}{71}$。

证明

①图3.2.37中，设AB为圆的直径，O为圆心，AC为切线，

$\angle AOC$ 为$\frac{1}{3}$直角。

$$OA : AC = \sqrt{3} : 1 > 265 : 153。 \quad \text{(i)}$$

$$OC : AC = 2 : 1 = 306 : 153。 \quad \text{(ii)}$$

作$\angle AOC$的平分线OD，交AC于D。

$OC : OA = CD : AD$。(《原本》卷6命题3)

$$(OC+OA) : OA = (CD+AD) : AD,$$

$$(OC+OA) : AC = OA : AD。$$

从 (i)，(ii) 得

$$OA : AD > 571 : 153。 \quad \text{(iii)}$$

因此 $OD^2 : AD^2 = (OA^2+AD^2) : AD^2$

$$> (571^2+153^2) : 153^2 = 349\ 450 : 23\ 409。$$

$$OD : AD > 591\frac{1}{8} : 153。 \quad \text{(iv)}$$

又作$\angle AOD$的平分线，交AD于E。

$$OD : OA = DE : AE,$$

$$(OD+OA) : AD = OA : AE。$$

从 (iii)，(iv) 得

$$OA : AE > \left(591\frac{1}{8}+571\right) : 153 = 1\ 162\frac{1}{8} : 153。 \quad \text{(v)}$$

$$OE^2 : AE^2 = (OA^2+AE^2) : AE^2$$

$$> \left(\left(1\ 162\frac{1}{8}\right)^2+153^2\right) : 153^2$$

$$= 1\ 373\ 943\frac{33}{64} : 23\ 409。$$

$$OE : AE > 1\ 172\frac{1}{8} : 153。 \quad \text{(vi)}$$

又作$\angle AOE$的平分线，交AE于F，类似地得

$$OA:AF>\left(1\,162\frac{1}{8}+1\,172\frac{1}{8}\right):153$$

$$=2\,334\frac{1}{4}:153。$$

因而　$$OF^2:AF^2=\left(\left(2\,334\frac{1}{4}\right)^2+153^2\right):153^2$$

$$=5\,472\,132\frac{1}{16}:23\,409。$$

$$OF:AF>2\,339\frac{1}{4}:153。$$

再作$\angle AOF$的平分线，交AF于G，得

$$OA:AG>\left(2\,334\frac{1}{4}+2\,339\frac{1}{4}\right):153$$

$$=4\,673\frac{1}{2}:153。$$

我们知道OA是半径，AG是圆外切正96边形之半，于是

直径∶正96边形周长$>4\,673\frac{1}{2}:(153\times 96)$。

正96边形周长∶直径$<14\,688:$

$$4\,673\frac{1}{2}=\ 3\ +\frac{667\frac{1}{2}}{4\,673\frac{1}{2}}<3+\frac{667\frac{1}{2}}{4\,672\frac{1}{2}}=3\frac{1}{7}。$$

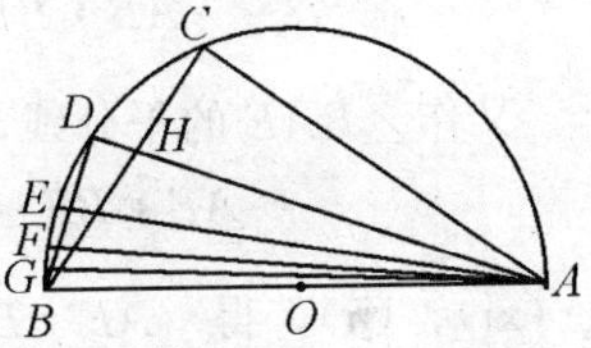

图 3.2.38

这是说　圆周长与直径之比小于$3\frac{1}{7}$。

②图3.2.38中，设AB为直径，作$\angle CAB$为$\frac{1}{3}$直角。于是

$$AC:BC=\sqrt{3}:1<1\,351:780。\qquad\text{(vii)}$$

$$AB:BC=2:1=1\,560:780。\qquad\text{(viii)}$$

作$\angle BAC$的平分线，交BC于H，交圆周于D。$\angle BAD=\angle HAC=\angle HBD$，$\angle D=\angle C$，于是 $\triangle ABD\backsim\triangle AHC\backsim\triangle BHD$。$AD:BD=BD:HD=AC:HC=AB:BH$（《原本》卷6命题3）$=(AB+AC):(BH+HC)=(AB+AC):BC$，因此，从（vii，viii），$AD:BD<(1\,560+1\,351):780=2\,911:780$。 (ix)

$$AB^2:BD^2=(AD^2+BD^2):BD^2$$
$$<(2\,911^2+780^2):780^2=9\,082\,321:608\,400,$$
$$AB:BD<3\,013\frac{3}{4}:780。\quad\text{(x)}$$

又作$\angle BAD$的平分线，交圆周于E，同理

$$AE:BE=(AB+AD):BD<\left(3\,013\frac{3}{4}+2\,911\right):780,$$
$$AE:BE<1\,823:240。\quad\text{(xi)}$$
$$AB^2:BE^2<(1\,823^2+240^2):240^2=3\,380\,929:57\,600,$$
$$AB:BE<1\,838\frac{9}{11}:240。\quad\text{(xii)}$$

又作$\angle BAE$的平分线，交圆周于F，

$$AF:BF=(AB+AE):BE。$$

从（xi），（ii），得 $AF:BF<3\,661\dfrac{9}{11}:240$，

$$AF:BF<1\,007:66,$$
$$AB^2:BF^2<(1\,007^2+66^2):66^2$$
$$=1\,018\,405:4\,356。$$
$$AB:BF<1\,009\frac{1}{6}:66。$$

再作$\angle BAF$的平分线，交圆周于G，

$$AG:BG=(AB+AF):BF,$$
$$AG:BG<2\,016\frac{1}{6}:66,$$

$$AB^2:BG^2<\left(\left(2\ 016\frac{1}{6}\right)^2+66^2\right):66^2,$$

$$AB:BG<2\ 017\frac{1}{4}:66。$$

这里 AB 是直径，BG 是圆内接正96边形一边。那么，正96边形周长：直径 $>66\times96:2\ 017\frac{1}{4}=6\ 336:2\ 017\frac{1}{4}>3\frac{10}{71}$。

这是说，圆周长与直径之比大于 $3\frac{10}{71}$。综合①②结论，命题3已证。

在《量圆》一书命题1，阿基米德定性地证明圆面积与周长、半径的关系，无懈可击。此公式与《九章·方田》圆田术正同。刘徽鉴于《九章》所取圆周率3过于粗糙，他取割圆法。[①] 以内接正六边形倍增边数，无限逼近于圆，取得《量圆》同一结果。命题2，阿基米德定量地说明圆面积与其直径的关系，未作任何说明。而刘徽对圆面积反复推敲，不厌其详。他先计算差幂 $A_{192}-A_{96}=\frac{105}{625}$。从一般关系：$A_{192}-314\frac{64}{625}<A<A_{192}+(A_{192}-A_{96})=314\frac{64}{625}+\frac{105}{625}$。抹去尾数，终得 $A=\frac{157}{200}D^2$。精度也优于阿氏命题2。又阿氏为获得命题3结果：

$$3\frac{10}{71}<\pi<3\frac{1}{7}。$$

先用渐近分数逼近 $\sqrt{3}$，然后选用合比、相似三角形性质以及勾股定理。又分别计算内接、外切多边形周长。刘徽仅用勾股定理、单边极限，就得 $\frac{157}{50}<\pi<\frac{3\ 927}{1\ 250}$，有理论根据，而且精度也优于阿氏。

《抛物线弓形面积》[②]

本书共有命题二十四则，我们选录四则

---

① 见本《大系》卷3，pp. 152～167

② HA. pp. 233～252

命题

21. 图3.2.39中抛物线弓形，Qq 是底，P 是顶点，R 是 PQ 为底的另一抛物线弓形顶点，那么 $\triangle PQq=8\triangle PRQ$。

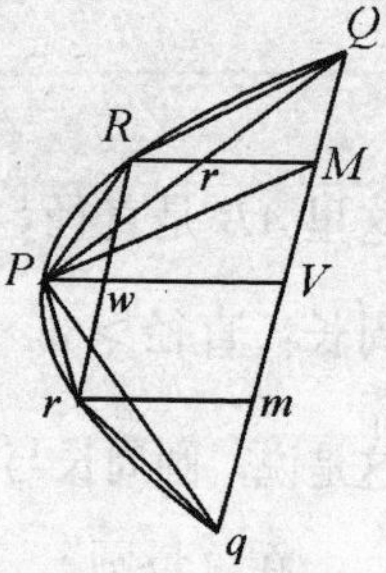

图 3.2.39

证明　过 R 的直径等分弦 PQ，同理 PV 等于 Qq。设过 R 的直径等分 PQ 于 Y，Qr 于 M，

于是　$PV=\frac{4}{3}RM, PV=2YM, YM=2RV$。因此

$$\triangle PQM=2RPQ,$$

$$\triangle PQV=4\triangle PRQ,$$

而　$\triangle PQq=8\triangle PRQ.$

22～23。相当于说图 3.2.39 中抛物线弓形 $=\triangle PQq+\frac{1}{4}\triangle PQq+\frac{1}{4^2}\triangle PQq+\cdots=\left(1+\frac{1}{4}+\frac{1}{4^2}+\cdots+\frac{1}{4^{n-1}}\right)\triangle PQq\approx\frac{4}{3}\triangle PQq$这是穷竭过程猜测：

$$\text{抛物线弓形面积}=\frac{4}{3}\triangle PQq。$$

24. 抛物线弓形面积是其内接 $\triangle PQq$ 的 $\frac{4}{3}$ 倍，本命题用穷举证法推导。

证明　设 $\frac{4}{3}PQq=K$。

①假设抛物线弓形面积大于 K。在以 PQ，Pq 为弦的二弓形内取同高顶点 R，r。得 $\triangle PRQ$，$\triangle Prq$，其余四个弓形内又作类似顶点。得四个相似三角形……类似地作三角形，直至余下的弓形的和小于抛物线弓形面积与 K 之差。也就是说，所有三角形所形成的多边形面积大于 K。但是另一方面，这个多边形面积小于 $\frac{4}{3}PQq=K$，导致矛盾。因此抛物线弓形面积不可能大于 K。

②假设抛物线弓形面积小于K。我们按照命题22～23的做法取$\triangle PQq=A$，$B=\frac{1}{4}A$，$C=\frac{1}{4}B\cdots\cdots$直至$X$，使$X$小于$K$与抛物线弓形之差。而$A+B+C+\cdots+X+\frac{1}{3}X=\frac{4}{3}A=K$。那么$K$与$A+B+C+\cdots+X$之差小于$X$。

$A+B+C+\cdots+X>$弓形面积。
从命题22，这是不可能的，因此抛物线弓形不可能小于K。

综合①，②，命题24已证。

《螺线》[①]

本书共含命题二十八则，我们选录其一。

命题

24. 螺线第一圈与极轴所围面积等于第一个圆面积的三分之一：$\frac{1}{3}\pi(2\pi a)^2$，其中螺线方程是$\rho=a\theta$。

证明　图3.2.40中，O是极，OA是极轴。A是第一圈螺线的终端。我们记C_1为第一圈的圆面积[②]，R_1为螺线第一圈与极轴所围面积。那么需要证明的就是$R_1=\frac{1}{3}C_1$。

①假设$R_1<\frac{1}{3}C_1$。

作外接于R_1的若干个相似扇形，使它们全体总和面积是F，满足$F-R_1<\frac{1}{3}C_1-R_1$，即$F<\frac{1}{3}C_1$。设OP，$OQ\cdots$是从小到大各扇形的半径，其最大者$OA=2\pi a$。这些半径构成等差数列。公差等于初始项OP。如果扇形个数为n，则　$nOA^2<3(OP^2+OQ^2+\cdots+OA^2)$。由于各相似扇形的面积与各半径平方成比例，因此，$C_1<$

① HA.，pp. 151～188

② 以OA为半径的圆.

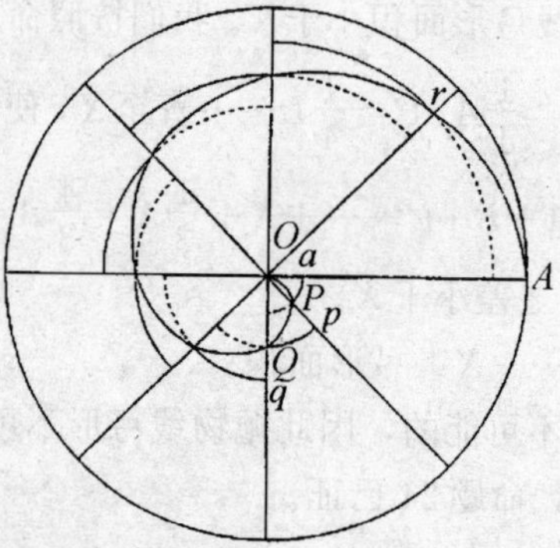

图 3.2.40

$3F$，即　$F>\frac{1}{3}C_1$，这就导致矛盾。也就是说，R_1 小于$\frac{1}{3}C_1$是不可能的。

②假设$R_1>\frac{1}{3}C_1$。

作内接于 R_1 的若干个相似扇形，使其全体总和面积 f 满足 $R_1-f<R_1-\frac{1}{3}C_1$，即$f>\frac{1}{3}C_1$。设有$n-1$ 个扇形，它们的半径OP，OQ，……也构成递增等差数列。其最小项等于公差，最大项等于 $(n-1)\ OP$。于是$nOA^2>3\ (OP^2+OQ^2+\cdots+Or^2)$，$C_1>3f$，即 $f<\frac{1}{3}C_1$，又导致矛盾。这就是说 R_1 大于$\frac{1}{3}C_1$是不可能的。

综合①②结论，命题已证。

在《量圆》《抛物线弓形面积》《螺线》三种专著中阿基米德都用穷竭法、穷举证法论证图形面积。其逻辑步骤分为三步：

(i) 根据不同图形各自设计分割图形的特殊方法，为运用《原本》卷10 命题1，从图形依次减去一半（或以上）。重复这一手续直至第n 次（有限），使余量小于已给量。

(ii) 对用特殊方法分割所得图形，建立相应的数量关系，构造一数列。由于其余量可以小于任意已给量，就求出所减去前面 n 项的和，借以猜测（估计）所求图形面积（体积）是多少。(穷竭法)

(iii) 为证明所猜测的判断为真，否定大于或小于的判断为假。(反证法，双归谬法或称为穷举证法)

如何设计分割方法，使能建立其间数量关系是穷竭法关键的一着。这种设计因图而异，成败在此一举。用穷举证法取得的结论是严格可靠的。但是它仅有证明的功能，对于发现图形面积(体积) 是多少的判断显然是无能为力的。

三、立体图形①

《论多面体》

多面体的多面角都合同，当这些多面角由两种（及）以上正多边形构成，则称为半正多面体。

命题　半正多面体有十三种：3×6^2，$3\times4\times3\times4$，4×6^2，3×8^2，$3\times5\times3\times5$，5×6^2，3×4^3，$3^4\times4$，3×10^2，$3\times4\times5\times4$，$4\times6\times8$，$3^4\times5$，$4\times6\times10$②。依次记为 $A_1\sim A_{13}$（表3.2.1）。

命题　半正多面体只有十三种

阿基米德最先研究半正多面体，原著《论多面体》失传。公元4世纪时Pappus 著作中有引述。经后人整理，原作重现③。中世纪L. Pacioli（约1445—约1517，意大利）研究其中三种。J. Kepler (1571—1630，德国）著名天文学家，对这种立体作了系统研究，

---

① AC.，pp.　383～386

② 这里用 $m^r\cdot n^s\cdots p^t$ 表示每一多面角由 r 个正 m 边形、s 个正 n 边形，…，t 个正 p 边形构成的半正多面体.

③ AC.，pp.　383～386

探讨怎样从正多面体截割成半正多面体①。在其《宇宙的和谐》专著中还有精美插图（图版6.2.8）完整绘制$A_1 \sim A_{13}$全套，这是历史创举。在我国，Kepler的同代人梅文鼎（1633—1721）和孔兴泰也设计了六种。在其《几何补编》序言中，梅文鼎介绍发现A_2和A_5的经过，我们特感兴味。他说：壬申（1692）春天见儿童用竹篾扎灯。对此他觉得很有兴趣，称A_2为方灯。而且认为：正方体去其八角：平分立方体的棱，把中点连线，依此斜线割去八角，就成为方灯。他称A_5为圆灯。他认为这是正二十面体或正十二面体所变。都是取各棱中点，用斜线相连，剖去顶"角"，就得到圆灯。对这两种半正多面体，他还进一步探索它们的几何性质。孔兴泰在《几何补编》作附记，讨论A_1，A_3，A_4，A_7。所以前面七种半正多面体除A_6以外，已为清代学者所熟识②。

表3.2.1

种类	记号	面数F	顶点数V	棱数E	体积为1的棱长
A_1	3×6^2	8	12	18	0.717
A_2	$3\times4\times3\times4$	14	12	24	0.445
A_3	4×6^2	14	24	36	0.263
A_4	3×8^2	14	24	36	0.419
A_5	$3\times5\times3\times5$	32	30	60	0.227
A_6	5×6^2	32	60	90	0.486
A_7	3.4^3	26	24	48	0.751
A_8	$3^4\times4$	38	24	60	0.417
A_9	3×10^2	32	60	90	0.287
A_{10}	$3\times4\times5\times4$	62	60	120	0.502
A_{11}	$4\times6\times8$	26	48	72	0.296
A_{12}	$3^4\times5$	92	60	150	0.288
A_{13}	$4\times6\times10$	62	120	180	0.169

① HG.，vol. 2，pp. 100～102

② 沈康身. 梅文鼎在立体几何上的几点创见. 杭州大学学报，1962（1）：1～7.

《论球和圆柱》

本书二卷[1]，其中推导了球体积公式。为此阿基米德提出很多引理，并一一作证。在这些引理基础上，又以穷举证法证明命题34——球体积公式。我们摘录有关的命题。

命题

2. 对已给二不等量，可作二线段，使二线段长短之比小于此二不等量大小之比。

3. 对已给二不等量及一圆，可作此圆内接、外切多边形，使二者周长之比小于二不等量大小之比。

27. 内接于球的立体体积小于以球的大圆为底、球半径为高的圆锥体体积的4倍。

28. 外切于球的立体体积大于球体积本身。

30. 外切于球的立体表面积大于球大圆面积的4倍。

31. 外切于球的回转体体积等于以回转体的表面积为底，以球半径为高的圆锥体体积。

推论　外切于球的立体体积大于以球的大圆为底、球半径为高的圆锥体体积的4倍。

32. 正多边形绕直径旋转所形成的回转体体积之比为它们边长立方之比。

34. 球体积等于以球的大圆为底、球半径为高的圆锥体体积的4倍。

证明　假设球体积U不等于结论所说圆锥体体积的4倍：V。那么（图3.2.41）

①如果$U>V$，

可以作二线段β，γ（$\beta>\gamma$），使$\beta:\gamma<U:V$（命题2）

在β，γ之间还可以任取二线段ε，δ，使$\gamma<\varepsilon<\delta<\beta$

---

① HA.，pp. 1～55

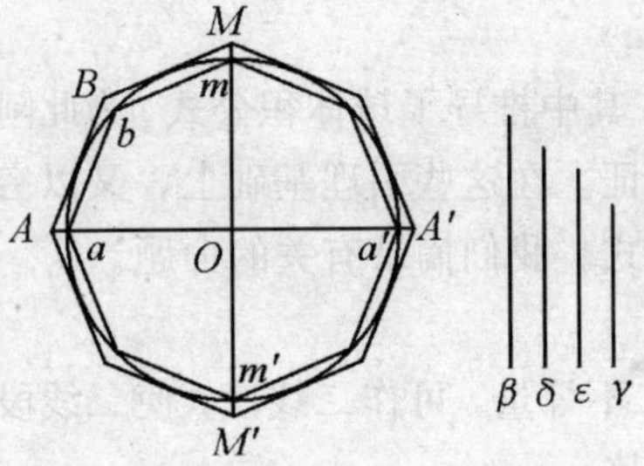

图 3.2.41

且四者成等差数列。

又作相似的内接、外切于大圆的$4n$边形，使二者周长之比小于$\beta:\delta$，此二多边形绕直径aa'旋转成二回转体，则二者体积之比为外切形体积：内接形体积$<\beta^3:\delta^3$。(命题32)

而 $$\beta^3:\delta^3<\beta:\gamma^{①}$$

于是 外切形体积：内接形体积$<U:V$，而外切形体积$>U$(命题28)，内接形体积$<V$(命题27)，这就导致矛盾，因此球体积不可能大于V。

②如果$U<V$，

可以作二线段β，γ($\beta>\gamma$)，使$\beta:\gamma<V:U$

仿照情况①可导出

外切形体积：内接形体积$<V:U$，而外切形体积$>V$(命题31推论)，内接形体积$<U$。又导致矛盾，球体积也不可能小于V。

综合①②所论，球体积应等于V，即上述圆锥体体积的4倍。

《方法》

此书久佚，直至20世纪之初，1906年德人J. C. Heiberg在土耳其君士坦丁堡修道院发现10世纪时羊皮纸抄件(残)。全书共有

① 后人Eutocius of Ascalon补注时已作证明.

十五个命题[①]。序言说，此书是呈献给亚历山大城学者 Eratosthenes 之作，介绍他新发现的二立体体积公式，并已获证。

命题

2. 球体积公式及其杠杆法推导[②]。

15. 正交内切于立方体二圆柱的公共部分（牟合方盖）体积等于立方体体积的三分之二[④]。

中算对球体积的研究成果可对照本《大系》卷4 第三编第三章第二节有关祖暅的工作。

① HA.，附录. pp. 1～51

②④ 详见本《大系》第四卷　pp. 449～453

第三章 亚历山大时期（续）

第一节 Eratosthenes

Eratosthenes（公元前约276—前195）生于地中海南岸西伦(Cyrene)，阿基米德的同龄人。40岁时应托勒密王三世之邀到亚历山大城任教，并任图书馆长。由于学术上的多面手（数学、天文、地理、历史、文学）被誉为Panbathlus（五项全能冠军）。当时有人为才智过人者排榜：柏拉图居榜首（α），Eratoshenes被推崇为第二（β），Apollonius居第五（ε）。[①]Eratosthenes在数学方面受人称颂者有三项。

一、Eratosthenes节

命题 自然数有奇数，有偶数…偶数除去2以外都不是素数。奇数是素数的判别法如下：我们列出奇数数列3，5，7，9，11，13，15，17，19，21，23，25，27，29，31，…其中3是素数，而其倍数不是素数，它们是9，15，…在数列中每隔二项划去一项。同理划去5的倍数，每隔四项划去一项。一般说，如p为素数，以后每隔$p-1$项划去一项。我们继续照样判定，最后留下的仅是素数[②]。

二、立方倍积

Eratosthenes设计一套工具，用以解立方倍积问题。是他的先

---

① HG.，vol. 2，p. 104

② HG.，vol. 1，p. 16

辈 Hipocrates of Chios 解题理论：插入比例中项 x，y，使 $a:x=x:y=y:2a$ 的具体体现。[1] 图 3.3.1 中有三块高为 $2a$ 的透明长方形板和上下二导槽。长方形 $AMFE$，$MNGF$ 和 $NQHG$ 放置在导槽 l_1，l_2 之间。$AMFE$ 不动，左移 $MNGH$ 和 $NQHG$ 使前者的对角线 $M'G$ 交 MF 于 B，后者的对角线 $N'H$ 交 NG 于 C，又 D 是 QH 的中点。当后二长方形板向左移动时，使出现 A，B，C，D 四点共线。又设 $BF=y$，$CG=x$，则 $2a:y=y:x=x:a$。即所求 $x=\sqrt[3]{2}\,a$。

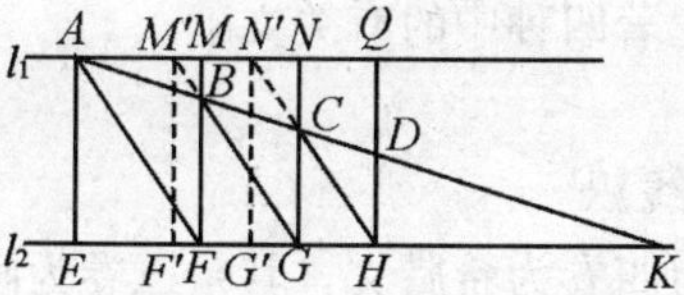

图 3.3.1

这是因为如直线 BCD 交 l_2 于 K，从相似三角形对应边关系，我们有

$$EK:FK=AK:BK=FK:GK,$$

而　$EK:FK=AE:BF$，$FK:GK=BF:CG$，

导致　$AE:BF=BF:CG$。

同理　$BF:CG=CG:DH$，命题已证。

三、间接测量地球半径

详见本《大系》第二卷第四编第十章第三节（天体测量）第 4 例。

---

① HG.，vol. 1，pp. 244～246

第二节 Apollonius

Apollonius（公元前 262—前 190）生于小亚细亚的帕迦(Perga)，就学于亚历山大城。后在Pergamum 创建大学及图书馆。后返回亚历山大城执教。他所写数学专著极为丰硕，至今有《圆锥曲线》、《相切》、《轨迹》、《斜线》等七书传世，都有新知灼见。人们美誉欧几里得、阿基米德、Apollonius 为亚历山大数学三大师。我们选录他论著四种中的有关文献。

一、《圆锥曲线》①

今存七卷，前四卷为希腊文，其余三卷为阿拉伯文译本，其所论圆锥曲线有别于他以前的学者以锥顶角大于、等于、小于90°，来讨论截线的性质。他从同一顶角，截面与轴所交角的大小来定义双曲线、椭圆及抛物线。全书所论非常周到，有人说，这部专著比今日大学教本还要完备，其中含

命题

1. 平行于给定二方向线段（a，b）的二弦PQ，MN 交于R，则$PR\cdot PQ:MR\cdot RN$ 是常数，与R 所在圆内位置无关。（图3. 3. 2）

2. Apollonius 也研究立方倍积问题。他的作法是：以$2a$，a 为边给长方形$ABCD$，以其对角线交点O 为心，适当长为半径作圆弧交AB 于F，AD 于E（图3. 3. 3)，使F，C，E 三点共线。设DE 为x，BF 为y，则$a:x=x:y=y:2a$，即DE 为所求的$\sqrt[3]{2}\,a$。

证明 作$OK\perp AD$，$OL\perp AB$，

从 $KE^2-KD^2=(KE+KD)(KE-KD)=AE\cdot DE$，$KE^2=$

① HG.，vol. 2，pp. 126～175

$AE \cdot DE + KD^2$，那么

$OE^2 = KE^2 + OK^2 = AE \cdot DE + KD^2 + OK^2 = AE \cdot DE + OD^2$。

同理　$OF^2 = AF \cdot BF + OB^2$。

而　$OD = OB$，$OE = OF$，我们有

$AE : AF = BF : DE$。　(i)

又从相似三角形边长关系

$AE : AF = DE : CD = BC : BF$。(ii)

综合 (i)，(ii)，得

$BC : BF = BF : DE = DE : CD$，

也就是说：　$DE = x = \sqrt[3]{2}\,a$.

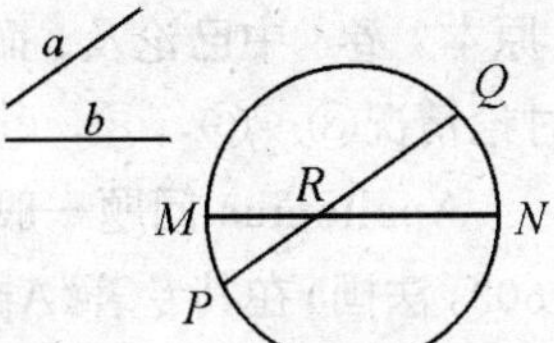

图 3.3.2

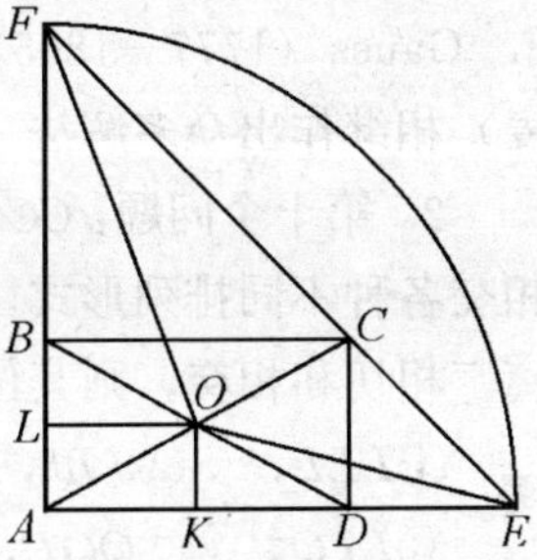

图 3.3.3

显然 Apollonius 也是沿用先辈 Hipocrates 解题理论，在连比例中插入二比例中项。他用长方形作为解题专用工具。

二、《论相切》①

命题

1. 已给三元素：点、直线或圆。求作一圆过已给点（如果三元素中含有点）切于已给直线和已给圆。

原著已失传。直至公元4 世纪，希腊学者Pappus 曾见此书，记述甚详。他说："《论相切》有二卷"。Apollonius 把三种元素的可能情况分为十种：②

①*PPP*，②*LLL*，③*PPL*，④*PLL*，⑤*PPC*，⑥*PCC*，⑦*LLC*，⑧*LCC*，⑨*PLL*，⑩*CCC*。Pappus 说："情况①②，在欧几里得

① HG.，vol. 2，pp. 182～185

② 我们简记点为P，直线为L，圆为C，参阅S. 第四章第八节圆，四、圆与圆.

《原本》卷4 中已论及。而Apollonius 在《论相加》卷1，卷2 分别讨论情况③～⑥，⑧，⑨和⑦，⑩。

Apollonius 问题一般只指第⑩种情况而言。F. viete（1549—1603，法国）在其专著《Apollonius 问题》(1600)，牛顿(I，Newton，1643—1727，英国）在《广义算术》中都有深入研究。后来G. Morge（1746—1818，法国），J. D. Gergonne（1771—1859，法国），C. F. Gauss（1777—1855，德国），J. Petersen（1839—1910，丹麦）相继作出众多解法。

2. 第十个问题：CCC. 如深究三圆的位置关系：相离、相切、相交各种不同排列形式，情况很复杂，我们分别以L，Q，J 记相离、相切和相交，则其位置关系共有十种：

①LLL，　②JJJ，　③QQQ，　④LJQ，　⑤LLJ，

⑥LLQ，　⑦QQL，　⑧QQJ，　⑨JJQ，　⑩JJL。

每种情况还可分若干子目。日本寺阪英孝[①] 分为49 个子目[②]，图3.3.4 为《论相切》书影。

三、《轨迹》[③]

命题

给定二点A，B。k 是常量，P 是动点，当$PA:PB=k$，P 的轨迹是圆（$k\neq 1$），或是直线（$k=1$）。圆心在AB 连线上。取线段AB 的内外分点Q，R，使

$QA:QB=RA:RB=k$，则QR 是此圆直径。当$k=1$ 时，外分点不存在，而$QA:QB=1$，Q 是AB 的中点，即轨迹是AB 的

---

① 寺阪英孝，初等几何学，数学演习讲座第五册. 共立出版社，1957. pp. 149～151

② S. pp. 649～657

③ HG.，vol. 2，pp. 185～189

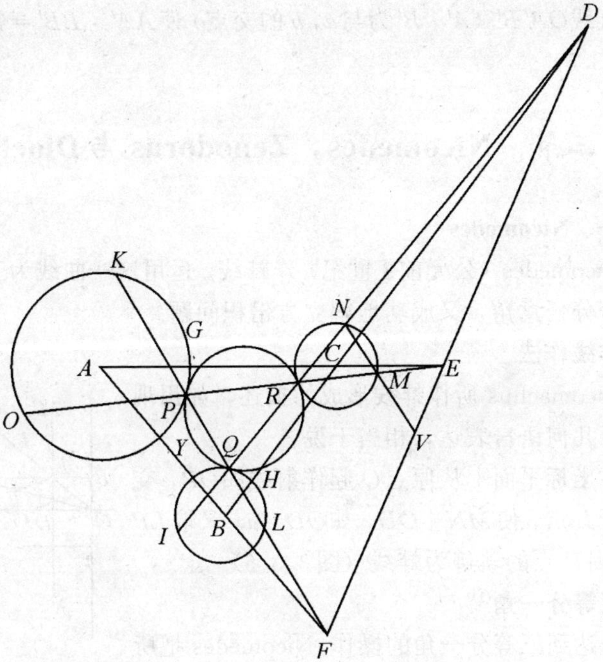

图 3.3.4

中垂线。

四、《斜线》[①]

命题

1．作图题：在已给圆内作一弦，长度等于已给线段，且使通过已给点。

2．作图题：已给二直线a，b，其上分别取A，B二点。又O在直线a，b外侧。过

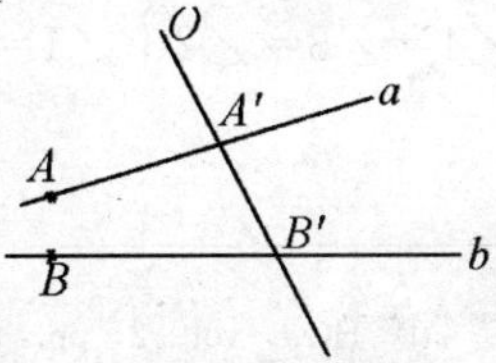

图 3.3.5

① HG.，vol. 2，pp. 189～192

O 作直线$OA'B'$（A'，B'为与a，b的交点）使AA'：BB'＝常数k。（图3.3.5）

第三节 Nicomedes，Zenodorus 与 Diocles

一、Nicomedes

Nicomedes（公元前3世纪）作蚌线。运用这一曲线为工具既能三等分任意角，又成功地解立方倍积问题。

蚌线作法

Nicomachus 所作蚌线形成的描述，如用现代解析几何语言表达，相当于说：

在坐标平面上从原点O起作射线如OP，交MN于L点，使$MN\perp OD$，如$OD=a$。又取$LP=b$。则P点的轨迹为蚌线（图3.3.6）

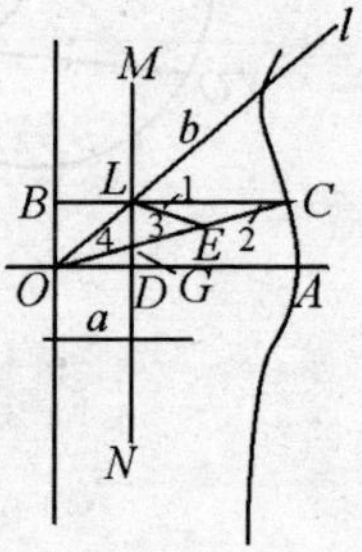

图 3.3.6

三等分一角[1]

为达到三等分一角的操作，Nicomedes 把所要三等分的锐角$\angle LOD$被取作长方形$ODLB$的对角线OL和边OD的夹角。考虑过O的直线，它交DL于G，交BL于C。只要在制作蚌线时，取$GC=b=2OL$。[2]

这条特殊的蚌线所取得的G点，连OG，就三等分$\angle LOD$。这是因为：取GC的中点E，则$EG=EC=EL=OL$，于是$\angle LOE=\angle 4=\angle 3=\angle 2+\angle 1=2\angle 1=2\angle 2=2\angle AOC$。

---

① HG.，vol. 2，pp. 238～240

② 作蚌线时先作长方形$ODLB$，其中短边长为a，对角线之长为b. 长边的延长线取作MN.

立方倍积①

为达到解立方倍积问题的要求，Nicomedes 作长方形 $ABCD$，其短边 BC 长为 a，即所要求倍积的立方体边长，其长边 AB 取 $2a$。等分 AB，BC 于 F，E。连 DF，交 CB 的延长线于 G。作 $EK\perp BC$。使 $CK=AF$。连 GK，又作 $CH /\!/ GK$（图 3.3.7）过 K 引直线交 CH 于 H，交 BC 于 P，使 $HP=CK=AF$。又引直线 PD 交 AB 于 M。则 AM，CP 二线段为所求 AB，BC 的二比例中项：即

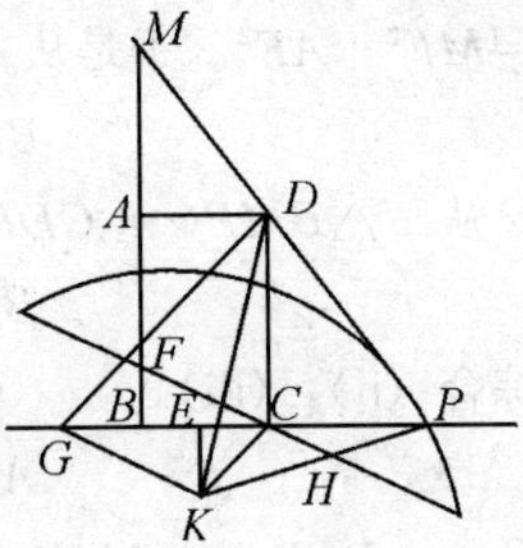

图 3.3.7

$$AB : CP = CP : AM = AM : BC。$$

作法中定出 P 点位置，使 $HP=CK=AF$② 是关键所在。他以 K 作为极，CH 作为准线，而以 $CK=AF$ 为定长作出蚌线，所求 P 点只是 BC 与蚌线的交点而已。从上面分析，CH 的位置是易于确定的：因此作法是可行的。

证明 $\triangle AMD \backsim \triangle CDP$，于是

$$AM : DC = AD : CP = AM : AB = BC : CP。$$

而 $AB=2AF$，$BC=\frac{1}{2}GC$，得 $AM : AF = GC : CP$ 而 $CH /\!/ GK$，$GC : CP = KH : HP$，于是 $AM : AF = KH : HP$。则 $(AM+AF) : AF = (KH+HP) : HP$，此即 $MF : AF = KP : HP$。从作图条件 $HP=AF$，因此 $MF=KP$，则 $MF^2=KP^2$，而 F 既是 AB 的中点，则

$$BM \cdot MA + AF^2 = MF^2。 \quad \text{(i)}$$

同理 $BP \cdot CP + CE^2 = EP^2$，两边加 EK^2，又从作图条件 $CK=$

---

① HG.，vol. 2，pp. 260～262

②～④ 相当于图 3.3.6 中的 b，O，MN.

AF，又我们已证$KP=MF$. 则 $BP\cdot CP+AF^2=MF^2$，$BP\cdot CP=MF^2-AF^2$。于是从（i）知：$BM\cdot MA=BP\cdot CP$，这就是

$$BM:BP=CP:MA。\qquad \text{(ii)}$$

又从 $\triangle BMP\backsim\triangle CDP$，$BM:BP=CD:CP=AB:CP$，

$$BM:BP=AB:CP。\qquad \text{(iii)}$$

综合（ii），（iii）

$$AB:CP=CP:MA。\qquad \text{(iv)}$$

又 $\triangle DCP\backsim\triangle AMD$，$CD:CP=AM:AD$，

$$AB:CP=AM:BC。\qquad \text{(v)}$$

综合（iv），（v），命题已证。

Nicomedes 在此所作图，取线段及证明都别具匠心，出人意料。特别是在证明中第（ii）式的获得很是曲折。第一折：在$BP\cdot CP+CE^2=EP^2$两边加上EK^2，运用勾股定理，使变形为$BP\cdot CP+CK^2=KP^2$。第二折：从作图知$CK=AF$，从证明知$KP=MF$。于是变形为$BP\cdot CP+AF^2=MF^2$。第三折：与（i）式比较，得证。

二、Zenodorus

Zenodorus（约公元前180）著《等周形》，讨论极值问题多则①。最先是欧几里得《原本》卷1命题36，37，证明同底、夹在两平行线间三角形或平行四边形有相同面积的论证，已蕴含极值问题。Zenodorus 在其专著中则明确指出

定理 周长为定值的n边形中以正n边形的面积为最大。

引理 周长为定值的n边不等边形一定小于某一个同周长的n等边形。

证明 设$A_1A_2A_3\cdots A_i\cdots A_n$为不等边$n$边形，其周长设为$l$，取

① HG.，vol. 2，pp. 207～213

其平均值$\frac{l}{n}=a$。则边长A_1A_2，A_2A_3，…，$A_{n-1}A_n$中必有，不妨设，二邻边$A_1A_2>a>A_2A_3$。图 3.3.8 中我们以$A_1B=a$，$A_1A_2+A_2A_3-a$，A_1A_3为边作$\triangle A_1BA_3$，则

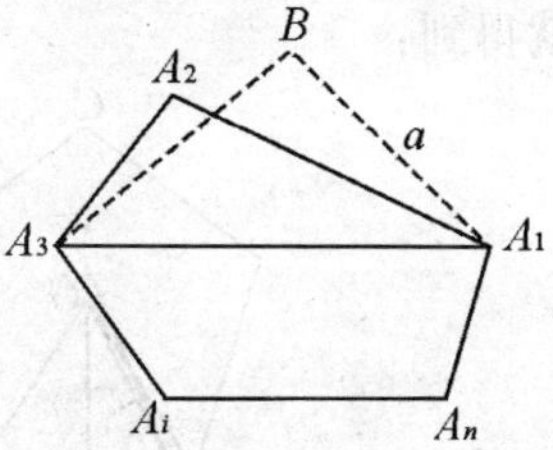

图 3.3.8

$$S(A_1BA_3)>S(A_1A_2A_3)$$①。

把原来的n边形$A_1A_2A_3\cdots A_i\cdots A_n$变形为$A_1BA_3\cdots A_i\cdots A_n$。经过变形后，多边形周长没有变，其中一边($A_1B$)边长成为$a=\frac{l}{n}$，而面积增加。如果$A_1BA_3\cdots A_i\cdots A_n$仍不等边，则必有二邻边分别大于或小于$a$，我们作同样变形，经过第二次变形后，多边形周长没有变，有两边边长成为$a=\frac{l}{n}$，而面积续有增加。这样，原来的n边形经n次变形后多边形成为相同周长(l) n等边(a)形，而面积大于原来的不等边n边形。前者就是我们所要找的。

定理的推导。我们从引理就推出：等边（边长a）的n边形中以内接于圆的多边形的面积为最大，命题证毕。

定理 周长为定值的正多边形中以边数最多的具有最大面积。

证明 如ABC，DEF为等周正多边形（图3.3.9），而DEF边数多于ABC。设G，H各为其外接圆心，GK，HL各为边心距。这里$AK>DL$。取$MK=DL$，连接GM。从题设条件$AB:DE=\angle AGB:\angle DHE$，$AK:MK=\angle AGK:\angle DHL$，得$\angle MGK>\angle DHL$，$\angle GMK<\angle HDL$。又作$\angle NMK=\angle HDL$，使$MN$交$KG$于$N$，得$\triangle NMK\cong\triangle HDL$，于是$NK=HL$，则$GK<HL$。这

① 这里$\triangle A_1BA_3$两腰差小于$\triangle A_1A_2A_3$两腰差，易于证明前者面积大于后者.

就得到：

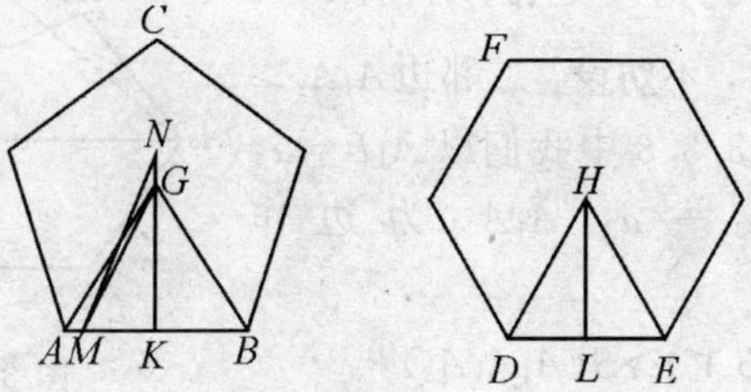

图 3.3.9

$$S(ABC)=\frac{1}{2}\text{周界}\cdot GK<\frac{1}{2}\text{周界}\cdot HL=S(DEF)\text{。}$$

定理　圆面积大于一切等周多边形。

证明　既然圆面积等于以圆周长、半径为二直角边的直角三角形面积（阿基米德《量圆》命题1），那么与之等周的正 n 边形的边心距一定小于圆的半径。而后者的面积 $=\frac{1}{2}na_nr$，其中 a_n 是边长，r 是边心距，na_n 是等周。因此得到结论。

三、Diocles

Diocles（公元前2世纪）创作蔓叶线。以此为工具解立方倍积问题。①

蔓叶线作法

图 3.3.10 中直径 AB，DC 正交于圆心 O。作弧 $EB=$ 弧 BF，$EG\perp DC$，$FH\perp DC$，G，H 为垂足。连 CE，交 FH 于 P，平行移动 EG，FH，保持它们关于 AB 轴的对称位置，则 P 点的轨迹是蔓叶线。

① HG.，vol. 2，pp. 264～266

立方倍积

从蔓叶线的性质知：FH，HC 是 DH，PH 的二比例中项。因为从作图

$$GC:GE=DH:FH。\quad \text{(i)}$$

从 $FH^2=DH\cdot CH$，知

$$DH:FH=FH:HC。\quad \text{(ii)}$$

又从 $\triangle GCE \backsim \triangle HCP$，得

$$GC:GE=HC:PH。\quad \text{(iii)}$$

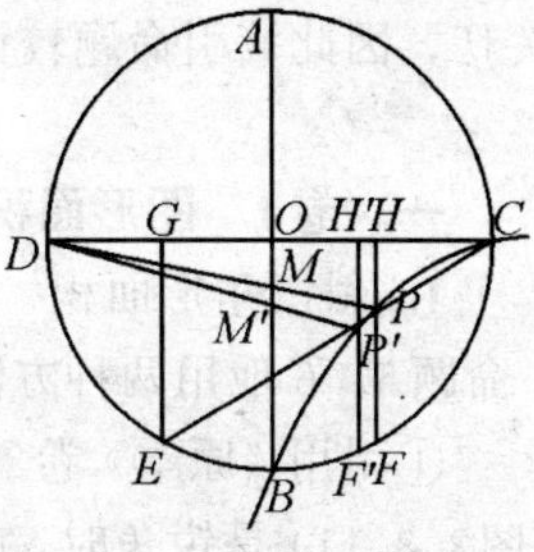

图 3.3.10

综合 (i) ～ (iii)，我们有

$$DH:FH=FH:HC=HC:PH。\quad \text{(iv)}$$

连 DP，则 $DH:DO=PH:OM$。取比值为 k，则 (iv) 成为

$$DO:\frac{FH}{k}=\frac{FH}{k}:\frac{HC}{k}=\frac{HC}{k}:OM。$$

从此，我们得到用蔓叶线解立方倍积方法。

如 a 为已给立体方体的边长，就取 $DO=2a$ 为半径作圆，按照蔓叶线作法作 CPB 后。在 OB 上取 $OM'=a$，连 OM' 交曲线于 P'。过 P' 作 $F'H'\perp DC$。H' 是垂足。那么 $F'H'$，$H'C$ 就是所求 $DO=2a$，$OM'=a$ 间的二比例中项。问题已解：$H'C=\sqrt[3]{2}\,a$。

第四节　海伦（附 Nicomachus，Menelaus）

海伦（Heron，公元1世纪）因以他名字命名的三角形面积公式闻名，是我国最熟悉的希腊数学家之一。他长期在亚历山大城工作，写了不少测量、力学和数学专著，惜久佚。只有《度量》一书竟于1896年经R. Schöne在君士坦丁堡发现11世纪时原稿手抄本，全书三卷。此书与中算成果相应关系特多，应引起我们严重

关切，因此摘引命题较详。①

一、卷1　图形面积

1. 斜三角形面积　从已给三边a，b，c求三角形面积。在卷1命题5，6他用两种方法证明。

①引用《原本》卷2命题13。当角B（图3.3.11）是锐角时，它的对边b平方，

$b^2=a^2+c^2-2cp$。反算得

$p=\dfrac{a^2+c^2-b^2}{2c}$，然后从

$h=\sqrt{a^2-p^2}$求三角形面积。

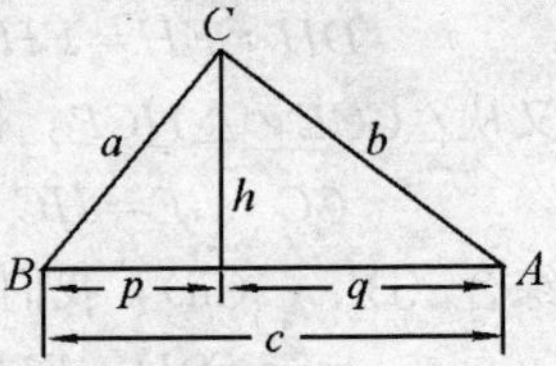

图 3.3.11

②在$\triangle ABC$中作内切圆O（图3.3.12）切点为D，E，F，海伦认为

$BC\cdot OD=2\triangle BOC$，

$AC\cdot OE=2\triangle AOC$，

$AB\cdot OF=2\triangle AOB$。

三式相加得

$(a+b+c)OD=2\triangle ABC$。延长CB到H，取$BH=AF$，则三角形面积

$S=CH\cdot OD$，$S^2=CH^2\cdot OD^2$。

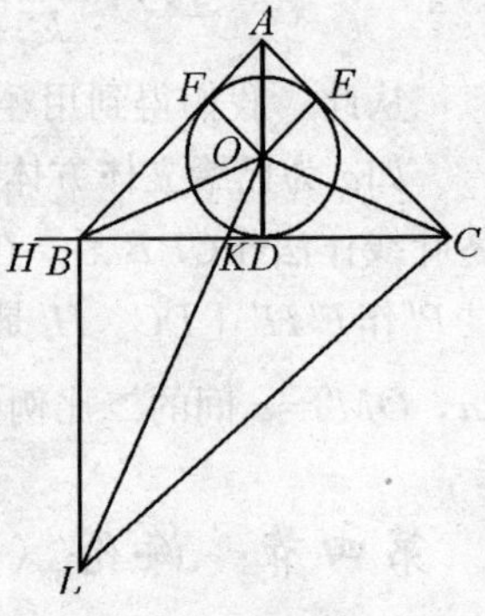

图 3.3.12

引$OL\perp OC$交BC于K，又引$BL\perp BC$交OK于L，连结CL。四边形$COBL$内接于圆，$\angle COB+\angle CLB=180°$。另一方面，$\triangle AOF\backsim\triangle CLB$，于是

$BC:BL=AF:FO=BH:OD$，由更比定理得

$CB:BH=BL:OD=BK:DK$，由合比定理得

① HG.，vol. 2，pp. 320～344

$CH : BH = BD : DK$，于是

$CH^2 : (CH \cdot BH) = (BD \cdot CD) : (CD \cdot DK) = (BD \cdot CD) \cdot OD^2$。最后从

$(S(ABC))^2 = CH^2 \cdot OD^2 = CH \cdot BH \cdot BD \cdot DC = s(s-a) \cdot (s-b)(s-c)$。这就是著名的海伦公式：

$$S(ABC) = \sqrt{s(s-a)(s-b)(s-c)}。$$

2. 圆内接正n 边形面积A_n 与边长a_n 关系在卷1 命题17～25 论述。

①正三角形。在△ABC 中，海伦证明：$a_3^4 : h^2 \cdot a_3^2 = 4 : 3$。这里，$h$ 是△BCO 中BC 边上的高，于是$A_3 = \frac{\sqrt{3}}{4} a_3^2$。（图3.3.13）。

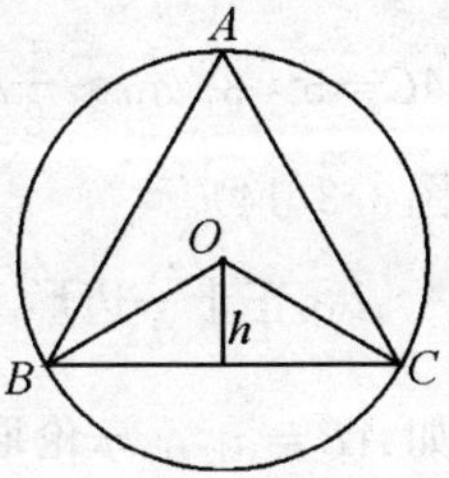

图 3.3.13

②正五边形，借助于欧几里得《原本》卷13 命题11：$(R+q_5)^2 = 5q_5^2$，其中q_5 是边长a_5 的边心距。他取$\sqrt{5} = \frac{9}{4}$，$R = \frac{5}{4}q_5$，$q_5 = \frac{2}{3}a_5$。于是$A_5 = \frac{5}{3}a_5^2$。

③正六边形。$A_6 = 6 \times \frac{\sqrt{3}}{4} a_6^2 = \frac{3}{2}\sqrt{3}\, a_6^2$。

④正七边形。取$a_7 = \frac{7}{8}R$，那么边心距$q_7 = \sqrt{\frac{8}{7}a_7^2 - \left(\frac{1}{2}\right)^2 a_7^2} = \sqrt{\frac{207}{49 \times 4}}a_7 \approx \frac{43}{42}a_7$。于是$A_7 = \frac{43}{12}a_7^2$。

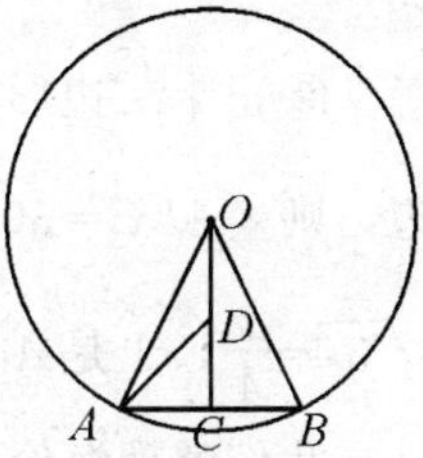

图 3.3.14

⑤正八边形。取$AB = a_8$（图3.3.14）。O 为正八边形内接圆圆心。作AD，使$\angle DAO = \angle AOD$，OC 为边心距。于是$\angle ADC = 45°$。$q_8 = OC = \frac{1}{2}a_8(1+\sqrt{2})$。海伦取$q_8 = \frac{1}{2}a_8\left(1+\frac{17}{12}\right) = \frac{29}{24}a_8$。$A_8 = \frac{29}{6}a_8^2$。

⑥正九边形。在图3.3.15中，圆O内接正九边形$AB=a_9$为一边。取$a_9=\frac{1}{3}AC$①。在直角三角形中，$BC^2=8a_9^2$。取$BC=\frac{17}{6}a_9$②，于是　$A_9=\frac{9}{2}S(ABC)=\frac{51}{8}a_9^2$。

⑦正十边形。$\angle ADC=\frac{2}{5}90°$，$AD:DC\approx5:4$，那么$AD:AC=5:3$。$q_{10}\approx\frac{1}{2}a_{10}\left(\frac{5}{3}+\frac{4}{3}\right)=\frac{3}{2}a_{10}$，于是　$A_{10}=\frac{15}{2}a_{10}^2$（参考图3.3.14）。

⑧正十一边形。在图3.3.15中，如$AB=a_{11}$，海伦取$a_{11}=\frac{7}{25}AC$。从$AC^2=\frac{625}{49}a_{11}^2$，$BC=\frac{576}{49}a_{11}^2$，得$BC=\frac{24}{7}a_{11}$。于是$S(AOB)=\frac{1}{2}S(ABC)=\frac{6}{25}a_{11}^2$，$A_{11}=\frac{66}{25}a_{11}^2$。

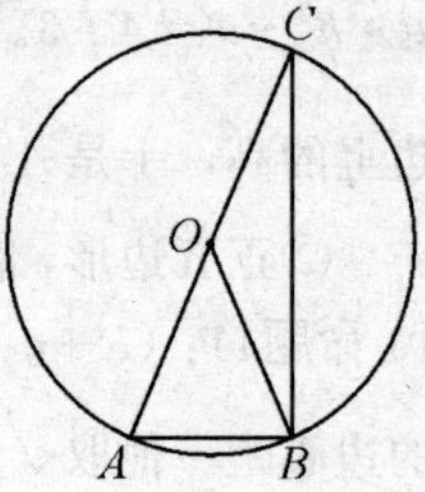

图 3.3.15

⑨正十二边形。在圆O中内接有正十二边形，$AB=a_{12}$为其一边，则$\angle ADC=30°$。边心距$OC=q_{12}=(2+\sqrt{3})a_{12}$。海伦取$\sqrt{3}=\frac{7}{4}$，于是$A_{12}=\frac{45}{4}a_{12}^2$。（参考图3.3.14）

我们整理海伦上述结果如表3.3.1

---

① AC为直径.

② 注意$\frac{17}{6}=2.8\dot{3}\approx\sqrt{8}=2.828\cdots$.

表3.3.1

n	A_n	R	A_n/R^2
3	$\frac{\sqrt{3}}{4}a_n^2$	$0.577\,3a_n$	1.299
5	$\frac{5}{3}a_n^2$	$0.850\,7a_n$	2.303 1
6	$\frac{3}{2}\sqrt{3}\,a_n^2$	a_n	2.598 1
7	$\frac{43}{12}a_n^2$	$1.153\,0a_n$	2.695 4
8	$\frac{29}{6}a_n^2$	$1.306\,6a_n$	2.831 1
9	$\frac{51}{8}a_n^2$	$1.461\,9a_n$	2.982 9
10	$\frac{15}{2}a_n^2$	$1.618\,0a_n$	2.864 8
11	$\frac{66}{7}a_n^2$	$1.775\,1a_n$	2.992 3
12	$\frac{45}{4}a_n^2$	$1.931\,9a_n$	3.014 3

经过比较，海伦认为圆内接正n边形直径d与周长na_n的关系总是

$$d=\frac{1}{3}na_n。$$

也就是说，即使n逐渐增大：$\pi\approx na_n : d\approx 3$。

从现存文献看，海伦求圆内接正多边形面积是粗疏的，所得π近似值也是粗疏的。但是以自然数（$n\geqslant 3$）等分圆周，计算相应内接正n边形面积，从而估测圆周率，这是数学史上仅见孤例。

3. 圆周率　海伦从正多边形不断增多边数，估测疏率：径一周三，另一方面他又在命题26借助于阿基米得《量圆》命题3方法计算密率：$\frac{211\,872}{67\,441}<\pi<\frac{195\,882}{62\,351}$①。

4. 弓形面积　在命题27～29，30，32，海伦取近似公式（图3.3.16）。

① 我们计算$3.141590427<\pi<3.141601578$

$$A=\frac{1}{2}(b+h)h。\quad \text{(i)}$$

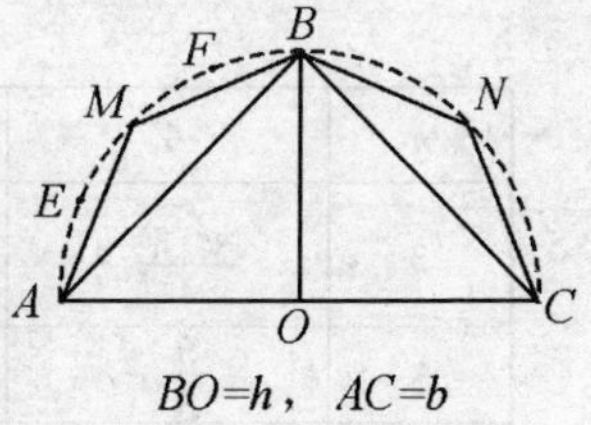

图 3.3.16

他的推导思路是：取弧AB，BC中点M，N，则：

$$\triangle ABC<4(\triangle AMB+\triangle BNC)。$$

再继续取弧AM，MB，…中点各为E，F等等，同理取

$$\triangle AMB<4(\triangle AEM+\triangle MFB+\cdots) \quad \text{(ii)}$$

等等，继续这样分割，得到弓形面积

$$A>\triangle ABC\left(1+\frac{1}{4}+\left(\frac{1}{4}\right)^2+\cdots\right)>\frac{4}{3}\triangle ABC。\quad \text{(iii)}$$

至此，海伦下结论说："如果计算$\triangle ABC$的面积，并且增加三分之一，我们将得到极为接近的弓形面积，即$A\approx\frac{2}{3}bh$。"

此外，海伦还在同书提出另二近似公式

$$A\approx\frac{1}{2}(b+h)h\left(1+\frac{1}{21}\right),$$

$$A\approx\frac{1}{2}(b+h)h\left(1+\frac{1}{16}\right)。$$

他还指出前面的公式用在弓形大于半圆时，而后者用于小于半圆的弓形。

就比较数学史而言，对海伦斜三角形及弓形面积公式源流问题议论最多。我们认为：

其一，斜三角形以边长表示的面积公式东方探索有其自己的特色，异于海伦的论证。公式应是双方异途同归的结论，不存在彼此因袭的问题①。

其二，弓形面积公式的表达方式，就中算说《九章·方田》题

① 东西方斜三角形面积公式推导历史详见：沈康身，九章算术导读，湖北教育出版社，1997. 110～117.

33 也记有与 (i) 相同的弓形面积近似公式。在刘徽注中提出按式计算面积偏少，他指出当 $b=2R$，$h=R$，所得面积将是圆内接正六边形面积的一半。于是他探索正确公式。他就等分弓形弧长，作内接于弓形的多边形，来逼近弓形：我们记（图 3.3.17）

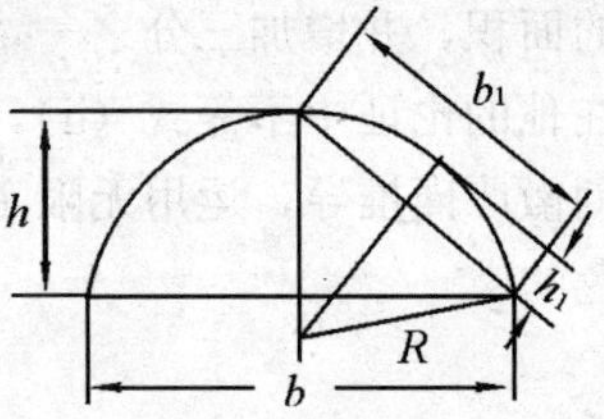

图 3.3.17

b_1——第一次等分弧所对弦长，h_1——矢高，A_1——内接多边形面积，

b_2——第二次等分弧所对弦长，h_2——矢高，A_2——内接多边形面积；

……

b_n——第 n 次等分弧所对弦长，h_n——矢高，A_n——内接多边形面积，

A——弓形面积。

刘徽算得 $R=\left[\dfrac{\left(\dfrac{b}{2}\right)^2}{h}+h\right]\div 2$，于是

$$b_1=\sqrt{\left(\frac{b}{2}\right)^2+(R-h)^2},\ h_1=R-\sqrt{R^2-\left(\frac{b_1}{2}\right)^2},$$

$$b_2=\sqrt{\left(\frac{b_1}{2}\right)^2+(R-h_1)^2},\ h_2=R-\sqrt{R^2-\left(\frac{b_2}{2}\right)^2},$$

……

$$b_n=\sqrt{\left(\frac{b_{n-1}}{2}\right)^2+(R-h_{n-1})^2},\ h_n=R-\sqrt{R^2-\left(\frac{b_n}{2}\right)^2}，于是$$

$$A_n=\frac{1}{2}bh+b_1h_1+2b_2h_2+\cdots+2^{n-1}b_{n-1}h_{n-1}。\text{(iv)}$$

刘徽还指出：相当于说：$A_n\to A$（$n\to\infty$）。

海伦在获得公式（iii）后，他就下结论说：“如果计算$\triangle ABC$

的面积，并增加三分之一，我们将得到与弓形极为接近的面积。”在他的论证中不等式（ii），（iii）的正确与否，仅凭直观估计，与刘徽严谨推导，运用无限工具相比，其逻辑推理能力显然是有逊色的。

二、卷2　立体体积

本卷对长方台、圆台、圆环体积都有论述，并讨论了五种正多面体。

1. 长方台体积

$$V=\left(\frac{1}{4}(a_1+a_2)(b_1+b_2)+\frac{1}{12}(a_2-a_1)(b_2-b_1)\right)h。\qquad \text{(i)}$$

在卷 2 命题 8 他的证明图 3.3.18 是Heron 原作图3.3.20 左已添注长度。他指出立体的上下底$EFGH$，$ABCD$ 都是长方形。他取$AK=EF$，$BL=FG$。截取BK，CL 的中点V，W。又取$KRPU$ // $VQOM$ // AD，$LQRN$ // $WOPT$ // AB。连接FK，GR，LG，GU，HN，于是立体被分割为

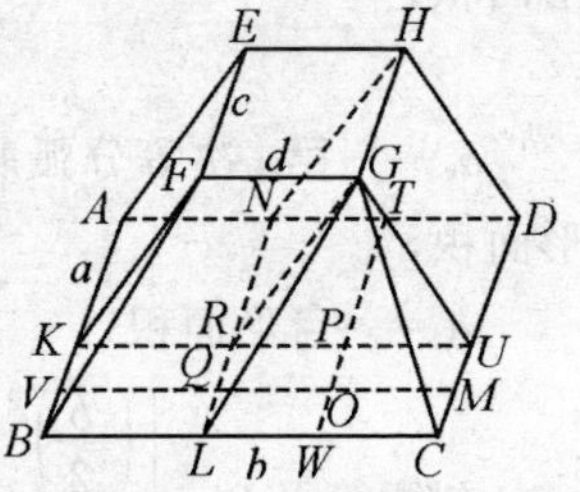

图 3.3.18

①以□$AKRN$，□$EFGH$ 为相对面的平行六面体，

②以□$KBLR$ 为底，FG 为对边的三棱柱，

③以□$NRUD$ 为底，GH 为对边的三棱柱，

④以□$RLCU$ 为底，G 为顶点的四棱锥。这四个立体都以h 为高，各折为平行六面体，相当于①以□$AKRN$ 为底，②以□$KVQR$ 为底，③以 NP 为底，④以$\frac{4}{3}$□$RQOP$ 为底。四者之和是

$$(□AKRN+□KVQR+□NRPT+□RQOP+\frac{1}{3}□RQOP)\ h$$

$= (\square AVOT+\frac{1}{3}\square RQOP)\ h$。

设$FG=a_1$，$EF=b_1$，$BC=a_2$，$AB=b_2$，则$AT=\frac{1}{2}(a_1+a_2)$，$AV=\frac{1}{2}(b_1+b_2)$，$RP=\frac{1}{2}(a_2-a_1)$，$RQ=\frac{1}{2}(b_2-b_1)$，所求

$$V=\left(\frac{1}{4}(a_1+a_2)(b_1+b_2)+\frac{1}{12}(a_2-a_1)(b_2-b_1)\right)h。$$

2．圆台

在命题8，9，10讨论了圆台体积，有两种方法：

①比较外切方台的体积，圆台体积是它的$\frac{\pi}{4}$或$\frac{11}{14}$倍，记圆台上、下底直径分别为a，a'。则求体积

$$V=\frac{1}{12}\pi(a^2+aa'^2+a'^2)h。$$

②把圆台侧面向上延伸使成为圆锥，于是所求

$$V=\frac{1}{3}\pi\ (a'^2-a^2)\ h，其中a'>a。$$

3．圆环（立体）

设圆环（图3.3.19）截面圆半径为r，截面圆心与回转轴l距为R，命题13指出圆环体积V，

$$V:2r\cdot\pi R^2=\pi r^2:rR,$$

也就是说　$V=2\pi^2a^2R$。

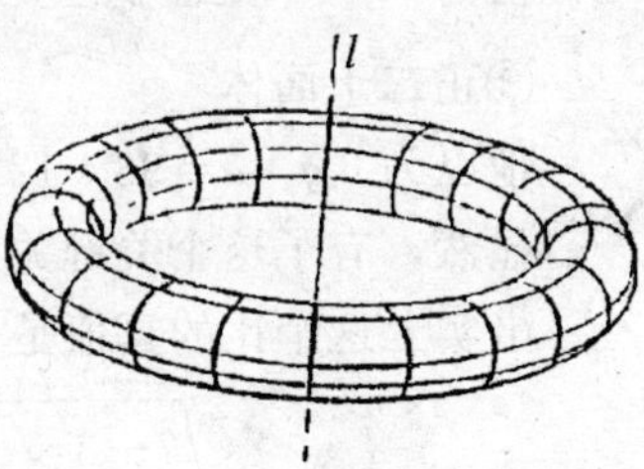

图 3.3.19

命题中还给出特例：$r=6$，$R=14$，他计算

$V:7392=113\frac{1}{7}:84$，$V=9956\frac{4}{7}$。他还声称已获知圆环体积是圆截面面积与其圆心绕回转轴半径的乘积。他还认为如果把圆环沿A处切开，然后以A处截面为底，把圆环拉直成为圆柱，此

圆柱之高视为$2\pi R$，于是此圆柱体积与圆环体积相等，都是底×高$=\pi a^2\times 2\pi R$。

4．五种正多面体

在命题14，15讨论它们的体积时，他毫无例外地探索从体心到表面的距离，设

q——体心到表面的距离，

a——棱长，

r——每面外接圆半径。

①正四面体

$$a^2=3r^2，q^2=a^2-\frac{1}{3}a^2=\frac{2}{3}a^2。$$

②正八面体

他视之为两方锥之和，各自有底，以a为边的正方形。他认为正八面体体积是底面积与对顶线乘积的$\frac{1}{3}$，$\frac{1}{3}a^2\cdot\sqrt{2}\,a=\frac{1}{3}\sqrt{2}\,a^3$。他还以$a=7$为特例，他又取对顶线$\sqrt{2\times 7^2}=\sqrt{98}$，取近似值为10，于是体积应是$\frac{1}{3}\times 10\times 49=163\frac{1}{3}$。

③正二十面体

他以为 $q:a=93:127$。

显然，有了这个关键关系，正二十面体体积就迎刃而解。

事实上这个比的真值是

$$\frac{1}{2}\sqrt{\frac{7+3\sqrt{5}}{6}}=0.755\,761\,3\cdots\cdots$$

④正十二面体

海伦取$q:a=9:8$，据以求体积。我们知道这个比的真值是$\frac{1}{2}\sqrt{\frac{25+11\sqrt{5}}{10}}$，如取$\sqrt{5}\approx\frac{9}{4}$，就与这个比值很接近。

我国《九章算术》给出十五种立体体积公式，其中多面体公式都是正确的。刘徽又运用出入相补原理作了证明。长方台《九章·商功》称为刍童。《九章·商功》题13刘徽注用垂直于底的平面分刍童为九部分：堑堵、阳马、长方体，于是（图3.3.20右）

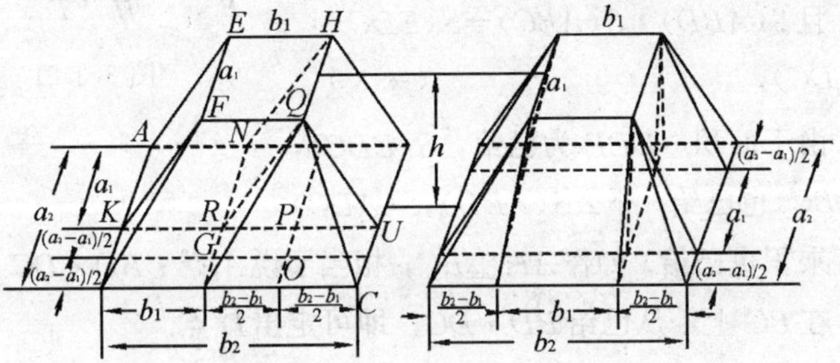

图 3.3.20

$V=4$ 阳马 $+2$ 前后堑堵 $+2$ 左右堑堵 $+$ 中央长方体

$$=\frac{1}{3}(a_2-a_1)(b_2-b_1)h+\frac{1}{2}a_1(b_2-b_1)h+\frac{1}{2}b_1(a_2-a_1)h+a_1b_1h$$

$$=\frac{h}{6}((2a_1+a_2)b_1+(2a_2+a_1)b_2)。\qquad\text{(ii)}$$

可以验证公式（i），（ii）是等价的。

此外在《九章·商功》题11刘徽注说："以方亭求圆亭之积亦犹方幂中求圆幂"对圆台体积借助于外切方台推导，其所据理论恰与海伦第一种方法相同。

三、卷3　分割图形

本卷有很多是海伦自创命题：以直线分割图形为已给比。我们选尤有特色的二例。

命题

3. 已给$\triangle ABC$，在其中作有已给面积的$\triangle DEF$，使$\triangle AEF$，

$\triangle BFD$，$\triangle CED$ 有相等面积。(图 3.3.21)

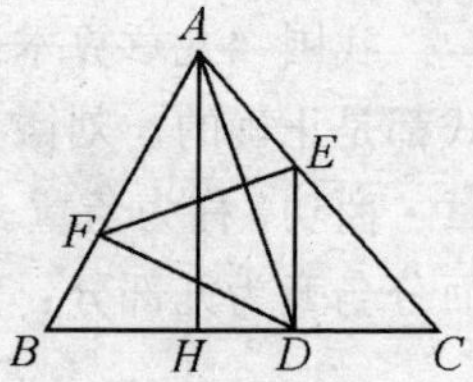

图 3.3.21

他设 $AF : FB = BD : DC = CE : EA$，于是：$S(ABD) : S(ADC) = S(EDC) : S(ADE)$。 (*)

且 $S(ABD) : S(ABC) = S(EDC) : S(ADC)$。 (* *)

由于面积$\triangle DEF$ 为已给，$S(EDC)$，$S(ABC)$也已给，那么$S(ABD)$,$S(ADC)$二者乘积也已给。如作$AH \perp BC$，相当于说$AH^2 \cdot BD \cdot DC$ 为已给，在BC 上，从已给$BD \cdot DC$，即可定出D 点。

海伦又以数值例验证：已给$AB=13$，$BC=14$，$CA=15$，而$S(DEF)=24$,$S(ABC)=84$。于是得 $AH=12$。$S(EDC)=20$。$AH^2 \cdot BD \cdot DC = 4 \cdot 84 \cdot 20 = 6\ 720$，那么所求 $BD \cdot DC = \frac{6\ 720}{144} = 46\frac{2}{3}$（原著略去分数部分）。接着他说$BD \approx 8$。这实在是二次方程

$$x^2 - 14x + 46\frac{2}{3} = 0 \qquad (* * *)$$

的根：$x = 7 \pm \sqrt{2\frac{1}{3}}$，他以$2\frac{1}{4} = \frac{9}{4}$代替$2\frac{1}{3}$，得平方根之一的近似解为$1\frac{1}{2}$。再一次略去分数部分，得$BD$ 的近似解。

他为命题的解布置了预理：如

$$AF : FB = BD : DC = CE : EA = m : n。$$

则
$$AF = \frac{mc}{m+n},\ FB = \frac{mc}{m+n};\ BD = \frac{ma}{m+n};$$

$$DC = \frac{na}{m+n};\ CE = \frac{mb}{m+n};\ EA = \frac{nb}{m+n}。$$

于是 $\dfrac{S(AFE)}{S(ABC)}=\dfrac{mn}{(m+n)^2}=\dfrac{S(BDF)}{S(ABC)}=\dfrac{S(CDE)}{S(ABC)}$。

这就证明了$\triangle AFE$，$\triangle BDF$，$\triangle EDC$ 等积。

T. L. Heath 讲得过于简略，海伦的推导过程还很费解，笔者在此补作解释。

其一，从（＊）式到（＊＊）式是运用合比关系，之所以ABD，ADC 二者乘积也已给，是因为从（＊＊）式$S(ABD)\cdot S(ADC)=S(ABC)\cdot S(EDC)=S(ABC)\cdot \dfrac{1}{3}(S(ABC)-S(DEF))$，而$S(ABD)\cdot S(ADC)=\dfrac{1}{2}AH\cdot BD\cdot \dfrac{1}{2}AH\cdot DC=\dfrac{1}{4}AH^2\cdot BD\cdot DC$。所以在数值到验证结果：$AH^2\cdot BD\cdot DC=4\times 84\times \dfrac{1}{3}\times$（84－24）＝6 720。

其二，为什么BD 是方程$x^2-14x+46\dfrac{2}{3}=0$ 的一个根。这是因为

在验算中 $BD\cdot DC=46\dfrac{2}{3}$，

而 $BD+DC=14$。

从根与系数关系，（＊＊＊）为真。

其三，在任意三角形中，本题$\triangle DEF$ 面积大小的极值问题。从上文易知

$$\begin{aligned}S(DEF)&=S(ABC)-3S(AFE)\\&=\frac{1}{2}bc\sin A-3bc\frac{mn}{(m+n)^2}\sin A\\&=\frac{1}{2}bc\frac{m^2+n^2-mn}{(m+n)^2}\sin A,\qquad (****)\end{aligned}$$

取$n=0$，$m=1$，$S(DEF)=S(ABC)$为极大值。

取$n=c-m$，

$$\frac{m^2+n^2-mn}{(m+n)^2}=\frac{3m^2-3cm+c^2}{c^2}。$$

从（＊＊＊＊）取$S(DEF)$关于m为变量的导数，可知当$m=\frac{c}{2}$时，$S(DEF)$有极小值，对于本例取$S(DEF)=24$，正居极大、极小值之间。

11. 已给四边形$ABCD$，E为边AD上一点，过E作直线EF，使分割面积为已给比$AE:ED$。(图 3.3.22)

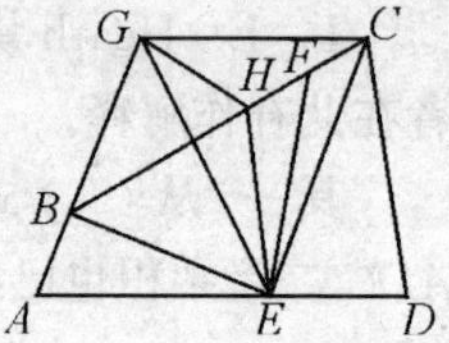

图 3.3.22

作法：作$CG \parallel DA$，交AB于G，连接BE。又作$GH \parallel BE$，交BC于H，连CE，EH，EG，则$\triangle GBE$，$\triangle HBE$面积相等。二者各加$\triangle ABE$，则$\triangle GAE$与四边形$ABHE$等积。另一方面，$S(ABHE):S(CED)=S(GAE):S(CED)$。而后者是已给四边形的部分，二者面积之比为

$$S(GAE):S(CED)=AE:ED。$$

又$\triangle CED$，$\triangle GAE$与已给四边形仅差$\triangle EHC$。也就是说四边形$\triangle BHE$与$\triangle CED$仅差$\triangle HED$。那么只要在HC上取F，使$HF:FC$为已给比，EF就是所求的线段。

四、Nicomachus of Gerasa

Nicomachus（约公元后100年时人），他的数学名著《算术导论》(Introduction of Arithmetic) 分二卷，曾是公元第1世纪标准教科书，书中论述整数性质。

命题

立方数　$1^3+2^3+3^3+\cdots+n^3=\left(\frac{n}{2}\ (n+1)\right)^2$ 他认为

$$1=1$$

$$2^3=3+5$$

$$3^3=7+9+11$$

$$4^3=13+15+17+19$$

$$\cdots\cdots$$

由此可以得到命题。但是《算术导论》并未作出详细推导。后人[①]据他的猜测：

n^3 是 n 个相继奇数和，如果首数记为 $2x+1$，末数就是 $2x+2n-1$。这 n 个数之和是 $(2x+n)n$，于是 $x=\frac{1}{2}(n^2-n)$，也就是说，这 n 个奇数是：n^2-n+1，n^2-n+3，…，n^2+n-1，那么 $1^3+2^3+3^3+\cdots+r^3=1+(3+5)+(7+9+11)+\cdots+(\cdots r^2-r-1)$。

这奇数数列，项数的和是 $1+2+3+\cdots+r=\frac{1}{2}r(r+1)$，

而 $1+3+5+7+\cdots+(2n-1)=n^2$。

因此：命题为真。

五、Menelaus

Menelaus（公元100年）在球面三角领域内有创见，借助于球面三角对应命题[②]历史上推导出平面上的著名以他的姓名命名的

命题 一直线分别截 $\triangle ABC$ 三边 AB，BC，CA 于 F，D，E，则所截线段比的连乘积

$$\frac{BD}{DC}\cdot\frac{CE}{EA}\cdot\frac{AF}{FB}=1。$$

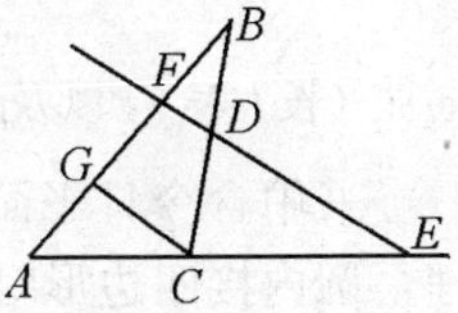

图 3.3.23

证明 图3.3.23中，作 $CG /\!/ DF$，则

$\frac{BD}{CD}=\frac{BF}{GF}$，$\frac{AF}{GF}=\frac{AE}{CE}$，于是

$$\frac{BD}{DC}\cdot\frac{CE}{EA}\cdot\frac{AF}{FB}=\frac{BF}{GF}\cdot\frac{CE}{AE}\cdot\frac{AF}{BF}=\frac{CE}{AE}\cdot\frac{AF}{GF}=\frac{CE}{AE}\cdot\frac{AE}{CE}=1。$$

---

① HG., vol. 1, pp. 109～110

② HG., vol. 2, pp. 266～268

第五节　Ptolemy

Ptolemy（约公元100—约170）长期居住在亚历山大城，在此他作了大量天文观测，有传世名著《天文学论文集》（Syntaxis Mathematica）。此书是在前人Hipparclius 工作基础上的力作。后世尊为《大汇编》，后来译为阿拉伯文，加上al 字头，书名改称al-Magest　全书十三卷。其卷1 为弦表，载推导弦表的基础命题。卷2 为球面几何。卷3～卷6 为天文学问题。卷7，卷8 载1028 个恒星图表。其余各卷研究行星。《大汇编》是N. Copernicus 与J. Kepler以前的标准天文学教科书，书中的三角学理论是有开创性意义的，本节介绍卷1 内容。

Ptolemy 把圆周360 等份，每等份，称1 度（1°）。以60 进制细分1 分为60 等份，称1 分，又分1 分为60等份，称1 秒。他给出0～9 度间隔为$\frac{1}{2}$度的通弦（长）表①，以及间隔为$\frac{1}{4}$度的正弦表。

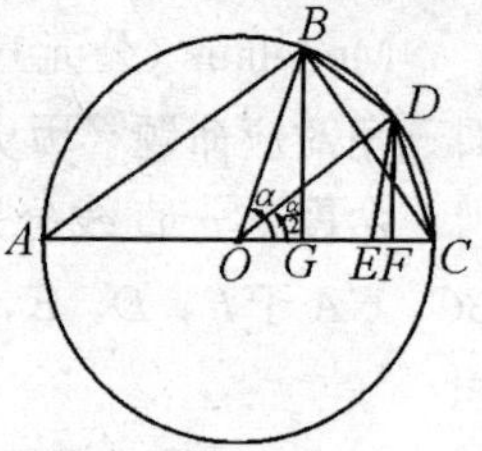

图 3.3.24

书中含今日平面几何所称Ptolemy 定理：圆内接四边形对边乘积之和等于其对角线乘积。这一定理对于角度通弦（正弦）的推导起到至关重要的作用，$\angle BOC$ 的通弦我们记为$\mathrm{chd}\alpha=BC=2OB\sin\frac{\alpha}{2}$，（图3.3.24）而它的正弦为$BG=OB\sin\alpha$。他又把直径120 等份，又按60 进制细分，并记1 等份为单位p，$\frac{p}{60}$为“′”；$\frac{p}{60^2}$为“″”，我们记圆心角为α，简要介绍他对特殊角通弦推导方法。

① 阿拉伯数学用表见本书第五编第二章第一节表5.2.1

1. $\alpha=36°$，$\alpha=72°$，求圆内接正五边形、正十边形边长，即求$\alpha=72°$或$\alpha=36°$所对弦长。等分OB于D（图3.3.25左），又作$DE=DC$。从欧几里得《原本》卷13命题10知

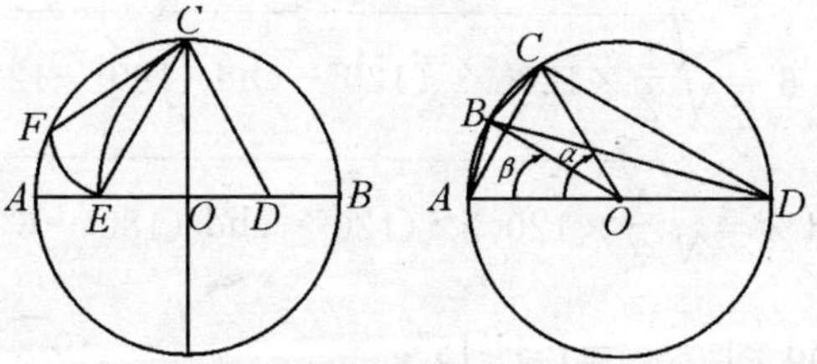

图 3.3.25

$$a_6=BO=\text{chd }60°=60^p,$$

$$a_{10}=EO=\text{chd }36°=37^p4'55'',$$

而$a_5=EC=\sqrt{CO^2+OE^2}=\text{chd }72°=70^p32'3''$。

2. $(\text{chd }\alpha)^2+(\text{chd }(180°-\alpha))^2=(120^p)^2$。 (i)

3. 从Ptolemy定理知$BC\cdot AD=BD\cdot AC-AB\cdot CD$。（图3.3.25右）

$\text{chd }(\alpha-\beta)\times 120^p$

$=\text{chd }(180°-\beta)\text{ chd }\alpha-\text{chd }\beta\text{chd }(180°-\alpha)$。 (ii)

4. $\text{chd }\alpha=BC$.（图3.3.24）

$\text{chd }\dfrac{\alpha}{2}=DC$。作$DF\perp OC$。又$AE=AB$，连$DE$，则

$$EF=FC=\frac{1}{2}(AC-AB)。$$

又$CD^2=AC\cdot CF=\dfrac{1}{2}AC(AC-AB)$，即

$$\left(\text{chd }\frac{\alpha}{2}\right)^2=\frac{1}{2}\times 120^p\times(120^p-\text{chd }(180°-\alpha))。 \quad \text{(iii)}$$

从公式(ii)、(i)得

$\text{chd } 12°=\text{chd }(72°-60°)=\text{chd } 120°\text{chd } 72°-\text{chd } 60°\times$ $\text{chd } 108°$[①] $=12^p32'30''$。

又继续运用公式（iii）得

$$\text{chd } 6°=\sqrt{\frac{1}{2}\times 120^p\times (120^p-\text{chd }(180°-12°))},$$

$$\text{chd } 3°=\sqrt{\frac{1}{2}\times 120^p\times (120^p-\text{chd }(180°-6°))}。$$

因此 $\text{chd }\left(1\frac{1}{2}\right)^{\circ}=1^p34'15''$，

$\text{chd }\left(\frac{3}{4}\right)^{\circ}=0^p47'8''$。又引入插入法

5. $\dfrac{\text{chd }\alpha}{\text{chd }\beta}<\dfrac{\alpha}{\beta}$，$\left(\beta<\alpha<\dfrac{\pi}{2}\right)$。于是

$$\frac{\text{chd } 1°}{\text{chd }\left(\frac{3}{4}\right)^{\circ}}<\frac{1}{\frac{3}{4}},\quad \frac{\text{chd }\left(1\frac{1}{2}\right)^{\circ}}{\text{chd } 1°}<\frac{1\frac{1}{2}}{1},$$

$$\frac{2}{3}\text{chd}\left(1\frac{1}{2}\right)^{\circ}<\text{chd } 1°<\frac{4}{3}\text{chd }\left(\frac{3}{4}\right)^{\circ},$$

$$1^p2'50''<\text{chd } 1°<1^p2'\left(50\frac{2}{3}\right)''。$$

Ptolemy 取 $\text{chd } 1°=1^p2'50''$。

6. Ptolemy 又以正 360 边形的周长作为（直径 120^p）近似圆周长，得

$$\pi\approx\left(1+\frac{2}{60}+\frac{50}{60^2}\right)\frac{360}{120}=3.1416。$$

---

① $(\text{chd } 108°)^2=(\text{chd } 180°)^2-(\text{chd } 72°)^2$，
$(\text{chd } 120°)^2=(\text{chd } 180°)^2-(\text{chd } 60°)^2$.

第六节　Diophantus

Diophantus（3世纪下半叶）著《算术》一书，序言说，此书有十三卷。20世纪70年代以前众信只存六卷，常见本系希腊本原作。英人。T. Heath 1910年在剑桥大学出版社出版其英文译本（1964年重版）。此六卷历史上曾有好多注释本，其著名者如Regiomontanus 1443年拉丁文译释本，Baohetde Meziriae 1621年希腊文、拉丁文译释本，1670年出校订第二版。《算术》对于数学大师Fermat，Gauss都有巨大影响，提供了创新的源泉。后来《算术》又相继出了法、德文译本。

20世纪70年代发现《算术》阿拉伯文译本，其中四卷为常见本所无，这是Ann Arbor博士论文"Diophatus《算术》4～7卷"所研究内容。阿拉伯文译者为Qusta ibn Luqa，Springer-Verlag出版社，1982年在纽约出版.

为叙述方便，我们把今存十卷重新编号。

新编卷号	1	2	3	4	5	6	7	8	9	10
希腊文本	1	2	3					4	5	6
阿拉伯文本				4	5	6	7			

《算术》虽有适定方程（组），但以不定方程（组）为主。书中所用消元法，降价法，被认为是解不定方程的起步石，后世就通称整系数不定方程为Diophantus方程。《算术》解法技术性强，出奇制胜，令今人叹为观止，但是一般解法相对欠缺，是为缺憾。①

① HG.，vol. 2，pp. 441～517以及B. L. Vander Waerden，Geometry and Algebra in Ancient Civilization，Chapt. 4，Zürich 1983.

一、符号代数

Diophantus 在《算术》中所作重大贡献之一是用一系列字母来代替数。经历史上专家学者的研究，众信他曾使用下列符号记未知数，幂以及代数式。

未知数

希腊字母ζ（第六个字母）相当于我们今日所用x来代替未知数.

代数式（括号内是今日通用记号）

1. 幂

Δ^{γ} (x^2), K^{γ} (x^3), $\Delta^{\gamma}\Delta$ (x^4) ΔK^{γ} (x^5), $K^{\gamma}K$ (x^6), $\zeta^{x}\left(\frac{1}{x}\right)$。

2. 运算符号

仅有减法符号：$\uparrow$，没有发现有加法、乘法、除法符号。各项并列一行表示相加。

3. 代数式

$$\Delta^{\gamma}\bar{\mathring{\gamma}}M\ \iota\bar{\beta}\ (x^2\cdot 3+12),$$

其中$\mathring{M}$ 是单位元素符号。

$$\Delta^{\gamma}\bar{\alpha}S\bar{\beta}\ \mathring{M}\ \bar{\gamma}\ (x^2+x\cdot 2+3)。$$

$$K^{\gamma}k\bar{\alpha}\Delta^{\gamma}\bar{\alpha}\uparrow\ \ \Delta^{\gamma}\Delta\varepsilon S\bar{\gamma}\ \mathring{M}\ \bar{\beta}\ (x^6-5x^4+x^2-3x-2)。$$

下面我们用现代数学语言、表达式选录《算术》有关内容。按习惯以后面的拉丁字母作未知数，以前面的作已知数。

二、适定方程

一元一次方程

1. $x-a=m(x-b)$。(1.7)[①]

2. $x+a=m(x+b)$。(1.8)

3. $(a+x)b+(b+x)a=2(a+b)c$。(1.39)

线性方程组

1. $\begin{cases}x+y=a,\\x=ny+b。\end{cases}$ (1.3)　**2.** $\begin{cases}x+y=a,\\\frac{x}{m}+\frac{y}{n}=b。\end{cases}$ (1.5)

3. $\begin{cases}x+a=m(y-a),\\y+b=n(x-b)。\end{cases}$ (1.15)

解法：设 $y=\xi+a$[②]，就化为一元一次方程

4. $\begin{cases}y+z=a,\\z+x=b,\\x+y=c。\end{cases}$ (1.16)

解法：设 $\xi=x+y+z$，又迭次用减法，即得所求数。

5. 求四个数，使其中每三个数和分别为22，24，27，20。(1.17)

解法：仿照1.4思路，得答案7，4，11，9。

可以化为线性方程组的二次方程组

1. $\begin{cases}x+y=a,\\x^2-y^2=b。\end{cases}$ (1.29)

解法：设 $2\xi=x-y$。

$\begin{cases}x+y=a,\\2\xi(x+y)=b,\end{cases}$ $2\xi a=b$，得解 $\xi=\frac{b}{2a}$，……

① 1.7，指《算术》新编卷1第7题，下文仿此.

② ξ 为另一未知数，今称参变量.

2. $\begin{cases} x=my, \\ x^2-y^2=n(x+y). \end{cases}$ (1.34)

3. $\begin{cases} yz=m(y+z), \\ zx=n(z+x), \\ xy=p(x+y). \end{cases}$ (1.36)

可以化为二次方程的二次方程组

1. $\begin{cases} x+y=a, \\ xy=b. \end{cases}$ (1.27)

解法：Diophant 认为此方程组有解（正整数）的必要条件是 a^2-2b 为平方数。

相当于说，原题化为 $(x-y)^2=a^2-2b$。

2. $\begin{cases} x^2-y^2=a, \\ xy=b. \end{cases}$ (1.30)

3. $\begin{cases} (y+z)x=a, \\ (z+x)y=b, \\ (x+y)z=c. \end{cases}$ (8.15)

解法：$x+y=\frac{c}{z}$，设 $x=\frac{p}{z}$，$y=\frac{q}{z}$ 原方程组化为

$$\begin{cases} \frac{pq}{z^2}+p=a, \\ \frac{pq}{z^2}+q=b. \end{cases}$$

只要 $p-q\neq a-b$，原方程组就化为解二项二次方程

4. $\begin{cases} yz+(y+z)=a^2-1, \\ xz+(x+z)=b^2-1, \\ xy+(x+y)=c^2-1. \end{cases}$ (8.31)

解法：设 $\begin{cases} yz+(y+z)=\alpha, \\ xz+(x+z)=\beta, \\ xy+(x+y)=\gamma. \end{cases}$

$$\begin{cases}(y+1)(z+1)=\alpha+1,\\(z+1)(x+1)=\beta+1,\\(x+1)(y+1)=\gamma+1。\end{cases}$$

于是 $x+1=\sqrt{\dfrac{(\beta+1)(\gamma+1)}{\alpha+1}}$，$y+1=\sqrt{\dfrac{(\alpha+1)(\gamma+1)}{\beta+1}}$，$z+1=\sqrt{\dfrac{(\alpha+1)(\beta+1)}{\gamma+1}}$。原方程组有解（有理数）的必要条件：

$(\alpha+1)(\beta+1)(\gamma+1)$ 是平方数。

5. $\begin{cases}yz=a(x+y+z),\\zx=b(x+y+z),\\xy=c(x+y+z)。\end{cases}$ (8.37)

解法：设 $x+y+z=w$，则 $x=\dfrac{cw}{y}$，$z=\dfrac{aw}{y}$，$xz=\dfrac{acw^2}{y^2}$。从原方程组第二方程，得

$$y^2=\frac{ac}{b}w。$$

为使方程组有有理数解，等号右侧应是平方数：设 $w=x+y+z=\dfrac{ac}{b}\xi^2$，则 $y=\dfrac{ac}{b}\xi$，$z=a\xi$，$x=c\xi$，

消去 x，y，z，$\xi=\dfrac{bc+ca+ab}{ac}$。

本方程组的解是

$$x=\frac{bc+ca+ab}{a},\ y=\frac{bc+ca+ab}{b},\ z=\frac{bc+ca+ab}{c}。$$

似为不定方程组的线性方程组

$$x+\frac{1}{m}(y+z+w)=y+\frac{1}{n}(z+w+x)$$

$$=z+\frac{1}{p}(w+x+y)=w+\frac{1}{q}(x+y+z)\ (1.25)$$

Diophantus 设 $y+z+\omega=\xi$（常数），就成为四元线性方程组。

三、不定方程

二次方程（组）

在二次不定方程方面，《算术》各卷有大量问题，设题和解法都深具特色，我们选述原著问题及解法。

1. $x^2+y^2=a^2$①。(2.8)

解法：设$y=mx-a$，m为任意整数。则$x=\dfrac{2am}{1+m^2}$。本题的解就是

$$\begin{cases} x=\dfrac{2am}{1+m^2}, \\ y=\dfrac{a(m^2-1)}{1+m^2}。\end{cases}$$

2. $x^2+y^2=a^2+b^2$。(2.9)

解法：设$x=\xi+a$，$y=m\xi-b$。

3. $\begin{cases} x+a=u^2, \\ x+b=v^2。\end{cases}$ (2.11)

4. $\begin{cases} a-x=u^2, \\ b-x=v^2。\end{cases}$ (2.12)

5. $\begin{cases} x-a=u^2, \\ x-b=v^2。\end{cases}$ (2.13)

6. $\begin{cases} x^2+y=u^2, \\ y^2+x=v^2。\end{cases}$ (2.20)

解法：原著所记，技巧性很强。设$x=S$，又设$y=2S+1$②，代入第一式得

$$4S^2+5S+1。$$

应是平分数。Diophantus 把它看成是边长是$2(S-1)$的正方

---

① 原著用文字："求二未知数，各自平方和等于一已知平方数."以下问题仿此理解．原著用意全部答数都限取正有理数.

② 这样，第一式条件自然满足.

形，面积当有$4S^2-8S+4$，那么

$$4S^2+5S+1=4S^2-8S+4，13S=3。$$

于是 $x=S=\frac{3}{13}$，$y=\frac{19}{13}$。(一组特解)①

7. $\begin{cases}x^2-y=u^2,\\y^2-x=v^2。\end{cases}$ (2.21)

8. $\begin{cases}x^2+(x+y)=u^2,\\y^2+(x+y)=v^2。\end{cases}$ (2.22)

解法：设$x+y=2mx+x^2$。

9. $\begin{cases}xy+x=u^2,\\xy+y=v^2,\\u+v=a。\end{cases}$ (2.26)

解法：设$y=m^2x-1$。

10. $\begin{cases}x+y+z=t^2,\\y+z-x=u^2,\\z+x-y=u^2,\\x+y-z=w^2。\end{cases}$ (3.5)

解法：原著设想也很奇特。设

$$x+y+z=t^2=(\xi+1)^2，w^2=1，u^2=\xi^2，$$

于是$z+x-y=2\xi$，使为平方数，于是四式都是平方数。设后三式依次为a^2，b^2，c^2。又使$a^2+b^2+c^2$也是平方数，设为k^2。于是四式降为三式

$$\begin{cases}y+z-x=a^2,\\z+x-y=b^2,\\x+y-z=c^2。\end{cases}$$

其解为原方程(3.5)的特解

$$x=\frac{1}{2}(b^2+c^2)，y=\frac{1}{2}(c^2+a^2)，z=\frac{1}{2}(a^2+b^2)。$$

---

① 再也找不到第二组特解.

11. 求三个数，使它们的和为平方数，而且任何二数的和各是平方数。(3.6) 答数：80，41，320。

12. 成算术数列的三个数，使其中任何二数的和是平方数。(3.7)。

13. $\begin{cases} yz+a=u^2, \\ zx+a=v^2, \\ xy+a=\omega^2. \end{cases}$ (3.10)

解法：设 $yz+a=m^2$，又使 $y=(m^2-a)\xi$，$z=\dfrac{1}{\xi}$。再使 $zx+a=n^2$，因此 $x=\dfrac{(n^2-a)}{\xi}$。至此，只需使 $(m^2-a)(n^2-a)\xi^2+a$ 是平方数。

此题 Diophantus 取 $m=5$，$a=12$，$n=4$，于是只需 $52\xi^2+12$ 是平方数，其中 $\xi=1\times52\times1+12=64$ 已是平方数，一组特解：4，13，1。

虽然已获得一个特解，他还进一步以 $1+\eta$ 取代 ξ，本题还有其他解。也就是说，使 m^2-a，n^2-a 都是平方数，这就是要找出二组异于 a 的平方数，如 p，q；p'，q'。

$a=pq=p'q'$，

$\left(\dfrac{1}{2}(p-q)\right)^2+a=\left(\dfrac{1}{2}(p'+q')\right)^2$，则

$m^2=\left(\dfrac{1}{2}(p+q)\right)^2$，$n^2=\left(\dfrac{1}{2}(p'+q')\right)^2$。

14. 求三个数，使其中任意二数的乘积加上第三个数，都是平方数。(3.12)

15. 把一个平方数分成四部分，使从此平方各加上二部分之一，又减去其余二部分之一，所得和、差各是平方数①。(7.15)

① WAG., pp. 106～108

解法：题意是解方程组

$$\begin{cases}x+y+z+t=a^2,\\a^2+x=u^2,\\a^2+y=v^2,\\a^2-z=t^2,\\a^2-w=s^2。\end{cases}$$

Diophantus 先以 ξ^2 代替已给平方数，再设 $x=2\xi+1$，$y=4\xi+4$，$z=2\xi-1$，$w=4\xi-4$，使分别满足后四式条件。于是 $x+y+z+t=\xi^2=12\xi$。他又设 $\xi=12$，则 $a^2=\xi^2=144$，于是后面四式分别得和或差169，196，121，100 已满足条件，相应的特解是 $x=25$，$y=52$，$z=23$，$w=44$。

16. 求成等比数列的三个数，使它们任意二数的差都是平方数。(8.21) 答数：$\frac{81}{7}$，$\frac{144}{7}$，$\frac{256}{7}$。

17. 把单位分成二部分，使一已给数加上其中一部分，另一已给数加上其他一部分。这两个和的乘积是平方数。(8.31)

答数，当已给二数为3，5 依次加上$\frac{6}{25}$，$\frac{19}{25}$。

18. 把单位分成二部分，使一已知数分别加上这二部分，这两个和的乘积是平方数。(9.9)

答数：已给数6，分别加上$\frac{4\,843}{10\,201}$，$\frac{5\,358}{10\,201}$两个和的乘积是$\left(6\frac{1}{2}\right)^2$。

勾股数

《算术》卷10设十五个勾股数问题，讨论直角三角形三边 x，y（直角边），z（斜边）间的有理数解。在 $x^2+y^2=z^2$ 关系中，Diophantus 已熟知：借助于二整数 p，q，以公式表示：$x=p^2-q^2$，$y=2pq$，$z=p^2-q^2$，其中 $p>q$，全卷问题都引人入胜，解法各具一格，有的令人拍案惊奇。我们选录其中四题。

1. 求直角三角形三边长，使其斜边各加上一直角边，所得和都是立方数。(10.2)

解法：设一参变量s，斜边是s^2+4，直角边分别为$4s$，$4-s^2$。对于后者已满足题设条件

$$s^2+4+4-s^2=8=2^3。$$

对于前者

$$s^2+4+4s=(s+2)^2。$$

必须使$s+2$是2与4之间的立方数①。

选取　$s+2=\dfrac{27}{8}$，$s=\dfrac{11}{8}$。于是

$$\frac{135}{64}，5\frac{1}{2}，\frac{377}{64}\text{或}135，352，377②$$

都是答数。

2. 求直角三角形二直角边，使二者乘积之半加上另一直角边等于一已给数。(10.6)

解法：$\dfrac{1}{2}xy+x=a$。

设三边：$x=p\xi$，$y=q\xi$，又斜边$z=h\xi$，那么据条件：$\dfrac{1}{2}qp\xi^2+p\xi=a$。Diophantus认为，为使$\xi$有有理数根，必须使

$$\left(\frac{1}{2}p\right)^2+a\left(\frac{1}{2}pq\right)③$$

为平方数，他又假设$p=1$，$qb=m$，于是问题转化为$2am+1$应是平方数。进一步设定

$$2am+1=a^2,$$

① 如$s+2<2$，则$s<0$；$s+2>4$，则一条直角边$4-s^2<0$，都会发生矛盾.

② 注意此题之奇在于$135^2+352^2=377^2$而且$377+135=8^3$，$377+352=9^3$.

③ 注意：Diophantus已认识到二次方程具有有理数解的条件.

于是　$m=\dfrac{a^2-1}{2a}$，那么$\xi=\dfrac{2a}{a+1}$，依次得：

$x=\xi=\dfrac{2a^2}{a+1}$，$y=a-1$，而$z=\dfrac{a^2+1}{a+1}$是一组解。

3. 求在直角三角形中锐角平分线是有理数的三边长。(10.16)

解法：图3.3.26中$\triangle ABC$，$\angle B$为直角，AD是$\angle A$的平分线，设长为5ξ，又AB，DB分别长4ξ，3ξ。又设$CB=3\eta$。从$AC:AB=CD:DB$关系，可以确定$AC=4(\eta-\xi)$。从欧几里得《原本》卷1命题47知

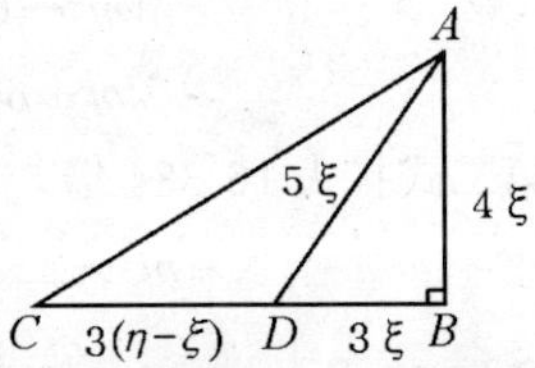

图 3.3.26

$$16(\eta^2-2\eta\xi+\xi^2)=16\xi^2+9\eta^2。$$

于是　$\xi=\dfrac{7\eta^2}{32\eta}=\dfrac{7}{32}\eta$。

如设$\eta=1$，$\xi=\dfrac{7}{32}$。所求三边长的特解是

$$AB=\frac{7}{8}，BC=3，AC=4\left(1-\frac{7}{32}\right)=\frac{25}{8}。$$

此三角形$\angle A$的平分线长$1\dfrac{3}{32}$。

4. 求一直角三角形，其三边和是平方数，其三边和及面积的和也是平方数。(10.22)

解法：设周长、面积分别是p，m。又设二直角边分别$\dfrac{1}{\xi}$，$2m\xi$，

则其斜边是$p-\dfrac{1}{\xi}-2m\xi$。

那么　$$\frac{1}{\xi^2}+4m^2\xi^2=\left(p-\frac{1}{\xi}-2m\,\frac{1}{\xi}\right)^2。(*)$$

这就是　$p^2+4m=4mp\xi+\dfrac{2p}{\xi}$，

$$(p^2+4m)\xi=4mp\xi^2+2p。$$

在此方程中，ξ 是有理根的条件是

$$\left(\frac{1}{2}\ (p^2+4m)\right)^2-8p^2m \text{ 或 } m^2-\frac{3}{2}p^2m+\frac{1}{16}p^4 \text{ 是平方数。}$$

再根据题设第二条件：$m+p$ 是平方数。

为解此含两个二元二次不定方程，Diophantus 取 $p=64$，于是

$$\begin{cases}m^2-6\,144m+1\,048\,576=u^2,\\ m+64=v^2。\end{cases}$$

第二式扩大16 384 倍，二者左边之差为

$$m^2-22\,528m=m\ (m-22\,528)。$$

又取 11，$\frac{1}{11}m-2\,048$ 为因数，取 $m=\frac{39\,424}{225}$，$p=64$，代入方程（*），整理得

$$78\,848\xi^2-8\,432\xi+225=0,$$

得有理数解 $\xi=\frac{25}{448}$，$\frac{9}{176}$。

Diophantus 取前者①。问题的一组特解是

$$\frac{448}{25},\ \frac{1\,232}{63},\ \frac{5\,968}{225}。$$

它们既满足勾股数公式，又满足周长是平方数，周长与面积和是平方数这两条件，《算术》的精到解法真是神乎其技了。

高次方程组

1. $\begin{cases}x^2y=u,\\ xy=u^3。\end{cases}$（8. 3）

2. $\begin{cases}x^3+y^2=u^2,\\ z^2+y^2=v^3。\end{cases}$（8. 7）

解法：为使 z^2+y^2 为一立方数。就设 $z^2+y^2=x^3$，又使 x^3+y^2 为平方数。

---

① 如取后者，得到相同边长的直角三角形.

取$x^2=a^2+b^2$，$y^2=2ab$，也满足x^2-y^2为平方数的条件。为使$2ab$是平方数，取$a=\xi$，$b=2\xi$，$a^2+b^2=5\xi^2$，$2ab=y^2=4\xi^2$，$y=2\xi$，$z=\xi$。至此，只需使$5\xi^2$是立方数。使$\xi=5$，则$x^3=125$，$y^2=100$，$z^2=25$。已获得一组特解：

$$x=5,\ y=10,\ z=5。$$

3. 求二数，使它们的和等于它们的立方和。(9.10)

答数：$\frac{5}{7}$，$\frac{8}{7}$。

我们试作解：

这是一道很奇突的问题。问题本身已告知二数中有一数小于1，另一数大于1，否则与条件矛盾。我们设二数为x，y，那么问题是要解

$$x+y=x^3+y^3,\ x+y=(x+y)(x^2-xy+y^2)。$$

于是　$1=x^2-xy+y^2=(x+y)^2-3xy$，我们设　$x+y=\xi$，则

$$\xi^2-3x(\xi-x)=1,$$

$$3x^2-3\xi x+\xi^2-1=0。$$

为使x有有理数根，则　$9\xi^2-12\xi^2+12$，即　$12-3\xi^2$为平方数，设$\xi=\frac{13}{7}$，则　$12-3\xi^2=\frac{81}{49}$，于是$x=\frac{5}{7}$，而$y=\frac{8}{7}$。

4. $$\begin{cases}x+y+z=t^2,\\(x+y+z)^3+x=u^2,\\(x+y+z)^3+y=v^2,\\(x+y+z)^3+z=w^2。\end{cases}\qquad(9.18)$$

解法：设$x+y+z=\xi^2$，又设u，v，w分别为p，q，r。

$x=(p^2-1)\xi^6$，$y=(q^2-1)\xi^6$，$z=(r^2-1)\xi^6$，

$\xi^2=(p^2-1+q^2-1+r^2-1)\xi^6$，

即要求　$p^2-1+q^2-1+r^2-1$，必须是有理数的四次方。Diophantus 又设　$p^2=(m^2-1)^2$，$q^2=(m+1)^2$，$r^2=(m-1)^2$。

这样 $p^2-1+q^2-1+r^2-1=m^4$，$\xi=\frac{1}{m}$，显然以ξ代入原式，已满足要求。

5. 求三个自然数的四次方的和是平方数。(9.29)

解法：即求$x^4+y^4+z^4=u^2$的有理数解。

设$x^2=\xi^2$，$y^2=p^2$，$z^2=q^2$，因此问题转化为$\xi^4+p^4+q^4$为一平方数。设它是$(\xi^2-r)^2$。因此，$\xi^2=\frac{r^2-p^4-q^4}{2r}$，等式右边必须是平方数。Diophantus 又假设，$r=p^2+4$，$q^2=4$，右边就变换为$\frac{8p^2}{2p^2+8}=\frac{4p^2}{p^2+4}$。为使分母是平方数，他设$p^2+4=(p+1)^2$，$p=1\frac{1}{2}$，就导致$p^2=2\frac{1}{4}$，$q^2=4$，$r=6\frac{1}{2}$。都乘以4，得到$p^2=9$，$q^2=16$，$r=25$。而问题的一组特解是

$$x^2=\frac{25^2-9^2-16^2}{2\times25}=5.76，y^2=9，z^2=16。$$

$$u^2=x^4+y^4+z^4=370.177\ 6，$$

它是19.24的平方。显然原题的自然数解是易于求得的。

当年 P. de Fermat 读《算术》至此，作旁批说："为什么 Diophantus 不寻求二数四次方的和是平方数的解。这是一不可能问题，我已严格地用我的方法为此作证。无疑他也熟知此理，但用的只是经验（特殊数值）方法而已。"

第七节 Pappus 及其《数学汇编》

Pappus（公元4世纪上半叶）生于亚历山大城，以评注欧几里得《原本》、Ptolemy《大汇编》著称。自著《数学汇编》(Mathematical Collections）等专著。人称《数学汇编》为数学宝库，内容丰硕，诚非虚语。在此我们对之作简要介绍。《数学汇编》分为八卷。

卷1述大数记法。卷2已失传。

卷3讨论三种平均、五种正多面体的作法，使欧几里得《原本》卷13传统论述一新耳目。

卷4是阿基米德有关平面几何问题的推广和深入。卷5论极值问题。卷6为希腊数学史学史。卷7很多命题已属近代射影几何范围。卷8续论平面几何问题，至今有新鲜感。本节分五段介绍。

一、卷3

三种平均（中项）

在本卷第2部分提出成等差、等比、调和数列三个量。（线段）a，b，c，从已给二量用几何方法求第三量。Pappus 定义三种数列为：

等差数列 $a : a = a-b : b-c$

等比数列 $a : b = a-b : b-c$

调和数列 $a : c = a-b : b-c$①

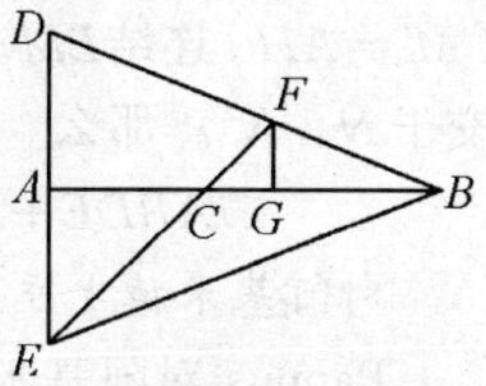

图 3.3.27

他用几何作图求线段 AB，BG 的调和中项。在图3.3.27中 AB，BG 为所给线段。过 A 作 $DE \perp AB$，取 $DA=AE$，连 DB，BE。从 G 作 $GF \perp AB$，交 DB 于 F。又连 EF，交 AB 于 C，则 BC 是 AB，BG 的调和中项。

证明：

$$AB : BG = DA : FG = EA : FG = AC : GC$$
$$= (AB-BC) : (BC-BG)。$$

类似地，我们还可以从同图知，如 AB，BC 为已给线段，则

① 三者等价于定义：如果 $a-b=b-c$，$a : b=b : c$. $\frac{1}{a}-\frac{1}{b}=\frac{1}{b}-\frac{1}{c}$ 则，a，b，c 分别是等差、等比、调和数列。请注意比较毕达哥拉斯对中项的提法。参见本编第一章第二节.

BG为二者调和中项，如BC，BG为已给线段，则AB为二者调和中项。

二、卷4

对毕达哥拉斯定理（勾股定理）的推广

勾股定理在《原本》已有完整记载①。Puppus 把它推广到斜三角形。

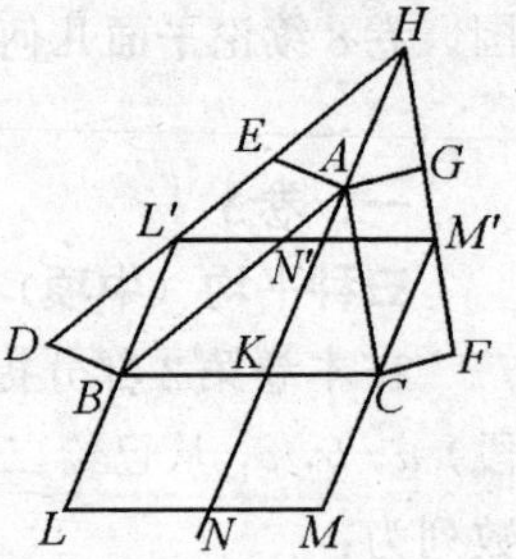

图 3.3.28

图3.3.28，斜$\triangle ABC$，AB，AC上作任意$\square ABDE$，$\square ACFG$。延长DE，FG交于H，连结AH，延长交BC于K。过B，C作$BL' /\!/ HA$，$CM' /\!/ HA$，分别交DE，FG于L'，M'。又作$BL'=BL=CM=CM'=AH$。连结LM。$L'M'$与AH延长线交于N，N'。那么

$$\square ABDE+\square ACFG=\square BL'M'C=\square BLMC。$$

对阿基米德皮匠刀形定理的研究

Pappus 对阿基米德皮匠刀形中圆列现象进一步又发现新的性质。

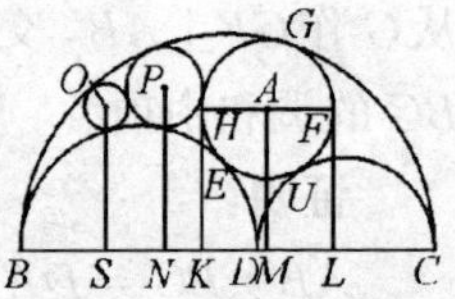

图 3.3.29

命题　在图3.3.29中圆A，P，O，…分别互切，又分别与三半圆相切（二外切、一内切）。如记d_1，d_2，d_3，…为相应的直径；p_1，p_2，p_3…为相应的从各自圆心到BC的距离，那么

$$p_1=d_1，p_2=2d_2，p_3=3d_3，…，p_n=nd_n。$$

为证明命题他还作出三条预备定理。

预理1　图3.3.30中三圆A，C，G互相外切，公切点为B，L，

① 《原本》卷1命题47.

K。连结AC，AG，GC。AC，KL相交于E。AC，KL又交C圆于F，D，那么

$$KE\cdot EL=EB^2。$$

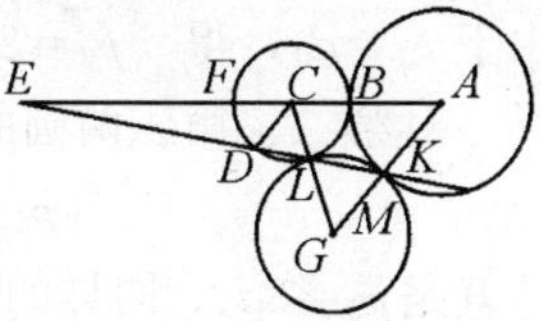

图 3.3.30

预理2　以BD，BC为直径的二半圆内切于B，以HF为直径的圆A切小半圆于E，切大半圆于G。K，M，L分别是H，A，F在BC上的垂足，则（图3.3.31）①$BC\cdot BK=BD\cdot BL$；②$BK\cdot LC=AM^2$。

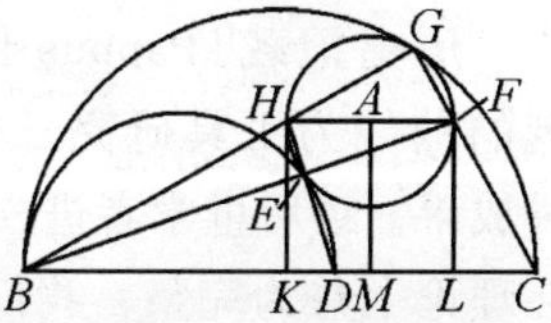

图 3.3.31

预理3　以BD，BC为直径的二半圆内切于B。以A为心的圆外切小半圆于E，大半圆于G。以P为心的圆又与二半圆及圆A相切（二外切，一内切），N，M分别是圆心P，A在BC上的垂足，我们记圆A、圆B的直径为d_1，d_2，圆心到BC的距离$AM=p_1$，$PN=p_2$，那么（图3.3.32）

$$(p_1+d_1)\ :d_1=p_2:d_2。$$

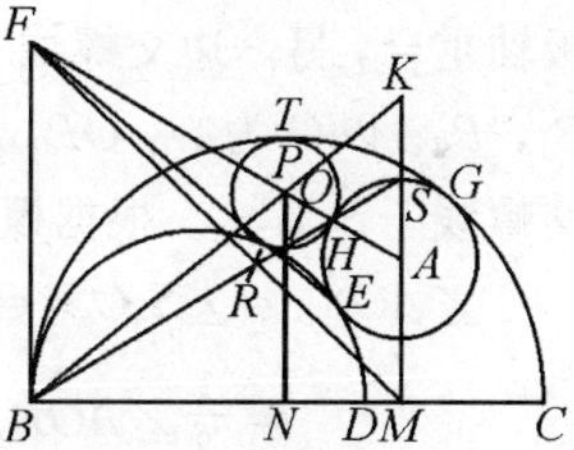

图 3.3.32

命题的证明：在图3.3.29中，设FGH圆切于三半圆。从预理2可知$BC\cdot BK=BD\cdot BL$。同理，因圆FGH也内（外）切于半圆BGC，DUC，可得$BC\cdot CL=CD\cdot CK$。从前面的乘式得到$BC:BD=BL:BK$，这就是$BD:DC=BK:KL$。

从后面的乘式得　$BC:CD=CK:CL$。

因此，$BK:KL=KL:CL$，即　$BK\cdot LC=KL^2$。

又从预理2第二个结论　$BK\cdot LC=AM^2$，

因此，$KL=AM$，即$p_1=d_1$

又从预理3　$(p_1+d_1)\ :d_1=p_2:d_2$。

由于 $p_1=d_1$，得 $p_2=2d_2$。

对第二、第三两圆的关系是

$$(p_2+d_2):d_2=p_3:d_3。$$

这就是$p_3=3d_3$。同样的理由，可知

$$p_n=nd_n^2,\ n=1,2,3,\cdots 以至无穷大。$$

三等分任意角

历史记载[①]Pappus 借助他的先辈所发现的曲线为工具研究三等分任意角作出多种成果。经后世学者进一步探索，使其成果在理论上益为完整，我们选录：

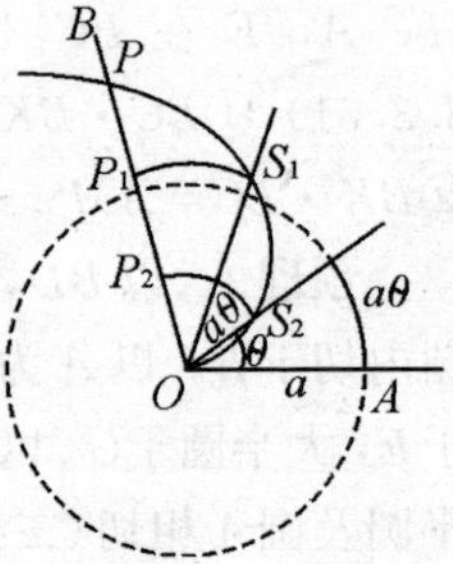

图 3.3.33

1. 阿基米德螺线 图3.3.33 示$\theta=0°\sim 360°$间一段螺线。$\angle AOB$ 为已给角。AO 与极轴重合，另一边交螺线于P。三等分OP 于P_1，P_2。以O 为心，OP_1，OP_2 为半径作弧，交螺线于S_1，S_2。根据螺线性质知

$$\angle AOS_1=\angle S_1OS_2=\angle S_1OP=\frac{1}{3}\angle AOB。$$

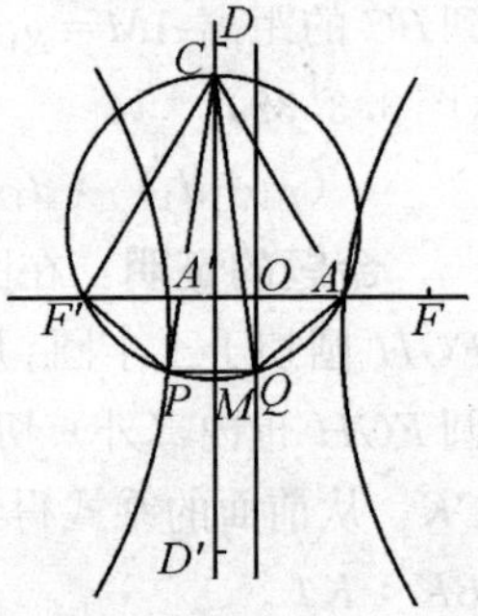

图 3.3.34

2. 双曲线 Pappus 还运用双曲线三等分一角。他的作法用现代数学语言来说，相当于在图3.3.34 中，取离心率$e=\frac{c}{a}=2$的双曲线。A，A'为顶点，O 为曲线对称中心，F，F'为焦点。易知AF'的中垂线DD'是左支曲线的准线。就以AF'为弦，作圆弧$F'CA$，使含有圆心角为已给角；准线DD'交此弧于C。又以C 为

① HG.，vol. 2，pp. 377～380

心，$CF'=CA$ 为半径作圆弧交双曲线（左支）于 P。则 $\angle PCF'=\frac{1}{3}\angle F'CA$。

这是因为：从作法及双曲线定义知

$PM=\frac{PF'}{2}$（其中 $PM\perp DD'$）。

延长 PM 交弧 PMA 于 Q，又连结 QA，显然

$F'P=PQ=QA$，于是

$\angle F'CP=\angle PCQ=\angle QCA$。

正多面体作法

本卷所述正多面体作法：是继《原本》卷13 有关论述以来另一光辉篇章：以棱长、位置确定图形形状，其作法为[①]：

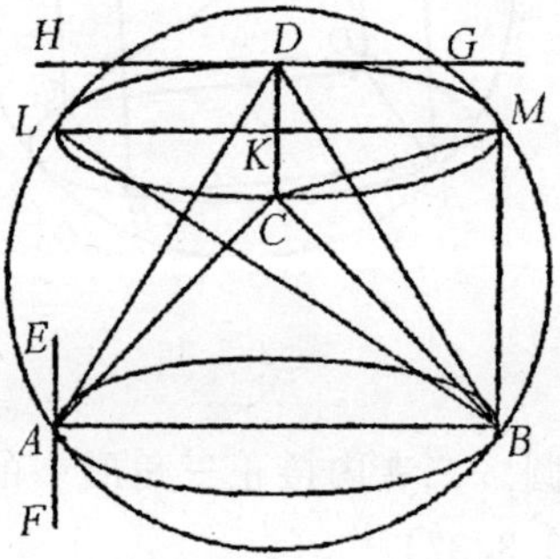

图 3.3.35

1. 正四面体 球面上有两互相平行的小圆，其直径 d' 是正四面体的一组对棱。[②] 如果球的直径是 d，那么 $d^2=\frac{3}{2}d'^2$。

原著无图，俄文译本《原本》卷13 译者注补（图 3.3.35）下文有关插图都采自此译本。

2. 正六面体 球面上两互相平行的小圆，其直径如为 d'，则 $d^2=\frac{3}{2}d'^2$（d 为球直径，下文仿此）。在两小圆内作边两两平行的内接正方形。二者八个顶点为正六面体的顶点（图 3.3.36）。

3. 正八面体 也取满足 $d^2=\frac{3}{2}d'^2$ 的 d' 为直径作平行的两小

---

① HG.，vol. 2，pp. 368～369.

② 对棱是互相正交的异面直线.

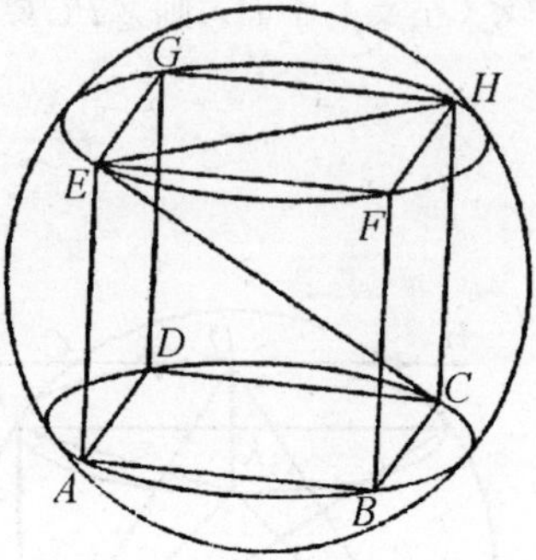

图 3.3.36

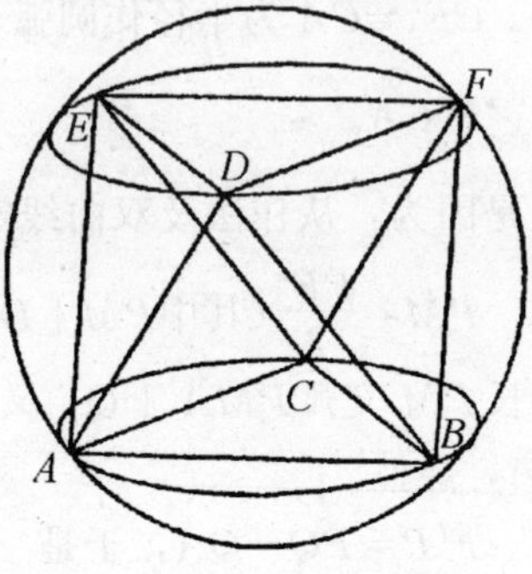

图 3.3.37

圆。二者内接正三角形① 的六个顶点是正八面体的顶点。②（图3.3.37）

4. 正二十面体　Pappus 发现在球面上有四个互相平行的小圆，各自形成互相合同，上下两两关于球心对称的两组。正二十面体十二个顶点分成四组，各自是四层小圆上有特定位置的内接正三角形顶点。四小圆的半径用以下方法确定：设 x，y 两线段与球大圆直径 d 长度之比适为同圆内接正多边形边长 a_{10}，a_6，a_5 之比，又设上、下；中间两层小圆半径分别为 r，r'，那么

$$r^2=3x^2，r'^2=3y^2。$$

在图3.3.38 中可见，$\triangle ABC$，$\triangle DEF$，$\triangle GHK$，$\triangle LMN$ 是这四层小圆上的内接正三角形。③

5. 正十二面体　上文在球内所作相互平行的四层小圆内（上下二层、中间二层）分别作正五边形，并使对应边两两逆平行如图3.3.39，四正五边形 $ABCDE$，$FHGKL$，$MNQOP$，$RSTUV$。

① 二者所含三边两两逆平行.

② 可见 P_1，P_3 都是拟柱体.

③ 四层正三角形上、下关于球心对称者，三组边两两逆平行.

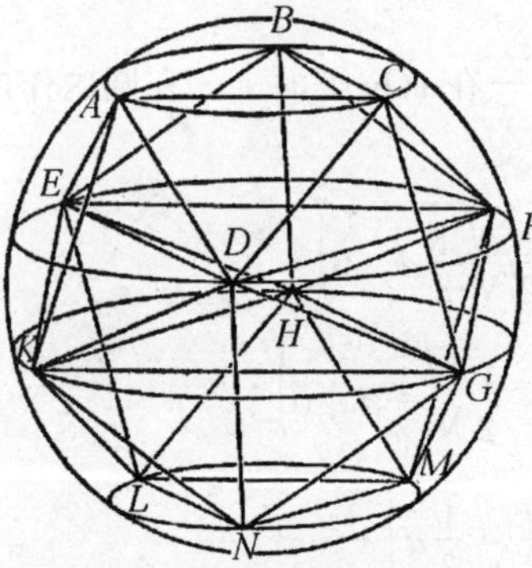

图 3.3.38

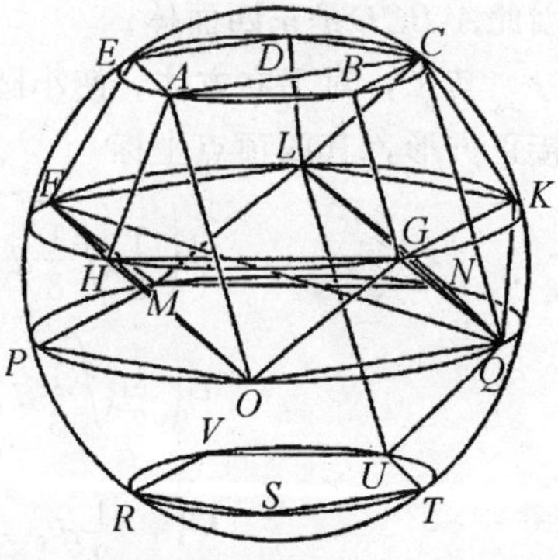

图 3.3.39

Pappus 正多面体作法与欧几里得《原本》所说全异，但异曲同工。Pappus 原著未给证明，我们用解析几何方法验证命题均真。

取 x，y，z 空间直角坐标系。

其一，对于正四面体，使小圆之一在 xOy 平面上。在 $z=\sqrt{\frac{1}{3}}d$ 处作另一小圆。取 AB，CD 互为正交。计算 $AB=CD=\sqrt{\frac{2}{3}}d$。（图 3.3.40）易知坐标：

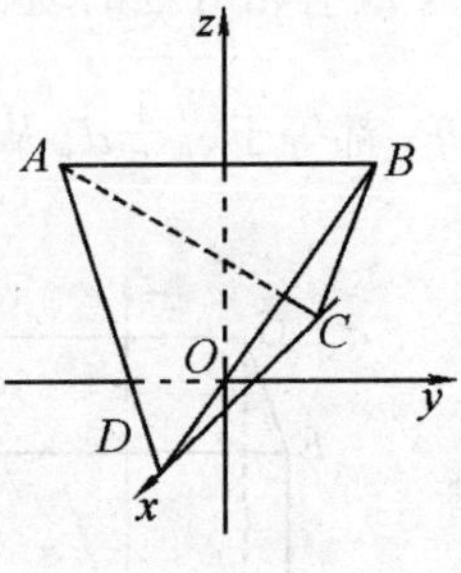

图 3.3.40

$$A\left(0,\ -\frac{1}{2}\sqrt{\frac{2}{3}}d,\ \sqrt{\frac{1}{3}}d\right),$$

$$D\left(\frac{1}{2}\sqrt{\frac{2}{3}}d,\ 0,\ 0\right)。$$

那么 $$AD=\sqrt{\frac{1}{6}+\frac{1}{6}+\frac{1}{3}}d$$

$$=\sqrt{\frac{2}{3}}d=AC=BC=BD。$$

因此A-BCD是正四面体。

其二，对于立方体，使小圆之一在xOy平面上，在圆内作内接正方形，其四顶点坐标

$$A\left(\frac{1}{2}\sqrt{\frac{1}{3}}d,\ \frac{1}{2}\sqrt{\frac{1}{3}}d,\ 0\right),$$

$$B\left(\frac{1}{2}\sqrt{\frac{1}{3}}d,\ -\frac{1}{2}\sqrt{\frac{1}{3}}d,\ 0\right),$$

$$C\left(-\frac{1}{2}d,\ -\frac{1}{2}\sqrt{\frac{1}{3}}d\right),$$

$$D\left(-\frac{1}{2}\sqrt{\frac{1}{3}}d,\ \frac{1}{2}\sqrt{\frac{1}{3}}d\right)。$$

在$z=\sqrt{\frac{1}{3}}d$处作另一小圆$EFGH$。在图 3.3.41 中，使与A，B，C，D有相对应的纵、横坐标。计算可知六面体的十二条棱长都相等，都等于$\sqrt{\frac{1}{3}}d$。从作法知六个面中，边边两两垂直，命题已证。

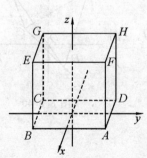

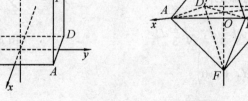

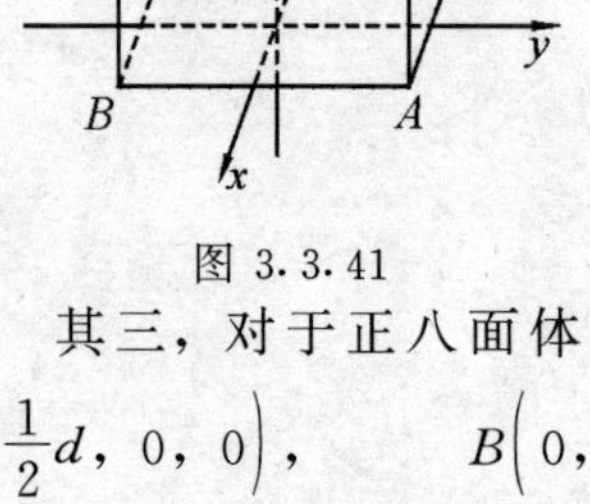

图 3.3.41

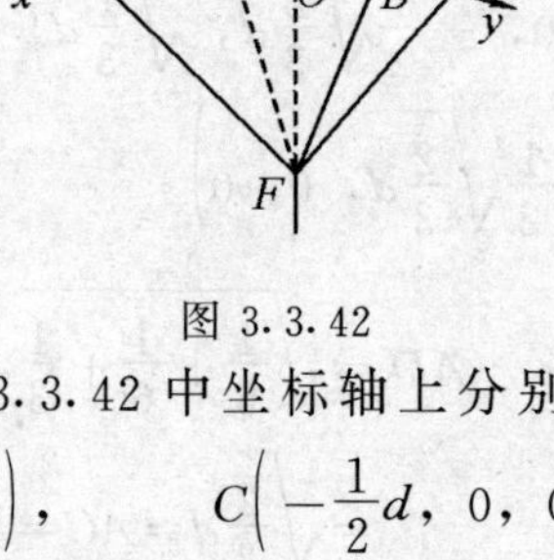

图 3.3.42

其三，对于正八面体，在图 3.3.42 中坐标轴上分别取

$A\left(\frac{1}{2}d,\ 0,\ 0\right)$，　　$B\left(0,\ \frac{1}{2}d,\ 0\right)$，　　$C\left(-\frac{1}{2}d,\ 0,\ 0\right)$，

$D\left(0,\ -\frac{1}{2}d,\ 0\right)$，$E\left(0,\ 0,\ \frac{1}{2}d\right)$，$F\left(0,\ 0,\ -\frac{1}{2}d\right)$。易知八面体 $E\text{-}ABCD\text{-}F$ 十二条棱长都是 $\sqrt{\frac{1}{2}}d$，而八个面：$\triangle EDA$，$\triangle CFB$，……的外接圆直径 d' 都是 $\sqrt{\frac{2}{3}}d$，已满足条件：$d^2=\frac{3}{2}d'^2$。

其四，对于正二十面体，我们假设坐标轴 $O-xyz$ 的原点 O 与球心合同，图 3.3.43 为示意图，已给立体的十二个顶点的位置。

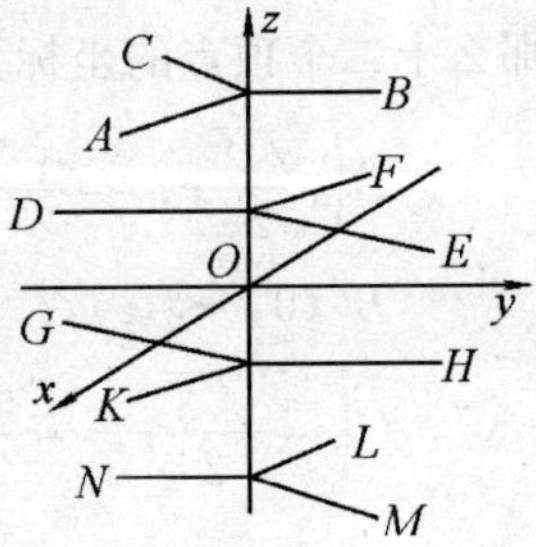

图 3.3.43

按照 Pappus 命题所说作法，不失一般性，我们假设球的直径为 2，大圆当是单位圆，于是

$$x:y:d=a_{10}:a_6:a_5,$$

其中 $$a_{10}=\frac{\sqrt{5}-1}{2},\ a_6=1,$$

$$a_5=\frac{1}{2}\sqrt{2\ (5-\sqrt{5}\,)}。$$

$\frac{x}{a_{10}}=\frac{d}{a_5}=\frac{2}{a_5}$，$\frac{y}{a_6}=\frac{2}{a_5}$，计算

$$x=\frac{2a_{10}}{a_5}=(\sqrt{5}-1)\sqrt{\frac{2}{5-\sqrt{5}}},$$

$$y=\frac{2a_6}{a_5}=2\sqrt{\frac{2}{5-\sqrt{5}}},$$

$$r=\frac{x}{\sqrt{3}}=(\sqrt{5}-1)\sqrt{\frac{2}{3\ (5-\sqrt{5}\,)}},$$

$$r'=\frac{y}{\sqrt{3}}=2\sqrt{\frac{2}{3\ (5-\sqrt{5}\,)}}。$$

从 r，r'，就可以求：以二者为半径的小圆所在平面与 xOy 坐标平

面间距离，图中

$$z=\sqrt{1-r^2}=\sqrt{\frac{3+\sqrt{5}}{3\,(5-\sqrt{5})}},$$

$$z'=\sqrt{1-r'^2}=\sqrt{\frac{7-3\sqrt{5}}{3\,(5-\sqrt{5})}}。$$

那么十二个顶点的坐标为：

$$A\left(\frac{\sqrt{3}}{2}r,\ -\frac{1}{2}r,\ z\right),\qquad G\left(-\frac{\sqrt{3}}{2}r',\ -\frac{r'}{2},\ -z'\right),$$

$$B\ (0,\ r,\ z),\qquad H(0,\ r',\ -z'),$$

$$C\left(-\frac{\sqrt{3}}{2}r,\ -\frac{1}{2}r,\ z\right),\ K\left(\frac{\sqrt{3}}{2}r',\ -\frac{r'}{2},\ -z'\right),$$

$$D\ (0,\ -r',\ z'),\qquad L\left(-\frac{\sqrt{3}}{2}r,\ \frac{r}{2},\ -z\right),$$

$$E\left(\frac{\sqrt{3}}{2}r',\ \frac{1}{2}r',\ z'\right),\qquad M\left(\frac{\sqrt{3}}{2}r,\ \frac{r}{2},\ -z\right),$$

$$F\left(-\frac{\sqrt{3}}{2}r',\ \frac{1}{2}r',\ z'\right),\ N(0,\ -r,\ -z)。$$

计算此二十面体的棱长

$$AB=\sqrt{3}\,r=x=(\sqrt{5}-1)\sqrt{\frac{2}{5-\sqrt{5}}}$$

$$=BC=CA=LM=MN=NL。$$

再根据位置关系分三类验证。

（1）$EA=AD=DB=BF=FC=CA=AK=KN=NG=GM=MH=HL$。

（2）$EK=KD=DG=GF=FH=HE$。

（3）$AK=BH=CG=DN=EL=FM$。

这一验证工作，要经过无理式恒等变换，例如

$$EA^2=\left(\frac{\sqrt{3}}{2}r'\right)^2+\left(\frac{1}{2}r'-r\right)^2+\ (z'-z)^2$$

$$=\frac{2}{5-\sqrt{5}}+\left(\sqrt{\frac{2}{3(5-\sqrt{5})}}-(\sqrt{5}-1)\sqrt{\frac{2}{3(5-\sqrt{5})}}\right)^2+$$

$$\left(\sqrt{\frac{3+\sqrt{5}}{3(5-\sqrt{5})}}-\sqrt{\frac{7-3\sqrt{5}}{3\ (5-\sqrt{5})}}\right)^2=\frac{36-12\sqrt{5}}{3\ (5-\sqrt{5})}。$$

$$EA=\ (\sqrt{5}-1)\ \sqrt{\frac{2}{5-\sqrt{5}}}=AB。$$

类似地计算另二类棱长都相等，且等于EA。由于三十条棱长都相等，因此彼此组成的二十面体为正多面体，而所有顶点都在球面上，已证：此正二十面体是直径为2的球内接正多面体。

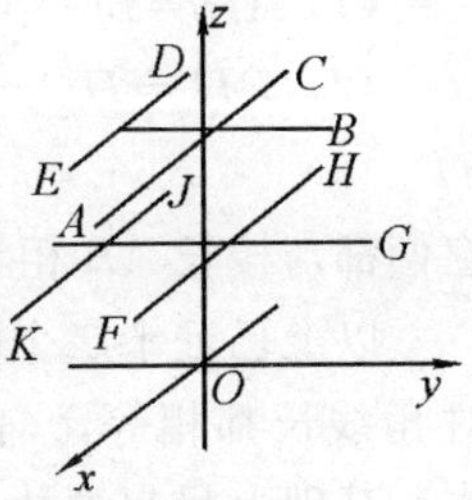

图 3.3.44

其五，对于正十二面体，图3.3.44为示意图。假设坐标轴O-xyz原点O与球心合同。示意图已给立体二十个顶点的位置。我们借助于正二十面体的上下二组合同小圆，其r，r'，z，z'不变，再记出二十个顶点的坐标：(下面十个顶点是上面相应顶点关于球心的对称点。)

A $(r\sin 72°,\ r\cos 72°,\ z)$

B $(0,\ r,\ z)$

C $(-r\sin 72°,\ r\cos 72°,\ z)$

D $(-r\sin 36°,\ -r\cos 36°,\ z)$

E $(r\sin 36°,\ -r\cos 36°,\ z)$

F $(r'\sin 72°,\ r'\cos 72°,\ z')$

G $(0,\ r',\ z')$

H $(-r'\sin 72°,\ r'\cos 72°,\ z')$

J $(-r'\sin 36°,\ -r'\cos 36°,\ z')$

K $(r'\sin 36°,\ -r'\cos 36°,\ z')$

计算此十二面体棱长，当是$AB=2r\sin 36°=\frac{r}{4}(\sqrt{5}-1)\cdot\sqrt{10+2\sqrt{5}}=\frac{3-\sqrt{5}}{2}\sqrt{\frac{2(10+2\sqrt{5})}{3(5-\sqrt{5})}}=BC=CD=DE=EA=RS=ST=TU=UV=VR$。

再根据各棱相应位置关系分两类验证。

（1）$AH=BG=CK=DL=EF=RP=SO=TQ=UN=VM$。

（2）$PH=HO=OG=GQ=QK=KN=NL=LM=MF=FP$。

它们都与棱长 AB 相等。

以上已证十二个面都是等边五边形还可以计算。这些五边形对角线长都相等，命题验证完毕。他那个时代他怎么会在《原本》基础上另起炉灶，得到如此周到的一系列命题值得人们进一步探索。

三、卷5

本段述Pappus 有关极值问题二则

1.《蜜蜂与智慧》序

“诚然上帝以至善尽美的睿智和数学思维赋予人类，但也分惠于视似愚蠢的昆虫。……最令吾人叹为观止的是蜜蜂。……蜂巢是蜂蜜储藏的仓库，…蜜蜂企望它有均匀的图案——等边等角图形，能够铺满平面的正多边形只有三种：正三角形，正方形和正六角形。蜜蜂凭借其天赋，选中角最多的六边形。这是因为使用同样多的蜡，正六边形比之三角形和正方形具有更大面积，因此可以贮存更多的蜜。人类所知胜于蜜蜂。我们知道在周长相等的正多边形中，边数愈多，面积愈大，而周长相等面积最大的平面图形是圆。”

上文是Pappus 关于平面图形极值问题所作正确论断。我们知道周长都等于$4p$ 的正三角形、正方形、正六边形所具有的面积分别为$\frac{4}{9}\sqrt{3}\,p^2\approx0.770p^2$，$p^2$，$\frac{2}{3}\sqrt{3}\,p^2\approx1.16p^2$，当以后者具有最大面积。

Pappus 的论断是从单个多边形考虑的。还应把多边形作为群体考虑；蜂巢用正六边形比用正三角形、正方形构筑，在节约用材上尤为突出。我们可以对照图3.3.45 左正三角形、中正方形、右正六边形复盖平面做一估计：构造100 个边长为p 的正方形，使拼成边长为$10p$ 的大正方形，需用 11 条竖、11 条横，共长$10p\times11\times2=220p$ 材料；而这个大正方形如用边长为p 的正三角形复盖，约含正三角形 230 个，需用横、斜材料共约 $340p$；如果改用边长为p 的正六边形复盖，约含正六边形 39 个，只需用竖、斜材料共约$100p$。

总起来说分别用正三角形、正方形、正六边形构筑蜂巢，就个体而言，相同周长所围面积依次是77∶100∶116；就群体而言，这个比依次是100∶220∶340。所以就群体而言在节约建材的效益还远远超过对个体所作估计。

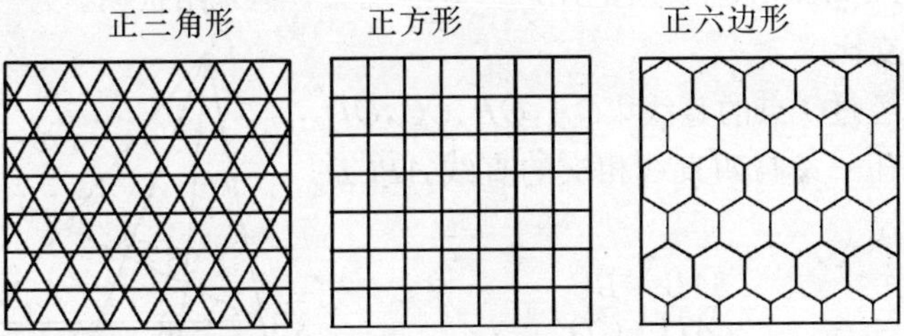

图 3.3.45

从蜂房结构所含容积与所用蜂蜡的极值考虑，是17 世纪来人们感到有兴趣的问题①。

---

① S.，第九章第一节，三、立体体积·蜂房的底.

2. 等周问题

Pappus 继Zenodorus 之后在本卷作出新的判断，论述今称等周即极值问题。

1. 等周长的弓形中以半圆的面积为最大。为命题的证明建立二条预理，然后作完整的推导。

2. 球的体积比表面积与其相等的任何圆锥、圆柱或任一正多面体都大。

四、卷7

所谓Guldin 定理

今称Guldin 定理，是P. Guldin（1577－1643，瑞士）重新发现的命题（1635 年）。

如一平面闭曲线绕曲线所在平面上一轴（全在曲线之外）旋转360°所构成的立体体积等于闭曲线所围面积与其重心所转过的圆周长的乘积。

Pappus 在本卷已记述这一数学现象，但未给证明。

交比

经过O 点的直线束OA,OB,OC,OD。对于任一条与四直线相交的直线$ABCD$，其交比

$$\frac{AB}{AD}:\frac{BC}{CD}$$

是常量①（图3.3.46）

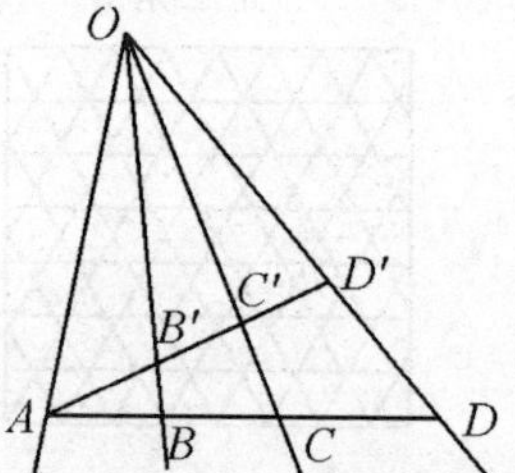

图 3.3.46

完全四边形的对合点

图3.3.47 中完全四边形$ABCD$，如果它的六条边与另一直线EK 相交，交点依次为E，F，G，H，J，K，那么交比E，K，J，

① Pappus 限定与四直线相交的直线都过A 点.

H，E，K，G，F 相等，即

$$\frac{EK}{EH}:\frac{JK}{JH}=\frac{EK}{EF}:\frac{GK}{GF}$$

这六个交点称为对称合点。

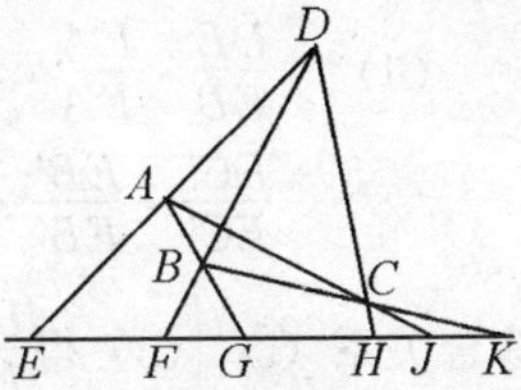

图 3.3.47

调和比

完全四边形一条对角线被另外二对角线分割成调和比。这是说图3.3.48 中，完全四边形$ABCD$ 的一条对角线AC 被BD，FH 分别内分于E，外分于G 的内比和外比相等：$AE:CE=AG:CG$。

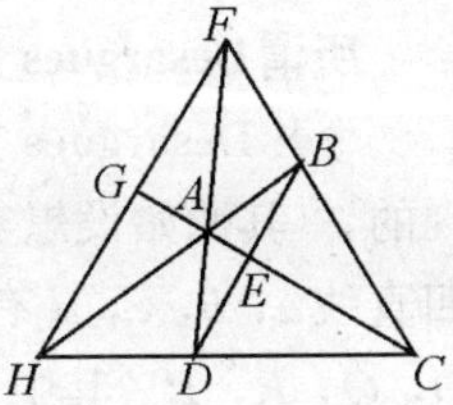

图 3.3.48

Pappus 定理

这一射影几何著名的定理在本卷记载。命题是说

"如果A, B, C 是一直线g 上三点，A'，B'，C'是另一直线h 上三点，则AB'与$A'B$，AC'与$A'C$，BC'与$B'C$ 三对直线的交点X，Y，Z 共线。"（图 3.3.49）

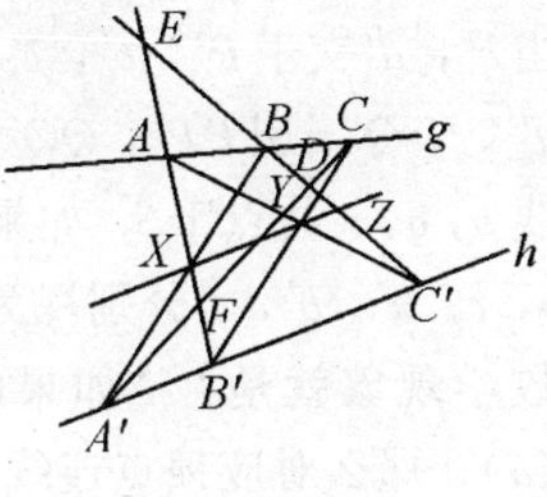

图 3.3.49

我们可从直线 $B'C$，$\triangle DEF$①，(Menelaus 定理）得

(i) $\dfrac{DZ}{EZ}\cdot\dfrac{EB'}{FB'}\cdot\dfrac{FC}{DC}=1$，

从直线$A'B$，$\triangle DEF$ 得：

$$\frac{EX}{FX}\cdot\frac{FA'}{DA'}\cdot\frac{DB}{EB}=1,$$

从直线AC'，$\triangle DEF$ 得

$$\frac{FY}{DY}\cdot\frac{DC'}{EC'}\cdot\frac{EA}{FA}=1。$$

又从直线g，h 与$\triangle DEF$，运用同一定理得：

---

① $\triangle DEF$ 是以CA'，BC' AB' 为边的三角形.

(ii) $$\frac{DB}{EB}\cdot\frac{EA}{FA}\cdot\frac{FC}{DC}=1,$$

$$\frac{DC'}{EC'}\cdot\frac{EB'}{FB'}\cdot\frac{FA'}{DA'}=1。$$

综合关系 (i)，(ii) 得$\frac{DZ}{EZ}\cdot\frac{EX}{FX}\cdot\frac{FY}{DY}=1$，从Menelaus 定理之逆为真，得证。定理纯粹是关联性质（三点共线），不涉及之间距离及顺序。

所谓Desargues 定理

今称Desargues 定理，是G. Desargues（1591—1661）重新发现的，[①] 其原始设想实肇始于Pappus。在本卷有命题，相当于说：四直线a，b，c，d 有六个交点：B，C，D，Q，R，P。其中a 及其上三交点B，C，D 都视为固定。b，c，d 三直线位置可以变动，因此P，R，Q 也在变动，图3.3.50，上为初始位置。那么b，c，d 不论在什么位置，例如同图下的b'，c'，d' 当b'，d'交于P'，b'，c'交于Q'，而c'，d'交于Q'。引PP'，QQ'，RR'，那么三线p，q，r 共点于S. 如果我们把三线a，b，c；a'，b'，c'分别视为$\triangle PQR$，$\triangle P'Q'R'$的三边。那么上面的数学现象就是："如果两三角形对应边交点（B，C，D）共线（a），那么对应顶点连线（p，q，r）共点（S），这就是Desargues 定理。

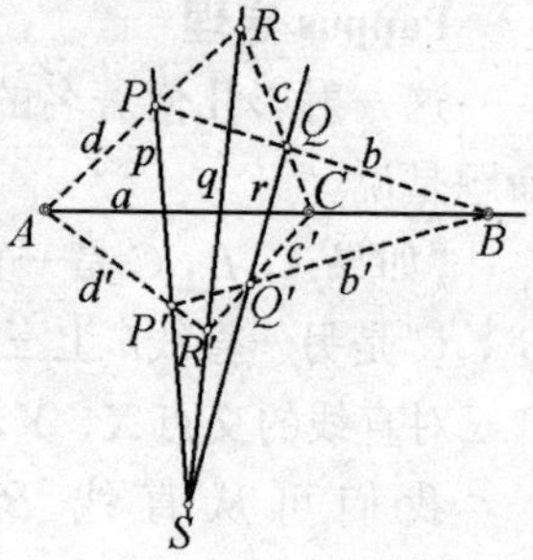

图 3.3.50

所谓Simson 定理

后世所称Simson（R. Simson，（1687—1768，英国）定理，在本卷已有叙述：一直线上任意取四点A，B，C，D，那么

① S.，pp. 483～484

$AD^2 \cdot BC + BD^2 \cdot CA + CD^2 \cdot AB + BC \cdot CA \cdot AB = 0$。

所谓 Castillon-Crammer 问题

“经过在一直线上的三已给点作三直线使在已给圆内构成三角形。”是本卷已讨论过的作图题。G. Crammer（1704－1752，瑞士）对本题推广到已给三点不共线：几年后16岁意大利少年 Giodano 又推广到经过 n 个已给点作 n 条直线使在已给圆内构成 n 边形，J. V. Poncelet（1788－1867，法国）把问题推广到在已给圆锥曲线内作内接多边形。

直线垂直于三角形的底

这是本卷最后一命题并作了证明：

“$\triangle ABC$ 中 B 为直角，使二直角边分别分为 $AF : FB = BG : GC = AB : BC$。连结 AG，CF 交于 E，那么，$BE \perp AC$。他的证明很别致（图 3.3.51）。

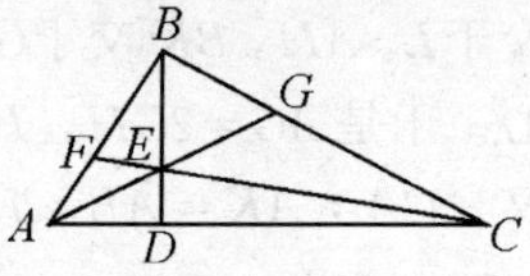

图 3.3.51

证明　由于 $AF : FB = BG : GC$，$AB : FB = BC : GC$（合比）或 $AB : BC = FB : GC$。

从假设　$AB : BC = BG : GC$，

于是　$FB = BG$。

另一方面，如果命题为真，即 $BE \perp AC$，如垂足为 D。从相似三角形知　$AD : DB = AB : BC$。因此，$AF : FB = AD : DB$，则 DF 等分 $\angle ADB$。

同理　DG 等分 $\angle BDC$，也就是说，$\angle BDF$，$\angle BDG$ 都是半直角，$\angle FDG$ 是直角，B，G，D，F 同圆。而 $\angle BDF = \angle BDG$，那么 $BF = BG$。这恰恰是前面已证过的事实，所以直线 BD 非垂直 AC 不可。①

① 显然 Pappus 在此已运用反证法.

五、卷8

我们选录其中二命题

三角形重心

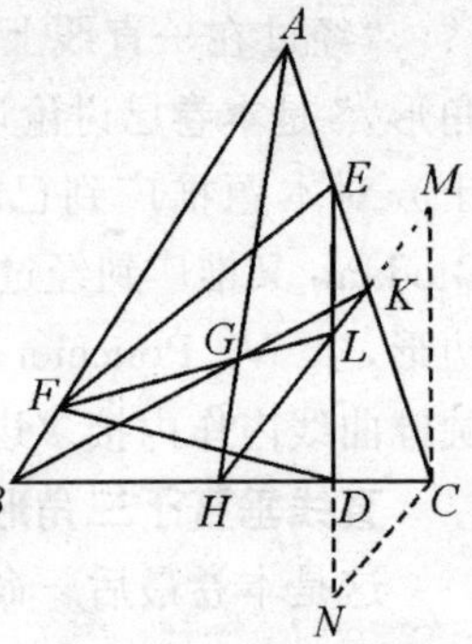

图 3.3.52

图3.3.52中，$\triangle DEF$三顶点在外接$\triangle ABC$的边上。已给$BD:DC=CE:EA=AF:FB$。那么$\triangle ABC$，$\triangle DEF$具有同一重心。

证明：（大意） 取H，K是BC，AC中点，连结AH，BK，HK。HK与DE交于L。AH，BK交于G，为$\triangle ABC$的重心。于是$AG=2GH$，$BG=2GK$，

又 $CA:AK=AB:HK=BG:GK=AG:GH$。

又从题设条件$CE:EA=BD:DC$，或$CA:AE=BC:DC$，或$AK:AE=HC:CD$，或$AK:EK=HC:HD$，或$AK:EK=BH:HD$，（差比）或$CE:EK=BD:DH$。（合比） (i)

而$AF:FB=BD:DC=(BD:DH)\cdot(DH:DC)=(CE:EK)\cdot(DH:DC)$。 (ii)

我们再设想：直线ELD截割$\triangle KHC$三边得

$$HL:LK=(CE:EK)\cdot(DH:DC)。[①] \quad \text{(iii)}$$

从(ii)，(iii)得到$AF:FB=HL:LK$。

又$AB/\!/HK$。AH，BK为直线，交于G，FGL也是直线。[②]

再进一步证$EL=LD$。作$CN/\!/HK$。交ED的延长线于M。类似地，运用预理：

$$EL:LD=(EK:KC)\cdot(CH:DH)。\quad \text{(iv)}$$

① Pappus在此命题之前自设预理，相当于Menelaus定理的结论.

② 据Pappus另一预理获证.

从上面（i）式，$CE : EK = BD : DH$，

因此 $CK : KE = BH : HD = CH : HD$。

这是说（$EK \cdot KC$）：（$CH : HD$）$=1$，又从（iv），知

$$EL = LD。$$

从图上平行线易得结论

$$FG : GL = AG : GH = 2 : 1。$$

上面是Pappus 用综合方法的推导。如果我们改用解析几何方法，就轻而易举。只要注意到二点P（a，b），Q（c，d）连线分割成$m : n$之比时，分割点坐标是$R\left(\frac{na+mc}{m+n}, \frac{nb+md}{m+n}\right)$，又$S$（$e$，$f$），$T$（$g$，$h$），$U$（$j$，$k$）为顶点的三角形重心坐标为$\left(\frac{e+g+j}{3}, \frac{f+h+k}{3}\right)$。

在圆内作七个相邻正六边形

这是一道奇特的作图题：在圆内作七个合同的正六边形，其一居中央，其他六个以它的边为边，对边是已给圆的弦。

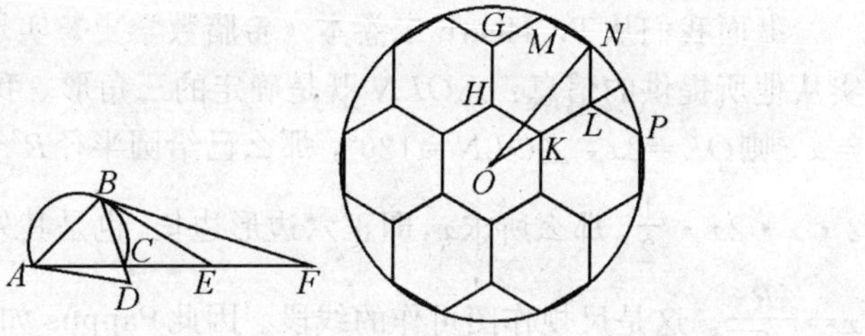

图 3.3.53

作法：图3.3.53右，如$GHKLNM$是在HK上的正六边形，OKL应成一直线。延长OL，遇圆于P。$OK=KL=LN$。在$\triangle OLN$中，$OL=2LN$，而$\angle OLN=120°$。这是说，$\triangle OLN$是确定的，因

此$ON : NL$也是已给比，ON又是已给①，那么正六边形边长NL也已给定。

图 3.3.35 左是Pappus 的辅助图。取$AF=$半径OP。$AC=\frac{1}{3}AF$。又作以AC为底，使含60°角的弓形。取$CE=\frac{4}{5}AC$。引EB切圆（弓形）于B，然后他证明AB是所求正六边形的边。证法如下：

延长BC至D，使$BD=BA$。连DA，ABD是等腰三角形。因为EB是弓形切线，$AE\cdot EC=EB^2$，或$AE : EB=EB : EC$，$\triangle EAB\backsim\triangle EBC$。那么

$$AB^2 : BC^2=AE^2 : BC^2=AE : EC=9 : 4。$$

而$BC=\frac{2}{3}AB=\frac{2}{3}BD$，则$BC=2CD$。但是$CF=2CA$。于是$AC : CF=DC : CB$，$AD /\!/ BF$。

那么　$BF : AD=BC : CD=2 : 1$，$BF=2AD=2AB$。而$\angle DBC=\angle BDA=60°$，$\angle ABF=120°$，$\triangle ABF$与所求$\triangle NLO$合同。

上面我们从T. Heath 二卷本《希腊数学史》实录（译）。其实从他所提供的信息：$\triangle OLN$既是确定的三角形。我们如设$LN=x$，则$OL=2x$，$\angle OLN=120°$，那么已给圆半径$R^2=x^2+4x^2+2\cdot x\cdot 2x\cdot\frac{1}{2}$。那么所求$x$，即正六边形边长，也是其外接圆半径，$x=\frac{R}{\sqrt{7}}$。这是尺规作图可作的线段。因此Pappus 如此繁复的辅助图及其说明不是必要的。

---

① 已给圆的半径.

第八节　Theon 父女

一、Theon

Theon(活动在四,五世纪之交)亚历山大学者。曾评注Ptoleny的名著《天文学论文集》。他又改编和评注欧几里得《原本》,成为后世阿拉伯文译本和拉丁文译本的母本。我们选录他的工作一例。

他运用《原本》卷2命题4,解释Ptoleny用六十进位制数4500°的开平方问题,并附图说明算法原理。(图3.3.54)先求平方根的整数部分$[\sqrt{4\,500}]=67$,得初余$4\,500-67^2=11$。然后又用六十进位制把平方根相当于记为

$\sqrt{4\,500}=67+\frac{x}{60}+\frac{y}{60^2}$,使

$\frac{2\times 67x}{60}=11$,取$[x]=4$及次余

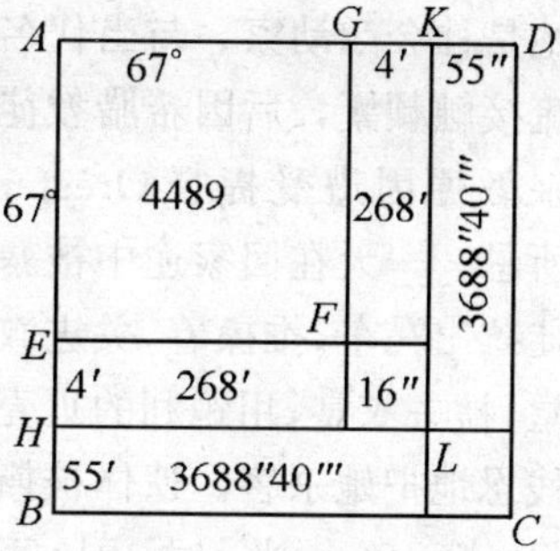

图 3.3.54

为$11-\frac{2\times 67\times 4}{60}-\frac{4^2}{60^2}=\frac{7\,424}{60^2}$;又使$2\times\left(67+\frac{4}{60}\right)\frac{y}{60^2}=\frac{7\,424}{60^2}$,取$[y]=55$,答数是$\sqrt{4\,500}\approx 1,7;4,55$。

我国明朝《永乐大典》卷16344有开方图,记$\sqrt{71\,824}=268$的全过程,插图与Theon所作图3.3.54很合拍。①

二、Hypatia

Hypatia(370—415)Theon的爱女。Heath对她有很高评价。

① 沈康身,《九章算术》导读,湖北教育出版社,1997,p. 284~285

她是一位有非常成就的女学者，恐怖时代罗马故事中的英雄。她俊秀，她辩才过人。她继父业评注 Apollonius 和 Diophantus 名著。在亚历山大柏拉图学院任哲学教授。

Synesius 神父称她是“母亲、大姐和尊敬的老师”，她是社会活动家，与当代名流接触频繁，后因希腊教徒宗教原因遭受提督 Orester 所忌。一天在回家途中被暴徒拉出马车，推搡着，关进教堂，褫去衣裳，用锐利的贝壳残忍地把她杀害。遗体被撕得粉碎。当时国王 Theodosius 禁止治民信仰希腊教，392 年就下令拆除希腊神庙殿堂。藏有丰富希腊图书的 Serapis 神庙与 30 万种手稿同时被焚毁。《古今数学思想》作者 M. kline 写书至此，深叹：“亚历山大著名女数学家 Hypatia 的命运标志着这一时代的终结。”

РАСПРАВА С ГИПАТИЕЙ
АЛЕКСАНДРИЙСКОЙ

图版 3.3.1 Hypatia 被惨害

第四编

印　　度

概　　说

古印度的历史与文化

公元前5世纪以后，印度次大陆先后遭受波斯及希腊入侵，亚历山大一世于公元前325年才分海陆两路撤军。旃陀罗笈多Chandra Gupta于公元前4世纪建立孔雀王朝，定都华氏城（今巴特那）文治武功，国力强盛。公元前3世纪名君阿育王（Asoka）信奉佛教。公元前1世纪贵霜王朝勃兴，即我国史书《史记》、《汉书》所记大月氏人所建。张骞（？—公元前114）访问此邦。公元前1世纪20年代以后，贵霜王朝衰亡，其后笈多王朝于320年兴起，首都仍是华氏城，国王为月护王，后其子海护王接位，国运隆昌，我国东晋僧法显在此时期（399—412年）旅居印度。公元5世纪下半叶北方游牧民族哌哒人入侵，6世纪时笈多王朝日渐衰微，哌哒人进入印境后，就接受印度文化，保护印度教，重建寺庙。著名阿旃陀石窟就在此时期建成。

公元528年哌哒王被当地部落武装力量击败，溃逃。德里附近小邦坦尼沙在6世纪末年逐渐强大，于606年戒日王（Harsha Vardhana）即位，国势日盛，拥有象军五千，骑兵二万，步兵五

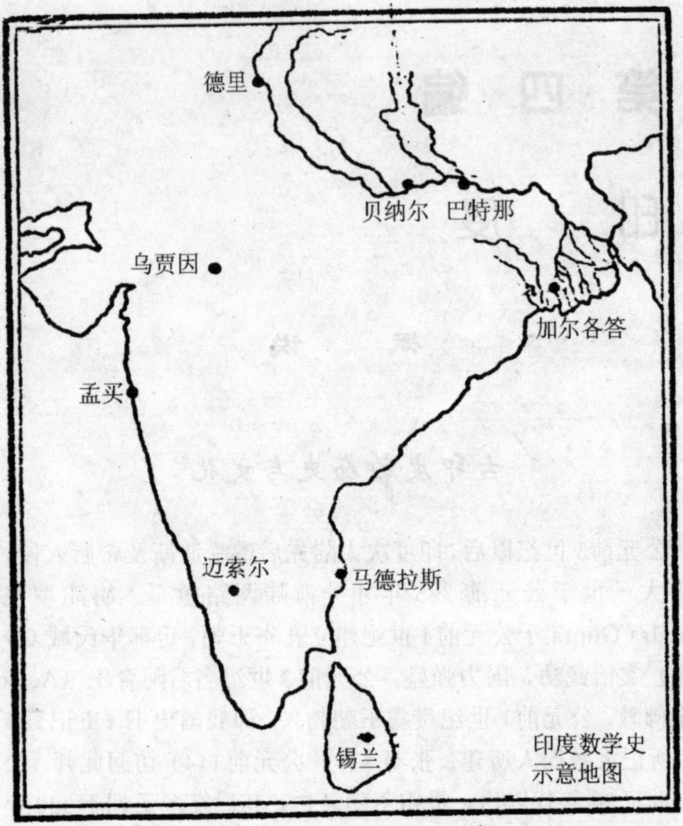

图版 4.0.1

万，他不断扩张领土，史称“练兵聚众，所向无敌，象不解鞍，人不释甲，居六载而四天竺之君皆北面以臣之。”建国名羯若鞠阇，唐僧玄奘适于此时游学印度（629—642）在首都曲女城佛教大会上应邀讲学18天，戒日王给予隆重礼遇。当时印度主要文化中心是印北那烂陀（Nalanda）。玄奘《大唐西域论》记那烂陀寺有学生一万人，其中不少是外国人来此留学。寺内设研究机构，虽以宗教经典为主，但也包括各种学科。

10世纪末以后，印度不断遭受外族侵略。阿富汗伽色尼王朝苏丹最先征服印度西北部，逐渐以伊斯兰教统一全印。伽色尼王朝于1186年为廓尔王朝（Chanla，1152—1206）所灭。廓尔王朝也信奉伊斯兰教。此后三百余年间，王朝屡有更迭，史称德里苏丹国（1206—1526）。

六种数学典籍

自从1922年谟亨达罗遗址发掘后，从出土文物看，印度文化还可上溯到公元前三千纪。从现存文献看，古代《吠陀》（公元前13世纪至前7世纪间续成）其颂歌、诗篇显示印度高度文化，其中存数学知识。公元5世纪以来，数学家辈出，专著保存完整，本编述其最重要6种。

《圣坛建筑法典》（The Sulbasutras，约公元前4世纪）为吠陀文书。

《阿耶波多文集》（Aryabhatiya，499）作者阿耶波多（Aryabhata 或译圣使476—约550）

《婆罗摩修正体系》（Brahma-Sphuta-Siddhanta）作者婆罗摩笈多（或译梵藏，598—665后）

《计算纲要》（Ganita-Sara-Sangraha）作者摩诃维罗（Mahavira 或译大雄，9世纪）

《巴克赫里手稿》（Bakhshali MS）作者佚名，系桦树皮上手抄本，于1881年出土，含数学文书，原件约为10世纪时手抄本。

《天文系统极致》（Siddhanta Siromani）内含《丽罗娃祇》（Lilavati，1150）《根的计算》（Vija-ganita）二章，分别讨论不同内容的数学知识　作者婆什迦罗（Bhaskara，1114—约1185）

印度学者对印算的研究是从B. Datta（1888—1938以后）开

始的。在本编撰写中，主要参考的印算专著有

B. Datta&A. N. Singh，History：of Hindu Mathematics，2 vols，Lahore，1935，1938

C. N. Srinivasiengar，The History of Ancient Indian Mathematics，Calcutta，1967

A. K. Bag，Mathematics，in Ancient and Melieval India，Varanasi，1979

T. A. S. Amma，Geometry in Ancient and Medieval India，Delhi，1979

第一章　宗教经典中的数学

上古雅利安人盛行自然崇拜。天地、日月星辰、水火风雷都视为神明。后来神人合一，产生专职祭司，并逐渐孕育成为婆罗门教。婆罗门教以《吠陀》[①]为经典，教义把人类社会分为婆罗门、刹帝利等四等级，婆罗门是天之骄子。人称当时文化为吠陀文化。

公元前6世纪悉达多（释迦牟尼）创立佛教，否定《吠陀》以及婆罗门等级制度。与此同一时期瓦尔达玛那（Vardhamana）创立耆那教，也否定《吠陀》及其等级制度，但教义与佛教有别。耆那教也有许多传世经典，后世又有不少注释文本。

宗教经典离不开空间形式和数量关系，因此也刊载有各种数学知识。

第一节　《圣坛建筑法典》

旃陀罗笈多在公元前4世纪上半叶建立孔雀王朝（公元前324—185）文治武功著称一时。当时印度信奉婆罗门教，宗教活动中重视圣坛建筑，其建筑法典成为重要吠陀文化文献。1983年S. N. Sen和A. K. Bag从梵文本《圣坛建筑法典》（The Sulbasutras）用英文译注，由印度国家科学院出版，全书四编，下分章节，我们选辑有关文献十则。

---

① 由于最早译者的信仰偏见，汉译vida为吠陀.

一、几何

1. 长方形的长、宽上的正方形面积（和）等于它对角线上正方形面积（2.1.4，3.2.7，4.10.10）。[1]

其中2.1.4举出特例，当宽是1，长是3的长方形，其对角线上正方形面积为10。B. Datta 揣测当时证法。

图4.1.1中　$\square ABCD=\square BK+\square DE+4\triangle AEF=\square DH+\square DE+4\triangle AEF$

而$\square ABCD=\square EH+4\triangle AE$，因此$\square DH+\square DE=\square EH$[2]

在《法典》全书出现6组整勾股数：

3，4，5；12，5，13；13，8，17；7，24，25；12，35，37；15，36，39。此处还出现二组分数勾股数：$2\frac{1}{2}$，6，$6\frac{1}{2}$，$7\frac{1}{2}$，10，$12\frac{1}{2}$。

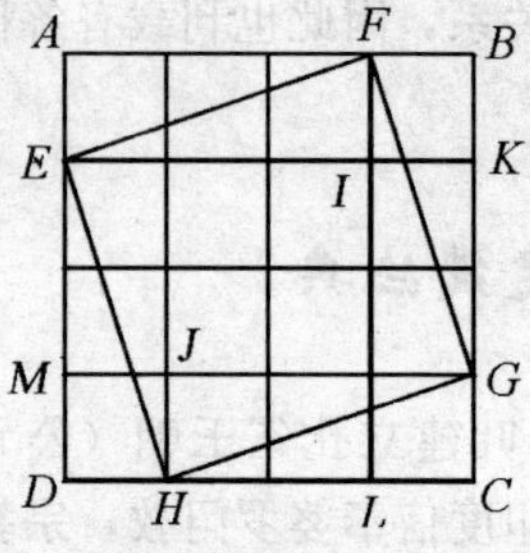

图 4.1.1

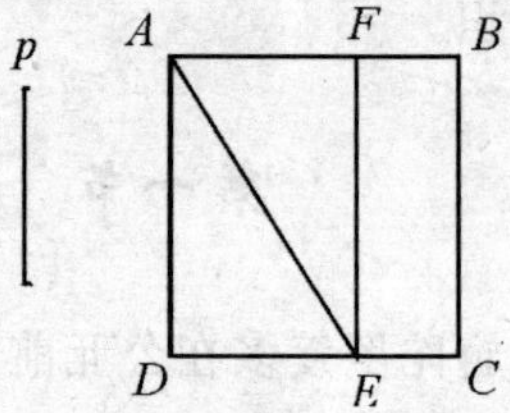

图 4.1.2

2. 作正方形等于二已给正方形之和（1.2.1）。

作法：相当于说，如$ABCD$是已给大正方形，p为已给小正方形的一边。取AF，DE各等于p，作长方形$AFED$，连接AE，

---

① 2.1.4指《法典》第二编第一章第四节，下仿此.

② 这是用出入相补原理推导勾股定理的印度方法.

则

$$\square AE=\square AD+\square DE=\square AD+\square p$$（图 4.1.2）

原著无证。后人Datta 补证：$\square ABCD+\square CGHI=\triangle ADE+\triangle AEF+\triangle EGH+\triangle EHJ+\square BIJF=\triangle ABK+\triangle AEF+\triangle HIK+\triangle EHJ+\square BIJF=\square AEHK$，$CG=p$，因此 $AD^2+p^2=AE^2$。①（图 4.1.3）

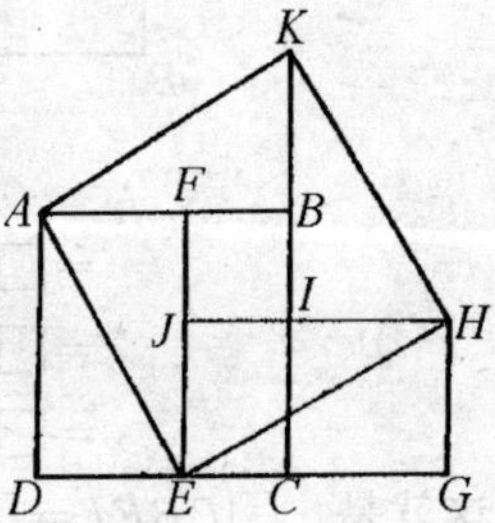

图 4.1.3

3. 作正方形等于已给正方形的 n 倍，(3.4.7)。

作法：设已给正方形边长为 a，作一等腰三角形，使其底长为 $(n-1)a$，腰长为 $\frac{1}{2}(n+1)a$，则三角形的高是所求正方形边长。

原著无证。后人补证，半底是 $\frac{1}{2}(n-1)a$，那么三角形高的平方 $=\left(\frac{1}{2}(n+1)a\right)^2-\left(\frac{1}{2}(n-1)a\right)^2=na^2$。

4. 作正方形等于二已给正方形之差 (1.2.2)。

作法：如 $ABCD$ 是已给大正方形，$EFGB$ 为另一小正方形。延长 GF 与 AD 交于 H，以 G 为心 GH 为半径作弧，交 AB 于 P，则（图 4.1.4 左）

$$BP^2=GP^2-BG^2=GH^2-BG^2=AB^2-BG^2。$$

原著无证，B. Datta 为补证（图 4.1.4 右）。

$$\begin{aligned}\square PGFH&=4\text{ 直角}\triangle PGI+\square IJKL\\&=2\triangle PGI+2\triangle PGI+\square IJKL\\&=\square PBGI+\square PBGI+\square IJKL\end{aligned}$$

① Datta 的推导恰与我国三国时赵爽勾股圆方图注一致，参见本大系第三卷pp. 29～31.

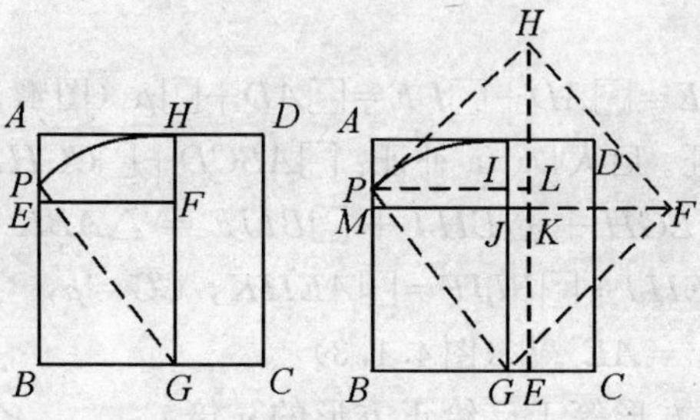

图 4.1.4

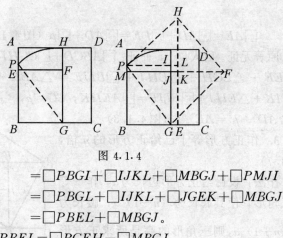

$$=\square PBGI+\square IJKL+\square MBGJ+\square PMJI$$
$$=\square PBGL+\square IJKL+\square JGEK+\square MBGJ$$
$$=\square PBEL+\square MBGJ。$$

这就是　$\square PBEL=\square PGFH-\square MBGJ$，

也就是说　$BP^2=AB^2-BG^2$。

5. 正方形对角线长是边长加上它的$\frac{1}{3}$，又加上它的$\frac{1}{3}$的$\frac{1}{4}$，再减去它的$\frac{1}{3}$的$\frac{1}{4}$的$\frac{1}{34}$（1.2.12）。

如果取单位正方形，命题是说

$$\sqrt{2}=1+\frac{1}{3}+\frac{1}{3\times 4}-\frac{1}{3\times 4\times 34},$$

等式右边约等于1.414 215 6与$\sqrt{2}$真值有相对误差2×10^6。

6. 圆面积等于它的［外切］正方形面积减去它的$\frac{1}{8}$，又加上它的$\frac{1}{8}$的$\frac{1}{29}$，又减去它的$\frac{1}{8}$的$\frac{1}{29}$的$\frac{1}{6}$，再加上它的$\frac{1}{8}$的$\frac{1}{29}$的$\frac{1}{6}$的$\frac{1}{8}$（1.2.10）。

如果取单位圆，命题是说

$$\pi=4\left(1-\frac{1}{8}+\frac{1}{8\times 29}-\frac{1}{8\times 29\times 6}+\frac{1}{8\times 29\times 6\times 8}\right),$$

等式右边约等于3.514 687 1。[①] 与π真值有相对误差达12.9%。

7. 正方形化为等积的圆（1.2.9）。

作法：相当于说，已给正方形$ABCD$，要求作圆O使与它面积相等。以O为心，以OA为半径作弧，交直径OG于E。取$GF=\frac{1}{3}GE$，则OF为所求圆的半径（图4.1.5）。

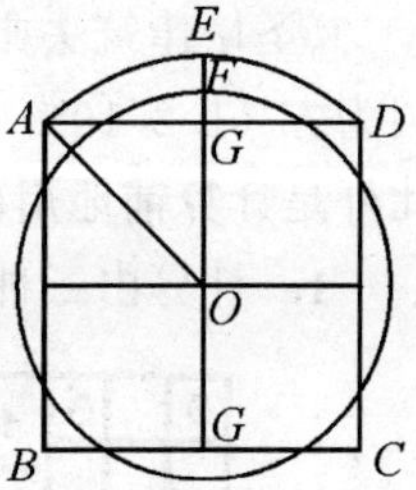

图 4.1.5

后人评估说[②]，如记已给正方形边长为$2a$，则圆半径$r=OF=\left(1+\frac{1}{3}\right)(\sqrt{2}-1)a=\frac{1}{3}(2+\sqrt{2})a$。以《法典》命题1.2.12所说

$$\sqrt{2}=1+\frac{1}{3}+\frac{1}{3\times4}-\frac{1}{3\times4\times34}$$

代入，圆O面积当是$\pi r^2=3.998\ 9a^2$。

同一建造神坛问题招引希腊人化圆为方，印度人又化方为圆。后者虽为近似作法，也有一定精度，如以有八位有效数字的π，$\sqrt{2}$计算，圆面积应是$4.069\ 009\ 6a^2$，相对误差为1.7%。

二、不定分析

婆罗门教圣坛平面图形有各种形状。《法典》规定所有圣坛用砖块数应是200整数；而且用三种、四种或五种……不同形状砖块铺砌。每种砖块各自有确定面积，要求砖块面积总和是$7\frac{1}{2}$玻(purusha)。我们如设有五种砖块，每块分别有面积$\frac{1}{m}$，$\frac{1}{n}$，$\frac{1}{p}$，$\frac{1}{q}$，

---

① 印度学者多次误算为3.088或3.0885，后者如Sen，p. 161

② Sen，p. 161

$\frac{1}{r}$玻 (purusha)[①]，依次用x，y，z，u，w块，那么圣坛砖块铺地问题成为解不定方程组

$$\begin{cases} x+y+z+u+w=200, \\ \frac{x}{m}+\frac{y}{n}+\frac{z}{p}+\frac{u}{q}+\frac{w}{r}=7\frac{1}{2}。 \end{cases} \quad (*)$$

《圣坛建筑法典》第一编第8～21章就详细讨论这类问题。化圆为方（1.2.10），化方为圆（1.2.9）等命题就为建造神坛服务。此外是计算铺地用砖问题，我们酌录三题：

1. 计算由三种方砖铺地用砖数（1，8.14～1，8.18）。图版

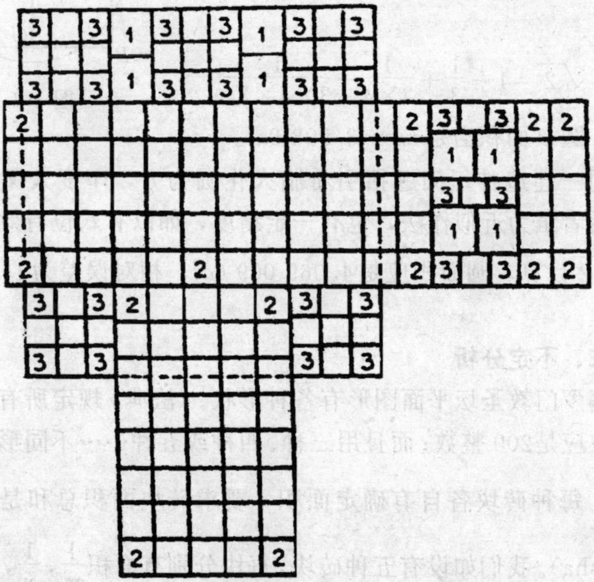

图版 4.1.1

① m，n，p，q，r 都是待定有理数.

4.1.1 由1，2，3三种方砖铺砌的圣坛平面图形中央主体、两翼（图中只画右翼，下文仿此）尾部用砖块数《法典》计算结果如下表：

圣坛部分	砖块类型			总 数
	1	2	3	
主 体	4	55	45	104
两 翼	8	40	18	66
尾 部		30		30
总 数	12	125	63	200

其主体正方形、两翼、尾部、长方形都由三种正方形砖镶嵌、搭配、构图本身又是很艰巨的几何问题。此外还要求这200块砖面积适是$7\frac{1}{2}$面积单位，又是很难的代数问题。

2. 计算由四种砖块铺地用砖数（1.9.2～1.9.6）。图版4.1.2圣坛由1，2，3，4四种砖铺砌。《法典》先标记这四种砖块的大小：

1号砖……………………………24×24 方安（angula），①

2号砖……………………………36×24 方安，

3号砖……………………………24×12 方安，

4号砖……………………………12×12 方安。

《法典》细致地列出此圣坛所需各种砖块数：

① 《法典》第一编开头有长度换算：1安相当于14粒谷子长，而120×120方安为1玻，这就是说，这里m，n，p，q分别是25，$\frac{50}{3}$，50，100。

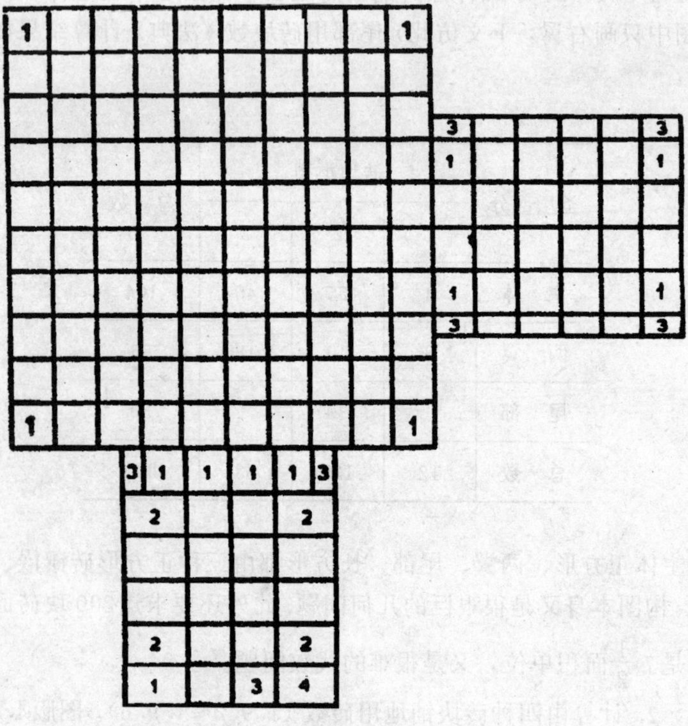

图版 4.1.2

圣坛部分	砖块类型				总数
	1	2	3	4	
主体	100				100
两翼	48		24		72
尾部	12	8	6	2	28
总数	160	8	30	2	200

不难验算这些砖块共有面积108 000 方安$=7\frac{1}{2}$玻，满足条件，但是从方程组（$*$）确定待定m，n，p，q，又找出x，y，z，u这一组整数解；而且镶嵌成满足宗教需要的规范图形，可以理解印度先民的非凡代数和几何解题能力。即使把条件（$*$）减弱到解

$$\begin{cases} x+y=200, \\ \dfrac{x}{m}+\dfrac{y}{n}=7\dfrac{1}{2}。\end{cases} \qquad (**)$$

求满足是（$**$）的m，n，x，y（正整数）解且排出规范的几何图形也是煞费苦心的难事。更感到有趣的事是：如果对比我国南宋数学家秦九韶的有关工作，[①] 中印两国不定方程都以铺砌地面砖块多少作为具体模型出现。

3. 计算由五种砖块铺地用砖数（1.10.10～1.10.14）。

图版4.1.3 由1，2，3，4，5 五种砖块铺砌成飞鸟形状的圣坛平面图形《法典》计算它的头部、主体、两翼、尾部用砖数如下表。原著还作详图说明这五种砖尺寸细节，这里略去，图中右下角为头部另一种拼法。

圣坛部分	砖块类型					总数
	1	2	3	4	5	
头部	1		6	6	1	14
躯干	30	6	10			46
两翼	30	62	16			108
尾部	8	4	20			32
总数	69	72	52	6	1	200

① 参见本《大系》第五卷pp. 374～378.

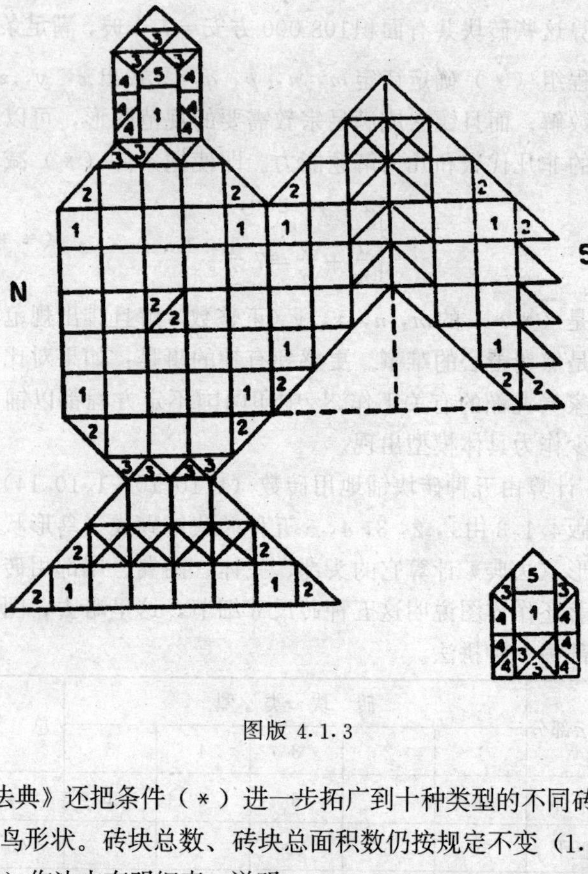

图版 4.1.3

《法典》还把条件（*）进一步拓广到十种类型的不同砖块，使铺成飞鸟形状。砖块总数、砖块总面积数仍按规定不变（1.11.5～1.11.6）作法中有明细表，说明m，n，p，q，r，…，x，y，z，u，w，……各是多少。印度先民解题如此奇巧，真令人击节称赏。

第二节　耆那教经典

上世纪60年代以来印度学者除了对婆罗门教《圣坛建筑法典》数学内容作出研究而外，对耆那教经典也相继钻研，也有收获。在印度数学通史中二者常相提并论，认为翥那教数学在全部印度数学中起到重要作用①。我们以时代前后为序，选录数则。

一、公元前4～前2世纪

在这一时期经典中已出现圆及其部分的度量关系公式：

1. 圆周 $=\sqrt{10}$ 直径；
2. 圆面积 $=\frac{1}{4}$ 周长×直径；
3. 弓形的弦 $=\sqrt{\frac{1}{4}\text{矢}\ (\text{直径}-\text{矢})}$；
4. 弓形的矢 $=\frac{1}{2}\ (\text{直径}-\sqrt{\text{直径}^2-\text{弦}^2})$；
5. 从弓形的弦、矢可求：

   $$\text{直径}=\frac{\text{矢}^2+\frac{1}{4}\text{弦}^2}{\text{矢}}；$$
6. 弓形（<半圆）弧长 $=\sqrt{6\ \text{矢}^2-\text{弦}^2}$。

二、3世纪②。

翥那教徒普林加那（Plingala）著Chchanda-Sultra，刊载有关排列组合的研究成果：

对于1，2，3，…，n 字母写出的不同排列组合关系，相当于说

$$P_1^n=n,\ P_2^n=n\ (n-1),\ \cdots,\ P_n^n=n!$$

$$\binom{n}{1}=n_1\quad \binom{n}{2}=\frac{P_2^n}{2},\ \cdots,\ \binom{n}{r}=\frac{n\ (n-1)\ \cdots\ (n-1+r)}{r!}$$

---

① Sr., p. 20

② Sr., p. 27

三、8 世纪[①]

耆那教徒维拉圣奴（Virasena，710—790）专著Dhavala Tika（对Salkhandagama 的注释）有三项重要成果：

1. 直径的16 倍，加上16，以其和除以113 后加上直径的3 倍是圆周长的准确值。这是说

$$圆周长=\frac{16d+16}{113}+3d^{②}。$$

印度学者T. A. S. Amma 作评注说，分子中那个常数16 是不合理的，如果把它删去，那么就成为著名的近似公式$\frac{355}{113}d$。

2. 上底宽a，下底宽b，高h，长l 的堤土方

$$V=\frac{1}{2}\ (a+b)\ hl。$$

3. 维罗圣奴还在他的Dhavala Tika 中[③] 给出圆台体积准确公式，推导过程很别致。设圆台上下底直径为a,b,高为h。先考虑挖去以a 为直径,h 为高的圆柱。然后把空心圆台(图4. 1. 6)掰开，展成有相同体积的五面体（《九章》称为羡除）再用类似于刘徽在求鳖臑体积公式所用无限分割方法，把这个立体体积归结为一系列由体积构成的无穷数列和。把空心圆台体积视为其部分和的极限。[④] 维拉圣奴的运算过程我们用图式（图 4. 1. 6）解释如下：

三、10 世纪

在10 世纪时，耆那教经典的注释者Halayudha 作出一张图（图4. 1. 7）名为Miri Prastara。图中每方格中的数刚好是上层相

① Am.，p. 76，154

② Am.，p. 397

③ Am. ,pp. 203～205

④ Am.，pp. 201～202

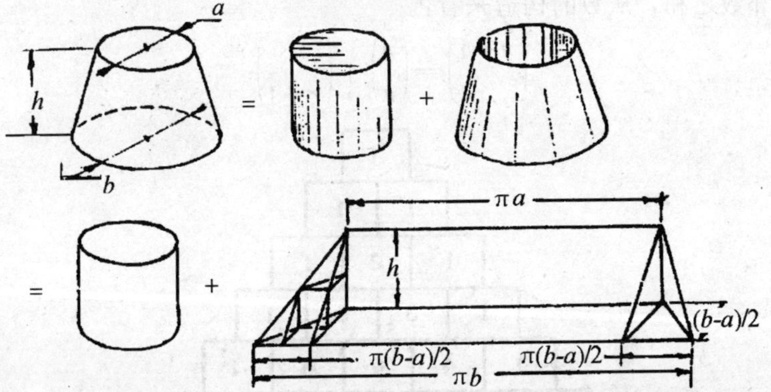

$$=\left(\frac{\pi}{4}a^2\right)h+\frac{\pi}{4}a(b-a)h+2$$ 

$$=\left(\frac{\pi}{4}a^2\right)h+\frac{\pi}{4}a(b-a)h+2$$  $+2$ 

$$=\left(\frac{\pi}{4}a^2\right)h+\frac{\pi}{4}a(b-a)h+2\,\frac{\pi(b-a)^2h}{4}\cdot\frac{1}{2^3}+$$

$$2^2\,\frac{\pi(b-a)^2h}{4}\cdot\frac{1}{2^6}+\cdots$$

$$=\left(\frac{\pi}{4}a^2\right)h+\frac{\pi}{4}a(b-a)h+\frac{\pi(b-a)^2h}{16}\left(1+\frac{1}{4}+\left(\frac{1}{4}\right)^2+\cdots\right)$$

$$=\left(\frac{\pi}{4}a^2\right)h+\frac{\pi}{4}a(b-a)h+\frac{\pi(b-a)^2h}{16}\cdot\frac{4}{3}$$

$$=\frac{\pi h}{4}\left(\frac{a^2+ab+b^2}{3}\right)。$$

图 4.1.6

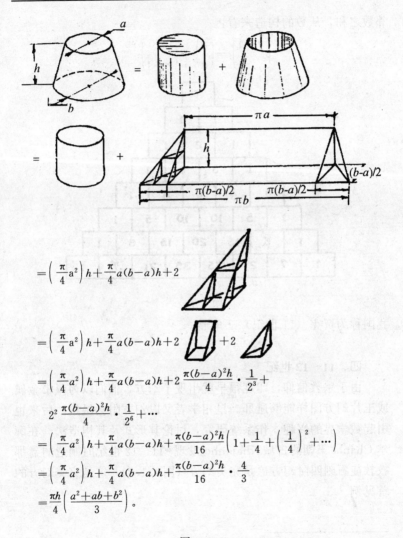

邻数之和，从数的构造来看：

$$\binom{n+1}{r}=\binom{n}{r}+\binom{n}{r-1}$$ [1]

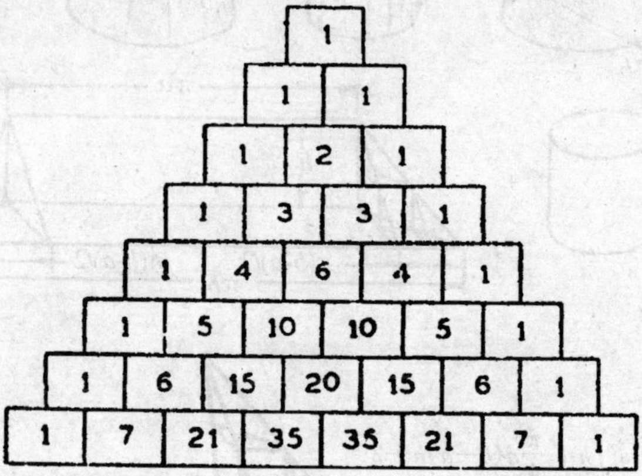

图 4.1.7

我国称为贾宪（11 世纪）三角形。[2]

四、11～12 世纪

由于宗教信仰，印度很早就出现了幻方，他们以为佩带金属或玉片幻方图样能够避邪。星相学者又以幻方附会星象。后来也引起数学界的兴趣，作系统研究，讨论其形式及其构造法。在廓尔 Chanla 王朝的古城Khajunho 发现[3]11～12 世纪时制造的耆那教教徒石刻四阶幻方这是完美幻方（图 4.1.8)，这是完美幻方的首见例。

---

① Sr.，p. 28.

② 参见本《大系》卷5　pp. 37～40.

③ Sm.，vol. 2，p. 594

7	12	1	14
2	13	8	11
16	3	10	5
9	6	15	4

图 4.1.8

完美幻方指方阵中纵列、横行、主对角线以及所有左右对角线上四元素的和都相等。本例这个和是34。而且如把四个元素组成的四个方阵分成两组：左上，左下；右上，右下。则前者二排上行，后者二排下行元素和都等于19。前者二排下行，后者二排上行元素和都等于15。如把它们分成两组：左上，右上；左下，右下。则前者二排左行，后者二排右行元素和都等于9。前者二排右行，后者二排左行元素和都等于15。

第二章 阿耶波多

阿耶波多（约476—550）生于华氏城，受教育于柯苏布罗城。499年著《文集》，长期失传。至1864年印度学者勃豪·丹吉获抄本，后译为英文，图版4.2.1为K. V. Sarma英文译注本扉页书影。印度第一颗人造卫星名阿耶波多号，于1976年发射，就是为纪念他1500周年诞辰。阿耶波多是印度第一代知名数学家，天文学家。

第一节 《阿耶波多文集·数学》概说

《文集》共有诗121行，分颂辞、数学、历法、天球共四章。其中第2章论数学，共有诗33节。

婆什迦罗一世①（Bhaskara 6世纪下半叶）学术活动在伐拉希（Valabhi）一带。他受学于父亲，是阿耶波多学派重要人员。他为《文集》作注。《文集·数学》及其婆氏注释足以代表迄6世纪止印度数学水平。②

阿耶波提纲絜领地阐述数学各个分支，内容广泛。他师承于本民族及希腊数学成果，对后世数学发展施予深刻影响，我国古代历算专著对之也有部分引录。从英文译本我们全文译述。②为便于阅读，全文之前分科作目录，括弧内数字为原著节号：

---

① 公元12世纪时还有同名印度数学家，本编径称婆什迦罗. 为示区别，6世纪者称婆什迦罗一世.

② 据K. S. Shukla& A. K. Bag英译本：Aryabhatiya，New Delhi，1976，印度学者 1984

ĀRYABHAṬĪYA

OF

ĀRYABHAṬA

Critically edited
with Introduction, English Translation,
Notes, Comments and Indexes

By

KRIPA SHANKAR SHUKLA
Deptt. of Mathematics and Astronomy
University of Lucknow

in collaboration with

K. V. SARMA
V. V. B. Institute of Sanskrit and Indological Studies
Panjab University

INDIAN NATIONAL SCIENCE ACADEMY
NEW DELHI

图版 4.2.1

算术

①记数法（2）

②数的平方、立方（3）

③开平方法（4）开立方法（5）

④分数通分、除法（27）

⑤三率法（26）

⑥还原（逆推）法（28）

⑦行程问题（31）

代数

①一元一次方程（30）

②线性方程组（29）

③一元二次方程（25）

④二次方程组（23，24）

⑤等差数列（19，20），高阶等差数列（21，22）

几何

①三角形（6）圆（7）梯形（8）平面图形面积（9）

②圆周率（10）

③勾股定理（17）

④弦矢关系（17，18）

⑤三棱锥（6）

⑥球（7）

测量与三角

①测量与作图（13）

②影长、柱高（15，16）

③正弦表及其造法（11）

④正弦差表插入法（12）

不定分析

粉碎法（库塔卡）（32，33）

第二节《阿耶波多文集·数学》

1. 祈祷和导引

向婆罗门、地、月、水星、金星、太阳、火星、木星、土星诸星宿顶礼膜拜。阿耶波多在以人才辈出获得盛誉的喀苏玛波拉[①] 宣示知识。

2. 前面十个数位

单位、十、百、千、万、十万、百万、千万、亿、十亿。依次地后一位数比前一位大十倍。

3. a—b　正方形与平方

等边、等对角线的四边形以及它们的面积称为正方形，两等量相乘积是平方。

3. c—d　立方体与立方

三个等量连续相乘积等于有十二条等边的立方体体积，称为立方。

4. 平方根

[从最后一节奇位减去尽可能大的平方值后，在平方根线上记

① 巴特那古称Kusumapura．法显及玄奘译华氏城．

下这个减数的平方根][①] 总是对［右侧］偶位除以平方根的二倍。然后从［右侧］奇位减去［商的］平方。在下一位记下这个商［这就是说，在平方根线上已记数字的右侧］这就是平方根。［如果右侧还有数，就重复这一手续］。[②]

5. 立方根

［从最后一节的立方位减去尽可能大的立方值后，在立方根线上记下这个减数的立方根。在最后一节立方位的右侧］第二个非立方位除以［刚求到的］立方根的平方三倍；［然后从第二个非立方位数右侧］第一个非立方位减去商的平方及［立方根］的三倍乘积。［然后］从立方位［在第一个非立方位右侧］减去商的立方。［在立方根线上在已记下的立方根右侧记下这个商。把它看成新的

---

① 举例，求55 225的平方根. 以o，e分别表示被开方数的奇位、偶位：

```
                      o  e  o  e  o         2 3 5
                      5  5  2  2  5        平方根线
减去平方，…………      4
除以根的二倍，……4）1  5   (3
                      1  2
                         3  2
  减去商的平方，……………  9
  除以根的二倍，……46）2  3  2   (5
                         2  3  0
                               2  5
      减去商的平方…………     2  5
                                  0
```

运算完毕. 平方根是235，余数是0.

② 方括号内文字是婆什迦罗一世等后人补作.

立方根。如果右侧还有数，就重复这一手续。][1]

6. a—b　三角形面积

高［从顶至底］与半底的乘积是三角形面积量数。[2][3]

---

① 举例，求1 771 561的立方根. 以c，n，n'分别表示立方位、第一非立方位、第二非立方位.

	$c\ n'\ n\ c\ n'\ n\ c$	121
	1 7 7 1 5 6 1	立方根线
立方………	1	
除以3×1^2…………3)	7 (2	
减去$3\times1^2\times2$…………	6	
	1 7	
减去$3\times1\times2^2$…………	1 2	
	5 1	
减去2^3…………	8	
除以3×12^2……432)	4 3 5 (1	
[减去$3\times12^2\times1$] ………	—4 3 2	
	36	
减去$3\times12\times1^2$………	36	
	1	
减去1^3………………	1	
	0	

运算完毕. 立方根是121，余数是0.

② 婆什迦罗一世注：三角形三边为a，b，c，则它底上射影以及它的高分别是：(图4.2.1)

$$x=\frac{1}{2}\left(a+\frac{c^2-b^2}{a}\right),$$

$$y=\frac{1}{2}\left(a-\frac{c^2-b^2}{a}\right),$$

$$p=\sqrt{a^2-x^2}\text{或}\sqrt{b^2-y^2}.$$

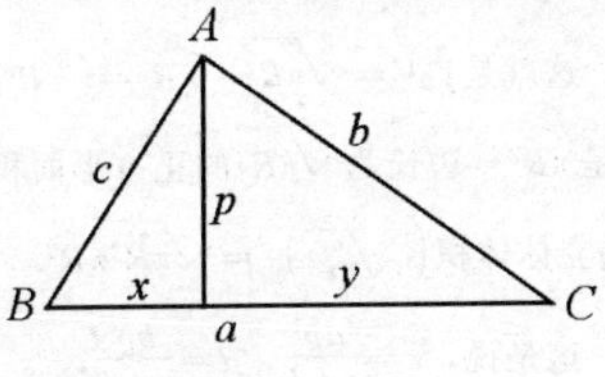

图4.2.1

③ 婆什迦罗一世没有提出公式$\Delta=\sqrt{s\ (s-a)\ (s-b)\ (s-c)}$，而他的同代人婆罗摩笈多（Brahmagupta，7世纪）始有论及.

6. c－d　三棱锥体积

[三角形底] 面积与高的乘积之半是六棱立方体体积。①

7. a－b　圆面积

半周半径乘积显然得圆的面积。②

7. c－d　球体积

[大圆] 面积与其平方根乘积得球的精确体积。③

8. 梯形面积

[一般说，梯形] 上下底各乘以高，除以上下底之和。其结果是上、下底上的高 [至对角线交点止]。上下底之和折半，乘以高。结果是 [梯形] 面积。④

9. a－b　平面图形面积

一切平面图形 [变形为长方形后] 从相邻边乘积可求得面积。

9. c－d　六分之一圆弧所对弦

六分之一圆弧所对弦等于半径。

---

① 此公式错误，应是$V=\frac{1}{3}$底面积×高.

② 这就是说，$A=\frac{1}{2}$周长×半径$=\frac{1}{2}CR=\pi R^2$.

③ 这就是说$V=\sqrt{\pi R^2}\cdot\pi R^2=\pi^{\frac{3}{2}}R^3$. 阿耶波多可能从9a－b节推测：半径为$R$的圆面积是$\pi R^2$＝边长为$\sqrt{\pi R^2}$的正方形面积，于是类比：半径为$R$的球体积是边长为$\sqrt{\pi R^2}$的立体体积$\left(\sqrt{\pi r^2}\right)^3=\sqrt{\pi R^2}\pi R^2$.

④ 这是说，$c=\frac{ap}{a+b}$，$d=\frac{bp}{a+b}$，

面积$A=\frac{1}{2}(a+b)p$（图4.2.2).

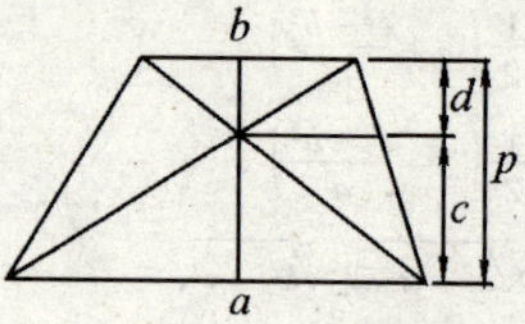

图 4.2.2

10. 圆周与直径比（圆周率）

100 加 4，乘以 8，加上 62 000。这是直径 20 000 的圆周长近似量数。

11. 正弦的几何计算法

把一象限圆弧［根据需要］等分，然后从［直角］三角形以及四边形［长方形］，对于任意已给半径、人们可以求出所需要的任何等分弧的正弦值。①

婆什迦罗一世注：

疑问：一切，意味着没有例外，包括一切平面图形。那么前面有关平面图形的陈述都成为无意义了。

回答：不能这样说．面积的检验和计算都是在这一法则指导下进行的。前面所说面积公式必须检验。先人如Maskau，Purana，Putana 都规定用变形成长方形方法来检验。还没有已知面积公式的图形只能用变形为长方形后才可以确定公式。

---

① 婆什迦罗一世注释：用下面例子说明第11节的含意：

例1. 求每隔15°角度的正弦值．十二等分圆周，A，B，C，D，…，L 为等分点．图中

$MB=R\sin 30°=\frac{R}{2}=1\ 719.$

$OM=\sqrt{R^2-\left(\frac{R}{2}\right)^2}=R\sin 60°=2\ 978.$

$AB=\sqrt{(R\sin 30°)^2+(R\ \mathrm{vers}\ 30°)^2}$，而 $R\sin 15°=890.$

$ON=\sqrt{R^2-(R\sin 15°)^2}=R\sin 75°=3\ 321.$

印度取圆周长为 360．60，又取 $\pi\approx3.14$，因此 $R=3\ 438$．　（图 4．2．3）

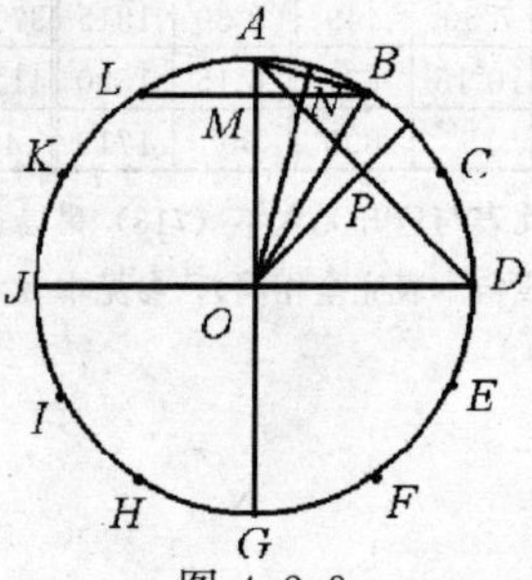

图 4．2．3

又 $AP=R\sin 45°=\frac{R}{\sqrt{2}}=2\ 431'.$

例2. 求每隔7°30′角度的正弦值．二十四等分圆周．A，R，B，T，C，…，L 为

等分点. 图中

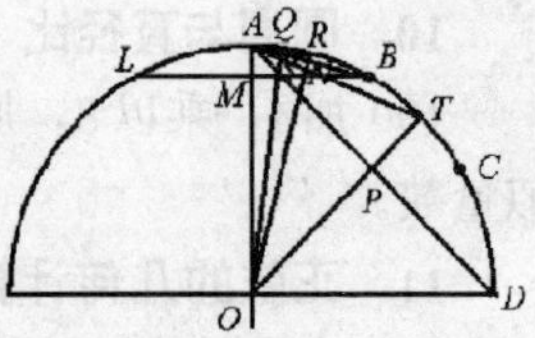

图 4.2.4

$$AR=\sqrt{(AN)^2+(NR)^2}$$

$$=\sqrt{(R\sin 15°)^2+(R\text{vers } 15°)^2}=898.$$

$$\sin 7°30'=AS=\frac{1}{2}AR=449.$$

$$OS=\sqrt{R^2-(R\sin 7°30')^2}=3\,409=\sin 82°30'。$$

而 $\sin 37°30'=\frac{1}{2}\times 75°$弧所对弦$=$

$$\sqrt{(R\sin 70°)^2+(R\text{ vers } 75°)^2}=2\,093.$$（图4.2.4）

$$R\sin 52°30'=\sqrt{R^2-(R\sin 37°30')^2}=2\,728.$$

从直角三角形 APT 知：

$$R\sin 22°30'=\frac{1}{2}AT=\frac{1}{2}\sqrt{(R\sin 45°)^2+(R\text{vers } 45°)^2}=1\,315.$$

同理　　　$R\sin 67°30'=\sqrt{R^2-(R\sin 22°30')^2}=3\,177.$

例3. 求每隔3°45′角度的正弦值. 用相同方法婆什迦罗求出第一象限内二十四个角度的正弦表.

角	正弦	角	正弦	角	正弦	角	正弦	角	正弦	角	正弦
3°45′	225	18°45′	1105	33°45′	1910	48°45′	2585	63°45′	3084	78°45′	3372
7°30′	449	22°30′	1315	37°30′	2093	52°30′	2728	67°30′	3177	82°30′	3409
10°15′	671	26°15′	1520	41°15′	2267	55°45′	2859	70°15′	3256	86°15′	3431
15°	890	30°	1719	45°	2431	60°	2978	75°	3321	90°	3438

此表与唐开元六年（718）瞿昙悉达译印度《九执历》(见《开元占经》所附三角函数表与本表完全相同)，参见本《大系》卷四第八编第三章第二节.

12. 正弦差的推导

第一个正弦值除以本身，然后减去所得商，就是第二个正弦差。同样，第一个正弦值减去后面所有正弦值和，除以第一个正弦值，就得到其余的正弦差。①

13. 圆及其他平面图形作图法

水平和铅直的检测法

用圆规作圆。用两条斜边作三角形和四边形②。

用水验平，用铅垂线验竖直。经过目测或绳测的地面是否水平，可用下法进一步检验：在无风季节，取一个满贮水的罐头放在三足架上。罐底开一细孔。让水流连续流出，如果水流在地面上成一圆形散开，那它是严格水平的。如果流水汇集一侧，那么这一侧地面低，而另一侧地面高。

14. 影球半径

标杆长的平方加影长的平方，开方根是影球半径③。

---

①我们以 $R_1, R_2, \cdots, R_{24}$ 记24个 $R\sin\theta$ 值，又 $\delta_1=R_1$，$\delta_2, \cdots, \delta_{23}$ 表示23个相邻正弦差，则第12节是说 $\delta_2=R_1-\dfrac{R_1}{R_1}$，而 $\delta_{n+1}=R_1-\sum\limits_{i=1}^{n}R_i/R_1$.

②当底边为已给，这里的斜边在作三角形时是指已给两腰，在作长方形时，是指已给两对角线. 在作梯形时，除已给高以外，还已给两对角线.

③婆什迦罗一世注释：这里影球半径是为了施行三率法. 如果已给标杆影以及对应于影球半径的表影，就可以求天球半径. 也就是说得到了日高正弦以及天顶距. 在二分点它们分别是余纬度以及纬度的正弦（图4.2.5）. 详见沈康身《九章算术导读》湖北教育出版社，1997，714～715.

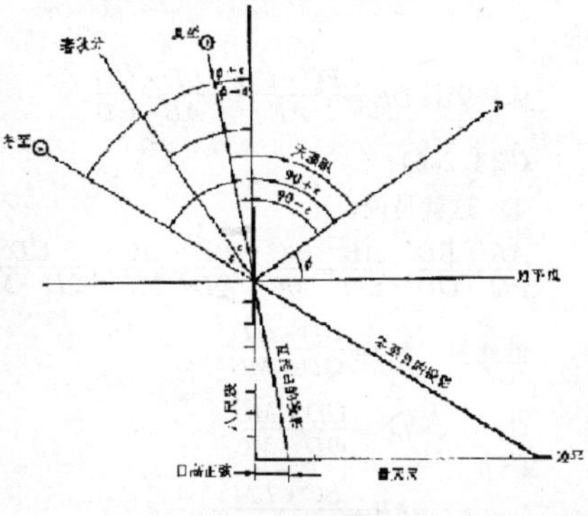

图 4.2.5

15. 灯杆、标杆 影长

灯杆、标杆相距距离乘标杆高，除以标杆、灯杆高差。所得商是从标杆底起量的标杆影长。①

16. 影长和灯高

［当等高二标杆在灯杆同一侧时二标杆］影端距离与影长［长影或短影］相乘，除以影长之差：结果是直线段［长影端或短影端到灯杆距离］。这线段与标杆高相乘，再除以［长或短］影长，得底［灯杆高］。②

17. 斜边上平方与半弦上平方定理

［直角三角形］底的平方加上［另一］直角边平方的和是斜边

---

① 印度天文学家有的用三节标杆. 下面一节截面是方的，中节圆，上面一节是锥形. 有的迳取方柱. 婆什迦罗一世自己用圆标杆. 选用上等木材，无空洞，也无节疤，为使有明确影尖，标杆端插上铁质圆锥针尖，高度应大于标杆半径. 有这样粗大的标杆才不致受风的影响. 选用圆柱形是为了便于制造. 印度标杆一般取十二等分，而婆什迦罗一世注释说，这并不严格规定，标杆高度以及等分数都是任取的. 这里说，

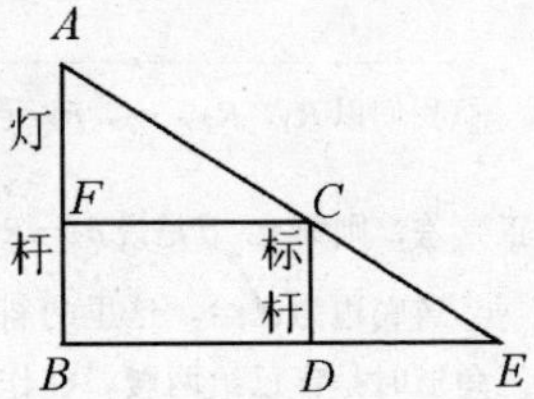

图 4.2.6

标杆影长 $DE=\dfrac{FC\cdot CD}{AF}=\dfrac{BD\cdot CD}{AB-CD}$

(图4.2.6)

② 这就是说，

$\dfrac{AB}{PQ}=\dfrac{BD}{QD}$，$\dfrac{AB}{LM}=\dfrac{BC}{MC}$，$\dfrac{BD}{QD}=\dfrac{BC}{MC}=\dfrac{CD}{QD-MC}$.

借此得 $BD=\dfrac{CD\cdot QD}{QD-MC}$，

$BC=\dfrac{CD\cdot MC}{QD-MC}$，

$AB=\dfrac{BC\cdot LM}{MC}$.

(图4.2.7)

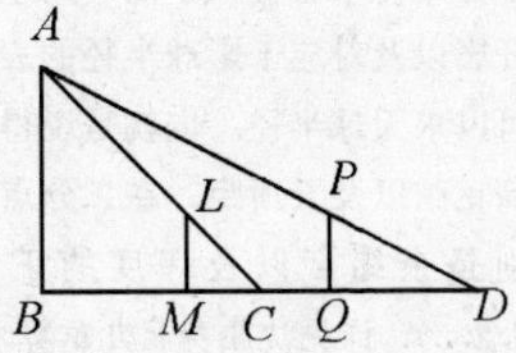

图 4.2.7

上平方。[一弦分圆周为二弧]，二弧矢的乘积显然等于半弦平方①。

18. 相交圆弧上的矢

(两圆互交)一圆直径被另一圆割去的线段，以差乘这一线段，除以二圆直径各自被另一圆所割去的线段之和。所得结果就是被第一圆所割弧的矢②（图4.2.9)。

19. 算术数列部分和

项数减1，然后除以2。然后加上前面的项数，然后乘以公差，然后加上首项。结果是［前面诸项］算术平均值。这一结果乘以项数就是前面诸项的和。③

20. 算术数列项数

项数［可用下法求得：数列之和］乘以8，又乘以公差。以乘积

① $AE \cdot EB = CE^2$（图4.2.8).

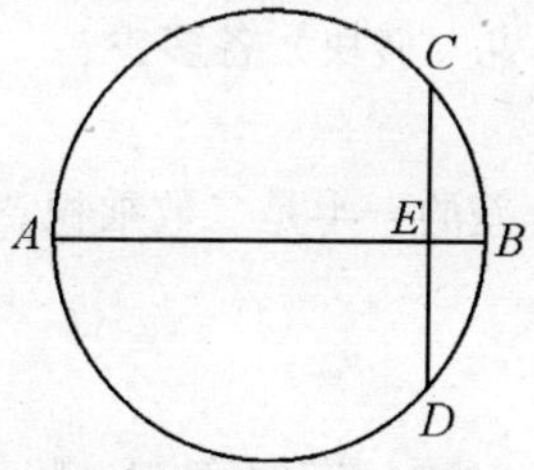

图 4.2.8

② $BC=\frac{(AD-BD)\ BD}{(AD-BD)\ +\ (BE-BD)}$

$CD=\frac{(BE-BD)\ BD}{(AD-BD)\ +\ (BE-BD)}$

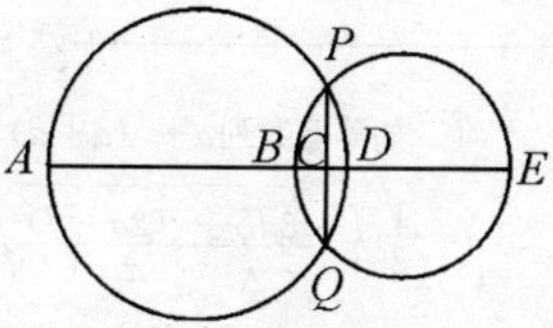

图 4.2.9

③ 婆什迦逻一世注释：这里②有好几个公式：

(1) $a+\frac{n-1}{2}d$ 是前面 n 项的算术平均. (2) 前面 n 项和是 $n\left\{a+\frac{n-1}{2}d\right\}$.

(3) $a+\{(1-1)+(n-1)\}d$ 是第 n 项值. (4) 从 $p+1$ 项开始的 n 项和是 $n\left\{a+\left(\frac{n-1}{2}+p\right)d\right\}$. (5) 前 n 和是 $\frac{n}{2}(A+L)$，其中 A，L 分别是首项及末项.

加上首项2倍与公差的差的平方，然后取平方根，然后减去首项的2倍。然后除以公差。然后［把所得商］加1，结果除以2。①

21. 数列1＋（1＋2）＋（1＋2＋3）＋…前n项的和

一数列首项是1，各项公差都是1。在这数列中连续取三项，其中第一项就是已给项数。求这三数连乘积。或是项数加1，立方后，减去项数加1；除以6，都得到前n项的和。②

婆什迦罗注释：有三个（三角形为底）的堆垛各有5，8，14层，问各有弹丸多少个？

22. ΣN^2 与 ΣN^3

三数连乘积。这是说，项数加1，再加项数以及项数。当除以6，就给出自然数平方的和。自然数数列和的平方是自然数的立方和③。

婆什迦逻一世注释：例1. 有三个（正方形数为底）堆垛各有7，8，17层，问有弹丸（砖块）各多少？例2. 有三个（立方形数为底）堆垛各有4，5，9层，问有弹丸（砖块）各多少？

23. 从二数和及其平方和求乘积

两数和的平方减去两数平方和，差的一半是二数乘积。④

---

① 如等差数列a＋（$a+d$）＋（$a+2d$）＋…前面n项的和已知为S，则项数

$$n=\frac{1}{2}\left\{\frac{\sqrt{8dS+(2a-d)^2}-2a}{d}+1\right\}.$$

② 这是说$\frac{n(n+1)(n+2)}{6}=\frac{(n+1)^3-(n+1)}{6}$.

③ 这是说

$$1^2+2^2+\cdots+n^2=\frac{n(n+1)(2n+1)}{6},$$

$$1^3+2^3+\cdots+n^3=\left(\frac{n(n+1)}{2}\right)^2.$$

④ 这相当于说：$\frac{(a+b)^2-(a^2+b^2)}{2}=ab$.

24. 从差及积求二数

乘积乘以4，加二数差的平方。和数开方后加上差，减去差。结果的一半［分别］得［已知乘积］的二数。①

25. 本金利息

利息与利息所生利息的和乘借期，再乘本金。以乘积加上本金半数的平方。开平方、平方根减去本金的半数，再除以借期、结果本年的利息。②

26. 三率法

三率法是实乘以求项。乘积除以主项。结果是对应于实的所求项。③

27. a～b 分数除法

被除数与除数的分母、分子应互乘。④

第27节c—d 通分法

各分数的分子、分母都乘以另一分数的分母，那么［已给］分数已化为同分母。⑤

28. 还原（逆推）法

在还原法中乘数变为除数，除数变为乘数，加数变成减数，而

---

① 这是说，已给$x-y=a$，$xy=b$，那么 $x=\dfrac{\sqrt{4b+a^2}+a}{2}$，$y=\dfrac{\sqrt{4b+a^2}-a}{2}$.

② 这是说，已知本金A在借期t内利息是B. 设本金A在单位时间内利息是x，则利率是$\dfrac{x}{A}$，那么 $B=x\left(1+\dfrac{x}{A}t\right)$ 即 $tx^2+Ax-AB=0$，

因此 $x=\left(\sqrt{ABt+\left(\dfrac{A}{2}\right)^2}-\dfrac{A}{2}\right)\div t.$

③ 这是指四数成比例，实∶主项＝所求项∶求项，那么所求项＝实×求项÷主项. 与中国今有术一致.

④ 原文叙述不清，本命题是指 $\dfrac{a}{b}\div\dfrac{c}{d}=ad\div bc$

⑤ 这是指$\dfrac{b}{a}\pm\dfrac{d}{c}=\dfrac{bc\pm da}{ac}$

减数变成加数。①

29. 从和数求未知数

除去其中一个以外，依次以其余未知量之和［是已给的］求和。和数除以未知量个数减1。所得商是所有未知量的和。②

30. 从和数相等求未知数

已知二人所有商品数之差，所有现款之差，两人财富［商品及现款］相等。现款之差除以商品数之差，所得商，就是所求商品价。③

31. 二动体相遇

相反方向二动体之间距离除以二者速度和。相同方向二动体之间距离除以二者速变差。这二商数是二者从出发到相遇所需时间，或从相遇到出发前已经过的时间。④

32. 33. 余数粉碎法（库塔卡）

对应于较大余数的除数除以对应于较小余数的除数，［不计商数］所得余数［又与除数］相除，［直至最后余数足够小，而商是偶数个］。最后一个余数乘以某一选定的数，所得乘积加上［对应

---

① 已知一数乘以2，加上1，除以5．然后，乘以3，然后减去2，又除以7，结果是1．问原数是多少？解：从最后结果的1开始，从后而前地逆推，取相反运算符号：1×7，$+2$，$\div3$，$\times5$，-1，$\div2$

答数是7．

② 这是说，已给 $(x_1+x_2+\cdots+x_n)-x_1=a_1$，$(x_1+x_2+\cdots+x_n)-x_2=a_2$，…，$(x_1+x_2+\cdots+x_n)-x_n=a_n$.

那么 $\sum_1^n x_i=\frac{\sum_1^n a_i}{n-1}$. 于是所求 x_i 分别是 $x_i=\sum x_i-a_i$ $(i=1, 2, \cdots, n)$

③ 如设物价是 x．已给甲有商品 a 个，现款 b 个；乙有商品 c 个，现款 d 个，则 $ax+b=cx+d$，因此，所求 $x=\frac{d-b}{a-c}$.

④ 这是说在反向运动中如为面向，则二者距离除以速度和是到相遇所需时间，如为背向，则是相遇已过时间．在同向运动中如速度较快动体在后则二者距离除以速度差是到相遇所需时间，反之则是相遇已过时间．

于已给大小二]余数的差，辗转相除中的最后第二个余数能整除，所得的和数。

从上而下依次记出辗转相除中所有商数，排成一列，接着写出选定的那个数，再在它的下面写出刚才所求出的整除商。

然后把这一列数按下面方法递推计算。

最后第二个数乘以紧接上面一数，又加下面一数。[然后删去下面一数。重复这种手续，直至只剩上面两个数]。

[上面一数]除以对应于较小余数的除数，然后以其余数乘以对应于较大余数的除数，然后加上较大的那个余数，结果就是[经过这两个除数的]答数。①

① 参见本《大系》卷5，pp. 327～331.

第三章 婆罗摩笈多

婆罗摩笈多（Brahmagupta，或译梵藏，598—665以后）系印中部乌贾因Ujian人。我国著名高僧法显、玄奘先后访问乌苌，今称乌贾因。乌苌国超日王奖励文学、科学。婆罗摩笈多在30岁时完成专著《婆罗摩修正体系》（628）论天文学，共24章，其中第12章为算术（含比例、平面图形、立体体积、间接测量等知识）。第18章为代数（含线性方程组、二次方程、一次、二次不定方程组等知识）。原著用梵文写，1817年英人H. T. Colebrooke作英文译注，J. Murray出版社在伦敦出版。图版4.3.1为封面书影。

婆罗摩笈多受印度传统数学及希腊数学影响，而有许多创新。他的专著又影响阿拉伯世界。《体系》约于766年传到巴格达，并译成阿拉伯文。本章从他的专著《修正体系》及近现代印人有关著作摘选译、编其重要工作，分代数、几何二节述说。

第一节 代 数

一、代数运算（18.2.31～43）①

1. 正量、负量与零的加法法则 二正量的和是正的，二负量的和是负的。一个正量、一个负量的和是它们的差，如果它们[绝对值]相等，则其和为零。零与负量之和是负的，正数与零之和是正。二个零之和为零。②

① 18.2.31～43指《婆罗摩修正体系》第十八章第二节第31～43段，下仿此.

② 相当于《九章算术·方程》正负术，参见本《大系》卷2，p.99.

2. 减法规则　正量减正量，负量减负量就从［绝对值］大小减去小的，如果从小的减去大的，其差应反号。从零减去负量得正，从零减去正量得负。负量减去零，得负。正量减去零得正。零减去零得零。从负量减去正量，从正量减去负量，它们必须合并。①

3. 乘法规则　负量与正量的乘积得负。二负量乘积得正，二正量乘积得正，零与负量乘积、零与正量乘积均是零。二零之乘积是零。

4. 除法规则　正量除以正量，负量除以负量都得正量。零除以零没有价值。正量除以负量得负量，负量除以正量得负量。正量或负量除以零，得一分数，以零作分母：或是零除以负量或正数。②

5. ［结论］乘方与平方法则　负量或正量的平方得正量。零的平方得零。平方的平方根就是原数。③

6. 平方根的加减法则　被开方数各除以一假定的数，商的平方根相加，其和的平方，乘以假定数，乘积的平方根就是所求的和。二平方根相减，其差的平方乘以假定数，乘积的平方根就是所求的差。

例　告诉我$\sqrt{2}$，$\sqrt{8}$的和与差。

说明：2，8各除以假设的数，如2，得1，4。商的平方根是1，2。它们的和差的平方，分别是9，1。各乘以假设数，得18，2。二者的平方根是所求的和差。④

---

① 相当于《九章算术·方程》正负术，参见本《大系》卷2，p. 99.

② 对于零作为除数的除法，婆罗摩笈多无正确认识.

③ 相当于刘徽在注《九章·商功》第28题说："凡物自乘，开方除之，复其本数."

④ 法则是说 $\sqrt{x}\pm\sqrt{y}=\left(\sqrt{\frac{x}{a}}\pm\sqrt{\frac{y}{a}}\right)\sqrt{a}=\sqrt{a\left(\sqrt{\frac{x}{a}}\pm\sqrt{\frac{y}{a}}\right)^2}$

关键是假设的a，应使$\sqrt{\frac{x}{a}}$，$\sqrt{\frac{y}{a}}$都能开尽.

二、适定方程

1. 简单方程法则（一元一次方程求根公式）绝对项之差变号后，除以未知数的系数之差，就是所求未知数的值①（18.3.44）。

3. 消去中项法则（一元二次方程求根公式）从平方项及另一端简单项取绝对值。绝对项乘以平方项系数的4倍，加上中项系数的平方。和的平方根减去中项的系数。把结果除以平方项系数的2倍，得中项值②（18.3.45）。

三、一次不定方程组

婆罗摩笈多在阿耶波多《文集·数学》第三二至三三节余数粉碎法基础上，在其《修正体系》第十八章把解一次不定方程组）解法列为第一节内容。除了重复粉碎法法则外，还举了有助于学者理解这种方法的例题。

1. 一数分别为6，5，4，3除，依次得余数5，4，3，2。问：此数是多少？答59（18.1.7）

对于形如

$$N=a_1x_1+r_1=a_2x_2+r_2=\cdots=a_nx_n+r_n$$

一次不定方程组，其中a_1，a_2，…，a_n；r_1，r_2，…，r_n，为已给。N；x_1，x_2，…，x_n为待求。原著解法相当于说：先用粉碎法对于

$$a_1x_1+r_1=a_2x_2+r_2,$$

求出x_1的最小正整数解a，于是$N=a_1a+r_1$，而其一般解是

---

① 法则是说，对于线性方程$ax+b=cx+d$，

所求 $$x=\frac{-(b-d)}{a-c}.$$

② 这是说二次方程$ax^2+bx=c$的根是

$$x=\frac{\sqrt{b^2+4ac}-b}{2a},$$

其中把ax^2，bx，c依次称为平方项、中项和简单项.

ALGEBRA,

WITH

ARITHMETIC AND MENSURATION,

FROM THE

SANSCRİT

OF

BRAHMEGUPTA AND BHASCARA.

TRANSLATED BY

HENRY THOMAS COLEBROOKE, Esq.

F. R. S.; M. LINN. AND GEOL. SOC. AND R. INST. LONDON; AS. SOC. BENGAL; AC. SC. MUNICH.

LONDON:

JOHN MURRAY. ALBEMARLE STREET.

1817.

图版 4.3.1

$$N=a_1(a_2t+a)+r_1=a_1a_2t+a_1a+r_1$$

与下第一个不定方程联立，得新的不定方程

$$N=a_1a_2t+(a_1a+r_1)=a_3x_3+r_3,$$

再做一次粉碎法。照此方式一直运算到解出 x_n，从而得到 N 值。

2. 自从七星会元以来，日、月、火、水、木、金、土回转整数转以外，又经过以下日数，如表。

星名	日	月	火	水	木	金	土
日数	1 000	41	315	1 000	1 000	1 000	1 000

又已给日（太阳）每1 096 日回转3 次，[①] 月137 日转5 次，火星685 日转1 次，水星1 096 日转13 次，木星1 096 日转3 次，金星1 096 日转5 次，土星1 096 日转一次。问：六星会元以来已经转过多少日？

(18.1.7) 这是一道为制订历法需要的实际算例。题中七星回转周期与今测（除木星外）很接近。可见不定方程的发生和发展得力于天文计算的需要，中外同源。[②]

四、二次不定方程

人们称二次方程 $x^2-Ny^2=1$，其中 N 不是平方数，为Pell 方程[③]。其实这是误解，出于L. Euler（1707—1783，瑞士）的偶尔误导。其实在Pell 之前，英国皇家学会会员W. Brouneker（1620—1684，英国）已有优美解法，这类问题还可以上溯到公元前3 世纪，

---

① 指太阳视运动.

② 参见本《大系》第五卷p. 430

③ J. Pell（1611—1685，英国）.

阿基米德群牛问题，[1]最终归结为解这种二次不定方程。而婆罗摩笈多《修正体系》第十八章尤有系统论述，我们用命题形式介绍：

命题

1. 如果α，β是方程

$$Nx^2+k=y^2 \qquad (*)$$

的根，又α'，β'是方程

$$Nx^2+k'=y^2$$

的根，那么　$\alpha\beta'+\alpha'\beta$，$N\alpha\alpha'+\beta\beta'$是方程

$Nx^2+kk'=y^2$ 的根[2]（18.7.64）

2. 如果k是完全平方，记$h=\sqrt{k}$，当α，β是$Nx^2+k=y^2$的根，那么$\dfrac{\alpha}{h}$，$\dfrac{\beta}{h}$是$Nx^2\pm1=y^2$的根。（18.7.65）

3. 如果α，β是

$$Nx^2+4=y^2$$

的根，那么$\dfrac{\alpha}{2}(\beta^2-1)$，$\dfrac{\beta}{2}(\beta^2-3)$是

$$Nx^2+1=y^2$$

的根（18.7.67）。

4. 如果α，β是

$$Nx^2-4=y^2$$

的根，那么

$$\frac{1}{2}\alpha\beta(\beta^2+3)(\beta^2+1),(\beta^2+2)\left(\frac{1}{2}(\beta^2+3)(\beta^2+1)-1\right)\text{是}$$

$$Nx^2+1=y^2$$

的根（18.7.68）。

---

① 见本书第三编第二章第二节，一、不定方程.

② 命题1　史称Brahmagupta引理，后来Euler，Lagrange又先后在1764，1765重新发现.

易于验证命题1的结论为真，又从代数变换易于得到命题2。

为得到正整数解，可以考虑反复两次运用命题1：当α，β是（∗）的解，那么

$$2\alpha\beta,\ N\alpha^2+\beta^2$$

是$Nx^2+k^2=y^2$的根，

或者说$\frac{2\alpha\beta}{k}$，$\frac{N\alpha^2+\beta^2}{k}$是

$$Nx^2+1=y^2 \qquad (**)$$①

的解。

当N，k，α，β都是整数时，遵循下面步骤变换，一定能获得（∗∗）的整数解.

①如果$k=\pm1$，这是显然的，

②如果$k=\pm2$，则（∗∗）的根是$\alpha\beta$，β^2-1。

③如果$k=4$。（∗∗）的根是$\frac{1}{2}\alpha\beta$，$\frac{1}{2}(\beta^2-2)$。为得到整数解，连同另一组解$\frac{\alpha}{2}$，$\frac{\beta}{2}$，运用命题1，得到命题3的结果。

④如果$k=-4$，（∗∗）的根是$-\frac{1}{2}\alpha\beta$，$\frac{1}{2}(\beta^2+2)$。反复运用命题1，得到命题4的结果。

上面四命题对于解方程（∗）有广泛的应用，尤其是在$k=-1$，±2，±4时，当估测（∗）的解是α，β后，就代入相应公式，就得到方程（∗∗）的解，无需化$\sqrt{N}$为连分数的繁琐计算手续。②例如要解

$$x^2-21y^2=1, \qquad (***)$$

估测（5，1）为$x^2-21y^2=4$（$k=4$），的特解，由命题3代入公式，

① （∗∗）就是Pell方程.

② 西方数学家解Pell方程要用连分数作为工具，见S.，pp. 359～370.

就得到结果，x_0，y_0 分别是

$$\frac{1}{2}\beta(\beta^2-3)=\frac{1}{2}\times5\times22=55,\frac{1}{2}\alpha(\beta^2-1)=12,\quad(***)$$

的特解。

但是上面四命题对于解方程（*），仍有其局限性。12 世纪婆什迦罗（1114—约1185）在《根的计算》一书中提出另外两条命题，作出重要补充。①

第二节　几　何

一、三角形②

1. 整数边直角三角形

命题　二不等量自乘的和作为腰、二不等量乘积的 2 倍作为高，二不等量自乘差的 2 倍作为底，作等腰三角形（12.4.33）。

这是说，设二不等量$m>n$，按命题作出的等腰三角形，其腰、高、半底形成勾股数

$$m^2-n^2,\ 2mn,\ m^2+n^2.$$

命题　长方形一边自乘为所设某数除，所得商减去这个数，余数折半就是它的另一边长。加上所设的这个数就是它的对角线长（12.4.35）。

这是说，如一边长m，所设数为n，$m>n$，则二边及对角线长形成勾股数

$$\frac{1}{2}\left(\frac{m^2}{n}-n\right),\ m,\ \frac{1}{2}\left(\frac{m^2}{n}+n\right).$$

2. 三角形外接圆半径

① 见本编第六章第三节，四、二次不定方程.

② 对照第三编第三章第六节，三、不定方程·勾股数.

命题 三角形两边乘积除以两边间高的2倍，商是三角形外接圆半径（12.4.27）。

原著无证，这是一道尚罕有人道的靓丽定理，引起后人着意推导。印人—A. S. Amma 的推导很简洁①。图4.3.1中AD是$\triangle ABC$在AB，AC边之间的高。引外接圆直径AOE，从$\angle 1=\angle 2$得$\triangle ABE\backsim\triangle ADC$，于是$AE:AC=AB:AD$导致

$$R=\frac{1}{2}AE=\frac{AB\cdot AC}{2AD}。$$

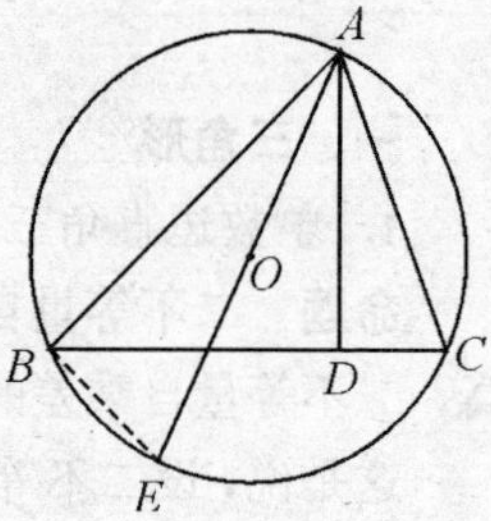

图 4.3.1

二、四边形

1. 作内接于圆且有有理数边的四边形

命题 如a，b，c；α，β，γ是两组勾股数，即$c^2=a^2+b^2$，$\gamma^2=\alpha^2+\beta^2$。作$\triangle BOC$，$\triangle COD$使分别有边$a\alpha$，$a\beta$，$a\gamma$；$a\alpha$，$b\alpha$，$c\alpha$，又作$\triangle AOD$，$\triangle AOB$使有边$b\alpha$，$b\beta$，$b\gamma$；$a\beta$，$b\beta$，$c\beta$，如图4.3.2。那么四边形$ABCD$有边$c\beta$，$a\gamma$，$c\alpha$，$b\gamma$都是有理边，且$ABCD$内接于圆（12.4.38）。

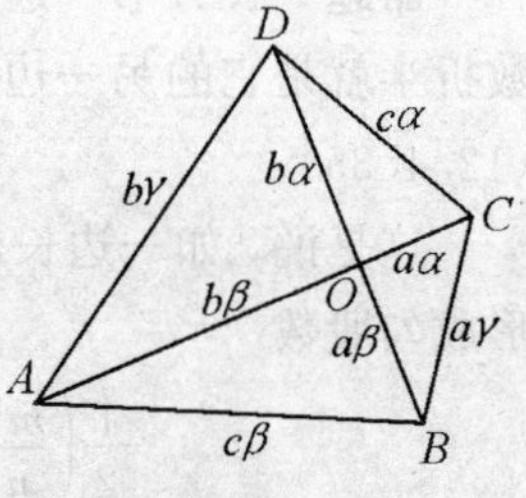

图 4.3.2

原著无证。这又是一道引人入胜的优美命题。后人为之作证②：把三角形外接圆半径与两边及高的关系这一命题作为引理，且易知$AC\perp DB$。计算$\triangle ABD$，$\triangle ACD$的外接圆直径分别等于

$$\frac{bc\beta\gamma}{2b\beta}=\frac{1}{2}c\gamma=\frac{cad\gamma}{2a\alpha}=R,$$

① Am, pp. 120～121.

② Sr., pp. 63～64.

那么以$\triangle ABD$的外接圆心S为心、以R作圆，此圆必然过C点，命题已证。

2. 内接于圆的四边形面积。

命题　四边长和之半，又依次减去四边，四个差的乘积的平方根，是四边形的面积（12.4.1）。

如设四边形$ABCD$,四边长分别是a,b,c,d,那么它的面积是$\sqrt{(s-a)(s-b)(s-c)(s-d)}$,其中$s=\frac{1}{2}(a+b+c+d)$。

原著未说明四边形必须内接于圆，命题为真。原著无证，近人补证[①]，摘要如下

图4.3.3中，$\triangle ABC$的

$$AC^2=a^2+b^2-2ab\cos B, \quad (*)$$

$\triangle ADC$的$AC^2=c^2+d^2-2cd\cos D$

$$=c^2+d^2+2cd\cos B, \quad (**)$$

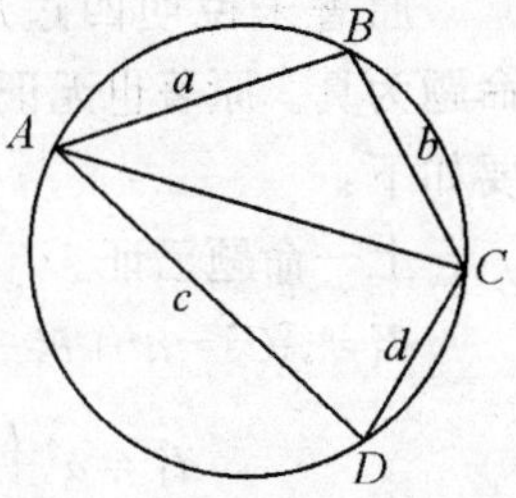

图 4.3.3

$(*)$，$(**)$相等，则

$$\cos B=\frac{a^2+b^2-c^2-d^2}{2(ab+cd)}。 \quad (***)$$

而

$$\sin^2 B=1-\cos^2 B=\frac{16(s-a)(s-b)(s-c)(s-d)}{4(ab+cd)^2},$$

那么

$$\sin B=2\frac{\sqrt{(s-a)(s-b)(s-c)(s-d)}}{ab+cd}。$$

所求四边形$ABCD=\triangle ABC+\triangle ADC$

$$=\frac{1}{2}ab\sin B+\frac{1}{2}cd\sin D$$

$$=\frac{1}{2}(ab+cd)\sin B,$$ 命题已证。

① Bag，pp. 151～153.

3. 内接于圆四边形的对角线长

命题　四边形对角线两侧邻边长各自相乘，求和，除以另一组乘积和，以商与两组对边长乘积的和相乘。乘积开方，就是四边形=对角线长（12.4.28）。

图4.3.4中记着四边相应边长a，b，c，d。命题是说二对角线长

$$d_1=\sqrt{\frac{bc+ad}{ab+cd}(ac+bd)},$$

$$d_2=\sqrt{\frac{ab+cd}{bc+ad}(ac+bd)}。$$

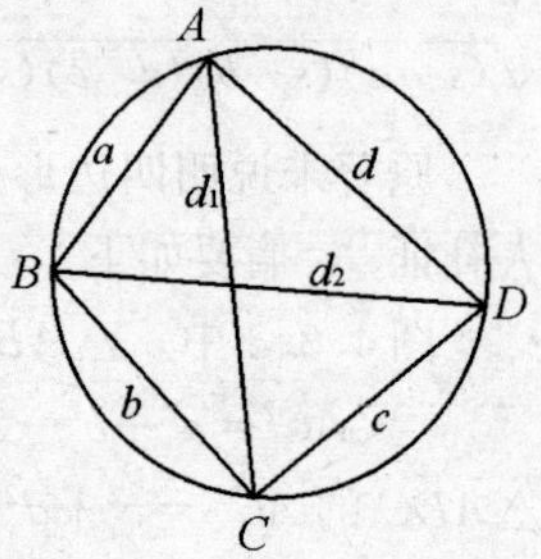

图 4.3.4

原著未说明四边形必须内接于圆，命题为真。原著也无证。近人补证①，摘要如下：

上一命题已证。

$d_1^2=AC^2=a^2+b^2-2ab\cos B$，从（＊＊＊）知

$$\begin{aligned}d_1^2&=a^2+b^2-2ab\frac{a^2+b^2-c^2-d^2}{2(ab+cd)}\\&=\frac{2(ab+cd)(a^2+b^2)-2ab(a^2+b^2-c^2-d^2)}{2(ab+cd)}\\&=\frac{2cd(a^2+b^2)+2ab(c^2+d^2)}{2(ab+cd)}\\&=\frac{(ac+bd)(ad+bc)}{ab+cd},\end{aligned}$$

d_1公式已证，类似地证d_2公式。

① Bag.，pp. 153～154.

第三节 三 角

在婆罗摩笈多665年专著中提出三角函数表的二阶插入公式。① 在自变量a，b之间分成h等分，他提出的内插法相当于说对于自变量$a+xh$的函数值是

$$f(a+xh)=f(a)+x\frac{\Delta f(a)+\Delta f(a-h)}{2}+\frac{x^2}{2}\Delta^2 f(a-h)\text{②}。$$

他取圆半径为150，原著正弦表（片段）

角度	$f(x)=R\sin x$ $R=150$	一阶差	二阶差
30°	75		
		31	
45°	106		−7
		24	
60°	130		−9
		15	
75°	145		

如果要从表获得57°正弦值，据公式

$$106+\frac{12}{15}\left(\frac{31+24}{2}\right)-\left(\frac{12}{15}\right)^2\left(\frac{31-24}{2}\right)=125.76,$$

相当于$\sin 57°=125.76\div150=0.8384$，其真值约为0.8386705，这二阶插入结果相对误差为3.2×10^{-4}。

① Sr.，pp. 67～68.

② 与Newton. Stirling 公式相同.

第四章 摩诃毗罗

摩诃毗罗（Mahavira，或译大雄，9世纪）迈索尔邦人，耆那教徒，有专著《计算纲要》(约850)，负盛誉。这是一部很有特色的数学专著，在理论上继其先辈阿耶波多、婆罗摩笈多工作而有创新，而在应用上以大量实例阐发理论，与我国《九章算术》可以媲美。在单位分数方面的工作是埃及纸草以来之最；在代数方面，特别是解方程的工作与阿拉伯花拉子米《代数》可以并驾齐驱，而有过之者。《纲要》全书九章，每章分节，节下分段①。九章依序为：术语、算术运算、分数、分数应用题、三率法（比例)、混合问题、图形计算、挖土计算和影长计算。其中以第6章混合问题内容最丰富，研究课题非常广泛。19世纪之初，M. Rangacarya，M. A. Rao Bahadur 受印度Madras 邦政府训令，作梵文的英文译并注②，于1912年在邦政府出版局出版。全书分两部分：梵文原著及英文译注。

摩诃毗罗的工作国内很少有介绍，我们从1912年英译本及B. Datta 以来C. N. Srinivasiengar，A. K. Bag，T. A. S. Amma 各专家有关论著择要分四节选述。(图版4.4.1为英译本封面书影，图版4.4.2为梵文本书影)

---

① 后人按梵文本句读，依序按段编号.

② Mahavira，Ganitasarasangraha，由M. Rangacarya，英译自梵文，Madras，1912.

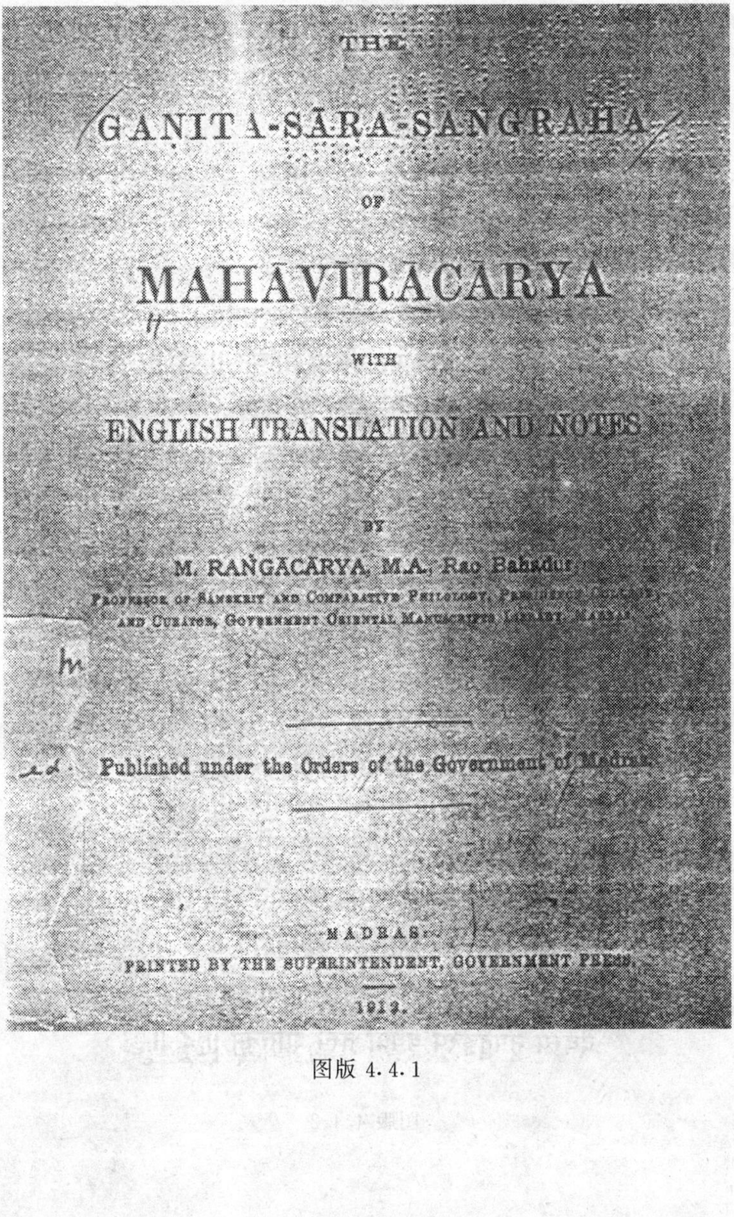

THE

GANITA-SĀRA-SANGRAHA

OF

MAHĀVĪRĀCĀRYA

WITH

ENGLISH TRANSLATION AND NOTES

BY

M. RAṄGĀCĀRYA, M.A., Rao Bahadur,

Professor of Sanskrit and Comparative Philology, Presidency College,
and Curator, Government Oriental Manuscripts Library, Madras.

Published under the Orders of the Government of Madras.

MADRAS:
PRINTED BY THE SUPERINTENDENT, GOVERNMENT PRESS.

1912.

图版 4.4.1

ग णि त सा र स ङ्ग्र हः

महावीराचार्यप्रणीतः ।

संज्ञाधिकारः ।

मङ्गलाचरणम् ।

अलङ्घ्यं त्रिजगत्सारं यस्यानन्तचतुष्टयम् ।
नमस्तस्मै जिनेन्द्राय महावीराय तायिने ॥ १ ॥

सङ्ख्याज्ञानप्रदीपेन जैनेन्द्रेण महात्विषा ।
प्रकाशितं जगत्सर्वं येन तं प्रणमाम्यहम् ॥ २ ॥

प्रीणितः प्राणिसस्यौघो निरीतिर्निरवग्रहः ।
श्रीमतामोघवर्षेण येन स्वेष्टहितैषिणा ॥ ३ ॥

पापरूपाः परा यस्य चित्तवृत्तिहविर्भुजि ।
भस्मसाद्भावमीयुस्तेऽवन्ध्यकोपोऽभवत्ततः ॥ ४ ॥

वशीकुर्वन् जगत्सर्वं स्वयं नानुवशः परैः ।
नाभिभूतः प्रभुस्तस्मादपूर्वमकरध्वजः ॥ ५ ॥

यो विक्रमक्रमाक्रान्तचक्रिचक्रकृतक्रियः ।
चक्रिकाभञ्जनो नाम्ना चक्रिकाभञ्जनोऽञ्जसा ॥ ६ ॥

यो विद्यानद्यधिष्ठानो मर्यादावज्रवेदिकः ।
रत्नगर्भो यथाख्यातचारित्रजलधिर्महान् ॥ ७ ॥

विध्वस्तैकान्तपक्षस्य स्याद्वादन्यायवादिनः ।
देवस्य नृपतुङ्गस्य वर्धतां तस्य शासनम् ॥ ८ ॥

图版 4.4.2

第一节　计量及运算法则

一、计量制度

摩诃毗罗生当印度羯若鞠阇王朝盛世，全国计量制度统一。为方便大量应用题度量衡各种单位换算的需要，《计算纲要》第一章首先揭示长度、容量、重量、时间制度。

长度（1.27～1.31）①

1 安②（angula）＝3 普拉（pramana）

1 尺＝6 安

1 维他（vitasti）＝2 尺

1 哈斯（hasta）＝2 维他

1 步（danda）＝4 哈斯

1 里（krosa）＝2 000 步

1 育亚那（yoyana）＝4 里（1.27～1.31）

容量（1.36～1.38）

1 科达（kudaha）＝4 沙（sadasika）

1 皮（prasthe）＝4 科达

1 阿突（adhaka）＝4 皮

1 凸龙（drona）＝4 阿突

1 摩尼（manis）＝4 凸龙

1 卡里（khari）＝4 摩尼

1 洛伐（provaritika）＝5 卡里

1. 1 昆巴（kumba）＝5 洛伐

① 1.27 是指引自《计算纲要》第一章第二七段，下文仿此.

② 安是很久远的长度单位，《圣坛建筑法典》已用之，见本编第一章第九题脚注.

重量（1.39～41）

1. 黄金

1 戈（gurjid）＝4 更（ganjakas）

1 帕（pana）＝5 戈

1 达（dharana）＝8 帕

1 开（karsa）＝2 达

1 派拉（pala）＝4 开

2. 白银

1 玛（masa）＝2 更

1 达（dharana）＝16 玛

1 开（karsa）①＝$2\frac{1}{2}$达

1 派拉（pala）＝4 开

其他物品

1 卡赖（kala）＝4 派达（pada）

1 耶（yana）＝$6\frac{1}{4}$卡赖

1 阿姆（amsa）＝4 耶

1 巴（bhaga）＝4 阿姆

1 突鲁（druksana）＝6 巴

1 定（dinara）＝2 突鲁

1 沙（salera）＝2 定

时间（1.33～1.35）

1 日＝30 时（muhurta）

1 月＝30 日

1 年＝12 月

---

① karsa 又称普尔（purdna）.

二、整数运算法则（1.49～1.52）

《纲要》对整数（含零）的四则及平方运算的理解与婆罗摩笈多《修正体系》一致，而回避了用零作为除数的除法。

关于开平方问题上，《纲要》有进一步理解：

平方数的平方根是正数与负数。事实上负数不是一数的平方，因此负数没有平方根。

三、分数运算法则

《纲要》第三章论分数运算，较《阿耶波多文集·数学》第二七节语焉不详者，陈述有很大进步。

1. 乘法 分子与分子相乘，分母与分母相乘，然后约简[①]（3.2）。

2. 除法 把作为除数的分数的分子、分母互换位置，然后按乘法运算[②]（3.8）。

3. 平方、开平方、立方、开立方 把分子、分母各自平方、开方、立方、开立方，就得到结果[③]（3.13）。

第二节 算 术

一、比例

在《阿耶波多文集·数学》第二六节第三率法基础对比例理论有所发展和提高：演变为不同类型，为解决生产、生活需要提出很多算例。[④]

① 与《九章算术·方田》乘分术同义.

② 与《九章算术·方田》经分术及其刘徽注同义.

③ 与《九章算术·少广》开方、开立方术同义.

④ 算例中从有关度量衡多种单位间换算，益见印人当时计算技能、技巧的高度.

反比例和双反比例

原著提出反比例及其解法，列出具体算例：

1. 有300块中国绸，每块为边长6哈斯的正方形。懂得反比例的你，请计算用同样多的绸裁成5哈斯长3哈斯宽的长方块，有多少块？(5.10) 答数：720。

2. 有700块中国绸，每块3哈斯长，2哈斯宽。问：用同样多的绸可以裁9哈斯长，5哈斯宽的绸多少块？(5.20) 答数：525。

五率法、七率法、九率法（复比例）

1. 某人运面粉9摩尼到8育亚那外地，得到60帕酬金。问：运面粉1昆巴到10育亚那外地，他能得多少报酬？(5.36) 答数：4000。

2. 2株檀香木直径3哈斯、长4哈斯，值8金币，那么14株直径6哈斯、长9哈斯檀香木，值多少金币？(5.42) 答数：252。

3. 一口井长、宽、深分别是5，8，3哈斯，含6伐赫[1] (vahas) 水，问：9口井长、宽、深分别都是5，7，60。问：共含水多少？(5.43) 答数：945。

分配比例

《纲要》很多是加权比例问题。设题构思复杂，深寓宗教、民俗特色。

1. 四笔存款：40，30，20，50以相同利率依次各放息5，4，3，6个月。共获利息34。问：各获利息多少？(6.38) 答数：10，6，3，15。

2. 三种水果：石榴、芒果、苹果。已给3个石榴值2帕，5个芒果，7个苹果分别值3，5帕。问：76帕钱能买三种水果各多少？其中石榴是苹果数的3倍，芒果数是苹果数的6倍。

---

① 伐赫原著度量衡表上不载，在英文译注中说，这是另一种容积单位.

$\left(6.90\frac{1}{2}\sim91\frac{1}{2}\right)$答数：70，35，$\frac{35}{3}$。

3. 用三种油脂浴佛：乳酪32摩尼、酥油24摩尼、牛奶16摩尼、混和后分装三桶中，每桶容量分别是32，24，16摩尼。要求各桶中含乳酪、酥油、牛奶比为32，24，16。问：各桶中含三种油脂各多少？$\left(6.92\frac{1}{2}\sim94\frac{1}{2}\right)$答数：$\frac{128}{9}$，$\frac{32}{3}$，$\frac{64}{9}$；$\frac{32}{3}$，8，$\frac{16}{3}$；$\frac{64}{9}$，$\frac{16}{3}$，$\frac{32}{9}$。

二、计　　息

摩诃毗罗所处社会，经济、金融活动活跃，各类计息问题齐全，例如：

1. 向人借黄金30开10帕，月利率$7\frac{1}{2}$%，借$7\frac{1}{2}$月。问：他要付多少利息？(6.6) 答数：$17\frac{5}{32}$开。

2. 向人借白银$1\frac{1}{2}$月，月利率$2\frac{1}{2}$%，得利息5普尔。问：本金是多少？(6.11)。答数：$133\frac{1}{3}$普尔。

3. 向人借款12个月，月利率5%，得本利和48个钱币。问：本、息各多少？(6.22) 答数：30，18。

4. 向人借款26个月，得本利和12个钱币。问：月利率是多少？(6.45) 答数：8%。

三、黄金成色

摩诃毗罗所处社会，以黄金为买卖主要货币。当时足金以16瓦 (varna) 计，以含杂质多少计量金块纯度，瓦数大、金质优良。从此产生黄金成色算例。

1. 五块金块：1 瓦、2 瓦、3 瓦各1份[①]，4 瓦2份，5 瓦4份，14 瓦7份，15 瓦8份。投入烈火冶炼。问：含金是多少瓦的黄金？这一合金金块按冶炼前各自所值分派，各应分得多少？$\left(6.170\sim171\frac{1}{2}\right)$答数：合金金块为$10\frac{1}{2}$瓦。依次分得$\frac{2}{21}$，$\frac{4}{21}$，$\frac{2}{7}$，$\frac{16}{21}$，$\frac{40}{21}$，$\frac{28}{3}$，$\frac{80}{7}$份。

2. 三块金块：13 瓦重6（单位重量），8 瓦重4，6 瓦重3。又投入重为5 的金块一起熔炼，得合金金块成色为11 瓦。问：重5 的金块成色是多少？$\left(6.177\frac{1}{2}\sim178\right)$答数：14 瓦。

3. 两块金块不知成色，各重16，10。熔成合金成色为11 瓦。问：原来成色各是多少？(6.188) 答数：$\frac{175}{16}$瓦，$\frac{111}{10}$瓦。

4. 成色分别是5，6，7，8，11，13 瓦六块黄金，熔成合金，成色为9 瓦，总重60。问：这六块黄金原重各是多少？(6.186) 答数：20，4，4，4，4，24。

5. 重为300 成色为14 瓦的黄金块，换成总重为500，成色分别是 12，10，8，7 瓦四块黄金。问：它们各重多少？$\left(6.200\frac{1}{2}\sim201\right)$答数：$\frac{200}{7}$，100，$\frac{1\,800}{7}$，$\frac{800}{7}$。

《纲要》中其他算术问题如余数、定和、行程等问题都有记载，在本《大系》第二卷第四编已有辑录，不赘述。

四、趣味数学

为提高学生习算兴趣，数学教育家把数学趣味化，这在古今中外都有殊例。《计算纲要》对之尤有特色。

---

① 指重量，又 3 瓦金块指含纯金$\frac{3}{16}$，其余为杂质.

乘积为中心对称数（2.2～2.17）

1. 人们到翥那教进香，对每一座庙献139颗宝石，109座庙总共献了多少颗宝石。(2.4) 答数：139×109=15 151。

2. 27 994 681×441=12 345 654 321 (2.7)[①]。

3. 12 345 679×9=111 111 111 (2.10)。

4. 333 333 666 667×33=11 000 011 000 011 (2.11)。

5. 14 287 143×7=100 010 001 (2.12)。

6. 142 357 148×7=1 000 000 001 (2.13)。

7. 152 207×73=11 111 111 (2.14)。

8. 11 011 011×91=1 002 002 001 (2.17)。

算题

1. 井深10步，灌满水，从某天开始，一株荷花从井底向上生长，$1\frac{1}{2}$日长$2\frac{1}{2}$安，抽水机$2\frac{1}{2}$日抽水$1\frac{1}{2}$安，阳光蒸发每日失水$1\frac{1}{5}$安，神龟把荷花在$3\frac{1}{2}$日内咬去$5\frac{1}{2}$安。问：多少日后荷花茎才能露出水面？(5.28～5.30) 答数：$351\frac{9}{41}$。

2. 20人抬轿走2育亚那路，给工资720钱币。走了2里后，2人离去，又走了2里[②]，3人离去，又走了余程之半，5人离去。问：他们各得到多少工资？(6.231～6.232) 答数：18，57，155，400[③]。

五、单位分数

《纲要》第3章有专节载有关普通分数与单位分数互化法则，令人瞩目。

---

① 略去原著文字叙述，只记题中被乘数、乘数及成中心对称的乘积答数.

② 注意1育亚那=4里.

③ 原著答数俱误.

命题

1. 把单位1用n个不同的单位分数和表示：

法则：$1=\frac{1}{2}+\frac{1}{3}+\frac{1}{3^2}+\frac{1}{3^3}+\cdots+\frac{1}{3^{n-2}}+\frac{1}{2\times 3^{n-2}}$（3.75）。

例　把1用5个单位分数表示这里$n=5$，

$$1=\frac{1}{2}+\frac{1}{3}+\frac{1}{9}+\frac{1}{27}+\frac{1}{54}。$$

2. 把单位1用奇数个（$2n-1$）个不同的单位分数和表示。

法则　$1=\frac{1}{2\times 3\times\frac{1}{2}}+\frac{1}{3\times 4\times\frac{1}{2}}+\cdots+\frac{1}{(2n-1)\times 2n\times\frac{1}{2}}+\frac{1}{2n\times\frac{1}{2}}$（3.77）。

例　把1用7个单位分数和表示，这里$n=4$。

$$1=\frac{1}{3}+\frac{1}{6}+\frac{1}{10}+\frac{1}{15}+\frac{1}{21}+\frac{1}{28}+\frac{1}{4}。$$

3. 把单位分数化为r个分数之和，使它们的分子分别是$a_1, a_2, \cdots, a_{r-1}$。

法则　如已给单位分数为$\frac{1}{n}$，则

$$\frac{1}{n}=\frac{a_1}{n(n+a_1)}+\frac{a_2}{(n+a_1)(n+a_1+a_2)}+\cdots+\frac{a_{r-1}}{(n+a_1+a_2+\cdots+a_{r-2})(n+a_1+a_2+\cdots+a_{r-2}+a_{r-1})}+\frac{1}{n+a_1+a_2+\cdots+a_{r-1}+a_{r-1}}$$（3.78）。

例　化单位分数$\frac{1}{5}$成为四个普通分数和，分别有分子2，3，4，按法则

$$\frac{1}{5}=\frac{2}{5(5+2)}+\frac{3}{(5+2)(5+2+3)}+$$

$$\frac{4}{(5+2+3)(5+2+3+4)}+\frac{1}{5+2+3+4}$$

$$=\frac{2}{35}+\frac{3}{70}+\frac{4}{140}+\frac{1}{14}。$$

4. 把普通分数化为几个不相同的单位分数和。

法则 如普通分数为$\frac{p}{q}$ $(p<q)$，可设某一自然数i，使$\frac{q+i}{p}$等于整数，设为r，则$\frac{p}{q}$已化成一个单位分数与另一分数和。

$$\frac{p}{q}=\frac{1}{r}+\frac{i}{rq} \qquad (i<p<q<rq)。$$

对于$\frac{i}{rq}$继续进行同一操作，直至成为几个单位分数和（3，80）。

例 把$\frac{5}{7}$化为几个单位分数和。

$\frac{5}{7}$，$\frac{7}{5}$，设$i=13$，$\frac{5}{7}=\frac{1}{4}+\frac{13}{4\times7}=\frac{1}{4}+\frac{13}{28}$；

$\frac{13}{28}$，$\frac{28}{13}$，设$i=11$，$\frac{13}{28}=\frac{1}{3}+\frac{11}{3\times28}=\frac{1}{3}+\frac{11}{84}$；

$\frac{11}{84}$，$\frac{84}{11}$，设$i=4$，$\frac{84}{11}=\frac{1}{8}+\frac{4}{8\times84}=\frac{1}{8}+\frac{1}{168}$；

$\frac{5}{7}=\frac{1}{4}+\frac{1}{3}+\frac{1}{8}+\frac{1}{168}$。

5. 把单位分数化为几个单位分数和。

法则一 如已给单位分数为$\frac{1}{n}$，它必然能化为二不同单位分数和：

$\frac{1}{n}=\frac{1}{pn}+\frac{1}{\frac{pn}{p-1}}$，只要选取$p$，使$n|p-1$。继续同样操作，可以把它化为二个不同单位分数积（3.87）。

例 $n=11$，就选取$p=12$，那么

$$\frac{1}{11}=\frac{1}{12\times 11}+\frac{1}{12}。$$

法则二 把前面命题3 中取$a_1=a_2=\cdots=a_{r-1}=1$,则本命题已解：可以化为r个单位分数和。

例 对于单位分数$\frac{1}{5}$,要化为$r=4$个单位分数和,取$a_1=a_2=a_3=1$：$\frac{1}{5}=\frac{1}{30}+\frac{1}{42}+\frac{1}{56}+\frac{1}{8}$。

中世纪数学家中研究单位分数有杰出成绩的，摩诃毗罗是代表之一，直至近代，他的工作仍能说，居很高水平。例如对于命题1～命题5 都是单位分数构造方法问题。两卷本《数学史》作者D. E. Smith 就提问：我们不知道埃及纸草中的单位分数是怎样得到的？"[①] 英国J. J. Sylvester（1814—1897）对真分数$\frac{a}{b}$怎样化为单位分数和提出：

命题 对于真分数$\frac{b}{a}$取$\left[\frac{a}{b}\right]+1=c_1$作为第一项单位分数的分母,然后求第一次差$\frac{b}{a}-\frac{1}{c_1}=\frac{b_1}{a_1}$,取$\left[\frac{a_1}{b_1}\right]+1=c_2$作为第二项单位分数的分母,再求第二次差$\frac{b_1}{a_1}-\frac{1}{c_2}=\frac{b_2}{a_2}$,取$\left[\frac{a_2}{b_2}\right]+1=c_3$作为第三项单位分数。……继续这样运算，直至$\frac{b}{a}$全被分解为单位分数之和为止，$\left\{\frac{a_n}{b_n}\right\}=0$。

$$\frac{b}{a}=\frac{1}{c_1}+\frac{1}{c_2}+\frac{1}{c_3}+\cdots+\frac{1}{c_n}。$$

理由是显然的，这种构造方法答案惟一。

例如 $\frac{3}{7}$。$c_1=\left[\frac{7}{3}\right]+1=3$，第一次差$\frac{3}{7}-\frac{1}{3}=\frac{2}{21}$，$c_2=$

① Sm.，vol. 2，p. 120

$\left[\frac{21}{2}\right]+1=11$，第二次差$\frac{2}{21}-\frac{1}{11}=\frac{1}{231}$，因此

$$\frac{3}{7}=\frac{1}{3}+\frac{1}{11}+\frac{1}{231}。$$

从sylvester这一工作可以理解9世纪时摩诃毗罗解法的可贵。另一方面《纲要》命题中也有不尽人意之处，如命题4有局限性：把形如$\frac{p}{q}$的分数指定化为确定个数的不相同单位分数，有时不一时能够做到。又如命题1、命题2的构造法如今仍是逗引人的，但也有局限性：直至20世纪末有一个记录，把单位1化为单分数和（分母是奇数）最佳表示[①]是

$$1=\frac{1}{3}+\frac{1}{5}+\frac{1}{7}+\frac{1}{9}+\frac{1}{11}+\frac{1}{15}+\frac{1}{35}+\frac{1}{45}+\frac{1}{231}。$$

而按照《纲要》命题1、命题2推算结果，最后一个很遗憾，总是以偶数为分母的单位分数为尾。

六、数　　列

对阿耶波多《文集·数学》第二〇，二一节提出新的算题。

1. 求首项是3，公差是5，前五项平方数列和（6.300）答数1 096。

2. 分别求首项是1，立方数数列前6，7，8，25，256项的和（6.302）答数：441，784，1 294，105 628，1 082 141 816。

第三节　代　　数

一、线性方程组

《纲要》有很多要用线性方程组解的算题，解法仍沿用希腊

① 单位分数个数最少，分母最小. 见S.，pp. 77～78.

Diophantus《算术》以及其先辈阿耶波多《文集·数学》第二九节方式，因题而异。一般先示解法，后设同型算题，以数值代入解法（公式）。全书并未出现一般解法，即我国《九章算术》“方程”术或今称系数矩阵初等变换方法。例如：

类型1 已给方程组

$$\begin{cases} b_1x_1+c_1x_2=a_1, \\ c_1x_1+b_1x_2=a_2, \end{cases}$$

所求 $x_1=\dfrac{b_1a_1-c_1a_2}{b_1{}^2-c_1{}^2}$，

$x_2=\dfrac{c_1a_2-b_1a_1}{c_1{}^2-b_1{}^2}$。

类型2 已给方程组

$$\begin{cases} x_1-\dfrac{a_1}{b_1}x_2=p, \\ x_2-\dfrac{a_2}{b_2}x_1=p, \end{cases}$$

所求 $x_1=\dfrac{(a_1+b_1)\ b_2p}{(a_1+b_1)\ b_2-\ (a_2+b_2)\ a_1}$，

$x_2=\dfrac{(a_2+b_2)\ b_1p}{(a_2+b_2)\ b_1-\ (a_1+b_1)\ a_2}$。

类型3 与阿耶波多《数学·文集》第二九节相同。

类型4 已给方程组

$$\begin{cases} b_1\sum x_i-c_1x_1=a_1, \\ b_2\sum x_i-c_2x_2=a_2, \\ \cdots\cdots \\ b_n\sum x_i-c_nx_n=a_n, \end{cases}$$

《纲要》指出，相当于说，先求：

$$\sum_{i=1}^{n} x_i = \frac{\sum_{i=1}^{n} \frac{a_i}{c_i}}{\sum_{i=1}^{n} \frac{b_i}{c_i} - 1},$$

然后分别得所求

$$x_i = \frac{b_i}{c_i} \frac{\sum_{i=1}^{n} \frac{a_i}{c_i}}{\sum_{i=1}^{n} \frac{b_i}{c_i} - 1} - \frac{a_i}{c_i} \quad (i=1, 2, \cdots, n)。$$

显然类型 3 是类型 4 的特殊情况：$b_i = c_i = 1$。

原著有关算题如：

1. 9 个李子，7 个苹果，值钱 107；7 个李子，9 个苹果，值钱 101。问李子、苹果单价是多少？$\left(6.144\frac{1}{2} \sim 6.145\frac{1}{2}\right)$答数：分别值钱 8，5，类型 1。

原著认为本题 $b_1 = 9$，$c_1 = 7$；$a_1 = 107$，$a_2 = 101$。从类型 1 解法公式得到答数。我们认为摩诃毗罗与阿耶波多同样有解字母系数方程组的能力，这四类型解法公式显示印度数学家已具有熟练的代数恒等变形运算才能。

2. 总额 13 740 个钱币，分三笔投资各有月利率 2%，5%，9%，使 4 个月后各有相同本利和。问：各投资多少钱币？(6.69) 答数：5 100，4 590，4 050，类型 4。

3. 三商人甲、乙、丙，如果甲从乙得到 4，从丙得到 5 个钱币，甲的财富是乙、丙两人和的 2 倍。如果乙从甲得 4，从丙得 6 个钱币，财富是另两人和的 3 倍。如果丙从甲得 5，丙得 1 个钱币，他的财富是另两人和的 5 倍。问：甲、乙、丙三人原来有财产多少？$\left(6.253\frac{1}{2} \sim 255\frac{1}{2}\right)$答数：7，8，9，类型 4。

4. 四商人到海关报税。甲申称，除他以外三人共有本 22 个钱币。乙称，其他三人共本23个钱币，丙、丁各自称除自己以外，其余三人共有本分别为25，27个钱币。问：四人各有多少个钱币？（6.160～6.162）答数：10，9，8，5，类型3。

5. 甲乙二人为斗鸡[①]下赌注。巫师对甲说："如果你的鸡取胜，赌注归我；如果你的鸡败了，我赔你赌注的$\frac{2}{3}$"。巫师对乙说："如果你的鸡取胜，赌注归我；如果败了，我赔你赌注的$\frac{3}{4}$。"在任何情况下，巫师都得益12个钱币。问：甲乙二人各下多少赌注？$\left(6.270\sim6.272\frac{1}{2}\right)$答数：42，40，类型2。

二、二次方程

摩诃毗罗在《纲要》有需用二次方程解的算题，设题与阿耶波多《文集·数学》第二五节要求有差异。例如：

类型1　$\frac{a}{b}x+c\sqrt{x}+d=x$。　　　　　　　（＊）

《纲要》先给出求根公式，

$$x=\frac{\frac{c}{2}}{1-\frac{a}{b}}+\sqrt{\left(\frac{\frac{c}{2}}{1-\frac{a}{b}}\right)^2+\left(\frac{d}{1-\frac{a}{b}}\right)^2},$$

然后从题整理成方程（＊）的形式，以已给数据代入求出答数。

类型2　$x-\left(\frac{a}{b}x\right)\left(\frac{c}{d}x\right)-e=0$。《纲要》的求根公式是

---

① 斗鸡规则：如甲胜，巫师赔甲$42\times\frac{2}{3}=28$，而全取乙的赌注，所以他收益$40-28=12$.

$$x=\frac{\frac{bd}{ac}\pm\sqrt{\left(\frac{bd}{ac}-4e\right)\frac{bd}{ac}}}{2}。$$

类型 3　$\left(1-\frac{a}{b}\right)x+c\sqrt{x}+d=0$ 的求根公式是

$$x=\frac{-\frac{c}{2}\pm\sqrt{c^2-4\left(1-\frac{a}{b}\right)d}}{1-\frac{a}{b}}。$$

类型 4　$\sqrt{x}+\sqrt{x\pm a}=b$ 的求根公式是

$$x=\left(\frac{b^2\mp a}{2a}\right)^2。$$

同样是二次方程，求根公式却因情况而异。与解线性方程组类似，在摩诃毗罗的代数学中未发现解二次方程一般法则。原著有关算题如：

1. 荷花梗长三分之一的平方根的8倍浸在水里，16安露在水面上。求水深及梗长。(4.53) 答数：32，48，类型1。

2. 一群色拉鸟四分之一在荷花池中。又已知它的九分之一、四分之一以及它的平方根的7倍在山上。还剩下56只在菩提树上。问：这群鸟共有多少只？(4.36) 答数：576，类型1。

3. 取一群鸽子的平方根加上这群鸽子，减去12的平方根，已知二者和是6。问：这群鸽子有多少只？(4.66) 答数：16，类型4。

4. 一群大象。大象的十分之一减去二只，乘以大象数的十分之一，减去在林中嬉耍的2只，余下6的平方只在山上放养。问：象群有象多少？(4.63) 答数：100或40，类型2。

5. 骆驼数的四分之一在树林里，骆驼数平方根的2倍在山坡上，余下有3乘5只在河边。问：共有骆驼多少？(4.34) 答数：36，类型3。

三、高次方程

《纲要》辑有算题，相当于要求解方程

$$x=a_1\sqrt{b_1x}+a_2\sqrt{b_2\ (x-a_1\sqrt{b_1x})}+$$
$$a_3\sqrt{b_3\ (x-a_1\sqrt{b_1x}-a_2\sqrt{b_2\ (x-a_1\sqrt{b_1x})}}+$$
$$\cdots+c。$$

原著逐次叠代，使最终归结为解二次方程

$$X-A\sqrt{BX}=R。$$

其有关算题如：

1. 象群只数三分之二平方根的9倍加上余数五分之三平方根的6倍与象群最后余下只数相差24只。问：象群有多少只象？(4.54～4.56) 答数：150。

2. 野猪只数二分之一平方根的4倍在树林里，其余的十分之一的平方根8倍在山上，再其余的二分之一平方根9倍在河边。最后还剩下56只。问：野猪共有几只？(4.56) 答数：200。

我们如设野猪共有 x 只，题意是要解方程

$$4\sqrt{\frac{1}{2}x}+8\sqrt{\frac{1}{10}\left(x-4\sqrt{\frac{1}{2}x}\right)}+$$
$$9\sqrt{\frac{1}{2}\left(x-4\sqrt{\frac{1}{2}x}-8\sqrt{\frac{1}{10}\left(x-4\sqrt{\frac{1}{2}x}\right)}\right)}+56=x。$$

3. 柱子长的十二分之一乘二十分之一在水中。这段长度乘这段长度的二十分之一乘十六分之三在泥里，柱子露出水面20尺。问：柱子全长多少？(4.60) 答数：240或120。

我们如设x为柱子全长尺数，那么题意是要解方程：$x-\frac{x}{12}\times\frac{x}{20}-\frac{1}{20}\times\frac{3}{16}\left(x-\frac{x^2}{12\times 20}\right)^2=20$。这是四次方程，原著相当于设

$X=x-\frac{x^2}{360}$，原式成为二次方程，再解另一个二次方程，得答数。

四、二次方程组

为解决长方形有关度量问题的需要《纲要》还指出解二次方程组的求根公式：

类型1 $\begin{cases}xy=a,\\x+y=b,\end{cases}$ 求根公式是

$$x=\frac{1}{2}\left(a+\sqrt{a^2-4b}\right),$$

$$y=\frac{1}{2}\left(a-\sqrt{a^2-4b}\right)。$$

类型2 $\begin{cases}x^2+y^2=a,\\xy=b,\end{cases}$ 求根公式是

$$x=\frac{1}{2}\left(\sqrt{a+2b}+\sqrt{c-2b}\right),$$

$$y=\frac{1}{2}\left(\sqrt{a+2b}-\sqrt{c-2b}\right)。$$

具体算题如：

1. 已给长方形周长170，面积1 500。问：它的宽和高各是多少？$\left(7.130\frac{1}{2}\right)$答数：25，60，类型1。

2. 已给长方形对角线长13，面积是60。求它的宽和高各是多少？$\left(7.128\frac{1}{2}\right)$答数，5，12。

第四节　不定分析

《纲要》以为数众多的算题丰富和充实了阿耶波多《文集·数学》第32～33节粉碎法的应用算题。有两种形式：

一、同余式（组）

1. 某数乘6加10，被9除，无余数；某数乘6减10，被9除，无余数。问：这二数各是多少？$\left(6.135\frac{1}{2}\right)$答数：$\frac{4}{3}$，$\frac{14}{3}$①。

2. 树林中有91堆② 苹果，旅行者在其中拿走17个，其余平均分给79人，刚分完。问：每人得多少？$\left(6.120\frac{1}{2}\right)$答数：9。

这相当于要解同余式

$$91x-17\equiv0\ (\mathrm{mod}\,79)。$$

3. 一堆水果，两个两个，三个三个，四个四个，五个五个平均分配给人们，都余下一个。问：这堆水果有多少个？$\left(6.122\frac{1}{2}\right)$答数：61。

4. 旅行者见路边有好多堆水果，取2堆平均分给9人，余下3个。取3堆平均分给11人，余下5个。取5堆平均分给7人，余下4个。问：每堆水果有多少个？$\left(6.127\frac{1}{2}\right)$答数：537。

5. 某人带芒果回家，大儿子取其中1个又取走一半，二儿子取余下1个，又取走一半。此人与三儿子对半分余下的芒果，刚分完。问：他带回家有多少个芒果？$\left(6.131\frac{1}{2}\right)$答数：11。

《纲要》很多同余式题以水果入题，后世拟题依样仿造。例如英国数理逻辑学者A. N. Whitehead（1861—1947）曾拟题征解，一时脍炙人口，题云：五个水手带了一只猴子，来到太平洋一个荒岛上，发现那里有一大堆椰子。他们旅途劳顿，就躺下休息了。不久，第一个水手醒了，他把椰子平均分成五堆，还剩下一个椰子，他把它扔给猴子吃了，自己藏起一堆，就重新入睡。隔了一会，第

① 指最小正整数解，下文仿此.

② 每堆有相同个数果子，下文仿此.

二个水手醒了，他把剩下来的椰子重新平均分成五堆，正好又多出一个，他又扔给猴子吃了，自己藏起一堆，也重新入睡。接着，第三、四、五个水手都同样操作。第二天一早，大家都醒了，发现剩下的椰子已不多，水手们心照不宣。为示公平，把剩下的再等分五堆，各人一堆。说来奇怪，又刚好多一只，就把它又扔给那已饱尝美味的猴子。你能算出：原来那一大堆椰子有多少个？答数：15621。

二、不定方程组

1. 两块金锭各重16，10，都不知成色。经过熔化，合金金块成色测定为11瓦。问：这两金锭原有成色多少？(6.188)答数：$\frac{117}{16}$，$\frac{169}{10}$或$\frac{175}{16}$，$\frac{111}{10}$。

本题相当于解不定方程$16x+10y=11(16+10)$，x，y分别为含金成色。

2. 56帕买72只鸟：2帕买3只孔雀，3帕买4只鸽子，4帕买5只鹅，5帕买6只色拉鸟。问：各种鸟买了几只，各花了多少帕？$\left(6.147\frac{1}{2}\sim149\right)$答数：鸟数：7，16，45，4。花钱数：$\frac{14}{3}$，12，36，$\frac{10}{3}$。此题与我国“张丘建算经”（5世纪）百鸡问题相仿①。

3. 甲有16颗蓝宝石，乙有10颗猫儿眼，丙有8颗钻石。如果各人都给另外二人各2颗，那么三人财富相同。问三种宝石各值多少？（6. 165～6. 166）答数：8，20.40。

如设三种宝石各值x，y，z帕，此题相当于要解不定方程组

$$12x+2y+2z=2x+6y+2z=2x+2y+4z。$$

① 本《大系》卷6，p. 67

答数只是其中一组解。

4. 三个商人看见路旁有一个钱包、商人甲说：如果我得到钱包，我所有财富将是你俩手头所有总和的2倍。乙说：如果我得到钱包，我所有将是你俩手头所有总和的3倍。丙说：如果我得到钱包，我所有将是你俩手头所有总和的5倍。数学家，请告诉我：三商人手头各有多少钱，钱包中有多少钱？(6. 236～237) 答数：1，3，5；15。

本题是含有四个未知数、三个方程的方程组：如设甲、乙、丙三人手头各有钱数为x，y，z，钱包中钱数为u，那么题设条件相当于说

$$\begin{cases}u+x=2\ (y+z),\\ u+y=3\ (z+x),\\ u+z=5\ (x+y)。\end{cases}$$

可见原著答案数只是方程的一组解，与前面所引三题一样，原著在同类问题之前有解题公式。本题之前对于

$$\begin{cases}u+x=a\ (y+z),\\ u+y=b\ (z+x),\\ u+z=c\ (x+y),\end{cases}\qquad (*)$$

求根公式是：

$$S-2(b+1)(c+1),S-2(c+1)(a+1),S-2(c+1)(a+1),S$$

$$S=\ (b+1)\ (c+1)\ +\ (c+1)\ (a+1)\ +\ (a+1)\ (b+1)。$$

四者约去［最小］公倍数，就依次是所求x，y，z，u值。

这一结果的获得，很可能摩诃毗罗已具有如下解方程能力。从方程组（$*$）知：

$$\begin{aligned}x+y+z+u&=(a+1)(y+z)=(b+1)(z+x)\\&=(c+1)(x+y),\end{aligned}$$

于是 $$\frac{(a+1)(b+1)(c+1)}{x+y+z+u}(y+z)=(b+1)(c+1),$$

类似地 $\frac{(a+1)(b+1)(c+1)}{x+y+z+u}(x+z)=(a+1)(c+1)$，

$$\frac{(a+1)(b+1)(c+1)}{x+y+z+u}(x+y)=(a+1)(b+1),$$

那么

$$\frac{2(a+1)(b+1)(c+1)}{x+y+z+u}(x+y+z)=2(b+1)(c+1)+$$

$2(a+1)(c+1)+2(a+1)(b+1)$，记为S。

这就易于推导所求四个未知数：

$x:y:z:u=(S-2(b+1)(c+1)):(S-2(a+1)\cdot(c+1)):(S-2(a+1)(b+1)):S$。

四项各自约去四者最小公倍数是其最小正整数解。本题四项值依次为6，18，30，90，分别约去最小公倍数6，正是原著答数为1，3，5，15。

《纲要》还把问题引入进一步复杂的方程组：

$$\begin{cases}\frac{1}{d}u+x=a\ (y+z),\\ \frac{1}{e}u+y=b\ (z+x),\\ \frac{1}{f}u+z=c\ (x+y),\end{cases}$$

并给出求根公式（最小的正整数解）。类似地还把未知数从四个增加到五个。

5. 四个商人看到路旁有一个钱包，如果各人依次取其中$\frac{1}{5}$，$\frac{1}{4}$，$\frac{1}{2}$，$\frac{1}{3}$，与手头所有钱一起将分别是其余三人手头原有钱和的2，3，5，4倍。请问：这四人手头原有钱多少？钱包内有多少钱？（6.248）答数：356，585，445，624；14 760。

另一类互给问题也成为解不定方程题。如

6. 商人有五个儿子，长子给次子刚好是次子手头所有钱，次子给三弟刚好是三弟手头所有钱，四弟给五弟刚好是五弟手头所有钱。互给的结果，五兄弟财富相等。问：原来各人手头有多少钱？$\left(6.262\frac{1}{2}\right)$答数：31，15，14，12，8。

如设五人原来有钱分别为x，y，z，u，v，则题意是要解：

$$x-y=2y-z=2z-u=2u-v=u+v。$$

7. 六个商人以年龄为序，年长的依次给年纪次大的财产三分之二。互给结果，六个商人财富相等。问：原来各人有多少钱？$\left(6.264\frac{1}{2}\right)$。答数5 187，3 093，3 045，2 925，2 625，1 875。

上引二题较前面五题难度又加大，问题7如设六商人[①]原来各有钱数为x，y，z，u，v，w，则题意要解六元不定方程组

$$x-\frac{2}{3}y=\left(1+\frac{2}{3}\right)y-\frac{2}{3}z=\left(1+\frac{2}{3}\right)z-\frac{2}{3}u$$

$$=\left(1+\frac{2}{3}\right)u-\frac{2}{3}v=\left(1+\frac{2}{3}\right)v-\frac{2}{3}w=\left(1+\frac{2}{3}\right)w。$$

对上引二题《纲要》都仅指出最小正整数解求根公式，并未说明怎样求一般解。

我国先秦时代成书的《九章算术·方程》五家共井题也是五元不定方程组问题，与上二题相似，原书答数也仅给最小正整数解。而刘徽在公元263年作注时，精辟地指出："是故七百二十一为井深，七十六为戊绠之长，举率以言之。"这一结论同样也适用于六百年之后摩诃毗罗所给方程组的特解。

① 以年龄大小为序.

第五节　几　　何

一、勾股数

命题　任意设二数：a，b（$a>b$），那么a^2-b^2，$2ab$，a^2+b^2分别是直角三角形两直角边及斜边。(7.90$\frac{1}{2}$)原著未指出a,b必须同为奇数。

二、直线形

有关勾股比例有很多创见，部分已引在本《大系》卷2[①]，请查阅，在此不重复.

三、圆及其部分

1.　圆周长：直径乘以$\sqrt{10}$是圆周长（7.60）。

2.　圆面积：周长乘直径的四分之一是圆的面积（7.60）。

3.　弓形周长：弦平方与矢平方五倍和的平方根（7.43）。

4.　弓形面积：弦矢和与半矢乘积[②]（7.43）。

5.　球冠面积：龟背（向上凸或向下凹）面积是半底与半穿径的乘积[③]（7.23）。

---

① 参见本《大系》卷2，pp.453～464

② 与《九章算术·方田》弧田术相同.

③ 与《九章算术·方田》宛田术相同.

第五章《Bakhshali 手稿》

1881 年在印度西北部边境玛顿（Mardan）附近 Bakhsholi 地方，发现桦树皮上撰写的梵文数学文物，作者佚名。1888 年英人 Hoernle 博士初步整理后，文物运往英国，藏牛津大学 Bodlein 图书馆。1927 年C. R. Kaye 发表《Bakhshali 手稿》在印度加尔各答，印度中央印刷厂出版。《Bakhshali 手稿》全书二编。第一编为导论，凡 9 章 101 节，论手稿内容、沿革等很详细。第二编手稿原件全份摄影及英文译本图版 4.5.1 为摹本。据 Kaye 考订：在克什米尔高原地带桦树林植被茂密，当地居民用桦树皮覆盖屋顶。直至 20 世纪 20～30 年代仍有以桦树皮代替纸张者。Kaye 还考证中国造纸术西传较迟。阿拉伯世界今存第一张纸是 866 年物，印度则迟至 13 世纪才有可考的造纸史，今存有 1231 年纸写本。在此以前书写都在棕榈树叶上、桦树皮上或铜版上。

手稿共 75 叶，Bodlein 图书馆已为编号。每叶大小不一，最大一叶长 14.5 厘米，宽 9 厘米。有的边缘破损，有的毁坏严重，编号共分 11 组：

A（13），B（4），C（9），D（7），E（5），F（5）

G（7）， H（3），J（1），K（1），L（4），M（14），

括号中为叶数。

手稿本身编排比较零乱，其上保存不少印度早期数学文献。有的学者说这是公元 3 世纪时作品。[①] 据 Kaye 考证：“无论如何手稿

① Da., vol. 1, p. 61

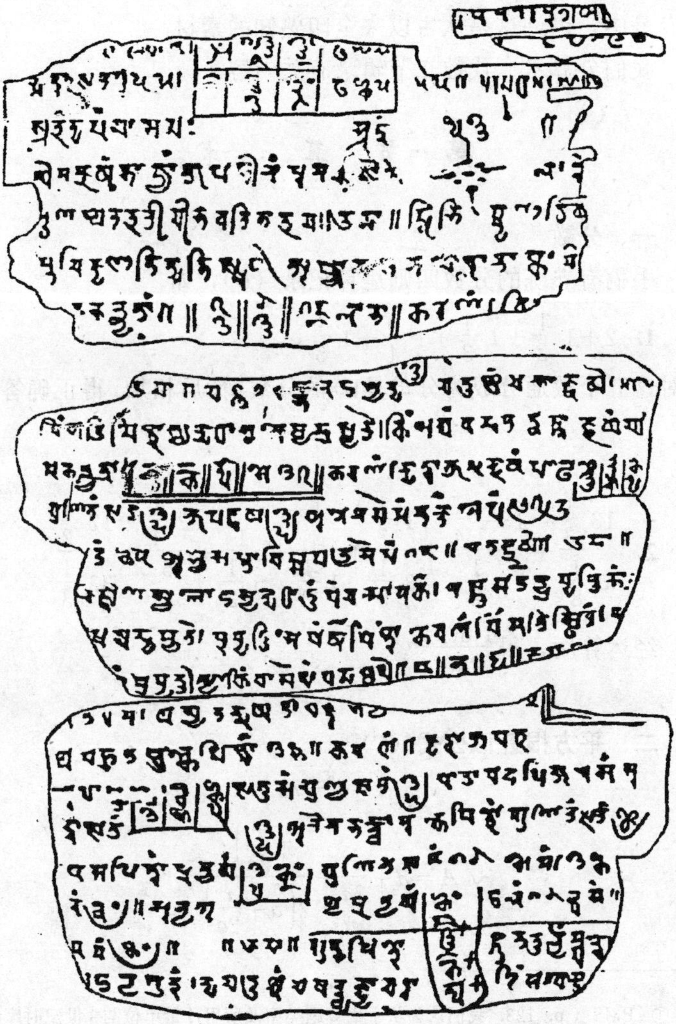

图版 4.5.1

不迟于10世纪，或者更早一些”。① 好些题材也出现在印度其他数学专著中，也许这是从古以来全印熟知的素材。

我们分算术、代数二节辑录有关内容。

第一节　算　术

一、分数

手稿有熟练的分数四则运算记录（B），如

1. $2+1\frac{1}{2}+1\frac{1}{3}+1\frac{1}{4}+1\frac{1}{5}$，

先对这五个数通分成为分母是60的分数，然后相加，得正确答数：$\frac{437}{60}$。

2. $\frac{13\frac{1}{3}}{3\frac{1}{8}}+\frac{13-\frac{1}{4}}{8\frac{1}{2}}+\frac{1\frac{1}{3}}{3\frac{1}{5}}+\frac{\frac{1}{2}}{1\frac{1}{2}}+\frac{1}{5\frac{1}{2}}+\frac{2\frac{1}{4}}{5}+\frac{12\frac{1}{2}}{33\frac{1}{3}}$，

经运算后，得$\frac{1\,807}{240}$②。

二、平方根近似公式（C）③

$$A=a^2+r,$$

$$\sqrt{A}=a+\frac{r}{2a}-\frac{\left(\frac{r}{2a}\right)^2}{2\left(a+\frac{r}{2a}\right)}。$$

---

① BMS.，p. 123. 我们认为从手稿算题类型及所用计量单位与9世纪时摩诃毗罗基本一致，可以认为手稿当是与摩诃毗罗《纲要》同时代作品.

② Sr.，p. 31.

③ 括号内大写字表示Bodlein 分组号.

例　$41=36+5=6^2+a$，

$$\sqrt{41}\approx 6+\frac{5}{12}-\frac{\left(\frac{5}{12}\right)^2}{2\left(6+\frac{5}{12}\right)}$$，与真值相对误差为2.23×10^{-6}。

三、余数的问题（*F*）

手稿含17个余数问题。问题的模式是已给余数R_1，求原来的数量C。每经过一个关卡，抽税率为a_i＝税金÷过关金额（$i=1, 2, \cdots, n$）。这些问题的解法公式是

$$C=R\div(1-a_1)(1-a_2)\cdots(1-a_n)。$$

例如：

1. 一旅行者带了一瓶酒，含4皮（prastha）。一共走了四站。每经一站，他饮去1皮后，就灌进1皮水。问：走完四站后，瓶里有多少酒？有多少水？

$$4\left(1-\frac{1}{4}\right)\left(1-\frac{1}{4}\right)\left(1-\frac{1}{4}\right)\left(1-\frac{1}{4}\right)=1\frac{17}{64}\text{（酒、皮数），}$$

$$4-1\frac{17}{64}=2\frac{47}{64}\text{（水、皮数）。}$$

2. 某旅行者过三个关卡。每关卡分别征收过关税是：所带金额的$\frac{1}{3}$，$\frac{1}{4}$，$\frac{1}{5}$。过第三个关后，他共付税24个钱币，问：他原来带多少钱？

手稿解法相当于说，如原来带x个钱币，那么据题意：$x\left(1-\frac{1}{3}\right)\left(1-\frac{1}{4}\right)\left(1-\frac{1}{5}\right)=x-24$。

原著算术处理后，获答数：40。

四、黄金成色（*B*）

对于重w_i，成色为f_i的几块金锭求熔成的合金成色，手稿相

当于用公式表示。所求

$$成色=\frac{f_1w_1+f_2w_2+\cdots+f_nw_n}{w_1+w_2+\cdots+w_n}。$$

五、收入与支出（*E*，*F*，*L*）

手稿有一类收入与支出题，为其他算术书少见，其设题模式有三种：

1. 甲在d_1日内收入e_1个钱币，乙在d_2日内收入e_2个钱币。如甲给乙共g个钱币，问：几日后甲、乙有相同财富（钱数）。

设t日后两人有相同财富，据题意

$$\frac{e_1}{d_1}t-g=\frac{e_2}{d_2}t+g,$$

原著作算术处理，所求日数解题公式是

$$t=2g\div\left(\frac{e_1}{d_1}-\frac{e_2}{d_2}\right)。$$

2. 一人d_1日内收入e_1，d_2日内支出e_2个钱币。问：在多少时间内他有c个钱币。

解法：所求日数是

$$t=C\div\left(\frac{e_1}{d_1}-\frac{e_2}{d_2}\right)。$$

3. 甲d_1日内给a_1个钱币。乙d_2日内给a_2个钱币，…，丙在d_n日内给a_n个钱币，问：在多少日内他们总共给多少个钱币？

原著说：一日内他们共给

$$\frac{a_1}{d_1}+\frac{a_2}{d_2}+\cdots+\frac{a_n}{d_n}。$$

设其和为$\frac{p}{q}$，因此在$b\div\frac{p}{q}=\frac{bq}{p}$日内共给$b$个钱币。这$n$个人分别给$\frac{a_1bq}{d_1p}$，$\frac{a_2bq}{d_2p}$，…，$\frac{a_nbq}{d_np}$个钱币。

例 甲在$1\frac{1}{2}$日内给$2\frac{1}{2}$个钱币，乙$1\frac{1}{3}$日内给$3\frac{1}{2}$个钱币，丙$1\frac{1}{4}$日内给$4\frac{1}{2}$个钱币。问：三人给多少日才能有总数500个钱币？

解法：1日内共给

$$\frac{2\frac{1}{2}}{1\frac{1}{2}}+\frac{3\frac{1}{2}}{1\frac{1}{3}}+\frac{4\frac{1}{2}}{1\frac{1}{4}}=\frac{947}{120}\text{（钱币）},$$

所求日数$=500\div\frac{947}{120}=63\frac{339}{947}$。

六、行程问题（*B*）

手稿有较阿耶波多《文集·数学》第三一节进一步复杂的行程问题。其基本类型有三：

1. 动体甲以匀速v_1走t_1日后，动体乙以匀速v_2出发。问：二者行同一距离要多少日？（从乙出发时刻起算）。

设时间t日后走了相同距离，那么

$$v_1t_1+v_1t=v_2t。$$

原著经算术处理，所求时间解法公式：

$$t=v_1t_1\div(v_2-v_1)。$$

2. 甲第一日行a_1，第二日行a_1+d_1，第三日行a_1+2d_1等等。乙第一日行a_2，第二日行a_2+d_2，第三日行a_2+2d_2等等。他俩如同时、同地、同向出发，问多少时间后行相同距离？

解法：如设时间t后，两人行相同距离，那么：

$$\left(a_1+\frac{(t-1)\ d_1}{2}\right)t=\left(a_2+\frac{(t-1)\ d_2}{2}\right)t。$$

因此所求$t=2(a_1-a_2)\div(d_2-d_1)+1$。

3. 甲以定速v行走，乙第一日行走a，第二天$a+d$，第三天

$a+2d$ 等等。两人同地、同时、同向出发。问：多少时间后两人行相同距离？

解法：如设时间 t 后，两人行相同距离，那么

$$vt=\left(a+\frac{(t-1)\ d}{2}\right)t。$$

手稿作算术处理所求 $t=2\ (v-a)\ \div d+1$。

七、混合问题（*M*）

手稿牛律 Bodlein 图书馆编号 M 共十四页都是混合问题。含度量衡换算、比例等内容，可见印度先民所拟算术题的多样化。例如：

1. 蜗牛一日行 3 yava。问：它走 5 育亚那，需要多少时间？

据 Kaye 考证，手稿长度进制为：

1 安＝8 yava，1 pala＝6 安，1 vitasti＝2 pala，

1 哈斯＝2 vitasti，1 里＝4 哈斯，1 nadi＝2 里，

1gavyuti＝2 里，1 育亚那＝4 gavyuti。①

于是 1 育亚那＝12 288 yava。

解法：所需时间：

$$12\ 288\times 5\div 3=20\ 480\ 日=56\frac{8}{9}年。②$$

2. 蛇长 18 哈斯，每日进洞 $\frac{1}{2}$ 又 $\frac{1}{9}$ 安，退出 $\frac{1}{21}$ 安。问：它得花多少时间全身入洞？

解法：原著把问题看成解比例式

$$\left(\left(\frac{1}{2}+\frac{1}{9}\right)-\frac{1}{21}\right):\frac{1}{360}=18\times 24:x$$

---

① 比较摩诃毗罗《纲要》计量制度，除安（angula）、哈斯（hasta）、里（danda）、育亚那（yoyana）外，其余单位有异.

② 一年作 360 日计.

所求时间$x=\frac{189}{80}$年＝2 年 4 月$10\frac{1}{2}$日。

3. 一人 2 日半内挣$10\frac{1}{3}$个钱币，他是虔诚的教徒，每$3\frac{1}{8}$日向祭司献$13\frac{1}{3}$个钱币；向Vasudeva 神每$8\frac{1}{2}$日呈献$12\frac{3}{4}$个钱币。为得到来生幸福，又向Brahmana 神每$3\frac{1}{5}$日呈献$1\frac{1}{3}$个钱币。此外他又分别每$1\frac{1}{2}$日呈献$\frac{1}{3}$个钱币，每$3\frac{1}{2}$日呈献 1 个钱币，每 5 日呈献$2\frac{1}{4}$个钱币给其他三个神明。他自己每$33\frac{1}{3}$日付酒钱$12\frac{1}{2}$个钱币。问：他有存款1200 个钱币。照上面收支，多少时间后把存款全部用完？

解法：每日收入$\dfrac{10\frac{1}{3}}{2\frac{1}{2}}=\dfrac{62}{15}$，

$$每日支出=\frac{13\frac{1}{3}}{3\frac{1}{8}}+\frac{12\frac{3}{4}}{8\frac{1}{2}}+\frac{1\frac{1}{3}}{3\frac{1}{5}}+\frac{\frac{1}{3}}{1\frac{1}{2}}+\frac{1}{3\frac{1}{2}}+\frac{\frac{1}{4}}{5}+\frac{12\frac{1}{2}}{33\frac{1}{3}}$$

$$=\frac{1\,087}{240},$$

每日亏损$\frac{1\,087}{240}-\frac{62}{15}=\frac{95}{240}$。

原著用三率法得答数$3\,031\frac{55}{95}$日＝8 年 5 月$1\frac{55}{95}$日。

八、数列（*F*）

手稿讨论数列问题，有以下类型：

1. a_1，$2a_1$，$3a_1$，…，na_1；

2. a_1，$2a_1$，$3a_2$，…，na_n；

3. a_1，$2a_1$，$3(a_1+a_2)$，…，$n(a_1+a_2+\cdots+a_{n-1})$后，一

数列的结构比 13 世纪欧洲比萨的斐波那契所定义的数列还要复杂。

从上文简介，已见手稿的主要方面足以证明Kaye 的鉴定：它约是 10 世纪时的文物是无误的。它的工作与 9 世纪时摩诃毗罗《纲要》相仿佛，而更深入一步。例如下文在适定和不定方程的解法方面都做得很出色。虽然像希腊Diophantns《算术》、阿耶波多《文集·数学》那样有相似类型、相似解法，但给读者知其然的同时，又揭示其之所以然。某些解法在数学教学上至今甚有教益和参考价值。

第二节　代　　数

一、线性方程组（*A*）

手稿上出现一系列形如

$$\begin{cases} x_1+x_2=a_1, \\ x_2+x_3=a_2, \\ \cdots\cdots \\ x_n+x_1=a_n \end{cases} \qquad (*)$$

方程组，n 是奇数。

解法：从 $a_n=(a_2-a_1)+(a_4-a_3)+\cdots+(a_{n-1}-a_{n-2})+2x_1$。然后任意假设 $x'_1=p$。于是：

$$a'_n=(a_2-a_1)+(a_4-a_3)+\cdots+(a_{n-1}-a_{n-2})+2p,$$

那么所求 $x_1=p+\dfrac{1}{2}(a_n-a'_n)$ 相应地从（*）可以依次求出 $x_2, x_3, \cdots, x_n$。原著有题相当于

1. $\begin{cases} x_1+x_2=13, \\ x_2+x_3=14, \\ x_3+x_1=15, \end{cases}$ 这里 $a_1=13$，$a_2=14$，$a_3=15$，原著。假设

$x'_1=5$，$x'_2=13-5=8$，$x'_3=14-8=6$。

$a'_3=x'_1+x'_3=5+6=11$，那么$a_3-a'_3=4$。

所求$x_1=5+\frac{1}{2}(a_3-a'_3)=5+2=7$，

因此$x_2=6$，$x_3=8$。

2. $$\begin{cases}x_1+x_2=16,\\x_2+x_3=17,\\x_3+x_4=18,\\x_4+x_5=19,\\x_5+x_1=20。\end{cases}$$

原著设$x'_1=7$，于是$x'_2=9$，$x'_3=8$，$x'_4=10$，$x'_5=9$，于是$x'_1+x'_5=16=a'_n$，那么$a_n-a'_n=4$，（$n=5$）于是所求$x_1=x'_1+\frac{1}{2}(a_n-a'_n)=7+2=9$.相应地得$x_2=7$，$x_3=10$，$x_4=8$，$x_5=11$。

假设法只见于解一元一次方程。从手稿可见假设法也可以用为解线性方程组，但有局限性、仅限于含奇数个未知数的这类特殊形式：

方程都是二项式，系数都是正1

此外，手稿还记录类似于阿耶波多《文集·数学》第二九节类型算题。其远源应自希腊Diophantus《算术》。

二、二次方程（*E*）

1. 手稿出现解二次方程题，是出于在等差数列中当首项、总和、公差已给，求项数的需要。解题公式与阿耶波多《文集·数学》第二〇节相同。

2. 手稿还出现二次方程组

$$\begin{cases} x\ (x+y+z)\ =60, \\ y\ (x+y+z)\ =75, \\ z\ (x+y+z)\ =90。\end{cases}$$

原著解法：恒等变形：

$$x=\frac{60}{x+y+z},\ y=\frac{75}{x+y+z},\ z=\frac{90}{x+y+z}。$$

于是

$$(x+y+z)^2=225,$$

$$x+y+z=15。$$

答数所求 $x=4$，$y=5$，$z=6$。

第三节 不定分析

一、一次问题（*A*）

原著含不定线性问题，有完整解法，较摩诃毗罗《纲要》有进一步发展。如

1. 一颗珍贵宝石，它的价值与甲所有财富之半以及乙、丙、丁、戊四人财富和等价，也与甲、丙、丁、戊四人财产加上乙财富三分之一等价；又分别与甲、乙、丁、戊财富、丙财富的四分之一之和，甲、乙、丙、戊财富、丁财富五分之一之和，甲、乙、丙、丁财富、戊财富六分之一之和等价。问：五人有多少财富、宝石价值是多少？

原著相当于先列出方程组：

$$\frac{1}{2}x_1+x_2+x_3+x_4+x_5=x_1+\frac{1}{3}x_2+x_3+x_4+x_5=x_1+x_2+\frac{1}{4}x_3+x_4+x_5=x_1+x_2+x_3+\frac{1}{5}x_4+x_5=x_1+x_2+x_3+x_4+\frac{1}{6}x_5。（*）$$

于是 $\frac{1}{2}x_1=\frac{2}{3}x_2=\frac{3}{4}x_3=\frac{4}{5}x_4=\frac{5}{6}x_5$，设为 q。那么 $x_1=2q$，$x_2=\frac{3}{2}q$，$x_3=\frac{4}{3}q$，$x_4=\frac{5}{4}q$，$x_5=\frac{6}{5}q$，代入（*）任一个方程都有值

$\frac{377}{60}q$，原著认识到（＊）的解是

$x_1:x_2:x_3:x_4:x_5:x_6:w=2:\frac{3}{2}:\frac{4}{3}:\frac{5}{4}:\frac{6}{5}:\frac{377}{60}$，其最小正整数解为120，90，80，75，72，377。其中x_1，x_2，x_3，x_4，x_5分别为五人财富，w为宝石所值。

2. 甲有7匹马，乙有9头牛，丙有10只骆驼，如果每人给其他二人各自的牲口一头，他们将有相等财富。

原著设各人所有的牲口每头分别值x_1，x_2，x_3个钱币，据题意立出方程

$$5x_1+x_2+x_3=7x_2+x_1+x_3=8x_3+x_1+x_2,$$

于是$4x_1=6x_2=7x_3$，设为k。原著认为k应取4，6，7的“最小公倍数”168。本题的“最小正整数解”是$x_1=42$，$x_2=28$，$x_3=24$。显然事实上，最小正整数解应是21，14，12。

3. 相当于百鸡问题

$\begin{cases}x+y+z=20,\\3x+\frac{3}{2}y+\frac{1}{2}z=20,\end{cases}$有惟一正整数解：$x=2,y=5,z=13$。

二、二次问题（*K*）

原著给出两种类型，相当于说

1. 求$\begin{cases}x+a=s^2\\x-b=t^2\end{cases}$（＊）的正整数解，其中$a$，$b$为已给正整数。

原著有数值例，解

$$\begin{cases}x+5=s^2,\\x-7=t^2。\end{cases}$$

解法：5＋7＝12，12÷2＝6，6－2＝4。

4÷2＝2，$2^2=4$，4＋7＝11，答数：$x=11$。显然这是特解，但所示数值解法却有一般意义，由此可以推测（＊）的一般求根公

式为：

$$x=\left(\frac{1}{2}\left(\frac{a+b}{2}-2\right)\right)^2+b。[①]$$

2. 求 $xy-ax-by-c=0$（∗∗）的正整数解，其中 a，b，c 为已给正整数。

原著有数值例，解

$$xy-3x-4y-1=0。$$

解法：(3×4+1)÷1+4=17，3+1=4，这就是说，它有解 $x=17$，$y=4$。虽然是特解，不难追迹其一般解是 $x=ab+c+b$，$y=a+1$。经后人研究[②]，认为当时已有如下解题技巧：方程（∗∗）等价于

$$(x-b)(y-a)-ab-c=0,$$

设任意常数 $m=y-a$，那么（∗∗）的通解是

$$\begin{cases} x=\dfrac{ab+c}{m}+b, \\ y=m+a。\end{cases}$$

手稿特解是取 $m=1$。

---

① 这是C. R. Kaye 的推测.

② Sr.，pp. 34、35.

第六章　婆什迦罗

婆什迦罗(Bhaskara，或译作明轨范师，或简译作明)1114年生于碧嘉浦 (Bijiapur)，今属迈索尔 (Mysore) 邦。他长期在印度历史文化名城乌贾因 (Ujiain) 工作，此地亦即我国史书记晋僧法显，唐僧玄奘取经处乌苌。婆什迦罗在此地任天文台领导多年，他是12世纪印度最杰出的数学家和天文学家。他的裔孙及门人继承薪传成为学派，绵延至15世纪。他约在1184年前后谢世。

在数学方面他继承和发展先辈的成果，整理和新创许多工作，有两部力作传世。其一为《丽罗娃袛》，Lilavati是印度妇女常用名，此书之所以以此为名，据说是为纪念其爱女[①]。全书计十三章，章下有节，首尾连贯分277段。各章依序为：公设、记数法及运算法则、解题方法、混合问题数列，平面图形、挖土与填土、砖石方、木材积、量容、测影、粉碎法、排列与组合。其二为《根的计算》(Vija-Ganita)，全书计九章，章下有节，首尾连贯分216段。九章依序为：正负数、一次不定方程、二次不定方程、线性方程组、勾股定理、不定方程应用、二次不定方程应用及结论。

婆什迦罗的专著名君阿克拔 (Akbar，1556—1605) 大帝曾命译成波斯文 (1587年)。19世纪H. T. Colebrooke据梵文本 (图版4.6.1上为梵文本书影，4.6.1下为1587年波斯文译本书影) 于1817年在伦敦出版婆什迦罗两数学名著的英文注释本，并易名《丽罗娃袛》为《算术》，《根的计算》为《代数》，就二书主要内容看，这样命名书名是合适的。图版4.3.1所示为与婆罗摩笈多专

① Sr.，pp. 80，81

著英文译注合刊本扉页书影。

本章综合二书创见，分四节选述。

第一节 计量及运算法则

一、计量制度

婆什迦罗生当伽色尼朝，全印政治经济稳定，他自己又是天文台领导，所著专著中十分重视计量制度。计量制度显然与数学计算工作有非常密切的联系，有似其前辈摩诃毗罗《纲要》那样，有如我国《孙子算经》那样，卷首先列计量换算表，作为全书运算指南。《丽》（《丽罗娃祗》简称、下同）第一章公设即计量制度。各种量单位名称及进制与《纲要》已大异其趣。

钱币（L1.2）[①]

1 卡（cacini）＝10 子安贝，

1 派那（pana）＝4 卡，

1 突拉姆（drama）＝16 派那，

1 尼希加（nishca）＝16 突拉姆。

长度（L1.5～1.6）

1 指＝8 粒大麦宽度，

1 肘尺＝12 指，

1 步＝4 肘尺，

1 里＝2 000 步 后人估计约是英制 8 000 码，

1 亚育那（yayona）＝4 里，约 3.8 英里。

---

① （L1.2）是指引自《丽》第一章第二段，下文仿比.

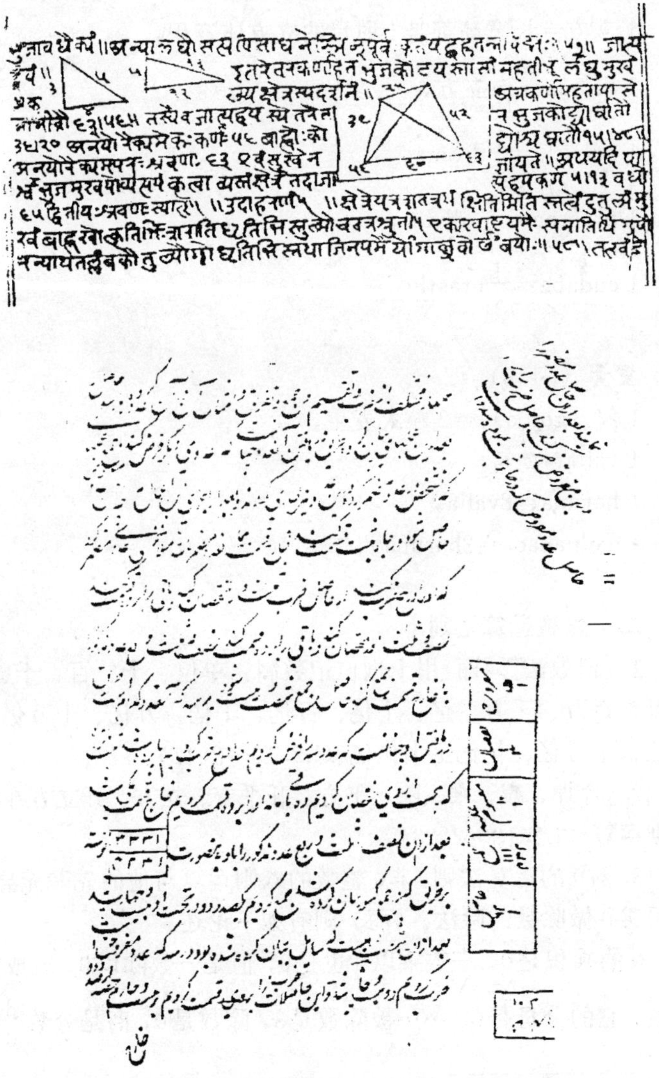

图版4.6.1

容量（L1.7～1.8）

1 立方＝长宽高都是1 肘尺的立方体容积，

1 droma＝$\frac{1}{16}$立方，

1 adhaca＝$\frac{1}{4}$droma，

1 prastha＝$\frac{1}{4}$adhaca，

1 cudaba＝$\frac{1}{4}$prastha。

重量（L1.3）

1 勾（gunja）＝2 粒大麦重，

1 valla＝2 勾，

1 haruna＝8valla，

1 qaduanaca＝2haruna①。

二、整数运算法则

1. 记数法。《丽》用十进位记数制：单位、十、百、千、万、十万、百万、千万、亿、十亿、百亿、千亿、万亿、十万亿、百万亿、千万亿、亿亿至十亿亿（L2.10～2.11）。

2. 含加、减、乘、除、平方、开平方、立方、开立方在内的八则运算（L2.12～2.28）。

3. 对0 的运算法则。非0 整数的八则运算与他的先辈无异，前人回避0 做除数的除法。《丽》则有如下论述：

0 的乘积是0，一数乘以0 也是0，但是一数除以0，就成为一分数，它的分母是0。……被除数是3，除数是0，商是分数$\frac{3}{0}$，这

① 衡制重量单位原著下文残缺.

分数以0作为分母，命名为无穷大量。(The fraction is termad an infinite quantity) 一量以0作为除数，无论加上多少，或是减去多少，永恒不变。无穷大量像是不变的上帝，在世界生与灭之间常驻恒定。(In this quantity consisting of that which has cipher for the divisor, there is no alteration, though many be inserted or extracted; as no change takes place in the infinite and immutable GOD, at the period of the destruction or creation of world, though numerous orders of beings are absorbed or put forth。) (G3.13～3.16)[①]。

三、分数运算法则

《丽》具备完整的分数运算法则：

通分 (L2.29～2.30)

法则 分子、分母互乘分母，或者分子、分母各乘一个巧妙的数。例如：

1. 告诉我，怎样把3，$\frac{1}{5}$，$\frac{1}{3}$化为公分母，它们的和是多少？

$\frac{3}{1}$，$\frac{1}{5}$，$\frac{1}{3}$，$\frac{45}{15}$，$\frac{3}{15}$，$\frac{5}{15}$，它们的和是$\frac{53}{15}$。

2. 上题对于$\frac{1}{63}$，$\frac{1}{14}$有什么结果，又二者的差是多少？

$\frac{1}{63}$，$\frac{1}{14}$的分母有公因数7，二分数化为$\frac{1}{9}$，$\frac{1}{2}$，原分子、分母各互乘以新分母，得$\frac{2}{126}$，$\frac{9}{126}$。和是$\frac{11}{126}$，差是$\frac{7}{126}$。

细分分母 (L2.36～2.37)

法则 分子相乘、分母相乘，结果是分数细分的齐式。

例 一人给乞丐突拉姆一半的三分之二的四分之三的五分之

① (G.3.13～3.16) 是指引自《根式计算》第三章第一三至第一六段.

一的十六分之一的四分之一。告诉我，他给乞丐多少个子安贝？

解法：$\frac{1}{1}\times\frac{1}{2}\times\frac{2}{3}\times\frac{3}{4}\times\frac{1}{5}\times\frac{1}{16}\times\frac{1}{4}$，化成齐式$\frac{6}{7\,680}$，约简成为$\frac{1}{1\,280}$。答数：1个子安贝。

分数八则运算（L2.36～2.43）

1. 加减法　具有公分母分数的和差。

2. 乘法　分子相乘，除以分母相乘，其商是结果。

3. 除法　除数的分子、分母互换位置，余下的步骤同乘法。

例　告诉我：5除以$2\frac{1}{3}$是多少？$\frac{1}{6}$除以$\frac{1}{3}$是多少？

解法：$5\div 2\frac{1}{3}=\frac{5}{1}\div\frac{7}{3}=\frac{5}{1}\times\frac{3}{7}=\frac{15}{7}$，

$$\frac{1}{6}\div\frac{1}{3}=\frac{1}{6}\times\frac{3}{1}=\frac{3}{6}=\frac{1}{2}。$$

4. 开平方　对分子、分母各自开平方。

5. 开立方　对分子、分母各自开立方。

四、根式运算

婆什迦罗专著中已有完整的平方根式运算法则及其数值例。

加减法　二平方根中被开方数的和称为大根，它们的乘积平方根的二倍称为小根。大根、小根的和差分别是所求二平方根和差的平方。

我们如设已给二平方根为$\sqrt{a}$，$\sqrt{b}$，二者和差运算，原著相当于说：

1. $\sqrt{a}+\sqrt{b}=\sqrt{a+b+2\sqrt{ab}}$；

2. $\sqrt{a}-\sqrt{b}=\sqrt{a+b-2\sqrt{ab}}$（G. 1.29）。

又法　已给平方根中大的除以小的，其商加或减1后，以和差的平方乘以小平方根的被开方数，这乘积分别是所求二平方根和差的平方。

这相当于说

$$1.\ \sqrt{a}+\sqrt{b}=\sqrt{b\left(\sqrt{\frac{a}{b}}+1\right)^2};$$

$$2.\ \sqrt{a}-\sqrt{b}=\sqrt{b\left(\sqrt{\frac{a}{b}}-1\right)^2}$$，其中$a>b$（G. 1.30）。

例　朋友，你精通平方根运算，请告诉我：$\sqrt{8}$，$\sqrt{2}$二者和、差是多少？

按照法则，大根$8+2=10$，小根$2\sqrt{2\times 8}=8$，大根、小根的和、差是18，2。答数$\sqrt{8}+\sqrt{2}=\sqrt{18}$，$\sqrt{8}-\sqrt{2}=\sqrt{2}$。

按照第三〇段法则

$$\sqrt{8}+\sqrt{2}=\sqrt{2\left(\sqrt{\frac{8}{2}}+1\right)^2}=\sqrt{18},$$

$$\sqrt{8}-\sqrt{2}=\sqrt{2\left(\frac{8}{2}-1\right)^2}=\sqrt{2}$$（G. 1.31）。

乘法　从原著所举例可总结为

二项相乘：

$$(\sqrt{a}+\sqrt{b})(\sqrt{c}+\sqrt{d})=\sqrt{ac}+\sqrt{ad}+\sqrt{bc}+\sqrt{bd}。$$

二项以上相乘：被乘数、乘数各按照加法、减法依次合并成二项式，再相乘，这就节省了手续，例如：

$$\begin{aligned}&(\sqrt{25}+\sqrt{3})(\sqrt{25}+\sqrt{3}+\sqrt{12})\\&=(\sqrt{25}+\sqrt{3})(\sqrt{25}+(\sqrt{3}+\sqrt{12}))\\&=(\sqrt{25}+\sqrt{3})(\sqrt{25}+\sqrt{27})\\&=\sqrt{625}+\sqrt{675}+\sqrt{75}+\sqrt{81}\\&=(\sqrt{625}+\sqrt{81})+(\sqrt{675}+\sqrt{75})\end{aligned}$$

$$=34+\sqrt{2\,400}=34+20\sqrt{3}$$ (G. 1.32)。

除法　原著把除法看做乘法的逆运算。先把除数合并为二项式，然后做除法。例如：

$$(\sqrt{9}+\sqrt{450}+\sqrt{75}+\sqrt{54})\div(\sqrt{2}+\sqrt{3}+\sqrt{8})$$
$$=(3+15\sqrt{2}+5\sqrt{3}+3\sqrt{6})\div((\sqrt{2}+\sqrt{8})+\sqrt{3})$$
$$=(3+3\sqrt{6}+15\sqrt{2}+5\sqrt{3})\div(3\sqrt{2}+\sqrt{3})$$
$$=5+\sqrt{3}$$ (G. 1.33)。

开平方

原著把根式的开平方看成是根式和差的逆运算。相当于说，已给$a\pm\sqrt{b}$，求$\sqrt{a\pm\sqrt{b}}$。

假设　$$\sqrt{a\pm\sqrt{b}}=\sqrt{x}\pm\sqrt{y},$$

那么　$$x+y\pm2\sqrt{xy}=x+y\pm\sqrt{4xy}=a\pm\sqrt{b},$$

即解　$$\begin{cases}x+y=a,\\ xy=\dfrac{b}{4},\end{cases}$$

则　$$x=\frac{a}{2}+\frac{1}{2}\sqrt{a^2-b},\ y=\frac{a}{2}-\frac{1}{2}\sqrt{a^2-b}。$$

例　求 $\sqrt{5+\sqrt{24}}$，这里$a=5$，$b=24$，于是所求

$$x=\frac{5}{2}+\frac{1}{2}\sqrt{25-24}=3,\ y=5-3=2,$$

即　$\sqrt{5+\sqrt{24}}=\sqrt{3}+\sqrt{2}$。(G. 1.39～1.40)

第二节　算　术

一、假设法

《丽》说明解算术问题的单假设法，是从埃及莱因得纸草以来

最完整的描述。

按照题意任意假设一数，乘、除、加或减某些数，得到一个结果。以题中已给结果乘以假设的那个数，除以得到的结果，商就是所求的答数。这就是假设法。

原著相当于说，对于题给方程 $ax=b$，任意假设 $x=x_1$，得结果 $ax_1=b_1$，那么满足 $ax=b$ 的解应是 $x=\frac{bx_1}{b_1}$。

原著还补充说：假设随便什么数都可以，答数却都一样。假设是1也可以。

例 一群蜜蜂，其中五分之一在Cadamba 花丛中，三分之一在Silindhri 花丛中，二者差的3倍飞翔在Cutaja 花丛中。余下一只躲在素馨花中，请告诉我，这群蜜蜂有多少只？

解法：假设是30只，五分之一是6，三分之一是10，差是4，3倍是12，余数应是2；题中已给结果是1，乘以假设数30，除以得到的结果（余数2）得答数：15（L3.50～3.54）。

二、还原法

还原法或称逆推法。在阿耶波多《文集·数学》第二八节叙述非常简洁，也无算例。《丽》中表达很完整：观察一值为已给，使除数成为乘数，乘数成为除数，乘方成为开方，开方为乘方。变负数为正数，正数为负数。

例 眼神明眸的姑娘，如果你知道正确的还原法。求一数。此数乘以3，加乘积的$\frac{3}{4}$，除以7。减去商的$\frac{1}{3}$，乘方。减去52，开方，加上8，除以10，得2。

解法：按法则运算。2，乘以10，减去8，乘方。加上52，开方，除以$1-\frac{1}{3}$。乘以7，除以$1+\frac{3}{4}$，又除以3。答数：28（L3.47～L3.49）。

三、余数问题

我们已在本《大系》第二卷第四编第二章引述。

四、比例

西方称比例解法为三率法。阿耶波多《文集·数学》第二六节首先提出三率法，点明主项、要求项、实这三种率及其与所求项的关系，寥寥不足三十字。至9世纪摩诃毗罗《纲要》对比例问题有进一步研究：反比例、复比例、分配比例跃然纸上。印度经3个世纪之后，比例知识至婆什迦罗灿然大备，解题算式规范化，对后世阿拉伯国家和欧洲影响很大。《丽》对各种比例给出定义、周到的算法和大量颇有特色的应用算题。

正比例

三率法中的三率与中算《九章算术·粟米》今有术中的所有率、所求率、所有数同义，一一对应。四个成比例的量a, b, c, x：$a : b = c : x$，所求$x = bc \div a$可列表作对照。

比例	第一项	第二项	第三项	第四项	解
现代表示	a	b	c	x	bc/a
中算	所有率	所求率	所有数	所求数	所有数×所求率÷所有率
印算	主项	实	要求项	与要求项对应的实	实×要求项÷主项

《丽》第三章、第四章列专节讨论各种比例问题。其中对正比例说：首项与末项，也就是主项与要求项，必须是同类、同单位，实是异类的项，记在二者之间。实乘以要求项，除以主项，就得到要求项所对应的实。

这是说，解正比例问题，印度数学习惯是把三率排成一横行，

主项在左、要求项在右、实居中：主项——实——要求项，

所求数＝实×要求项÷主项。

例如　1．如果有米$1\frac{1}{8}$立方，值2突拉姆。请告诉我，70派那可以买多少米？

按照印度习惯，比例式中三个率应排成一横行：

2突拉姆——$1\frac{1}{8}$立方——70派那，

主项、要求项应化成相同单位：

16×2派那——$\frac{9}{8}$立方——70派那，

所求买米数

$$\frac{9}{8}\times 70\div 32=\frac{315}{128}\text{立方}$$

＝2立方7droma 1 adhaca 2 prastha[①]。

2．如果104尼希加能买63 pala樟脑，问：买$12\frac{1}{4}$ pala樟脑要多少钱？

63 pala[②] ——104尼希加——$12\frac{1}{4}$ pala，所求钱数

$$104\times 12\frac{1}{4}\div 63=\frac{182}{9}\text{尼希加}$$

＝20尼希加3突拉姆8派那3卡$11\frac{1}{6}$子安贝。

(L3.70～3.73)。

反比例

如果要求项增加时，实减少；要求项减少，实反而增多，就

① 简单的比例问题，由于当时计量制度不是十进制，大大增加了运算工作量．反过来也促进了计算技术的发展．

② pala为重量单位，在《丽》首章衡制表残缺未载此单位名称．

用反三率法解题（L3.74）。

反三率法解题把三率法运算颠倒过来。

（L3.70）

这是说，解反比例问题时，三个率仍排成一横行，

而　　主项——实——要求项，

$$所求数=实\times主项\div要求项。$$

原著接着说：

有生命的商品，以年龄计值时；黄金重量与试金石成色比较时；粮食以桶容多少计桶数时都要用反三率法（L3.35）。原著的例：

1. 女奴16岁值32尼希加，20岁女奴值多少？

解法：16——32——20，

所求值是：$32\times16\div20=25\frac{3}{5}$（尼希加）。

2. 十号试金石①标定价值1尼希加金块含金1 gadyanaca。问：由十五号试金石标定同值金块含金多少？

解法：10——1——15，

所求值是　$1\times10\div15=\frac{2}{3}$（gadyanaca）。

3. 用容量为7 adhaca的桶量一堆谷物为100桶。问：用容量为5 adhaca的桶来量这堆谷物，有多少桶。

解法：7——100——5，

所求桶数是　　$100\times7\div5=140$。

复比例

《丽》扩充三率法到五率法、七率法直至十一率法。原著说：五、七、九或更多率的法则。变换实的位置，多率列乘积除以少率列乘积，它们的商就是所求数（L3.79）。原著举例多则，变化

---

① 试金石标号与同值金块对黄金含量成反比.

多样，可见印度数学家解题的熟练技能与技巧。例如：

1. 如果100个钱币1个月得利息5个钱币。问：16个钱币1年的利息是多少？

原著排列算式为

$$\overset{\text{(i)}}{\left[\begin{array}{cc} 1 & 12 \\ 100 & 16 \\ 5 & \end{array}\right]} \rightarrow \overset{\text{(ii)}}{\left[\begin{array}{cc} 1 & 12 \\ 100 & 16 \\ & 5 \end{array}\right]} \rightarrow \overset{\text{(iii)}}{\frac{12\times 16\times 5}{1\times 100}} = 9\,\frac{3}{5}\text{（钱币）(L 3.80)。}$$

从（i）到（ii），5从左列移到右行，即“变换实的位置”。从（ii）到（iii），分母含二率，分子含三率，即法则所说“多率列乘积除以少率列。”理由是显然的。

2. 如果100个钱币$1\,\frac{1}{3}$月的利息是$5\,\frac{1}{5}$个钱币。问：$62\,\frac{1}{2}$个钱币$3\,\frac{1}{5}$月的利息是多少？

$$\overset{\text{(i)}}{\left[\begin{array}{cc} \frac{4}{3} & \frac{16}{5} \\ \frac{100}{1} & \frac{125}{2} \\ \frac{26}{5} & \end{array}\right]} \rightarrow \overset{\text{(ii)}}{\left[\begin{array}{cc} \frac{4}{3} & \frac{16}{3} \\ \frac{100}{1} & \frac{125}{2} \\ & \frac{26}{5} \end{array}\right]} \rightarrow$$

$$\overset{\text{(iii)}}{\left[\begin{array}{cc} \frac{4}{5} & \frac{16}{3} \\ \frac{100}{2} & \frac{125}{1} \\ 5 & \frac{26}{1} \end{array}\right]} \rightarrow \overset{\text{(iv)}}{\left[\begin{array}{cc} 4 & 16 \\ 5 & 3 \\ 100 & 125 \\ 2 & 1 \\ & 26 \\ 5 & 1 \end{array}\right]} \rightarrow \overset{\text{(v)}}{\left[\begin{array}{cc} 1 & 4 \\ 5 & 3 \\ 4 & 5 \\ 2 & 1 \\ & 26 \\ 5 & 1 \end{array}\right]} \rightarrow \overset{\text{(vi)}}{\left[\begin{array}{cc} 1 & 1 \\ 1 & 3 \\ 1 & 1 \\ 1 & 1 \\ & 13 \\ 5 & 1 \end{array}\right]}$$

(vii) $\frac{3\times 13}{5}=7\frac{4}{5}$（钱币） (L 3.81)。

本例从 (i) 到 (ii) 仍是“变换实的位置”。从 (ii) 到 (vii) 变换分子分母位置，然后层层约简，变分数为整数，使原来的五率变换成十一率，而各率中出现很多单位。到第 (vii) 步“多率列乘积除以少率列就简化为“二率乘积除以一率”。

3. 8 条3 肘尺宽8 肘尺长优质花绸头巾，值100 尼希加。商人，赶快告诉我，如果你精于计算：同样质地的头巾，$\frac{1}{2}$肘尺宽、$3\frac{1}{2}$肘尺长值多少个尼希加？

$$\begin{bmatrix} 3 & \frac{1}{2} \\ 8 & \frac{7}{2} \\ 8 & 1 \\ 100 & \end{bmatrix} \to \begin{bmatrix} 3 & 1 \\ 2 & \\ 8 & 7 \\ 2 & \\ 8 & 1 \\ & 100 \end{bmatrix}$$

多率列乘积 $3\times 2\times 8\times 2\times 8=768$，
少率列乘积 $1\times 7\times 1\times 100=700$。

答数：$\frac{700}{768}$（尼希加）$=14$ 突拉姆 9 派那 1 卡 $6\frac{2}{3}$子安贝 (L 3.82)。

4. 30 块珍贵木块，各高12 指、宽16 指、长14 指，共值100 尼希加。朋友，请告诉我。如果木块高、宽、长各少4 指。问：14 块这种木块值多少？

$$\begin{bmatrix} 12 & 8 \\ 16 & 12 \\ 14 & 10 \\ 30 & 14 \\ 100 & \end{bmatrix} \to \begin{bmatrix} 12 & 8 \\ 16 & 12 \\ 14 & 10 \\ 30 & 14 \\ & 100 \end{bmatrix} \to \begin{bmatrix} 1 & 1 \\ 2 & 1 \\ 1 & 1 \\ 3 & 1 \\ & 100 \end{bmatrix} \to \begin{bmatrix} 1 & 1 \\ 1 & 1 \\ 1 & 1 \\ 3 & 1 \\ & 50 \end{bmatrix}。$$

答数：$\frac{50}{3}=16\frac{2}{3}$突拉姆 (L 1.83)。

5. 运送上例第一批木块到1 育亚那远处，需车租8 突拉姆。那么运第二批木块到 6 育亚那外地，需要多少车租？

$$\begin{bmatrix}12 & 8\\16 & 12\\14 & 10\\30 & 14\\1 & 6\\8 & \end{bmatrix}\rightarrow\begin{bmatrix}1 & 1\\2 & 1\\1 & 1\\3 & 1\\1 & 6\\ & 8\end{bmatrix}\rightarrow\begin{bmatrix}1 & 1\\1 & 1\\1 & 1\\1 & 1\\1 & 1\\ & 8\end{bmatrix}\rightarrow 8。$$

答数：8 突拉姆，(L 1.84) 运算过程中随时约简，算法敏捷，不失为优美解。

连比例

《丽》还有连比例问题，称为互换 (barter) 有例云：如果300 个芒果值1 突拉姆，30 个成熟的石榴值1 派那。朋友，快计算：10 个芒果可以换多少个石榴。

$$\text{列式}\begin{bmatrix}16 & 1\\300 & 30\\10 & \end{bmatrix}\rightarrow\begin{bmatrix}16 & 1\\300 & 30\\ & 10\end{bmatrix}\rightarrow\begin{bmatrix}16 & 1\\1 & 1\\ & 1\end{bmatrix}。$$

答数：16 个石榴 (L 1.85)。

用欧洲后来整理成的连比例解法，本题相当于解

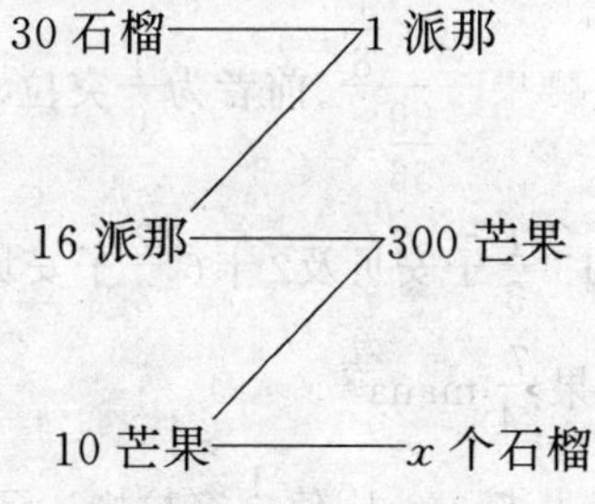

$$x=\frac{30\times16\times10}{1\times300}=16。$$

这是印算连比例首例。

分配比例

印算至婆什迦罗，对分配比例解题法则益臻成熟，对加权分配的处理愈加完善。《丽》第四章有专节阐述，相当于说：有T个钱币要买单价为ai个钱币、重量为bi重量单位的i种商品分配方案是

各种商品重量分别为$\dfrac{b_iT}{\sum a_ib_i}$。

各种商品所花钱数分别为$\dfrac{a_ib_iT}{\sum a_ib_i}$（$i=1，2，3，\cdots n$）。

《丽》设例以为应用。

1. $3\frac{1}{2}$mana① 米值1突拉姆，8 mana 腰果值1突拉姆。现在有钱13卡买米和腰果，使重量成2与1之比。商人，我们立刻要出发旅行，做快餐，请给我算一下，能买米、腰果各多少？

本题解法：先求$b_1=\dfrac{1}{3\frac{1}{2}}=\dfrac{2}{7}$，$b_2^2=\dfrac{1}{8}$，$a_1=2$，$a_2=1$，于是

$$a_1b_1+a_2b_2=\frac{39}{56}。$$

那么 13卡能买米$\dfrac{13\times\frac{2}{7}}{\frac{39}{56}}$，能买腰果$\dfrac{13\times\frac{1}{8}}{\frac{39}{56}}$。前者为$\dfrac{1}{6}$突拉姆，后者为$\dfrac{7}{192}$突拉姆。分别折成10卡$13\frac{1}{3}$子安贝及2卡$6\frac{2}{3}$子安贝。折合重量，可买米$\dfrac{7}{12}$ mana，买腰果$\dfrac{7}{24}$ mana②。

2. 樟脑1 pala值2尼希加，栴檀1 pala值$\dfrac{1}{8}$突拉姆，沉香$\dfrac{1}{2}$

① 为重量单位，《丽》第一章衡制残缺，未列此单位.

② 本题结构与《九章算术·均输》第6题相像. 见本《大系》卷2，p. 89

pala 值$\frac{1}{8}$突拉姆。精明的商人，告诉我，有1个尼希加按照1∶16∶8比值（重量）去买这三种香料，各能买多少？

答数：三种香料能买量：

香料	樟脑	栴檀	沉香
值（突拉姆）	$14\frac{2}{9}$	$\frac{8}{9}$	$\frac{8}{9}$
重（pala）	$\frac{4}{9}$	$\frac{64}{9}$	$\frac{32}{9}$

3. 94个尼希加借与人，分三段计息、月利率分别为5%，3%，4%，依次借7，10，5个月，使它们生相同利息。告诉我，数学家，各段应借多少钱？（L3. 91）①

五、数列

《丽》在第五章论述等差数列时，对五个参数a_1，a_n，n，d，S_n之间的互算公式作出完整叙述②。在等比数列方面也有很好工作，例如：

1. 在等比数列计算中经常要出现的r^n幂算法提出独到见解。原著说："如次数为奇数，就减去1，并记'相乘'。如次数为偶，就折半，并记'自乘'，照此直至次数用完，至1止。然后逆序以公比相乘，又做自乘运算"（L5. 128）

以$r=2$，$n=30$为例，法则是说：

30（偶数）折半为15（奇数），就减1成为14（偶数）又折半，……直至1为止。分别按法则记上相乘或自乘。然后逆序（从下而上）运算，直至$n=30$。这种算法已具备程序设计的思想。

---

① 本《大系》卷2，p. 433.

② 本《大系》卷5，p. 421，422

30（偶）折半“自乘”

15（奇）减1“相乘”

14（偶）折半“自乘”

7（奇）减1“相乘”

6（偶）折半“自乘”

3（奇）减1相乘

2（偶）折半自乘

1（奇）　相乘

$(32\ 768)^2=1\ 073\ 741\ 824$ ……………………… $(((2^2\times2)^2\times2)^2\times2)^2$

$16\ 384\times2=32\ 768$ $((2^2\times2)^2\times2)^2\times2$

$128^2=16\ 384$ ……… $((2^2\times2)^2\times2)^2$

$64\times2=128$ …………… $(2^2\times2)^2\times2$

$8^2=64$ …………………… $(2^2\times2)^2$

$4\times2=8$ ……………………… $2^2 2$

$2^2=4$ ……………………………… 2^2

$1\times2=2$ ………………………… 2

相当于说：$2^{30}=(2^{15})^2=((2^1)^2\times2)^2=((2^3)^2\times2)^2\times2)^2=(((2^2\times2)^2\times2)^2\times2)^2$。

2. “做自乘运算，把结果减1，以余数除以公比减1，乘以初项，这就是所求等比数列的和。”（L5.128）这是印算首次提出的已知初项（a_1），公比（r），项数（n），求数列和的公式

$$S_n=(r^n-1)\div(r-1)。$$

例　某人初日布施一双子安贝，他许愿以后每日加倍布施。问：一个月内他布施总值多少？

列式：初项2，公比2，项数30。

答：2 147 483 648子安贝，即104 857尼希加19突拉姆9派那2卡6子安贝（L5.129）。

原著按当时印制、把数以亿计的子安贝折算为尼希加等大单位，计算无误。

第三节　代　数

一、多项式运算

《根的计算》第一章在阐述有理数运算法则之后，列专节论含未知数的多项式运算法则，已有说明怎样表示未知数，具有用语言表达的代数学特色。

用黑、蓝、黄、红以及其他颜色。有选择地来代替各种不同未知量（G1．17）。

加减法

在所有标记的量中，两个或多个同类量可以作加、减运算，原著有例：

1. 朋友，快说：1 个正未知量以及 1 个常数；两个正未知量以及 8 个负常数①二者的和是多少？②改变第一组含量的符号后做加法，和是多少？③第二组含量都改变符号，它们的和是多少？如果我们用 x 表示未知数，原著的算式相当于说：

① $(x+1)+(2x-8)=3x-7$，

② $(-x-1)+(2x-8)=x-9$，

③ $(x+1)+(-2x+8)=-x+9$。

2. 上例中两组含量都改变符号，它们的和是多少？

$(-x-1)+(-2x+8)=-3x+7$（G1.18）。

3. 3 个正未知量平方与 3 个常量，加上两个负未知数，和是多少？

$3x^2+3+(-2x)=3x^2-2x+3$（G1.17～1.19）。

4. 两个正未知量减去 6 个负的未知量与 8 个负常数。问：余数是多少？

$2x-(-6x-8)=8x+8$　　（G1.20）。

乘法

常数与颜色相乘，它的积是颜色。当两个、三个或更多个颜色相乘，乘积是这个量的平方、立方或多次幂。

多项式相乘时，把被乘式各项分别放置在乘数各项之下，互乘这些项。按加减法则合并同类项。例：

1. $(5x-1)(3x+2)=15x^2+7x-2$；

2. $(-5x+1)(3x+2)=-15x^2-7x+2$；

3. $(5x-1)(-3x-2)=-15x-7x+2$①；

4. $(-5x+1)(-3x-2)=15x^2+7x-2$②(G1.21～1.23)。

除法

颜色以及常数乘以除式，所得乘积，按位置排列。从被除式减去相应项，使相平衡。这些颜色以及常数就是所求的商。例：

1. 在乘法例1中乘积$15x^2+7x+2$作为被除式，$3x+2$作为除式，做除法运算，其商就是原例中的被乘式$5x-1$。

2. 乘法例2中乘积$-15x^2-7x+2$作为被除式，$3x+2$作为除式，做除法运算，其商就是原例中的被乘式$-5x+1$（G1.24）。

平方③

朋友，告诉我：4个未知数减去6，这个式子的平方是多少？

原著相当于说，$(4x-6)^2=16x^2-48x+36$（G1.25）。

开平方

把未知数的平方项开方，余数减去这方根的2倍，如果还有余数，求常数的平方根，余数按同法处理。

例 $16x^2-48x+36=4x-6$或$-4x+6$（G1.26）。

婆什迦罗由于对多项式运算已很熟练，在解方程方面也有很

① 应是$-15x^2-13x+2$.

② 应是$-15x^2-13x-2$，原著有误.

③ 原著无法则，很可能因这就是乘法，无须另立法则.

多成果，但是比较前人婆罗摩笈多、摩诃毗罗并无创新的地方。

第四节 不定分析

一、一次不定方程

婆什迦罗在《丽》第一〇章详论一次不定方程解法，并提出具体算例。他用辗转相除，相当于连分数理论解这类问题。他发展了阿耶波多《文集·数学》第三二至三三节的粉碎法理论，他的粉碎法有以下解题过程。

婆什迦罗指出："首先作为研究粉碎法的准备：被除数、除数、加数都应被某一数约简。如果这个数能约尽被除数与除数，但不能约尽加数，则问题有误，即问题无解。"（L. 12. 248）。

我们设一次不定方程$N=ax+R_1=by+R_2$，这等价于$ax+c=by$，$c=R_1-R_2$，即

$$y=\frac{ax+c}{b}。 \qquad (*)$$

这里原著称：a——被除数，b——除数，c——加数（当$R_1>R_2$），或减数（当$R_1<R_2$），x——所求数，y——所求商。

在（*）式中如 $a=a_1d$，$b=b_1d$，$d=(a, b)$；如果$c=c_1d$，本段是说，应先把（*）化为$y=\frac{a_1x+c_1}{b_1}$后再进行运算。若$d\nmid c$，则（*）无解。

"然后被除数、除数互除。最后一个余数是二者的公约数。二者除以这个公约数，就成为既约。既约的被除数、除数互除，直至被除数下的余数是1。所得商数、从上而下地排列，加数记在下面，零记在最下面。"

"最后第二数乘紧接上面一数，加最下面一数。然后甩去最下面一数。继续自下而上地作这种运算，直至余下的一对数。"

“最上面一数累减既约被除数，其余数是所求商。另一数累减既约除数，其余数是所求乘数”（L12.249～12.150）。

本段有三层意思：其一，a，b 辗转相除，

$$
\begin{array}{l}
b)\ a\ (q_1 \\
\quad -bq_1 \\
\hline
\qquad r_1)\ b\ (q_2 \\
\quad -r_1q_2 \\
\hline
\qquad r_2 \\
\qquad \ddots \\
\hline
r_{n-1})\ r_{n-2}\ (q_n \\
\quad -r_{n-1}q_n \\
\hline
\qquad r_n
\end{array}
$$

当 $r_n=0$，$r_{n-1}=(a, b)$ 就取

$$a_1=\frac{a}{r_{n-1}},\ b_1=\frac{b}{r_{n-1}}。$$

这与欧几里得算法同义，也与《九章・方田》更相减损术等价。

其二，如 $(a, b)=1$ 就辗转相除，到 $r_n=1$。把商自上而下地排列，逐次算出 b_i，法则是说：

商	b_i
q_1	$b_1=q_1b_2+b_3$
q_2	$b_2=q_2b_3+b_4$
⋮	⋮
q_i	$b_i=q_ib_{i+1}+b_{i+2}$
⋮	⋮
q_n	$b_n=cq_n+0=cq_n$
c	
0	

其三，所求数 $x=b_2-bt$，$y=b_1-at$，t 为任意自然数。

“当商数个数是偶数时，运算正确。如果是奇数时，商及所求数必须从对应的除数或被除数中减去，其余数才是真正的商及所求数。”（L12.252）。

本段指出 n 有偶有奇，上段法则当 n 是偶数时正确；而当 n 是奇数时，则（*）式的通解应是：

$x=bt-b_2$，$y=at-a_1$。

这里选《丽》中二例说明：

1. 数学家，快告诉我：221乘以什么数，加上65，把和除以195，刚好除尽（L12.253）。

原著按照上面解题步骤：

(i) 本题相当于要解不定方程

$$221x+65=195y,$$

这里$a=221$，$b=195$，$c=65$，$d=(221, 195)=13|65$。方程有整数解。原著用辗转相除法求出其间最大公约数后，约简成等价的不定方程

$$17x+5=15y。$$

(ii) 对17，15又做辗转相除

$$\begin{array}{rl} 15) & 17\,(2 \\ & \underline{-15} \\ & \quad 2)\,15\,(7 \\ & \qquad \underline{14} \\ & \qquad\ 1 \end{array}$$

这里$q_1=2$，$q_2=7$，$n=2$（偶数）排列成竖式，按法则求出b_1，b_2。

商	b_i
1	$35\times1+5=40$ (b_1)
7	$5\times7+0=35$ (b_2)
5	
0	

(iii) 所求数$x=b_2-bt=35-15t$，所求商$y=b_1-at=40-17t$。使x，y有最小正整数，原著取$t=2$，于是$x=5$，$y=6$。

2. 如果你精通粉碎法。请告诉我：什么样的数乘以100，加

上或减去90。和或差能被63整除?(L12.245)

本题相当于解 $100x\pm 90=63y$。(* *)原著先对$a=100$,$b=63$作辗转相除法,得到一系列$q_1=1$,$q_2=1$,$q_3=1$,$q_4=2$,$q_5=2$,$q_6=1$;$r_6=1$。于是排出算式以$c=90$排在$r_6=1$之后,然后按L12.251段步骤随乘随加:

商	b_i
1	$1\times 1\ 530+900=2\ 430$ (b_1)
1	$1\times 900+630=1\ 530$ (b_2)
1	$1\times 630+270=900$
2	$2\times 270+90=630$
2	$2\times 90+90=270$
1	$1\times 90=90$
90	90
0	

于是所求$x=b_2-bt=1\ 530-63t$,$y=b_1-at=2\ 430-100t$。原著取$t=24$,以获得最小正整数解$x=18$,$y=30$。[①]

原著还巧妙地指出,"减去90的问题"就是解:"什么样的数乘以63,加上90后,和能被100整除等价。"原著就利用原有算法结果,认为"减去90的问题",它的最小正整数解是

$$x=63-18=45,\quad y=100-30=70。$$

① 这是方程(* *)取+号的解.

婆什迦罗在此所作处理是正确的：一般说 x_0，y_0 如果是 $ax+c=by$ 的解，那么　$b-x_0$，$a-y_0$ 也是　$ax-c=by$ 的解。

综合观察自公元5 世纪以来以数学家阿耶波多，秦九韶，婆什迦罗对方程（*）的解法的理解同中有异。三氏同样是对系数 a，b 作辗转相除入手，以取得一系列商（q_i）和余数（r_i）。分歧处在于 n 取法不同：阿耶波多 n 可以随便取，但 n 是奇数或是偶数，算法有别。[1] 秦九韶大衍求一术规定必须 $r_n=1$，且 n 是奇数，婆什迦罗法则规定也必须 $r_n=1$，而 n 是奇、偶并无限制，但在算法次序上适与秦术相反，为比较方便我们把大衍求一术列成竖式[2]：

商	j_i
q_1	$j_0=0$，$j_1=1$
q_2	$j_2=q_2=q_2j_1+j_0$
⋮	⋮
q_i	$q_i=q_ij_{i-1}+j_{i-2}$
⋮	⋮
q_{n-1}	$j_{n-1}=q_{n-1}j_{n-2}+j_{n-3}$
q_n	$j_n=q_nj_{n-1}+j_{n-2}$

当 n 是奇数时（*）的解是 $x\equiv-cj_n\pmod{b}$。

如以方程 $803x+173=299y$ 为例，用婆什迦罗粉碎法与秦九韶大衍求一术分别解题，其算法运算对比如下。

---

① 见本编第二章第三二至三三节脚注①.

② 见本《大系》第五卷第四编有关章节.

算法	婆什迦罗粉碎法	秦九韶大衍求一术
商	b_i	j_i
$q_1=2$	$b_1=2\times 45\ 672+31\ 313=122\ 657$	$j_1=1$
$q_2=1$	$b_2=1\times 31\ 313+14\ 359=45\ 672$	$j_2=q_2=1$
$q_3=2$	$b_3=2\times 14\ 359+2\ 595=31\ 313$	$j_3=2\times 1+1=3$
$q_4=5$	$b_4=5\times 2\ 595+1\ 384=14\ 359$	$j_4=5\times 3+1=16$
$q_5=1$	$b_5=1\times 1\ 384+1\ 211=2\ 595$	$j_5=1\times 16+3=19$
$q_6=1$	$b_6=1\times 1\ 211+173=1\ 384$	$j_6=1\times 19+16=35$
$q_7=7$	$b_7=7\times 173+0=1\ 211$	$j_7=7\times 35+19=264$
	$c=173$	
	0	

算法相异，二者答数却异途同归：

按《丽》L12.249～12.250，12.252，法则，$n=7$ 为奇数。因此方程的解是 $x=b_2-bt=45\ 672-299t$，$y=b_1-at=122\ 657-803t$，其最小正整数解：$x=75$，$y=202$。

按大衍求一术法则，$r_n=1$，n 又是奇数，那么所求方程的解是 $x\equiv -cj_n \pmod b$，等价于 $x=299m-173\times 264$，其最小正整数解，取 $m=153$，$x=75$。

上引数值例，两法殊途同归，并非偶然。一般说，两术是等价的，证明如下：

我们如设L12.248 中的不定方程

$$ax+c=by,$$

$c=-1$，a，b 经辗转相除后，当 $r_n=1$，n 是奇数，那么婆什迦罗粉碎法与大衍求一术条件一致，据L12.249，12.250 法则列成下表竖式①，然后倒序列成竖式②，再把大衍求一术列成竖式③；作出比较。

序数	商	竖列①	竖列②		竖列③	
0	q_2	b_i	0	b_i	0	j_i
1	q_3		1	自上而下，以 q_i	1	
2	q_4		q_n	乘下行，加上行。	q_2	
3	q_5		q_{n-1}	$b_1=1$，$b_0=0$	q_3	
⋮	⋮	自下而上，以 q_i	⋮	$b_i=q_ib_{i-1}+b_{i-2}$	⋮	$j_0=0$，$j_1=1$
i	q_{i+2}	乘上行，加下行。	q_{n+2-i}	↓	q_i	$j_i=q_ij_{i-1}+j_{i-2}$
⋮	⋮	↑	⋮		⋮	
$n-3$	q_{n-1}		q_5		⋮	
$n-2$	q_n		q_4		⋮	
$n-1$	1		q_3		q_{n-1}	
n	0		q_2		q_n	

竖列①、②等价是显然的，竖列②、③运算结果也是等价的：

$$b_0=0,\qquad j_0=0$$

$$b_1=1,\qquad j_1=1,$$

$$b_2=q_n,\qquad j_2=q_2,$$

$$b_3=q_{n-1}b_2+b_1=q_{n-1}q_n+1,\quad j_3=q_3j_2+j_1=q_3q_2+1,$$

……

$$b_i=q_{n+2-i}b_{i-1}+b_{\lambda-2},\qquad j_i=q_ij_{i-1}+j_{i-2},$$

……

$$b_n=q_2b_{n-1}+b_{n-2},\qquad j_n=q_nj_{n-1}+j_{n-2}。$$

我们来证明　　$b_n=j_n$。

先证：对于　$2\leqslant l\leqslant n$ 都有

$$b_n=j_lb_{n-l+1}+j_{l-1}b_{n-l},\qquad (***)$$

数学归纳法　$l=2$，

$b_n=q_2b_{n-1}+b_{n-2}=j_2b_{n-1}+j_1b_{n-2}$，已验证此式成立。再证如果 $l=i$ 时成立，那么 $l=i+1$ 也成立。这是因为

$$\begin{aligned} b_n &= j_i b_{n-i+1} + j_{i-1} b_{n-i} \\ &= j_i \ (q_{(n+2)-(n-i+1)} b_{n-i} + b_{n-i-1}) \ + j_{i-1} b_{n-i} \\ &= \ (j_i q_{i+1} + j_{i-1}) \ b_{n-i} + j_i b_{n-i-1} \\ &= j_{i+1} b_{n-i} + j_i b_{n-i-1}。\end{aligned}$$

（＊＊＊）已证为真。

特别是当 $l=n$ 时，

$$b_n = j_n b_1 + j_{n-1} b_0 = j_n，证毕。$$

二、二次不定方程

婆什迦罗继婆罗摩笈多之后，在《根的计算》一书中对二次不定方程作进一步工作。我们依照第三章方式把他的成果以命题形式表示。

命题

1. 在形如 $Nx^2+K=y^2$ 的方程中选取两组特解（α，β）与（1，m）使

$$N\alpha^2+K=\beta^2,$$
$$N\ (1)^2+m^2-N=m^2。$$

从婆罗摩笈多命题1知，$\alpha m+\beta$，$N\alpha+\beta m$ 是 $Nx^2+K\ (m^2-N)=y^2$ 的根，也就是说

$$N\left(\frac{\alpha m+\beta}{K}\right)^2+\frac{m^2-N}{K}=\left(\frac{N\alpha+\beta m}{K}\right)^2。$$

可以选择m，使$\frac{m^2-N}{K}$为足够小的整数K_1。记整数① $\alpha_1=\frac{\alpha m+\beta}{K}$，$K_1=\frac{m^2-N}{K}$，$\beta_1=\frac{N\alpha+\beta m}{K}$。于是按照同样手续获得另一同类型的新方程。这种手续可以一直进行下去，以获得

$$N\ (\alpha_i)^2+K_i=\ (\beta_i)^2,$$

① 已证明当 α 是整数，K_1，β_1 也是整数.

α_i，K_i，β_i 都是整数（G. 174）。

2. 命题1中的运算经过有限次后，方程 $Nx^2+K=y^2$ 一定可以变形为

$$Na^2+t=b^2,$$

其中 a，b 是整数，而 $t=\pm1$，±2，±4（G. 175）。

婆什迦罗所提出的这两个命题当时未及证明，20世纪30年代印度B. Datta才给出推导。①

借助于命题1、命题2可以方便地解方程

$$Nx^2+K=y^2。$$

例如解 $3x^2+1=y^2$，已知它有两组解 $\alpha=1$，$\beta=2$；$\alpha'=4$，$\beta'=7$，据婆罗摩笈多命题1：

$$\alpha\beta'+\alpha'\beta=15,$$

$$N\alpha\alpha'+\beta\beta'=26,$$

也是 $Nx^2+K=y^2$ 的一组解。类似地可以获得更多、无穷无尽的解。

又如 $$61x^2+1=y^2, \quad (*)$$

选取 $\alpha=1$，$\beta=8$，$K=3$，即

$$61(1)+3=(8)^2,$$

据命题1解题程序

$$\alpha_1=\frac{\alpha m+\beta}{K}=\frac{m+8}{3}, \quad K_1=\frac{m^2-N}{K}=\frac{m^2-61}{3},$$

$$\beta_1=\frac{\beta m+N\alpha}{K}=\frac{8m+61}{3},$$

取最小正整数 $m=7$，$\alpha_1=5$，$K=-4$，$\beta_1=39$。

这是说 $61(5)^2-4=(39)^2$，已出现婆罗摩笈多命题4的条件，那么所求方程（$*$）的解是

① Da., vol. 2, p. 180.

$$x_0=\frac{1}{2}(5)(39)(39^2+3)(39^2+1)=226\ 153\ 980,$$

$$y_0=(39^2+2)\left(\frac{1}{2}(39^2+3)(39^2+1)-1\right)=1\ 766\ 319\ 049。$$

文献记载1657年2月　P. de Fermat致函F. de Bessy要求解此题。L. 欧拉于1732年才解出，J. I. C. Lagrang也得到同一答数。当然西方人都用连分数解，计算工作量很大，不知印算早已有此捷法，因为《根的计算》的英文译本是1817年出版的。[①]

第五节　排　列

《丽》第十三章论述排列有关问题，是组合数学发展史最早文献之一。内容有三方面：

一、全相异元素全排列

法则　从1开始，公差为1，末项为数字个数的算术数列连乘积是［所求］数字的排列数。乘积除以数字个数，乘以数字的和。又把结果重复记在各数位上，相加。其和是所有排列各数的和。(L13.267)。

这是说，某些数字（个数n：$2\leqslant n\leqslant 9$）全相异，设为a，b，c，…，g。本段有二层意义：

其一，用这些数字构成不同的数，全排列数为$n!$。

其二，所有这些数的和是$\frac{n!}{n}\ (\underbrace{a+b+c+\cdots+g}_{n\text{个数字}})\ \cdot\underbrace{111\cdots1}_{n\text{个}1}$。

原著举出例题：

1. 数字2与8有多少种排列？

---

① Sr., p. 114.

2. 3，9，8 有多少种排列？

3. 从 2 到 9 八个数又有多少种排列？

请快告诉我，这些数的和各是多少？(L13.268)

解法：

1. $n=2$ 从1到数字个数的乘积是2，因此排列数是2。这一乘积乘数字的和110，除以数字个数2，得10，重复记在各数位上

$$\begin{bmatrix} 10 & \\ & 10 \end{bmatrix}^{①}$$

得110，这是［所求］各数的和。

2. $n=3$，列出3，9，8。

算术数列，1，2，3［连］乘积是6，此为排列数。这一乘积乘以数字之和20，是120。除以数字个数3，得40，重复记在各数位上，相加

$$\begin{bmatrix} 40 & & \\ & 40 & \\ & & 40 \end{bmatrix}^{②}$$

得4 440是所求和。

3. $n=8$，列出2，3，4，5，6，7，8，9。

从1开始，公差是1的算术数列1，2，3，4，5，6，7，8，其连乘积是40 320。以此连乘积乘数字之和44，是1 774 080，除以数字个数8，结果是221 760，这一商重复记在各数位上，相加，其和是2 463 999 935 360。

4. 湿婆神有十只手，各手持不同法器：索、钩、蛇、鼓、骷髅、三叉戟、烛台、短剑、箭、弓。问它们有多少种排列。

---

① 原著这一记法相当于 $(2+8)\times 11$.

② 相当于$\frac{(3+9+8)\ 31}{3}\times(111)$.

毗思奴神有四只手，各手所持法器：杖、盘、莲花、法螺。问：它们有多少种排列？

答数：湿婆神法器有10！＝3 628 800 种排列，毗思奴神法器有4！＝24 种排列。

二、非全相异元素全排列

《丽》还指出：如前法求排列。但是要分别除以相同数字个数的排列。就是所求［重复］排列。所有排列各数的和求法如前。(L13.270)

这是说，n 个数字中如有r，s，…个相同，那么这些数字构成的不同数有$\frac{n!}{r!\,s!\cdots}$个，所有这些数的和求法同上段。

《丽》举例：1. 2，2，1，1 的排列有多少？数学家，如果你精通排列法则，请快告诉我，又所有排列各数的和是多少？也请告诉我，2. 4，8，5，5，5 相应的问题（结果）。(L13.271)

解法

1. $n=4$，用上面L13.267 方法，四个数字有24 种排列。两个数位都放上相同数字：2，2，它的排列是2。其次其余两数位都放上1，1，它的排列数是2，总数是4。24 除以4，所排列的不同数有6 个：2 211，2 121，2 112，1 212，1 221，1 122 这些数照上面法则求和，得9 999。

2. $n=6$，6 个数字有120 种排列，除以3 的排列6，得20 种情况。它们是48 555，84 555，54 855，58 455，55 485，55 845，55 548，55 584，45 855，45 585，45 558，85 455，85 545，85 554，54 585，58 545，55 458，55 854，54 558，58 554。它们的总和是1 199 988 (L13.272)。

三、某种逆运算

《丽》还提出另一类“不太初等”的问题①

问题：如果某数的位数以及数字之和已确定，从数字之和减1开始作递降数列，直至位数小1为止。除以1，又除以1+1，又除以1+2，等等。法则为真，只限于数字的和小于位数加9。数学如大海洋，浩瀚无涯，为避免冗长，只述其略。(L13.274)。

例　五位数数字之和是13，问有多少种不同排列？如果你知道，请告知结果！

这里，数字的和减1是12，从此开始作递降数列直至位数5小1，除以1，1+1，1+2等等　$\frac{12}{1}$，$\frac{11}{2}$，$\frac{10}{3}$，$\frac{9}{4}$。它们的乘积是$\frac{11\,880}{24}=495$。答数是495种排列。(L13.275)

后人对本题作了详尽无余的验证：

①和是13的五位数不可能由全异数字构成。

②有两个相同数字：63 211，54 211，53 221，43 321各有60种，共240种排列。

③有两个、两个相同数字：72 211，53 311，44 221，44 311，各有30种，共有120种排列。

④有三个相同数字：

82 111，73 111，64 111，43 222，61 222，各有20种，共有100种排列。

⑤有三个、两个相同数字：

55 111，22 333，各有10种，共20种排列。

⑥有四个相同数字：

91 111，32 222，13 333各有5种，共15种排列。

---

① Sr.，p. 83.

⑦五个数字全同，显然也不存在。

综合①～⑦，已验证共有475种排列。

一般说，《丽》的计算法则也是正确的。后人对之给出以下命题，并作证明。[①]

已给n个数字a_i，$i=1,2,\cdots,n$ $(1\leqslant n\leqslant 9)$，记$\sum_{i=1}^{n}a_i=s$，且$s<n+9$时，则这$n$个数字构成的不同排列数为：$P_{n,s}=\binom{s-1}{n-1}$。

第六节 几何（平面）

一、直角三角形

印算自古以来对勾股定理有深入认识，至婆什迦罗专著而大备。

勾股数

法则 已给一数，其平方除以另一已给数。加、减后一已给数，依次得和、差。那么给数、和、差之半分别是直角三角形的勾（股），弦，股（勾）。(L6. 140)

这是说，如先设数为m，另设数为n，那么m，$\frac{1}{2}\left(\frac{m^2}{n}+n\right)$，$\frac{1}{2}\left(\frac{m^2}{n}-n\right)$是勾股数。$(m>n)$

法则 先任设一边长如为m，另设边长为n，则m，$\frac{2mn}{n^2-1}$，$\frac{2mn^2}{n^2-1}-m$。为勾股数。

勾、股、弦和差

1. 已知勾弦和、股，求勾、弦。

股的平方除以勾弦和、所得商与股的和差、折半，就是所求

① Sr., pp. 83～85.

直角三角形的弦、勾（L6.147）。

我们设a，b，c分别为勾、股、弦长，本段法则是说，已给b，$c+a$,则所求 $c=\left(\dfrac{b^2}{c+a}+b\right)\div 2$，而$a=\left(\dfrac{b^2}{c+a}-b\right)\div 2$。

原著有折竹应用题①（图版4.6.2为原著书影）适与我《九章算术·勾股》第13题相类②。印度学者T. A. S. Amma博士设

उदाहरणम्—

यदि समभुवि वेणुर्दन्तपाणिप्रमाणो
गणक ! पवनवेगादेकदेशे स भग्नः ।
भुवि नृपमितहस्तेष्वेव लग्न[1]स्तदग्रं
कथय कतिषु मूलादेष भग्नः[2] करेषु ॥ १५० ॥

[न्यासः—कर्णकोटियुतिः ३२. भुजः १६. जाते ऊर्ध्वाधःखण्डे २०, १२.]

अत्र समभुवीत्येतद् भुजाया ऋजुत्वाभिप्रायेणोक्तम् । अत्र[3] भुजा नृपसंख्या । भग्नस्य वेणोर्भूमिस्पृष्टोंऽशो वंशस्य समोर्ध्वावस्थितः[4] कोटिः। भुजाकोट्यग्रस्पृष्टोंऽशश्च[5] तिर्यग्गतः कर्णः । एकदेशे भग्न इत्यनेन कर्ण[6]कोटिविभागस्याऽज्ञातत्वं दर्शितम् । अत्र भुजा 16. तद्वर्गः[7] 256. अस्माद् दन्तपाणिप्रमाणेन कृत्स्नेन[8] वंशेन कोटिकर्णयोगेन 32, लब्धं कोटिकर्णान्तरम् 8. तद्युक्तो वंशः 40. तद्रहितः[9] 24 अनयोरर्धे[10] क्रमेण श्रुतिकोटिरूपे वंशस्य खण्डे 20, 12.

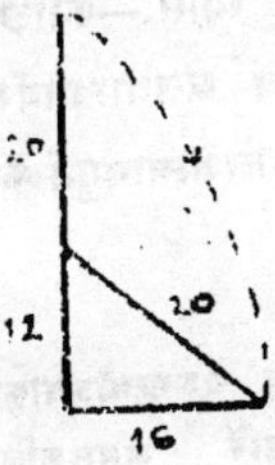

(परिलेखः ३)

एतदेव दर्शयति—न्यासः 32, 16. जाते ऊर्ध्वाधःखण्डे 20, 12 ॥ १५० ॥

भुजावर्गाद्यथा कोटिकर्णयोगेन विभक्तं तयोरन्तरं स्यात् तथा कोटिवर्गाद् भुजाकर्णयोगेन विभक्तं तयोरन्तरमपि स्यादेवेति दर्शयितुमाह—

图版4.6.2

① 本《大系》卷2，p. 476

② 本《大系》卷2，p. 106.

想：婆什迦罗勾股数法则的来源很可能所设一边m就是直角三角形的股，另一数n就是勾弦和，于是得：$m^2=b^2=c^2-a^2=(c-a)(c+a)$，从 $c+a=\dfrac{b^2}{c-a}=\dfrac{m^2}{n}$，就不难导致法则的结论①。

2. 已知股弦差、勾，求股、弦。

勾的平方除以股弦差，商减去差，商加上差。二者之差、和各折半，分别是股、弦（L6.151）。

这是说，已给a，$c-b$，则所求

$$c=\left(\frac{a^2}{c-b}+c-b\right)\div 2，\text{而}\quad b=\left(\frac{a}{c-b}-c-b^2\right)\div 2。$$

原著有荷花在池中应用题②（图版4.6.3为原著书影）适与《九章算术·勾股》第6题相类③。

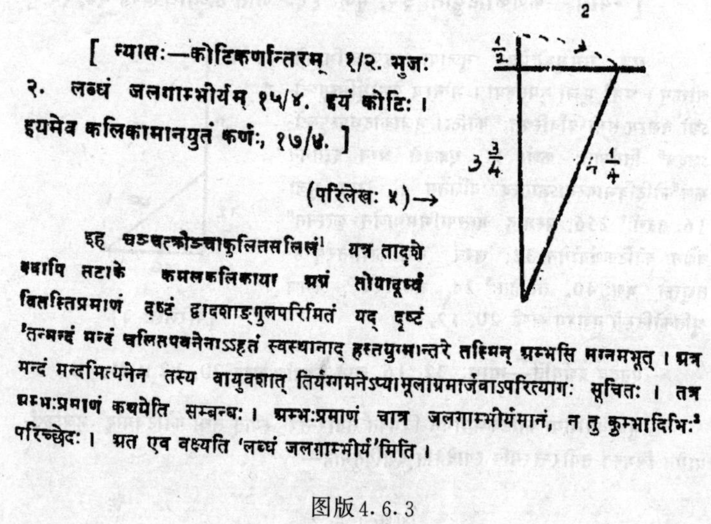
[न्यासः—कोटिकर्णान्तरम् १/२. भुजः २. लब्धं जलगाम्भीर्यम् १५/४. इयं कोटिः। इयमेव कलिकामानयुतं कर्णः, १७/४.]

(परिलेखः ५)→

इह चक्रवत्क्रौञ्चाकुलितसलिलं[1] यत्र तादृशे क्वापि तटाके कमलकलिकाया अग्रं तोयादूर्ध्वं वितस्तिप्रमाणं दृष्टं द्वादशाङ्गुलपरिमितं यद् दृष्टं 'तन्मन्दं मन्दं चलितपवनेनाऽऽहृतं स्वस्थानाद् हस्तयुग्मान्तरे तस्मिन् अम्भसि मग्नमभूत्। अत्र मन्दं मन्दमित्यनेन तस्य वायुवशात् तिर्यग्गमनेऽप्यामूलाग्रमार्जवाऽपरित्यागः सूचितः। तत्र अम्भःप्रमाणं कथयेति सम्बन्धः। अम्भःप्रमाणं चात्र जलगाम्भीर्यमानं, न तु कुम्भादिभिः[3] परिच्छेदः। अत एव वक्ष्यति 'लब्धं जलगाम्भीर्य'मिति।

图版4.6.3

① Am., p. 137.

② 本《大系》卷2，p. 471.

③ 本《大系》卷2，p. 105.

3. 弦平方的二倍减去勾股和平方，将差开方、勾股和减去平方根，又加上平方根。各自折半，分别是勾与股（L6.156）。

这是说，已知，c，$a+b$，则所求勾、股分别是：

$$a=\frac{a+b-\sqrt{2c^2-(a+b)^2}}{2},\ b=\frac{\sqrt{2c^2-(a+b)^2}+a+b}{2}$$

与《九章算术·勾股》第11题刘徽注："其勾股合而自乘之幂，令弦自乘，倍之为两弦幂以减之。其余开方除之，为勾股差，加差于合，而半之，为股，减差于合，而半之，为勾"同义。

二、斜三角形

《丽》在斜三角形研究中对两边在第三边上的射影取得成绩，借以方便地计算三角形的高及其面积，《丽》建立法则：

1. 三角形射影法则　在三角形中二边之和乘以二边之差，除以其底。底减去商，底加上商，折半。这是二边在底上的射影。(L6.164)

这是说，对斜三角形 ABC 底上射影

$$p=\frac{1}{2}\left\{c-\frac{(a+b)(b-a)}{c}\right\},$$

$$q=\frac{1}{2}\left\{c+\frac{(a+b)(b-a)}{c}\right\}。$$（图 4.6.1）

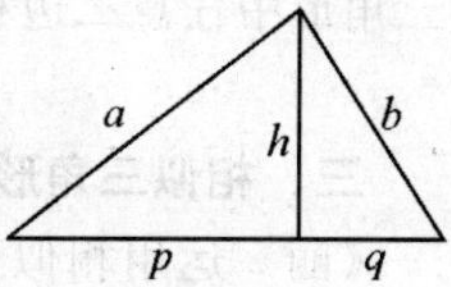

图 4.6.1

2. 边长及其在底上射影各自平方差的平方根是底上的高。半底乘高是三角形的正确面积。(L6.165)

这是说，斜三角形 ABC 底上的高 $h=\sqrt{b^2-q^2}=\sqrt{a^2-p^2}$，它的面积 $\triangle=\frac{1}{2}ch$。综合命题163，164所得，以三角形三边表示的面积公式与秦九韶三斜求积公式正同①。

3. 三角形高平方的4倍除以二边平方差以及二射影差平方之

① 本《大系》卷5，pp. 245～247.

差。商加上1。二射影之差乘以和的平方根，乘积加上或减去二边差，和差之半分别是二边长。(L11.238)

这是三角形射影法则的逆问题，在图4.6.1中相当于说，已给$a-b$，$p-q$，高h，反求a，b。结论是

$$q=\frac{1}{2}\left(\alpha\sqrt{\frac{4h^2}{\beta^2-\alpha^2}+1}-\beta\right),\text{①}$$

$$p=\frac{1}{2}\left(\alpha\sqrt{\frac{4h^2}{\beta^2-\alpha^2}+1}+\beta\right),$$

其中$\alpha=a-b$，$\beta=p-q$。

原著举例$\alpha=13$，$\beta=19$，$h=12$。答数：$p=\frac{7}{2}$，$q=\frac{45}{2}$，$b=\frac{25}{2}$，$a=\frac{51}{2}$。(L11.239)。

4. 如果一边超过或等于另两边之和，这种三角形不可作(L6.161)。

本段命题与欧几里得《原本》命题1.20“三角形中任意二边和大于第三边”等价。

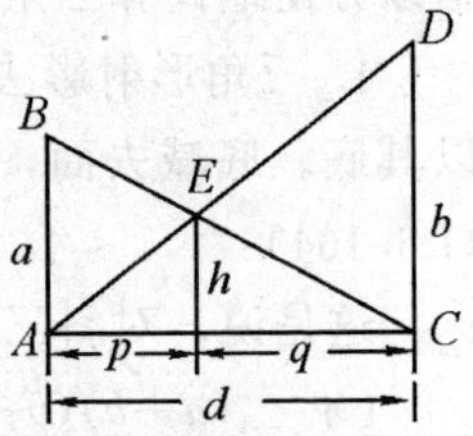

图 4.6.2

三、相似三角形

《丽》运用相似三角形对应边成比例这一性质，解决许多度量、测量问题。

1. 法则 两直立的竹竿高的乘积除以它们的和，所得商就是紧系顶端及另一竹竿的根部两绳索交点的高。二竹竿高乘以两者间距离，除以二者高之和，分别是二段绳索的射影。(L6.159)

图4.6.2中如AB,CD为直立地面二竹竿，分别高a,b。绳索为AD,CB,交于E。法则是说，E点高度 $h=\frac{ab}{a+b}$。BE,DE在地面

---

① 原著无推导。我们知道法则的成立是有条件的.

上的射影分别是 $p=\dfrac{ad}{a+b}, q=\dfrac{bd}{a+b}$。①

法则之后《丽》还举了相距10。各高15，10两竹竿，按法则求得整数解：$h=6$，$p=6$，$q=4$（L6. 160）。

本法则的结果数据彼此对称，体现了数学之美，对法则的推导是中学有关教材很有意义的一个习题。

2.《丽》用相似三角形对应边成比例这一性质证明阿耶波多《文集·数学》第一六节表影问题与中算三国刘徽用出入相补原理得同一结果②，图版4.6.4为原著书影。（L11. 246）

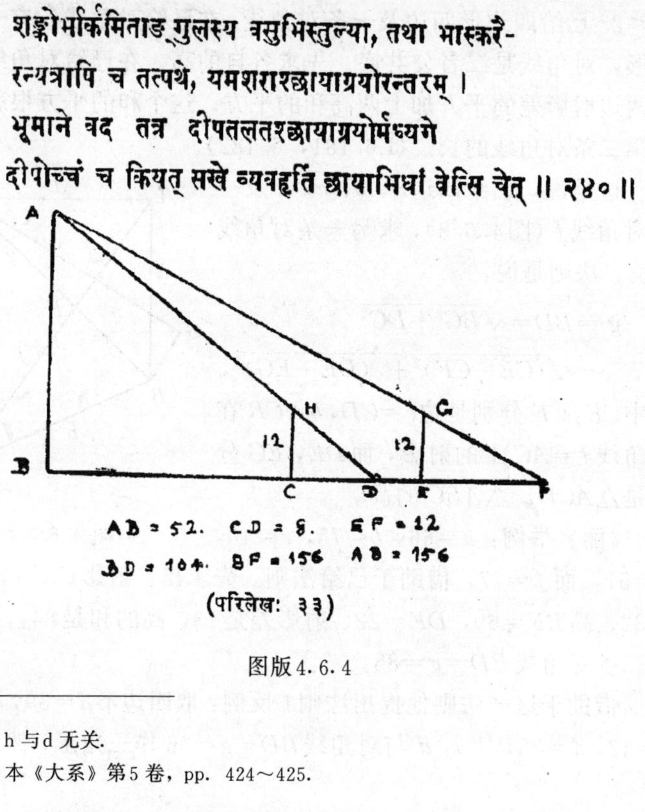
शङ्कोर्भार्कमिताङ्गुलस्य वसुभिस्तुल्या, तथा भास्करै-
रन्यत्रापि च तत्पथे, यमशराश्छायाग्रयोरन्तरम् ।
भूमाने वद तत्र दीपतलतश्छायाग्रयोर्मध्यगे
दीपोच्चं च कियत् सखे व्यवहृतिं छायाभिधां वेत्सि चेत् ॥ २४० ॥

图版4.6.4

① h与d无关.

② 本《大系》第5卷，pp. 424～425.

四、四边形

《丽》在婆罗摩笈多《体系》基础上对四边形研究也取得新的成果。他指出：

法则

1. 四边形四边长的和折半。分别减去各边长，四个差连乘积开方、作为四边形面积是不准确的，但对于三角形是正确的。(L6.181)

7世纪时婆罗摩笈多在指出这一法则时，并未指出在什么条件下法则是正确的。婆什迦罗则为举出反例；他先引入：

2. 已给四边形四边及一条对角线。在已给对角线各有一个三角形，对角线是二者公共底。先求各自的高，在已给对角线上异侧两边射影差的平方加上两高和的平方。这个和的平方根就是所求第二条对角线的长。(L6.181，6.182)。

这是说，已给四边 a，b，c，d 及一条对角线 f (图4.6.3)，求另一条对角线 g 长。法则是说：

$$g=BD=\sqrt{BG^2+DG^2}$$

$$=\sqrt{(CE-CF)^2+(DE+EG)^2},$$

其中 CE，CF 分别是边 $c=CD$，$b=CB$ 在对角线 $f=AC$ 上的射影，而 DE，EG 分别是 $\triangle ACD$，$\triangle ABC$ 的高。

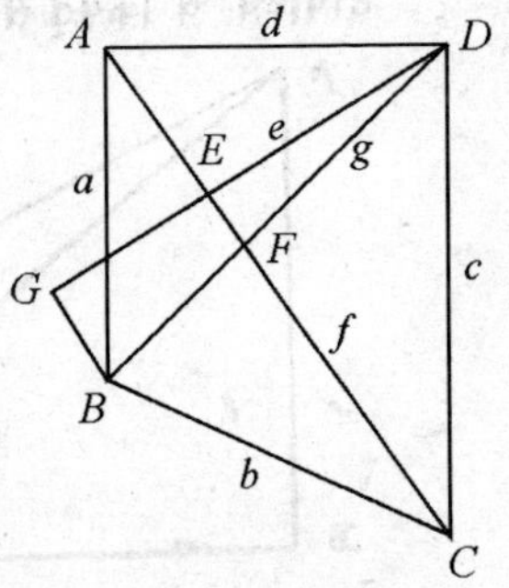

图 4.6.3

《丽》举例：$a=66$，$b=75$，$c=40$，$d=51$，而 $f=77$。借助于已给法则。先求出：射影 $CE=45$，$CF=32$；高 $BF=60$，$DE=22$。射影差是13，高的和是84，得所求第二条对角线 $BD=g=85$。

借助于这一法则他提出法则1反例：取四边形 $a=39$，$b=60$，$c=42$，$d=25$，使 a，d 与对角线 $BD=g=56$ 作三角形，然后又以

BD，a，b 作另一三角形，按照法则计算第二对角线 $AC=f=63$。如果使 a，d 与对角线 $BD=32$，那么 $AC\approx 76\frac{22}{25}$。这说明四边边长虽然相同，可以有不相同的对角线。形状相异，就不能用同一公式求它们的面积。(L6.187)

五、圆及其部分

圆

法则

1. 圆的直径乘以3927，除以1250，其商与圆周近似。或是乘以22，除以7，这是近似圆周，取作实际应用。(L6.201)

这里提出两种圆周率近似值，与我国数学文献记载相同。

其一，《九章·方田》刘徽注圆田术说："全径二尺，与周数通相约，径得一千二百五十，周得三千九百二十七。"

其二，《隋书·律历志》："宋末，南徐州从事史祖冲之更开密法，…密率：圆径一百一十三，圆周三百五十五。约率：圆径七，周二十二。"

2. 四分之一直径乘以圆周是圆面积。(L6.203)

弓形

法则

1. 弦与直径的和、差相乘，直径减去此乘积的平方根，折半，就是矢。

2. 直径减矢，乘以矢，此乘积的平方根二倍是弦。

3. 半弦平方除以矢，商加上矢，就是圆的直径。(L6.204～6.207)

《丽》对弓形的度量关系，比阿耶波多《文集·数学》已有更完整的认识，这里含三个命题：

在图4.6.4中，弦 $a=2\sqrt{(D-b)\ b}$，

矢$b=D-\sqrt{(D+a)(D-a)}$，

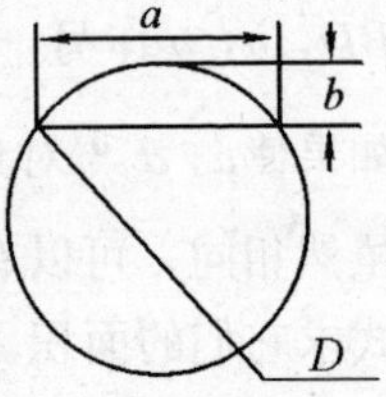

图 4.6.4

直径$=\frac{a^2}{4b}+b$。

圆内接正多边形边长

多边形边长：103 923，84 853，70 534，60 000，52 055，45 922，41 031，乘以圆的直径，乘积除以120 000。其商依次是圆内接正三角形至正九边形的边长。（L6.209～6.211）

这是印算中首见有关正多边形边长文献，我们列表说明与真值的比较。表4.6.1中a_n是直径为1的圆内接正n边形边长，可能《丽》受到希腊亚历山大城海伦有关工作的影响。[①]

表4.6.1

边长	a_3	a_4	a_5	a_6	a_7	a_8	a_9
《丽》	0.866025	0.7071083	0.587783	0.5	0.4337916	0.3826833	0.3420201
真值	sin 60°	sin 45°	sin 36°	sin 30°	$\sin\frac{180°}{7}$	sin 22.5°	sin 20°
相对误差%	4.6	2.3	1.7	0	2120	0.3	2780

弦长与弧长

法则

1. 求近似弦长的简便法则　弧长乘其余弧[②]长，把乘积记在一边，圆周长平方的$\frac{1}{4}$乘以5，减去所记乘积。又以所记乘积除以差，商乘以直径的4倍，结果是［弧所对］弦长。（L6.213）

法则是说，在单位圆内弧c所对弦长（图4.6.5）

① 比较本卷第三编第三章第四节，一、图形面积.

② 弧及其余弧所对圆心角之和是平角.

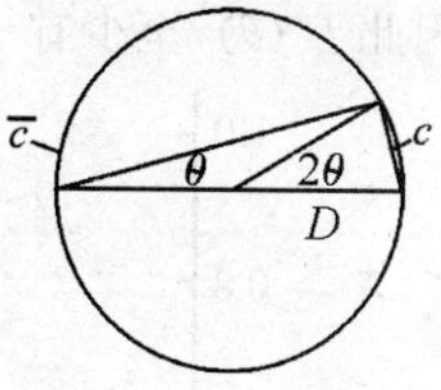

图 4.6.5

$$\sin\theta \approx \frac{4c\,\bar{c}}{\frac{5}{4}C^2 - C\,\bar{c}} \quad \theta \leqslant [0,\ \pi]$$

$$= f(\theta) = \frac{16(\pi-\theta)\theta}{5\pi^2 - 4(\pi-\theta)\theta}。\qquad (*)$$

其中C为圆周长，$\bar{c}$为c的余弧：$\bar{c}=\pi-c$。例如c所对圆周角$\theta=30°$，它对的弦长$\sin\theta$，代入公式，得$\frac{1}{2}$。在$[0,\ \pi]$区间公式所取得的正弦近似值。每间隔10°，我们对照真值，列表如下：

表4.6.2

θ	0°	10°	20°	30°	40°	50°	60°	70°	80°	90°
$f(\theta)$	0	0.17525	0.34317	0.5	0.64183	0.76471	0.86486	0.93903	0.98461	1
真值	0	sin 10°	sin 20°	0.5	sin 40°	sin 50°	sin 60°	sin 70°	sin 80°	1
相对误差%	0	0.9	0.3	0	0.15	0.17	0.13	0.07	0.02	0

如在同一直角坐标系中作出公式（*）左右两端各自曲线。可以观察到二者上下波动，相差甚微，我们作示意图（图4.6.6），前者用实线，后者用虚线表示。

又用泰勒级数展开：

$$|\sin\theta - f(\theta)| \leqslant \left|\theta - \frac{\theta^3}{3!} + \frac{\theta^5}{5!} - \frac{\theta^7}{7!} - f(\theta)\right| + \frac{\theta^9}{9!} = \varepsilon,$$

可知其相对误差界

$$e_r = \frac{|\sin\theta - f(\theta)|}{f(\theta)} \leqslant \frac{\varepsilon}{f(\theta)}$$

$$= \frac{1}{2(a_1+1)}10-(-\lg 2(a_1+1)-\lg A+1)+1,$$

其中a_1为$f(\theta)$从左起第一个非零数字，

$$A = \left|1 - \frac{\left(1-\frac{\theta^2}{3!}+\frac{\theta^4}{5!}+\frac{\theta^6}{7!}\right)(5\pi^2-4\pi\theta+4\theta^2)}{16(\pi-\theta)}\right| + \frac{\theta^8(5\pi^2-4\pi\theta+4\theta^2)}{9!\times 16(\pi-\theta)},$$

因此 $f(\theta)$ 至少有 $[-\lg 2(a_1+1)-\lg A+1]$ 位有效数字。[①]

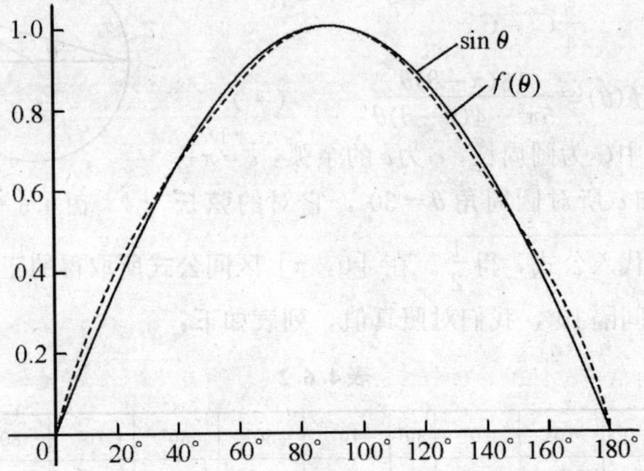

图 4.6.6

2. 法则 圆周长的平方乘弦，再乘5，除以弦加直径的4倍。圆周长平方的$\frac{1}{4}$减去这个商。圆周长折半，减去差的平方根，就是［弦］所对弧［长］。(L 6.215)

这是从已知弦长 a 反算其所对弧长 c 的近似公式

$$c=\frac{C}{2}-\sqrt{\frac{C^2}{4}-\frac{5C^2a}{4(a+4D)}}$$

(图 4.6.7)。易于验证这是从公式(∗)推导得来，说明中世纪印度数学家对回代以及二次方程知识极为熟练。但公式没有化简，又忽略其共轭弧，其正确答案应是：

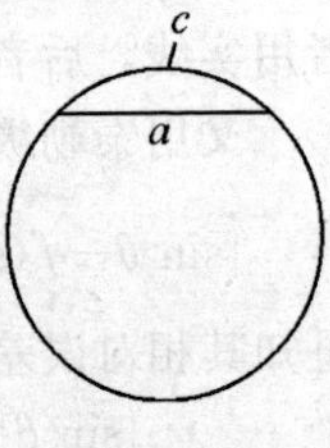

图 4.6.7

$$c=\frac{C}{2}\pm\frac{C}{2}\sqrt{1-\frac{5a}{a+4D}}。$$

① 综合 R. C. Gupta, Bhaskaca's Approximation to Sine (Birla Institute of Technology, Ranchi, 1967) 及韩祥临，"印度正弦公式精度分析"(湖州师范学院数学系) 研究成果.

第七节 几何（立体）

《丽》全书九章中有四章牵涉立体问题，从土方、材积、量容等讨论有关内容。

一、长方台

法则 底面积与顶面积的和加上顶与底长的和、与顶与底宽的和，二者的乘积，除以6。商就是平均面积，乘以深就是所求土方体积。(L7·221)

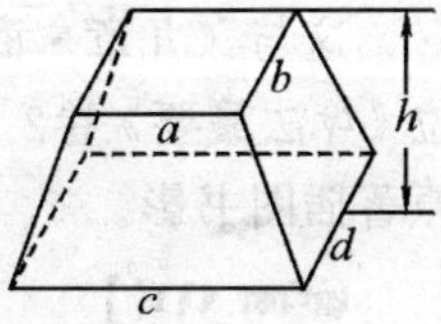

图 4.6.8

这是长方台体积公式、

$V=\frac{h}{6}(ab+cd+(a+c)(b+d))$（图 4.6.8）。

这与《九章·商功》刍童术等价：

相当于说 $V=\frac{h}{6}((2c+a)d+(2a+c)b)$。

二、量容

1. 法则 粗粮粮堆的高是底圆周长的$\frac{1}{10}$；大米堆的高是底圆周长的$\frac{1}{9}$，细粮粮堆的高是底周长的$\frac{1}{11}$。$\frac{1}{6}$底周长的平方乘以高是粮堆容量的立方尺数。(L10.233)

此术与《九章·商功》委粟术同义。但当时题中同时给出周长及粮堆高。程大位《算法纂要》(1592) 卷2说："古法皆以量高而算。今立法不用其高…只以下周十而取一为高。"因此程说与印算粗粮题法则同义。

2. 当粮食依墙堆放，或依墙内角、外角堆放，其体积是把周长分别乘以2，4 或$1\frac{1}{3}$计算。其结果又除以所乘数。(L10.235)

这是说，依墙堆放的粮堆容量$V=\frac{h}{36}(2C_1)^2\div 2$，而依墙内角、外角堆放的粮堆容量分别是（图4.6.9）

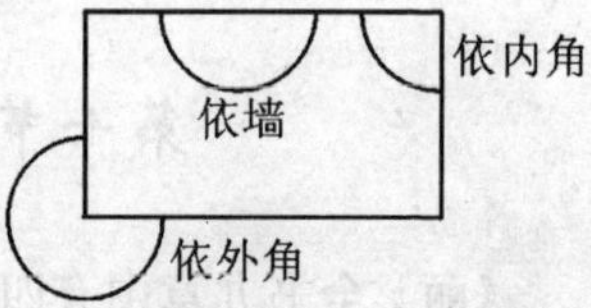

图 4.6.9

$$V=\frac{h}{36}(4C_2)^2\div 4,$$

$$V=\frac{h}{36}\left(\frac{4}{3}C_3\right)^2\div\frac{4}{3}。（图4.6.9）$$

这与《九章·商功》委菽依垣、委米依垣内角术同义。程大位《算法纂要》卷2也有倚壁外角堆米题。图版4.6.5为婆什迦罗原著插图书影。

कारिका २११]　　धान्यराशिमानानयनम्　　४२१

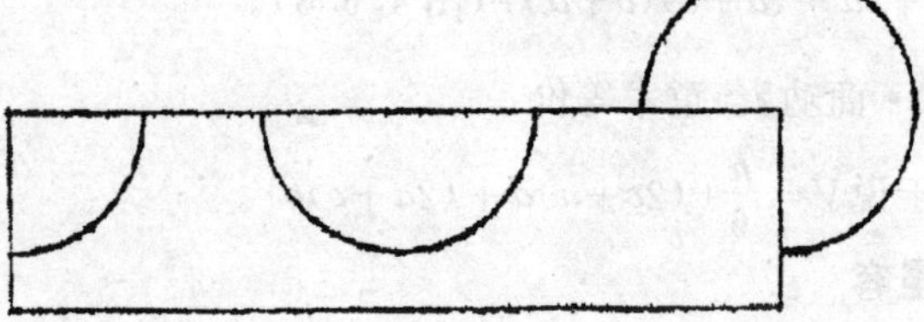

(परिलेखः २८)

भित्तेः पार्श्वलग्नेऽस्य व्रीह्यादिधान्यानां राशेर्यदर्धात्मकं परिधिमानं दृश्यते तन्मानं द्विगुणितं परिधिमानमिति प्रकल्प्य तद्वशाद् वेधं च प्रकल्प्य पूर्ववत् परिधिषष्ठस्य वर्गं वेधमानेन हत्वा यत्फलमानीतं तत्फलं द्वाभ्यां विभजेत्। तत्र लब्धं भित्तिपार्श्वलग्नस्य व्रीह्यादिधान्यस्य[1] राशेर्घनहस्तमानं भवति। तथा भित्तेरन्तःकोणस्थितस्य राशेर्दृश्यमानं चतुरंशात्मकं परिधिं चतुर्भिर्निहत्य तं परिधिं प्रकल्प्य तद्वशाद् वेधं च प्रकल्प्य पूर्ववत् फलमानीय पुनश्चतुर्भिर्विभजेत्। तद्भित्तेरन्तःकोणस्थितस्य राशेः खार्यो भवन्ति। भित्तेर्बहिःकोणस्थितस्य व्रीह्यादिधान्यानां राशेर्दृश्यमानत्रिपादात्मकं परिधिं त्रिभागयुतेनैकेन निहत्य पूर्वोक्तवद् घनहस्तमानमानीय तत् त्रिभागयुतेनैकेन विभजेत्। तत्फलं बहिःकोण-स्थितस्य राशेः खार्यो भवन्ति। एतदुक्तं भवति—अर्धांशकात्मकादीन् राशीन् सम्पूर्णान् कृत्वा फलमानीय तत्फलाद् अर्धांशकान् गृह्णीयादिति ॥ २२९ ॥

图版4.6.5

三、球

法则 四分之一直径乘以圆周长是圆面积。此值再乘以4，是球表面积。此值乘以直径除以6，是准确的球体积。(L6.203)

法则中说球表面积是其大圆面积的4倍，正确。体积公式也正确不误。印算对球量度的认识超越中算。

第五编

阿拉伯

概　说

在数学史研究中，有阿拉伯数学[①]专题，所谓阿拉伯数学，是指中世纪居住在中亚、北非以及西班牙等地，信仰伊斯兰教的各族人民以阿拉伯文为主要文种写成的数学专著所代表的数学。早期的阿拉伯数学，以译述希腊、印度数学典籍为主，后来有自己独特的创作。

在长达八个多世纪中，这片辽阔土地上的民族，虽然信仰相同，但政治环境迭有变迁。(地图见图版5.0.1)。

阿拉伯帝国

阿拉伯半岛气候干旱、林木稀少，大部分草原适宜游牧，不宜农耕。公元6世纪与7世纪之交，半岛西北部红海沿岸是东西方交通的咽喉，经济发达。麦加贵族穆罕默德在610年创立伊斯兰教，教务兴盛。后政教合一，统一全半岛，国王自称哈里发。经两个世纪，数代哈里发向外征战扩张，8世纪时形成阿拉伯帝国，

① D.，p. 4

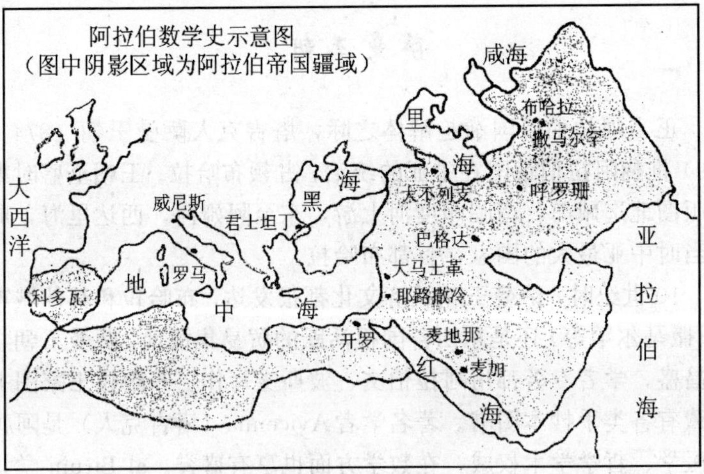

图版 5.0.1

版图东起印度河，西迄大西洋。埃及、两河流域、伊朗、伊拉克、中亚都是帝国领土，国都巴格达。

阿拉伯帝国重视科学技术和文学艺术。巴格达宫殿壮丽，清真寺恢宏，设立有图书馆、天文台和学校。巴格达是当时的文化交流中心；印度数学、中国数学，以及中国的四大发明都经此西传。另一方面，由于政府提倡，希腊的古典著作被译成阿拉伯文。从此古代文献得以保存，并由此传播到东方。《代数》的作者花拉子米就是当时哈里发统治下的中亚学者。

帝国至9世纪后期日渐衰微，1055年塞尔柱突厥帝国攻陷巴格达后，哈里发仍被承认是宗教领袖。两个世纪后的1288年，蒙古伊儿汗国旭烈兀占领巴格达，杀死哈里发穆斯塔罕，阿拉伯帝国灭亡。蒙古军在巴格达劫掠七日，名城全毁。

萨曼王朝

正当阿拉伯帝国渐趋解体之际，塔吉克人萨曼王朝（874—999）推翻阿拉伯帝国在中亚的统治，占领布哈拉。王朝全盛时期的版图北迄咸海，南临印度河上游，东至阿姆河，西达里海，成为当时中亚最大的国家，首都布哈拉。

10世纪时，萨曼王朝经济文化都很发达，布哈拉和其他城市（如撒马尔罕等）还是东西各国很活跃的贸易集散地。萨曼王朝学术昌盛，学者专著都用阿拉伯文、波斯文写作。布哈拉王家图书馆藏有各类手抄本图书。著名学者Avicenna（塔吉克人）是阿拉伯医学、哲学学术权威，在数学方面也享有盛誉。al-Biruni学识渊博，曾提出地球绕太阳旋转的假设。

塞尔柱突厥帝国

公元10世纪与11世纪之交，塞尔柱突厥人从中亚北部迁到锡尔河下游，接受伊斯兰教教义。11世纪上半叶移居呼罗珊，臣属于伽色尼朝。1037年推翻伽色尼政权后，很快占领波斯大部分领土。1055年攻陷巴格达，迫使哈里发授予苏丹称号后，建立塞尔柱突厥帝国。后继续征战，至11世纪下半叶拜占庭小亚细亚也被突厥人管辖。帝国极盛时期的版图东迄布哈拉、撒马尔罕，西达大马士革、耶路撒冷、小亚直至地中海。帝国于12世纪初解体。

塞尔柱帝国文化发达，奖励学术。首相是波斯人，采取了很多发展科学技术和艺术的措施。在巴格达等地设立学院，其中某些细则被以后欧洲大学采用。杰出的哲学家、诗人、天文学家、数学家Omar Khayyam就是首相当年的门客。

伊儿汗国

元世祖成吉思汗的孙子、旭烈兀在13世纪上半叶向西南亚进军，1258年攻陷巴格达后，在波斯、阿富汗、两河流域和中亚部分地区建立了伊儿汗国（1258—1388)，国都大不列支。它以伊朗为中心，与中国、拜占庭、意大利热那亚、威尼斯有文化往来。文化继承伊斯兰传统，文学比较发达。

帖木儿帝国

同化于突厥族的蒙古族跛子帖木儿在1370年推翻撒马尔罕的统治者，自称苏丹。在位30年间南征北战，领有波斯、阿富汗、中亚，南至印度德里，西至土耳其境，建立帖木儿帝国。

帝国奉伊斯兰教，承波斯传统，帖木儿自己也以伊斯兰教的保护者自居。帝国首都为撒马尔罕，是全国经济文化中心，建筑丽都，宫廷延聘学者名流，文学、艺术而外，数学、天文学也很发达。帖木儿的孙子兀鲁伯（Ulug Beg）是天文学家，建立名重一时的天文台。他的专著后在欧洲翻译出版。数学家阿尔·卡西(al-Kashi）就在他的天文台工作。

帖木儿帝国和中国明朝[①]、埃及、西班牙都有使节往来，文化交流频繁。西班牙使节克拉维约归国后写《东使记》，所述即帖木儿帝国繁荣景象。

鉴于本编论述对象政治历史背景复杂，我们就以萨曼王朝覆亡之年为界把阿拉伯数学分为前期和后期，又以数学家生年为序，依次介绍。

① 《明史》称帖木儿帝国为撒马罕国.

第一章　前　期

第一节　花拉子米

花拉子米

图 5.1.1

花拉子米（al-Khowarizmi Mohammed ibn Musa，约783—约850（图5.1.1））生于乌兹别克境内的阿姆河下游花拉子模城。早年在家乡就学，后外出深造，最终成为知名学者。他受聘到巴格达创办阿拉伯最高学府——智慧宫，相当于希腊的亚历山大学术中心。花拉子米博古通今，在天文、数学、地理、历史方面俱有专著，有两部数学名著：《代数》和另一部仅存拉丁文译本（残本）《印度计算术》。图版5.1.1为《代数》阿拉伯文本封面书影，图版5.1.2为部分内容书影。我们根据F. Rosen《algebra》[①]（译自1343年拉丁文抄本）英文译本分析部分有代表性的内容。

一、算术

记数法

全书六十进制和十进制并用。《代数》是西亚、中亚和欧洲国家十进制记数法的源泉。这种记数法西传后，十进制取代了很不

① F. Rosen, Algebra of Mohammed ben Musa, London, 1831

تراثنا

كتاب

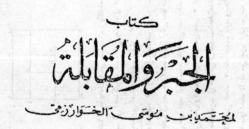

الجبر والمقابلة

لمحمد بن موسى الخوارزمي

تقديم وتعليق

دكتور علي مصطفى مشرفة و دكتور محمد مرسي أحمد

دار الكاتب العربي للطباعة والنشر

图版 5.1.1

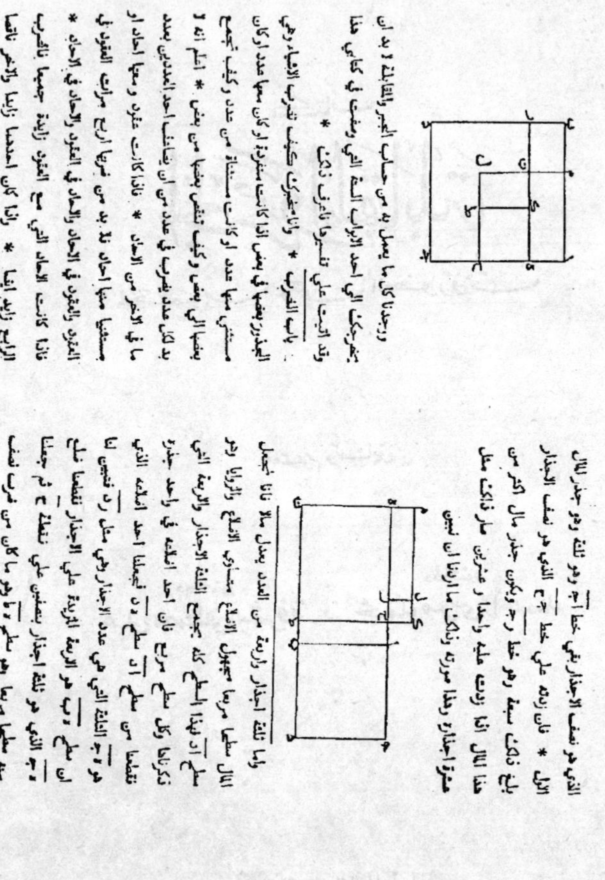

١٣

الذي هو نصف الاجذار بقي خط اجـ وهو ثلثة وهو جذر المال الاول * فان زدته علي خط جـح الذي هو نصف الاجذار بلغ ذلك سبعة وهو خط رجـ ويكون جذر مال اكثر من هذا المال اذا زدت عليه واحدا و عشرين صار ذلك مثل عشرة اجذاره وهذا صورته وذلك ما اردنا ان نبين

واما ثلثة اجذار واربعة من العدد يعدل مالا فانا نجعل المال سطحا مربعا مجهول الاضلاع متساوي الاضلاع والزوايا وهو سطح اد فهذا السطح كله يجمع الثلثة الاجذار والاربعة التي ذكرناها وكل سطح مربع فان احد اضلاعه في واحد جذره فقطعنا من سطح اد سطح هد فجعلنا احد اضلاعه الذي هو هجـ الثلثة التي هي عدد الاجذار وهي مثل رد فتبين لنا ان سطح هب هو الاربعة المزيدة علي الاجذار فقطعنا ضلع هجـ الذي هو ثلثة اجذار بنصفين علي نقطة ح ثم جعلنا منه سطحا مربعا وهو سطح هط وهو ما كان من ضرب نصف

١٥

ووجدنا كل ما يعمل به من حساب الجبر والمقابلة لا بد ان يخرجك الي احد الابواب الستة التي وصفت في كتابي هذا وقد اتيت علي تفسيرها فاعرف ذلك *

باب الضرب * وانا مخبرك كيف تضرب الاشياء وهي الجذور بعضها في بعض اذا كانت منفردة او كان معها عدد او كان مستثني منها عدد او كانت مستثناة من عدد وكيف تجمع بعضها الي بعض وكيف تنقص بعضها من بعض * اعلم انه لا بد لكل عدد يضرب في عدد من ان يضاعف احد العددين بعدد ما في الاخر من الاحاد * فاذا كانت عقود و معها احاد او مستثنيا منها احاد فلا بد من ضربها اربع مرات العقود في العقود والعقود في الاحاد والاحاد في العقود والاحاد في الاحاد * فاذا كانت الاحاد التي مع العقود زايدة جميعا فالضرب الرابع زايد ايضا * واذا كان احدهما زايدا والاخر ناقصا

图版 5.1.2

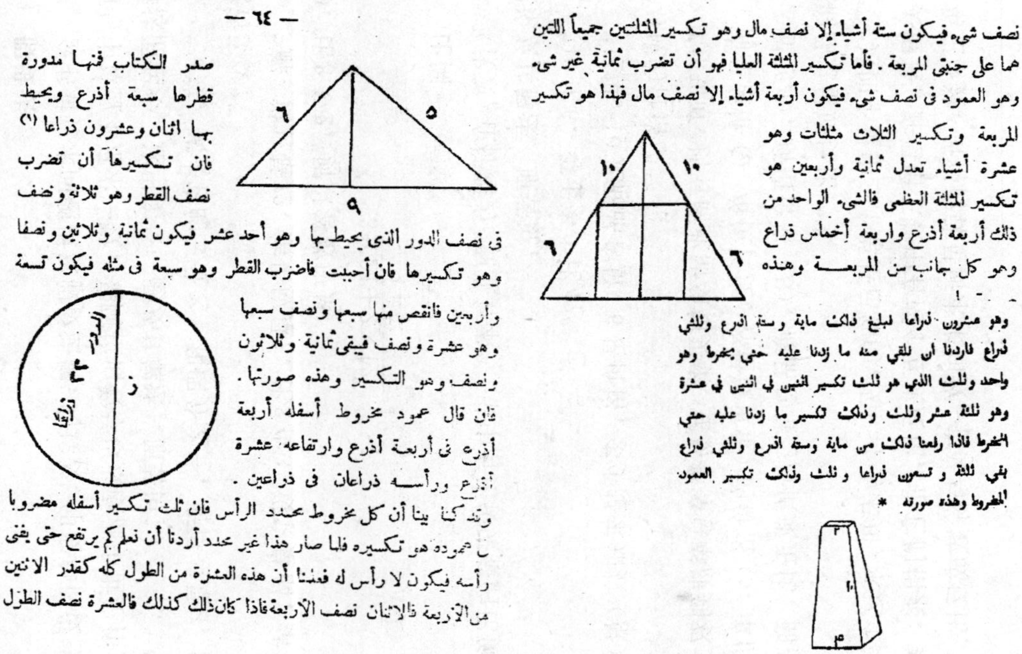

نصف شيء فيكون ستة أشياء إلا نصف مال وهو تكسير المثلثين جميعاً اللتين
هما على جنبتي المربعة . فأما تكسير المثلثة العليا فهو أن تضرب ثمانية غير شيء
وهو العمود في نصف شيء فيكون أربعة أشياء إلا نصف مال فهذا هو تكسير
المربعة وتكسير الثلاث مثلثات وهو
عشرة أشياء تعدل ثمانية وأربعين هو
تكسير المثلثة العظمى فالشيء الواحد من
ذلك أربعة أذرع واربعة أخماس ذراع
وهو كل جانب من المربعة وهذه

وهو عشرون ذراعا فبلغ ذلك ماية وستة اذرع وثلثي
ذراع فاردنا ان نلقي منه ما زدنا عليه حتي يخرط وهو
واحد وثلث الذي هو ثلث تكسير اثنين في اثنين في عشرة
وهو ثلثة عشر وثلث وذلك تكسير ما زدنا عليه حتي
انخرط فاذا رفعنا ذلك من ماية وستة اذرع وثلثي ذراع
بقي ثلثة و تسعون ذراعا و ثلث وذلك تكسير العمود
المخروط وهذه صورته *

— ٦٤ —

صدر الكتاب فنها مدورة
قطرها سبعة أذرع ويحيط
بها اثنان وعشرون ذراعا (١)
فان تكسيرها أن تضرب
نصف القطر وهو ثلاثة ونصف
في نصف الدور الذي يحيط بها وهو أحد عشر فيكون ثمانية وثلاثين ونصفا
وهو تكسيرها فان أحببت فاضرب القطر وهو سبعة في مثله فيكون تسعة
وأربعين فانقص منها سبعها ونصف سبعها
وهو عشرة ونصف فيبقى ثمانية وثلاثون
ونصف وهو التكسير وهذه صورتها .
فان قال عمود مخروط أسفله أربعة
أذرع في أربعة أذرع وارتفاعه عشرة
أذرع ورأسه ذراعان في ذراعين .
وقد كنا بينا أن كل مخروط محدد الرأس فان ثلث تكسير أسفله مضروبا
في عموده هو تكسيره فلما صار هذا غير محدد أردنا أن نعلم كم يرتفع حتى يفنى
رأسه فيكون لا رأس له فعلمنا أن هذه العشرة من الطول كله كقدر الاثنين
من الأربعة فالاثنان نصف الاربعة فاذا كان ذلك كذلك فالعشرة نصف الطول

图版 5.1.3

方便的希腊字母记数法和笨重的罗马字母记数法。

假设法

全书对算术问题用双假设法解，与埃及、印度单假设法有别，而与中算盈不足术一致，是阿拉伯数学以及欧洲中世纪作为常用解法的起步。这里实录一题及其解法。原著说：

“一数，减去它的三分之一和四分之一，所得差是8，问：此数得多少？”

“解：设它是12，结果应是5，比8少3。设它是24，结果应是10，比8多2。所以答数应是

$$\frac{3\times 24+2\times 12}{3+2}=19\frac{1}{5}。”$$

比例①

《代数》在标题为“商业算术”一节中有比较完整的比例问题、理论及其解法。原著说：

“10比6，等于多少比4？”

“这里，10是商品含量，6是价格，多少是未知数（量），4是它对应的价格。”

“你知道，所有商业活动如买卖、互易等等总牵涉到双方四个数：商品含量（a，单位长度、容量或重量）的价格（b，单价），商品总量（A），所值价格（B）。商品总量与所值成正比，商品单价与商品总量成反比。”②

“这四个量中三个总是已知的，另一个为未知。求这个未知数的关键是：在已给三数中有两个互成反比，把它们相乘，乘积除以第三个数，所得商就是所求未知数，它又与除数成反比。”后文

① kh.，pp. 68～70.

② 这是说A与B成正比，b与A成反比．也就是说a与b成正比，而A与B成反比．

又举了许多例题，如原著载有例题：

1. 已知10比6，问：多少比4？这里10是商品含量，6是单价……单价商品含量与总量所值成反比。这两数相乘（10×4）除以第三个数（6），所得商$\frac{20}{3}$就是所求数，它与单价6成反比。

2. 已知10比8，问：买商品4，值多少？单价8与商品总量4成反比，二者相乘（8×4）乘积是32，除以第三个数（单价商品重量10），商是$3\frac{1}{5}$，这是所求总值，它与除数成反比。用这种方法，所有商业计算问题都能获解。

3. 工人1个月得工资10个钱币，问：他6日能得到多少工资？

你知道，6日是1月的$\frac{1}{5}$，这一段时间的工资数与1个月时间成正比。你计算1个月30日作为（单价）商品含量，10个钱币作为单价，6日作为商品总数。这段时间内工资作为所值钱币数，那么单价10与商品总值6成反比，相乘得60，除以第三个数30，所得商2，就是所求数。

4. 小麦每斗值10个钱币，大麦值8个钱币。问：4斗大麦可以换多少小麦？解法相当于说$10:8=4:x$，$x=3\frac{1}{5}$（斗）。

二、代数

复原与对消

代数，英语为algebra。其余语种从发音看都大同小异，均源自花拉子米专著《代数》(al-jabr w'almuqubala）的第一字音译。后来拉丁文译本译为Lutus Algebrae Almucgra-balaeque. F. Rosen英译本缩写书名为Algebra. M. Kline在《古今数学思想》中说："在代数学方面阿拉伯人的第一个贡献是提供了这门学科的名称。”①

什么是algebra？什么是mnqabala？D. E. Smith 在其两卷本《数学史》中举例说：②

“方程一边的负号移到另一边是加，一边的正号移到另一边是减。这就是algebra（复原）。同类项合并或相消，这就是muqabala（对消）。”

例如，$bx+2q=x^2+bx-q$。复原是指$bx+2q+q=x^2+bx$；对消是指 $3q=x^2$。他还引述12 世纪时流行于波斯（今伊朗）阿拉伯文学校的（英译）诗为证：

“Cancel minus ferms and then
Restore to make your algebra,
Combine your homogeneous terms
and this is called muqabala.”

（移去负项，给予复原，这就是algebra。同类项合并，这就是muqabala）。

二次方程求根公式的几何推导③

我们知道，二次方程$ax^2+bx+c=0$ 正系数的表达式有三种类型：$ax^2+bx=c$，$ax^2+c=bx$，$ax^2=bx+c$（其中a，b，$c>0$）。《代数》一开始就详尽无遗地讨论它们的解法（图版5.1.2 为原著书影）。

1. $ax^2+bx=c$。他先讨论“根的平方与根的和等于一数”。他举例：

$$x^2+10x=39。$$

解法是

① K. 第一册，p. 192

② Sm. vol. 2，p. 388

③ Kh.，pp. 8～14

$$x=\sqrt{\left(\frac{10}{2}\right)^2+39}-\frac{10}{2}=3。$$

他解释说："把正方形 AB 看成根的平方（x^2），四个小长方形 C，G，K，T 分别看成 $\frac{1}{4}\times10x=\frac{5}{2}x$。为了凑成大的正方形 DH，就在四个角各自加上 $\left(\frac{5}{2}\right)^2$。这就得到大正方形 DH＝正方形 AB＋长方形（$C+G+K+T$）$+4\left(\frac{5}{2}\right)^2=x^2+10x+25=39+25=64$（图5.1.2）。

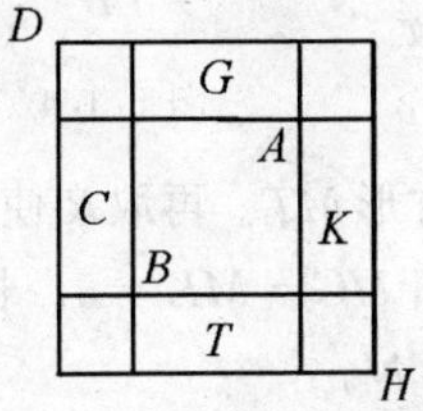

图 5.1.2

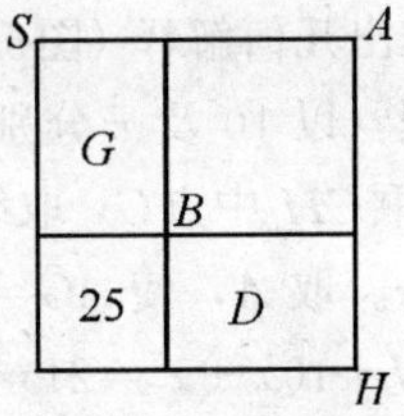

图 5.1.3

于是所求 $x=\sqrt{64}-2\times\frac{5}{2}=3$。"

书中还给出了第二种解释（图5.1.3）：把正方形 AB 看成根的平方（x^2），把10个根（$10x$）分成二等份，即长方形 BS，BH，它们各自有 $5x$。留下左下角正方形的面积是25。于是考虑大正方形 SH 的面积是 $x^2+2\times5x+25=39+25=64$。于是所求

$$x=\sqrt{\left(\frac{10}{2}\right)^2+39}-\frac{10}{2}=3①。$$

虽然他举的例子都是数字系数，但不失一般性。只要把方程变形为

① Kh.，pp. 15～16

$$x^2+\frac{b}{a}x=\frac{c}{a},$$

对两种解释作同样几何图形，就可得到求根公式：

$$x=\sqrt{\left(\frac{b}{2a}\right)^2+\frac{c}{a}}-\frac{b}{2a}。$$

2. $ax^2+c=bx$。对于这种类型的方程他用文字叙述为："根的平方与一数的和等于根"。他也举一例：

$$x^2+21=10x。$$

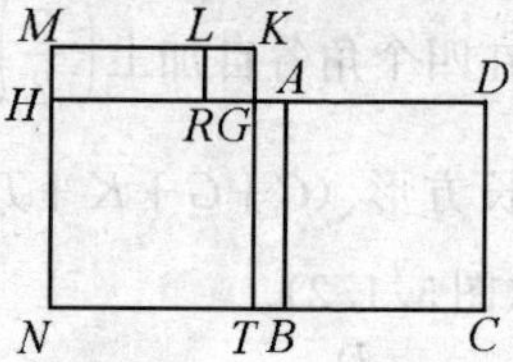

图 5.1.4

然后作出几何解释（图5.1.4）。怎样解这个方程？以10及x分别为边作长方形①HD。取CH中点G，取线段GT，作正方形MT。再取R使$HR=CD=x$。取A，使$AG=RG$。由此可知$HG=MK=5$。长方形$HABN=10x-x^2=21=$矩尺形$MLRGTN$。

从以上计算，他断言方程有二根。

其一，他先从

$$\begin{aligned}LK^2&=MK^2-\text{矩尺形}MLRGTN\\&=MK^2-\text{长方形}HABN\\&=\left(\frac{10}{2}\right)^2-21。\end{aligned}$$

这是说，$LK=\sqrt{\left(\frac{10}{2}\right)^2-21}=2$。于是所求

$$x=\frac{10}{2}-\sqrt{\left(\frac{10}{2}\right)^2-21}=3。$$

上面几何解释对于这类二次方程的解法不失一般性，当变形为$x^2+\frac{c}{a}=\frac{b}{a}x$之后，都可如法得

① 其中$CH=10$，$CD=x$.

$$x=\frac{b}{2a}-\sqrt{\left(\frac{b}{2a}\right)^2-\frac{c}{a}}。$$

其二，他还敏锐地指出所举例子中还有第二个根，5＋2＝7。他另作几何解释(图5.1.5)。从正方形$RCSP$考虑，把它的一边长(7)看成方程的另一根。他验证

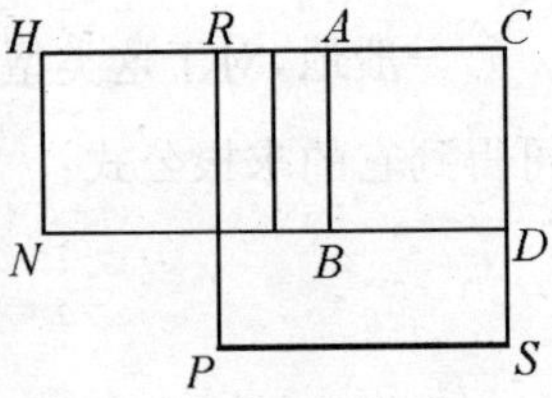

图 5.1.5

正方形$RCSP$＋长方形$HABN=7\times7+21=10\times7$，

所以 7 是方程的另一根①。一般地，

$x=\frac{b}{2a}+\sqrt{\left(\frac{b}{2a}\right)^2-\frac{c}{a}}$是方程的另一根。

3. $ax^2=bx+c$。对于这一类型的方程他用文字叙述为："根与一数的和等于根的平方。"对此，他也通过例子说明：$x^2=3x+4$。在图5.1.6中，设AB为所求根x。作正方形AD，在边AC上取$HC=3$。于是长方形$HD=3x$，而长方形$AR=4$。又取HC的中点G，分别在AG，HG上作正方形，计算

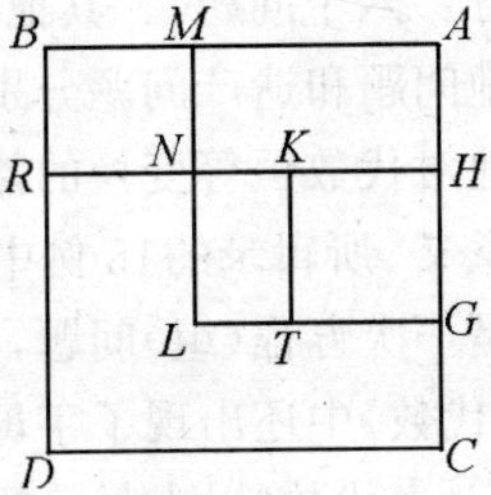

图 5.1.6

$$正方形HG=\left(\frac{3}{2}\right)^2,$$

$$矩尺形AMLTKH=长方形AR=4,$$

于是正方形$AG=\left(\frac{3}{2}\right)^2+4$，而$GC=\frac{3}{2}$，那么

① Kh.，pp. 17～18

所求 $x=GC+AG=\frac{3}{2}+\sqrt{\left(\frac{3}{2}\right)^2+4}=\frac{3}{2}+\frac{5}{2}=4$。①

一般地，对于这类型二次方程，只要变形为 $x^2=\frac{b}{a}x+\frac{c}{a}$，就可得到它的求根公式：

$$x=\frac{b}{2a}+\sqrt{\left(\frac{b}{2a}\right)^2+\frac{c}{a}}。$$

我们知道二次方程 $ax^2+bx+c=0$ 因系数符号不同，应有四种类型，除了 $a，b，c>0$ 以外，花拉子米已详尽无遗地讨论了其余三种。为避免负系数，事前通过“复原”（移项）都变形为正系数，而且提出了求根方法。

在此基础上，花拉子米配置了大量算题，约占全书五分之三。其解法都用文字说明，极易改为现代符号记出。这些计算题分三部分：“六个问题”、“其他问题”和“遗产问题”。我们全录第一部分，其他问题和遗产问题分别录7题和5题，并重新编号。从解法可获知，他对代数恒等变换的熟练技巧，其中某些优美解法，至今仍有借鉴意义。所辑录的18例中大部分是解二次方程，三种类型齐全。有的是一次方程(组)问题，有的纯是算术问题。值得我们注意的是，在《代数》中还出现了字母系数方程及其解法和答案。

《代数》以大量篇幅记录遗产问题。对于当时当地的人际关系、风俗习惯与阿拉伯法律，我们虽不能完全理解，但毕竟这是阿拉伯数字的源泉之一，应引起我们的关注。

中世纪阿拉伯世界所运用的数系似应限于非负有理数，但在所引用的例子中却出现了不用负数便不能解释的布列方程过程，如“六个问题”的第6题。此外，还出现了无理数。如“其他问题”的第5题。

① Kh.，pp. 19～21

六个问题①

1. 把10分成两份。二者相乘，又二者之一自乘等于二者乘积的4倍。问：这两份各自是多少？

原著设其中一份是x，据题意建立方程

$$x^2=4x\ (10-x)。$$

化为 $$5x^2=40x，x^2=8x，x=8。$$

答数： $$x=8，10-x=2。$$

2. 把10分成两份。二者各自自乘，然后10也自乘。10自乘等于其中一部分自乘的$2\dfrac{7}{9}$倍，或等于另一部分自乘的$6\dfrac{1}{4}$倍。问：这两份各是多少？

解法相当于说，设其中一份是x，据题意建立方程

$$10^2=2\frac{7}{9}x^2\ 或\quad 10^2=6\frac{1}{4}\ (10-x)^2。$$

二者都有解 $x=6$。

3. 把10分成两份。其中一份除以另一份，得商4。问：这两份各是多少？

解法相当于说，解

$$\frac{10-x}{x}=4，\quad 10-r=4x。$$

所求 $$x=2。$$

4. 一物所值价格的$\dfrac{1}{3}$加上1个金币与这价格的$\dfrac{1}{4}$加上1个金币的乘积是20。问：此物价格是多少？

原著据题意建立方程

$$\left(\frac{1}{3}x+1\right)\left(\frac{1}{4}x+1\right)=20。$$

① Kh.，pp. 35～40

经变换为 $x^2+7x=228$，由求根公式解得

$$x=\sqrt{\frac{49}{4}+228}-\frac{7}{2}=12,$$

5. 把10分成两份。各自自乘后相加，它们的和是58。问：这两份各是多少？

据题意建立方程 $x^2+(10-x)^2=58$，原著作变换

$$2x^2-20x+100=58,\ x^2-10x+50=29,$$

$$x^2+21=10x。由求根公式解得$$

$$x=5\pm\sqrt{25-21}=5\pm 2=7 或 3。$$

6. 某数除去它的三分之一，又四分之一，又除去4个金币，差的平方等于此数与12的和。求此数。

$$\left(x-\frac{1}{3}x-\frac{1}{4}x-4\right)^2=x+12。$$

原著用文字说明变换和解方程过程，相当于说

$$\left(\frac{5}{12}x-4\right)^2=x+12,$$

$$\frac{25}{144}x^2+4=4\frac{1}{2}x,$$

$$x^2+23\frac{1}{25}=24\frac{24}{25}x,$$

$$\sqrt{\left(\left(\frac{24\frac{24}{25}}{2}\right)^2-23\frac{1}{25}\right)}+\frac{24\frac{24}{25}}{2}=x,\ x=24。$$

其他问题①

1. 一物所值价格平方减去价格，开平方后，加上价格，等于2金币。问：此物值多少？

解法：相当于说，建立方程 $\sqrt{x^2-x}+x=2$，$\sqrt{x^2-x}=2-x$，

① Kh., pp. 41～67.

$x^2-x=4+x^2-4x$，$x^2+3x=4+x^2$，$3x=4$，$x=1\frac{1}{3}$。

2. 根的平方减去3个根，差的平方等于根的平方。问：根是多少？

解法：$(x^2-3x)^2=x^2$，$x^2-3x=x$，$x^2=4x$，$x=4$。

3. 把10分成两份，使第一部分除以第二部分，又使第二部分除以第一部分。已知两商的和是$2\frac{1}{6}$。问：这两份各是多少？

解法：$\frac{10-x}{x}+\frac{x}{10-x}=2\frac{1}{6}$，

$100+2x^2-20x=2\frac{1}{6}x(10-x)=21\frac{2}{3}x-2\frac{1}{4}x^2$，

$$100+4\frac{1}{6}x^2=41\frac{2}{3}x,$$

$$2x+x^2=10x,$$

$x=5\pm\sqrt{25-4}=5\pm1=4$ 或 6。

4. 把10分成两份，把二者的平方与二者的差加在一起，得54。问，这两份各是多少，

解法：$(10-x)^2+x^2+(10-x)-x=54$，

$$100-20x+2x^2+10-2x=54,$$

$$110-22x+2x^2=54,$$

$$x^2+28=11x,$$

$x=7$ 或 $4$①。

5. 把10分成两份，其中一份的自乘等于另一份的10倍。问：这两份各是多少？

解法：　$(10-x)^2=10x$，

$$x^2+100=30x。$$

① 7非原题的答数.

原答数　$x=15-\sqrt{125}$。

6. 某数的$\frac{1}{3}$加上 3 个金币，从这个数减去这个和，差的平方等于这个数。问：某数是多少？

解法：$\left(x-\left(\frac{x}{3}+3\right)\right)^2=x$，

$$x^2+20\frac{1}{4}=11\frac{1}{4}x。$$

所求 $x=9$ 或 $2\frac{1}{4}$。

7. 我买大麦与小麦各若干斗，各自付款数之差与两种粮食斗数之差等于付款数的和。问：大麦每斗单价是多少？

原著解法相当于说，设大麦每斗单价是x，小麦单价是rx，又设大麦、小麦分别买了n，m 斗，据题意建立方程

$$mrx+nx=(rx-x)+m-n。$$

所求数　$x=\frac{m-n}{m+n+r-1}$。

遗产问题①

1. 老人有四个儿子，临终遗嘱：每个儿子所得相等，友人得同样一份、再加一个金币外，还要给他全部财产的$\frac{1}{3}$、除去儿子所得一份差的$\frac{1}{4}$。问：五个人各分得多少？

解法 1　相当于说，设此人有财产为a 个金币，友人得x，每个儿子得y个金币。据题意

$$\begin{cases}a-x=4y,\\ x=y+\frac{1}{4}\left(\frac{1}{3}a-y\right)+1。\end{cases}$$

① Kh.，pp. 86～133. 本段问题如对照第二章第二节有关内容是饶有兴趣的.

变换为　$\frac{2}{3}a+\frac{1}{3}a-y-\frac{1}{4}\left(\frac{1}{3}a-y\right)-1=4y$。

解得每个儿子得

$$y=\frac{11}{57}a-\frac{12}{57}。$$

友人得　$x=\frac{13}{57}a+\frac{48}{57}$。

2. 一人临终遗嘱财产分配方案：六个儿子所得相等，友人之一得儿子同样一份外，还得到全部财产的四分之一与每个儿子所得之差的五分之一；另一友人得到儿子同样多的一份之外，减去全部财产的三分之一与每个儿子与前面友人所得之和之差的四分之一。问：八个人各得多少？

解法：设每个儿子分得v，友人之一得x，另一友人得y。原著把全部遗产记为1，于是问题相当于要解三元线性方程组：

$$\begin{cases}1-x-y=6v,\\ x=v+\frac{1}{5}\left(\frac{1}{4}-v\right),\\ y=v-\frac{1}{4}\left[\frac{1}{3}-(x+v)\right]。\end{cases}$$

原著作出正确变换①

$$\frac{2}{3}+\frac{1}{3}-x-v+\frac{1}{4}\left(\frac{1}{3}-x-v\right)=6v,$$

或　$$\frac{2}{3}+\frac{5}{4}\left(\frac{1}{3}-x-v\right)=6v,$$

或　$$\frac{2}{3}+\frac{5}{4}\left[\frac{1}{3}-\frac{1}{4}+\frac{1}{4}-v-\frac{1}{5}\left(\frac{1}{4}-v\right)-v\right]=6v。$$

这就是　$$\frac{2}{3}+\frac{5}{4}\left[\frac{1}{12}+\frac{4}{5}\left(\frac{1}{4}-v\right)-v\right]=6v。$$

因此　$$\frac{2}{3}+\frac{5}{4\times12}+\frac{1}{4}=\left(7+\frac{5}{4}\right)v,$$

① 注意其中有若干技巧性变换.

$$\frac{8}{3}+\frac{5}{12}+1=33v,$$

$$v=\frac{49}{12\times 33}=\frac{49}{396},$$

$$x=v+\frac{10}{396},\ y=v-\frac{6}{396}。$$

3. 老妇临终要把遗产分给丈夫、一子及三女。遵照法律，丈夫得$\frac{1}{4}$。夫取之余，即遗产的$\frac{3}{4}$，分成五份，其中二份予子，三份平均分配给三女。问：五人各得多少？

解法：把遗产分成20份，五人依次按5∶6∶3∶3∶3比例分配。

答数：丈夫$\frac{1}{4}$，儿子$\frac{3}{10}$，每个女儿$\frac{3}{20}$。

4. 老妇临终要把遗产分给丈夫、一子、三女及友人。遗嘱说，友人得财产的$\frac{1}{8}$及$\frac{1}{7}$。其余分成四份，丈夫得一份。再其余又分成五份：二份予子，女儿各得一份。问：五人各得多少？

解法：$\frac{1}{8}+\frac{1}{7}=\frac{15}{56}$（友人得遗产数）。

$1-\frac{15}{56}=\frac{41}{56}$，$\frac{15}{56}:\frac{41}{56}=15:41$，$20(15+41)=20\times 56=1\,120$。这就是说，友人得遗产其中的300，直系亲属得820；丈夫205，子246，女儿每人分得123。

答数：丈夫得$\frac{41}{224}$，儿子得$\frac{123}{560}$，每个女儿得$\frac{123}{1\,120}$，友人得$\frac{15}{56}$。

5. 一人有二子二女，临终时留下遗嘱：三友人甲、乙、丙也分享遗产。其中甲所得是女儿所分财产减去遗产的$\frac{1}{3}$与女儿所得差的$\frac{1}{5}$的差。乙所得是女儿所分财产减去遗产的$\frac{1}{3}$与女儿及甲所得差的$\frac{1}{3}$的差。丙所得是财产的$\frac{1}{12}$。三友人分后余下的财产的$\frac{1}{3}$，

$\frac{1}{6}$分别等分给每个子女。问：七人各分得多少？

解法：设女儿每人分得v，友人甲、乙分别分得x，y，据题意可建立方程组

$$\begin{cases} x=v-\frac{1}{5}\left(\frac{1}{3}-v\right), \\ y=v-\frac{1}{3}\left(\frac{1}{3}-x-v\right)。\end{cases}$$

但原著没有直接解方程组，而是借助于另一个条件：二子二女共得$6v$，于是据题意得

$$1-\frac{1}{12}-x-y=6v。$$

再进行恒等变换：

$$\frac{2}{3}-\frac{1}{12}+\frac{1}{3}-x-v+\frac{1}{3}\left(\frac{1}{3}-x-v\right)=6v,$$

$$\frac{2}{3}-\frac{1}{12}+\frac{4}{3}\left(\frac{1}{3}-x-v\right)=6v,$$

$$\frac{7}{12}+\frac{4}{3}\left(\frac{1}{3}-v+\frac{1}{5}\left(\frac{1}{3}-v\right)-v\right)=6v,$$

$$\frac{7}{12}+\frac{4}{3}\left(\frac{6}{5}\left(\frac{1}{3}-v\right)-v\right)=6v,$$

$$\frac{7}{12}+\frac{8}{15}=\left(6+\frac{4\times 11}{3\times 5}\right)v=\frac{134}{15}v,$$

$$\frac{7}{4}+\frac{8}{5}=\frac{134}{5}v,\ v=\frac{67}{536}=\frac{1}{8}。$$

友人甲得$x=\frac{1}{12}$，友人乙得$y=\frac{1}{12}$，每个儿子得$\frac{1}{4}$，每个女儿得$\frac{1}{8}$。这是一道趣味性算题，看似复杂，结果非常简单，且解法简便，应是优美解。

三、几何①

《代数》中记载了不少有关图形的问题，原著都用文字说明，为便于阅读，我们改用现代数学语言或公式表达，对原著叙述次序也已作适当调整。

三角形

原著对三角形性质有很多探讨。

1. 面积②。明确指出三角形的面积等于高与半底的乘积。

用边长表述的面积公式，原著也有详尽无遗的论述。例如

直角三角形：二直角边乘积之半。

锐角三角形：以边长13，14，15 为例，其探讨过程是代数、几何方程并举，对$\triangle ABC$，原著先求高h。设$DC=x$，从直角$\triangle BDC$ 得（图 5.1.7 及图版 5.1.3 左上）$h=\sqrt{169-x^2}$。又从直角$\triangle BDA$ 得$h=\sqrt{225-(14-x)^2}$。于是$169-x^2=29+28x-x^2$。$140=28x$，$x=5$，$h=12$。

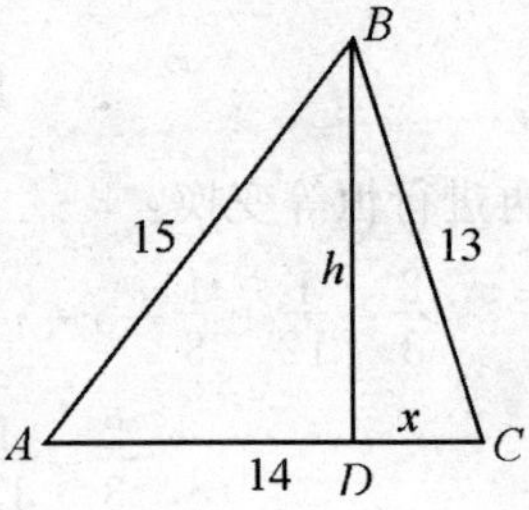

图 5.1.7

所求面积$=\frac{1}{2}\times 14\times 12=84$。

钝角三角形：以边长 6，5，9 为例。原著说，如以短边为底，垂线将逸出底边，以长边为底，可用锐角三角形方法获解。

花拉子米虽然只举数值例，但他的求积推导适用于一般三角形，与希腊 Heron 公式及其推导等价，而远为简便。

2. 勾股定理。原著明确指出直角三角形边长间关系的勾股定理。但其推导仅及等腰直角三角形，其推导全过程如下：

---

① Kh.，pp. 70～85

② Kh.，pp. 70～85. 详见沈康身，《九章算术》导读，湖北教育出版社，1997，pp. 112～113.

设 $ABDC$ 为正方形，等分 AC 于 H，AB 于 T（图 5.1.8），分别作边的平行线 HR，TG，已分正方形为四等分；连结 HT，RT，RG，GH，原正方形被等分为八个直角三角形。以 AH，AT 为边的正方形含有 2 直角三角形，而以 TH 为边的正方形含有 4 个直角三角形。因此

$$AH^2+AT^2=TH^2。$$

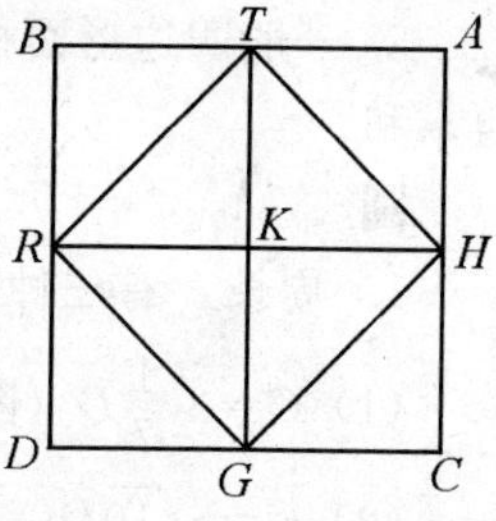

图 5.1.8

3. 等腰三角形内接正方形。已知等腰△ABC 内接正方形 $DEGF$，腰长 10，底为 12。求正方形边长。原著取

$\triangle EDC\backsim\triangle BHC$，又设正方形边长为 x，于是建立方程

$$BH:HC=8:6=ED:DC=x:\left(6-\frac{x}{2}\right)。$$

解得 $x=4\frac{4}{5}=ED$ 为所求边长。而 $AF=DC=3\frac{3}{5}$，又 $EC=6$。（图 5.1.9 及图版 5.1.3 右上。）

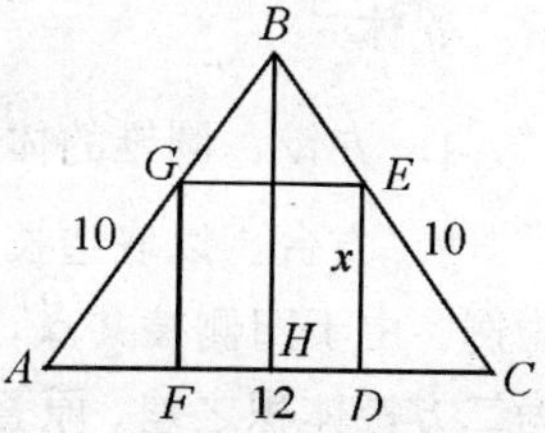

图 5.1.9

四边形

原著论述五种四边形的面积求法：正方形（等边等角）；长方形（等角不等边）、菱形（等边不等角）、平行四边形（长宽不等，不等角，而相对长、相对宽相等）和一般四边形（不等角不等边）。

1. 正方形。原著说，它的面积等于边长自乘；面积随着边长加长或缩短而增减。例如，边长为 1，2，3，面积为 1，4，9；边长为 $\frac{1}{2}$，$\frac{1}{3}$，面积为 $\frac{1}{4}$，$\frac{1}{9}$。

2. 长方形的面积是底与高的乘积。

3. 菱形的面积是对角线之一与另一对角线半长的乘积。

4. 平行四边形可划分为长方形、三角形，然后求面积和。

5. 一般四边形面积以对角线划分为两三角形，分别计算面积再求和。

圆

1. 周长。有三种表达方式（D 为直径）

（1）$C=3\frac{1}{7}D$（图版 5.1.3 左下）；

（2）$C=\sqrt{10}D$；

（3）$C=\frac{62\ 832}{20\ 000}D$。

2. 面积。有两种表达方式

（1）$A=\frac{22}{7\times 4}D^2$①；

（2）$A=\left(1-\frac{1}{7}-\frac{1}{2\times 7}\right)D^2$。

立体

1. 方锥、圆锥的体积都取底与高乘积的$\frac{1}{3}$。

2. 方台。以底边长 4，顶边长 2，高为 10 为例。由于四侧棱共点，所以可把方台体积作为二方锥体积之差。原著先求（图 5.1.10 及图版 5.1.3 右下）h，从 $h:h_1=h:10=4:2$ 得 $h=20$。再分别计算高为 h，$h-h_1$ 即 20，10 的方锥体积为 $106\frac{2}{3}$，$13\frac{1}{3}$，于是所求方台体积为 $106\frac{2}{3}-13\frac{1}{3}=93\frac{1}{3}$。

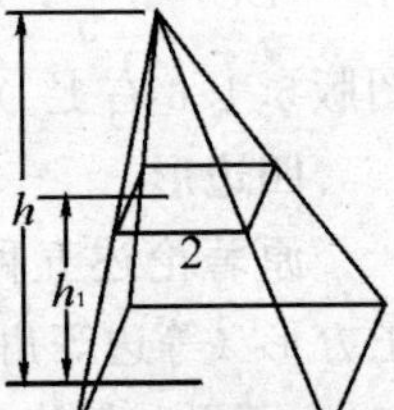

图 5.1.10

这一解法虽为数值例，但有一般意义。

---

① 两式等价，都取 $\pi\approx\frac{22}{7}$.

第二节　前期其他数学家

一、Thabit ibn Qurra

T. ibn Qurra（约826—901）生于两河流域Harron（今属土耳其）。从事宗教活动和金融事业，后被聘，在当时阿拉伯首都巴格达进行科学研究，在数学、天文学方面俱有突出贡献。他整理和翻译欧几里得、阿基米德、Ptoleny等学者的希腊文数学经典，并作出有创见的注释，在数论、代数、几何和三角学方面都有业绩。可惜的是他自己无系统专著传世。我们只能辑录散见于各种学术著作中素为人们称道的材料，虽凤毛麟角，却弥足珍贵。

数论

1852年F. Woapcke（1826—1864，德国）发表Qurra数学手稿，其中含对相亲数的精湛研究，总结了相亲数的构造公式：

设　$a=3\times 2^n-1$，$b=3\times 2^{n-1}-1$，$c=9\times 2^{2n-1}-1$，当a，b，c都是素数时（>2），则2^2ab，2^nc是一对相亲数。①

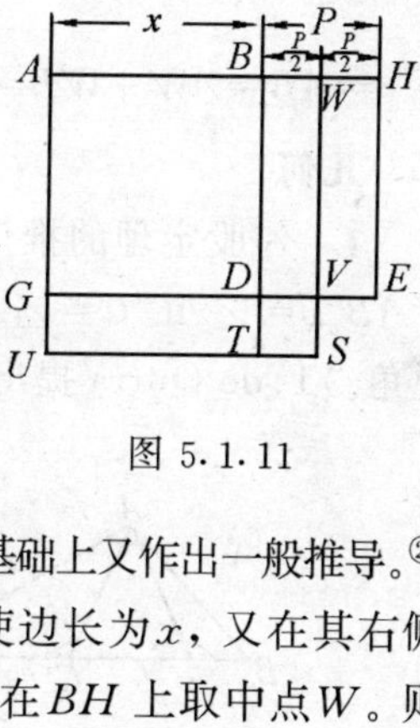

图 5.1.11

代数

Qurra在花拉子米对二次方程求根公式基础上又作出一般推导。②

1. $x^2+px=q$。他作正方形$ABDG$，使边长为x，又在其右侧作长方形$BHED$，使边长分别为x，p，又在BH上取中点W。则观察图5.1.11知　正方形$AW=x^2+2$长方形$BWVD+$正方形$DVST=$正方形AS。

① F. Cajorie，History of Mathematics，p. 104，1919.

② Ber. p. 104～107.

这就是　正方形 $AW=q+\left(\frac{p}{2}\right)^2$。

那么所求　$x=AW-BW=\sqrt{q+\left(\frac{p}{2}\right)^2}-\frac{p}{2}$。

2. $x^2+q=px$。他作正方形 $ABDG$，使边长为 x，又在 AB 延长线上取 E，使 $AE=p$（图5.1.12），又取 AE 的中点 W。则正方形 $AW=\left(\frac{p}{2}\right)^2=$ 正方形 FH，而正方形 $ND=$ 正方形 $FH-$ 矩尺形 $NDMFHQ$① $=\left(\frac{p}{2}\right)^2-q$。

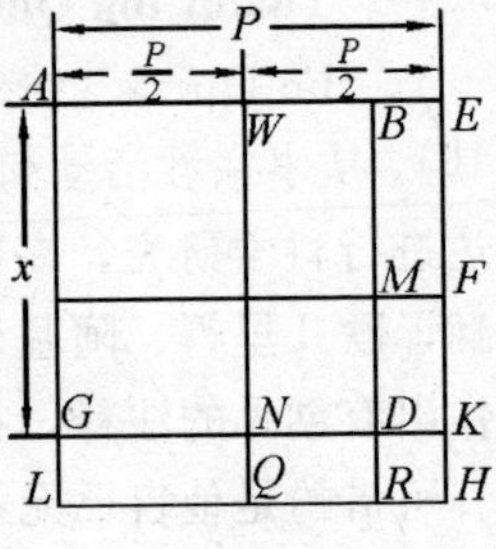

图 5.1.12

因此　$ND=\sqrt{\left(\frac{p}{2}\right)^2-q}$。

而 $x=AB=AW+WB=AW+ND=\frac{p}{2}+\sqrt{\frac{p^2}{2}-q}$。

几何

1. 勾股定理的推广②。在△ABC 的底边 BC 上取 B'，C'，使 $\angle AB'B=\angle AC'C=\angle A$（图5.1.13，左图中 A 是钝角，右图中 A 是锐角。）T. de Qurra 提出命题：$AB^2+AC^2=BC(BB'+CC')$。③

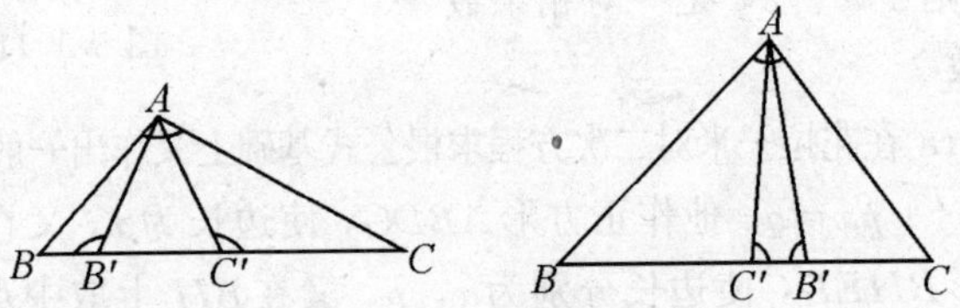

图 5.1.13

① 矩尺形 $NDMFHQ=$ 长方形 $BEKD=$ 长方形 $GDRL=px-x^2=q$.

② E., pp. 183～184　239～240

③ 从△ABC∽△$C'BA$ 易知 $AB:BC=BB':AB$ 等等.

当$\angle A$是直角时(图5.1.14),本命题就成为勾股定理。

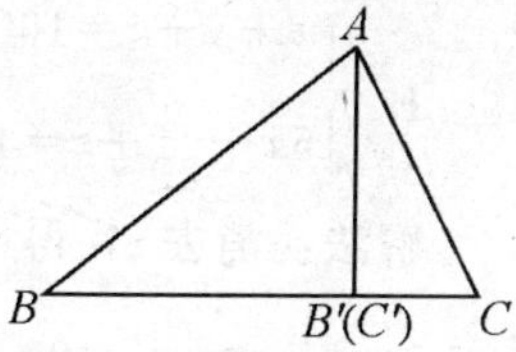

图 5.1.14

2. 勾股定理的图证法。图5.1.15中,Rt$\triangle ABC$面积与Rt$\triangle BB'C'$面积合同。

正方形$ABB'D=AB^2=$凹五边形$ACC'B'D+\triangle ABC+\triangle BB'C=$凹五边形$ACC'BD+\triangle B'DC''+\triangle ADC'''=$正方形$ACDC'''+$正方形$B'C'EC''=AC^2+B'C'^2=AC^2+BC^2$。

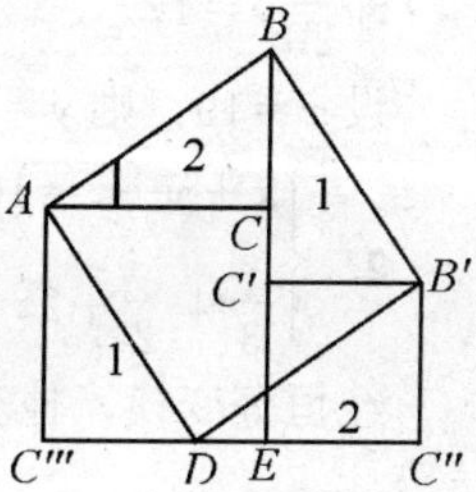

图 5.1.15

3. 三等分任意角。Qurra用有刻度的直尺和圆规解决三等分角问题。他说作法采自阿基米德遗书。

作法:图5.1.16中,$\angle AOB$为已给角。取$OA=r$为半径,O为圆心,作半圆交AO的延长线于C点。用有刻度的直尺作直线,交直径于L,交半圆于R,并使$LR=r$,则$\angle RLA=\frac{1}{3}\angle AOB$。

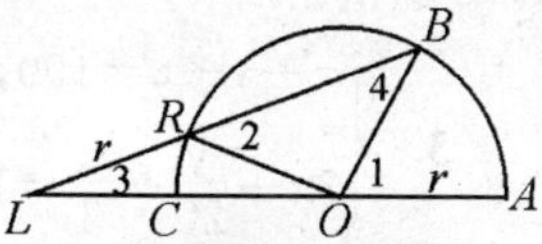

图 5.1.16

理由是显然的。

二、Abu Kamil

A. Kamil(约850—约930)有专著传世:一为《算法珍本》,有英文译本,另一为《论五边形和十边形》,他受花拉子米影响,其专著又影响了13世纪比萨的斐波那契。

《算法珍本》讨论不定方程的正整数解,我们录四题①:

① Y., pp. 222~223

1. $\begin{cases} x+y+z=100, \\ 5x+\dfrac{y}{20}+z=100。\end{cases}$

解法：消去z，得

$$100-x-y=100-5x-\frac{y}{20},$$

即$\frac{19}{20}y=4x$。

设$x=19$，则$y=80$，$z=1$，仅一正整数解。

2. $\begin{cases} x+y+z=100, \\ \dfrac{x}{3}+\dfrac{y}{2}+2z=100。\end{cases}$

经恒等变换，他获得

$$10x+9y=600。$$

方程的正整数解只有6个：$x=6, 15, 24, 33, 42, 51$及其相应y, z的值。

3. $\begin{cases} x+y+z=100, \\ 3x+\dfrac{y}{20}+\dfrac{z}{3}=100。\end{cases}$

经恒等变换，他获得$x=25+\frac{17}{160}y$。他断言，x有正整数解，必须$y=160>100$，因此方程无（正整数）解。

4. 在kamil的专著中还有五元不定方程组

$$\begin{cases} x+y+z+u+v=100, \\ 2x+\dfrac{y}{2}+\dfrac{z}{3}+\dfrac{u}{4}+v=100。\end{cases}$$

他从二方程做减法起步，得

$$x=\frac{y}{2}+\frac{2}{3}z+\frac{3}{4}u,$$

而$x+y+z+u=\frac{3}{2}y+\frac{5}{3}z+\frac{7}{4}u<100$。

他建立二整数解系列。

其一，$y=1, 3, 5, \cdots$　$z=3, 6, 9, \cdots$　$u=2, 6, 10, \cdots$　$y\leqslant 59$，$z\leqslant 54$，$u\leqslant 50$ 共得1 443 解。

其二，$y=2, 4, 6, \cdots$　$z=3, 6, 9, \cdots$　$u=4, 8, 12, \cdots$　$y\leqslant 58$，$z\leqslant 51$，$u\leqslant 52$，共得1 233 解。

本题总计得2 676 解。

三、Abul Wefa

A. Wefa（940—998）生于今伊朗东部呼罗珊（Chorassan）。公元959 年后，他定居巴格达，直至逝世，是中世纪天文学权威，曾参与巴格达天文台的观测和研究工作，在数学上也颇多创新。如代数中的解高次方程[①]以及三角学方面。在几何方面，他的贡献尤为突出，有专著《手工业者用几何》传世。下面我们辑录他在几何方面的部分工作。

用定半径弧及直尺作图[②]

1. 过线段 AB 端点 A 作它的垂线。

如图5.1.17，在 AB 上截取 AC，分别以 A，C 为心作弧交于 D。延长 CD 至 E，使 $DE=DC$。则 $\angle BAE$ 为直角。

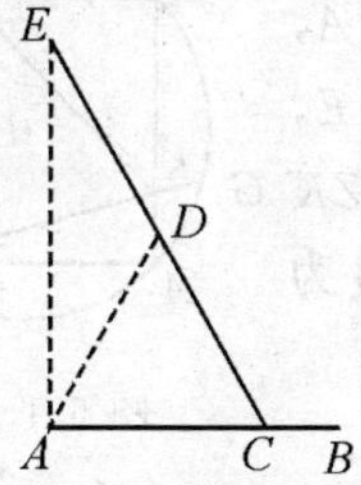

图 5.1.17

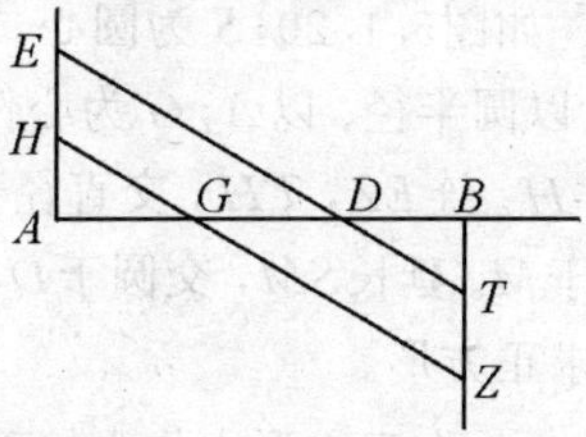

图 5.1.18

① Ber. pp. 53～54

② 第1～4，6 题载Ber.，pp. 92～96.

2. 把线段 AB 任意等分。

如图5.1.18，经过 AB 两端点 A，B 分别作垂线 AE，BZ。分别截取相等线段 $AH=HE=BT=TZ$。连结 HZ，ET，交 AB 于 G，D，二者为 AB 三等分点。向 E，Z 外侧继续截取相等线段，进行类似操作，可获致 AB 上的4，5，…，n 等分点。显然 HT 连线与 AB 交点为二等分点。

3. 二等分已给角∠BAG。

作弧 BG（图5.1.19），分别以 B，G 为心以同半径作弧，交于 D，则 AD 为所求角的平分线。

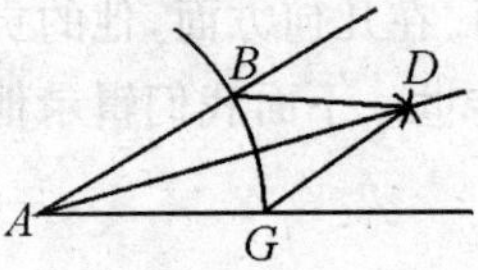

图 5.1.19

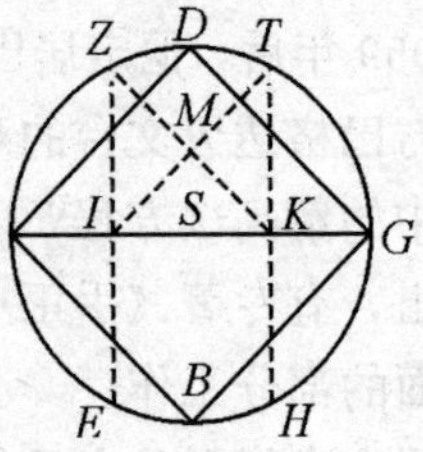

图 5.1.20

4. 在圆内作内接正方形。①

如图5.1.20，S 为圆心，作直径交圆于 A，G。以圆半径、以 A，G 为心作弧交圆于 Z，E，T，H。连 EZ，TH，交直径于 I，K。IT，ZK 交于 M。延长 SM，交圆于 D，B，则 $ADGB$ 为所求正方形。

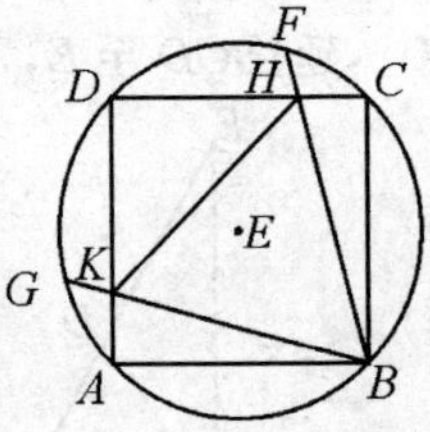

图 5.1.21

5. 在正方形内作内接正三角形②。

如图5.1.21，$ABCD$ 为已给正方形。以对角线交点 E 为心作

① 1～4作图题原著有证明，因简，略去．又第3题即欧几里得《原本》1．9

② Y.，p. 264

正方形的外接圆。以D为心，以EA为半径作弧，分别交圆于G，F。连线FB，GB分别交AD，DC于H，K，则$\triangle KHB$为所求正三角形。

证明：从作法知，$\angle DBF=\angle DBG=30°$。又$GF\perp DB$，$\angle FGB=\angle GFB=60°$，而$HK /\!/ GF$。

6. 作正五边形①

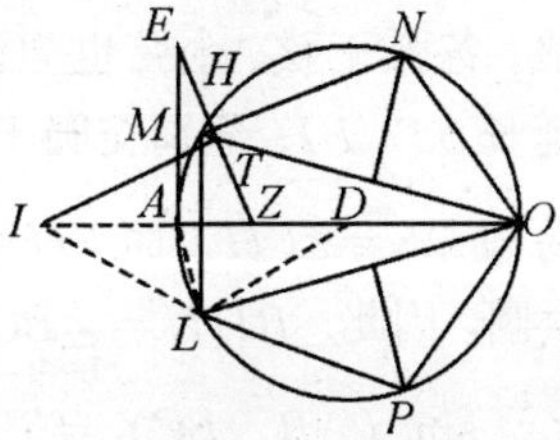

图 5.1.22

经过定半径AD一端作$AE\perp AD$。以D为心，AD为半径作圆（图5.1.22）。作$AE=AD$。取AD的中点Z，连结EZ，截取$HZ=AD$。取ZH的中点T，作$TI\perp HZ$，交AD的延长线于I。以I为心，AD为半径作弧交圆于M，L，则ML是所求正五边形的一边。引直径AO，连结MO，LO，分别作它们的中垂线交圆于N，P。则$LMNOP$为所求正五边形。

原著有详证：引LD，LA，LI，$\triangle TIZ$，$\triangle AEZ$合同（公有角Z，有一直角边长相等的直角三角形）从$ZI^2=EZ^2=EA^2+AZ^2=DA^2+AZ^2$，导出

$$DA^2=ZI^2-AZ^2=(ZI+AZ)(ZI-AZ)=ID\cdot IA。$$

于是A点是ID上的中外比点。从《原本》卷13命题9获知：如果DA是圆内接正六边形一边边长，则IA是同圆正十边形边长。又从作图知

$\triangle LIA\backsim\triangle DIL$（由于有公角角$I$，且$IA:AD=AD:ID=IA:AL=LD:ID$），

而已知$LI=LD$，因此$\triangle LIA$也是等腰三角形；那么$IA=AL$。也就是说AL也是同圆正十边形的边，而ML则是所求正五边形的边。

从上引六题可知Abul Wefa 作品丰富多彩，而且逻辑性强：后

① Bet.，pp. 94～95.

面的作图以前面的作图法为根据：

二角和差正弦定理的推导[①]

Abul Wefa 提出命题：当二角的正弦、余弦值为已给，那么二角（弧）和差的正弦等于各自相应正弦、余弦乘积的和差。

原著作出证明：在图5.1.23中，$\overset{\frown}{AB}$，$\overset{\frown}{BC}$为已给圆O为单位圆。各弧正弦、余弦也为已给。作$BT\perp AO$，$BH\perp OC$，连结HT，延长BT，BH分别交圆于Z，D。连结ZD，那么$\triangle BHT\backsim\triangle BDZ$。易知$DE=2TH$。而$TH=\sin(\overset{\frown}{AB}+\overset{\frown}{BC})$[②]，又由于$B$，$T$，$O$，$H$共圆，因此$\angle BHN=\angle BOT$，$\angle BTN=\angle BOH$。作$BN\perp TH$，则

$$\sin(\overset{\frown}{AB},\ \overset{\frown}{BC})=TH=TN+NH,$$

其中　$TN=TB\cos\angle BTN=TB\cos\angle BOH=TB\cos\overset{\frown}{BC}=\sin\overset{\frown}{AB}\cos\overset{\frown}{BC}$。

而$NH=BH\cos\angle BHN=BH\cos\angle BOT=BH\cos\overset{\frown}{AB}=\sin\overset{\frown}{BC}\cdot\cos\overset{\frown}{AB}$。命题已证。

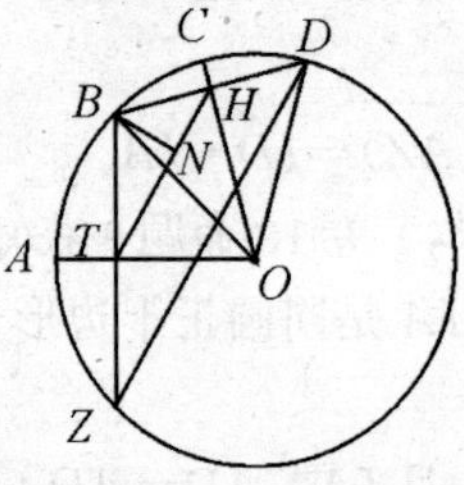

图 5.1.23

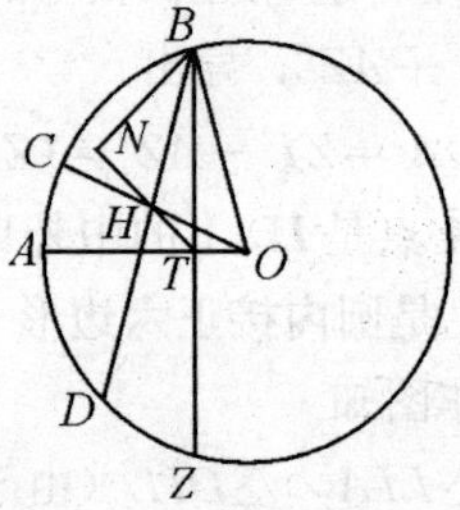

图 5.1.24

他又用同样方法借助于图5.1.24证明了

① Ber. pp. 136～138

② 一角的正弦等于它的倍角通弦之半.

$\sin(\overset{\frown}{AB}-\overset{\frown}{BC})=\sin\overset{\frown}{AB}\cos\overset{\frown}{BC}-\sin\overset{\frown}{BC}\cos\overset{\frown}{AB}$。

剪拼图形①

剪拼三个合同的正方形，使成另一等积正方形。

作法：如图5.1.25，先把其中两个正方形沿对角线等分为二（图（1））。把五块排列成风车状（图（2））。连结相应顶点（如AD）。进一步分割，把四个正方形分成八块，出入相补。从$\triangle ABE\cong\triangle DEC$知$AGFD$为所求的正方形（图（3））。

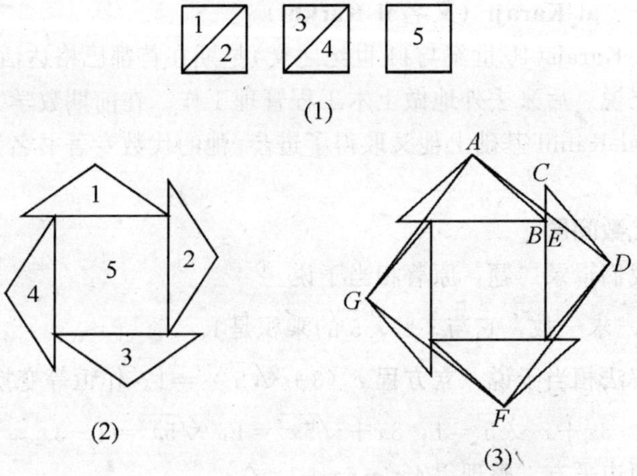

图 5.1.25

拼剪图形是出入相补原理的应用，是后世数学界喜闻乐见的研究课题②，Abul Wefa 这一命题应是开山之作。

Aboul Wefa 的定半径几何作图，也是一项开创性工作。他的二角和差正弦定理证法在今天中学三角课堂教学中作为补充教材，是很适当的。

① Y. p. 265

② S.，第4章第二节，二、剪拼

第二章 后　期

第一节　10 至 13 世纪的数学家

一、al-Karaji（又名 al-Karkhi）

al-Karaji（10 世纪与11 世纪之交）早期在首都巴格达活动，并著书立说。后来去外地做土木工程管理工作。在前期数学家花拉子米，al-Kamil 基础上他又取得了进步。他的代数专著书名为《Al-Fakhri》。

代数问题

我们辑录二题，原著相当于说。①

1. 求一数，它与 $3+\sqrt{5}$ 的乘积是 1。

解法相当于说，立方程 $x(3+\sqrt{5})=1$。作恒等变换：

$$3x+x\sqrt{5}=1，3x+\sqrt{5x^2}=1，\sqrt{5x^2}=1-3x。$$

两边平方，整理得 $4x^2-6x+1=0$。

解二次方程，他取 $x=\dfrac{3-\sqrt{5}}{4}$。②

2. 解方程组

$$\begin{cases}x^2+y^2=z^2,\\ xz=y^2,\\ xy=10。\end{cases}$$

---

① Q. p. 27，pp. 160～162

② 当时他不知有理化运算 $x=\dfrac{1}{3+\sqrt{5}}=\dfrac{3-\sqrt{5}}{9-5}=\dfrac{3-\sqrt{5}}{4}$

他取 $y=\frac{10}{x}$，$z=\frac{100}{x^3}$。

于是

$$x^2+\frac{100}{x^2}=\frac{10\ 000}{x^6},$$

$$x^8+100x^4-10\ 000=0。$$

他取 $x^4=-50+\sqrt{12\ 500}$，并得

答数 $x=\sqrt{\sqrt{\sqrt{12\ 500}-50}}$①。

自然数三次幂和公式

他提出，自然数三次幂和公式：②

$$1^3+2^3+3^3+\cdots+n^2=\left[\frac{1}{2}n\ (n+1)\right]^2,$$

并作图证明。以 $\sum_{r=1}^{n}r=\frac{n}{2}(n+1)$ 为边作正方形（图5.2.1），而矩尺形 $B_nC_nD_nD_{n-1}C_{n-1}B_{n-1}=n\cdot\frac{n}{2}(n+1)+n\cdot\frac{n}{2}(n-1)=n^3$。

因此所求 $\sum_{r=1}^{n}r^3=1+\sum_{r=1}^{n}$ 矩尺形 $B_rC_rD_rD_{r-1}C_{r-1}B_{r-1}$

$$=\text{正方形}\ AB_nC_nD_n=\left(\frac{1}{2}n\ (n+1)\right)^2。$$

二、Ibn al-Haytham（又名Alhazcn）

I. al-Haytham（965—1039）生于今伊拉克Basra，卒于开罗。在哈里发al-Kokim 治下工作。精于工程和光学，后者有专著，1572年被译成拉丁文本传世。

Ibn al-Haytham 现象

从光学问题他引进：在同平面内过圆外二点作二直线交圆周

① Y. p. 216 认为这是A. Kamil 的工作

② HG., vol. pp. 109～110

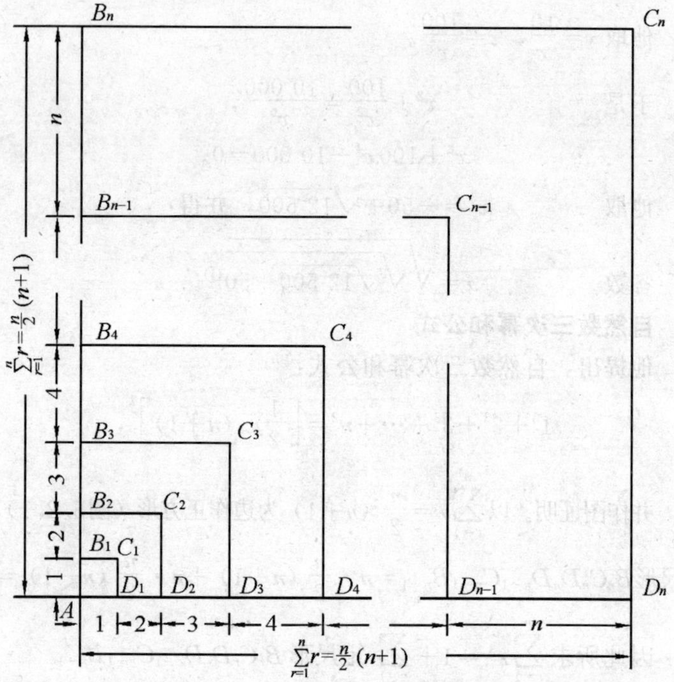

图 5.2.1

于一点，使此二直线与法线成等角。问题导致一个四次方程，他借助于双曲线与圆的交点得解。①

自然数 n 次幂和公式

他创立求自然数幂和的一般公式：以 $\sum_{r=1}^{n} r^k$ 及 $n+1$ 为边长作长方形（图 5.2.2），从图易知，

$$(n+1)\sum_{r=1}^{n} r^k=\sum_{r=1}^{n} r^{k+1}+\sum_{p=1}^{n}\sum_{r=1}^{p} r^k。\quad (*)$$

① E.，p. 175

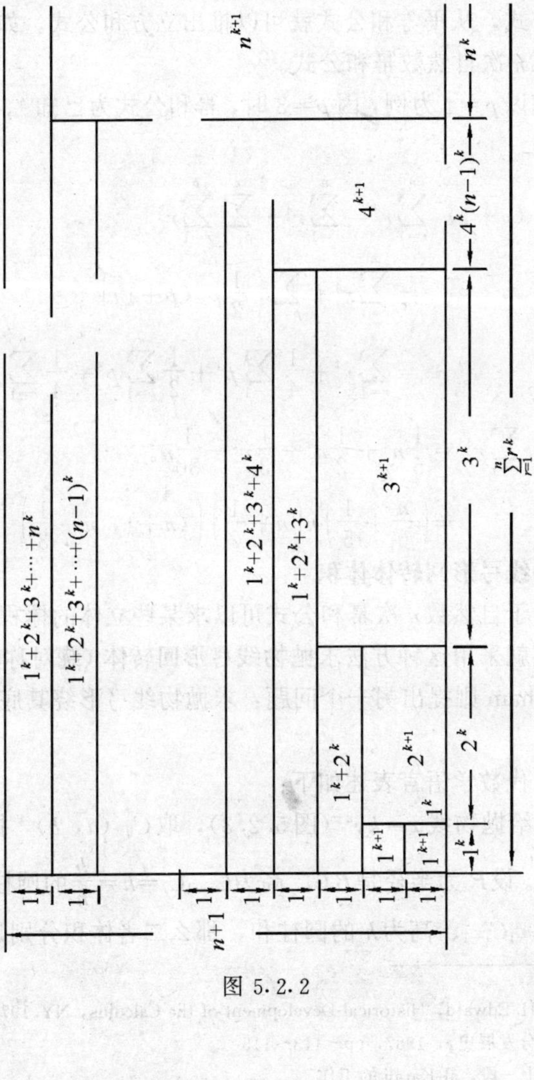

n^{k+1}
n^k
$4^k(n-1)^k$
4^{k+1}
$1^k+2^k+3^k+\cdots+n^k$
$1^k+2^k+3^k+\cdots+(n-1)^k$
$1^k+2^k+3^k+4^k$
$1^k+2^k+3^k$
3^{k+1}
3^k
$\sum_{r=1}^{n} r^k$
1^k+2^k
2^{k+1}
2^k
1^{k+1}
1^k
$n+1$
1

图 5.2.2

从此可以获得一系列递推公式：已知自然数和公式就可以推出其平方和公式，从平方和公式就可以推出立方和公式。如此循序操作，直至n次自然数幂和公式。①

我们以$p=4$为例，因$p=3$时，幂和公式为已知②，代入公式(*)，得

$$(n+1)\sum_{r=1}^{n}r^3=\sum_{r=1}^{n}r^4+\sum_{p=1}^{n}\sum_{r=1}^{p}r^3$$
$$=\sum_{r=1}^{n}r^4+\sum_{p=1}^{n}\left(\frac{1}{2}p\ (p+1)\right)^2$$
$$=\sum_{r=1}^{n}r^4+\frac{1}{4}\sum_{p=1}^{n}p^4+\frac{1}{2}\sum_{p=1}^{n}p^3+\frac{1}{4}\sum_{r=1}^{n}p^2,$$

$$\sum_{r=1}^{n}r^4=\frac{1}{5}n^2+\frac{1}{2}n^4+\frac{1}{3}n^3-\frac{1}{30}n。$$
$$=\left(\frac{n}{5}+\frac{1}{5}\right)n\left(n+\frac{1}{2}\right)\left((n+1)\ n-\frac{1}{3}\right)^{③}。$$

抛物线弓形回转体体积

借助于自然数n次幂和公式可以求某些立体的体积，古希腊阿基米德就采用这种方法求抛物线弓形回转体（绕对称轴）体积。al－Haytham则提出另一个问题：求抛物线弓形绕其底回转体体积。④

用现代数学语言表述如下：

如已给抛物线$x=ky^2$（图5.2.3），取C_n（a，b），把$C_oC_n=b$作n等分。设P为半径是B_iC_i、高为$C_{i-1}C_i=h=\frac{b}{n}$的圆柱和，Q为半径是$B_{i-1}C_{i-1}$、高为h的圆柱和，那么二者体积分别是：

① C. H. Edward，Historical Development of the Calculus，NY. 1979. 张鸿林中译本《微积分发展史》，1987，pp. 113～115

② 从上一段，al-Karaji的工作

③，④ Y.，pp. 278～280 以及上引Edward《微积分发展史》p. 113～115

$$P=\sum_{i=1}^{n}\pi k^2h^5\ (n^2-i)^2,$$①

$$Q=\sum_{i=0}^{n-1}\pi k^2h^5\ (n^2-i^2)^2。$$

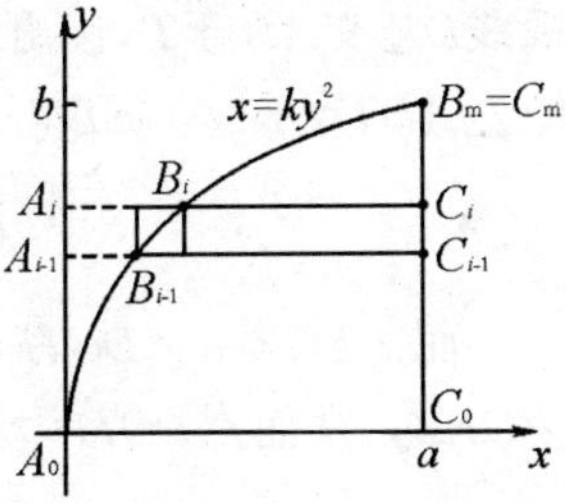

图 5.2.3

借助于四次幂和公式

$$\sum_{i=1}^{n}\ (n^2-i^2)^2=n^5-2n^2\sum_{i=1}^{n}i^2-\sum_{i=1}^{n}i^4$$

$$=\frac{8}{15}n^5-\frac{1}{2}n^4-\frac{1}{30}n,$$

$$\sum_{i=0}^{n-1}\ (n^2-i^2)^2=\frac{8}{15}n^5+\frac{1}{4}n^4-\frac{1}{30}n$$②。

设所求立体体积为V，Haytham 认为$\rho<V<Q$，当n 无限增大时，$V=\frac{8}{15}\pi a^2b$。

三、al-Biruni（又名Abu Rayhan Biruni）③

al-Biruni（973—1050）生于咸海南岸花拉子模，与花拉子米同乡，卒于今阿富汗境内加兹尼。随Ghazna Mahmud 王访问印度，用Ptoleny 方法以经纬度测定城市位置。在印期间他还学习印度的科学技术，特别是在数学方面的成果。他的传世测量创见有二。

1. 测山高。借助于有刻度的方板作间接测量。如图5.2.4，EZ为所测山高。方板$ABGD$一边AB有等分刻度，使方板顶点G与地面接触，方板垂直于地面。绕D点转动方板，从D点前视山顶，

① 由于$x=ky^2$，$a=kb^2$，又$h=\frac{b}{n}$. 因此$B_iC_i=A_iC_i-A_iB_i=a-A_iB_i=kb^2-k\ (ih)^2=kn^2h^2-ki^2h^2=kh^2\ (n^2-i^2)$. 而以$B_iC_i$为半径以$h$为高的圆柱体积$=\pi h\ (kh^2\ (n^2-i^2))^2$.

② 从上式两端分别加上n^4就得此结果.

③ Ber.，pp. 141～143

视线DE交AB于T，读出AT值。由于$AD /\!/ EG$，$\angle ADT=\angle DEG$，$\text{Rt}\triangle ADT \backsim \text{Rt}\triangle GED$，于是$TA : AD=DG : GE$，得

$$GE=\frac{AD \cdot DG}{AT}。$$

而$\angle EGZ+\angle DGH=\angle EGZ+\angle GEZ=90°$，于是$\angle DGH=\angle GEZ$，从而$\triangle DGH \backsim \triangle GEZ$。由$GE : EZ=DG : GH$，

得所求
$$EZ=\frac{GE \cdot GH}{DG},$$
其中GE已为定值，DG为方板一边长，GH也易度量。

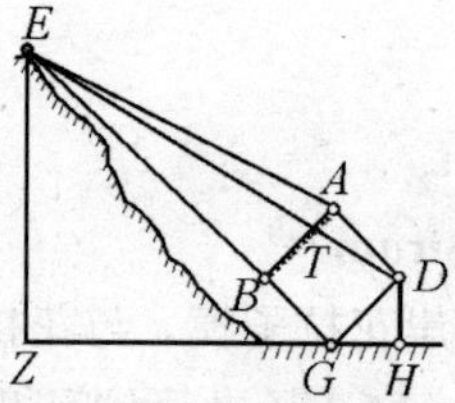

图 5.2.4

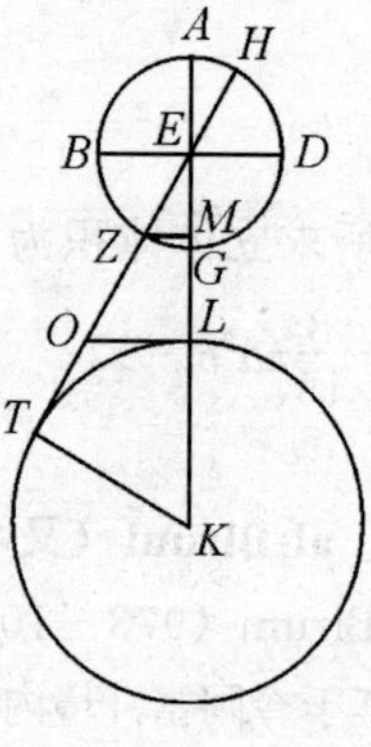

图 5.2.5

2. 测地球周长。借助于有刻度的圆盘作间接测量。如图5.2.5，圆K为地球，KL为半径，EL为山高，$ABGD$为一可绕圆心E转动的有等分刻度的圆盘。先使圆盘垂直于地面，BD在水平位置。转动圆盘，前视地平线HT。记下俯角$\angle HED=\angle BEZ=\alpha$。

对$\triangle ELO$运用正弦定理，即

$$EL : LO=\sin\angle EOL : \sin OEL=\sin\alpha : \sin\ (90°-\alpha),$$

其中EL，α为已给，因此LO可以求出。从几何知识可知$TO=LO$，而

$$EO=\sqrt{EL^2+LO^2},\ ET=EO+OT。$$

在$\triangle ETK$中再一次运用正弦定理，得

$$ET : KT = \sin\alpha : \sin(90°-\alpha),$$

其中ET已为定值，因知所求地球半径是

$$KT=\frac{ET\cdot\sin(90°-\alpha)}{\sin\alpha}。$$

Biruni 按照这理论在印度Nendana 附近山上（山高EL=652；3，18①肘尺）测算地球半径KL=12 803 337；2，9 肘尺。他又取$\pi=3\frac{1}{7}$，算出地球周长80 478 118；30，39 肘尺。这一数据取360等分，折算为55；53，15 哩（经线每度长），与当时测量师al-Mamun大地测量所得经线每度长56 哩非常接近。因此Biruni 的间接测量比得上在沙漠中长途跋涉两个测量队的工作。

Biruni 测地球周长的创见足以与古希腊Erathosthenes 成果相媲美。②

四、Avicenna（又名Ibn Sina）

Avicenna

图 5.2.6

Avicenna③（980—1037）生于塔吉克布哈拉（Bukhara），卒于今属伊朗的Hamadan。在花拉子模及伊朗从事医学、天文、音乐和数学工作，系多产作家，名著《哲学、科学大全》是当时的百科全书，其《医典》直至17 世纪仍是西方国家的医学经典。他在几何学方面的工作尤为突出，被公认为是欧几里得《原本》的最好评注者之一。他研究如何证明《原本》卷1 公设5。他提出过整数论同余命题，相当于说：

① 六十进制，记法说明见第二编概说，巴比伦记数法

② 本《大系》卷2，pp. 482～483

③ 阿维森纳

如果 $x\equiv 1\pmod 9$ 或 $x\equiv 8\pmod 9$，那么
$x^2\equiv 1\pmod 9$。①

五、Abu'l Jud

Abu'l Jud（生活在10世纪与11世纪之交）最先研究用抛物线和等边双曲线的交点来解三次方程。他提出综合几何、代数方法求正十八边形的边长，运思奇巧。②

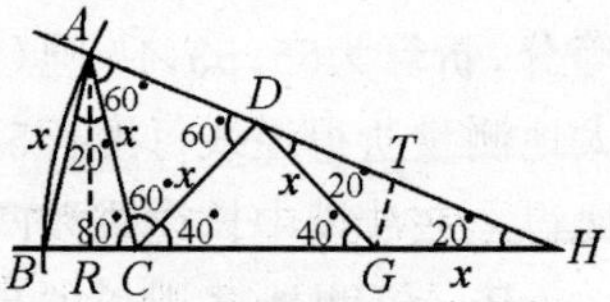

图 5.2.7

如图5.2.7，$\angle AHB=20°$，以 H 为心，AH 为单位半径作弧 AB，连线段 $AB=x$，作为所求 a_{18}。作 $AR\perp BH$，取 $\angle RAC=\angle BAR=\frac{1}{2}\times 20°=10°$，$AC$ 交 BH 于 C。作 $CD=x$，交 AH 于 D。作 $DG=x$ 交 BH 于 G。作 $GT\perp AH$。

从 $\triangle BAC\backsim\triangle AHB$，$\frac{BC}{AB}=\frac{AB}{AH}$，得

$$BC=x^2。\qquad (*)$$

从 $\triangle ARH\backsim\triangle GTH$，$\triangle GTH$ 有等腰 x，又从（∗）。

$$\frac{AR}{AH}=\frac{GT}{GH},\ \left(1-\frac{x^2}{4}\right):1=\frac{1-x}{2}:x$$

这就是 $$x^3+1=3x \qquad (**)$$

求 a_{18} 的问题已归结为解三次方程（∗∗）。后者不可约，也说明正18边形为尺规不能作图的问题。③

---

① Q., p. 27

② Y., p. 249

③ S., p. 304—305

六、Abu sahl al-Kuhi

Abu sahl (10世纪后半叶)，巴格达Abud Daula (国之股肱) 国王宫廷首席学者。他的名后缀al-Kuhi是“来自山岳”的意思。他曾在里海南岸市井要玩抛瓶杂技，因此对于阿基米得有关重心的专著尤有研究。

对阿基米德《正七边形作法》，他有自己独到的见解。我们简介如下。①

分析：圆$ABCD$ (图5.2.8) 具有以下性质：$\overset{\frown}{AB}=2\overset{\frown}{BC}$，$\overset{\frown}{ABC}=3\overset{\frown}{BC}$，而$\overset{\frown}{ADC}=4\overset{\frown}{BC}$，也就是说问题归结为在圆内作$\triangle ABC$，使$\angle A:\angle C:\angle B=1:2:4$。

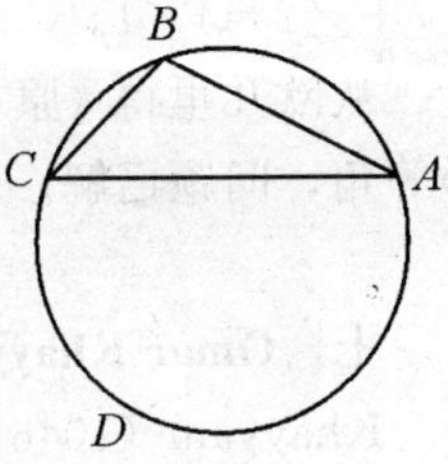

图 5.2.8

Abu Sahl又分析，如果$\triangle EBC$已符合条件，则$\angle 4=2\angle 3=4\angle 7$，即$\angle 4:\angle 3:\angle 7=4:2:1$。在$BC$两侧延长，使$BD=BE$，$AC=CE$。

易知$\triangle AED$三个角之比也是$1:2:4$，

从$\triangle CBE\backsim\triangle CED$，得$EC^2=DC\cdot BC$，这就是$AC^2=DC\cdot BC$。

从$\triangle AEB\backsim\triangle AEC$，得

$AE^2=AB\cdot AC$，由于$AE=BE=BD$，此即$BD^2=AB\cdot AC$。②

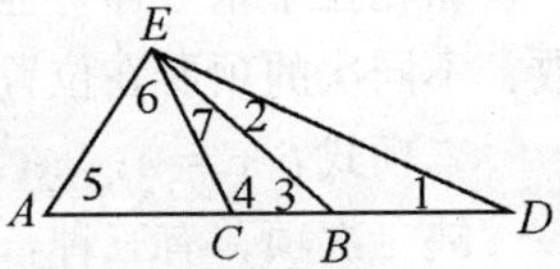

图 5.2.9

作法：反过来，按照阿基米德成果，在线段AB上 (图5.2.9) 作□$ABEF$，以获得点C，D，使

① Ber., pp. 79—82

② 对照Thabit ibn Qurra译阿基米德原著结果见本卷外篇第三编第二章第二节.

$$BD^2=AB\cdot AC,\ AC^2=DC\cdot BC。$$

分别以C，B为心，以BD，AC为半径作弧，交于E。于是

$$BD^2=AB\cdot AC,\ BE^2=AB\cdot AC,\ \triangle BEA\backsim\triangle AEC; \quad \text{(i)}$$

$$AC^2=DC\cdot BC,\ EC^2=DC\cdot BC,\ \triangle BCE\backsim\triangle ECD。\quad \text{(ii)}$$

从（i）式知$\angle 3=2\angle 1$，$\angle 7=\angle 1$，那么$\angle 4=4\angle 1$；
从（ii）式知$\angle 4=2\angle 5=2\angle 6$，那么$\angle 5=\angle 6=2\angle 1$。
至此又获得三个角成$1:2:4$比的$\triangle ADE$，其中$\angle AED=\angle 6+\angle 7+\angle 2=4\angle 1$。

从欧几里得《原本》卷4命题2：作圆内接三角形与已给三角形等角，问题已解。

七、Omar Khayyam（Umar al-Khayyami）

Khayyam（1046—约1131）生于呼罗珊，今伊朗境，卒于同地。1070年左右他应聘到撒马尔罕，后又去伊斯发罕天文台工作达18年之久。他多才多艺：数学、天文学、哲学、文学、音乐等方面都有专著，其中《代数问题》(1079，书成以呈献给撒马尔罕大法官Abu-Tahir)、《算术问题》有传世各种文字译本。以解高次方程最为突出。①

和花拉子米一样，他只考虑正系数方程。他详尽无遗地以项数、不同次的项所在位置把三次方程分类为：

二项式：$x^3=c$；

缺二次项，有三种：

$$x^3+bx=c,\ x^3+c=bx,\ x^3=bx+c;$$

缺一次项，有三种：

$$x^3+ax^2=c,\ x^3+c=ax^2,\ x^3=ax^3+c;$$

完全三次方程有七种：

① Y.，pp，253—256

$$x^3=ax^2+bx+c，x^3+ax^2=bx+c，x^3+bx=ax^2+c，$$

$$x^3+c=ax^2+bx，x^3+ax^2+bx=c，x^3+bx+c=ax^2，$$

$$x^3+ax^2+c=bx。$$

如同花拉子米那样，他用文字记方程表达式。例如，$x^3+bx=c$ 记为“根的立方加根等于数”；$x^3+bx+c=ax^2$ 记为“根的立方加根加数等于根的平方”等等。

他以古希腊Apollonius 圆锥曲线有关论述，解各种类型的三次方程。现举例如下。

1. $x^3+ax=b$。[1]

a，b，c，x 都视为线段，它们的算术运算以及开平方都可以用尺规作图得到结果。Khayyam 把方程化为 $x^3+p^2x=p^2q$，然后据以作圆和抛物线：$x^2+y^2=qx$，$x^2=py$（图5.2.10）。用现代数学语言说，二者交点 D 的横坐标就是所求方程的正根。

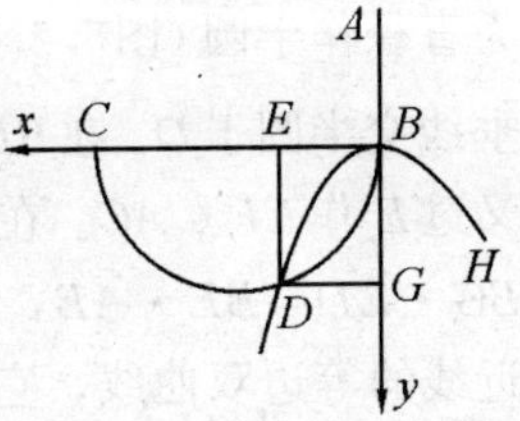

图 5.2.10

易于验证：我们设 D（x_0，y_0），那么 $x_0^2=py_0$。

另一方面 $y_0^2=x_0$（$q-x_0$）。

$x_0^4=p^2y_0^2$，当 $x_0\neq0$ 时，$x_0^4=p^2x_0$（$q-x_0$），即 $x_0^3=p^2q-p^2x_0$。可见 x_0 是原方程的根。

2. $x^3+c=bx$。

同样，他把系数作适当变换，使成为另一等价三次方程

$$\frac{x^3}{b}+\frac{c}{b}=x。$$

他 把方程的正根作为抛物线 $x^2=\sqrt{6}\,y$ 与等边双曲线 $x^2-\frac{a}{b}x=$

---

① Y.，pp. 253—254

y^2 交点的横坐标。

3. $\boldsymbol{x^3+c=ax^2}$。

Khayyam 把解此方程视为求抛物线 $y^2=\sqrt[3]{c}\ (a-x)$ 和双曲线 $xy=\sqrt[3]{c^2}$ 交点的横坐标。

4. $\boldsymbol{x^3+bx+c=ax^2}$。[1]

Khayyam 原著对此方程解法益臻复杂，相当于说：作 $AB=\dfrac{c}{b}$，$BC=a$。以 AC 为直径作半圆（图5.2.11）。过 B 作 AC 的垂线交半圆于 D。在 BD 上取 $BE=\sqrt{b}$。又过 E 作 $EF/\!/AC$。在 BC 上求 G 点，使 $BG\cdot ED=BE\cdot AB$，作长方形 $DBGH$。过 H 作以 EF，ED 为渐近线的等边双曲线，它与半圆交于 J。过 J 作 DE 的平行线交 EF 于 K，交 BC 于 L。于是由等边双曲线性质，得

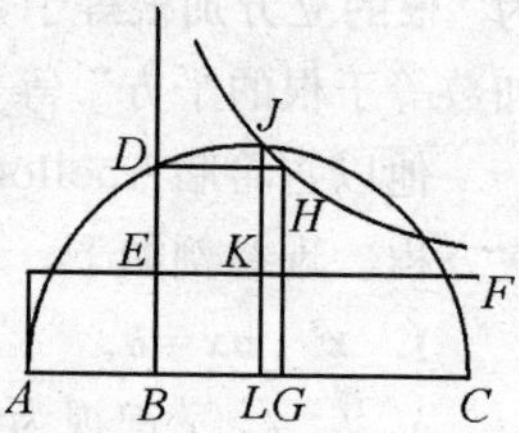

图 5.2.11

$$EK\cdot KJ=BG\cdot ED=BE\cdot AB,$$
$$BL\cdot LJ=BE\cdot AL,$$
$$LJ^2=AL\cdot LC,$$
$$\frac{BE^2}{BL^2}=\frac{LJ^2}{AL^2}=\frac{LC}{AL},$$
$$BE^2\cdot AL=BL^2\cdot LC,$$
$$b\left(BL+\frac{c}{b}\right)=BL^2\ (a-BL),$$
$$BL^2+bBL+c=aBL^2。$$

因此 BL 是所求方程的根。

---

① E.，pp. 186－187

八、Nasir ad-Din al-Tusi

Nasir ad-Din（1201－1274）（图6.2.12）生于今伊朗境内Tus，卒于巴格达。青年时就学于Nishopor。后在Ismaili 工作，1256 年被蒙古军占领后，仍受重用，留任。在数学方面他钻研古希腊诸大家专著。他的主要贡献是整理前人著述，把三角学作为独立的学科来研究，代表作有《横截线原理之书》，对盛称欧洲三角学之父的Regiomontanus 有很大影响。

Nasir ad-Din al-Tusi

图 5.2.12

表 5.2.1

弧	通弦	1′增量	弧	通弦	1′增量
$\frac{1}{2}$	0 31 25	1 2 50	2	2 5 40	1 2 50
1	1 2 50	1 2 50	$2\frac{1}{2}$	2 37 4	1 2 48
$1\frac{1}{2}$	1 34 15	1 2 50	3	3 8 28	1 2 48
$3\frac{1}{2}$	3 39 52	1 2 48	5	5 14 4	1 2 46
4	4 11 16	1 2 47	$5\frac{1}{2}$	5 45 27	1 2 45
$4\frac{1}{2}$	4 42 40	1 2 47	6	6 16 49	1 2 44
$6\frac{1}{2}$	6 48 11	1 2 43	8	8 22 15	1 2 40
7	7 19 33	1 2 42	$8\frac{1}{2}$	8 53 35	1 2 39
$7\frac{1}{2}$	7 50 54	1 2 41	9	9 24 54	1 2 38

续表

弧	通弦	1′增量	弧	通弦	1′增量
$9\frac{1}{2}$	9 56 13	1 2 37	11	11 30 5	1 2 32
10	10 27 32	1 2 35	$11\frac{1}{2}$	12 1 21	1 2 30
$10\frac{1}{2}$	10 58 49	1 2 33	12	12 32 36	1 2 28
$12\frac{1}{2}$	13 3 50	1 2 27	14	14 37 27	1 2 21
13	13 35 4	1 2 25	$14\frac{1}{2}$	15 8 38	1 2 19
$13\frac{1}{2}$	14 6 16	1 2 23	15	15 39 47	1 2 17
$15\frac{1}{2}$	16 10 56	1 2 15	17	17 44 14	1 2 7
16	16 42 3	1 2 13	$17\frac{1}{2}$	18 15 17	1 2 5
$16\frac{1}{2}$	17 13 9	1 2 10	18	18 46 19	1 2 2
$18\frac{1}{2}$	19 17 21	1 2 0	20	20 50 16	1 1 51
19	19 48 21	1 1 57	$20\frac{1}{2}$	21 21 11	1 1 48
$19\frac{1}{2}$	20 19 19	1 1 54	21	21 52 6	1 1 45
$21\frac{1}{2}$	22 22 58	1 1 42	23	23 55 27	1 1 33
22	22 53 49	1 1 39	$23\frac{1}{2}$	24 26 13	1 1 30
$22\frac{1}{2}$	23 24 39	1 1 36	24	24 56 68	1 1 26
$24\frac{1}{2}$	25 27 41	1 1 22	26	26 59 38	1 1 11
25	25 58 22	1 1 19	$26\frac{1}{2}$	27 30 14	1 1 8
$25\frac{1}{2}$	26 29 1	1 1 15	27	28 0 48	1 1 4
$27\frac{1}{2}$	28 31 20	1 1 0	29	30 2 44	1 0 48
28	29 1 50	1 0 56	$29\frac{1}{2}$	30 33 8	1 0 44
$28\frac{1}{2}$	29 32 18	1 0 52	30	31 3 30	1 0 40

续表

弧	通弦	1′增量	弧	通弦	1′增量
$30\frac{1}{2}$	31 33 50	1 0 35	32	33 4 35	1 0 22
31	32 4 8	1 0 31	$32\frac{1}{2}$	33 34 46	1 0 17
$31\frac{1}{2}$	32 34 22	1 0 27	33	34 4 55	1 0 12
$33\frac{1}{2}$	34 35 1	1 0 8	35	36 5 5	0 59 52
34	35 5 5	1 0 3	$35\frac{1}{2}$	36 35 1	0 59 48
$34\frac{1}{2}$	35 35 6	0 59 57	36	37 4 55	0 59 43
$36\frac{1}{2}$	37 34 47	0 59 38	38	39 4 5	0 59 22
37	38 4 36	0 59 32	$38\frac{1}{2}$	39 33 46	0 59 16
$37\frac{1}{2}$	38 34 22	0 59 27	39	40 3 25	0 59 11
$39\frac{1}{2}$	40 33 0	0 59 5	41	42 1 30	0 58 48
40	41 2 33	0 59 0	$41\frac{1}{2}$	42 30 54	0 58 42
$40\frac{1}{2}$	41 32 3	0 58 54	42	43 0 15	0 58 36
$42\frac{1}{2}$	43 29 33	0 58 31	44	44 57 10	0 58 12
43	43 58 49	0 58 25	$44\frac{1}{2}$	45 26 16	0 58 6
$43\frac{1}{2}$	44 28 1	0 58 18	45	45 55 19	0 58 0

正弦定理的推导①

阿拉伯数学界把古希腊Ptolemy《大汇编》视为天文学、数学圭臬。有关三角学知识都发祥于此：各种基础数学用语特别是与角有关的度量都缘用此书。例如，把直径等分为120份，每份记为

① Ber.，pp. 138～139

p；圆心角所对弦长称为通弦，其长度以 p 为单位记出；圆心角为 θ，通弦记作chd θ。当时通行的通弦表（表5.2.1）每隔 $\left(\frac{1}{2}\right)^{\circ}$ 的角度（第一列）可查得角度对应的通弦长（第二列）。为奇零角度所对通弦长插入法计算需要，表中还可以查到这一角近旁平均 $1'$ 通弦增值（第三列）。此表直接译自《大汇编》。①

在《横截线原理之书》中，Nasir ad-Din 对今称正弦与 Ptolemy 通弦之间关系作出正确处理。他指出，直角三角形中，一锐角是另一角的余角。他引入一角 θ 的三角函数值与其对应通弦的关系（图5.2.13）。

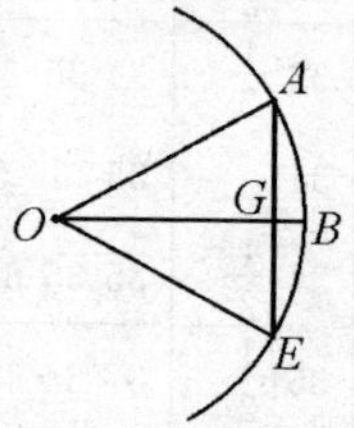

图 5.2.13

$$\sin\theta=\frac{AG}{AO}=\frac{\frac{1}{2}\text{chd }2\overset{\frown}{AB}}{60p}=\frac{\frac{1}{2}\text{chd }\overset{\frown}{AE}}{60p},$$

$$\cos\overset{\frown}{AB}=\sin\left(90^{\circ}-\overset{\frown}{AB}\right),$$

$$\tan\overset{\frown}{AB}=\frac{\sin\overset{\frown}{AB}}{\cos\overset{\frown}{AB}}。$$

在《横截线原理之书》中，有正弦定理推导，与今日三角学教科书所论迥异。他分两种情况探讨：①$\triangle ABC$ 中，$\angle B$，$\angle C$ 之一为钝角（图5.2.14左$\angle B$ 为钝角）；②$\triangle ABC$ 为锐角三角形（图5.2.14右）。二者都分别延长 BA，CA 边 $60p$ 至 D，T。以 B，C 为心，$60p$ 为半径作圆弧。作 AL，DF，TK 垂直于 BC。从定义知 $TK=\sin B$，$DF=\sin C$。又从 $\triangle ABL\backsim\triangle TBK$。得 $AB:AL=TB:TK$；从 $\triangle ACL\backsim\triangle DCF$，得 $AL:AC=DF:DC$，而 $DC=TB=60p$。因此

$$AB:AC=DF:TK。$$

① Ber., pp. 129

这就是$\frac{DF}{TK}=\frac{\sin C}{\sin B}=\frac{AB}{AC}=\frac{c}{b}$。于是$\frac{b}{\sin B}=\frac{c}{\sin C}$，证毕

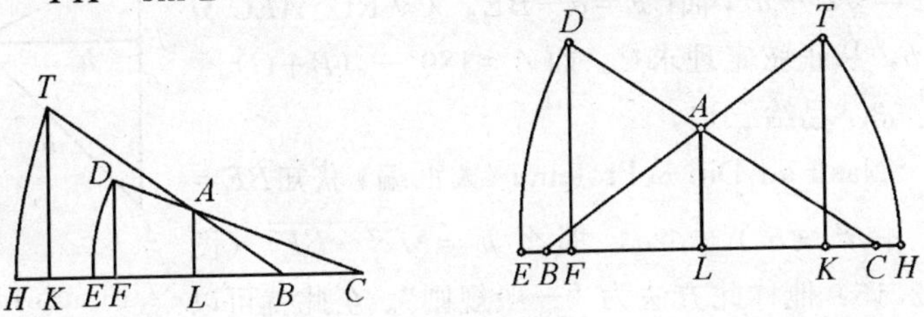

图 5.2.14

解三角形[①]

Nasir ad-Din 用正弦定理解三角形。

1. 已给二角、一边。

如已给$\angle B$，$\angle C$，他指出另一角$A=180°-B-C$也已确定。不失一般性，设边c为已给。由于

$$\frac{c}{b}=\frac{\sin C}{\sin B},\quad \frac{c}{a}=\frac{\sin C}{\sin A},$$

二式中各有三项为已知，所求b，a可以获解。

2. 已给二边、一角。

①二边中有一边是已给角的对边，不妨设已给c，C和a，那么所求A可从比例式

$$\frac{c}{a}=\frac{\sin C}{\sin A}$$

计算求解。问题已归结为已给二角一边，继续解c。[②]

②二边都不是已给角的对边，[③] 不妨设已给B，a，c（图

① Ber.，pp. 139－141

② Naisr ad-Din 未及考虑问题可能有二解.

③ 这就是已给二边夹已给角.

5.2.15)。过A作$AE\perp BC$,从Rt$\triangle ABE$算出h,则$BE=\sqrt{c^2-h^2}$,而$CE=a-BE$。又从Rt$\triangle AEC$算出b,从正弦定理求C。而$A=180°-(B+C)$。

3. 已给三边。

Nasir ad-Din 从Ptolemy《大汇编》获知$BE=(c^2+a^2-b^2)\div 2a$,那么$h=\sqrt{c^2-BE^2}$(图5.2.15)他称此方法为“一般规则”。至此就可以借助于正弦定理求三个角。

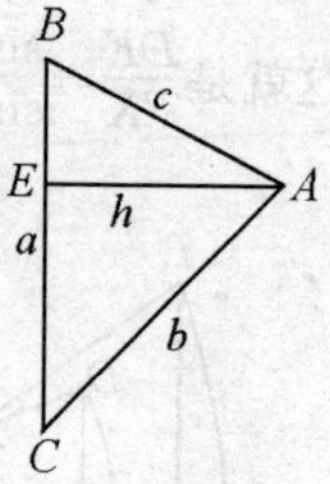

图 5.2.15

其他问题

我们选录四则:①

1. 一数,它自乘后加2,然后2倍,加3,又除以5,最后乘以10,结果是50,求此数。

解法(还原法):$50\div 10=5$,$5\times 5=25$,$25-3=22$,$22\div 2=11$,$11-2=9$,$\sqrt{9}=3$。此数是3。

2. 把10分成二份,二者的差是5,二份各是多少?

解法:设其中一份是x,另一份是$x+5$,那么$2x+5=10$,于是所求一份x是$2\frac{1}{2}$,而另一份是$7\frac{1}{2}$。

3. 二数和已知是20,二数乘积是96。问:此二数各是多少?

解法:设一数是$10-x$,则另一数是$10+x$,据题意,得$(10-x)\cdot(10+x)=96$,$100-x^2=96$,$x^2=4$,$x=2$,所求二数是8,12。

4. 已给圆台上底半径为r,下底半径为R,高为h。对应的圆锥高是多少?

解法:Nasir ad-Din 作图(图5.2.16)设所求的圆锥顶点与圆台上底距离为x,由比例式

① Q., p. 28, pp. 163~164.

$$\frac{x+h}{R}=\frac{x}{r},\quad 得\quad x=\frac{hr}{R-r}。$$

所求圆锥高　$x+h=\dfrac{Rh}{R-r}$。

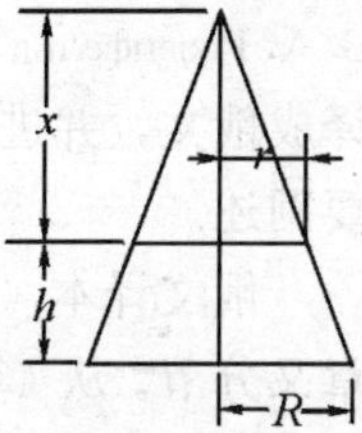

图 5.2.16

第二节　阿尔·卡西

阿尔·卡西 (GhiyaTh, al-Din Jamshid Masud al-Kashi, ? —1429) 生于今伊朗境内Dushi 地区的Kashan，卒于撒马尔罕。15 世纪 20 年代他应帖木儿帝国兀鲁伯 (Ulugh Beg) 之邀，到撒马尔罕从事天文学研究，并创建规模宏大的天文台，任台长。他一生勤奋治学，有天文学及数学专著传世，代表作有《算术钥》(1427) 及《量圆》。前者讨论全面周到，安排很有系统，应是中世纪数学教科书杰出之作。卡西所处时间和空间适居东西方数学文化交流要冲，他学贯东西。书中对六十进制和十进制记数法互换论述綦详，对花拉子米以来阿拉伯及中国已有长足发展的代数学知识二项式展开系数表［如解方程（含数值解）］，以及西方已成熟的几何、三角学知识，都有系统介绍。他推导圆周长与直径之比，其精度达18 个有效数字，是当时崭新的记录。2000 年11 月在卡西的故乡召开了国际会议，纪念他的功勋，我国中科院吴文俊院士与会。苏联学者

阿尔·卡西

图 5.2.17[1]

---

① 中科院自然史研究所刘钝教授提供

Б. А. Розенфельд, А. П. Юшкевич 把卡西的这两部专著由阿拉伯文译成俄文，并进行了注释，(1956)。本节主要依据该俄文译本摘要阐述。

俄文译本《算术钥》262 页（不含译注）共五编。编下分章，章又分节。从《算术钥》[①] 五编的细目可以看到，此书的编写水平与近代综合数学教科书已相距不远。另外，还可以看到卡西所处时代及其地域对数学内涵的理解。

第一编 整数。共六章：阿拉伯数字计数法，倍数法，乘法(含九九表)，除法，乘幂，度量。

第二编 分数。共十章：定义，记法，倍数法、倒数与相等，整数化为分数，通分，繁分数化简，加法与减法，乘法，除法，乘幂。

第三编 天文学家算法（六十进位制)，共六章：记数法，倍数、三倍数、加法与减法，乘法，除法，乘幂，六十进位制与十进位制互换。

第四编 图形。共十章：三角形，四边形，多边形，圆及其部分、扇形、弓形与圆环，其他平面图形，柱、锥、球及其部分、球冠、球扇形，立体体积、五种正多面体与二种半正多面体，其他立体，重量与容积，关于建筑物的几何。

第五编 双假设法其他算法等共四章。双假设法不分节。其他算法含50个公式，如指数律，以及数列求和公式、比例乃至分一数成中外比的算法。第四章为《算术钥》最精彩部分，分三节，分别含25，8，8个算题，要求综合运用算术、代数、几何知识解题。

代数共十节，含常数、未知数、未知数的幂、多项式四则运算、幂与方根。

---

① 下文简称《钥》

图版 5.2.1

俄文译本《量圆》44 页（不含译注），共十节及一附录，其中主要情节我们将在下文第二段几何中介绍。

图版 5.2.1 为卡西专著俄文译本扉页书影。

本节分六段介绍卡西的工作：算术、几何、代数、数论、不定分析以及优美解。

一、算术（A1）[①]

有理数运算

整数

乘法。笔算用列表式，与我国明代程大位《算法统宗》(1592) 卷末铺地锦具有相同形式。原著附插图（图 5.2.18），表式有两种，其运算方法见图自明，这里不作文字描述。

分数（A2，A3）

分数记法。带分数的整数部分记在上面，分子居中，分母记在下面。例如，$3\frac{4}{5}$，记为$\begin{pmatrix}3\\4\\5\end{pmatrix}$。

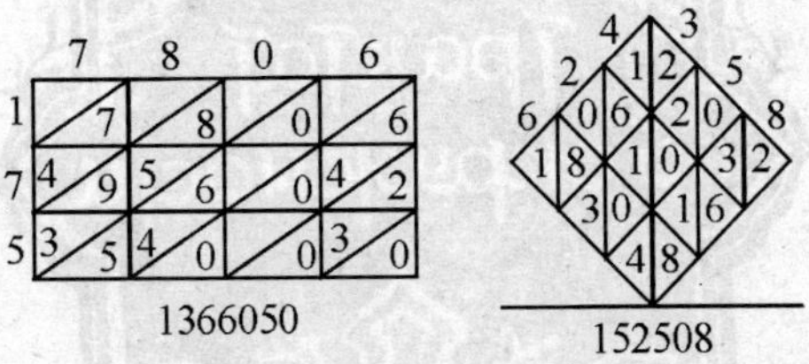

图 5.2.18

加法、减法、分数部分先通分，然后合并同分母的分子，约分后，作为答数。乘法、除法与今有异。例如，

① A1 指《算术钥》第一编，下文仿此.

1. 加法：$\begin{pmatrix}2&0&3&5\\1&3&5&0\\2&4&6&0\end{pmatrix}\xrightarrow{\text{通分}}\begin{pmatrix}2&0&3&5\\6&9&10&0\\12&12&12&0\end{pmatrix}$

$\xrightarrow[\text{分子相加，进位}]{\text{整数以及同分母的}}\begin{pmatrix}12\\1\\12\end{pmatrix}$。

2. 减法：

$\begin{pmatrix}0&0\\5&3\\6&4\end{pmatrix}\xrightarrow{\text{通分}}\begin{pmatrix}0&0\\10&9\\12&12\end{pmatrix}\xrightarrow[\text{的分子相减}]{\text{整数及同分母}}\begin{pmatrix}0\\1\\12\end{pmatrix}$。

3. 乘法：

$\begin{pmatrix}3&10\\2&4\\3&5\end{pmatrix}\xrightarrow{\text{四项乘积}}\begin{pmatrix}①&②&③&④\\30&0&2&6\\0&8&2&2\\0&15&5&3\end{pmatrix}\xrightarrow[\text{做加法}]{\text{通分、和}}\begin{pmatrix}39\\9\\15\end{pmatrix}\xrightarrow{\text{约分}}\begin{pmatrix}39\\3\\5\end{pmatrix}$，

其中①整数部分相乘，②分数部分相乘，③④整数、分数互乘。

4. 除法：

$\begin{pmatrix}18&3\\0&3\\0&4\end{pmatrix}\xrightarrow[\text{化为同分母假分数}]{\text{被除数、除数都}}\begin{pmatrix}0&0\\72&15\\4&4\end{pmatrix}\xrightarrow[\text{带分数}]{\text{分子相除，化为}}\begin{pmatrix}4\\12\\15\end{pmatrix}\xrightarrow{\text{约分}}\begin{pmatrix}4\\4\\5\end{pmatrix}$。

乘法、除法与今法相比，有其优越性，可以供小学数学教学设计中参考。

5. 开方：

$$\begin{pmatrix}7\\1\\6\end{pmatrix}\xrightarrow[\text{的最大平方数}]{\text{取整数部分中}}\begin{pmatrix}4&3\\0&1\\0&6\end{pmatrix}\xrightarrow[\text{余数除以5}]{\text{平方数开方}}\begin{pmatrix}2&0\\0&19\\0&30\end{pmatrix}$$①

分数（十进制与六十进制）。原著计算结果常同时用十进制与六十进制记录。例如，

1. 边长为a的正方形的对角线长，其中$\sqrt{2}=1.414\ 213\ 562=1;\ 24,\ 51,\ 10,\ 7,\ 46,$

$\frac{1}{\sqrt{2}}=0.707\ 106\ 781=0;\ 42,\ 25,\ 35;\ 3$。

2. 边长为a的正三角形高，其中

$\frac{\sqrt{3}}{2}=0.866\ 025\ 4=0;\ 51,\ 57,\ 41,\ 20,\ 14$。

3. 中末比$\frac{\sqrt{5}-1}{2}=0.618\ 033\ 99=0;\ 37,\ 4,\ 55,\ 20,\ 29,\ 39$。

两种进位制分数互化方法。例如，

1. 十进制化为六十进制，不断扩大分子分母60倍：

$0.376=\frac{376}{1\ 000}=\frac{2\ 256}{6\ 000}=\frac{22}{60}+\frac{56}{6\ 000}=\frac{22}{60}+\frac{336}{36\ 000}=\frac{22}{60}+\frac{33}{60^2}+\frac{6}{36\ 000}=\frac{22}{60}+\frac{33}{60^2}+\frac{36}{60^3}=0;\ 22,\ 33,\ 36$。

2. 六十进制化为十进制，各节以60的幂为分母的分数化为十进制，然后相加。

$0;\ 8,\ 29,\ 44,$

$\frac{8}{60}=0.133\ 33\cdots\quad \frac{29}{60^2}=0.008\ 055\ 5\cdots$

---

① 相当于说$\sqrt{7\frac{1}{6}}\approx 2\frac{19}{30}$

$$\frac{44}{60^3}=0.000\,203\,703\,703\,7\cdots$$

因此，0；8，29，4＝0.141 392…

数列（A5.3）①

《算术钥》研究数列求和问题，其成果有以下六种，相当于说

1. $1+2+\cdots+n=\frac{1}{2}n(n+1)$；

2. $1^2+2^2+\cdots+n^2=\frac{1}{6}n(n+1)(2n+1)$；

3. $1\times2+2\times3+3\times4+\cdots+n(n-1)=\frac{1}{3}n(n+1)(n+2)$；

4. $1\times2\times3+2\times3\times4+3\times4\times5+\cdots+n(n+1)(n+2)=\frac{1}{2}(n+1)(n+2)\left[\frac{(n+1)(n+2)}{2}-1\right]$；

5. $1^3+2^3+\cdots+n^3=\left[\frac{n}{2}(n+1)\right]^2$；

6. $1^4+2^4+\cdots+n^4=\frac{1}{6}n(n+1)(2n+1)\times\left\{\frac{1}{5}\left(\frac{1}{2}n(n+1)-1\right)+\frac{1}{2}n(n+1)\right\}=\frac{1}{30}(6n^5+15n^4+10n^3-n)$。

算题（A5.4）

《算术钥》第五编第四章含41个算题，我们选录需要用算术方法（双假设法、还原法及比例等）解的题，介绍如下。一题多解的内容详见后面三、五两段，为尽量保存文献原貌，解法尽量用文字叙述。

1. 要找这样的数，它的2倍加1的和乘以3，所得积加2，所得和再乘以4，再在积上加3，最后得95。

解法一：从95减去3，得92。再除以4，得23。减去2，得21。除以3，得7。减去1，得6，除以2，得3。这是答数。

① A5.3指《算术钥》第五编第三章下文仿此.

解法二：假设此数为2，则［（2×2+1）×3+2］×4+3=71。假设此数为5则［（5×2+1）×3+2］×4+3=143，前者比95小，（95−71=）24，后者比95大（143−95=）48，将第一个假设数2乘第二个误差数48得96。而第二个假定数5乘第一个误差数24，得120。因第一个误差负，而第二个误差正，将两乘积相加，得96+120=216，除以两误差之和24+48=72，得216÷72=3为所求数。

2. 人们进入果园，第一人摘一个石榴，第二人摘2个石榴，第三人摘3个石榴，依次每人增加1个。最后平均每人得到6个。求人数。

解法：每人平均数的2倍，减去1，得11，这是所求人数①。

3. 黄金和珍珠镶嵌饰物一件，全重3米斯克②，值24第纳尔。已知金价、珍珠价分别是每米斯克5，15第纳尔，求这件饰物中黄金和珍珠各重多少？

解法：饰物全重3米斯克乘较低金价5，得15。它与饰物值之差为9，除以金、珠价之差10，得$\frac{9}{10}$，这是所求饰物中珍珠的重。

4. 三个工人每月工资分别是5，4，3个第纳尔。他们合作一月（30日），要求每人得到相同报酬。问：每人各应工作几日？

解法：第一人与第二人月工资之比为5∶4，第一人与第三人月工资之比为5∶3，所以第一人与第二人工作日数之比为4∶5，第一人与第三人工作日数之比为3∶5③。设每月工资为5的工人工作日数为1物，则每月工资为4的工作日数为$1\frac{1}{4}$物，每月工资为3

---

① 从等差数列求和公式，取平均，易知平均数应是$\frac{n+1}{2}$. 原著的解法是正确的.

② 米斯克为伊朗衡制单位，1米斯克≈4.64克.

③ 反比关系.

的工作日数为$1\frac{2}{3}$物。三者相加，得$3\frac{11}{12}$物，等于30，化简得1物$=7\frac{31}{47}$，即每月工资为5的工人工作日数。取其$\frac{1}{4}$，得$\frac{90}{47}$，与第一人工作日数相加，得第二人工作日数为$9\frac{27}{47}$日。然后取第1人工作日数的$\frac{2}{3}$，即$5\frac{5}{47}$日，与第一人工作日数相加，得$12\frac{36}{47}$日为第三人工作日数。

列表如下：

工作人员	第一个工作人员	第二个工作人员	第三个工作人员
月工资	5第纳尔	4第纳尔	3第纳尔
工作日数	$\left(7\frac{31}{47}\right)$	$\left(9\frac{27}{47}\right)$	$\left(12\frac{36}{47}\right)$
验证	乘5	乘4	乘3
	这些乘积每一个除以30所得商都等于$\left(1\frac{13}{47}\right)$①。		

5. 有两种商品：一种10件值1第纳尔，另一种15件值1第纳尔。要用1第纳尔买数量相等的两种商品，能买多少件？

解法：找到两种数量的最小公倍数为30，除以10得3，除以15得2，相加得5，将它作为分母，把所得商作分子。结果依次得分数$\frac{3}{5}$及$\frac{2}{5}$。分别除以每件值$\frac{1}{10}$和$\frac{1}{15}$这些量相等，其中每一个都

① 这是说三个工人各人都得工资$1\frac{13}{47}$.

是6,[1] 这就是所求的答数。

二、几何（A5.4）

《算术钥》第四编系统论述几何学，是纯正欧几里得《原本》的简编和改编。我们先从第五编第四章中选一些与几何有关的算题。

混合题

1. 矛直立水中，露出水面3尺。风吹矛斜，偏离原位置5尺，矛尖适在水面，求矛长（图5.2.19）。

解法：原著引用欧几里得《原本》卷2命题作解：此题与我《九章算术·勾股》第六题葭在池中同义[2]，也与印度荷花问题同义。[3]

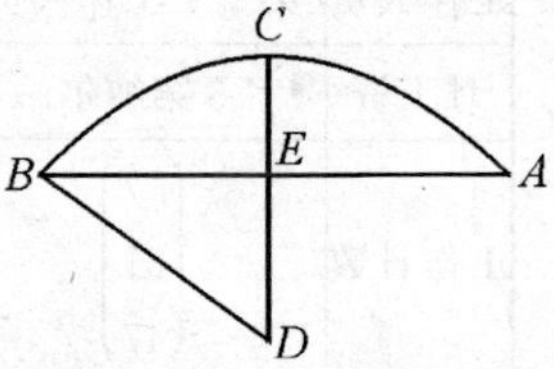

图 5.2.19

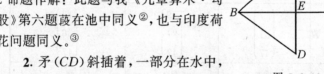

2. 矛(*CD*)斜插着，一部分在水中，另一部分露出水面。风吹矛，它浸没水面（图5.2.20）。图中$BE=4$尺[4]，$BD=3$尺，$ED=3$尺。求矛长。

原著解法相当于说，从E引$EG\perp DB$，从C引$CH\perp DB$，并设G，H分别为垂足。据《原本》卷3命题3，H是DB的中点。又据《原本》卷2命题13，ED，DB平方和（即18）减去EB的平方（16）得2，除以DB的2倍（即6），得商$\frac{1}{3}$尺。这就是DG

---

① 第一、二种商品每件分别值$\frac{1}{10}$，$\frac{1}{15}$第纳尔，$\frac{1}{10}\times6+\frac{1}{15}\times6=\frac{3}{5}+\frac{2}{5}=1$（第纳尔）.

② 本《大系》卷2，p. 473.

③ 第四编第六章第二节一、直角三角形.

④ “尺”原著为“洛科季”，1洛科季≈0.5米.

的长。由于$\triangle DGE \backsim \triangle DHC$，所以$DG$：$DE=DH$：$DC$。比例式中$DG,DE,DH$为已知，于是所求矛长

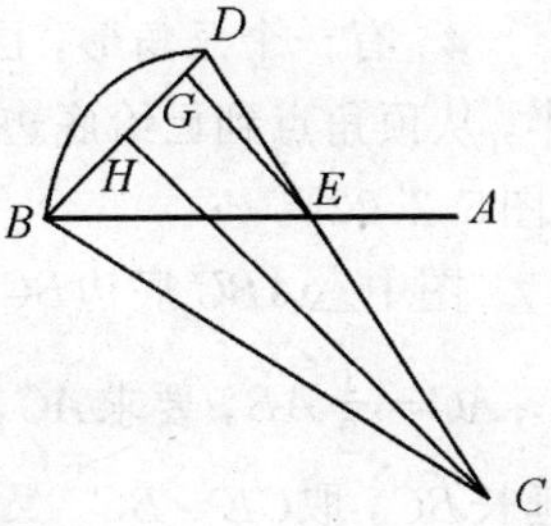

图 5.2.20

$$DC=\frac{DE\cdot DH}{DG}=13\frac{1}{2}\text{（尺）}。$$

3. 两棵棕榈树垂直于水平面，分别高20，25尺，二者水平距离60尺，两树间为水域。每棵树顶都有一只鸟，它们同时发现水里有一条鱼，并立刻向鱼所在地同速直线飞行（图5.2.21）。求两只鸟各自飞过的距离以及鱼所在地位置。

原著解法相当于说，设AB为二棕榈树根之间的距离，AC为大棕榈高，BD为小棕榈高，E为鱼所在地。CE，DE为两鸟飞过的距离，它们相等。设EB为一物（x），它的平方为一物的平方。而BD的平方（即小棕榈高的平方）为400。其和为物^{2}加400，我们记住它。因EB为一物，AE为60尺少一物，它的平方是3 600又物平方少120物，再加上25的平方，等于我们上面记住的那个数（物^2＋400＝3 600＋物^2－120物＋625）。消去同类项得120物＝3 825，除以物数，得1物＝$31\frac{7}{8}$尺，这是EB，即相遇点到小棕榈树的距离，而AE（相遇点到大棕榈树的距离）为$60-EB=28\frac{1}{8}$尺。$EB^2=1\,016\frac{1}{64}$，$AE^2=791\frac{1}{64}$。$EB^2+BD^2=1\,416\frac{1}{64}=AE^2+AC^2=791\frac{1}{64}+625=1\,416\frac{1}{64}$。它的平方根是$37\frac{13}{100}$（近似值），这就是两只鸟各自飞过的距离。

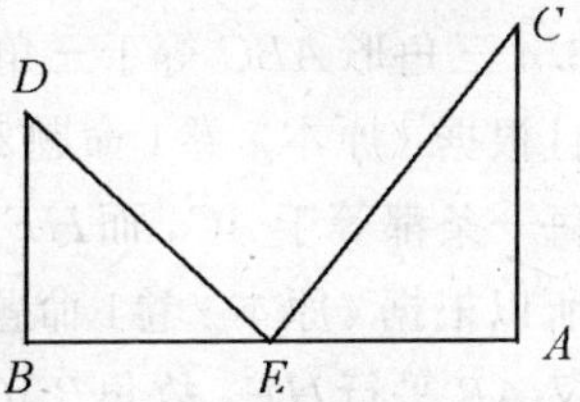

图 5.2.21

4. 有一个三角形，已给底边是18，已知另一边是第三边的一半，从顶角点到已给底边的垂线段（高）长为2。分别求这两边长。(图5.2.22)。

图中△ABC底边$BC=18$，高$AD=2$，$AC=\frac{1}{2}AB$，要求AC，AB。原著说：延长BC，取$CE=BC$。又延长AC，并取$CG=AC$。连EG，并取$GH=AC$。连BH，取EG中点F，并连AF交CE于I。因$CG=AC$和$CE=BC$，而角ACB和角ECG是对顶角。根据：《原本》卷6命题6.4三角形ABC等于三角形CEG，所以角ABC等于角CEG，而且根据《原本》卷1命题27，AB平行于EH。因线段HG，GF中每一条都等于AC，而HF等于AC的2倍，即AB，且与AB平行，所以根据《原本》卷1命题33，$AF=BH$。因$AG=AB$，$GF=AC$，又AB平行HF，故角BAC等于角AGF，三角形GAF等于三角形ABC。所以$AF=BC$（底）。因FI平行BH，故三角形EFI与三角形EHB相似，$EF=\frac{1}{3}EH$，所以$EI=\frac{1}{3}BE=\frac{2}{3}EC=\frac{2}{3}CB$。而剩余$CI=\frac{1}{3}BC=\frac{1}{3}CE$。因三角形$AGF$和三角形$EGC$相等，且$AC=EF$，角$ACE$等于角$AFE$，$AI=EI$且等于$\frac{2}{3}$底边。从$AI$的平方$\left(AI=\frac{2}{3}BC\right)$144减去$AD$的平方4得140，取其平方根得11又加百分之8.32，这是线段DI的长。从它减去$CI\left(\frac{1}{3}BC\right)$即6，得5又十分之8.32，这是线段$DC$长。它的平方是34又十分之1.2224。高的平方是4。这两个平方和是38又十分之1.224。取其平方根，得6又十分之1.662，这是AC之长，它的2倍是所求AB

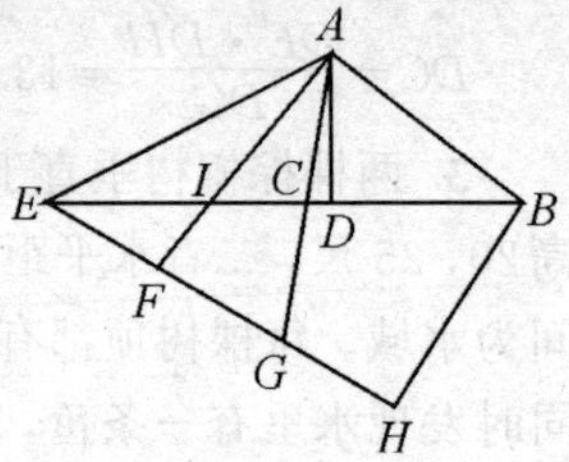

图 5.2.22

之长。

原著对此题进行了两方面深入探索：其一，代数解法[①]；其二，设另一推广题："有一个三角形，已给底边是16。已知另一边是第三边的三分之一，又已给从顶角点到已给底边的垂线段（高）长为3，分别求两边长"（图5.2.23）。

原著摹拟上题，假设$\triangle ABC$满足题设条件，其中底是AC。然后分别延长AC，BC，使$AD=3AC$，$BE=3AC$，等等。最后得所求BC长是4又十分之3.848，它的3倍——13又十分之1.544是BA的长。

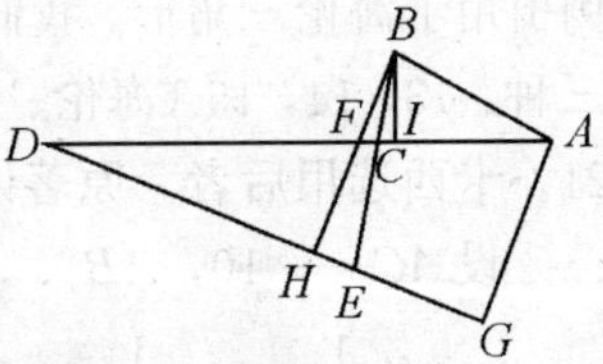

图 5.2.23

5. 在三角形内部求一点，使它与三顶点相连得三个三角形：其中第一个面积是第二个的一半，第二个是第三个的三分之一。求此点与各顶点的距离及此点到各边垂线段的长（图5.2.24）。

原著作法：设三角形为ABC。分BC为三部分：$CD=\frac{1}{2}DE$，$DE=\frac{1}{3}EB$，即$DC:ED:BE=1:2:6$。连AD，AE，则三角形ACD的面积是三角形ADE之半，三角形ADE的面积是三角形AEB的三分之一（《原本》卷6命题1，47）。然后过D作AC的平行线DG，过E作AB的平行线EI，DG与EI相交于F，这就是所求点。连FA，FB，FC，那么三角形AFC的面积等于三角形ACD，理由是：顶点在底边平行线上的一切三角形，其面积相等（根据《原本》卷1命题37）。同理，三角形AFB的面积与三角形AEB也相等，余下的三角形FCB

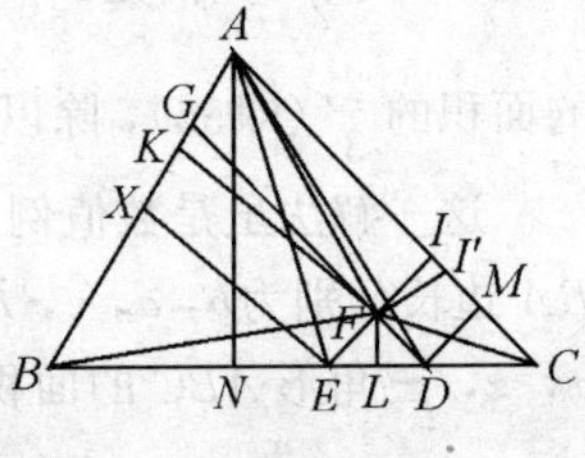

图 5.2.24

① 参见本节第三段例题

的面积等于三角形ADE。因此三角形$AFC=\frac{1}{2}$三角形FCB，而后者又等于三角形AFB的三分之一。这就是我们所要求的。

原著对作图题完成作法及证明之后，又以数值例，计算原题要求：所求得的点与三顶点、三边的距离。值得注意的是，数值例引用了海伦三角形。我们知道面积是84的三角形，整数边长有三种：13，14，15（海伦、秦九韶都曾用过）；8，29，35；10，17，21。卡西选用后者。原著说：

设AC——10，AB——17，BC——21，这时三角形的面积为84。取它的$\frac{1}{9}$——$9\frac{1}{3}$，这是$\triangle AFC$的面积，对它除以AC的一半，其商是垂线段FI，它等于$1\frac{13}{15}$。然后取三角形AFC面积的2倍除以边BC的$\frac{1}{2}$，其商是$1\frac{7}{9}$，这是垂线段FL之长。再取三角形ABC的面积的$\frac{2}{3}$（即56），除以AB边的一半，得垂线段FK长为$6\frac{10}{17}$。

这一解法虽是数值例，却有一般意义。我们如果设AC，CB，BA边长分别为b，a，c，F点到三边距离FI，FL，FK分别为y，x，z，三角形ABC的面积为S，那么可得方程组

$$\begin{cases}cz=3ax\\ax=2by,\\ax+by+cz=2S.\end{cases}$$

由此求得F点与三边的距离分别为：

$$x=\frac{4S}{9a},\ y=\frac{2S}{9b},\ z=\frac{4S}{3c}。$$

一题多解，不时验证，这是卡西的工作特色，在本题解法中也有反映。原著还提出另一解法：从A引CB边的高AN。据《原本》卷2命题13，AC，CB的平方和减去AB的平方，剩下252，除以BC的2倍，得线段CN是6。从AC的平方减去CN的平方得64，

其平方根是8，这是高AN。因边FD，FE平行于边AC，AB，故三角形FDE相似于三角形ABC，所以DE是$\frac{2}{9}BC$，FD是$\frac{2}{9}AC$，FE是$\frac{2}{9}AB$。由于三角形FDL与三角形ACN相似，垂线段FL同样是$\frac{2}{9}AN$，DL——$\frac{2}{9}CN$，所以FL——$1\frac{7}{9}$①，而DL——$1\frac{1}{3}$。和CL是$3\frac{2}{3}$②，其平方是$13\frac{4}{9}$。而FL的平方——$3\frac{13}{81}$。它们的和——$16\frac{49}{81}$，其平方根将是4又十分之0.754，这是线段FC的长。再从D引AC垂线DM，从E引AB垂线EX，则三角形DCM相似于三角形ACN，因它们有公共角C；角M，N是直角，所以$AC:AN=CD:DM$，且$DM=1\frac{13}{15}$，这等于所求FI'（$FI'\perp AC$，而$FI\,/\!/\,AB$）。又$AC:CN=DC:CM$，所以$CM=1\frac{2}{5}$。而$I'M$等于FD——$2\frac{2}{9}$。所以$CI'=3\frac{28}{45}$。余下$AI'=6\frac{17}{45}$，因此AF的长是6又十分之6.439。又三角形BEX与三角形BAN相似，所以$AB:BE=AN:EX$，所以$EX=6\frac{10}{17}$，它等于FK，与上面结果相同，同样我们找到第三条垂线长。应该指出$AB:BN=BE:BX$，所以$BX=12\frac{6}{17}$，而$XK=FE=3\frac{7}{9}$，$BK=BX+XK=12\frac{6}{17}+3\frac{7}{9}=15\frac{173}{153}=16\frac{20}{153}$，借此求得$FB=17$又十分之4.243，我们又求得第三条定点$F$与顶点连线长。

---

① $FL=\frac{2}{9}AN=1\frac{7}{9}$.

② $CL=DL+DC=1\frac{1}{3}+21\times\frac{1}{9}=3\frac{2}{3}$.

在验证定点F与三边距离中，卡西同时又详尽无余地计算出定点与三角顶的距离，回答了问题的全部内容。他的计算工作也具有一般意义。我们认为卡西这一有趣的题目可能有助于研究1935年P. Erd ös（1913—1996，匈牙利）提出的猜想：①

$$FA+FB+FC\geqslant 2\ (FI+FK+FL)。②$$

圆周率

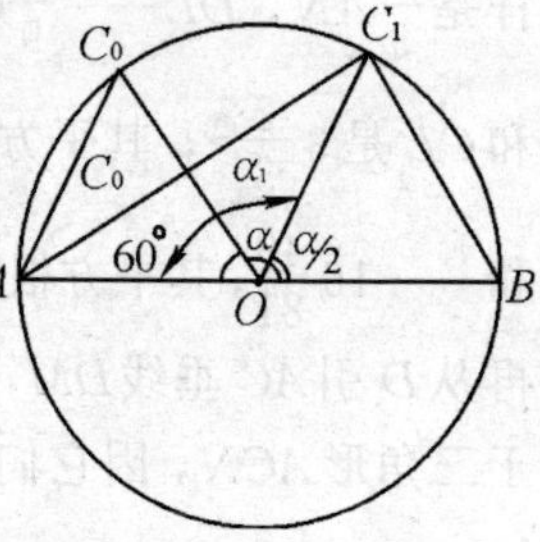

图 5.2.25

在《量圆》一书中，卡西有别于传统的计算法自创新术求圆周率，我们简介如下（图5.2.25）。

卡西在半圆内先取$\alpha_0=\angle AOC_0=60°$，记其通弦$AC_0=C_0$。等分$\alpha_0$的补角，记

$$\alpha_1=\alpha_0+\frac{180°-\alpha_0}{2}=90°+\frac{\alpha_0}{2}。$$

照此方法不断等分补角$\angle C_{n-1}OB$，得

$$\alpha_n=\alpha_{n-1}+\frac{180°-\alpha_{n-1}}{2}=90°+\frac{\alpha_{n-1}}{2},\qquad \text{(i)}$$

$$e_n=\text{chd}\left(90°+\frac{\alpha_{n-1}}{2}\right)③$$

他建立定理："以半径为一边，直径加圆心角所对通弦为另一边所作长方形等于圆心角及其半补角所对通弦为边的正方形。"这就是

$$R\ (2R+\text{chd}\ \alpha_{n-1})\ =\text{chd}^2\left(\alpha_{n-1}+\frac{180°-\alpha_{n-1}}{2}\right)。\text{(ii)}$$

综合（i）（ii），得

① 详见S. pp. 616～618.

② $S.$，第四章第三节，一、三角形内的点Erd ös 定理.

③ chd θ是角θ的通弦$=2R\sin\frac{1}{2}\theta$

$$R\ (2R+\text{chd}\ \alpha_{n-1}) = (\text{chd}\ \alpha_n)^2。\qquad \text{(iii)}$$

这就是

$$e_n=\sqrt{R\ (2R+e_{n-1})}\text{①}。\qquad \text{(iv)}$$

借此他从$\alpha_1=60°$开始计算e_n，依次得以下结果：

$$e_2=\sqrt{R\ (2R+R)}=\sqrt{3}\,R,$$

$$e_3=\sqrt{R\ (2R+\sqrt{3}\,R)}=R\sqrt{2+\sqrt{3}},$$

$$e_4=\sqrt{R\ (2R+R\sqrt{2+\sqrt{3}})}=R\sqrt{2+\sqrt{2+\sqrt{3}}},$$

……

$$e_n=R\sqrt{2+\sqrt{2+\cdots\sqrt{2+\sqrt{3}}}}。\qquad \text{(v)}$$

卡西认为圆外切正多边形周长q_n与内接正多边形周长p_n有

$$\frac{q_n}{p_n}=\frac{R}{d_n},$$

$$\frac{q_n-p_n}{p_n}=\frac{R-d_n}{d_n}=\frac{c_n}{R-c_n}\qquad \text{(vi)}$$

其中c_n相当于刘徽注中的余径。根据Ptolemy的记法（v），就是

$$e_n=60\sqrt{2+\sqrt{2+\cdots\sqrt{2+\sqrt{3}}}}。\qquad \text{(vii)}$$

其中有$n-1$个开方根号。用此公式算出e_{28}，又用勾股定理算出a_{28}，借以得$p_{28}=3\times 2^{28}\cdot a_{28}$。又借助公式（vi）算出

$$\frac{q_{28}-p_{28}}{p_{28}}=\frac{R-\frac{e_{28}}{2}}{\frac{e_{28}}{2}}$$

---

① 注意　$\alpha_n=\frac{1}{2}e_n.$

中的q_{28}。他以$\frac{q_{28}+p_{28}}{2}$作为圆周长近似值，用六十进制的成果是：

圆周长是半径的6；16，59，28，1，34，51，46，14，50，15倍，折合十进制，相当于说

$$2\pi=6.283\ 185\ 307\ 179\ 586\ 5$$

有17位有效数字，是当时世界第一（图版5.2.2为《量圆》书影）。

三、代数

二项式展开系数表（A5.1）

《算术钥》深知二项式展开系数间的关系

$$\binom{m}{n}=\binom{m-1}{n-1}+\binom{m}{n+1}。$$

原著中有系数表（图版5.2.3为书影）。图左侧的表相当于：

9							
36	8						
84	28	7					
126	56	24	6				
126	70	35	15	5			
84	56	35	20	10	4		
36	28	21	15	10	6	3	
9	8	7	6	5	4	3	2

数值解方程（A5.1）

卡西在《算术钥》中对数值解方程有完整叙述，通过缩根、估根、减根变换得到方程的正根。当有余数时，他还给出近似根取法，在阐明求根方法之后，还举了例：用这种方法求44 240 899 506 197的五次方根，对此他列表揭示运算的全过程，这是阿拉伯数学中珍贵的文献。其主要情节为（对照表5.2.2及其书影图版5.2.4）：

图版 5.2.2

الكعب ومال ماله في الخمسة صنف مال المال ومجموعهما مع واحد هو ما من
مال كعب ما في سطر الخارج ومال كعب ما يزيد عليه بواحد واعلم ان اصل
منزلة المال عدد واحد وهو اساس لمنزلة الكعب عددان وهما ثلثة ثلثة وكل
منزلة بعده يزيد عدده بواحد لازما والصنوف وهكذا يزيد على الاطراف
واذا جمعنا كل عددين متجاورين من اصول منزلة يحصل احد اعداد الاوسط
من المنزلة التي بعدها مثاله عدد منزلة الكعب ثلثة ثلثة مجموعهما ستة فهو
الوسط لمال المال واعداد مال المال هي اربعة ستة اربعة فالاربعة مع الستة
عدد وسط عدد مال الكعب اعني العشرة والستة مع الاربعة هو الوسط الاول
وعلى هذا القياس يتولد الاصول الى ما لا نهاية له كما في هذا الجدول

[illegible]	٩							
[illegible]	٣٦	٨						
[illegible]	[illegible]	٢٨	٧					
[illegible]	١٢٦	٥٦	٢١	٦				
[illegible]	١٢٦	٧٠	٣٥	١٥	٥			
[illegible]	٨٤	٥٦	[illegible]	[illegible]	[illegible]	٤		
[illegible]	٣٦	٢٨	٢١	١٥	١٠	٦	٣	
[illegible]	٩	٨	٧	٦	٥	٤	٣	٢

فاذا اردنا ان نستخرج ما من مضلعين
مضلعين سوا التي هذا الضلع
الاقل منه اصل هذا الضلع من ذلك
المضلع ومربعه في اصل صنف ماله
ومكعبه في اصل صنف كعبه وهكذا الى
ان نضرب جميع مضلعاته التي كانت
كل المضلع المفروض في اصوله ونجمعها ونزيد عليه واحد يحصل من
المضلعين مثاله اردنا ما من مال كعب اربعة ومال كعب خمسة رسمنا الصنوف
التي لمال الكعب ووضعنا فيها اصولها ووضعنا الضلع الاقل اعني
الاربعة في صنف الضلع ومربعها في صنف المال ومكعبها في صنف الكعب
ومال مالها في صنف مال المال وخططنا بينهما ومن الاصول خطا طولا ثم
ضربنا ما في كل صنف من الاصول في ما يقابله من المنازل ووضعنا كل اصل

图版 5.2.3

表 5. 2. 2

				5					3					6
五次方	4	4	2	4	0	8	9	9	5	0	6	1	9	7
	3	1	2	5										
	1	2	9	9										
	1	0	5	6	9	5	4	9	3					
		2	4	2	1	3	5	0	2					
		2	4	2	1	3	5	0	2	0	6	1	7	6
													2	1
四次方			4	1	2	6	9	4	9	5	8	0	8	0
					9	1	3	6	5	9	0	3	8	4
			4	0	3	5	5	8	3	6	7	6	9	6
					9	0	3	4	3	1	7	6	9	6
			3	9	4	5	2	4	0	5				
		3	9	4	5	2	4	0	5					
			4	2	2	0	5	7	4					
		3	5	2	3	1	8	3	1					
			3	9	8	1	8	3	1					
		3	1	2	5									
	3	1	2	5										
	2	5	0	0										
		6	2	5										
立方					1	5	3	9	9	0	6	5	6	0
							1	7	1	4	1	4	9	6
					1	5	2	2	7	6	5	0	6	4
							1	7	0	4	5	4	4	8
					1	5	0	5	7	1	9	6	1	6
							1	6	9	4	9	6	1	6
					1	4	8	8	7	7	0			
			1	4	8	8	7	7	0					
					8	1	9	1	2					
			1	4	0	6	8	5	8					
					7	9	5	8	1					
			1	3	2	7	2	7	7					
					7	7	2	7	7					
			1	2	5	0								
	1	2	5	0										
		7	5	0										
		5	0	0										
		3	7	5										
		1	2	5										

续表

				5					3					6
					2	8	0	9	0					
							7	8	6					
					2	7	3	0	4					
							7	7	7					
					2	6	5	2	7					
							7	6	8					
					2	5	7	5	9					
							7	5	9					
					2	5	0							
平方		2	5	0										
		1	0	0				2	8	7	2	9	6	0
		1	5	0						1	6	0	4	4
			7	5				2	8	5	6	9	1	6
			7	5						1	6	0	0	8
			5	0				2	8	4	0	9	0	8
			2	5						1	5	9	7	2
								2	8	2	4	9	3	6
										1	5	9	3	6
								2	8	0	9	0		
											2	6	8	0
			2	5			2	6	5		2	6	7	4
根			2	0			2	6	2					8
			1	5					9				6	2
			1	0					6		2	6	5	6
				5			2	5	3					

关于求一数任意次方根（正根）的方法，先记题给被开任意方的数，作相应的表格。从个位数起，对记出的数分节：每节含数字个数等于所开的次数，节与节之间作竖线二条。把表格在纵向上分成若干层，层数等于所开方的次数，层与层之间作横线。底层称为根，其余自下而上各层依次称为平方、立方、四次方……从被开方数第一节找出最大个位数，使其乘幂（次数等于题给开方次数）小于此节。① 把这个个位数记在顶层上面，又把乘幂从第

① 对例4424，08995，06197分为三节，其第一节为4424，小于4424的最大N^5，是$5^5=3125$. 注意：这是卡西的估根论说，5就是所求初商.

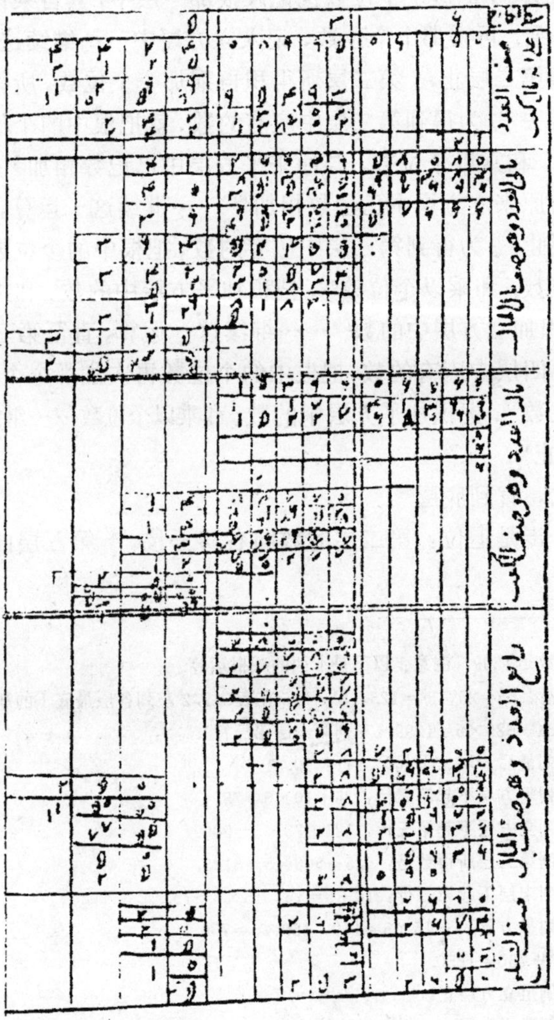

图版 5.2.4

一节中减去①，把这个个位数也记入根那一层中，其自乘记入平方层中。自乘、再乘那个个位数，记入立方层中……继续这一运算，直至上起第二层止②。第二层所得积再乘那个个位数，所得数从第一节中减去③。为得到第二层中应有的数，就把根中的个位数加上个位数④，和乘以个位数，与原来平方层中已记数相加⑤。和乘以个位数与原来立方层中已记数相加⑥ ……继续这一运算，直至上起第二层止⑦。为得到第三层中应有的数，把根中的个位数再次加那个个位数。和乘以个位数⑧。把积加平方层中的数，和乘以个位数⑨，把积加立方层中的数⑩……继续这一运算，直至第三层止⑪。为得到第四层中应有的数，把根中的个位数再次加那个个位数，和乘以个位数⑫，把积加平方层中的数。和乘以个位数……继续运算直至第四层止⑬。

如此，直到底层⑭。

下一步是退位：第二层的数向右移一位，⑮ 第三层向右移二

① 余数是1299，注意：以下是卡西的减根运算.

② 注意：$5^2=25$，$5^3=125$，$5^4=625$ 在表5.2.2左列各层最底下的那些数.

③ $4424-625\times5=1299$（左列第一层第三行）.

④ 左列最后一层、下起第二行：10.

⑤ 左列平方层下起第三行：$25+10\times5=75$.

⑥ 左列立方层下起第三行：$125+75\times5=500$.

⑦ 本例第二层所得数是：$625+500\times5=3125$.

⑧ 左列末层下起第三行：$10+5=15$，$15\times5=75$.

⑨ 左列平方层 $75+15\times5=150$，$150\times5=750$.

⑩ $500+750=1250$.

⑪ 本例至立方层止.

⑫ 本例至平方层止，平方层的数是250.

⑬ 本例至平方层止.

⑭ 本例根那一层的数是 $15+5+5=25$.

⑮ 表中左列第二层下起第三行改成下起第四行，后者是前者右移一位得来.

位，第四层向右移三位① ……这种移位直至平方层止。

然后从余数及第二节找出第二位最大个位数②，把它记在顶层上面已找出的第一个个位数后面。也把它记入根那一层中③。后续运算随乘随加，步骤与前述相同④。再按上面方法依次移位……，如法运算到题给数的最后一节止。如果在“数”那一层中没有余数，那么所求开方根是整数，也就是说顶层上面所记数就是所求数。如果有余数，就以这余数作分子，其分母近似于各层最上行数的和加1。⑤

$$\underset{\sqrt[5]{44240899506197}}{\text{原著}}=\left(\begin{array}{r}576\\21\\414237740281\end{array}\right)=576\,\frac{21}{414237740281}$$

卡西数值解五次方程　$x^5=44\ 240\ 899\ 506\ 197$

的计算全过程已准确记录在表5.2.2中。为与我国贾宪增乘方法

---

① 不难看出第三层（立方）、第四层（平方）的1 250，250已分别在上一行右移二、三位. 注意：这是卡西的缩根措施.

② 本例这次商是3.

③ 指表中底层末行“253”的3.

④ 指平方层中253×3=759，25 000+759=25 759；立方层中：25 759×3=77 277. 1 250 000+77 277=1 327 277，1 327 277×3=3 981 831，31 250 000+3 981 831=35 231 831.

⑤ 本例在运算最后有余数：

2 421 350 206 197−2 421 350 206 176=21，而所得各层最上行数为

四次方	412 694 958 080
立方	1 539 906 560
平方	2 872 960
根	2 680
和	414 237 740 280

必须指出，卡西这一近似值取法适与秦九韶方法（1 247）相同（参见本《大系》卷5，p. 301.）

及英国Horner法相比较①，我们用综合除法计算，前后对照，对于领会他的计算过程大有益处。

初商：5

1	0	0	0	0	−44240899506197	5×10^2
	5×10^2	25×10^4	125×10^6	625×10^8	31250000000000	
1	5×10^2	25×10^4	125×10^6	625×10^8	−12990899506197	
	5×10^2	50×10^4	375×10^6	2500×10^8		
1	10×10^2	75×10^4	500×10^6	3125×10^6		
	5×10^2	75×10^4	750×10^6			
1	15×10^2	150×10^4	1250×10^6			
	5×10^2	100×10^4				
1	20×10^2	250×10^4				
	5×10^2					
1	25×10^2					

二商：3

1	2500	2500000	1250000000	312500000000	−12990899506197	30
	30	75900	77277000	39818310000	10569549300000	
1	2530	2575900	1327277000	352318310000	−2421350206197	
	30	76800	19581000	42205740000		
1	2560	2652700	1406858000	394524050000		
	30	77700	81912000			
1	2590	2730400	1488770000			
	30	78600				
1	2620	280900				
	30					
1	2650					

① 本《大系》卷5，pp. 33～37.

三商：6

1	2650	2809000	1488770000	394524050000	－2421350206197	6
	6	15936	16949616	9034317696	2421350206176	
1	2656	2824936	1505719616	403558367696	－21	
	6	15972	17045448	9136590384		
1	2662	2840908	1522765064	412694958080		
	6	16008	17141496			
1	2668	2856916	1539906566			
	6	16044				
1	2674	2872960				
	6					
1	2680					

算题（A5.4）

卡西《算术钥》受其先辈花拉子米《代数》的影响非常深刻，在其有关算题解法中言必称Алгебра и алмукабалα（复原和对消，即今称代数方法）。从下面我们引录的算题中可见他还多次选用《代数》书中的题材："把10分成两部分"与具有浓郁阿拉伯传统习惯的遗产分配方案以及二次方程三种求根公式等等。下面引录的算题的解法，我们尽可能用文字叙述，以存原著原貌。

1. 题见算术段算题题1。

解法：复原和对消法。假设所求数为1物，依题意得(((2物＋1)×3＋2)×4＋3)＝95，这就是24物＋12＋8＋3＝95，因此　1物＝3。

2. 题见算术段算题题2。

解法：复原和对消法。假设所求数为1物，对它加1得1物＋1，乘以$\frac{1}{2}$物得$\frac{1}{2}$物²＋$\frac{1}{2}$物。这是石榴总数。而1物的6倍也是石榴的总数，也就是说　$\frac{1}{2}$物²＋$\frac{1}{2}$物＝6物，或1物＝11，即11人。

3. 在湖岸上有二旅行者，其中一人每日走10里，另一人循相反方向第一日走1里，第二日走2里，第三日走3里，等等，他们不离开湖岸。当他们相遇时，第一人已走过$\frac{1}{6}$圈，另一人则已走过$\frac{5}{6}$圈。求湖岸长及相遇前所行日数。

解法：设所行日数为1物，则第一人走过的路程为10物，而第二人为$\frac{1}{2}$物^2+$\frac{1}{2}$物。

另一方面，由题知第二人的平均速度为第一人的5倍，所以5×10物$=50$物$=\frac{1}{2}$物$^2+\frac{1}{2}$物。1物=99，即已走99日，第一人走过990里。这是$\frac{1}{6}$湖岸长，那么湖岸长5 940里。第二人走过4 950里。其日数是99日。对它加1得100，乘以日数之半得4 950，与前得结果相同。将第一人一日路程10乘5得50，其2倍为100，减1得99，即路程日数。

4. 题见算术段算题题3。

解法：用复原和对消法。设金重1物，那么它所值为5物，余下珍珠重为3米斯克少1物，乘珠价每米斯克15，得45减去15物。金、珠所值相加，得5物加上45，减去15物，等于45减去10物，是24. 化简得1物即金重，是$2\frac{1}{10}$米斯克，珠重$\frac{9}{10}$米斯克。

5. 某人月工资① 为10第纳尔及1连衣裙，此人工作3日，工资得1连衣裙。问：连衣裙值多少？

解法：设连衣裙值一物，月工资为10第纳尔加1物。取它的十分之一，即十分之一物加上1第纳尔，它等于1连衣裙价值，(因3日是1月日数的十分之一)，也等于一物。经过比较，并消去相同部分，得1第纳尔等于十分之九物。对第纳尔除以物数，所得

① 每月作30日计.

商是一又九分之一，这就是所求连衣裙价值的第纳尔数。

6. 已知有五个数，第一个与第二个和为10，第二个与第三个和为15，第三个与第四个和为18，第四个与第五个和为24，第五个与第一个和为30。问：这五个数各是多少？

解法：设第一数为1物，从10减去它，得第二个数；15减去第二个数得第三个数；如此等等。为便于理解，列表如下[①]：

<table>
<tr><td>问题</td><td>第一与第二个数和10</td><td>第二与第三个数和15</td><td>第三与第四个数和18</td><td>第四与第五个数和24</td><td>第五与第一个数和30</td></tr>
<tr><td rowspan="2">运算解释</td><td>设第一个数为1物，10减去它，得第二个数（10少1物）</td><td>15减去第二个数（10少1物），剩下第三个数（5又1物）</td><td>18减去第三个数（5又1物），得第四个数（13少1物）</td><td>24减去第四个数（13少1物），得第五个数（11又1物）</td><td>第五个数（11又1物）加上第一个数（1物）等于11又2物，等于30</td></tr>
<tr><td colspan="5">第五与第一个数的和是11又2物。这等于30，在等式中消去11，得2物等于19，除以2得1物 $=9\frac{1}{2}$，它是第一个数。</td></tr>
<tr><td>答数</td><td>$\begin{pmatrix}9\\1\\2\end{pmatrix}$</td><td>$\begin{pmatrix}0\\1\\2\end{pmatrix}$</td><td>$\begin{pmatrix}4\\1\\2\end{pmatrix}$</td><td>$\begin{pmatrix}3\\1\\2\end{pmatrix}$</td><td>$\begin{pmatrix}20\\1\\2\end{pmatrix}$</td></tr>
</table>

① 本题线性方程组按一次方程解.

7. 一老人留遗产给一个儿子及三个女儿，[①] 还有一友人[②] ——所得与儿子相同，第二友人得遗产的$\frac{1}{3}$减去儿子所得后的$\frac{1}{3}$，还有第三友人得女儿所得加她的$\frac{1}{3}$。[③]

解法：设财产为1物，其他运算见下表：

如每一当然继承人得整数，则它们组成5。因第三个遗嘱继承人得$1\frac{1}{3}$女儿份额，因此这$\frac{1}{3}$应是整数。当然继承人得15，而每个女儿份额是3，而儿子份额为6	因此第一个遗嘱继承人得6	为求第二遗嘱继承人所得，取$\frac{1}{3}$财产$\left(\frac{1}{3}物\right)$，并从中减去儿子的份额(6)，剩下$\frac{1}{3}$物少6。再取它的$\frac{1}{3}$，即$\frac{1}{9}$物少2，这就是第二遗嘱继承人所得	第三个遗嘱继承人所得等于$1\frac{1}{3}$女儿份额，即4

将当然继承人及遗嘱继承人份额相加，得$23+\frac{1}{9}$物，这等于1物。化简得$\frac{8}{9}$物等于23，8物＝207。如将财产平均分成207份，则1相当于8份，乘以当然继承人女儿的份额3，应分得3×8＝24份，而儿子将得到6×8＝48份。

---

① 本题规定儿子所得为女儿所得的2倍.

② 友人为遗嘱继承人，子女为当然继承人.

③ 本题反映出伊斯兰教分配遗产的传统. 这是代数发展源泉之一，本题对照第一章第一节花拉子米，二、代数. 遗产问题，可见情况进一步复杂.

207 份财产分配细节见下表：

当然继承人得 120 份		遗嘱继承人得	87 份
儿子	48 份	第一人得儿子相同份额	48 份
女儿	24 份	第二人得财产总额 $\frac{1}{3}$ 减去儿子 1 份	
女儿	24 份	剩下的 $\frac{1}{3}$，即 7 份	
女儿	24 份	第三人得女儿的 $1\frac{1}{3}$	即 32 份

四、数论（A5.4）

1. 要把 20 分为两部分，其中一部分是另一部分的平方。

解法：设一部分为 1 物，另一部分为 20 少 1 物，它等于 1 物的平方。整理后得，20 等于 1 物的平方加 1 物①。根据求根法则②，取物数③ 的一半平方，即 $\frac{1}{4}$，加上数，即 20，得 $20\frac{1}{4}$。取平方根 $4\frac{1}{2}$。从中减去物数的一半，即 $\frac{1}{2}$，得 4 为所求数。为方便起见，将物数、数运算经过列表如下：④

物数	它的一半	物半数平方	数	它们的和	平方根	从它减去物数一半
1	$\begin{pmatrix}0\\1\\2\end{pmatrix}$	$\begin{pmatrix}0\\1\\4\end{pmatrix}$	20	$\begin{pmatrix}20\\1\\4\end{pmatrix}$	$\begin{pmatrix}4\\1\\2\end{pmatrix}$	4

2. 把 10 分成两部分，使一部分的平方与另一部分之和为平方

① 设一部分为 x，原著相当于列出方程 $x^2=20-x$，因此 $x^2+x=20$.

② 原著运用花拉子米的“根的平方与根的和等于一数”求根公式.

③ “物数”应理解为 x 的系数.

④ 表中记的是阿拉伯记法的分数.

数。

解法：设所分的一部分为1物，另一部分为2物又1，它与物的平方组成某数的平方。因第一部分的平方（即物的平方）与第二部分（即2物又1）的和是平方，所以其根为1物又1。将两部分相加，得3物又1，这等于10。因此3物等于9。除以3，其商是3。这就是所求的物，也就是第一部分，另一部分为7。7与3的平方① 和16，是平方数。

我们还可以设第一部分为2物，而第二部分为12物又9，这时它与第一部分的平方，即2物的平方和是平方数，其根是2物又3。也就是说14物又9，这等于10，消去相同部分9。剩下：14物等于1。作除法，得1物等于$\frac{1}{14}$。这就是所求的1物。因此取$\frac{1}{7}$为2物，即第一部分，第二部分是$9\frac{6}{7}$，它与第一部分平方的和是$9\frac{43}{49}$，它是平方数，其根是$3\frac{1}{7}$。②

3. 要分10为这样两部分：从10减去二者之一的一半后，余下的为另一部分的平方。

解法：设一部分为1物，从10减去，余下10少1物，这是差值之一的2倍，它的一半是5少$\frac{1}{2}$物。从10减去5，$-\frac{1}{2}$物，得5

① 相当于说，把10分成二部分，一部分设为x，另一设为$2x+1$，那么 $x^2+2x+1=(x+1)^2$为平方数. 另一方面，$x+2x+1=3x+1=10$，于是所求$x=3$. 另一部分是$10-3=7$. $3^2+7=16$是平方数，满足条件.

② 相当于说，把10分成二部分，一部分设为$2x$，另一部分设为$12x+9$，那么$4x^2+12x+9=(2x+3)^2$是平方数. 另一方面，$2x+12x+9=10$，$14x=1$，$x=\frac{1}{14}$，$2x=\frac{1}{7}$为一部分，另一部分为$12x+9=9\frac{6}{7}$. $9\frac{6}{7}+\frac{1}{7^2}=9\frac{43}{49}$是平方数，满足条件，

加$\frac{1}{2}$物，”已被改动。它等于1物的平方。用求根公式①计算，物数一半的平方为$\frac{1}{4}$，它的平方是$\frac{1}{16}$，与数相加，得$5\frac{1}{16}$，取其平方根得$2\frac{1}{4}$，将它与物数之半（即$\frac{1}{4}$）相加，得$2\frac{1}{2}$，这是所求数。另一部分是$7\frac{1}{2}$。我们将运算过程列于下表：

物数	物数之半	其平方	数	三者之和	平方根	所求数
$\begin{pmatrix}0\\1\\2\end{pmatrix}$	$\begin{pmatrix}0\\1\\4\end{pmatrix}$	$\begin{pmatrix}0\\1\\16\end{pmatrix}$	5	$\begin{pmatrix}5\\1\\16\end{pmatrix}$	$\begin{pmatrix}2\\1\\4\end{pmatrix}$	$\begin{pmatrix}2\\1\\2\end{pmatrix}$

如果从10减去$7\frac{1}{2}$的一半$\left(即3\frac{3}{4}\right)$，余下$6\frac{1}{4}$，这是$2\frac{1}{2}$的平方。

五、不定分析（A5.4）

《算术钥》载有独特风格的不定分析题及其解法，我们选录三则。为保留原貌也尽量用文字叙述，并给必要的脚注和解释。

1. 三种首饰：金子、珍珠和宝石共值60第纳尔，重3米斯克。已知金子、珍珠、宝石每米斯克分别值4，20，30第纳尔。问：三种首饰各值多少？②

我们如设三种首饰：黄金、珍珠、宝石分别重x，y，z米斯克，题意是要解不定方程组

$$\begin{cases}x+y+z=3,\\4x+20y+30z=60。\end{cases}\qquad(*)$$

① 相当于$\frac{1}{2}x+5=x^2$，原著用花拉子米第三公式求根.

② 这是算术段题3的拓广.

本题原著允许有正分数解，显然它有无穷多解。原著列三种解法，都假定其中一个未知数为定值，相当于把不定方程组（*）改成适定的二元方程组，于是得到（*）的一组特解。这是解不定方程组初级阶段的做法。

解法一：设金重$\frac{1}{2}$米斯克，它值2第纳尔。从总重中减去$\frac{1}{2}$米斯克，得珍珠、宝石共重$2\frac{1}{2}$米斯克，值60－2＝58第纳尔。然后把珍珠重量设为1物，则它值20物，余下宝石重$2\frac{1}{2}$米斯克少1物，而它值75第纳尔少30物。将这两种首饰相加，得，75第纳尔少10物等于宝石和珍珠的值，即58第纳尔。经过复原和对消，得17第纳尔等于10物，做除法，得所求珍珠重$1\frac{7}{10}$米斯克，余下宝石重$\frac{4}{5}$米斯克。结果列表如下：

首饰	黄金	珍珠	宝石
重量（米斯克）	$\frac{1}{2}$	$1\frac{7}{10}$	$\frac{4}{5}$
价值（第纳尔）	2	34	24

上文相当于说，在方程组（*）中设定$x=\frac{1}{2}$，于是

$$\begin{cases} y+z=2\frac{1}{2}, \\ 20y+30z=58。\end{cases}$$

$$z=2\frac{1}{2}-y,$$

$$30z=75-30y,$$

$$75-10y=58,$$

$$10y=17,$$

$$y=1\frac{7}{10},\quad z=\frac{4}{5}。$$

解法二：把两种较贱首饰的单价取平均：$\frac{1}{2}$（4＋20）＝12 第纳尔。把三种首饰分成二类：单价是12 第纳尔、单价是30 第纳尔、二者共重是3 米斯克，共值60 第纳尔。按照公式计算单价为12 第纳尔的首饰应重：共重（3）乘以30 第纳尔减去共值，所得差除以单价之差就是单价是12 第纳尔首饰的重$\left(1\frac{2}{3}\right)$，把它平分，分别是黄金与珍珠的重，余下的$1\frac{1}{3}$是宝石重。结果列表如下：

首饰	黄金	珍珠	宝石
重（米斯克）	$\frac{5}{6}$	$\frac{5}{6}$	$1\frac{1}{3}$
值（第纳尔）	$3\frac{1}{3}$	$16\frac{2}{3}$	40

上文包含两种意义：

其一，原著把黄金、珍珠归为一类：以它们共重的平均为重，以二者共值为值。

其二，贵贱两种商品，如单位重量值分别为a，b（$b>a$），已给共重w，共值d。又设贵贱二商品分别重y，x，则从

$$\begin{cases}x+y=w,\\ax+by=d.\end{cases}$$

容易求出　$x=\frac{bw-d}{b-a}$，而$y=\frac{d-aw}{b-a}$。上文所说公式当指此。原著先把黄金、珍珠合为一类，并求得其共重为$1\frac{2}{3}$米斯克。然后，又给复原：假设黄金、珍珠各占重量之半：$\frac{5}{6}$米斯克，以原单价相乘，得分别值$3\frac{1}{3}$，$16\frac{2}{3}$，共20 第纳尔。余下的都是宝石重。

解法三：设金重1 物，珠也重1 物。余下宝石重3 米斯克少2 物。那么金值4 物，珠值20 物；宝石值90 第纳尔少60 物。相加

得90第纳尔少36物。这等于60第纳尔经过复原和对消得：30第纳尔等于36物，做除法，得金重$\frac{5}{6}$米斯克，珍珠同样也是重$\frac{5}{6}$米斯克。余下宝石重$1\frac{1}{3}$米斯克。其结果与解法二相同。

原著对初级形式的解法还作进一步拓广："如果首饰由四种材料组成，那么按解法二，将共重乘材料中最高单价，减共值，除以最高单价与其余单价平均值之差，类似地也可得解。按解法三，设材料中最高单价以外的每种材料重都是1物，并从首饰总重减去这些物，余下的就是最高单价的材料重。其余操作如前。显然这无非是把四元不定方程组$\begin{cases}x+y+z+u=w,\\ax+by+cz+eu=d\end{cases}$简化为$\begin{cases}3x+u=w,\\(a+b+c)\ x+eu=d,\end{cases}$以获得一组特解。

2. 我们只知道鸭1只值4第纳尔，雀5只值1第纳尔，鸡1只值1第纳尔，一百第纳尔买百鸟。问：鸭、雀、鸡各买多少？

解法：因为1只鸡值1第纳尔，鸭的价格（4）大于它的数①，而麻雀的价格大于它的数（5）。它们之间应作平衡，余下的是鸡数。

取鸭的价（4）与其数（1）之差（3）。它乘以麻雀数（5），得15，这是麻雀只数。然后取麻雀价和其数之差（4）乘以鸭子数（1），得4，这是鸭子只数。把它与麻雀只数（15）相加得19第纳尔买19只鸟。余下的是鸡。如有可能，我们可取其2倍、3倍，只要不超过100。如下表所示。

从此题命题、解法看，可见中国百鸡问题余绪未断。我们设鸭、雀、鸡分别有x，y，z只，原题相当于求

---

① "数"指题给条件中用某些第纳尔（价格）所买鸟数. 显然，二者如相等就无须平衡了.

$$\begin{cases} x+y+z=100, & ① \\ 4x+\dfrac{y}{5}+z=100。 & ② \end{cases}$$

从此易于得到$4x+\frac{1}{5}y=x+y$，即$15x=4y$. 其整数解是$x=4$，$y=15$；$x=8$，$y=30$；$x=12$，$y=45$；$x=16$，$y=60$；$x=20$，$y=75$。结果与原著附表一致，正确而完整。原著的解鸭、麻雀数x，y也正符合上述代数方程：

$$15x=4y。$$

满足条件①②的正整数全是问题的解。

此外，原题还进行了深入探讨：

鸟	鸭	麻雀	鸡
只数	4	15	81
值	16	3	81
只数	8	30	62
值	32	6	62
只数	12	45	43
值	48	9	43
只数	16	60	24
值	64	12	24
只数	20	75	5
值	80	15	5

如果差值间有倍数，或有公约数，那么应作相应调整：设3只鸭值7第纳尔，9只麻雀值2第纳尔，鸡值1第纳尔。对鸭价与它

的数（4）先乘以麻雀数（9）得36，这是麻雀只数。再用麻雀的价格（2）乘，得8，这是麻雀值。然后（7）乘以麻雀数与其价差（7）得49，这是鸭所值，它的只数是21。100只鸟还剩下43只是鸡。

我们不难对此题建立相应方程组：

$$\begin{cases} x+y+z=100, \\ \frac{7}{3}x+\frac{2}{9}y+z=100. \end{cases}$$

合并成$\frac{4}{3}x=\frac{7}{9}y$，即$36x=21y$。对于合并方程，如果系数间有公约数，那么原著还提出约简的要求：

本题鸭数与麻雀数可约①，就取它们的既约值：鸭数取7，麻雀数取12。它们的和是19，而且它们所值也是19第纳尔。100第纳尔中还余81个，可以买81只鸡。

鸟	鸭	麻雀	鸡
只数	3	9	1
值	7	2	1
差	4	7	0
只数	21	36	43
值	49	8	43

不难想象，在这一思想指导下，卡西能获得一切正整数解（如上表）。

3. 有五个人。泽伊德对阿姆尔说：把你所有的$\frac{4}{5}$给我，我所

① 指$36x=21y$中的（36，21）=3.

有是这匹马所值。阿姆尔对巴克尔说：把你的$\frac{3}{5}$给我，我所有是这匹马所值。巴克尔对哈里德说：把你所有的$\frac{2}{5}$给我。哈里德对瓦里德说：把你的$\frac{1}{5}$给我。瓦里德对泽伊德说：把你的$\frac{1}{6}$给我。这时每人所有都是同一匹马所值。问：五人所有及马值各是多少？

解法：用复原和对消法。设　泽伊德所有为1，又马为1物，则按照题意，解题过程可列表如下：

泽伊德	阿姆尔	巴克尔	哈里德	瓦里德
得阿姆尔的$\frac{4}{5}$，就能买1匹马。	得巴克尔的$\frac{3}{5}$，就能买1匹马。	得哈里德的$\frac{2}{5}$，就能买1匹马。	得瓦里德的$\frac{1}{5}$，就能买1匹马。	得泽伊德的$\frac{1}{6}$，就能买1匹马。
设泽伊德所有为1，从1物（即1匹马值）减1后为阿姆尔所有的$\frac{4}{5}$（即1物$-1=\frac{4}{5}\times$阿姆尔所有）。所以阿姆尔所有$=1\frac{1}{4}$物$-1\frac{1}{4}$。	阿姆尔所有财产是$1\frac{1}{4}$物$-1\frac{1}{4}$。从1物减阿姆尔所有等于巴克尔财产的$\frac{3}{5}$，即$[1$物$-(1\frac{1}{4}$物$-1\frac{1}{4})]\times\frac{5}{3}=2\frac{1}{12}-\frac{5}{12}$物$=$巴克尔所有。	巴克尔有： 数　物 $\begin{pmatrix}2\\1\\12\end{pmatrix}$ 少 $\begin{pmatrix}0\\5\\12\end{pmatrix}$	哈里德有： 物　数 $\begin{pmatrix}3\\13\\24\end{pmatrix}$ 少 $\begin{pmatrix}5\\5\\24\end{pmatrix}$	瓦里德： 数　物 $\begin{pmatrix}26\\1\\24\end{pmatrix}$ 少 $\begin{pmatrix}12\\17\\24\end{pmatrix}$
		从1物减去巴克尔所有，余下是从哈里德处得来的。	从1物减去，哈里德所有，余下是从瓦里德处得来的。	从1物减去瓦里德所有，余下是从泽伊德处得来的。
		物　数 $\begin{pmatrix}1\\5\\12\end{pmatrix}$ 少 $\begin{pmatrix}2\\1\\12\end{pmatrix}$ 是哈里德所有的$\frac{2}{5}$。	数　物 $\begin{pmatrix}5\\5\\24\end{pmatrix}$ 少 $\begin{pmatrix}2\\13\\24\end{pmatrix}$ 是瓦里德所有的$\frac{1}{5}$。	物　数 $\begin{pmatrix}13\\17\\24\end{pmatrix}$ 少 $\begin{pmatrix}26\\1\\24\end{pmatrix}$ 是泽伊德所有的$\frac{1}{6}$。

这是一道六元齐次不定线性方程组。就形式看，它与《九章算术·方程》题13“五家五井”题完全相同，不同的是《九章》有

题有答（特解），缺少解题过程。卡西在此完整地给出了全过程。我们如设五人所有依次为x，y，z，u，v，马所值为t，那么题意要求解不定方程组

$$(*)\begin{cases} x+\dfrac{4}{5}y=t, & ① \\ y+\dfrac{3}{5}z=t, & ② \\ z+\dfrac{2}{5}u=t, & ③ \\ u+\dfrac{1}{5}v=t, & ④ \\ v+\dfrac{1}{6}x=t。 & ⑤ \end{cases}$$

原著所列表事实上就是借助于这五个方程依次两两消元。

(i) 从①得$y=\dfrac{5}{4}t-\dfrac{5}{4}=1\dfrac{1}{4}t-1\dfrac{1}{4}$，这就是上表第一列的结果：阿姆尔所有。

(ii) 把y所值代入②，得$z=2\dfrac{1}{12}-\dfrac{5}{12}t$，这是上表第二列的结果：巴克尔所有。

(iii) 把z所值代入③，得$u=3\dfrac{13}{24}t-5\dfrac{5}{24}$，记在第四列中间，为哈里德所有。

(iv) 把u所值代入④，得$v=26\dfrac{1}{24}-12\dfrac{17}{24}t$，记在右列中间，为瓦里德所有。

(v) 把v所有代入⑤得$x=1=82\dfrac{1}{4}t-156\dfrac{1}{4}$。

于是当　$t=\dfrac{3\ 774}{1\ 974}$。下表是方程组（$*$）的一个特解。原著为得最小正整数解，把它扩大1 974倍，于是得马价3 774，而泽伊德、阿姆尔、巴克尔、哈里德、瓦里德原有财产依次有：1 974，

2 250,2 540，3 085，3 445。

泽伊德	阿姆尔	巴克尔	哈里德	瓦里德
1	$\frac{2\ 250}{1\ 974}$	$\frac{2\ 540}{1\ 974}$	$\frac{3\ 085}{1\ 974}$	$\frac{3\ 445}{1\ 974}$

六、优美解（A5.4）

现代数学教学法认为，解一道题，如果能做到

——答数正确，详尽无余，

——解法是最简洁的，

——对所解题，解法及其解（根、答数）能给出足够多的拓广，

——对答数作出验证，

那么解法称得上优美解。

从上引算术、几何、代数、数论，不定分析问题及其解法中，我们已看到卡西在从事优美解方面的良好工作。下面再选录几则有关文献。

1. 从算术段题4“三人问题”拓广到四人问题。

四个工人每月工资分别是6，5，4，3个第纳尔，他们合作一月（30日），要求每人得到相同报酬。问：每人各应工作几日？

解法：设第一人工作日数为1物，则第二、三、四人工作日数依次为$1\frac{1}{5}$，$1\frac{1}{2}$，2物，把它们相加，得$\left(1+1\frac{1}{5}+1\frac{1}{2}+2\right)$物$=5\frac{7}{10}$物$=30$日。1物$=5\frac{15}{57}$，这是第一人工作日数，其余结果如下表：

工人	一	二	三	四
每月工资	6第纳尔	5第纳尔	4第纳尔	3第纳尔
工作日数	$\begin{pmatrix}5\\15\\57\end{pmatrix}$	$\begin{pmatrix}6\\18\\57\end{pmatrix}$	$\begin{pmatrix}7\\51\\57\end{pmatrix}$	$\begin{pmatrix}10\\30\\57\end{pmatrix}$
	乘6	乘5	乘4	乘3
验证	每个乘积除以30后，得商，每一个都等于1又$\frac{3}{57}$第纳尔，这是每人所得工资：$\begin{pmatrix}1\\3\\57\end{pmatrix}$			

2. 从算术段题5“二物问题”推广到三物、多物问题。

有三种商品：第一种10件值1第纳尔，第二种15件值1第纳尔，第三种30件值一第纳尔。要用1第纳尔买数量相等的三种商品。问：能买几件？解法一：求10，15，30的最小倍数，得60①，分别用三种数量除，得6，4，2。它们分别除以和（12），得$\frac{1}{2}$，$\frac{1}{3}$，$\frac{1}{6}$。这就是所求1个第纳尔中的商品值。依次除以每种商品的单价：$\frac{1}{10}$，$\frac{1}{15}$，$\frac{1}{30}$，都得5（件）。

当商品数大于4种时，用同一方法可解。

解法二：问题可归结为：要分1第纳尔为三部分：第一部分乘以10，第二、三部分分别乘以15，30，所得乘积都相等，该怎样分？设所分第一部分为1物，则第二部分为$\frac{2}{3}$物，余下第三部分是

① 原著误为60.

1第纳尔少1物又$\frac{2}{3}$物。第一部分乘以10，第二部分乘以15，都得10物；而第三部分乘以30，得30第纳尔少50物。它等于前面二乘积之一，即10物。经过复原和对消，得：30第纳尔等于60物。做除法，得$\frac{1}{2}$——第一部分第纳尔数，它的$\frac{2}{3}$是$\frac{1}{3}$——第二部分第纳尔数。余下第三部分——$\frac{1}{3}$。

显见卡西改用代数分法获解

(i) $10x=15\times\frac{2}{3}x=30\left(1-\frac{5}{3}x\right)$，

(ii) $10x=30-50x$，

(iii) $x=\frac{1}{2}$。

3. 代数段题5“工作3日”改换为工作7日新设题：某人月工资为10第纳尔加1连衣裙。此人工作7日，工资得1连衣裙。问：连衣裙值多少？

解法：设连衣裙值1物，那么月工资为10第纳尔加1物。它与月日数之比等于物与工作日数之比①。经整理、复原和对消得：70第纳尔等于23物。做除法，得所求连衣裙值$3\frac{1}{23}$第纳尔。

验证：连衣裙值加10，得月工资$13\frac{1}{23}$，乘以7，即工作日数，得$91\frac{10}{23}$。除以月的日数，得商$3\frac{1}{23}$，等于连衣裙值。

4. 几何段题4的代数解法。

用复原和对消方法解。设*DC*为1物（图5.2.22），那么*AC*的平方是物的平方又4，*AB*是2*AC*。于是*AB*的平方是*AC*平方的4倍，即*AB*平方等于4物的平方又16。*BD*是18少1物，它的平方

① （10+物）：30=物：7

是 324 又物的平方少 36 物。与 AD 的平方相加，得 328 又物的平方少 36 物。它等于 4 物平方又 16。经复原和对消，得 312＝3 物平方＋36 物，以 3 相约，得 104＝物平方＋12 物，取物数一半平方得 36，把它加到数上，得 140。取其平方根，得 11 又十分之 832。从它减去物数，得 5 又十分之 832。这就是要求的 DC。

这种代数解法比原先几何解法要简捷得多。

第六编

欧洲（6至18世纪）

概　说

本编覆盖空间辽阔、时间久远，它承前启后，对近、现代数学发展关系直接、重要。我们选录有关文献，分三章。

第一章　中世纪

公元5世纪下半叶罗马帝国覆亡，欧洲学术研究进入黑暗时代，直至14～15世纪。在这漫长千年岁月，希腊旧学的研究者已少如凤毛麟角。当时基督教会势力遍及各地，为宗教宣传需要，也建立过许多教会学校，讲授一些数学知识。社会虽经千年禁锢，史料还记有知名数学学者：罗马宗室后裔A. M. S. Boethius (475—526)，英国Alcuin (730—804)，法国Gerbert (950—1003)，英国Adelard (1090—1150)，意大利斐波那契 (L. Fibonacci，约1170—1240后) 等人。他们从事数学学术活动，且有数学专著传世。

12世纪以后欧洲兴办大学成风，当今著名大学都肇基于此。牛津大学 (1186年)，巴黎大学 (1200年)，剑桥大学 (1214年) 维也纳大学 (1365年) 等等。当时大学课程的安排，在修完文法、逻辑、修辞学后，以Boethius数学讲稿，欧几里得《原本》、Ptolemy《大汇编》作为哲学以及神学的预备课程。从这个时代遗下的数学作品以及数学教学、研究活动深度、广度看，已大大不如往日希腊。举例说，当时学生把《原本》卷1命题5“等腰三角形底角相等”称为pons asinorum (笨蛋的难关)，视为畏途。从下引文献足征中世纪欧洲数学水平，特别是前期，比其前、后、左、右各民族的工作都黯然失色。

本章分三节，分述知名数学学者的工作。

第一节　拜占庭学者

罗马帝国在公元395年分为东西两部，东罗马以巴尔干半岛为中心，属地包括小亚细亚，北非（含埃及），西亚（含两河流域，高加索地区）。首都君士坦丁堡是当年希腊移民城市拜占庭，所以史称东罗马为拜占庭帝国。当西罗马帝国476年覆亡后，拜占庭帝国与西欧法兰克王国并峙东西．Anastasius（491—518年在位）和Justini（查士丁尼518—527在位）是历史上著名皇帝，企图西征法兰克王国，恢复旧日罗马帝国版图，但以失败告终。拜占庭帝国时期世俗文化得到很好发展。著名数学家Proclus（410—485）即生活在拜占庭世界，他曾为欧几里得《原本》作注，为古希腊数学家作出颇有价值的传记．Metrodorus，S. Anania，M. Planudes，M. Moschopoulos都是拜占庭学者，有数学专著。

一、Metrodorus

Metrodorus生活在公元5，6世纪之交，是当时重要典籍《希腊箴言》（Greek Anthology）的主要作者[①]。他从希腊、罗马民间传闻中采集数学问题146则，编入《箴言》第14章。笔者据儿媳谢晓芬硕士从美国寄来W. P. Paton《The Greek Anthology》，Cambridge，1923年希腊文、英文对照本选译。

问题

《希腊箴言》算题选

1. Polycrates发问：毕达哥拉斯，请回答：你屋里正在斗智的人有多少？毕达哥拉斯答道：Polycrates，半数从事文学，四分之一研习哲学，七分之一在沉思着。其余三人是妇女。

解：28（14＋7＋4＋3）。

2. 我，Pallas，是金铸成。金子是诗人们馈赠的。Charisius给半数，Thespis八分之一，Solon十分之一，Themison二十分之

① HG. vol. 2，pp. 442～443.

一，其余9太仑[①]是Aristodicus捐献的。

解：40（20＋5＋4＋2＋9）。

3. Cypris问Love："我的孩子，你有什么不称心的事？"孩子回答："音乐之神把我从Helicon带回的苹果不公平地分给他们：chio五分之一，Euterpe十二分之一，Thalia八分之一。Melpomene取走二十分之一，Terpsichore四分之一，Erato七分之一。Polyhymnia从我这里抢走30个，Urania120个，Calliope300个。因此使我几乎两手空空回家，只带回女神给我的50个苹果。

解：3 360（672＋280＋420＋168＋840＋480＋30＋120＋300＋50）。

4. Heracles向Augeas提出清点牲口只数。Augeas答：朋友，在Alpheius溪旁有一半牲口，八分之一在Cronos小丘山麓，十二分之一远离Taraxippus城之外，二十分之一Elis神正在喂饲，我还把三十分之一留给Arcadia．你看到还留下50只牲口在这里。

解：240（120＋30＋20＋12＋8＋50）。

7. 我是喷水铜狮。我的双眼、右掌和嘴巴都是喷水口。右眼2日注满水池，左眼3日注满水池，右掌4日注满水池，嘴巴6时辰注满水池。请告诉我：四个喷水口同时开放，多少时间注满水池？

解：$3\dfrac{33}{37}$时辰[②]。

12. Croesus把共重6米奈的金属铸碗，要求每个较另一个重1突拉赫马[③]。

解：第一个重$97\dfrac{1}{2}$突拉赫马，依次递增。

---

① 太仑（talent）重约等于75英磅.

② 1时辰＝2小时.

③ 米奈minae，突拉赫马drahma都是重量单位，1米奈＝100突拉赫马.

14. 我希望两个儿子接受1 000 钱币遗产，其中嫡子所得的五分之一超出庶出子四分之一10 元钱币。问：各分得多少？

解：$577\frac{7}{9}$，$422\frac{2}{9}$。

48. 欢乐三神各携带一篮苹果。每篮苹果数相等。音乐九神遇见三神，要求吃苹果，三神给她们苹果。结果十二神所有苹果数各相等。告诉我三神原有多少苹果？她该怎样把苹果分给九神？

解：欢乐三神三只苹果篮原来各装4 个苹果，每篮苹果各分出3 个给音乐九神。任何12 的倍数都是解答。

51. 甲：我所有是乙所有以及丙所有的三分之一，乙：我所有是丙所有以及甲所有的三分之一，丙：我有10 米奈以及乙所有的三分之一。

解：甲有45，乙有$37\frac{1}{2}$，丙有$22\frac{1}{2}$米奈。

116. 俊俏的姑娘把胡桃分给众人：Melission 取七分之二，Titan 十二分之一，Astyoche，Philinina 各取六分之一，三分之一。Thetis 抓走20 个，Thisbe12 个，Glauce 嬉嬉哈哈拿走11 个在手。姑娘自己只取余下的1 个。

解：336（96＋28＋56＋112＋20＋12＋11＋1）。

118. Myrto 一次采摘苹果分给她的朋友，给Chrysis 五分之一，Horo 四分之一，Psamathe 十九分之一，Cleopatra 十分之一。她呈献20 个苹果给Parthenope，12 个给Evadne，给自己只留下120 个。

解：380（76＋95＋20＋38＋19＋12＋120）。

121. 某人从罗马旅行到目的地Tarpe。他从罗马到Cadiz 走完全程六分之一，然后又走全程五分之一到Pylades，再走八分之一又十分之一的十二分之一至Pyrenees。从此到阿尔卑斯又走了全程四分之一。然后从意大利出境到Po。又走全程十二分之一。他又走了 2 500 司塔特[①] 才到达目的地。

解：全程 15 000 司塔特。

126. 丢番图长眠于此。斯人睿智颖敏。墓志铭告知后人哲人年龄：上帝赋予其中$\frac{1}{6}$为童年，$\frac{1}{12}$为少年。再度过其$\frac{1}{7}$成婚。5 年后生子。子先于其父 4 年早逝，年龄是父亲享年的$\frac{1}{2}$。问：丢番图活了几岁？

解：他童年 14，少年 7，33 岁结婚，38 岁时得子。子年 42 岁逝世。丢番图享年 84。（图版 6.1.1 系 Paton 本题希腊文书影。）

Οὗτός τοι Διόφαντον ἔχει τάφος· ἆ μέγα θαῦμα·
　καὶ τύφος ἐκ τέχνης μέτρα βίοιο λέγει.
ἕκτην κουρίζειν βιότου θεὸς ὤπασε μοίρην·
　δωδεκάτην δ' ἐπιθείς, μῆλα πόρεν χνοάειν·
τῇ δ' ἄρ' ἐφ' ἑβδομάτῃ τὸ γαμήλιον ἥψατο φέγγος,
　ἐκ δὲ γάμων πέμπτῳ παῖδ' ἐπένευσεν ἔτει.
αἰαῖ, τηλύγετον δειλὸν τέκος, ἥμισυ πατρὸς
　†τοῦδε καὶ ἡ κρυερὸς μέτρον ἑλὼν βιότου.
πένθος δ' αὖ πισύρεσσι παρηγορέων ἐνιαυτοῖς
　τῇδε πόσου σοφίῃ τέρμ' ἐπέρησε βίου.

图版 6.1.1

128. 为了分父亲的 5 太仑遗产，哥哥对我如此粗暴。可怜我得到的只有他的十一分之七的五分之一。

解：哥哥得 $4\frac{4}{11}$太仑，弟弟得$\frac{7}{11}$太仑。

① 司塔特（stade）长度单位，1 司塔特相当于$\frac{1}{10}$英里.

129. 一船航行在亚得里亚海湾上，旅行者问船长：我们还得航行多少路程？船长答道：克里地到西西里海峡间有6 000司塔特，我们已航行它的五分之二的2倍。

解：已航行$3\,333\frac{1}{3}$司塔特，还要航行$2\,666\frac{2}{3}$司塔特。

131. 你每天纺重1米奈羊毛毛线，你大女儿纺$1\frac{1}{3}$米奈，小女儿$\frac{1}{2}$米奈。你们三人共纺重1米奈羊毛，各人需要多少时间？

解：妈妈$\frac{6}{17}$日，大、小女儿各$\frac{8}{17}$日，$\frac{3}{17}$日。

133. 两河神和酒神注液入碗。尼罗河神1日满碗，酒神注酒2日满碗，Achelous 以角注水，3日满碗。问：三神同注，多少时间满碗？

解：$\frac{6}{11}$日。

136. 中管开放4个时辰满池，右管开放要多4个时辰满池，左管开放要2倍时间才满池。如果你把三管同时开放，将在较短时间内满池。

解：$2\frac{2}{11}$时辰。

138. Nicarete 与5个周龄人游戏。他把所有硬果三分之一给cleis，四分之一给Sappho，五分之一给Aristodice，二十分之一又十二分之一给Theano，二十四分之一给philinnis. Nicarete 自己留下50个。

解：她有1 200个硬果（400＋300＋240＋160＋50＋50）。

139. Diodorus，制作日晷的高手。请告诉我：太阳那黄金之轮从东方到西方的时间。他巡行的白昼是沉入西方大洋黑夜时间的五分之三的四倍

解：3时辰又$\frac{9}{17}$是黑夜，8时辰又$\frac{8}{17}$是白昼。

141. 请告诉我：我妻于昨天生下孩子的时刻，这是白天。孩子生时到太阳下山的时间是生时的七分之二的六倍。

解：$4\frac{8}{19}$时辰（从太阳露出地平起算）。

142. Arise，现在是在早晨。已过去的时间是白天余下时间的八分之三的五分之一。请问：现在是什么时刻了？

解：$\frac{36}{43}$时辰（从太阳露出地平起算）。

143. 哥哥带回爸爸的遗产5太仑。他给我分得的三分之二的两倍。给妈妈我所得的八分之二。

解：哥哥得$1\frac{5}{7}$太仑，弟弟$2\frac{2}{7}$太仑，妈妈1太仑。

145. 甲：给我10米奈，我所有是你所有的3倍。乙：如果我得到你同样米奈数，我所有是你所有的5倍。

解：甲$15\frac{5}{7}$，乙$18\frac{4}{7}$。

146. 甲：给我2米奈，我所有是你的2倍。乙：你给我同样个数米奈，我所有是你的4倍。

解：甲$3\frac{5}{7}$，乙$4\frac{6}{7}$。

分类述评

上文选录《箴言》算题共二十六则①，全系算术应用题。按照本《大系》第二卷分类法可厘分五类：（括弧内为题号）

四则运算（48，129，139，141，142）

余数问题（1，2，3，4，116，118，121，126，138）

互给问题（51，145，146）

合作问题（131，133，136）

比例问题（11，12，14，49，128，143）

---

① 本《大系》第二卷第四编已选的，在此不重复，读者可查阅参考.

《箴言》是当年脍炙人口之作，但比较同时中算、印算数学专著未免逊色：其一、同一题材，同语反复太多。其二、所谓解法，实为答数，未及解题之所以然。此外某些问题构思、结构，似曾相识，与中算、印算酷似，其间渊源关系值得我们探索。

二、S. Anania

Shiratatsi Anania（约620—685）生于亚美尼亚的Shiraka Van，后称Ani，地处黑海东岸。他是希腊数学的继承者，当年在当地教会学校受教育，后在天文、数学、地理、历史等学科俱有成果。他的数学手稿《算术》等在11～17世纪广泛流传于俄罗斯、意大利、英国、奥地利等国。亚美尼亚当时是拜占庭殖民地。从算题中可见他与Metrodorus一样，以水管流水入池为题、反映罗马建筑在浴场、园林中这一常见的工程设备。

Anania《算术》算题选①

11. 某商人经过三城。甲城向他征税，征他所带财产的$\frac{1}{2}$又$\frac{1}{3}$，乙城征他剩余财产的$\frac{1}{2}$又$\frac{1}{3}$，丙城又征他剩余财产的$\frac{1}{2}$又$\frac{1}{3}$。三次纳税后，他还剩11个钱币。问：他原有财产多少？

答数：2 376钱币。

22. 国王生日把容量为100的酒，按功勋（1，2，3，…，9，10）分赐十个大臣。问：每人分得多少？

答数：$1\frac{9}{11}$，$3\frac{7}{11}$，…，$12\frac{8}{11}$，…

解法：按功勋的意思是说第一个人所得对第二人所得是1∶2，第二人对第三人是2∶3，依此类推。第一人得$1\ \frac{1}{2}\frac{1}{5}\frac{1}{10}\frac{1}{55}$②，…，

---

① M. Дспман, ИЗ истории математики, pp. 16～18, Детгиз3, 1950.

② 这里用单位分数记分数.

第七人得12 $\frac{1}{2}\frac{1}{10}\frac{1}{22}\frac{1}{30}\frac{1}{33}\frac{1}{55}$。

24. 雅典城里有个水池，用三条渠道引水。开甲渠1 小时满池；乙渠2 小时；丙渠3 小时满池。问：三渠同开，多少时间满池？

答数：$\frac{6}{11}$小时。

三、M. Planudes①

Planudes 是Nicomedia 僧侣。拜占庭Andronicus 二世派他在威尼斯当使者（1260—1310）他曾为Diophantus《算术》作注。此外：

平方根近似值取$\sqrt{a^2+b}=a+\frac{b}{2a}$，有例说

1. $\sqrt{18}=4+\frac{2}{2\times4}$，

2. $\sqrt{1\,690\,196\,789}=41\,112+\frac{246}{82\,222}$。

给出二算题及解

1. 老人临终遗嘱，把一笔现金平均分配给儿子们。他说："长子得1 个钱币及余数的七分之一，次子得2 个钱币及余数的七分之一。三子得3 个钱币及余数的七分之一。"说完此话，他就离开人世。问：他有多少现金，有多少儿子？

解法：设那笔现金有x个钱币，从长子及次子可立方程，那么

$$1+\frac{1}{n}(x-1)=2+\frac{1}{n}\left(x-\left(1+\frac{x-1}{n}+2\right)\right), \qquad (*)$$

解得$x=(n-1)^2$，因此$n-1$个儿子，每人得$n-1$个钱币。

这是Heath 对本题的描述，其间有疏漏的地方：题中那个7与n的关系不明确。我们认为应该分三方面理解。

① HG.，vol. 2，pp. 546～549

其一：先求本题的解。设老人的遗产有x个钱币，每个儿子都分到y个钱币。那么题意是要解方程组

$$y=1+\frac{1}{7}(x-1)=2+\frac{1}{7}\left(x-\left(1+\frac{1}{7}(x-1)+2\right)\right)=\cdots$$

其中任意二代数式都相等，不妨取长子、次子所得立方程，$1+\frac{1}{7}(x-1)=2+\frac{1}{7}\left(x-\left(1+\frac{1}{7}(x-1)+2\right)\right)$。解得$x=36$，那么$y=6$，而儿子个数为$36\div 6=6$。

其二：Planudes 的分法有不寻常的效应。不论余数取几（n）分之一，每个儿子所得都相等，即：$\frac{x}{n-1}$。这就是Heath 所立方程（＊），说明在一般情况下，所立方程组中的任意二代数式都相等。Planudes 所设题仅是一特例：$n=7$，所以$x=36$，$y=6$。另一特例后来又出现在L. Euler 的专著中①。

其三：本题还可以推广：长子得a个钱币及余数的n分之一。次子得$2a$个钱币及余数的n分之一。三子得$3a$个钱币及余数的n分之一。……依此类推，老人的遗产也会平均分配给所有儿子。我们如设遗产有x个钱币，老人有p个儿子那么他们以长幼为序，依次得：

$$a+\frac{1}{n}(x-a),\ 2a+\frac{1}{n}(x-y-2a),\ 3a+\frac{1}{n}(x-2y-3a),$$
$$\cdots,\ (p-1)a+\frac{1}{n}(x-(p-2)y-(p-1)a),\ pa+\frac{1}{n}(x-(p-1)y-pa)。$$

据题意，最小的儿子分得遗产后，应无余数，因此

$$x-(p-1)y-pa=0。\qquad (**)$$

由于题意要求每个儿子所得相等，设为y，可以建立含p个方

---

① 本编第三章第六节，二、趣味数学．Euler 名题

程的方程组：$y=a+\frac{1}{n}(x-a)=2a+\frac{1}{n}(x-y-2a)=\cdots=pa$。

(＊＊＊)

综合（＊＊），（＊＊＊）解得

$$x=(n-1)^2a,\ y=(n-1)a,\ p=n-1。$$

因此Planudes，Euler 所命题都是此一般情况的特例。只要n，a 是整数。它的解x，y，p 总是整数。

2. 已给两长方形有相同周长，而其中一个的面积是另一个的n 倍。问：二者边长是多少？

答数，其中一个边长n^2-1，n^3-n^2；另一个边长$n-1$，n^3-n，Planudes 认为他的的答案正确无误。但不知道他怎样获得这些解。

四、M. Moschopoulos①

Moschopoulos 生在13，14 世纪之交，他是Plunudes 的学生和朋友。他博闻强记，有幻方专著传世。对于偶数阶（含偶偶数以及奇偶数）幻方构造法有创见。后来P. de la Hire（1640—1718，法国）在《法国皇家科学院院报》介绍（1705），并用法文译出，在德国出版。②

他还继11～12 世纪印度翥那教人之后，另构造一完美幻方(图6.1.1）他用0，1，2，…，15 为元素，显然它与用1 起十六个自然数同义。

他还首创立体幻方——大立方体内含小立方体。(图6.1.2)在它们每个角顶上填记0 至15 共十六个数。其性质是：大小立方体共十二个面上各有四个数；立方体内部合同的十二个梯形的顶点也各有四个数。这二十四组数各自的和，全都等于30。

---

① 见本编第三章第六节，二Euler 名题.

② HG.，vol. 2，p. 550.

14	9	2	5
3	4	15	8
13	10	1	6
0	7	12	11

图 6.1.1

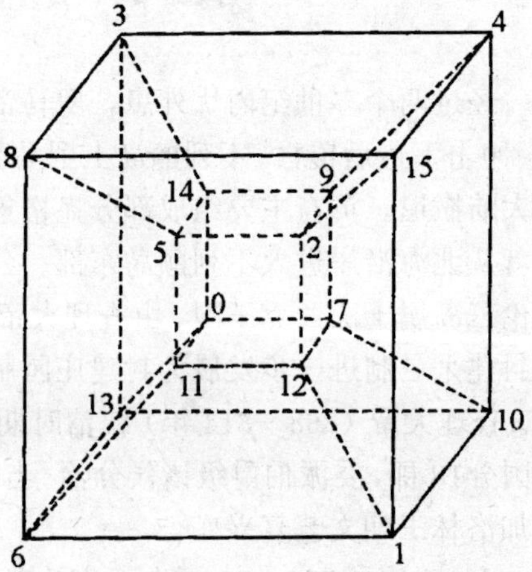

图 6.1.2

五、N. Oresme

Nicole Oresme（约1320—1382）法国数学家，曾任教会大主教，有几种数学专著传世。其中《欧几里得几何问题》中讨论调和级数：

$$1+\frac{1}{2}+\frac{1}{3}+\cdots+\frac{1}{n}+\cdots$$

他证明级数发散。他以一个每项都较小的级数比较，与今日数学分析教科书所说相同，此即

$$\frac{1}{2}+\frac{1}{2}+\left(\frac{1}{4}+\frac{1}{4}\right)+\left(\frac{1}{8}+\frac{1}{8}+\frac{1}{8}+\frac{1}{8}\right)+\cdots$$

$$=\frac{1}{2}+\frac{1}{2}+\frac{1}{2}+\frac{1}{2}+\cdots$$

后者发散，因此断言调和级数发散。

第二节　Alcuin[①]

经过两个多世纪内忧外患，罗马帝国在奴隶、贫民和外族侵凌、冲击下最后覆亡。不列颠岛上罗马驻军在5世纪初就开始向欧洲大陆撤退。英裔主要组成部分盎格鲁撒克逊民族自5世纪中叶起就从北海沿岸进入不列颠岛东部。公元8世纪以后欧洲大陆及英伦三岛属于法兰克王国，由查理大帝统治。当时已是封建社会：从封建采邑制进一步发展为封建庄园制。国王和诸侯都有许多庄园。查理大帝（768—814年）统治时期，史称加洛林时代[②]。当时王国分18郡，委派伯爵级诸侯分治。当时查理大帝奖励学术文化，有加洛林王朝文艺复兴盛誉。

Alcuin（约756—804）生于法兰克王朝约克郡，学于罗马。他是英国僧侣，曾任宫廷大主教。参加巴黎大学前身组建工作，自任算术教授。他编写过算术、几何、天文等专著，成为当时教会学校标准教科书达数世纪之久，但内容较浅。如几何一书仅录《原本》卷1，2及4某些浅近命题，而《益智题集》最为脍炙人口之作，在欧洲广泛流传。他宣扬世俗文化，与教廷学说不相协调。在他影响下，法兰克王国各地创办学校。Alcuin为普及数学教育作出重要贡献，《益智题集》（Propositiones ad Acuendos Iuvenes）为有关专著中的代表作。在此我们选录其主要部分，并为比较、述评。

---

① 笔者在澳大利亚墨尔本Monash大学工作期间（1994—1995），在该校Hargrave图书馆读书．P. L. Butzer与D. Lohrmann编《加洛林时代东西方文化中的科学》（Science in Western and Eastern Civilization in Carolingian Times，Birkhäuser Verlag Basel，1993）收有拉丁文Alcuin《益智题集》全文，由M. Folkerts译为德文并有评注，此节内容笔者据以译述．

② 加洛林（Carolus，拉丁文）是查理大帝的拉丁文名号．

一、《益智题集》计量制度

长度

1英寸$=\frac{1}{12}$英尺，1英尺约30厘米

1步=5英尺，约1.5米

1杖=10英尺

1英里=1 500步，约2.25公里

面积

1英亩=（12杖）^{2}=144方杖，约1 300平方米

容量

1塞克斯（sextarin）约$\frac{1}{2}$升

1曼路斯（merus）=3塞克斯

1莫第斯（modies）=1歇弗尔（scheffel）

=24塞克斯，约12升

1曼特鲁=48塞克斯

1曼特来=3莫第斯=36升

重量及钱币

1第纳尔（denarius）

1先令=12第纳尔

1磅=20先令或12英两或72沙立第

1太仑=75磅

二、《益智题集》算题选（原著1～53题，题前有题名）

1. 蜗牛赴宴

蜗牛应燕子之邀赴宴，宴会在一英里外。蜗牛每日只能爬行1英寸。问：它为赴宴要爬行几日？

解：1英里=1 500步=7 500英尺=90 000英寸，多少英寸就需多少日，这就是246年210日

2. 甲乙同行

甲乙两人同行至一处，甲对乙说：我离你距离的2倍，折半又折半，折半、折半再折半加上1。[四者] 和是100。你说，我离你有多远？

解：两人相距36。两倍是72，折半又折半是18，再折半是9。72，18，9再加上1是100。

3. 行人与鹳

两旅行者看到一群鹳。他俩互语，有多少只？你算算看！鸟数加鸟数再加鸟数，三次和加鸟数之半，再加2只，它们是100只。它们有多少？

解：28只。三次相加得84，加鸟数之半14只，再加2只，是100只。

4. 人与牧马

某人看见牧场上一群马。他想：马数加倍，再加马数之半则是100匹。问：牧场上有多少匹马？

解：40匹。加倍是80匹，再加马数之半是100匹。

5. 百币买猪

某人说：我有100第纳尔买100只猪。其中公猪10第纳尔1只，母猪5第纳尔1只。小猪1第纳尔2只。你讲：他买了多少只公猪、母猪和小猪？两个100，不能多、也不能少。

解：9只母猪、1只公猪花了55第纳尔，80个小猪花了40第纳尔，它们的总和是90只猪。余下5第纳尔买10只小猪。这样就满足两个100的假设数。

6. 合款买猪

两商人合款100第纳尔买猪，每5只值2第纳尔。原来打算养肥后出售，后来又改变主意：不越冬豢养，立即薄利卖出，定价还在每5只2第纳尔左右。两人商量把猪分成次、优2群，每群猪的单价根据质量次、优来定。全部出售后，两人还有微利可图。请问：他们怎样把猪分群，又怎样论质定价？

解：把250只猪按次、优等分成相等数量两群：每群125只。质次猪3只值1第纳尔，质优猪2只值1第纳尔。这样质次的120只猪值40第纳尔，质优的120只猪值60第纳尔。每群余下的5只猪各值$\frac{5}{3}$，$\frac{5}{2}$，共值$4\frac{1}{6}$第纳尔，这是两商人的赢余。

7. 合金分重

有一天平秤，称由金、银、铜、锡合金块，计重30磅，即600先令。合金中已知银重是金的3倍，铜是银的3倍，锡是铜的3倍。请讲：合金含四种金属各是多少？

解：金重9英两。银重9英两的3倍，2磅3英两。铜重2磅3英两的3倍：6磅9英两。锡重6磅9英两的3倍：20磅3英两。四种金属共重30磅。

9. 分布成块

我有一块布：100英寸长，80英寸宽。要分成5英寸长、4英寸宽的小块，请问聪明人，这块布可以分成多少小块？

解：100英寸20等分每份5英寸，80英寸20等分每份4英寸。20的20倍是400。这是5英寸长、4英寸宽的布的块数。

10. 分布成块

我有一块麻布。60英寸长、40英寸宽。要分成6英寸长、4英寸宽布料，请问可裁多少块？

解：60英寸10等分，每份6英寸，40英寸10等分，每份4英寸。10的10倍是100，这是所求布料块数。

12. 分油问题

父亲临终给三个儿子共30个瓶子。10瓶装满油，10瓶一半是油，10瓶是空的。问：怎样分，才使每个儿子分到的油和瓶子都相等？

解：大儿子分得10个半装油的瓶子，二子、三子各得5个空瓶、5个装满油的瓶。

13. 王命征兵

王命征兵官在30个庄园征兵。第一个庄园征2兵，然后依次加倍。问：在这30个庄园里共征兵多少？

解：第一庄园2人，第二庄园4人，第三庄园8人，第四庄园16人。以后依次是32，64，128，256，512，1 024，2 048，4 096，8 192，16 384，32 768，65 536，131 072，262 144，524 288，1 048 576，2 097 152，4 194 304，8 388 608，16 777 216，33 554 432，67 108 864，134 217 728，268 435 456，536 870 912，第30庄园征1 073 741 824人。(下文为原著本题书影，从此可见当时大数罗马数字记法)

(13) Propositio de rege et de eius exercitu.

Quidam rex iussit famulo suo colligere de XXX villis exercitum eo modo, ut ex unaquaque villa tot homines sumeret quotquot illuc adduxisset. Ipse tamen ad primam villam solus venit, ad secundam cum altero; iam ad tertiam tres *) venerunt. Dicat, qui potest, quot homines fuissent collecti de his XXX villis.

Solutio.

In prima igitur mansione duo fuerunt, in secunda IIII, in tertia VIII, in quarta XVI, in quinta XXXII, in sexta LXIIII, in septima CXXVIII, in octava CCLVI, in nona DXII, in decima $\overline{\text{I}}$XXIIII, in undecima $\overline{\text{II}}$XLVIII, in duodecima $\overline{\text{IIII}}$XCVI, in tertia decima $\overline{\text{VIII}}$ CXCII, in quarta decima $\overline{\text{XVI}}$CCCLXXXIIII, in quinta decima $\overline{\text{XXXI}}$ IDCCLXVIII, in sexta decima $\overline{\text{LXV}}$DXXXVI, in septima decima $\overline{\text{CXXXI}}$LXXII, in octava decima $\overline{\text{CCLXII}}$CXLIIII, in nona decima $\overline{\text{DXXIIII}}$ CCLXXXVIII, in vicesima mille milia $\overline{\text{XLVIII}}$ DLXXVI, in vicesima prima bis mille milia $\overline{\text{XCVII}}$ CLII, in vicesima secunda quater mille milia $\overline{\mathrm{CXCIIII}}\mathrm{CCCIIII}$，in vicesima tertia octies mille milia $\overline{\mathrm{CCCLXXXVIII}}\mathrm{DCVIII}$，in vicesima quarta XVI mille milia $\overline{\mathrm{DCCLXXVII}}\mathrm{CCXVI}$，in vicesima quinta XXXIII mille milia $\overline{\mathrm{DLIIII}}\mathrm{CCCCXXXII}$，in vicesima sexta LXVII mille milia $\overline{\mathrm{CVIII}}\mathrm{DCCCLXIIII}$，in vicesima septima CXXXIIII mille milia $\overline{\mathrm{CCXVII}}\mathrm{DCCXXVIII}$，in vicesima octava CCLXVIII mille milia $\overline{\mathrm{CCCCXXXV}}\mathrm{CCCCLVI}$，in vicesima nona DXXXVI mille milia $\overline{\mathrm{DCCCLXX}}\mathrm{DCCCCXII}$，in tricesima villa milies LXXIII mille milia $\overline{\mathrm{DCCXLI}}\mathrm{DCCCXXIIII}$.

16. 两人运牛

两人运牛在途，甲对乙说，你给我2 只，我所有与你所有相等。乙对甲说：你如给我2 只，我所有是你所有2 倍。请问：两人原各有牛多少？

解：甲原有牛4 只，乙有8 只。乙给甲2 只，余6 只，而甲得2 只后也有6 只。退还2 只给乙，乙有8 只是甲有4 只的2 倍，而甲余4 只这是8 的一半。

17. 兄妹渡河

三对兄妹渡河，河岸有只能载二人的小船。请问：用什么方式渡河才能保证非亲兄妹不单独在一块？

解：首先我（A）与我妹（a）坐船渡河。让我妹妹留在对岸，我驾船返航。另两人的妹妹（b，c）渡河。我妹（a）驾船返航，另两男子（B，C）渡河，一对兄妹（B，b）返航。我（A）与留下的一男子（B）渡河。对岸的女子（c）返航。两女子（a，c）渡河。男子（B）返航。一对亲兄妹（B，b）渡河。

（表 6.1.1 为德文译注者所制）

18. 狼羊白菜

某人带三物：狼、山羊与大白菜渡河。渡船只允许带一物过河。据记载他能顺利带物渡河。请问：他是怎样带物过河的？

表6.1.1

河岸	往返	对岸
A，B，C a，b，c		
	A，a→ ←A	
A，B，C b，c		a
	b，c→ ←a	
A，B，C a		b，c
	B，C→ ←B，b	
A，B a，b		C c
	A，B→ ←c	
a，b，c		A，B，C
	a，c→ ←B	
B，b		A，C a，c
	B，b→	
		A，B，C a，b，c

解：与上题类似。我先带山羊过河，余下狼和白菜。然后我带狼过河后，带山羊返航。带白菜过河，我再返航，载山羊过河。(图版6.1.2为20世纪50年代苏联某出版物插图，渡河程序与本题解有异)

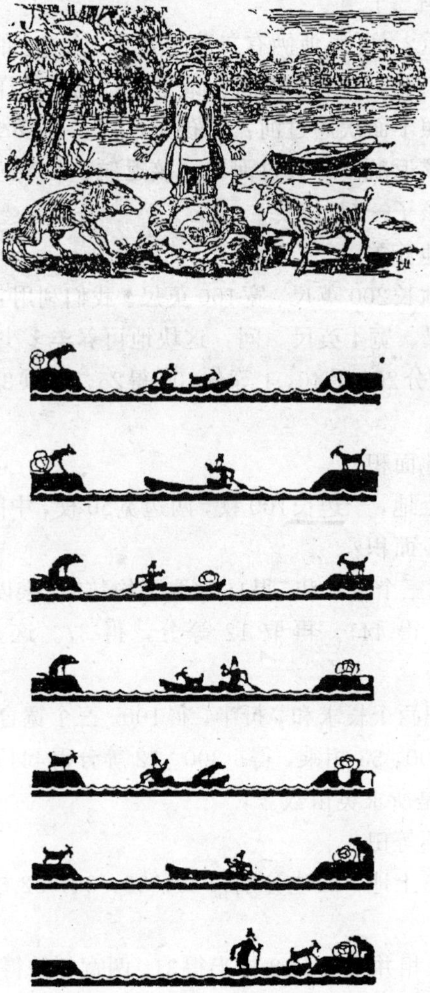

图版 6.1.2

19. 夫妇二子

夫妻各重2太仑，他俩有二孩子共重2太仑。他们一行四人过河，找到一只船，允载2太仑。请思考：他们怎样平安过河？

解：按照下面次序过河：二孩子过河，一孩驾船返航。母亲过河，另一孩返航。二孩过河，一孩返航。父亲过河。另一孩驾船返航，二孩子一起过河。

21. 分地养羊

一块土地长200英尺、宽100英尺。我们利用它养羊。每只羊用地长5英尺、宽4英尺。问：这块地可养羊多少只？

解：5等分200得40，4等分100得25，40乘25，得1 000，这就是养羊数。

22. 土地面积

多边形土地，一边长100杖，两边宽50杖，中间宽60杖①。这块土地有多少面积？

解一：把三个宽求和，得160，取平均数53。乘以100，得5 300。取12等分，得441。再取12等分，得37。这是所求面积英亩数。

解二：把两个长求和，折半，得100。三个宽合并，得160。三等分得53。100，53相乘，得5 300。12等分得441；再取12等分，得37。这就是所求英亩数。

23. 四不等田

有四边形土地，四边分别长30，32，34，32杖。请问：它有多少面积？

解：两长相并得62，62折半得31。两宽相并得66，折半得33。31，33相乘得1 020②。取12等分，得85。再取12等分，得7。这

---

① 相当于中算鼓田.

② 应是1023.

块土地应有面积7英亩。

24. 三角形田

有三角形田，三边分别长30杖，30杖，18杖。请问：它有多少面积？

解：合并两边长，得60。60折半得30。取18的一半得9。取30的9倍得270。乘积除以12得$22\frac{1}{2}$。$22\frac{1}{2}$除以12得1英亩余下$10\frac{1}{2}$杖[①]（？）

25. 圆田求积

圆形田周长400杖。请问：它的面积有多少英亩？

解一：四等分这块土地，周长400成为周长100。100自乘是10 000。取12等分得883。再取12等分，得69。这是它的面积英亩数。

解二：把400四等分，再取400的三分之一，得133。100折半得50。133折半得66。50，66的乘积是3 151。12等分，280；再12等分，24。四倍得96，这是所求英亩数。

26. 狗追一兔

土地长150英尺。狗站在一端，另一端站着一兔，狗追兔。狗每跳一次9英尺，兔每跳一次7英尺。问：狗跳几次，兔跳几次后，狗追到兔子？

解：土地长150英尺，取150的一半，75。狗跳一次9尺，9与75的乘积是675，这是狗追到兔子所行总距离英尺数；而兔跳一次7尺，7与75的乘积是525，这是兔子所行距离英尺数。

27. 四边形城

四边形城，一边长1 100英尺，另一边长1 000英尺。前边宽600英尺，后边宽600英尺。城中要造房子，每间房长40英尺，宽

---

① 算法紊乱，不知所云。问号是德文译注本原有.

30 英尺。问：城中能造多少间房子？

解：长度和2 100 英尺，宽度和1 200 英尺。1 200 折半是600，2 100 折半是1 050。取1 050，40 等分得26；又取600，30 等分得20。20 与26 乘积是520。这是可造房子间数。

28. 三角形城

三角形城，两边各100 英尺，另一边90 英尺。我在其中造20 英尺长，10 英尺宽房子。问：能造多少间房子？

解：两边长度和为200 英尺，折半为100。又取另一边之半，45。而每一间房子长20，宽10 英尺。100 是20 的5 倍，而40 是10 的4 倍。因此城内可建4 的5 倍，即20 间房。

29. 圆形城堡

圆城周长8 000 英尺。问：在其中能造30 英尺长，20 英尺宽的房子多少间？

解：此城周长8 000 英尺，以3∶2 比例分配，4 800 与3 200。各折半得2 400 与1 600。把前者取30 等分，后者20 等分，各得80，80。80 与80 乘积是6 400，即所求能造房子间数。

30. 巴西利加（会议厅）

会议厅240 英尺长，120 英尺宽，地面用长方形砖23 英寸长，12 英寸宽铺砌。问：需要多少砖？

解：240 英尺长方向需砖126 块，120 英尺宽方向需砖120 块。120 与126 乘积15 120 是所求砖数。

31. 酒窖桶数

酒窖100 英尺长，64 英尺宽。请问：酒桶7 英尺长，4 英尺宽，酒窖能容多少桶？已知酒窖中间留有一条4 英尺宽通道。（平行于长度方向）

解：100 是7 的14 倍，64 是4 的16 倍，其中留一条4 英尺宽通道，那么60 是4 的15 倍。100 是7 的14 倍。因此所求酒桶数是$15\times14=210$。

32a. 家属分粮

老人有粮 20 歇弗尔，分给家属 20 人。男子每人 3 歇弗尔，妇女每人 2 歇弗尔；孩子 2 人 1 歇弗尔。问：男子、妇女、孩子各几人？

解：男子 1 人，得 3 歇弗尔；妇女 5 人共得 10 歇弗尔；孩子 14 人共得 7 歇弗尔。

32b. 家属分粮

老人有粮 30 歇弗尔。分给家属 30 人。每人得粮标准同上题

解：男子3 人，妇女5 人，孩子22 人分别共得9，10，11 歇弗尔

33. 家属分粮

老人有粮 90 歇弗尔，分给家属 90 人，每人得粮标准同 32 题

解：男子 6 人，妇女 20 人，孩子 64 人，分别共得 18，40，32 歇弗尔。

34. 家属分粮

老人有粮100 歇弗尔，分给家属100 人。每人得粮标准同32 题

解：男子11 人，妇女15 人，孩子74 人，分别共得33，30，37 歇弗尔。

35. 分给遗产

父亲临终，以遗产960 先令分给孩子。孩子还在母亲腹中。遗嘱：如生儿子，儿子得遗产$\frac{9}{12}$，母得$\frac{3}{12}$。如生女儿则得$\frac{7}{12}$，母得$\frac{5}{12}$。及分娩，产一男一女双胞胎。请问：母、子、女各得多少？

解：960 先令为 48 磅，分成 24 份。每份 40 先令，即 2 磅。儿子取 9 份，18 磅。母亲取 3 加 5 份，16 磅，女儿取 7 份，14 磅。

36. 老人祝愿

老人为孩子祝福：孩子呀，你再活这些岁月，再活这些岁月，再活3 倍这些岁月。上帝给你比我小1 岁的寿命——100 岁。请解：老人与孩子现今各几岁？

解：孩子现今 8 岁又 3 个月；加倍，16 岁6 个月；加倍 33 岁。

3倍，99岁。比老人小1岁。

37. 某人建屋

某人建屋雇6个工匠：5个师傅，1个学徒。每日共给工资25第纳尔，学徒工资是师傅的一半。问：各人得多少工资？

解：22个第纳尔分成11份。5个师傅每人得4个第纳尔，余下2个给徒弟。还有3个第纳尔，分成11份。3×11为33份。每个师傅取6份共30份。还有3份给徒弟。

38. 购买牲口

某人有100第纳尔，购买100只牲口。1匹马值3第纳尔，一只牛值1第纳尔。24只羊值1第纳尔。问：他能买马、牛、羊各多少？

解：23的3倍是69，24的2倍是48，因此23匹马值69第纳尔，48只羊值2第纳尔。而29只牛值29第纳尔。23，48，29共100只牲口，而69，2，29共100个第纳尔。

39. 购买牲口

某人有100第纳尔在东市购买牲口。1骆驼值5第纳尔，1驴子值1第纳尔，山羊1第纳尔买20。问：这100第纳尔能买骆驼、驴子、山羊各多少？

解：5的19倍是95。这是说19只骆驼值95第纳尔。1只驴子值1第纳尔，再取4的20倍，得80，这是说80只山羊值4第纳尔。合并起来所买100口牲口值100第纳尔。

40. 山上羊群

某人见山上羊群，他说：我如果有这许多羊，再加上这许多。折半再折半，再加上我家里的1只羊，共有100只。问：山上羊群有多少只羊？

解：山上有36只羊。36的一半是18，18的一半是9。36加36加18再加9，共99。加上他自有的1只，共100只。

41. 母猪猪崽

老人建造长方形新猪厩。猪厩中央1母猪生下7猪崽。母猪与猪崽一起依次在猪厩四角又生猪崽，也是一母猪生下7猪崽。请问：连母猪在一起共有多少只猪？

解：猪厩中央母猪与7只猪崽，一共8只猪，在第一角共有8的8倍，64只猪；在第二角共有8×64＝512；第三角有8×512＝4 096；在第四角有8×4 096＝32 768。最后在中间共有8×32 768＝262 144只猪。

42. 梯有百级

梯有百级。第一级上有1鸽子，第二级上有2鸽，第三级上有3鸽。…如此递增，直至第一百级上有100鸽。问：梯上有多少只鸽子？

解：第一级有1只，第九十九级上有99只，二者和是100。第二级有2只，第九十八级有98只，二者和也是100。于是共有鸽数49×100＋50＋100＝5 050。

45. 飞鸽估数

树上一鸽子看到飞翔的一群鸽子。他对它们说：你们全体加上同样数目，再加同样数目，再加上我，一共有100只鸽子。请问：飞翔着的鸽子有多少只？

解：33只鸽子加上同样数目，再加上同样数目是99只，再加树上那只，共有100只。

46. 钱包被抢

一个男人在马路上拾到一个钱包，里面有2太仑钱币。有些人看见他捡到钱包，对他说：兄弟，把你捡到的东西分一部分给我们。他拒绝了。他只想全部占为己有。于是这些人把他打翻在地，抢走了钱包。他们每人拿了50个沙立第。当他看到已无法抗拒，只好抓住钱包及仅剩的50个沙立第。请问：现场一共有多少人？

解：1太仑75磅，1磅72沙立第，72的75倍是5 400。加倍是10 800。10 800中有216个50，所以现场有216个人。

51. 均分酒桶

父亲快要去世，留下四桶酒给四个儿子。第一桶有40莫第斯酒，第二、三、四桶分别有30，20，10莫第斯酒。他唤来管家，说：这些酒和桶全部分给我的四个儿子，他们得到同样多的酒和桶。谁知道：该怎样分？

解：四桶酒共有酒100莫第斯。四等分是25莫第斯，加倍是50莫第斯，把第一、四桶归老大、老四共有，第二、三桶酒归老二、老三共有，这样每人就得到同样多的酒和桶。

52. 骆驼运粮

老爸把90歇弗尔粮食运到30英里外，用一只骆驼分四次运，每次运30歇弗尔。运输途中这只骆驼每走1英里要吃1歇弗尔粮食。请问：运到目的地还剩下多少粮食？

解：第一次骆驼运30歇弗尔走20英里，途中吃去20歇弗尔，留下10歇弗尔粮食。第二、三次也各运30歇弗尔走20英里，各留下10歇弗尔粮食。这留下的共30歇弗尔粮食，在第四次运输中走10英里吃去10歇弗尔，最终剩下20歇弗尔粮食。

53. 主持分蛋

教堂主持有12个教徒。他叫来管家，共给他204个鸡蛋，要求分给每人同样数量的蛋，并且应该给5个长老85个，4个执事68个，3个教士51个蛋。请问：每个教徒能得多少个蛋？

解：每人17个。

三、分类述评

上文已引《益智题集》四十三题，其中算题可分为九类。

算术

四则运算（1，46，53）

余数问题（2，3，4，36，40，45）

互给问题（16）

行程问题（26）

比例问题（7，37）

数列问题（13，42）

几何（9，10，21，22，23，24，25，27，28，29，30，31）

不定分析（5，6，7，32，34，35，37，39）

趣味数学（6，12，17，18，19，35，41，51，52）

这部中世纪名著较Metrodorus《希腊箴言》中所辑算题，命题水平已有提高。在算术十类问题①中含有七类②。兴趣数学部分特别精彩，是近现代数学某些分支的源头。例如第6题合款买猪、第52题骆驼运粮，原著的解虽非最佳选择，但这是运筹学的开始，第12题分油问题是组合数学研究课题，第17～19题渡河问题是现代图论开头课常引的引人入胜的例子。《益智题集》中某些算题还一再在数学教科书中引用，如第35题龙凤胎分遗产问题3、第36题老人祝愿等。《益智题集》中某些算题与中算设题何相似乃尔？值得探索：如第5题百币买猪、第26题狗追一兔等等。

《益智题集》有缺陷，反映中世纪时正值欧洲数学低谷。例如同一题材反复用在许多算题中：如余数问题、不定分析问题。又几何问题内容非常粗浅。有些算题命题本身有漏洞或全错，又如第53题主持分蛋后面一段话画蛇添足，不应该讲；如第41题猪崽雌雄不清，答不对问。

第三节　斐波那契

在公元12，13世纪之交，意大利半岛城市国家林立，它们在经济上排挤拜占庭和阿拉伯商人，控制了东方与西欧中介贸易。斐波那契就在这样环境中诞生于比萨共和国。

斐波那契（Leonardo Fibonacci，约1170—1240后）出身于

---

① 本《大系》第二卷第四编分类法.

② 把不定分析八题视为定和问题.

斐波那契

图 6.1.3

Bonacci 家族，Fibonacci 意为 Bonacci 家族一员。他的父亲是比萨共和国官员。1192 年受政府委托到北非殖民地经商，他携子前去。期间斐波那契学习了印度数学，阿拉伯数学。后来他又随父远航，曾到埃及、叙利亚、希腊(拜占庭)，西西里等地。他勤奋学习，善于比较罗马、印度、阿拉伯数学之优缺点。在世纪之交，他返回祖国。在二十多年时间里他钻研不辍，在算术、代数、不定分析、数论、几何等数学各个领域内都有新的见解，是欧洲中世纪数学家之最杰出者。他的殊荣是受Frederich 二世皇帝接见，在宫廷中结识了当代学者名流，对他的学识长进，大有益处。他一生著述丰硕，而且一直是后世，特别是13，14 世纪欧洲最重要的数学专著和教科书。他的传世之作为：《计算之书》(LiberAbbaci，1202)，《实用几何》(Practica Geomefrica，1220)，《花朵》(Flos，1225)，《平方之书》(Liber Quadratorum(1225)，《致皇家哲学家Theodorus 一封信》(未署日期)。这五部书俱有各种排印本。1837 年罗马Baldassare Boncompagni 出版了二卷本《斐波那契全集》，第一卷1～457 页收《计算之书》全文，第二卷1～279 页收后面四种专著。排印精美，特别是每页之左(右)旁注非常细致。

《计算之书》原著分为十五章，就其内容说，按序为记数法、整数运算、分数记法（含单位分数）及其运算、应用问题及其算术解法（含假设法、还原（逆推）法、比例等）代数和几何问题及其解法。《实用几何》分八章，论述与直线形、圆有关的问题，也讨论了平方根、立方根，二次方程求根公式。全书在《全集》第二卷1～224 页。《花朵》含很多算题为当年Frederick 二世皇帝驾临比萨时，与行政长官Johann 合作命题题集。人所周知的那个三次方程数值解法就刊载本书，本书篇幅不多，载《全集》第二卷

227～247页。《平方之书》记斐波那契一系列有关数论问题的研究成果，在《全集》第二卷，253～279页。《致Theodorus一封信》讨论了“百钱买百鸟”问题的一般解法以及其他代数问题和几何问题，载《全集》第二卷247～252页。

斐波那契这七百多页拉丁文数学力作受益于古希腊欧几里得、阿基米德等数学大家名著，以及Alcuin，Metrodorus的工作。意大利半岛当时是起自中国的丝绸之路的终端，在声声驼铃铿锵声中也带给欧洲浓郁的中国、印度和阿拉伯国家的数学文化。斐波那契从中吸取营养，对欧洲予以很大影响，例如阿拉伯数字、进位法及其运算就使原来笨重、落后的算法彻底改观。其他数学各分支知识的引入，在以后文艺复兴中所起作用，更很难估量：只以数论来说，人们推崇斐波那契是介于公元3世纪Diophantus、公元17世纪Fermat之间贡献最大的学者，并未过誉。

原著拉丁文本至今无其他文种译本：笔者先后得女婿黄红博士、儿子之璋博士自美国寄来原著1837年罗马二卷本的有关资料。本节择其最重要方面，分六段介绍，以初步填补我国此项文献空白。为便于读者对照，本节附较多书影图版。图版6.1.3为《计算之书》拉丁文本封面书影。

一、数系及其运算

《计算之书》入算数系：含0在内的整数，分数（普通分数、斐波那契意义下的连分数）和代数无理数。

整数

《计》[1] 第一章一开始就介绍印度的记数法[2] 及其与当时所用罗马记数法的比较

---

① 《计》为《计算之书》简记，下文仿此.

② 今称印度阿拉伯数字或迳称阿拉伯数字.

“印度数码　这是九个印度数码

9　8　7　6　5　4　3　2　1

用这九个数码以及记号0（阿拉伯文称为零）可以写出任何数，在下面将作阐述。”（L1.2[①]图6.1.3为原著书影）

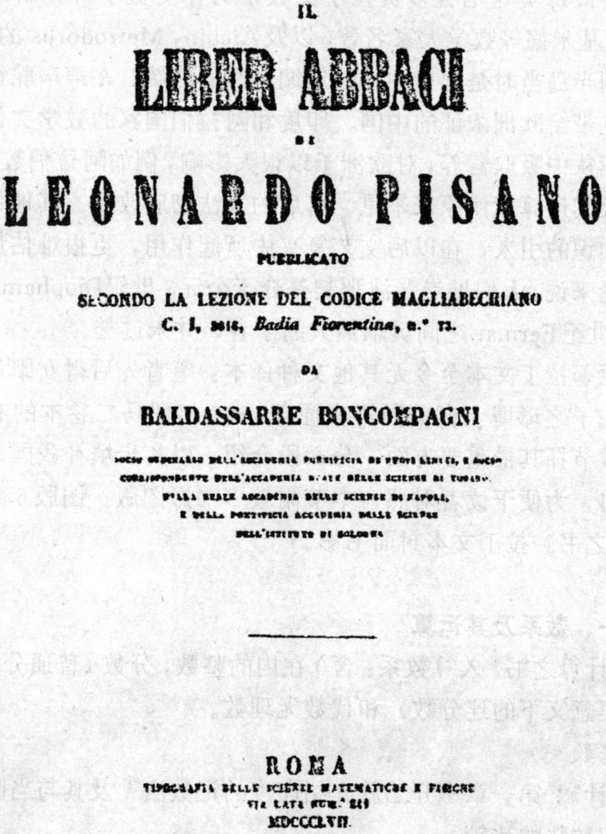
IL
LIBER ABBACI
DI
LEONARDO PISANO
PUBBLICATO
SECONDO LA LEZIONE DEL CODICE MAGLIABECHIANO
C. I, 2616, *Badia Fiorentina*, n.° 73.
DA
BALDASSARRE BONCOMPAGNI

ROMA

MDCCCLVII.

图版 6.1.3

① L1.2表示《计》第1章第2页，下文仿此

Nouem figure indorum he sunt

9　8　7　6　5　4　3　2　1

Cum his itaque nouem figuris, et cum hoc signo 0, quod arabice zephirum appellatur, scribitur quilibet numerus, ut inferius demonstratur. Nam numerus est unitatum perfusa collectio siue congregatio unitatum, que per suos in infinitum ascendit gradus. Ex quibus primus ex unitatibus, que sunt ab uno usque in decem, constat. Secundus ex

图版 6.1.4

《计》在阐述这种新的记数法之后，举例说明怎样用新记数法来表示旧的罗马记数法。下表是L1.2书影，其中第一行为罗马记数法写的九个数，第二行为相应的数1 001,2 023,3 022,3 020,5 100,3 000,1 111,1 234,4 321

M.I	MMxxiii	MMMxxii	MMMxx	MMMMMc	MMM	Mcxi	Mccxxxiiii	MMMMcccxxi
1001	2023	3022	3020	5100	3000	1111	1234	4321

在《计》第二至五章论述整数四则运算，举了大量算例。具体算法步骤与今相同。在有关算例页侧有旁注。图版6.1.5左是加法，(L3.19)，右是减法（L4.23）第二章为数的加倍运算，即乘法。图版6.1.6为斐波那契制定的九九表，共45句，与我国36句有异。与欧美小学生乘法表也有异，应视为欧洲九九表的初级形式。(L2.6）图版6.1.7为笔算1 234×1 234及其答数：1 322 736书影。《计》第五章详细介绍笔算除法图版6.1.8为780 005：59＝$13\,220\,\frac{25}{59}$① 书影（L2.35）

① 注意《计》带分数记法，整数记在分数右侧，又当时四则运算记号俱缺.

4 6 9 0
1 2 3
4 5 6 7

4 8 2
9 3 9
4 5 7

图版 6.1.5

	2	
2	2	4
2	3	6
2	4	8
2	5	10
2	6	12
2	7	14
2	8	16
2	9	18
2	10	20
	3	
3	3	9
3	4	12
3	5	15
3	6	18
3	7	21
3	8	24
3	9	27
3	10	30
	4	
4	4	16
4	5	20
4	6	24
4	7	28
4	8	32
4	9	36
4	10	40

	5	
5	5	25
5	6	30
5	7	35
5	8	40
5	9	45
5	10	50
	6	
6	6	36
6	7	42
6	8	48
6	9	54
6	10	60
	7	
7	7	49
7	8	56
7	9	63
7	10	70

	8	
8	8	64
8	9	72
8	10	80
	9	
9	9	81
9	10	90
	10	
10	10	100
10	20	200

图版 6.1.6

1 5 2 2 7 5 6
1 2 3 4
1 2 3 4

图版 6.1.7

1 4 3 2
2 9 1 3 1 2 2
7 8 0 0 0 5
5 9
1 3 2 2 0
$\frac{25}{59}$ 1 3 2 2 0

图版 6.1.8

《计》第一二、一三章体现负数思想，出现有相当于 22＋（－9）＝22－9，－1＋11＝10 的运算（L12.228，L13.351），但无专用负数记号。

《计》第一四章讨论平方根近似值的四种表达式(用语言表达，下文仿此）相当于说：

$$\sqrt{A}\approx a+\frac{b}{2a}①,$$

$$\sqrt{A}\approx a+\frac{b}{2a}-\frac{\left(\frac{b}{2a}\right)^2}{2\left(a+\frac{b}{2a}\right)},$$

$$\sqrt{A}\approx a+\frac{b}{2a}-\frac{b^2}{4a\ (A+a^2)},$$

$$\sqrt{A}\approx\frac{(A+3a^2)\ b}{4a\ (A+a)}。$$

原著还举了许多算例，例如：

$$\sqrt{927\ 435}\approx 963+\frac{66}{2\times 963}=963+\frac{11}{321}，又$$

---

① a 是 $\sqrt{A}$ 的最大整数部分：$\left[\sqrt{A}\right]$

b 是 $\sqrt{A}$ 的小数部分：$\left\{\sqrt{A}\right\}$

$$\sqrt{927\ 435} \approx 963+\frac{11}{321}-\frac{\left(\frac{11}{321}\right)^2}{2\left(963+\frac{11}{321}\right)}。\text{(L14.355)}$$

立方根近似值表达式相当于

$$\sqrt[3]{A} \approx a+\frac{b}{3a\ (a+1)\ +1}^{①}=9+\frac{900-729}{271} \approx 9\frac{2}{3},$$

原著举例

$$\sqrt[3]{900} \approx 9+\frac{900-729}{271}=9+\frac{171}{271} \approx 9\frac{2}{3}\quad 又$$

$$\sqrt[3]{2\ 345} \approx 13+\frac{2\ 345-2\ 197}{547} \approx 13\frac{1}{4}。$$

《计》在第一二、一三章还对平方根、立方根，作出四则运算，都用线段长度表示数量，我们将在第六段几何中介绍

普通分数

《计》分数记法：如分母、分子不大时，与我们的记法相同。当分母，分子相当大时，用斐波那契意义下的连分数记法。《计》举例说明：

如　　$\frac{1\ \ 5\ \ 7}{2\ \ 6\ \ 10}$。斐波那契说：

“连分数，设在横线下记2，6，10。2之上记1，6之上记5，10之上记7。横线一端：7在10上，表示$\frac{7}{10}$；而5在6上，表示小数的$\frac{5}{6}$；而1在2上则表示小数的$\frac{1}{6}$的一半②。我们将要说，在横线之上的这些分数是分等级的。其中第一级是横线右端那个数，第二级是靠左那个分数。例如上面的$\frac{1\ \ 5\ \ 7}{2\ \ 6\ \ 10}$，$\frac{7}{10}$是第一级，而$\frac{5}{6}$

① a，b分别是$\sqrt[3]{A}$的最大整数部分及其小数部分　L. 378

② 这里所说“小数”，是指$\frac{7}{10}$中的$\frac{1}{10}$

是第二级…”（L6.47）

这是说：$\frac{1}{2}\frac{5}{6}\frac{7}{10}=\frac{7}{10}+\frac{5}{6}\times\frac{1}{10}+\frac{1}{2}\times\frac{1}{6}\times\frac{1}{10}$。

一般说，这种“连分数”是指

$$\frac{e}{f}\frac{c}{d}\frac{a}{b}=\frac{a+\frac{c+\frac{e}{f}}{d}}{b}=\frac{adf+cf+e}{bdf}=\frac{a}{b}+\frac{c\times1}{db}+\frac{e\times1\times1}{fbd},$$

但是在《计》第六、七章以及后续各章有关分数运算中，与我们现在所用的分数记法以及并列若干个分数（累加）并用，很难找到其间规律。再加上排印技术问题是今日所有用分数，还是斐波那契意义下的“连分数”很难识别，举例说

是 $\frac{464}{579}$，或是$\frac{4}{5}\frac{6}{7}\frac{4}{9}=\frac{4}{9}+\frac{6}{7\times9}+\frac{4}{5\times7\times9}=\frac{174}{315}$

就极易混淆，我们再选介三例。

加法：“$\frac{1}{7}\ \frac{2}{3}$加$\frac{1}{9}\ \frac{3}{5}$”

原著视此加法为$\left(\frac{1}{7}+\frac{2}{3}\right)+\left(\frac{1}{9}+\frac{3}{5}\right)$，

前面括号计算得$\frac{17}{21}$，后面括号得$\frac{32}{45}$。然后对这两分数做加法。原著通分：（21，45）＝315，应取答数$\frac{255+224}{315}=\frac{479}{315}=1\ \frac{164}{315}$①，而原著却说：“$\frac{1}{315}=\frac{100}{579}$。答是$\frac{464}{579}1$。”（L7.67，图版6.1.9）为书影）其实$\frac{100}{579}$是“连分数”$\frac{1}{5}\frac{0}{7}\frac{0}{9}=\frac{1}{5\times7\times9}=\frac{1}{315}$，而$\frac{464}{579}1$应是

$\frac{4}{5}\frac{6}{7}\frac{4}{9}1=1+\frac{4}{9}+\frac{6}{7\times9}+\frac{4}{5\times7\times9}=1\frac{174}{315}$。

---

① 原著中224误为234，因此答数误为$1\frac{174}{315}$.

Additio $\frac{1}{7}\ \frac{2}{3}$ *cum* $\frac{1}{9}\ \frac{3}{5}$.

Item si uolueris addere $\frac{1}{7}\ \frac{2}{3}$ cum $\frac{1}{9}\ \frac{3}{5}$, reperias numerum in quo reperiantur rupti prescripti, eritque 315; qui numerus exit ex multiplicatione ruptorum, euitatis tamen inde 3, que sunt comunis regula de 9 et de 3; que non oportet repetere in multiplicatione, ideo quia $\frac{1}{3}$ et $\frac{1}{9}$ reperiuntur in 9: unde omnis numerus, qui habet $\frac{1}{9}$, habet similiter et $\frac{1}{3}$: accipe ergo $\frac{2}{3}$ de 315, que sunt 210, et adde cum $\frac{1}{7}$ eorumdem, que est 45. erunt 255, que serua: et accipe $\frac{1}{9}\ \frac{3}{5}$ de eisdem 315, que sunt 234, et adde cum 255, erunt 489; que diuide per regulam de 315, que est $\frac{100}{579}$, exibit $\frac{464}{579}$ 1.

图版 6.1.9

减法“$\frac{1}{9}\ \frac{3}{5}$减$\frac{1}{7}\ \frac{2}{3}$”

原著作如上文相同运算，得到被减数，减数依次为$\frac{32}{45}$，$\frac{17}{21}$。通分，做减法，答数是$\frac{21}{315}=\frac{1}{15}$①。原著却说“答数是$\frac{10}{35}$。”把$\frac{10}{35}$写成$\frac{1}{3}\frac{0}{5}$！在斐波那契意义下的“连分数”：$\frac{1}{3}\frac{0}{5}=\frac{1}{3\times5}=\frac{1}{15}$（L7.68，图版6.1.10为书影）

Extractio $\frac{1}{9}\ \frac{3}{5}$ *de* $\frac{1}{7}\ \frac{2}{3}$.

Si autem $\frac{1}{9}\ \frac{3}{5}$ de $\frac{1}{7}\ \frac{2}{3}$ extrahere uolueris, reperies prescripta 255 et 234: extrahes 234 de 255, remanebunt 21, que diuide suprascripta ratione per $\frac{100}{579}$ tantum prius diuidas per 7 et per 9, quam per 5: ideo quia 21 integraliter diuiditur per 7 et per 3, que sunt de regula ipsorum 9, exibunt $\frac{30}{93}$ pro residuo dicte extractionis, hoc est $\frac{10}{35}$: de diuisione autem eorum ad inuicem fac ut supra.

图版 6.1.10

除法

“$\frac{1}{10}\ \frac{7}{9}523$ 除以 $\frac{1}{6}\ \frac{2}{5}17$” 做带分数除法，原著相当于

$$\left(523+\frac{1}{10}+\frac{7}{9}\right)\div\left(17+\frac{1}{6}+\frac{2}{5}\right)=\frac{47\ 149}{90}\div\frac{527}{30}=47\ 149\div1\ 581$$

（L6.75，图版6.1.11）此例从入算数据，中途及结果都未出现

① 原著仍取错误中间结果：“$\frac{32}{45}=\frac{224}{315}$.”

“连分数”。

Diuisio de $\frac{1}{10}\frac{7}{9}523$ *per* $\frac{1}{6}\frac{2}{5}17$.

Nam si $\frac{1}{10}\frac{7}{9}523$ per $\frac{1}{6}\frac{2}{5}17$ diuidere uolueris, diuides 47149 per 1581: et si diuiseris 1581 per 47149, habebis diuisionem de $\frac{1}{6}\frac{2}{5}17$ in $\frac{1}{10}\frac{7}{9}523$, ut in precedentibus singulariter demonstrauimus.

图版 6.1.11

在第六章有分数加法表（L6.55，表6.1.2 为原著书影）此表从$\frac{1}{3}+\frac{1}{6}$起，经$\frac{1}{2}+\frac{5}{6}$，…，$\frac{1}{4}+\frac{9}{10}$，…至$\frac{7}{8}+\frac{1}{10}$共一百二十个加法，前面三列结果都用带分数示答。第四列中出现十一起用“连分数”作答。例如最后一个运算结果是：

$$\frac{7}{8}+\frac{1}{10}=\frac{3\quad 9}{4\quad 10}\text{①}\quad\left(\frac{9}{10}+\frac{3}{4\times 10}=\frac{39}{40}\right)$$

除了语言因素之外，分数表示方法不统一是斐波那契《文集》至今没有任何其他文种翻译本的重要原因。

单位分数

《计》第七章兼论单位分数，论述面很宽广。有附表：

其一

从普通分数化为单位分数之和(L7.75，表6.1.3 为原著书影)共有四列：第一列中有，$\frac{n}{6}(n=1,2,\cdots,5)$；$\frac{n}{8}(n=1,2,\cdots,7)$；$\frac{n}{12}(n=1,2,\cdots,11)$；$\frac{n}{20}(n=1,2,\cdots,19)$。至第四列末有$\frac{n}{100}(n=1,2,\cdots,98,99)$。其中所分解的单位分数之和，最多有五个单位分数：

$$\frac{98}{100}=\frac{1}{100}+\frac{1}{50}+\frac{1}{5}+\frac{1}{4}+\frac{1}{2}$$

这张表与埃及莱因得纸草单位分数表(表1.1.1)，有显著的差异：全以偶数为分母，与后者以奇数为分母适可相互补充。

---

① 这就是$\frac{9}{10}+\frac{3}{4\times 10}=\frac{39}{40}$.

表 6.1.2

1/3	1/6	1/2	3/4	3/4	1/2 1 sano	3/5	9/10	1/2 1	5/6	5/9	18/29 1
1/3	5/6	1/6 1 sano	3/4	1/6	11/12	4/5	4/5	3/5 1	5/6	7/9	15/29 1
1/3	1/9	4/9	3/4	5/6	7/12 1	4/5	1/10	9/10	5/6	8/9	16/29 1
1/3	2/9	5/9	3/4	1/8	7/8	4/5	3/10	1/10 1	5/6	1/10	24/35
1/3	4/9	7/9	3/4	3/8	1/8 1	4/5	7/10	1/2 1	5/6	3/10	20/35 1
1/3	5/9	8/9	3/4	7/8	5/8 1	4/5	9/10	7/10 1	5/6	7/10	22/35 1
1/3	7/9	1/9 1	3/4	1/10	17/20	1/6	1/6	1/3	5/6	9/10	23/35 1
1/3	8/9	2/9 1	3/4	3/10	1/20 1	1/6	5/6	1	1/8	1/8	1/4
1/3	8/9	2/9 1	3/4	7/10	9/20 1	1/6	1/8	12/38	1/8	3/8	1/2
2/3	2/3	1/3 1 sano	3/4	9/10	13/20 1	1/6	3/8	14/38	1/8	5/8	3/4
2/3	1/6	5/6	1/5	1/5	2/5	1/6	5/8	16/38	1/8	7/8	1
2/3	5/6	1/2 1	1/5	2/5	3/5	1/6	7/8	1/24 1	1/8	1/10	1/4 2/10
2/3	1/9	7/9	1/5	3/5	4/5	1/6	1/9	12/29	1/8	3/10	1/4 3/10
2/3	2/9	8/9	1/5	4/5	1	1/6	2/9	13/29	1/8	7/10	1/4 8/10
2/3	4/9	1/9 1	1/5	1/10	3/10	1/6	4/9	15/29	1/8	9/10	1/40 1
2/3	5/9	2/9 1	1/5	3/10	1/2	1/6	5/9	16/29	3/8	3/8	3/4
2/3	7/9	4/9 1	1/5	7/10	9/10	1/6	7/9	18/29	3/8	5/8	1
2/3	8/9	5/9 1	1/5	9/10	1/10 1	1/6	8/9	1/18 1	3/8	7/8	1/4 1
1/4	1/4	1/2	2/5	2/5	4/5	1/6	1/10	11/35	3/8	1/10	3/4 1/10
1/4	3/4	1	2/5	3/5	1	1/6	3/10	12/35	3/8	3/10	3/4 6/10
1/4	1/6	5/12	2/5	4/5	1/5 1	1/6	7/10	14/35	3/8	7/10	3/40 1
1/4	5/6	1/2 1	2/5	1/10	1/2	1/6	9/10	1/15 1	3/8	9/10	
1/4	1/8	3/8	2/5	3/10	7/10	5/6	5/6	2/3 1	5/8	5/8	3/4 2/10 1
1/4	3/8	5/8	2/5	7/10	1/10 1	5/6	1/8		5/8	7/8	1/4 1
1/4	5/8	7/8	2/5	9/10	3/10 1	5/6	3/8		5/8	1/10	1/4 7/10
1/4	7/8	1/8 1	3/5	3/5	1/5 1	5/6	3/8		5/8	3/10	1/4 9/10
1/4	1/10	7/20	3/5	4/5	2/5 1	5/6	7/8		5/8	7/10	1/4 3/10 1
1/4	3/10	1/20	3/5	1/10	7/10	5/6	1/9	18/29	5/8	9/10	1/4 5/10 1
1/4	7/10	19/20	3/5	3/10	9/10	5/6	2/9	1/18 1	7/8	7/8	3/4 1
1/4	9/10	3/20 1	3/5	7/10	3/10 1	5/6	4/9	12/29 1	7/8	1/10	3/4 9/10

表6.1.3

PARTES DE 6		
1	de 6 est	$\frac{1}{6}$
2	$\frac{1}{3}$	
3	$\frac{1}{2}$	
4	$\frac{1}{6}$	$\frac{1}{2}$
5	$\frac{1}{3}$	$\frac{1}{2}$

PARTES DE 8			
1	de 8 est		$\frac{1}{8}$
2	$\frac{1}{4}$		
3	$\frac{1}{8}$		$\frac{1}{4}$
4	$\frac{1}{2}$		
5	$\frac{1}{8}$		$\frac{1}{2}$
6	$\frac{1}{4}$		$\frac{1}{2}$
7	$\frac{1}{8}$	$\frac{1}{4}$	$\frac{1}{2}$

PARTES DE 12			
1	de 12 est		$\frac{1}{12}$
2			$\frac{1}{6}$
3			$\frac{1}{4}$
4			$\frac{1}{3}$
5	$\frac{1}{6}$		$\frac{1}{4}$
6			$\frac{1}{2}$
7	$\frac{1}{4}$		$\frac{1}{3}$
8	$\frac{1}{6}$		$\frac{1}{2}$
9	$\frac{1}{4}$		$\frac{1}{2}$
10	$\frac{1}{3}$		$\frac{1}{2}$
11	$\frac{1}{6}$	$\frac{1}{4}$	$\frac{1}{2}$

PARTES DE 20			
1	de 20 est		$\frac{1}{20}$
2			$\frac{1}{10}$
3		$\frac{1}{20}$	$\frac{1}{10}$
4			$\frac{1}{5}$
5			$\frac{1}{4}$
6		$\frac{1}{10}$	$\frac{1}{5}$
7		$\frac{1}{10}$	$\frac{1}{4}$
8			$\frac{2}{5}$
9		$\frac{1}{5}$	$\frac{1}{4}$
10			$\frac{1}{2}$
11		$\frac{1}{20}$	$\frac{1}{2}$
12		$\frac{1}{10}$	$\frac{1}{2}$
13	$\frac{1}{20}$	$\frac{1}{10}$	$\frac{1}{2}$
14		$\frac{1}{5}$	$\frac{1}{2}$
15		$\frac{1}{4}$	$\frac{1}{2}$
16	$\frac{1}{10}$	$\frac{1}{5}$	$\frac{1}{2}$
17	$\frac{1}{10}$	$\frac{1}{4}$	$\frac{1}{2}$
18	$\frac{1}{15}$	$\frac{1}{3}$	$\frac{1}{2}$
19	$\frac{1}{5}$	$\frac{1}{4}$	$\frac{1}{2}$

PARTES DE 24			
1	de 24 est		$\frac{1}{24}$
2			$\frac{1}{12}$
3			$\frac{1}{8}$
4			$\frac{1}{6}$
5		$\frac{1}{12}$	$\frac{1}{8}$
6			$\frac{1}{4}$
7		$\frac{1}{8}$	$\frac{1}{6}$
8			$\frac{1}{3}$
9		$\frac{1}{8}$	$\frac{1}{4}$
10		$\frac{1}{6}$	$\frac{1}{4}$
11		$\frac{1}{8}$	$\frac{1}{3}$
12			$\frac{1}{2}$
13	$\frac{1}{8}$	$\frac{1}{6}$	$\frac{1}{4}$
14		$\frac{1}{4}$	$\frac{1}{3}$
15		$\frac{1}{8}$	$\frac{1}{2}$
16		$\frac{1}{6}$	$\frac{1}{2}$
17	$\frac{1}{8}$	$\frac{1}{4}$	$\frac{1}{3}$
18		$\frac{1}{4}$	$\frac{1}{2}$
19	$\frac{1}{8}$	$\frac{1}{6}$	$\frac{1}{2}$
20		$\frac{1}{3}$	$\frac{1}{2}$
21	$\frac{1}{8}$	$\frac{1}{4}$	$\frac{1}{2}$
22	$\frac{1}{6}$	$\frac{1}{4}$	$\frac{1}{2}$
23	$\frac{1}{8}$	$\frac{1}{3}$	$\frac{1}{2}$

PARTES DE 60			
1	de 60 est		$\frac{1}{60}$
2			$\frac{1}{30}$
3			$\frac{1}{20}$
4			$\frac{1}{15}$
5			$\frac{1}{12}$
6			$\frac{1}{10}$
7		$\frac{1}{60}$	$\frac{1}{10}$
8		$\frac{1}{10}$ et	$\frac{1}{30}$
9		$\frac{1}{20}$	$\frac{1}{10}$
10			$\frac{1}{6}$
11		$\frac{1}{60}$	$\frac{1}{6}$
12			$\frac{1}{5}$
13		$\frac{1}{20}$	$\frac{1}{6}$
14		$\frac{1}{15}$	$\frac{1}{6}$
15			$\frac{1}{4}$
16		$\frac{1}{10}$	$\frac{1}{6}$
17		$\frac{1}{30}$	$\frac{1}{4}$
18		$\frac{1}{10}$	$\frac{1}{5}$
19		$\frac{1}{15}$	$\frac{1}{4}$
20			$\frac{1}{3}$
21		$\frac{1}{10}$	$\frac{1}{4}$
22		$\frac{1}{30}$	$\frac{1}{3}$
23		$\frac{1}{20}$	$\frac{1}{3}$
24		$\frac{1}{15}$	$\frac{1}{3}$
25		$\frac{1}{12}$	$\frac{1}{3}$
26		$\frac{1}{10}$	$\frac{1}{3}$
27		$\frac{1}{5}$	$\frac{1}{4}$
28	$\frac{1}{10}$	$\frac{1}{6}$	$\frac{1}{5}$
29	$\frac{1}{20}$	$\frac{1}{10}$	$\frac{1}{3}$
30			$\frac{1}{2}$
31		$\frac{1}{60}$	$\frac{1}{2}$
35		$\frac{1}{4}$	$\frac{1}{3}$
40		$\frac{1}{6}$	$\frac{1}{2}$
55		$\frac{1}{3}$	$\frac{1}{2}$

PARTES DE 100					
1	de 100 est				$\frac{1}{100}$
2					$\frac{1}{50}$
3			$\frac{1}{100}$		$\frac{1}{50}$
4					$\frac{1}{25}$
5					$\frac{1}{20}$
6			$\frac{1}{50}$		$\frac{1}{25}$
7			$\frac{1}{50}$		$\frac{1}{20}$
8					$\frac{2}{25}$
9			$\frac{1}{25}$		$\frac{1}{20}$
10					$\frac{1}{10}$
15			$\frac{1}{20}$		$\frac{1}{10}$
20					$\frac{1}{5}$
25					$\frac{1}{4}$
30			$\frac{1}{10}$		$\frac{1}{5}$
35			$\frac{1}{10}$		$\frac{1}{4}$
40					$\frac{2}{5}$
45			$\frac{1}{5}$		$\frac{1}{4}$
50					$\frac{1}{2}$
60					$\frac{3}{5}$
70			$\frac{1}{5}$		$\frac{1}{2}$
75					$\frac{3}{4}$
80					$\frac{4}{5}$
85			$\frac{1}{10}$		$\frac{3}{4}$
95			$\frac{1}{5}$	$\frac{1}{4}$	$\frac{1}{2}$
96		$\frac{1}{100}$	$\frac{1}{5}$	$\frac{1}{4}$	$\frac{1}{2}$
97		$\frac{1}{50}$	$\frac{1}{5}$	$\frac{1}{4}$	$\frac{1}{2}$
98	$\frac{1}{100}$	$\frac{1}{50}$	$\frac{1}{5}$	$\frac{1}{4}$	$\frac{1}{2}$
99		$\frac{1}{25}$	$\frac{1}{5}$	$\frac{1}{4}$	$\frac{1}{2}$

其二

从单位分数化为“连分数”(L7.79，表6.1.4为原著书影）共有三列：$\frac{1}{2n}$（$n=6$，…，50）其结果都用“连分数”表示。事实上，这些“连分数”分母都是单位分数分母的因数乘积，好些是素因数乘积，还有些没有分解彻底。这说明斐波那契对素数的认识是有局限性的，从整部《计》来说，他对素数的性质相当重视，我们将在本节第四段择要选说。

斐波那契怎样把普通分数化为单位分数之和？从表6.1.3不难发现其中奥秘。他把分母与自然数12，24，36，48，60，100相联系。他举一个例：如要把$\frac{17}{29}$化为单位分数之和，分母29与24比较接近，就取24。(L7.81～82)。

$$\frac{17}{29}\times 24\div 24=\frac{1}{24}\left(14+\frac{2}{29}\right)=\frac{14}{24}+\frac{1}{24}\times\frac{2}{29}。$$

由于取24为分母，第一项就易于化为单位分数之和：$\frac{14}{24}=\frac{12}{24}+\frac{2}{24}=\frac{1}{2}+\frac{1}{12}$。第二项$\frac{1}{24}\times\frac{2}{29}=\frac{1}{348}$。

于是　$\frac{17}{29}=\frac{1}{2}+\frac{1}{12}+\frac{1}{348}$。

当然第一项也可以分解为$\frac{14}{24}=\frac{8}{24}+\frac{6}{24}=\frac{1}{3}+\frac{1}{4}$

即　$\frac{17}{29}=\frac{1}{3}+\frac{1}{4}+\frac{1}{348}$，

书中就列出这两个答数。

斐波那契还举了另一例。

$$\frac{20}{53}=\frac{1}{48}\times\frac{960}{53}=\frac{1}{48}\times\left(18+\frac{6}{53}\right)=\frac{1}{4}+\frac{1}{8}+\frac{1}{424}。$$

表6.1.4

12	$\frac{1\ \ 0}{2\ \ 6}$	44	$\frac{1\ \ 0}{4\ \ 11}$	74	$\frac{1\ \ 0}{2\ \ 37}$
14	$\frac{1\ \ 0}{2\ \ 7}$	45	$\frac{1\ \ 0}{5\ \ 9}$	75	$\frac{1\ \ 0\ \ 0}{3\ \ 5\ \ 5}$
15	$\frac{1\ \ 0}{3\ \ 5}$	46	$\frac{1\ \ 0}{2\ \ 23}$	76	$\frac{1\ \ 0}{4\ \ 19}$
16	$\frac{1\ \ 0}{2\ \ 8}$	48	$\frac{1\ \ 0}{6\ \ 8}$	77	$\frac{1\ \ 0}{7\ \ 11}$
18	$\frac{1\ \ 0}{2\ \ 9}$	49	$\frac{1\ \ 0}{7\ \ 7}$	78	$\frac{1\ \ 0}{6\ \ 13}$
20	$\frac{1\ \ 0}{2\ \ 10}$	50	$\frac{1\ \ 0}{5\ \ 10}$	80	$\frac{1\ \ 0}{8\ \ 10}$
21	$\frac{1\ \ 0}{3\ \ 7}$	51	$\frac{1\ \ 0}{3\ \ 17}$	81	$\frac{0\ \ 0}{9\ \ 9}$
22	$\frac{1\ \ 0}{2\ \ 11}$	52	$\frac{1\ \ 0}{4\ \ 13}$	82	$\frac{1\ \ 0}{2\ \ 41}$
24	$\frac{1\ \ 0}{3\ \ 8}$	54	$\frac{1\ \ 0}{6\ \ 9}$	84	$\frac{1\ \ 0\ \ 0}{2\ \ 6\ \ 7}$
25	$\frac{1\ \ 0}{5\ \ 5}$	55	$\frac{1\ \ 0}{5\ \ 11}$	85	$\frac{1\ \ 0}{5\ \ 17}$
26	$\frac{1\ \ 0}{2\ \ 13}$	56	$\frac{1\ \ 0}{7\ \ 8}$	86	$\frac{1\ \ 0}{2\ \ 43}$
27	$\frac{1\ \ 0}{3\ \ 9}$	57	$\frac{1\ \ 0}{3\ \ 19}$	87	$\frac{1\ \ 0}{3\ \ 29}$
28	$\frac{1\ \ 0}{4\ \ 7}$	58	$\frac{1\ \ 0}{2\ \ 29}$	88	$\frac{1\ \ 0}{8\ \ 11}$
30	$\frac{1\ \ 0}{3\ \ 10}$	60	$\frac{1\ \ 0}{6\ \ 10}$	90	$\frac{1\ \ 0}{9\ \ 10}$
32	$\frac{1\ \ 0}{4\ \ 8}$	62	$\frac{1\ \ 0}{2\ \ 31}$	91	$\frac{1\ \ 0}{7\ \ 13}$
33	$\frac{1\ \ 0}{3\ \ 11}$	63	$\frac{1\ \ 0}{7\ \ 9}$	92	$\frac{1\ \ 0}{4\ \ 23}$
34	$\frac{1\ \ 0}{2\ \ 17}$	64	$\frac{1\ \ 0}{8\ \ 8}$	93	$\frac{1\ \ 0}{3\ \ 31}$
35	$\frac{1\ \ 0}{5\ \ 7}$	65	$\frac{1\ \ 0}{5\ \ 13}$	94	$\frac{1\ \ 0}{2\ \ 47}$
36	$\frac{1\ \ 0}{4\ \ 9}$	66	$\frac{1\ \ 0}{6\ \ 11}$	95	$\frac{1\ \ 0}{5\ \ 19}$
38	$\frac{1\ \ 0}{2\ \ 19}$	68	$\frac{1\ \ 0}{4\ \ 17}$	96	$\frac{1\ \ 0\ \ 0}{2\ \ 6\ \ 8}$
39	$\frac{1\ \ 0}{3\ \ 13}$	69	$\frac{1\ \ 0}{3\ \ 23}$	98	$\frac{1\ \ 0\ \ 0}{2\ \ 7\ \ 7}$
40	$\frac{1\ \ 0}{4\ \ 10}$	70	$\frac{1\ \ 0}{7\ \ 10}$	99	$\frac{1\ \ 0}{9\ \ 11}$
42	$\frac{1\ \ 0}{6\ \ 7}$	72	$\frac{1\ \ 0}{8\ \ 9}$	100	$\frac{1\ \ 0}{10\ \ 10}$

我们认为选取上举六个自然数作为辅助量去乘、除已给单位分数，是非常巧妙的设计。这些辅助量含有足够多的素因数，增加与分子约简成1的机会，尽速地化为单位分数之和。

这种算法与中国少广术①又有相同的地方。

① 本《大系》卷2，pp. 152～155

运用斐波那契提供的算法，我们可以获致埃及莱因得纸草单位分数表①上的某些结果，例如

①$\frac{2}{23}$，取 24

$$\frac{2}{23}=\frac{1}{24}\times\frac{48}{23}=\frac{2}{24}+\frac{1}{24}\times\frac{2}{23}=\frac{1}{12}+\frac{1}{276}。$$

②$\frac{2}{41}$，取 48

$$\frac{2}{41}=\frac{1}{48}\times\frac{96}{41}=\frac{2}{48}+\frac{1}{48}\times\frac{14}{41}=\frac{1}{24}+\frac{3+4}{24\times 41}$$

$$=\frac{1}{24}+\frac{1}{246}+\frac{1}{328}。$$

二、算术

斐波那契在《计》收集很多历史数学名题，丰富多彩，可谓在丝绸之路上名题之库。各类算题，诸如四则运算、余数、互给、合作、比例数列等问题都有引录，我们已在本《大系》第二卷第四编选述。对这些算题的解法也多种多样，是东、西方题解汇编。本段结合某些算题引述原著主要的算术解法。

比例

正比例及反比例 货物重 100 罗多里② 值 40 里拉③。问：买 5 罗多里，应付多少钱？答数：2（里拉）

解法 40L ＼ 100R　　40L ／ 100R

　　　5R　　　　2L

检验 $\frac{100\times 2}{40}=5$（里拉）″（L 8.102）

---

① 本书第一编表 1.1.1

② 罗多里 Rotuli，比萨重量单位.

③ 里拉 Lira，比萨货币单位.

从中可见《计》解正比例的笔算过程。我们发现《计》解正比例题用“连分数”表示的较复杂问题。图版6.1.12示L8.104为解二比例式

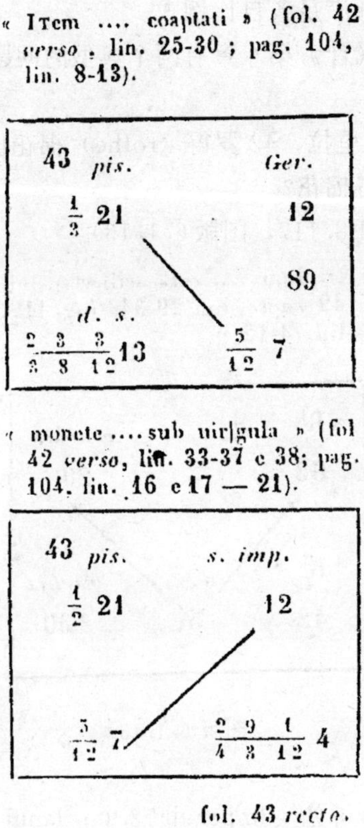

图版 6.1.12

$$12:21\frac{1}{2}=7\frac{5}{12}:x,$$

$$12:21\frac{1}{2}=x:7\frac{5}{12},$$

所作不同比例算法记录。

上图答数　$x=\frac{2}{3}\frac{3}{8}\frac{3}{12}13=13+\frac{3}{12}+\frac{3}{8\times12}+\frac{2}{3\times8\times12}$,

下图答数　$x=\frac{2}{4}\frac{9}{3}\frac{1}{12}4=4+\frac{1}{12}+\frac{9}{3\times12}+\frac{2}{9\times3\times12}$,

可以验算，二者都满足各自比例式。

连比例　在《计》第八章有两个典型的问题：

其一

“20尺布价3里拉，42罗得（rothe）棉花价5里拉。问：50尺布可换多少罗得棉花？

答数：63”（L8.117，图版6.1.13）

• triplum .... cata scilicet • fol. 49 *recto*, lin. 29-34; pag. 119, lin. 4-12;

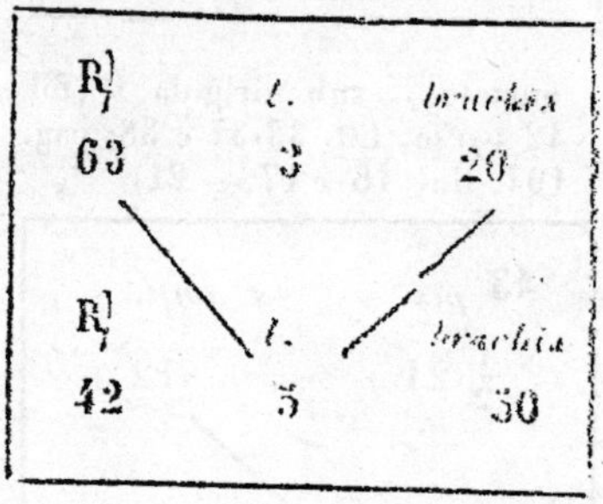

图版 6.1.13

其二

“比萨币31个可兑换Imper币12个；Janui币12个可换比萨币23个；Tur币12个可换Janui币13个；Barcellon币12个可以换Tur币11个。问：15个Barcellon币可换多少个Imper币？此页旁注排出连比例笔算算式（图版6.1.14）

答数是$\frac{3}{11}\frac{3}{13}\frac{8}{24}20$”（L8.127）

把此“连分数”写成分数之和，可以验证此答无误。

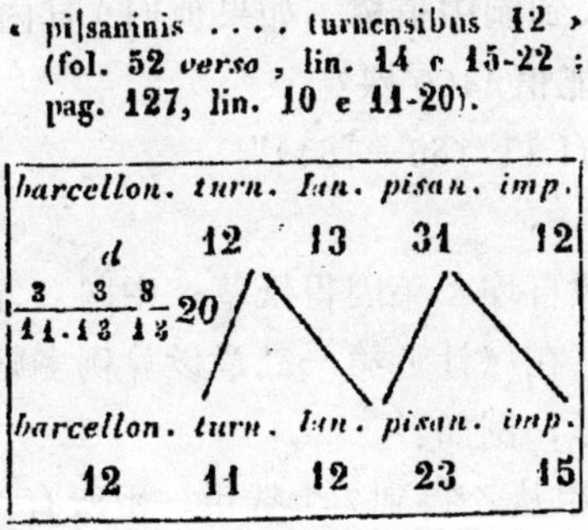

图版 6.1.14

事实上此题如果按照现代算术教科书，连比例算式应写成（图 6.1.4）：

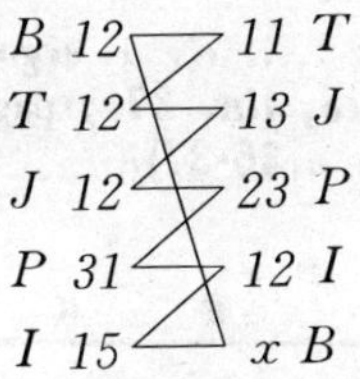

图 6.1.4

所求　$x=\dfrac{12\times12\times12\times31\times15}{11\times13\times23\times12}=20\dfrac{1\,180}{3\,289}$。

复比例　在《计》第九章论述复比例。典型例为："运63 吨大麦需 3 匹马，化了 20 日。问：运 42 吨大麦，用 5 匹马要化多少时间？答数 12 日。(L9.132，图版 6.1.13)

用算术教科书复比例解题方法，排出式子：

$$\left.\begin{matrix}3:5\\63:42\end{matrix}\right\}20\ (\text{日})\ :x$$

所求日数为　$x=\dfrac{5\times42\times20}{3\times63}=22\dfrac{2}{9}$。

另一著名的例是：

“国王派30人到园中植树。如果他们9日内能植树1 000棵。问：36人多少日能植4400棵？

答数33日。(L11.163—164)”

单假设法

单假设法渊源自埃及莱因得纸草，中国《九章算术》也习惯用单假设法解题。在《计》第一二章设算例多则，用单假设法解出，并示几何解释，例如：

其一：“如果甲从乙得到7个钱币，甲所有是乙的5倍。乙从甲得到5个钱币，则乙所有是甲的7倍。问：甲乙二人原来各有多少钱币？”

答数：甲$7\frac{2}{17}$，乙$9\frac{14}{17}$。(L12.190～191)

habebit .... d. b. ergo » (fol. 80 *recto*, lin. 37 ; pag. 190, lin. 35 e 36-37).

图版 6.1.15

解法：斐波那契用图解说明。解释周到而巧妙。图版6.1.14设线段ag是甲原有钱币数，gb是乙有钱币数。ab是两人共有数.乙给甲7，甲所有是ad，是乙所有db的5倍，那么db是总和ab的$\frac{1}{6}$。甲给乙5，乙所有是eb，为ae的7倍，那么ae是ab的$\frac{1}{8}$。这意味着$db+ae=\left(\frac{1}{6}+\frac{1}{8}\right)ab$。这是从总和中减去$eg+gd=5+7=12$的余数。用假设法解题：从6，8两数着想，如果两人共有24，则$\frac{24}{6}+\frac{24}{8}=7$。而所余应是$24-7=17$，并不是12。那么事实上两人共有应是24的$\frac{12}{17}$。从这里缩小倍数，就得出$db$，$ae$各应是$db=$

$4\times\frac{12}{17}=2\frac{4}{17}$，$ae=3\times\frac{12}{17}=2\frac{2}{17}$，因此两人原有：

$$甲=5+2\frac{2}{17}=7\frac{2}{17}，乙=7+2\frac{14}{17}=9\frac{14}{17}。$$

其二："有一棵树。它的$\frac{1}{4}$又$\frac{1}{3}$在地下，已给长为21帕米①，问：这棵树全长是多少？"（L11. 173）

解法，原著先用比例法：

"因为［它的］$\frac{1}{4}$又$\frac{1}{3}$是21。我们假设这棵树被分成12等分。它的$\frac{1}{3}$又$\frac{1}{4}$是7等分，长21帕米。因此是7比21。也将是12等分与树全长之比。四个数成比例，第一个数乘以第四个数等于第二个数乘以第三个数。所以如果你把第二个数21乘以第三个数12，再除以第一个数7，就得36，第四个［未知］数，这就是树全长。或者说，21是7的3倍，取12的3倍，同样得到36。

然后，用单假设法对比：

"我们还运用另一种方法。这就是你随便假设未知数为任选的数。但必须按问题中所设数能分成整数份数。根据问题原设，从所设数你试着求出题中解答的比。例如在这问题中我们要求树全长，我们就假设全长是12。因为这可以被3，被4整除。这就是题给的除数。因为题中说树的$\frac{1}{4}$又$\frac{1}{3}$是21。你所假设的12取其$\frac{1}{3}$及$\frac{1}{4}$，他们将是［合并起来］是7。如果这个［和］刚巧是21，我们已获得了所求的答案。就是说$\left[\frac{1}{4}又\frac{1}{3}份应是\right]$21帕米。但是这里却是7，不是21，那么7比21，所以我们假定的树长将从12比36得到。因此我们可以说：我设12，得7；那么我应该设多少，才能

① 帕米，长度单位

得到21？应该用这种方法表达：我们可以看出，最终我们把这些数相乘：12 乘以 21，其和［注意，应是积］应除以余下的数。

其三："狮豹和熊　狮子在4 小时内吃掉一只羊，豹5 小时，熊6 小时［吃尽］。问：把一只羊扔给它们，几小时内吃尽？你可以这样计算：对于狮子吃尽一只羊需4 小时，记$\frac{1}{4}$；豹吃尽一只羊需5 小时，记$\frac{1}{5}$；熊吃尽一只羊需 6 小时，记$\frac{1}{6}$。因为$\frac{1}{6}$，$\frac{1}{5}$，$\frac{1}{4}$［恰］可以找到60，假使60 小时内它们能够吃多少只？然后考虑：60 小时内一只狮子能吃15 只羊；而豹能吃12 只羊，即60 的$\frac{1}{5}$是12；同样熊能吃10 只羊，即60 的$\frac{1}{6}$是10。因此在60 小时内，［即三兽同时］吃，15 加12 加10 只羊，即37。所以你可以说：我所设60 小时内它们将吃掉37 只羊。我应该怎样设想它们吃掉一只羊要多少时间？所以1 乘以60，除以37，得1 $\frac{23}{37}$。在这数［小时］内它们将吃掉一只羊。"（L12. 182）图版6. 1. 16 为此题书影。此题在欧洲文艺复兴时期算术教科书广为流传，图版 6. 2. 2 之三为 Calandri《算术》（1491）插图。）

De Leone et leopardo et urso.

Qvidam leo comedabat unam ouem in horis IIII^{or}; et leopardus in horis 5; Et ursus in horis 6: queritur, si inter eos ouis una ciecta fuerit, in quantis horis eam deuorauerunt. Sic facies: pro quattuor horis, in quibus leo ouem comedit. Pone $\frac{1}{4}$; et pro horis 5 leopardi pone $\frac{1}{5}$; et pro horis 6 ursi, pone $\frac{1}{6}$: et quia $\frac{1}{6}$ $\frac{1}{5}$ $\frac{1}{4}$ reperiuntur in 60. Pone ut in horis 60 ipsi deuorarent ouem illam. Considera itaque, quot oues leo comederet in illis horis 60: cum in quattuor oris unam deuoret ouem, est manifestum, quod ipse deuoraret oues 15 in illis 60 horis; et leopardus deuoraret oues 12 per quintum de 60, que est 12. Similiter et ursus deuoraret oues 10; cum 10 sint $\frac{1}{6}$ de 60. Ergo in horis 60 comederent ipsi oues 15, et 12, et 10, hoc est 37. Quare dices: pro horis 60, quas pono, comedunt ipsi oues 37. Quid ponam ut tantum comedent ouem unam. Multiplica itaque unum per 60, et divide 37, exibit hora $\frac{23}{37}$ 1. Et in tot ipsi ipsam ouem deuorauerunt.

图版 6. 1. 16

其四："某数的二十分之十九等于此数的平方根，求此数。"（L12.176）

我们如设所求数为x，本题相当于要解方程

$$\frac{19}{20}x=\sqrt{x}, \qquad (*)$$

这就是一元二次方程

$$\left(\frac{19}{20}\right)^2 x=1, \qquad (**)$$

对于（**）单假设法仍有用武之地。《计》未作变换，径自对（*）用单假设法，原著说：

"60能被20整除，假设所求数为60，它的二十分之十九是57。57的平方是3 249，而60的平方是3 600，因此所求数是

$$\frac{3\,600}{3\,249}=\frac{400}{361}=\left(\frac{20}{19}\right)^2。"$$

这是很有见地的假设。

双假设法

《计》第一三章一开始就陈述双假设法：

"双假设法　阿拉伯文的elchataieym译成拉丁文是duarum falsarum posicionum regula。借助于此法几乎所有问题都能求解。随意取二次假设。这意味着有时二者都小于真值，有时都大于，有时一个大于、一个小于［真值］：从二次假设差的比例以获得准确解。这就是从第四比例法则求出。这里包含有三个数，借此列出第四个［未知］数，这就是所求准确解。其中第一个数是二次假设的差。第二个数是借助于假设差使成为准确值的近似数。第三个数是使近似于真值的差数。吾人希望能表达他们怎样用天平秤法则解题。因此用以阐明这些差在平衡中所起巧妙作用，使你理解用双假设法巧妙地解其他问题。"（L13.318）

图版6.1.17为原著书影：关于此术的渊源，李约瑟在《中国科学技术史》第三卷（中译本p. 265）说：这个假设法无疑是由

阿拉伯数学家传到欧洲的。……这个方法可能起源于中国，因为正如钱宝琮所指出，这个方法的确是中国的盈不足术。

Incipit capitulum 13 de regulis elchatayn, qualiter per ipsam fere omnes questiones abaci soluuntur.

Elchataieym quidem arabice, latine duarum falsarum posicionum regula interpretatur, per quas fere omnium questionum solutio inuenitur; ex quibus una est illa, per quam in tercia parte duodecimi capituli regulas arborum, et similium soluere docuimus. In quibus totum elchataicym, scilicet duas positiones, ponere non opportet, cum per unam earum ipse questiones solui possint: et tamen qualiter ipse, et multe alie questiones per elchataicym solui debeant, uolumus demonstrare. Ponuntur enim ipse due false posiciones fortuitu. Vnde occurrunt quandoque ambe minores ueritate, quandoque maiores, quandoque una maior, et altera minor: et inuenitur solutionum ueritas secundum proporcionem differentie unius positionis ad aliam, hoc est quod cadit in regula quarte proportionis, in qua tres numeri sunt noti; per quos quartus ignotus, scilicet solutionis ueritas, reperitur; quorum primus numerus est differencia numeri unius false posicionis ad aliam. Secundus est adpropinquacio, que fit ueritati per ipsam differenciam. Tercius est residuum, quod est ad adpropinquandum ueritati. Que, qualiter fiant, primum in regula cantarii demonstrare uolumus, ut ipsis tribus differentiis subtiliter in cantario demonstratis, aliarum questionum solutiones per elchataicym subtiliter ualeas intelligere.

图版 6.1.17

尤什凯维契在《中世纪数学史》第三章① 说：11 世纪时欧洲有译自阿拉伯文的拉丁文本《增损术》。所谓增损术是指对于方程 $ax+b=c$ 作二次假设：$x=a_1$，如 $aa_1+b=c+c_1$，而 $x=a_2$，如 $aa_2+b=c+c_2$，作中间交叉的平行线，形如天平秤

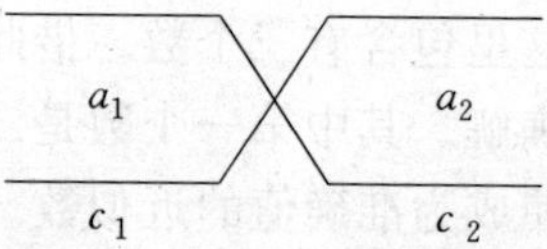

图 6.1.5

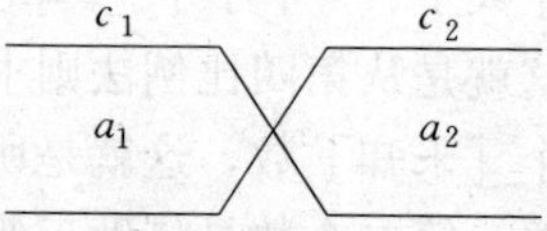

图 6.1.6

① Y. p. 201.

把二次假设数a_1，a_2写在秤的中间。如果c_1，c_2是增多（正数）就记在秤下（图6.1.5），如果是减损（负数）就记在秤上（图6.1.6）。把假设数和增损分别交叉相乘。如果增（损）数在同一侧，所求x用公式

$$x=\frac{a_1c_2-a_2c_1}{c_1-c_2},$$

如在两侧，则用公式

$$x=\frac{a_1c_2+a_2c_1}{c_1+c_2}。$$

《计》第一三章对一般一元一次方程

$$ax=b \qquad (*)$$

问题的双假设法还作出几何解释。
他的解释相当于说，对于（*）式可以拓广为

$$\begin{cases}y=ax-b,\\ y=0。\end{cases}$$

（*）的解就是直线l：$y=ax-b$与x轴：$y=0$的截距。做两次假设（图6.1.7）

设$x=x_1$，如$y=b_1=ax_1-b$，

设$x=x_2$，如$y=b_2=ax_2-b$，

从$\triangle ABC\backsim\triangle CDE$，$\frac{DE}{DC}=\frac{BC}{AB}$。这就是

$$\frac{b_1-b_2}{x_2-x_1}=\frac{b_2}{x-x_2},$$

因此所求$x=\frac{b_1x_2-b_2x_1}{b_1-b_2}$。

斐波那契不厌其繁地还论证了当$b_1<0, b_2<0; b_1\cdot b_2<0$的所有情况。

我们选录《计》用双假设法解的算例二则：

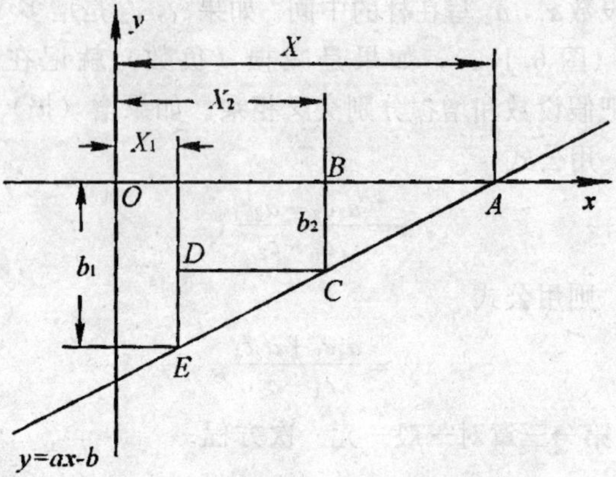

图 6.1.7

其一："100 罗多里重的货物，值13 个利勃来[1] (Librae)。问：1 罗多里货物值多少钱？

答数：10 利勃来 2 索利底 5 $\frac{1}{2}$第纳尔。"

解法：作两次假设。设1 罗多里货物值 3 个索利底，那么 100 罗多里值 300 索利底＝15 利勃来，比题设大了 2 个利勃来。再设 1 罗多里货物值2 个索利底，那么100 罗多里值200 索利底＝10 利勃来，比题设少了 3 个利勃来。按照法则所求数等于

$\frac{2\times2+3\times3}{2+3}=\frac{13}{5}$（索利底）＝2（索利底）又 5 $\frac{1}{5}$（第纳尔）。"

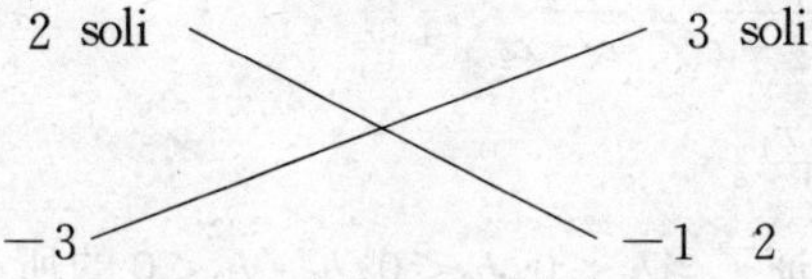

(L13.319)

① 1 利勃来＝20 索利底（solidi），1 索利底＝12 第纳尔.（dinarii）

其二：甲得乙有的$\frac{1}{3}$，有财富14。乙得甲有的$\frac{1}{4}$，有财富17。问：两人原各有财富多少？

答数：甲有$9\frac{1}{11}$，乙有$14\frac{8}{11}$。

解法：作两次假设。设甲有$x_1=4$，从题设第一条件，乙有$y_1=30$；又从第二条件较原设大了$b_1=30+1-17=14$。设甲有$x_2=8$，从题设第一条件，乙有$y_2=18$；又从第二条件较原设大了$b_2=18+2-17=3$。所求甲原有财富x有以下比例关系：$(b_1-b_2):b_2=(x_2-x_1):(x-x_2)$，借此求出$x=9\frac{1}{11}$，这样就易于求出乙原有财富$y=14\frac{8}{11}$。（L13.336）

三、代数

斐波那契向阿拉伯国家学习代数学，但有自己的创见。在所写各专著中俱有反映。我们把其中有特色的成果选录如下。

一元一次方程

《计》第一二章（pp. 166～318）为全书含最大篇幅的一章，收集众多算题及其解法。

斐波那契熟悉9世纪时阿拉伯学者花拉子米《代数》对消还原之术。本章有题："甲、乙二人所有财富相等，一日相遇于途。乙对甲说：'我所有的5倍，再给你12个第纳尔，你所有是我所有的7倍'问：他们原各有多少个第纳尔？"斐波那契设乙所有为未知数：res（物）从题意立方程相当于说：

$$x+12=7(5x-12)。$$

他用对消还原运算，原方程变换为

$$x+12=35x-84,$$

$$34x=96,$$

最终得解 $x=2\frac{14}{17}$。

甲、乙原各有 $2\frac{14}{17}$ 个第纳尔。(L12.205)。

二次方程

《计》第一五章后半部论二次方程。对于阿拉伯9世纪时花拉子米《代数》所载各种类型方程求根公式都重新探讨。对于类型

$$ax^2+c=bx$$

斐波那契尤为钟爱。他还提出不少练习题，并作出正确解答。例如解

1. $\frac{x}{10-x}+\frac{10-x}{x}=\sqrt{5}$；

2. $\sqrt{8x}\sqrt{3x}+20=x^2$；

3. $x^2-2x-4=\sqrt{8x^2}$。

最后一方程的一个根是 $\sqrt{7+\sqrt{8}}+(1+\sqrt{2})$。他借助于欧几里得《原本》命题2.6把方程化为

$$x^2=10+2\sqrt{8}+\sqrt{116+40\sqrt{8}}\,。$$

得解

三次方程

在《花朵》的专著中记载着斐波那契解三次方程

$$x^3+2x^2+10x=20 \qquad (*)$$

的文献。(F2.279)①

文献中记：

他先检测，$1^3+2\times1^2+10\times1=13<20$。

(*)无整数解。相当于今称数值解方程，他得解用六十进制记一个根是

① F2. 279指《花朵》的Bomcompagni. 1837年版卷2. p279.

$$x=1；22，7，42，33，4，38，30$$ [①]。

这是Johann 为罗马皇帝Friderich 二世访比萨时所命题。

方程组

上引双假设法例二，如设甲、乙分别有财富 x，y，则问题就是要解二元线性方程组

$$\begin{cases} x+\frac{1}{3}y=14, \\ \frac{1}{4}x+y=17. \end{cases}$$

《计》也含三元线性方程组问题，如

一匹马值12 索利底。有三个人都想买，但各所有钱都不够买这匹马。甲对乙丙二人说"你俩把各自钱的$\frac{1}{2}$给我，我就能把马买下来。"乙对甲丙二人说："你俩把各自钱的$\frac{1}{3}$给我，我就能把马买下来。"丙对甲乙二人说："你俩把各自钱的$\frac{1}{4}$给我，我就能把马买下来。"问：三人各有多少钱？

答数：甲$3\frac{9}{17}$，乙$7\frac{13}{17}$，丙$9\frac{3}{17}$。（L14.373）

我们如设甲、乙、丙各有 x，y，z 个索利底，则本题是要解方程组

$$\begin{cases} 2x+y+z=24, \\ x+3y+z=36, \\ x+y+4z=48. \end{cases}$$

此题在文艺复兴时期算术教科书中广泛流传。

关于线性方程组解法，在《计》已出现含技巧性的优美解。例如："甲所有钱是甲、乙、丙三人共有六分之五少7，乙所有比他们共有七分之六少9，丙所有是共有八分之七少11。问：三人各有

---

① 应是$x=1$；22，7，42，33，4，40.

钱多少?”

答数:甲$7\frac{98}{263}$,乙$5\frac{206}{263}$,丙$4\frac{24}{263}$。(L12.198)

我们如设三人各有钱x,y,z,本题要解线性方程组$x+7=\frac{5}{6}(x+y+z)$,$y+9=\frac{6}{7}(x+y+z)$,$z+11=\frac{7}{8}(x+y+z)$。原著设辅助量$s=x+y+z$,三式相加,就成为一元一次方程$s+27=\frac{5}{6}s+\frac{6}{7}s+\frac{7}{8}s$,问题就得到简化,很快取得答数。

第一二章有题:“四人中丙、丁所有比共有的四分之一多7,丁、甲所有比共有五分之一多8,甲、乙所有比共有六分之一多9,乙、丙所有比共有七分之一多11。问:各有钱多少?(L12.201)

如设四人分别有钱x,y,z,u,则本题要解$z+\omega=\frac{s}{4}+7$,$u+x=\frac{s}{5}+8$,$x+y=\frac{s}{6}+9$,$y+z=\frac{s}{7}+11$。第一、三、第二、四式相加分别得$\frac{7}{12}s=16$,$\frac{23}{12}s=19$。是矛盾方程的最早文献。

《计》第一五章载二元二次方程组及其解法,相当于要解:

1. $\begin{cases}\frac{6}{x}=\frac{y}{9},\\ xy=21。\end{cases}$ 2. $\begin{cases}\left(\frac{x-y}{2}\right)^2=\left(\frac{21}{2}\right)^2-5,\\ x-y=15。\end{cases}$ 3. $\begin{cases}y=\frac{10}{x},\\ z=\frac{y^2}{x},\\ z^2=x^2+y^2。\end{cases}$

最后一方程组归结为解高次方程

$$x^8+100x^4=10\ 000。$$

四、数论与不定方程

斐波那契在数论方面有精湛成绩,由于先前未见他的原著,所知仅一鳞半爪而已。事实上他对问题的提法以及解题思考都有独到之处，体现一代数论大师风范。本段分三方面。

数论

欧几里得《原本》论述素数性质綦详。《计》第六、七两章在分数有关问题中素数的应用至为广泛，例如在单位分数化为“连分数”表中除了含2的乘积外，整数化为素因数乘积，分解很彻底又如有一处把528 407分解为素因数乘积，$11\times11\times11\times397$。在“平方之书”中他明确指出“两数平方和以及差不能同时是平方数，”“两数四次方数之差不能是平方数。”

他提出并证明了

①当自然数a，b，$a>b$，$a+b$是偶数时，
则$24|ab(a+b)(a-b)$。

②当$a+b$是奇数时，则$24|4ab(a+b)(a-b)$。他命名这种乘积为congruum，并指出任何congruum都不是平方数。

与平方数有关的问题

我们在《平方之书》中选录四则

其一：“求有理数，使它的平方加上5或减去5后，和及差都是平方数”(P2.253)①

本题相当于求方程组

$$\begin{cases}x^2+5=y^2,\\x^2-5=z^2\end{cases}\qquad(*)$$

的有理数解。

斐波那契的解题思路透迤、细致。他深知从1开始的相继奇数数列和是平方数。他先假设当a是奇数时②，数列1，3，…，a^2-4，a^2-2的和是$\left(\frac{a^2-1}{2}\right)^2$。当$a$是偶数时，数列1，3，…，$\frac{a^2}{2}-1$，

① P2.253指此题载《平方之书》Boncompagni1837年版第2卷第253页.

② K. Vogel, BDS, pp. 610～611.

$\frac{a^2}{2}+1$的和$\left(\left(\frac{a}{2}\right)^2+1\right)^2$。其次，他从勾股数公式进一步推广：取$a$，$b$，$x$，$y$四数，如果$a^2+b^2$，$x^2+y^2$分别是平方数，又$a:b\neq x:y$，$a:b\neq y:x$，那么$(a^2+b^2)(x^2+y^2)=(ax+by)^2+(bx-ay)^2=(ay+bx)^2+(by-ax)^2$。然后他引入congruum概念，即对于自然数$a$，$b$，当$a+b$是偶数或奇数时，对于前者$24|ab(a+b)(a-b)$，对于后者$24|4ab(a+b)(a-b)$。这种乘积是congruum。

在这些预备知识基础上他指出，对于自然数h，x^2+h，x^2-h同时是平方数，只能在h是congruum时成立。他设计这个congruum中的a是5，b是4①，即$4\times5\times4\times9\times1=720$。又把方程组

$$\begin{cases}x^2+h=y^2,\\x^2-h=z^2。\end{cases}$$

化为 $h=y^2-x^2=x^2-z^2=720$。 (* *)

他找到 $x=41$，$y=49$，$z=31$，满足方程 (* *)

即$h=(49)^2-(41)^2=(41)^2-(31)^2=2\,401-1\,681=1\,681-961=720$。把所找到的$x$，$y$，$z$值代入方程组（*），等号两边都除以$12^2$，得问题的一组特解

$$\begin{cases}\left(3\frac{5}{12}\right)^2+5=\left(4\frac{4}{12}\right)^2,\\\left(3\frac{5}{12}\right)^2-5=\left(2\frac{7}{12}\right)^2。\end{cases}$$

这里留给人们不少未解之谜：这些命题之间有什么联系？为什么h是congruum时，方程组（* *）才有解？它又是充分条件吗？斐波那契用什么方法找到方程组的这组特解？等等。

---

① 这里$a+b$是奇数，所以$4\times5\times4$，$9\times1=720$是congruum.

其二："求几个自然数的平方和是平方数"（P2.266～268）

本题相当于解不定方程

$$x_1^2+x_2^2+\cdots+x_n^2=y^2。$$①

斐波那契借助于相继奇数数列和是平方数的性质得出特解：

$n=2$，从 $1+3+5=9$，$1+3+5+7=16$，

又 $1+3+5+7+9=25$ 得一组解 $3^2+4^2=5^2$。

$n=3$，$1+3+5+\cdots+(2\times12-1)=1+3+5+\cdots+23=12^2$，

而　$1+3+5+\cdots+23+25=169=13^2$，

得　$12^2+5^2=13^2$，$3^2+4^2+12^2=13^2$。

$n=4$，$1+3+5+\cdots+167+169=\left(\dfrac{170}{2}\right)^2=85^2$，

而　$1+3+5+\cdots+167=84^2$，

得　$84^2+13^2=3^2+4^2+12^2+84^2=85^2=7\ 225$。

$n=5$，$1+3+5+\cdots+7\ 223+7\ 225=3\ 613^2$。

类似于上面手续，得 $3^2+4^2+12^2+169^2+3\ 612^2=3\ 613^2$。

其三："求 n 个数的和以及与它们之间一个数的平方，两个数的平方，…，直至这 n 个数的平方和都是平方数"（P2.278～279）

这相当于要解不定方程组

$$\begin{cases}x_1+x_2+\cdots+x_n+x_1^2=y_1^2,\\x_1+x_2+\cdots+x_n+x_1^2+x_2^2=y_2^2,\\x_1+x_2+\cdots+x_n+x_1^2+x_2^2+x_3^2=y_3^2,\\\quad\cdots\cdots\\x_1+x_2+\cdots+x_n+x_1^2+x_2^2+\cdots+x_n^2=y_n^2。\end{cases}$$

原著给出 $n=3$，$n=4$，两组特解

$n=3$，$x_1=\dfrac{16}{5}$，$x_2=\dfrac{48}{5}$，$x_3=\dfrac{144}{5}$，

① 在斐波那契启迪下，后世的进一步考虑见S.，p. 842.

$$y_1=\frac{36}{5},\ y_2=12,\ y_3=\frac{156}{5}。$$

$$n=4,\ x_1=1\ 295,\ x_2=4\ 566\ \frac{6}{7},\ x_3=11\ 417\ \frac{1}{7},\ x_4=79\ 920;$$

$$y_1=1\ 332, y_2=4\ 757\ \frac{1}{7}, y_3=12\ 368\ \frac{4}{7}, y_4=80\ 871\ \frac{4}{7}。$$

其四：借助于那个恒等式 $(a^2+b^2)(x^2+y^2)=(ax\pm by)^2+(bx\mp ay)^2$，在特定条件下，可以分解某些自然数成为几个平方数之和，例如：

$$481=13\times37=(4+9)(1+36)=(2^2+3^2)(1+6^2)=$$
$$=(2\times1+3\times6)^2+(2\times6-3\times1)^2=20^2+9^2$$
$$=(2\times1-3\times6)^2+(2\times6+3\times1)^2=16^2+15^2。$$

又如

$$1\ 105=5\times13\times17=13\times5\times17=17\times5\times13$$
$$=5\times221=13\times85=17\times65。$$

其中 $5\times221=(1+4)(100+121)=(1+2^2)(10^2+11^2)$
$$=(1\times10+2\times11)^2+(1\times11-2\times10)^2=32^2+9^2$$
$$=(22-10)^2+(11+20)^2=12^2+31^2,$$
$$13\times85=(2^2+3^2)(2^2+9^2)=31^2+12^2=23^2+24^2,$$
$$17\times65=(1^2+4^2)(1^2+8^2)=33^2+4^2=31^2+12^2。$$

因此 $1\ 105=33^2+4^2=32^2+9^2=31^2+12^2=24^2+23^2$。

四道著名算题

百鸡问题

《计》第一一章之末载相当于《张丘建算经》百鸡问题，题云“有人买鸟：麻雀1钱币3只，斑鸠1钱币2只，鸽子2钱币1只。30个钱币买30只鸟。我们需要知道各种鸟他买了多少？”

我们如设所买鸟数：麻雀 x 只，斑鸠 y 只，鸽子 z 只，问题要解不定方程
$$\begin{cases}x+y+z=30,\\ \frac{x}{3}+\frac{y}{2}+2z=30。\end{cases}$$

《计》的解题思考是“我先假设30只麻雀需要10个钱币。余下20个钱币，这是30钱币与10之差，然后我以1只麻雀交换1只斑鸠，这样就增加［付款］$\frac{1}{6}$钱币。这是因为麻雀每只值$\frac{1}{3}$钱币，而斑鸠值$\frac{1}{2}$钱币，贵麻雀$\frac{1}{6}$钱币。然后，我以1只麻雀交换1只鸽子，使变动：$1\frac{2}{3}$，就是$\frac{1}{3}$钱币与2钱币之差。我取6个$1\frac{2}{3}$，变换6个，得到10。据此我应该调出麻雀，改为斑鸠和鸽子，直到把余下的20个钱币用完。所以我取他们的6倍，我得到120。把它分成二部分：其中一部分刚好使为10整除，其余一部分为1整除。其二次分的［结果的］总和不能超过30。其第一部分是110，其余是10。我分第一部分110为10份，第二部分为1份。我就得到11只鸽子和10只斑鸠。30只鸟数之中，余下9只作为麻雀。麻雀共值3个钱币，而10只斑鸠值5个钱币，11只鸽子值22个钱币。这样，三种鸟共30只，值30个钱币，这就是所求的答数。”图版6.1.18为本题书影。（L11.165；T. 247～248有一般解法）

三人共钱

《花朵》记有Johann除了那道数值解三次方程以外所命题，题云：

“有一堆钱币为三人共有。甲占其中$\frac{1}{2}$，乙占$\frac{1}{3}$，丙占$\frac{1}{6}$。现在每人从钱堆中各拿一些钱，直到拿完。然后甲又退回所拿的$\frac{1}{2}$，乙退回所拿的$\frac{1}{3}$，丙也退回所拿的$\frac{1}{6}$。又把退回的总数平均摊还给三人，三人所有恰好是他们原有的财产。问：甲、乙、丙三人原来共有钱币多少？他们从钱堆中各拿了多少钱币？

答数：共有钱数47，他们分别从钱堆中取钱数：甲33，乙13，丙1。”（F2.234）

De homine qui emit aues triginta trium generum pro denariis 30.

Qvidam emit aues 30 pro denariis 30. In quibus fuerunt perdices, columbe, et passeres: perdices uero emit denariis 3; columba denariis 2, et passeres 2 pro denario 1, scilicet passer 1 pro denariis $\frac{1}{2}$. Queritur quot aues emit de unoquoque genere: diuide denarios 30 per aues 30, exibit denarius 1. Dic ergo: habeo monetam ad $\frac{1}{2}$, et ad 2, et ad 3; et uolo facere monetam ad 1. In similibus enim questionibus procedendum est per modum consolationum, ut habeamus integros numeros auium. Quare ut species uiliorum auium equetur spetiebus cariorum multitudinem dicas: habeo monetam ad $\frac{1}{2}$, et ad $\frac{1}{2}$, et ad 2, et ad 3; et uolo facere monetam ad 1, hoc est: habeo monetam ad 1, et ad 1, et ad 4, et ad 6; et uolo facere monetam ad 2: fac ex passeribus, et perdicibus primam consolationem; et erunt aues 5 pro denariis 5, scilicet passeres 4, et perdix 1; et de passeribus, et columbis fac secundam; et habebis 3 pro denariis 3, scilicet passeres 2, et columba 1: deinde ut habeas aues 30 consolatas, mittes primam consolationem ter, in quibus erunt passeres 12, et perdices 3; et remanebunt | aues 15 consolate; pro quibus mittes secundam consolationem quinquies, et habebis passeres 10, et columbas 5; et sic in predictis auibus 30 erunt passeres 22, et columbe 5, et perdices 3, ut in questione ostenditur. Et scias quia de suprascriptis potes habere aues sanas quantas uolucrit pro totidem denariis ultra 15; sed infra 15 non possunt haberi aues, nisi 13, et 11, et 8. Nam in auibus 13 cadit prima consolatio bis, et secunda semel; et in auibus 11 cadit secunda consolatio bis, et prima semel; et in auibus 8

图版 6.1.18

我们如设三人共有钱数为u，甲，乙，丙分别从钱堆中各拿x，y，z个钱，则本题相当于要解四元线性方程组

$$\begin{cases} x+y+z=u, \\ \dfrac{x}{2}+\dfrac{1}{3}\left(\dfrac{x}{2}+\dfrac{y}{3}+\dfrac{z}{6}\right)=\dfrac{u}{2}, \\ \dfrac{2}{3}y+\dfrac{1}{3}\left(\dfrac{x}{2}+\dfrac{y}{3}+\dfrac{z}{6}\right)=\dfrac{u}{3}, \\ \dfrac{5}{6}z+\dfrac{1}{3}\left(\dfrac{x}{2}+\dfrac{y}{3}+\dfrac{z}{6}\right)=\dfrac{u}{6}。 \end{cases} \tag{i}$$

要整理成较简单的表达式，然后消元是很费力气的变换。《花朵》解法很奇突，相当于另设辅助参变量　$3s=\dfrac{x}{2}+\dfrac{y}{3}+\dfrac{z}{6}$，于是方程组后面三个方程简化为

$$\frac{x}{2}+s=\frac{u}{2}，\ \frac{2}{3}y+s=\frac{u}{3}，\ \frac{5}{6}z+s=\frac{u}{6}。$$

$$
\text{这就是}\quad\begin{cases}x=2\left(\dfrac{u}{2}-s\right),\\ y=\dfrac{3}{2}\left(\dfrac{u}{3}-s\right),\\ z=\dfrac{6}{5}\left(\dfrac{u}{6}-s\right)。\end{cases}\qquad\text{(ii)}
$$

而　$x+y+z=u$，

那么　$7u=47s$。　(iii)

斐波那契设一组特解

$s=7$，$u=47$　代入（iii），得

$x=33$，$y=13$，$z=1$。

斐波那契所引辅助量s，意味着他还认识到方程组（i）是不定方程组。显然

$s=7k$，$u=47k$（$k=1$，2，…，n）

都是（i）的解。

乍一看，方程组（i）未知数个数与方程个数相同，它应是适定方程组。是否如此，我们可作探索。

把（i）化为整系数形式

$$
\begin{cases}12x+2y+z-9u=0,\\ 3x+14y+z-6u=0,\\ 3x+2y+16z-3u=0,\\ x+y+z-u=0。\end{cases}
$$

此齐次方程的系数矩阵A，增广矩阵B分别是

$$
A=\begin{pmatrix}12&2&1&-9\\3&14&1&-6\\3&2&16&-3\\1&1&1&-1\end{pmatrix},\qquad B=\begin{pmatrix}12&2&1&-9&0\\3&14&1&-6&0\\3&2&16&-3&0\\1&1&1&-1&0\end{pmatrix},
$$

$$\begin{vmatrix}12&2&1&-9\\3&14&1&-6\\3&2&16&-3\\1&1&1&1\end{vmatrix}=\begin{vmatrix}2&1&9\\14&1&6\\2&16&3\end{vmatrix}-\begin{vmatrix}12&1&9\\3&1&6\\3&16&3\end{vmatrix}+$$

$$\begin{vmatrix}12&2&-9\\3&14&-6\\3&2&-3\end{vmatrix}-\begin{vmatrix}12&2&1\\3&14&1\\3&2&16\end{vmatrix}=2\times3\times297-3\times3\times78+3\times$$

$2\times3\times3-3\times2\times423=0$。

这就说明矩阵 A 的秩 $r(A)=3$，而 B 的秩显然，$r(B)=3=r(A)<4$。已证 (i) 有解，而是不定方程组。足徵斐波那契的非凡判读能力。对此题的答数用刘徽的《九章·方程》第13题注的话来诠释，最为恰当了，"举率以言之。"

商人拾包

"三商人相遇，见一钱包掉在路上。甲说：'如我获得，我的财富是你二人和的2倍。'乙说：'如我获得，我的财富是你二人和的3倍。'丙说：'如我获得，我的财富是你二人和的5倍。'问：钱包中有多少钱？三商人各有多少钱？

答数：钱包，15；甲、乙、丙分别有1，3，5。"[①] (L14.343)

我们如设钱包中有 u 个钱，甲、乙、丙分别有 x，y，z 个钱，本题是要解不定方程

$$\begin{cases}x+u=2(y+z),\\y+u=3(z+x),\\z+u=5(x+y)。\end{cases}$$

《计》此题引自印度摩诃维罗文集第6章第233节。

四人买船

《计》第一二章有题："甲，乙，丙，丁，戊五人想一起买一条

① 这仅是问题的一组特解.

船。五个人中任选四人，把所有的某一部分给第五人，他刚好够买这条船。规定甲要求另外四人给所有的$\frac{13}{15}$，乙要求另外四人给所有的$\frac{461}{488}$，丙，丁，戊分别要求他的同伴给所有的$\frac{799}{957}$，$\frac{341}{420}$，$\frac{326}{405}$。问：这条船值多少钱？甲，乙，丙，丁，戊五个人各有多少钱？

答数：船值1 030，五人依次有：甲，3；乙，228；丙，231；丁，348；戊，378。

解法：斐波那契先写了二行。第一行依次写出五个分数，第二行写了对应的另外五个分数：所有分子与第一行相同，而所有分母是第一行分母减去分子的差。这就是：

$$\frac{13}{15},\ \frac{401}{480},\ \frac{799}{957},\ \frac{341}{420},\ \frac{326}{405};$$

$$\frac{13}{2},\ \frac{401}{79},\ \frac{799}{158},\ \frac{341}{79},\ \frac{326}{79}。$$

然后计算第二行分母的最小公分母158。并以此数乘以第一行各分母，又以乘积除以第二行的分母，得1 185，960，957，840，810。它们的和是4 752。总人数减去1，得4。4 752除以4，得商1 188。这是五人所有钱总数。把1 188减去158，得到1 030，就是那条船的价格。至于五个人各有钱数应从下式计算。

甲：$1\ 030-\dfrac{158\times 13}{2}=3$，

乙：$1\ 030-\dfrac{158\times 401}{79}=228$，

丙：$1\ 030-\dfrac{158\times 799}{158}=231$，

丁：$1\ 030-\dfrac{158\times 341}{79}=348$，

戊：$1\ 030-\dfrac{158\times 326}{79}=378$。

我们验算，答数正确无误。例如乙所有228，加上其余四人所有

$3+231+348+378=960$的$\frac{401}{480}$确是船价1 030。

斐波那契的解法奇突，虽经仔细推敲，仍有不知所云之感。殊不料在《计》此题之后他还为问题的一般提法作出全面讨论，他的巧思令人折服。他的表述相当于说：(L12.249)

如有t个人依次有x_1，x_2，…，x_t个钱，想买一条船。在其中任选一人，他有x_i个钱，把其余$t-1$个人所有钱数$x_1, x_2, \cdots, x_{i-1}$，$x_i$，$x_{i+1}$，…，$x_t$和的$\frac{m_i}{n_i}$给他，刚好够买这条船。问：这条船值多少钱？$t$个人各有多少钱？

设船价为p，t个人共有钱$s=\sum_{i=1}^{t} x_i$，

那么据题意

$$p=x_i+\frac{m_i}{n_i}(s-x_i),\ (m_i<n_i)$$

于是 $$x_i=s+(p-s)\frac{n_i}{n_i-m_i},\quad (i=1,2,\cdots,t)\qquad \text{(i)}$$

那么

$$\sum_{i=1}^{t} x_i=s=st+(p-s)\sum_{i=1}^{t}\frac{n_i}{n_i-m_i},$$

$$(t-1)s=(s-p)\sum_{i=1}^{t}\frac{n_i}{n_i-m_i},\qquad \text{(ii)}$$

其中t，n_i，m_i为题给，s，p为未知数，因此(ii)为不定方程。斐波那契明智地选择$s-p$是最小公倍数：$\{n_1-m_1, n_2-m_2, \cdots, n_t-m_t\}$于是(ii)右端成为已给正整数：

$$s=\frac{(s-p)\sum_{i=1}^{t}\frac{n_i}{n_i-m_i}}{t-1}。$$

而所求船价

$$p=s-(s-p),$$

又从方程（i）得到所求各人有钱数：

$$x_i=s+(p-s)\frac{n_i}{n_i-m_i}。$$

同余式组

《计》有多处论述同余式组。

其一："设计一个数，除以3，除以5，也除以7，问：每次除法各剩余多少？对于除以3所剩余的每个单位1，要记住70；对于除以5所剩余的每个单位1，要记住21；对于除以7所剩余的每个单位1，要记住15。这样的数如大于105，则减去105，其剩余就是所设计的数。例如：设一数除以3余2，记住70的2倍或140，其中减去105，则剩余35。若除以5余3，记住21的3倍或63，与上述35相加得98。若除以7余4，记住15的4倍或60，与上述98相加则得158，减去105，其剩余是53。这就是所设计的数。"(L12.301)

其二："按照上面的法则，让一人思考一个数。当它除以3，除以7，除以9时如果所得到的剩余对于除以5所剩余的单位1，记住126；对于除以7所剩余的单位1，记住225；对于除以9所剩余的单位1，记住280。如此计算，它们的和太大，可相继减去315。最后剩余的就是所想思考的那个数。"(L12.304)

第一个问题相当于要解同余式组

$$x\equiv 2\pmod 3\equiv 3\pmod 5\equiv 1\pmod 7。$$

按秦九韶大衍总数术的解法，先解三个独立的同余式

$$5\times 7F_1\equiv 1\pmod 3。$$

$$3\times 7F_2\equiv 1\pmod 5。$$

$$3\times 5F_3\equiv 1\pmod 7。$$

解得$F_1=2$，$F_2=1$，$F_3=1$，而相应余数依次是r_1，r_2，r_3。

那么所求

$$x\equiv 35F_1r_1+21F_2r_2+15F_3r_3=70r_1+21r_2+15r_3,$$

于是 $x\equiv 70\times 2+21\times 3+15\times 4\equiv 53 \pmod{105}$。

类似地，第二道题要解同余式组

$x\equiv r_1 \pmod 5 \equiv r_2 \pmod 7 \equiv r_3 \pmod 9$。

斐波那契算出同余式 $7\times 9F_1\equiv 1 \pmod 5$，
$5\times 9F_2\equiv 1 \pmod 7$，$5\times 7F_3\equiv 1 \pmod 9$ 的解

$F_1=2$，$F_2=5$，$F_3=8$。因此所求

$x\equiv 7\times 9\times 2r_1+5\times 9\times 5r_2+5\times 7\times 8r_3$

$\equiv 126r_1+225r_2+280r_3 \pmod{315}$。

其三：《计》第一二章散见各处有不少同余组题：相当于说：要解 $x\equiv 1 \pmod 2 \equiv 1 \pmod 3 \equiv 1 \pmod 4 \equiv 1 \pmod 5 \equiv 1 \pmod 6 \equiv 0 \pmod 7$；$x\equiv 1 \pmod n \equiv 0 \pmod{11}$ $(n=2, 3, \cdots, 10)$；$x\equiv 1 \pmod n \equiv 0 \pmod{23}$ $(n=2, 3, \cdots, 22)$；$x\equiv 1 \pmod 2 \equiv 2 \pmod 3 \equiv 3 \pmod 4 \equiv 4 \pmod 5$；$x\equiv 1 \pmod 2 \equiv 2 \pmod 3 \equiv 3 \pmod 4 \equiv 4 \pmod 5 \equiv 5 \pmod 6 \equiv 6 \pmod 7 \equiv 7 \pmod 8 \equiv 8 \pmod 9 \equiv 9 \pmod{10} \equiv 0 \pmod{11}$（L12.231，12.281～282）。

五、数列

《计》第一二章一开始就论等差数列及平方和数列（L12.166～168），末尾又有等比数列求和问题。（L12.311～312）[①] 在数学史上最负盛名的数列——斐波那契数列就载本章中间，原著说：

“兔子问题。一年内一对兔子可以繁衍到多少对？某人有一对兔子，养殖在某地完全封闭的围墙内。我们希望知道在一年内能繁衍到多少对？如果事情是这样：每对兔子每月生一对小兔子，而小兔子出生后，第二个月就能生育。设第一对兔子在第1个月生了1对，兔数加倍，一个月内有2对。在这［2］对中，第一对在第

① 见本《大系》卷2，p. 451

月序	对
	1
1	2
2	3
3	5
4	8
5	13
6	21
7	34
8	55
9	89
10	144
11	233
12	377

2个月又生了1对。所以在第2个月有3对。此后一个月内有2对兔子怀孕，所以在第3月内有2对兔子出生，此月有5对兔子。此后在同一月内有3对怀孕，所以在第4月内有8对，其中5对将生5对小兔子。加上原来8对，在第5个月内有13对。其中5对［在同一个月内出生的］在这月内不能怀孕，而其余8对怀孕。因此在第6个月内有21对。当我们把第7个月出生的13对加上，就得到这个月有34对……［如此等等，55，89，144，233，377］……最后有377对。这是说第1对在某地一年中繁衍的兔子对数。你可以看到在右边我们写的那样：首数与第2个数合并，因此1与2，第2与第3个，第3与第4个……。最后我们合并第10与第11个，即144与233，我们就得到上面所讲的兔子377对。对照此法，此例你可以获得直到无穷多个月的［兔子对数］

(L12.280～284)，图版6.1.19为原著书影)

此数列直至19世纪下半叶才被法国学者F. É. A. Lucas (1842—1891) 命名：$\{u_n\}$：1，1，2，3，5，…，u_{n-2}，u_{n-1}，$u_n=u_{n-2}+u_{n-1}$，……称为斐波那契数列，经人们不断研究，特别是近半个世纪来的探索，数列$\{u_n\}$性质千姿百态，已深入到数学各个分支。在美国有《The Fibonacci Quarterley》（《斐波那契季刊》），已刊载有关论文数以千百计①。表6.1.5已列出它的序号及其相应项值。

① S.，pp. 1065～1088

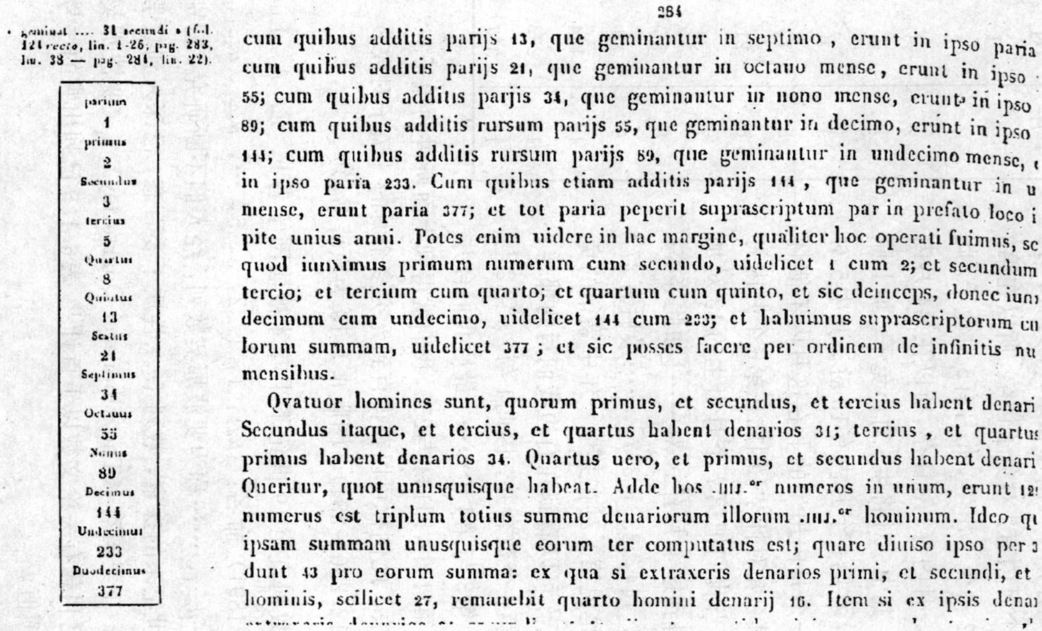

284

• geminat .... 31 secundi • (f.l. 121 recto, lin. 1-26; pag. 283, lin. 38 — pag. 284, lin. 22).

parium
1
primus
2
Secundus
3
tercius
5
Quartus
8
Quintus
13
Sextus
21
Septimus
34
Octauus
55
Nonus
89
Decimus
144
Undecimus
233
Duodecimus
377

cum quibus additis parijs 13, que geminantur in septimo, erunt in ipso paria cum quibus additis parijs 21, que geminantur in octauo mense, erunt in ipso 55; cum quibus additis parjis 34, que geminantur in nono mense, erunt in ipso 89; cum quibus additis rursum parijs 55, que geminantur in decimo, erunt in ipso 144; cum quibus additis rursum parijs 89, que geminantur in undecimo mense, (in ipso paria 233. Cum quibus etiam additis parijs 144, que geminantur in u mense, erunt paria 377; et tot paria peperit suprascriptum par in prefato loco i pite unius anni. Potes enim uidere in hac margine, qualiter hoc operati fuimus, sc quod iunximus primum numerum cum secundo, uidelicet 1 cum 2; et secundum tercio; et tercium cum quarto; et quartum cum quinto, et sic deinceps, donec iun decimum cum undecimo, uidelicet 144 cum 233; et habuimus suprascriptorum cu lorum summam, uidelicet 377; et sic posses facere per ordinem de infinitis nu mensibus.

Qvatuor homines sunt, quorum primus, et secundus, et tercius habent denari Secundus itaque, et tercius, et quartus habent denarios 31; tercius, et quartus primus habent denarios 34. Quartus uero, et primus, et secundus habent denari Queritur, quot unusquisque habeat. Adde hos .IIII.or numeros in unum, erunt 12 numerus est triplum totius summe denariorum illorum .IIII.or hominum. Ideo q ipsam summam unusquisque eorum ter computatus est; quare diuiso ipso per 3 dunt 43 pro eorum summa: ex qua si extraxeris denarios primi, et secundi, et hominis, scilicet 27, remanebit quarto homini denarij 16. Item si ex ipsis dena

图版 6.1.19

清代学者方中通（1633—1698）《数度衍》[1] 共二十三卷，其卷八有“半倍加求积法”。他说：“加一倍又二之一者，即半倍加。”有例题云：“自四起，半倍加至四十五、十六分之九。问：总积几何?”$\left(答数 128\dfrac{11}{16}\right)$此题为等比数列

$$4,6,9,13\frac{1}{2},20\frac{1}{4},30\frac{3}{8},45\frac{45}{80}。$$

求和，并无特异之处。如果我们来检视 $\{u_n\}$ 中后一项比前一项比值的发展趋势。

表 6.1.5

序号	1	2	3	4	5
u_n	1	1	2	3	5
序号	6	7	8	9	10
u_n	8	13	21	34	55
序号	11	12	13	14	15
u_n	89	144	233	377	610
序号	16	17	18	19	20
u_n	987	1 597	2 584	4 181	6 765
序号	21	22	23	24	25
u_n	10 946	17 711	28 657	46 368	75 025
序号	26	27	28	29	30
u_n	121 393	196 418	317 811	514 229	832 040
序号	31	32	33	34	35
u_n	1 346 269	2 178 309	3 524 578	5 702 887	9 227 465

① 本《大系》卷7，pp. 137～135

例如　$\frac{u_{35}}{u_{34}}=\frac{9\ 227\ 466}{5\ 702\ 887}\approx 1.618\ 034\ 1$，

$\frac{u_{29}}{u_{28}}=\frac{514\ 229}{317\ 818}\approx 1.617\ 998\ 3$，

$\frac{u_{25}}{u_{24}}=\frac{75\ 025}{46\ 368}\approx 1.618\ 033\ 9$。

即使 n 相当小时

$$\frac{u_{10}}{u_9}=\frac{55}{34}\approx 1.617\ 647,$$

$$\frac{u_9}{u_8}=\frac{34}{21}\approx 1.619\ 047\ 6。$$

所以在方中通"半倍加"数列意义下，Fibonacci 数列又可以称为"几乎是0.618 倍加数列。"

六、几何

斐波那契有关几何学的工作散见他的各部数学专著中。

在《几何实践》中借助于勾股定理解类似于印度荷花、折竹等问题。他借助于象限仪（图6.1.20)作各种间接测量。他取圆周率$\frac{1\ 440}{458\frac{4}{9}}<\pi<\frac{1\ 440}{458\frac{1}{5}}$，

$$\pi=\frac{1\ 440}{458\frac{1}{3}}=\frac{4\ 320}{1\ 375}=\frac{864}{275}=\frac{3\ 456}{1\ 100}=3.141\ 818\cdots\cdots。$$

在《计》第一四章他运用欧几里得《原本》规则，用尺规作出线段之间四则及开平方运算：

$a\pm\sqrt{b}$，$\sqrt{a}\pm\sqrt{b}$，$\sqrt{a}\cdot\sqrt{b}$，$\sqrt{a}\cdot\sqrt[4]{b}$，$\sqrt[4]{a}\cdot\sqrt[4]{b}$，$\sqrt[4]{a}\pm\sqrt[4]{b}$，$(a+\sqrt{b})(c\pm\sqrt{d})$，$(a+\sqrt[4]{b})(\sqrt{c}\pm\sqrt[4]{d})$，$\frac{a-\sqrt{b}}{\sqrt{c}+\sqrt{d}}$，$\sqrt{a+\sqrt{b}}$，$\frac{a}{b+\sqrt{c}+\sqrt[4]{d}}$。

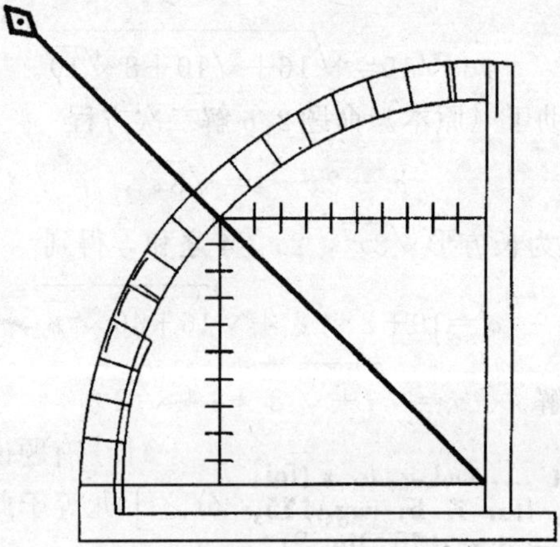

图版 6.1.20

在其中他运用《原本》命题2.4，作平方根运算。例如

$$\sqrt{4+\sqrt{7}}+\sqrt{4-\sqrt{7}}=\sqrt{14},\qquad (*)$$

在图 6.1.8 中他认为$\sqrt{4+\sqrt{7}}$，$\sqrt{4-\sqrt{7}}$分别是正方形 *defi*，*biha* 的边长，那么 $\left(\sqrt{4+\sqrt{7}}+\sqrt{4-\sqrt{7}}\right)^2$ 是

正方形*defi*＋正方形*biha*＋2长方形 *cdib*＝$4+\sqrt{7}+4-\sqrt{7}+2\sqrt{4+\sqrt{7}}\sqrt{4-\sqrt{7}}=8+2\sqrt{(4+\sqrt{7})(4-\sqrt{7})}=8+2\times3=14$。因此原式（＊）左边等于$\sqrt{14}$。这种几何解释至今仍感新鲜，引人入胜。

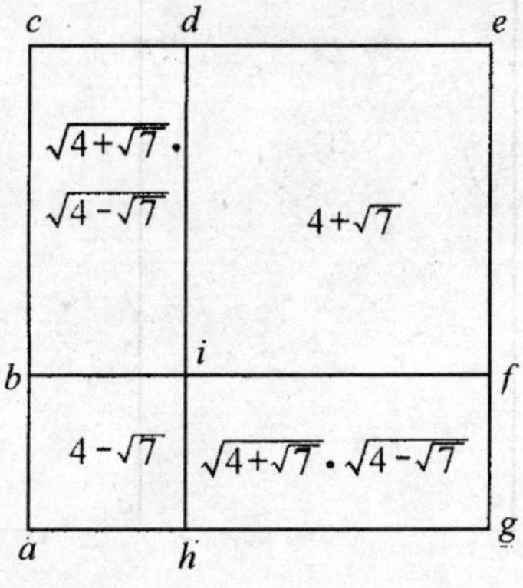

图 6.1.8

他借助于《原本》同一命题，

几何解释：

$$4+\sqrt{10}=\sqrt{16+\sqrt{10}+8\sqrt[4]{10}}。$$

他还借助于《原本》命题 2.6 解二次方程

$$x^2-2x-4=\sqrt{8x^2},$$

把 x^2 视为长方形 $\sqrt{8x^2}$，$2x$，4 之和，得到

$$x^2=10+2\sqrt{8}+\sqrt{16+40\sqrt{8}},$$

最后得解 $x=\sqrt{7+\sqrt{8}}+1+\sqrt{2}$。

《计》有题说：某数的二十分之十九等于此数的平方根，求此数（L12.175）

此题斐波那契先用单假设法解，我们已在本节第二段“算术单假设法”作为第四个例介绍。在此解法之后，他又巧妙地用几何方法作解。（图版 6.1.21）

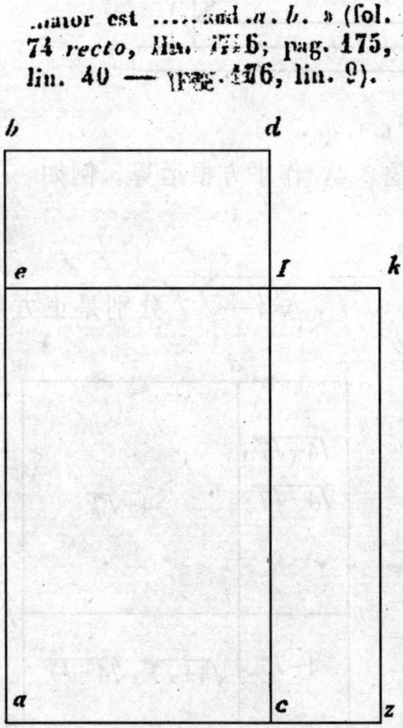

图版 6.1.21

对于解 $\frac{19}{20}x=\sqrt{x}$ 原著说：

“设 ab 是所求线段长，题给 $ae=\frac{19}{20}ab$。为使满足条件，正方形 $aekz$ = 长方形 $abdc$，长方形 $cIkz$ = 长方形 $ebdI$。也就是说 $cI:Id=eI:Ik$，那么 $cI:(cI+Id)=eI:(eI+Ik)$，$cI:cd=eI:ek$。这就是

$ae:ab=1:ek$。

题已给条件$ae:ab=\frac{19}{20}$。

于是$ek=\frac{20}{19}$，而正方形面积$aekz=\left(\frac{20}{19}\right)^2$。”

乍一看，此几何解释使人有不知所云之感。其实，斐波那契是说图中已设线段长为x，又设正方形$aekz=x$，那么据题意其边长为$\sqrt{x}=\frac{20}{19}$。

另一方面又设长方形$abdc$的宽是单位1，于是又据题意建立相等关系。

长方形面积$abdc=\frac{19}{20}x\times1=(\sqrt{x})^2=$正方形面积$aekz$。

在《致Theodorus信》等专著中他提出三个几何代数学问题。

1. 在正方形内作一等边五边形（T. 2. 249,[①]，图版6. 1. 22）

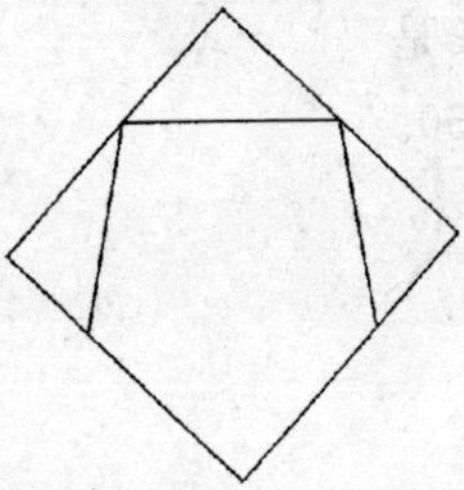

图版 6. 1. 22

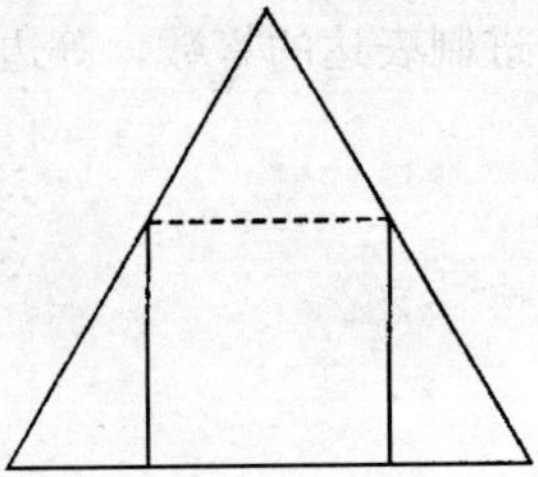

图版 6. 1. 23

2. 在正三角形内作一正方形（G2. 214,[②]，图版6. 1. 23）

3. 在腰为10，底为12的等腰三角形内作一等边五边形（T, 2. 250，图版6. 1. 24）。

---

① T. 2. 249 指《致Theodorus一封信》在第二卷第249页.

② G2. 214 指《实用几何》在第二卷第214页.

最后一问题，斐波那契的解法相当于说：$\triangle abc$ 中，$ab=ac=10$，底 $bc=12$。在腰及底上分别取d,g,f,e四点使$agfed$为等边五边形，并设 $ag=gf=fe=ed=da=x$。又作$di\perp bc$。从相似三角形性质知 $ab:bh=ad:hi$。这就是$10:6=ad:hi$，$hi=\frac{3}{5}x$，又 $ab:ah=bd:di$，$di=\frac{ah\cdot bd}{ab}=8-\frac{4}{5}x$，且$ie=hi-ed=\frac{3}{5}x-\frac{1}{2}x=\frac{x}{10}$。

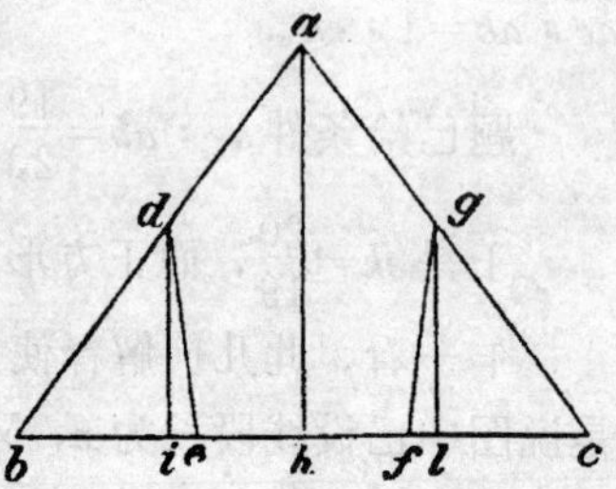

图版 6.1.24

从$\mathrm{Rt}\triangle die$，$de^2=ie^2+di^2$，$x^2=\left(\frac{x}{10}\right)^2+\left(8-\frac{4}{5}x\right)^2$，$\frac{7}{25}x^2+\frac{64}{5}x=64$。斐波那契正确运用花拉子米二次方程求根公式，得到用六十进制表达的答数，等边五边形边长是

$$x=4;27,24,40,50。$$[①]

① 用十进制表示$x=4.585223$.

第二章　文艺复兴

欧洲在14～15世纪由于城市商品经济发展，资本主义生产关系逐渐在封建制度内部形成和壮大。中国造纸、印刷、火药、指南针四大发明从阿拉伯国家中转，传到欧洲后，前二者为文化传播必不可少的工具，后二者为远洋航行、国防、建筑、开发提供重要利器。在生产力进一步发展的同时，自然科学方面有哥白尼、布鲁诺的日心说，伽利略的著名物理学实验。哥伦布、麦哲伦航海亲身经历所证实的地圆说等成就。人类对宇宙的认识达到前所未有的高度。

从公元1400～1600年前后，欧洲这一段历史时期，人们称之为文艺复兴。文艺复兴运动从意大利佛罗仑萨、威尼斯开始，以后遍及欧洲各国，中世纪黑暗时代的禁锢终告解脱。东风浩荡，百花齐放，数学的发展从中世纪极少数传奇式人物的工作，到这个伟大的时代：万紫千红，春满人间。

本章我们选编欧洲文艺复兴有关数学文献，归类整理分四节：算术与数系、代数、几何、趣味数学。

第一节　算术与数系

一、算术

欧洲文艺复兴数学以算术为先行。由于印刷术西传，算术教科书在各国城市出版有如雨后春笋。二十世纪初美国纽约哥伦比亚大学师范学院L. L. Jackson有专著论当时算术教科书的教育意义①。此书所引述从1491～1615算术教科书达五十七种。这些教科书的编写者都具有一定水平，对于当时普及数学知识起到重要作用②。德国特洛夫凯（J. Tropfke，1866—1939）巨著《初等数学史》旨在改进中学数学教学，对于文艺复兴时代算术教科书的具体内容、插图大量引用③，在本《大系》第二卷第四编"《九章算术》与世界著名算题及其解法的比较"曾选介。其中最有影响的版本及其代表作，我们以出版年份先后为序选择以下十四种（表6.2.1）。当时出版物虽然印刷条件困难，但却能做到图文并茂，这里又选刊其封面及有代表意义的算题插图（图版6.2.1，图版6.2.2）以共赏。

表6.2.1

作者	出版地	年份	曾引算题
P. Calandri	Florence	1491	折竹着地
J. K öbel	Oppenheim	1514	三桶计容
A. Ries	Erfurt	1522	货币互换
L. Tonstall	伦敦	1522	城堡失窃
G. Frisius	Antwerp	1540	骡驴问答
F. Ghaligai	Florence	1552	按劳行赏
P. Ramus	巴黎	1555	四渠注池
N. Tartaglia	Venice	1556	嫉妒丈夫
H. Baker	伦敦	1562	妇女数蛋
J. Trenchant	Lyons	1566	开立方图
C. Clavius	罗马	1583	乞丐人数
C. Thierferden	Nuremberg	1587	贞女算题
S. Suevus	Breslau	1593	四人经商
V. C. Ludolf	Leydon	1615	蜗牛在井

① L. L, Jackson, The Educational Significance of Sixteenth Century Arithmetic, Columbia University, NY, 1905.

② 沈康身，九章算术导读·引论. 15～16世纪欧洲数学，pp. 34～37 湖北教育出版社，1997.

③ J. Tropfke, Gesichte der Elementar mathematik 继1939年初版后，至1980年出增订第四版.

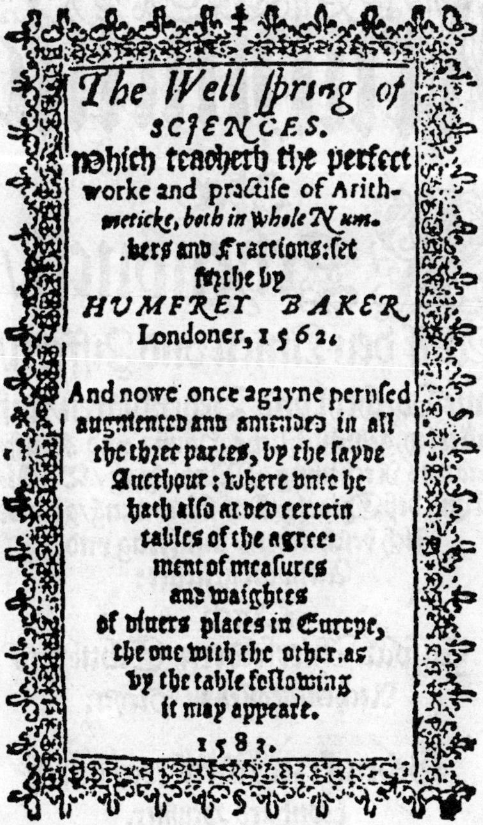

The Well ſpring of
SCIENCES.
Which teacheth the perfect
worke and practiſe of Arith-
meticke, both in whole Num-
bers and Fractions: ſet
forthe by
HUMFREY BAKER
Londoner, 1562.

And nowe once agayne peruſed
augmented and amended in all
the three partes, by the ſayde
Aucthour: where vnto he
hath alſo added certein
tables of the agree-
ment of meaſures
and waightes
of diuers places in Europe,
the one with the other, as
by the table following
it may appeare.
1583.

图版 6.2.1 之一

Arithmetica
Oder
Rechenbuch/
Auff den Linien vnd Ziffern/
mit Vortheyl vnd Behendigkeit/auf
allerley gebräuchliche Hauß/ vnd Kauff-
manns Rechnung/Müntzschlag/Beschi-
ckung deß Thigels/Kunstrechnung/gründ-
lich beschrieben/inn Frag vnd
Antwort gestellet:
Durch
Caspar Thierfeldern/Schul vnd
Rechenmeyster zu Steyer.

Gedruckt zu Nürnberg/durch
Leonhard Heußler.
M. D. LXXXVII.

图版6.2.1之二

ARITHME-
TICAE PRACTI-
CAE METHODVS FACILIS,
per Gemmam. Frisium Medi-
cum ac Mathematicum.

VITEBERGAE, M. D. XLII.

图版6.2.1之三

ARITHMETICAE
PRACTICAE METHODVS FA
CILIS PER GEMMAM FRISIVM
Medicum ac Mathematicum.

PARISIIS,
Apud Ioannem Lodoicum Tiletanum, ex aduerso Collegij Remensis.
1543

图版6.2.1之四

Vom verkerten fragen.

tag zu marck kauffet einē Narren voll Hering/ nemlich 180. darumb gibt er 18. alb. Ist die frag/ wie viel Hering hat er für 1. alb. Machs wie obstehet/ so kompt dir gerad 10. So vil Hering hat er für ein alb. kaufft.

Verkerte Frag.

So dir aber ein verkerte Frag fürkäme/ so solt du auch die zal derselben fragen/ auff die Regel de Tri verkert/ ordnen vnnd schreiben.

Zu eim Exempel.

Einer sprech/ er hett 6. eln Tuch vmb 24. alb. kaufft/ wie viel eln er kauffen möcht vmb 48. alb. In diser vñ dergleichen fragen/ must du die zweyt zal/ die inn die mitte gehört/ vor setzen/ vnd also gedencken/ ordnen vnd schreiben/ 24. geben mir 6. was geben mir 48. Vnd machs als dann nach der Regel/ so erferestu/ daß 12. Eln 48. alb. (das ist ein gulden vnd 12. alb.) vnd ein Ele 4. alb. kost.

Hierauff

图版 6. 2. 2 之一

Adam Risen.

Vihekauff.

Item/einer hat 100. fl. dafür wil er 100. haupt Vihes kauffen / nemlich / Ochsen/ Schwein/Kälber/ vnd Geissen/ kost ein Ochs 4 fl. ein Schwein anderthalben fl. ein Kalb einen halben fl. vnd ein Geiß ein ort von einem fl. wie viel sol er jeglicher haben für die 100. fl?

Abbildung 120. „Zechenaufgabe“ [Ries 3; 71^r].

图版 6. 2. 2 之二

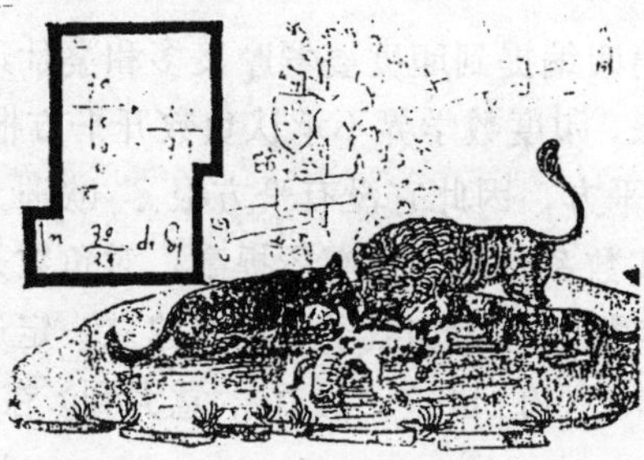

图版 6.2.2 之三

图版 6.2.2 之四

二、数系

我们已在第四编提到印度婆罗摩笈多和婆什迦罗先后明确指出负数开方现象，印度数学界不承认负数开平方根是数，理由是："负数不是数的平方，因此它没有平方根。"欧洲文艺复兴时代对数系的认识在实数系基础上已有所提高：对负数开平方根从无意义到允许它像实数一样参加数学运算并建立一定运算法则。

L. Paccioli（（约1445—约1517，意大利）在专著《算术、几何、比例集成》中说："$x^2+c=bx$ 没有解，除非$\frac{1}{4}b^2 \geqslant c^2$。"在此，他已明确认识$\sqrt{-a}$无实数根。同一时期N. Chuquet（约1445—约1500，法国）在其《算术三编》中也指出二次方程$4+x^2=3x$的根$x=\frac{3}{2}\pm\sqrt{2\frac{1}{4}-4}$是没有意义的。G. Cardano（1501—1576，意大利）在其《大术》（1544）中首次计算负数的平方根。问题是："把10分成两份，二者乘积是40"。这就是解$x(10-x)=40$，$x^2-10x+40=0$。他求出二根：$5+\sqrt{-15}$，$5-\sqrt{-15}$。经过还原，说明答案是正确的。虽然他仍认为负数的平方根是虚构的、超诡辩的量，但是他毕竟首先承认它仍是数，把它引进到数系中，允许它作为某些方程的根，允许它参加某些数学运算，而不把它拒之以数学大门之外。特别是以他的姓氏命名的Cadano三次方程求根公式。某些三次方程的实数根竟可以用含负数平方根的代数式表示。例如$x^3=15x+4$的三个实数根：$x=4$，$-2\pm\sqrt{3}$就是用含负数平方根的代数式表示：$\sqrt[3]{2+\sqrt{-121}}$，$\sqrt[3]{2+\sqrt{-121}}$。

R. Bombell：（约1528—约1571，意大利）也在解三次方程时遇到负数的平方根。是他第一次建立起$a+b\sqrt{-1}$（a，b是实数）的运算法则。众信这是复数理论的起点。

第二节　代　数

一、二项式（*n*次）展开的系数表

这张西方称为Pascal三角形，我们称为贾宪三角形的二项式（*n*次）展开系数表，其实远在B. Pascal（1623—1662，法国）之前，特别在文艺复兴时欧洲数学专著早已发表过。我们按发表年代先后为序选载五例。

J. de Nemore（法国）手抄本《算术》（约1220）$n=10$（图版6.2.3）。P. Apianus（1495—1552，德国）《实用算术》（1527），$n=9$，（图版6.2.4）。M. Stifel（约1487—1567，德国）《整数算术》（1544年），$n=16$（图版6.2.5）。N. Tartaglia（1499—1557）《数的度量》（1556），$n=12$（图版6.2.6），G. Cardano（在1570）专著中$n=11$的系数表（图版6.2.7）。都在B. Pascal论文《论算术三角形》插图（图版6.2.8）出刊之前。

图版6.2.3

Eyn Newe
Vnnd wolgegründte
vnderweysung aller Kauffmans Rech
nung in dreyen büchern mit schönen Re
geln vñ fragstucken begriffen. Sunder
lich was souil vnnd behendigkait in der
Welschē Practica vñ Tolletn gebraucht
wirdt / des gleychen furmals weder in
Teutscher noch in Welscher sprach nie
gedruckt. durch Petrum Apianū
von Leysnick / d Astronomei
zü Ingolstat Ordina
riū / verfertiget.

图版6.2.4

Der Ander theyl

1							
2							
3	3						
4	6						
5	10	10					
6	15	20					
7	21	35	35				
8	28	56	70				
9	36	84	126	126			
10	45	120	210	252			
11	55	156	330	462	462		
12	66	220	495	792	924		
13	78	286	715	1287	1716	1716	
14	91	364	1001	2002	3003	3432	
15	105	455	1365	3003	5005	6435	6435
16	120	560	1820	4368	8008	11440	12870

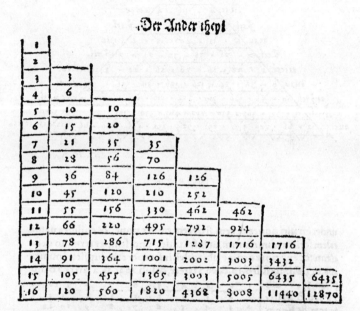

Es kan aber ein fleissiger Leser/diser tafel brauch leichtlich sehen/aus den gesetzten satzungen der puncten/ Item auch wie sich die zalen der tafel aus einander finden / wer sich aber selbs nicht kan drauß verrichten/mag jm solliche zeygen lassen/ wie ich denn gnugsam dauon geschriben hab in meiner Latinischen Arithmetica.

图版 6.2.5

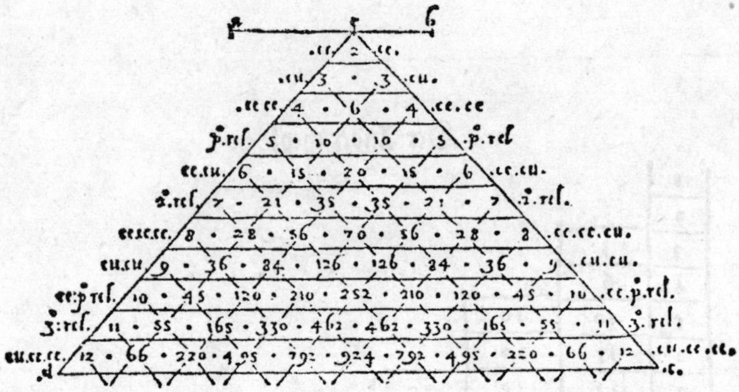

图版 6.2.6

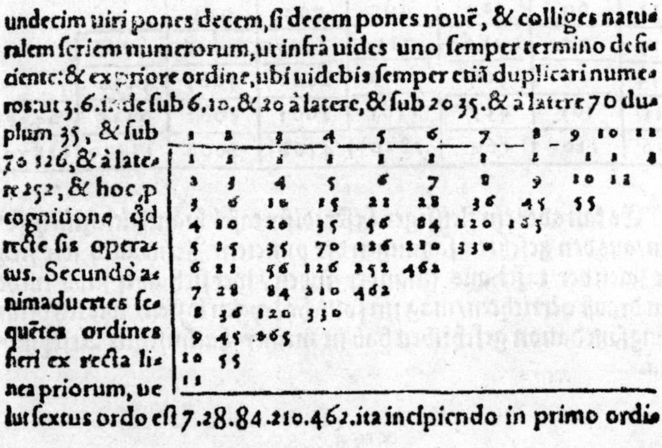

undecim uiri pones decem, si decem pones nouē, & colliges natu-
ralem seriem numerorum, ut infrà uides uno semper termino defi-
ciente: & ex priore ordine, ubi uidebis semper etiā duplicari nume-
ros: ut 3.6.inde sub 6.10.& 20 à latere, & sub 20 35.& à latere 70 du-
plum 35, & sub 70 126, & à latere 252, & hoc p cognitione q̄d recte sis operatus. Secundò animaduertes sequētes ordines fieri ex recta linea priorum, uelut sextus ordo est 7.28.84.210.462.ita incipiendo in primo ordi-

1	2	3	4	5	6	7	8	9	10	11
1	1	1	1	1	1	1	1	1	1	1
2	3	4	5	6	7	8	9	10	11	
3	6	10	15	21	28	36	45	55		
4	10	20	35	56	84	120	165			
5	15	35	70	126	210	330				
6	21	56	126	252	462					
7	28	84	210	462						
8	36	120	330							
9	45	165								
10	55									
11										

图版 6.2.7

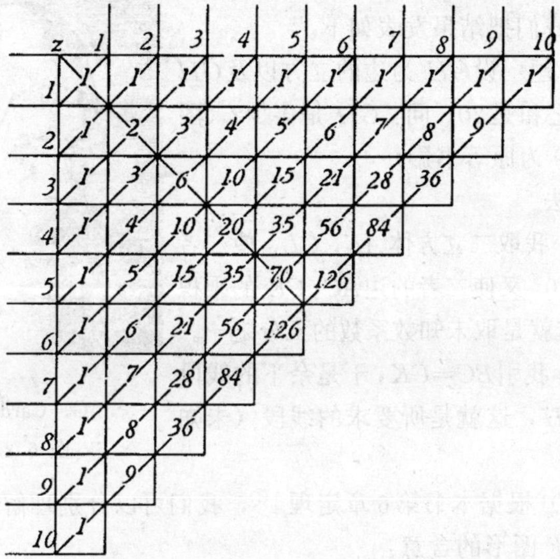

图版6.2.8

二、三次方程求根公式

阿拉伯al-Khowarizmi（约783—约850）《代数》用几何方法分别讨论正系数二次方程求根公式，对欧洲文艺复兴时期三次、四次方程求根公式的发明有重要启迪作用。

Cardano 求根公式①

G. Cardano（1501—1576，意大利）在其《大术》（1545年）第一一章说："大约在三十年前Bologna 的Ferro 有下面的解法，并传授给威尼斯的A. M. Florido。后者曾和Brecia 的N. Tartaglia 作数学竞赛。N. Tartaglia 宣称他也发现过这种解法。在我的恳求下，他把解法告诉我们，但匿去证明。借助于此，我们

① 在译文中我们加注了分段号．译自．St.．pp. 62～69.

获得证明。虽然是在异常艰难情况下完成的。我们把结果发表如下。”

G. Cardano

图 6.2.1

“问题　设 GH 为边的立方以及 GH 的 6 倍之和是 20。问：GH 是多少？（图版 6.2.9 为原著书影）

解法

(i) 我取二立方体 AE，CL，使二者之差是 20，又使二者的边 AC，CK 的乘积是 2。这就是取未知数系数的三分之一。

(ii) 我引 $BC=CK$，于是余下的线段 $AB=GH$，这就是所要求的线段（未知数）。

(iii) 根据本书第 6 章定理 1①，我们可以分别理解 DA，DC，DE，DF 图形的含意：

DA：$3BC\cdot AB^2$，DC：BC^3，

DE：$3AB\cdot BC^2$，DF：AB^3。

(iv) $3AC\cdot AB\cdot CK$ 意味着 $6AB$。因此 AB，BC，AC 的乘积的 3 倍是 $6AB$。

(v) 从题设知：AC^3，CK^3（即 BC^3）的差是 20，这个差就是立体 DA，DE 及 DF 之和。因此这三种立体的和也是 20。

(vi) 但是 AB^3 等于 AC^3 加上 $3\cdot AC\cdot BC^2$，减去 BC^3，减去 $3BC\cdot AC^2$。

(vii) $3BC\cdot AC^2$，$3AC\cdot BC^2$ 之差等于 $3AB\cdot BC\cdot AC=6AB$。

(viii) 这就是说，$3AC\cdot BC^2$ 减去 $3BC\cdot AC^2$，加上 $6AB$ 等于 0。

① 定理是说 $a=u+v$，$a^3=u^3+v^3+3(u^2v+uv^2)$.

HIERONYMI CARDANI

relinquitur prima 6 m: ℞ $30\frac{6}{7}$, hæ autem quantitates proportional
sint, & quadratum secundæ est æquale duplo producti secundæ
primam, cum quadruplo primæ, ut proponebatur.

De cubo & rebus æqualibus numero. Cap. XI.

SCipio Ferreus Bononiensis iam annis ab hinc triginta f
me capitulum hoc inuenit, tradidit uero Anthonio Ma
riæ Florido Veneto, qui cū in certamen cū Nicolao Tar
talea Brixellense aliquando uenisset, occasionem dedit, u
Nicolaus inuenerit & ipse, qui cum nobis rogantibus tradidisset, su
pressa demonstratione, freti hoc auxilio, demonstrationem quæsiui
mus, eamq; in modos, quod difficillimum fuit, redactam sic subiec
mus.

DEMONSTRATIO.

Sit igitur exempli causa cubus G H & sexcuplum lateris G H æqua
le 20, & ponam duos cubos A E & C L, quorum differentia sit 20, ita
quod productum A C lateris, in C K latus,
sit 2, tertia scilicet numeri rerum pars, &
abscindam C B, æqualem C K, dico, quod si
ita fuerit, lineam A B residuum, esse æqua-
lem G H, & ideo rei æstimationem, nam de
G H iam supponebatur, quod ita esset, per-
ficiam igitur per modum primi suppositi
6^{ti} capituli huius libri, corpora D A, D C, D E
D F, ut per D C intelligamus cubum B C, per

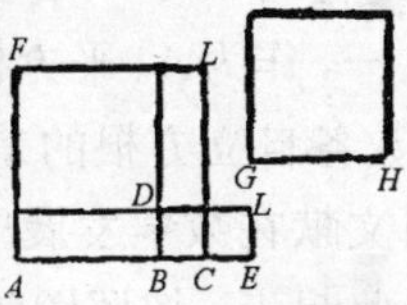

D F cubum A E, per D A triplum C B in quadratum A B, per D E triplum
A B in quadratū B C. quia igitur ex A C in C K fit 2, ex A C in C K ter fiet
6 numerus rerum, igitur ex A B in triplum A C in C K fiunt 6 res A B,
seu sexcuplum A B, quare triplum producti ex A B, B C, A C, est sexcu-
plum A B, at uero differentia cubi A C, à cubo C K, & existenti à cubo
B C ei æq̃le ex supposito, est 20, & ex supposito primo 6^{ti} capituli, est
aggregatum corporum D A, D E, D F, tria igitur hæc corpora sunt 20,
posita uero B C m: cubus A B, æqualis est cubo A C, & triplo A C in qua
dratum C B, & cubo B C m: & triplo B C in quadratum A C m: per de-
monstrata illic, differentia autem tripli B C in quadratum A C, à triplo
A C in quadratum B C est productum A B, B C, A C, quare cum hoc, ut de
monstratum est, æquale sit sexcuplo A B, igitur addito sexcuplo A B,
ad id quod fit ex A C in quadratum B C ter, fiet triplum B C in quadra-
tum A C, cum igitur B C sit m: iam ostensum est, quod productum C B
in

图版 6.2.9

(ix) AC^3 减去 BC^3 等于 AC^3 加上 $3AC \cdot BC^2$，减去 $3BC \cdot AC^2$，减去 BC^3，加上 $6AB$，等于20。

(x) 这是因为从题设 AC^3，BC^3 之差是20。

(xi) 而 AB^3 等于 AC^3，加上 $3AC \cdot BC^2$，减去 BC^3，减去 $3BC \cdot AC^2$。

(xii) 因此如所周知，AB^3 加上 $6AB$，等于 AC^3 加上 $3AC \cdot BC^2$，减去 $3BC \cdot AC^2$，减去 BC^3，加上 $6AB$，也等于20。

(xiii) 因此 AB^3 与 $6AB$ 等于20，而 GH^3 与 $6GH$ 也等于20。

(xiv) 但是 AC，BC 或 AC，CK 是二线段，它们所围面积是未知数的系数的三分之一，且二者立方差是方程右边值。我们有以下规则：方程中未知数［系数］的三分之一取立方，加上方程右边值之半取平方。二者求和，开平方。平方根加上方程右边值的二分之一，作为 A。平方根减去方程右边值的二分之一，作为 B。A，B 二数各自立方根的差就是所求方程的根。"

上引文献在数学发展史上是有划时代意义的——高次方程求根公式从此起步。按照图版6.2.9及(iii)段所说，我们补作直观图（图6.2.2）文献中心议题是：假设 $AC^3-CK^3=20$，且 $AC \cdot CK=\frac{6}{3}=2$，其中 $CK=BC$，那么 $GH^3+6GH=20$ 与 $AB^3+6AB=20$ 为同解方程，其中 $AB=AC-CK=AC-BC$。

在(xiv)段中Cardano的文字叙述相当于说，对于一般三次方程 $x^3+px=q$（像al-Khowarizmi一样，p，q 都取正数），

$$(*)$$

他引入线段 $AC=u$，$CK=BC=v$ 使

$$\begin{cases} u^3-v^3=q, \\ uv=\dfrac{p}{3}。\end{cases} \qquad (**)$$

方程(＊＊)已在上文(i)段指出。虽然他举的是数值例子，但却有一般意义。(ii)至(xiii)段他推导出重要命题，相当于说。

$$(u-v)^3+3uv\ (u-v)\ =u^3-v^3。\qquad (***)$$

比较（*），（**）与（**），（***）。我们估计Cardano认为（***）关于$u-v$的解，就是（*）关于x的解。而从（**）得$v=\frac{p}{3u}$，（**）因此可以化为二次方程，于是正像他在（xiv）段指出的法则那样。

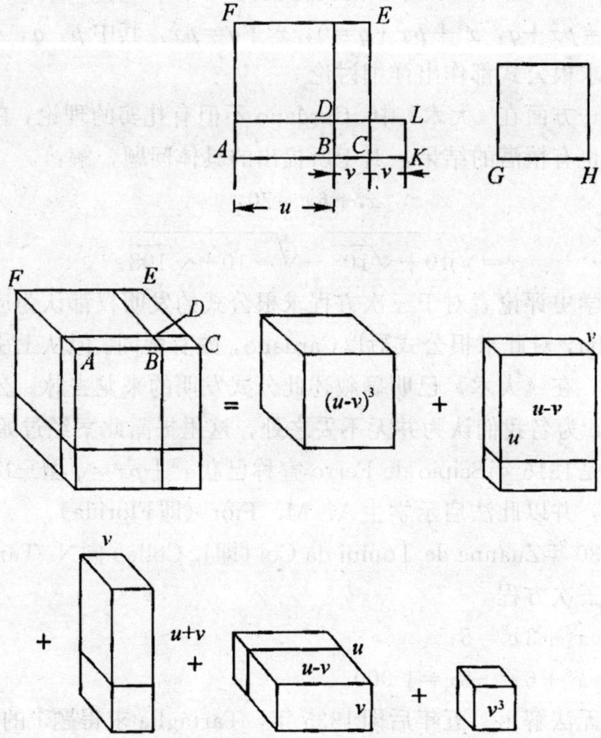

图 6.2.2

$$A=u^3=\frac{q}{2}+\sqrt{\left(\frac{q}{2}\right)^2+\left(\frac{p}{3}\right)^3}，B=v^3=-\frac{q}{2}+\sqrt{\left(\frac{q}{2}\right)^2+\left(\frac{p}{3}\right)^3}。$$

而（＊＊＊）的解就是（＊）的解，因此所求

$$x=u-v=\sqrt[3]{\frac{q}{2}+\sqrt{\left(\frac{q}{2}\right)^2+\left(\frac{p}{3}\right)^3}}-\sqrt[3]{-\frac{q}{2}+\sqrt{\left(\frac{q}{2}\right)^2+\left(\frac{p}{3}\right)^3}}。$$

Cardano 还对三次方程的其他情况

$x^3=px+q$，$x^3+px+q=0$，$x^3+q=px$，其中 p，q，r 都是正数，求根公式都作出详细讨论

另一方面在《大术》中，Cardano 不但有扎实的理论，在数值计算上也有精湛的结果，对于所提出的具体问题，解：

$$x^3+6x=20,$$

他获知 $$x=\sqrt[3]{10+\sqrt{108}}-\sqrt[3]{-10+\sqrt{108}}。$$①

数学史评论者对于三次方程求根公式的发明权都认为应属于 Tartaglia，对此求根公式冠以Cardano，颇有微词。但从上引原始文献看，在《大术》已明确叙述此公式发明的来龙去脉。公式以 Cardano 为名我们认为并无不妥之处，这里揭露此案经过始末②。

先是1515 年Scipio de Ferro 宣称已获$x^3+px=q$ 型三次方程的解法，并以此法启示学生A. M. Fior（即Florida）。

1530 年Zuanne de Tonini da Coi（即J. Colla）向N. Tartaglia 提出两三次方程

1. $x^3+3x^2=5$；

2. $x^3+6x^2+8x=1\ 000$。

他声称无法解出。五年后即1535 年，Tartaglia 求得题1 的根是

① $x=4$ 是方程惟一实数根.

② 据Sm. vol. 2，pp. 459～462

$$x=\sqrt[3]{\frac{1}{2}\ (3+\sqrt{5}\ )}+\sqrt[3]{\frac{1}{2}\ (3-\sqrt{5}\ )}-1=1.103\ 803\ 40,$$

题2的根是

$$x=\sqrt[3]{500+\sqrt{250\ 000-\frac{64}{27}}}+\sqrt[3]{500-\sqrt{250\ 000-\frac{64}{27}}}=8.133\ 325\ 5。$$

他还宣称他已获一般三次方程的求根公式。

同年Florida与Tartaglia相约在米兰大教堂对口比赛，解对方命题。Tartaglia所掌握的解法优于Florida，因此大获全胜。在译写古希腊欧几里得、阿基米德数学经典正繁忙当口，Tartaglia打算译事毕后，再著述含三次方程求根公式在内的代数学专著，对于所有创见，严守秘密。

正如Cardano在《大术》坦言："在我的恳求下，他把解法告诉我们，但匿去证明。"后人发现Tartaglia所示"解法"为九行拉丁文隐秘诗句。（图版6.2.10）据意，可拼凑成数学表达式

Quando chel cubo con le cose appresso
　Se aggualia à qualche numero discreto
　Trouan dui altri differenti in esso.
Dapoi terrai questo per consueto
　Che 'l lor produtto sempre sia eguale
　Al terzo cubo delle cose neto,
El residuo poi suo generale
　Delli lor lati cubi ben sostratti
　Varra la tua cosa principale.

图版6.2.10

$$x^3+px=q, \qquad (*)$$

$$u-v=q,$$

$$uv=\left(\frac{p}{3}\right)^3,$$

$$x=\sqrt[3]{u}-\sqrt[3]{v}。$$

易于验证：$\sqrt[3]{u}-\sqrt[3]{v}$ 确是三次方程（*）的解。在此匿去证明、谜样的辞句中，“在异常艰难情况下”获得证明，人们把此结果誉为Cardano 求根公式，心情是可以理解的。但是我们还应实事求是地应让Tartaglia 分享发明权。

N. Tartaglia

图 6.2.3

Cardano 三次方程求根公式对后世的影响是深刻的，直至本世纪上半叶在美国畅销的中学教科书 H. B. Fine（1858—1928）著《A College Algebra》，我国有多种汉译本：《范氏大代数》，也广为流传。其中第三十章三次方程解法，几乎完全因袭于此公式。

三、四次方程求根公式

J. Colla 在1540 年与Cardano 通信，信中提出有关三数成连比例的题，他认为此题不可能有解。Cardano 虽然自己也解不出，但他否定Colla 的结论，他把此题交给学生L. Ferrari（1522—1565，意大利）。老师解不出，但青出于蓝而胜于蓝，Ferrari 获得成功的解法。

问题 把10 分成三部分，使成连比例。又已知三项中，前面二项乘职是6。(J. Colla)

Ferrari 解法 取三项的比例中项为 x，则第一项是 $\frac{6}{x}$，而第

三项是$\frac{x^3}{6}$①。由于三项的和是10，把三项都乘以$6x$，就得方程

$$x^4+6x^2+36=60x,$$

在方程两边各加$6x^2$，就化为

$$x^4+12x^2+36=(x^2+6)^2=6x^2+60x。\qquad (*)$$

如果$6x^2+60x$也是完全平方，问题就迎刃而解。事实却不是这样。必须在方程两边再添加一些项，使两边都是完全平方，从下面法则得到了启发。

法则　对于所有形如$x^4+ax^2+bx+c=0$的四次方程都可以获解。

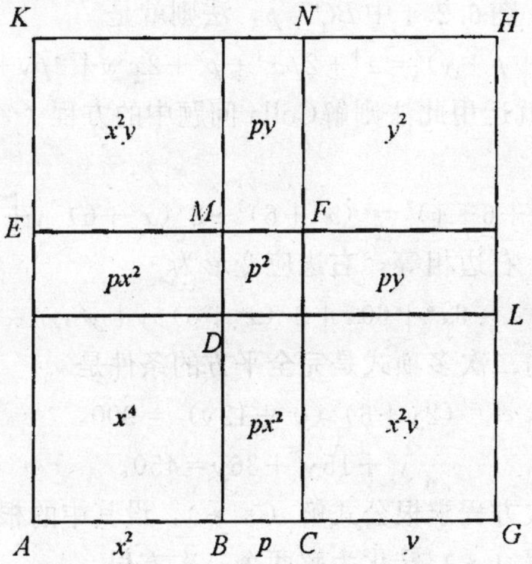

图 6.2.4

证明　图6.2.4正方形AF分为两正方形AD，DF；两长方形DC，DE。再添加一矩尺形KGH，使整个AH仍是一个正方形。矩

① 注意比较Hippcrates（公元前5世纪）关于解立方倍积问题的历史背景.

尺形是由GC，CA为边的长方形的2倍与正方形GC组成。如果取正方形AD作为边长x^2，而长方形CD，DE各取为$3x^2$，那么正方形DF是9，这就是AB取x^2，而BC取3。希望在长方形DC，DE之外再加上某些面积。如果这些面积是长方形CL，KM。为凑成正方形，必须添加矩尺形LNM。其中包括正方形GC以及长方形FL，MN。而它们分别等于边长为GC，CB的长方形，这就是说LNM是$GC\cdot 2CB=6GC$与正方形GC之和，这就是我们的证明。(Cardano《大术》第三九章①)

这是说，法则是用几何方法证明

$$(x^2+3+y)^2=x^4+6x^2+9+2x^2y+6y+y^2,$$

不失一般性，图6.2.4中$BC=p$，法则就是

$$(x^2+p+y)^2=x^4+2px^2+p^2+2x^2y+2py+y^2,$$

Ferrari就运用此法则解Colla问题中的方程（*）：把它的左边变形为

$$(x^2+6+y)^2=(x^2+6)^2+2(x^2+6)y+y^2,$$

为使方程左、右边相等，右边应变形为

$$6x^2+60x+2(x^2+6)y+y^2,$$

而这关于x的二次多项式是完全平方的条件是

$$(2y+6)(y^2+12y)=900,$$

这就是

$$y^3+15y^2+36y=450。\qquad (**)$$

按照三次方程求根公式解（**），设其中的根是$y=y_1$，则解四次方程（*）转化为解两个二次方程

$$(x^2+6+y_1)^2=\sqrt{6x^2+60x+2(x^2+6)y_1+y_1^2},$$

以及 $$(x^2+6+y_1)^2=-\sqrt{6x^2+60x+2(x^2+b)y_1+y_1^2}。$$

虽然Ferrari解的是数值方程，由于其解法有一般意义。史称

① St., pp. 69～72

Ferrari 四次方程解法。

Cardano 的数值计算

Cardano 在其《大术》中不但在理论上记录和保存了Ferrari 的创造发明，而且还细致地作了数值计算，他对三次方程（＊＊）解得一根

$$y_1=\sqrt[3]{287\frac{1}{2}+\sqrt{80\ 449\frac{1}{4}}}+\sqrt[3]{287\frac{1}{2}-\sqrt{80\ 449\frac{1}{4}}}-5。$$

后人发现其答案有误，T. R. Witmer 改正，应为

$$y_1=\sqrt[3]{190+\sqrt{33\ 903}}+\sqrt[3]{190-\sqrt{33\ 903}}-5。$$

Cardano 在其《大术》第三九章还用Ferrari 的解法解另一四次方程

$$x^4+6x^3=6x^2+30x+11。$$

他得出其正根 $x=1+\sqrt{2}$，而其三个负根$1-\sqrt{2}$，$-4\pm\sqrt{5}$全被略去。

Vièta 的工作

F. Vièta（1540—1603，法国）改进Ferrari 的工作，为今日代数教科书采用的解法。当一般四次方程变形为缺x^3 项方程

$$x^4+ax^2+bx+c=0, \qquad \text{(i)}$$

后，在方程两边加减$x^2u+\frac{1}{4}u^2$，使左边成为二平方差，式中u 为常数，于是

$$x^4+ux^2+\frac{1}{4}u^2-ux^2-\frac{1}{4}u^2+ax^2+bx+c=0,$$

此即$\left(x^2+\frac{1}{2}u\right)^2-\left((u-a)\ x^2-bx+\left(\frac{1}{4}u^2-c\right)\right)=0$。 (ii)

为使第二项是完全平方，条件是

$$b^2=4\ (u-a)\ \left(\frac{1}{4}u^2-c\right),$$

此即 $$u^3-au^2-4cu+4ac-b^2=0。\qquad\text{(iii)}$$

设 u_1 是三次方程（iii）的一个根，则（ii）式成为两个二次方程

$$x^2+\sqrt{u_1-a}\,x+\left(\frac{u_1}{2}-\frac{b}{2\sqrt{u_1-a}}\right)=0。\qquad\text{(iv)}$$

$$x^2-\sqrt{u_1-a}\,x+\left(\frac{u_1}{2}+\frac{b}{2\sqrt{u_1-a}}\right)=0。\qquad\text{(v)}$$

解（iv）及（v），它们的根就是方程（i）的根①。

Vieta 在三次、四次方程求根公式的改进工作，虽然三百多年过去了，但仍然是几乎一字不变地引植进现代代数课本之中②，足见他这一工作的教育意义和经典意义。

从解三次、四次方程的历史发展我们有兴趣地看到：新、旧知识的密切传递关系，它们环环相扣，循序渐进。三次方程的获解依赖于二次方程的求根公式，而四次方程求根公式又归结为先得解三次方程。因此使人们进一步联想：四次方程求根公式可能是解一般五次方程的阶梯。

四、方程论

方程根与系数的关系

命题　方程 $f(x)=x^n+a_1x^{n-1}+\cdots+a_{n-1}x+a_n=0$ 各根的和等于 x^{n-1} 系数取负值，各根两两乘积的和等于 x^{n-2} 系数，等等。(G. Cardano)

命题　方程 $f(x)=a_0x^n+a_1x^{n-1}+\cdots+a_{n-1}x+a_n=0$ 有 n 个根如：x_1，x_2，…，x_{n-1}，x_n，则

$$\sum_{i=1}^{n}x_1=-\frac{a_1}{a_0},$$

① Sm.，vol. 2，p. 469

② F.，pp. 486～487

$$\sum_{\substack{i=1\\j=1}}^{n} x_{ij}=\frac{a_2}{a_0},$$

……

$$\prod_{i=1}^{n} x_i=(-1)^n\frac{a_n}{a_0}。\quad (\text{F. Vièta})$$

我国称为韦达定理，编入中学课本。清代李锐（1773—1817）在其专著《开方说》也有相同表述：“凡有正负各数（根）累乘之，即得实（常数项）方廉隅（除常数项以外各系数）之数”。①

F. vièta
图 6.2.5

第三节　几　何

文艺复兴时代数学界在几何学方面的创见不多，但毕竟还有一定成果。特别应该指出，欧几里得《原本》先后在英国、法国出版了英文译本（1570）和希腊文和拉丁文对照本（1573）（图版3.2.1，3.2.3）。

一、平面图形

Leonardo da Vinci（1452—1519，意大利）在《原本》卷1命题47的插图上、下，只在各添加一直角三角形，凑成两个纵横合同的六边形，做一次面积减法，就可以推导勾股定理。（图6.2.7）

Regiomontanus（1436—1476，德国）发现命题：三角形的高

① 本《大系》第八卷第一编第二章第三节

共点(垂心)及其证法,这是《原本》所无。今日中学教科书都把求证的三高AD,BE,CF共点问题转化为三角形中垂线共点问题:图6.2.8从$\triangle ABC$从三顶点A,B,C分别引对边的平行线,交于D',E',F'三点。于是三垂线AD,BE,CF成为$\triangle D'E'F'$的中垂线。(中垂线共点的命题为真,易于从《原本》卷4命题5——三角形外接圆作法中推出)。当年Regiomontanus在专著《论三角形》中首创这一证法。此外他还提出作图问题、作法及其证明:已知四边a,b,c,d。求作内接于圆的四边形。

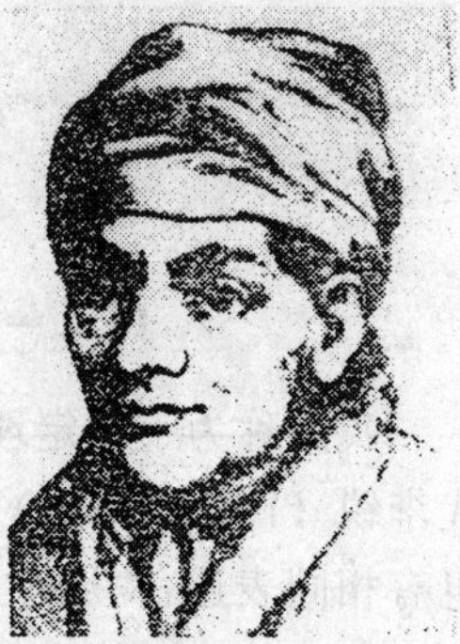

Regiomontanus

图 6.2.6

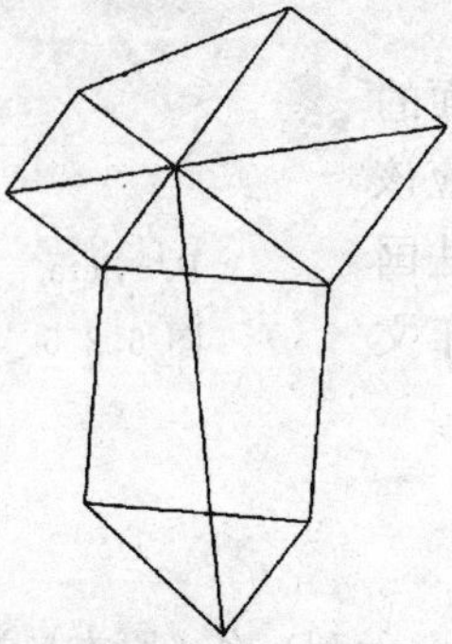

图 6.2.7

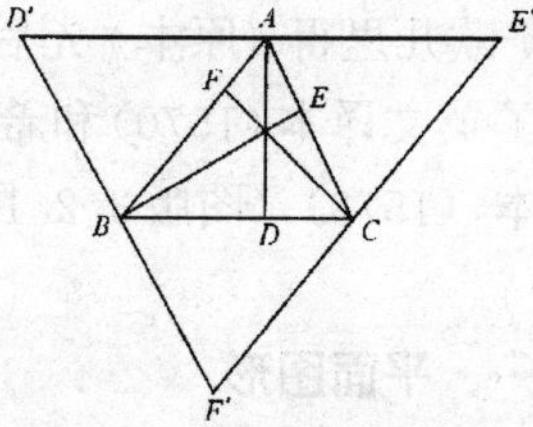

图 6.2.8

作法 图6.2.9取$AD=d$。在AD延长线上取a,b,c的第四比例项$DE=\dfrac{bc}{a}$。以A,E为定点以$a:c$作动点的轨迹(Apollonius圆)。又以D为心,c为半径作圆。二者的交点就是所求第三个顶点C。作$\triangle ACB$,使$BC=b$,$AB=a$,四边形$ABCD$即合所求。

证明　按作法$AC:CE=a:c$，$AB:CD=a:c$，而$BC:DE=b:\frac{bc}{a}=a:c$；于是$\triangle DEC\backsim\triangle BAC$，$\angle 1=\angle 2$。于是四边形$ABCD$内接于圆。

A. Dürer（1471—1528，德国）在1525年指出如已给角为$\angle AOB$，就以O为圆心，取OA为半径作弧AOB（图6.2.10）。把弦AB三等分，点C为靠近B的三等分点，作$OD\perp AB$。又以B为圆心，BD为半径作圆弧交AB于E。设F为EC的三等分点（靠近E）。又以B为圆心，BF为半径，作圆弧交圆于G，则GF三等分$\angle AOB$。①

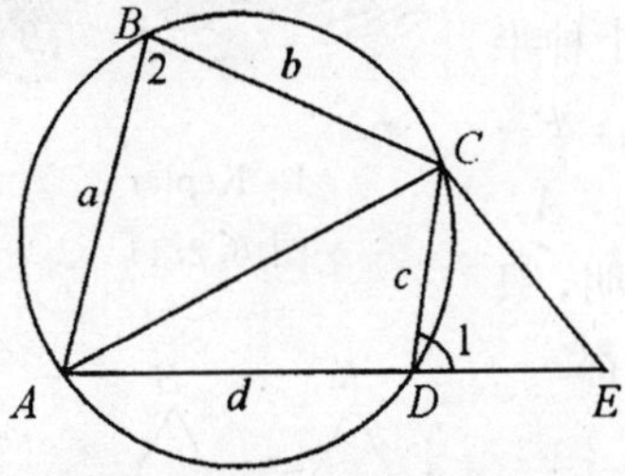

图 6.2.9

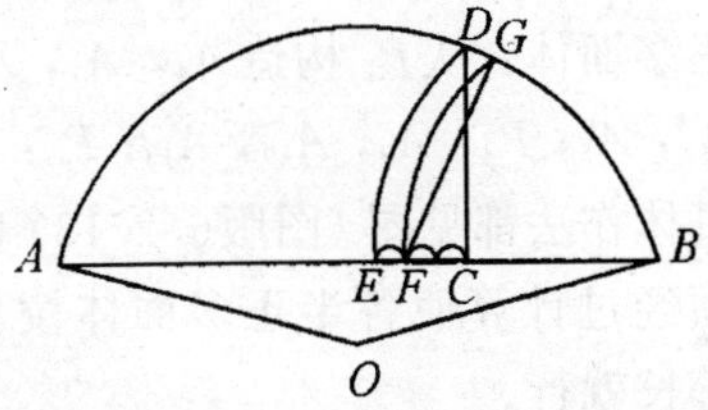

图 6.2.10

圆周率的表达式

用一个式子表示圆周率的设想是从F. Viète开始的。他用平方根连乘积表达式：

$$\frac{\pi}{2}=\frac{2}{\sqrt{2}}\times\frac{2}{\sqrt{2+\sqrt{2}}}\times\frac{2}{2+\sqrt{2+\sqrt{2}}}\cdots\quad(1579\text{年})$$

与我国元代赵友钦割圆研究成果适相一致②。

① 这是近似作法

② 见本《大系》卷6，pp. 289～191

二、立体图形

古希腊柏拉图正多面体和阿基米德半正多面体重新受到关注。L. da Vinci在其专著中有精美的五种正多面体模型插图。(图版6.2.10)当时天文学家还以五种正多面体互容来象征天体的和谐。(图版6.2.11) J. Kepler (1571—1630，德国) 在《宇宙的和谐》(1619) 绘制了十三种半正多面体 (图版6.2.12)。他还仿照柏拉图从 P_2 砍去八个三面角构造 A_4 的作法，从四种正多面体构造十种半正多面体：从 P_2 构造 A_4，A_7，A_{11}；P_3：A_2，A_3；P_4：A_9，A_{10}，A_{13}；P_5：A_5，A_6。具体作法都见图 (图版6.2.13) 自明，只须经过计算使各半正多面体棱长都等长就行。

J. Kepler

图 6.2.11

三、尺规作图问题的新考虑

定半径作图

在第五编第一章第一节我们曾引述阿拉伯Abul Wefa (940—998) 限定用定半径圆规直尺作图题六例，很有特色，意大利Tartaglia 另补一题。

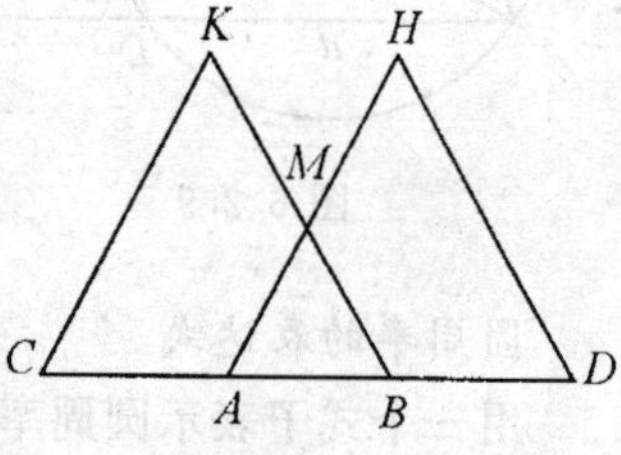

图 6.2.12

已给边长，用生锈的圆规作出正三角形。

作法：图6.2.12 中作线段为已给边长。圆规具有定半径AD。使AB 向左右延长，以圆规截取$AD=BC$，又借以作正$\triangle AHD$，$\triangle BCK$。两腰BK，AH 交于M。易知$\triangle AMB$ 就是所求图形。

对几何三大问题的探索

文艺复兴时代学者们对古希腊辩士学派所提三大问题，继续探索。

化圆为方的问题L. da Vinci对之曾有一设想：取半径为R，高为$\frac{1}{2}R$的圆柱。把圆柱的侧面在平面上滚动一周，得矩形长$2\pi R$、高$\frac{1}{2}R$。取其长、高为二项，求其比例中项，所求正方形边长就是

$$x=\sqrt{2\pi R\cdot\frac{R}{2}}。$$

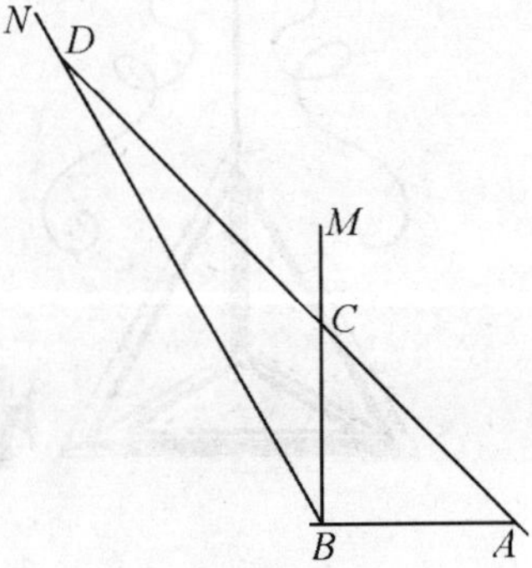

图 6.2.13

F. Viète（1540—1603，法国）有过立方倍积作法的设想，在图6.2.13中作线段AB，取$\angle ABM=90°$，$\angle ABN=120°$。作直线AC交BM于C，BN于D，使$CD=AB$，则$AC^3=2AB^3$。

L. da Vinci

图 6.2.14

第四节　趣味数学

我们已在前文提到印度、阿拉伯和欧洲中世纪数学界俱有趣味数学有关内容，在文艺复兴时代续有发展，是近现代组合数学、运筹学和图论等数学分支的萌芽和胚胎。这些文献弥足珍贵，我们选述如下。

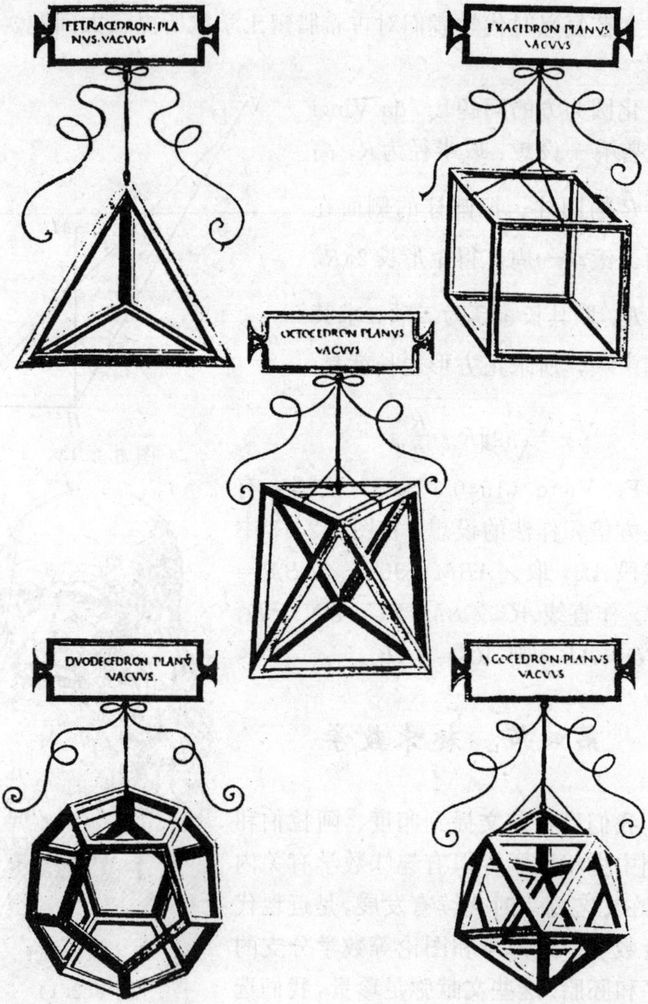
TETRACEDRON·PLA
NVS·VACVVS
EXACEDRON PLANVS
VACVVS
OCTOCEDRON PLANVS
VACVVS
DVODECEDRON PLANV̄
VACVVS.
YCOCEDRON·PLANVS
VACVVS

图版 6.2.11

一、幻方

把1～n^2个自然数分别填入$n \times n$个方格内成为方阵。方阵各A. Dürer（1471—1528）在版行、每列及其主对角线内数的和都相等时，这种方阵称为幻方。①德国画家画《沉思》图版6.2.15右上方有一幻方（图6.2.15右）其幻和为34。后人发现这一幻方具有许多令人瞩目的性质。

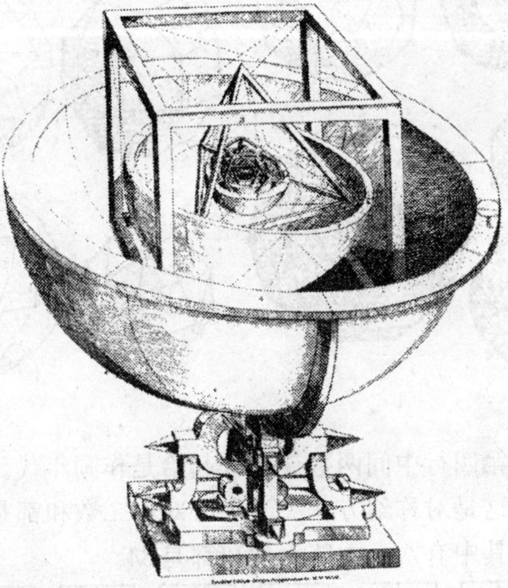

图版 6.2.12

4	9	5	16
14	7	11	2
15	6	10	3
1	12	8	13

16	3	2	13
5	10	11	8
9	6	7	12
4	15	14	1

图 6.2.15

① 南宋杨辉专著中称为纵横图，见本“大系”第五卷第六编第五章

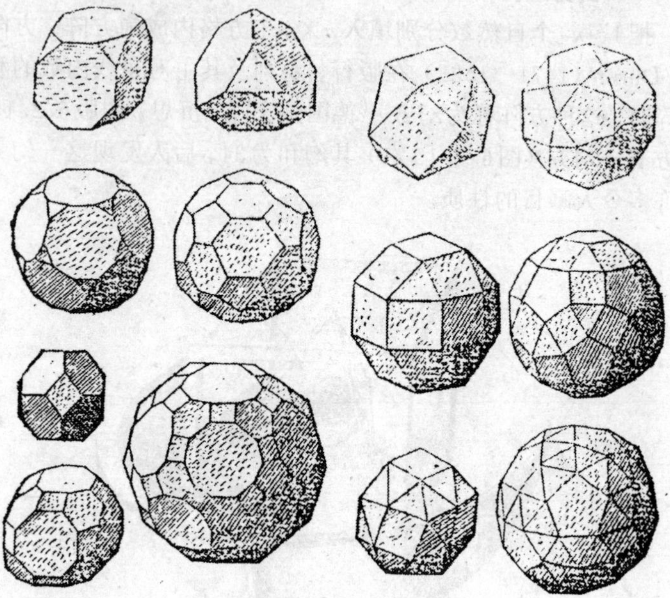

图版 6.2.13

其一：第四行中间两数连在一起恰是作画年代。

其二：这是对称幻方：关于中心对称二数和都是17。

其三：其中有八个方阵元素和都是34。

5	2
15	12

3	8
9	14

5	8
9	12

3	2
15	14

16	13
4	1

10	11
6	7

5	3
14	12

2	8
9	15

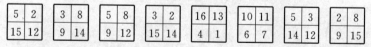

其四：上二行各数平方和，下二行各数平方和，一、三行各数平方和，二、四行各数平方和，二主对角线上各数平方和，非主对角线上各数平方和都相等，都是748。

其五：二主对角线上各数立方和以及非主对角线上各数平方和都相等，都是9 248。

对照中算，杨辉在此三百多年前所作花十六图（图6.2.15

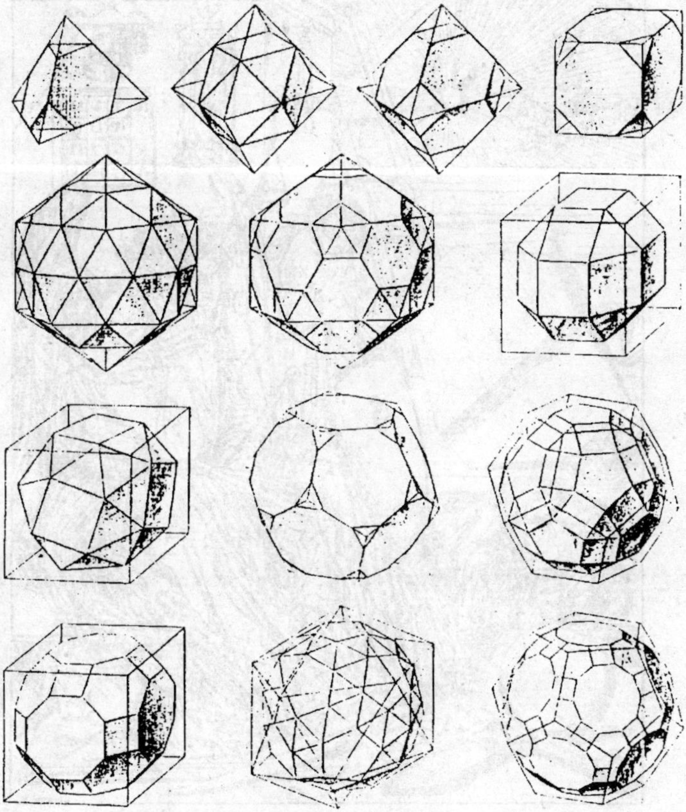

图版 6.2.14

图版 6.2.15 A. Dürer 名作《沉思》

左）与之同属同种幻方，只需把方阵逆时针方向旋转90°后，第二、三列互换，就是Dürer幻方。上面所列举后四性质、花十六字图全都满足。

二、砝码问题

用天平秤称物件重量，有两种称法方案：

①在一个秤盘内放物件，另一个盘内放砝码。当天平秤平衡时，另一个盘内砝码总重就是物件重量。

②在一个秤盘内放物件，在两个秤盘内都可以放砝码。当天平秤平衡时。不放物件的盘内砝码总重减去放物件的盘内砝码总重，二者差就是物件重量。

问题　用天平秤要称出1至40整数磅重量的物件：最少要多少个砝码？

方案①：六个砝码，分别重1，2，4，8，16，32磅（N. Tartaglia）1至40中任何一数都可以表示成这六个数中某些数之和。例如23=16+4+2+1等等。[1]

方案②：四个砝码，分别重1，3，9，27磅（C. G. Bachet de Méziriac（1581—1638，法国）解释：要称1磅，必须有1磅的砝码。要称2磅，必须添重2磅或3磅的砝码。用1磅，2磅砝码可以称出1，2，3磅，但是用1磅，3磅砝码可以称出1至4磅，因为2=3-1，也就是说1，3磅的砝码可以称出1至1+3=4磅。类似地可以推断再添加一个重9磅的砝码，就可以称出1至1+3+9=13磅。再添加一个重27磅的砝码就可以称出1至1+3+9+27=40磅。依此进一步推出用1，3，3^2，…，3^{n-1}磅重的砝码，可

① 只要考虑到十进制的1～40都可以一一对应表示为二进制数，Tartaglia的解题方案就很清楚了.

以称出1至$1+3+3^2+\cdots+3^{n-1}$即1至$\frac{1}{2}(3^n-1)$磅重的物件。[①]

三、分油

分油问题欧洲文献中首例是Alcuin《益智题集》第一二题，其次是："三名小偷窃得香精一瓶，液体重24英两。他们逃离现场后，在五金店买到三个量筒，到"安全"地带分赃时发现三量筒大小不同，分别能量5，11，13英两。问，他们怎样量才能均分香精"(Tartaglia) 另一文献："桶中容8夸脱[②]酒。用二只空瓶分别容3夸脱，5夸脱平分这8夸脱酒。问：该怎样分？[③]"(Bachet)

四、Josephus 问题

C. G. Bachet de méziriac

图 6.2.16

这类问题起源于古罗马军队中，在俘虏或叛兵中实施的十中取一，10人中择杀1人的残酷惩罚习惯[④]。后来逐渐演变为各种形式的类似问题：一定数量的人群排成圆圈，循序点数。总人数多少？从谁开始点？顺时针方向还是逆时针方向为序？点多少人为一轮？每一细节都将决定被点人群每一个人的命运或运气。

这类问题的最早记录是意大利米兰Hegesippus（公元6世纪）专著《De Bello

① 只要考虑到十进制的1～40都可以一一对应表示为三进制四数：0001，0010，0100，1000的和差，Bachet的解题方案也就很清楚了 详见S. pp. 962～974

② 夸脱（quart），品脱（pint），欧洲国家容量单位. 1品脱$=\frac{1}{2}$夸脱.

③ 详见S. pp. 962～974

④ 详见S. pp. 952～962

Juduico》讲的有关犹太历史学家Josephus的故事，借助于点数脱险。从此这类问题就冠以Josephus名字。N. Chuquet（15世纪，法国）在著作Triparty en la Science des Nombres（《数的科学三章》）中出现航海问题，后来在其他教科书中被广泛引用，P. Calandri《算术》题：15个基督徒和15个异教徒同乘一船远航。途中遇大风浪，船主指令：将全船乘客之半投海，其余人员才能保平安。船长要大家排成圆圈。从某人起点数，至第9人，把此人投海。照此继续点数，直到余下15个乘客为止。问：怎样安排才能使基督徒全都不致投海？在N. Tartaglia数学专著中也有过类似问题。（图版6.2.2之四为当时算术教科书插图）

五、渡河问题

中世纪Alcuin《益智题集》的趣味数学题在文艺复兴时代也一再以不同方式传播。N. Tartaglia把兄妹渡河题改编为“嫉妒的丈夫”：三对夫妻渡河，河上只有一只能载二人的小船，要求不是夫妻关系的男女不能单独在一起。（图版6.2.16为原著插图）

图版 6.2.16

六、分割正方形

把正方形分割成为完美正方形——内含大小不同的正方形。这个问题数百年来一直受到数学家们的关注，是今日图论研究的课题。艰难的研究历程是从不完美（所含正方形大小允许有相同的。）到完美：分割的个数从很多到不多①。这类问题的开创性工作是从Tartaglia肇始的。文献记载，他在13×13正方形中剖分为十一个小正方形，含六种规格，为解题迈出了可喜的第一步。（图6.2.17）

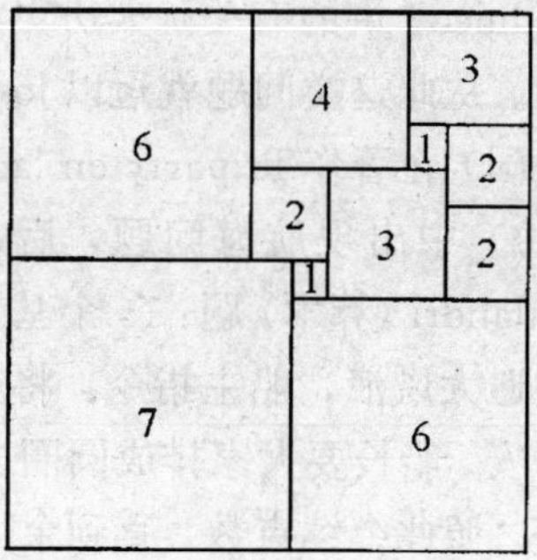

图 6.2.17

① 详见S. pp. 842～862

第三章　17至18世纪

继文艺复兴之后，欧洲在17至18世纪科学技术发展更快，数学界人才辈出，群星璀璨，数学新成果达到从未有过的高度。本章选说其中有关文献，供中国数学史工作者参考。

第一节　数系与数论

一、数系

人们对数的认识，经过漫长的历程：从自然数引入零，分数，负数，无理数才形成实数系。后来对负数平方根的存在性从否定到肯定，到文艺复兴时代在解三次方程时竟然通过它获得实数根。进入17世纪后对数的平方根的认识取得进一步提高，数系才扩张成为完整的复数系。

A. De Moivre

图 6.3.1

J. Wallis（1616—1703，英国）在1673年指出：我们有负线段，那么我们也应有负面积，而负的面积也应有边。因此现在假设有一负面积1 600。问：它的边长是多少？我们不能说它是或-40。$\sqrt{-1\ 600}$应是$10\sqrt{-16}$，或$20\sqrt{-4}$，或$40\sqrt{-1}$。①

G. W. Leibniz（1646—1716，德国）研究负数的平方根，他认为

$$x^4+a^4=\left(x+a\sqrt{-\sqrt{-1}}\right)\left(x-a\sqrt{-\sqrt{-1}}\right)。$$

$$\left(x+a\sqrt{\sqrt{-1}}\right)\left(x-a\sqrt{\sqrt{-1}}\right)。$$

但他对负数的平方根的存在与否却有些犹豫，他说它是美妙而奇异的隐蔽所，它几乎是存在与不存在之间的两栖物。

在18世纪以前，大多数欧洲数学家对于负数的开偶次方持怀疑态度。就象R. Descartes（1596—1650，法国）认为这是不可思议的，他称负数开平方为虚数，就这样，他的命名一直沿用到现在。

A. De Moivre（1667—1754，法国）在1722年提出

命题 $(\cos\varphi+\sqrt{-1}\sin\varphi)^n=\cos n\varphi+\sqrt{-1}\sin n\varphi$

此即De Moivre公式。

L. Euler（1707—1777，瑞士）引进虚数单位$\mathrm{i}=\sqrt{-1}$。他系统地建立形如$a+b\mathrm{i}$（a，b是实数）的运算及其理论，他借助于De Moivre公式发现三角函数与e的虚数指数幂之间的关系。

命题 $\mathrm{e}^{\mathrm{i}x}=\cos x+\mathrm{i}\sin x$。

并由此建立常数π和e之间可以通过虚数单位i联系起来。

命题 $\mathrm{e}^{\mathrm{i}\pi}+1=0$。

这是一条充满数学和谐美的命题。

C. Wessel（1745—1818，挪威）对虚数研究又有新的建树。1797年在丹麦皇家学院宣读有关论文。次年印刷发表，他说："我们把+1作为正数单位，+i为另一种单位，与前者互相垂直，而

① Sm，vol. 2，pp. 263～264

具有同一原点，则+1的方向角为0°，−1是180°，i是90°，而−i是−90°或270°。”这是形如$a+bi$数的全体与平面上的点(a,b)建立一一对应关系。从此开始，形如$a+bi$这种数就成为看得见、摸得着的实物，成为今日中学教科书的教材。

L. Euler

图 6.3.2

19世纪初，C. F. Gauss（1777—1855，德国）正式引进$a+bi$这种数，并命名为复数，实数只是其特殊情况$b=0$。他用Wessel的图示法，用互相垂直的实轴和虚轴建立了复数平面。他说："这样的几何表示使人们对虚数有了新的看法"。他自己取Wessel的四个单位作为$x^4-1=0$的四个根。

自从以Gauss为代表的数学家的创导和研究以后，复数便得到人们普遍理解。并由此发展为复变函数论这一新的数学分支。在弹性力学、流体力学、电磁学中得到广泛应用。

二、数论

古希腊时提出的某些数论问题在这两个世纪中续有研究，并取得新的成果，其中

完美数①

欧几里得《原本》卷7定义了完美数。在亚历山大后期学者Nicomachus和Iamblichus以及文艺复兴时佚名学者肯定前面五个完美数。M. Mersenne（1588—1648，法国）在1644年写出前面八个完美数，它们是

P_2，6；P_3，28；P_5，496；P_7，8 128；P_{13}，33 550 336；

① S.，pp. 29～36.

P_{17}，8 589 869 056；P_{19}，137 438 691 328；

P_{31}，2 305 843 008 139 952 128。

相亲数[①]

毕达哥拉斯提出了相亲数概念，并举出首例：220，284。直至1636年Mersenne说，P. de Fermat（1601—1665，法国）才发现第二对，它们是17296，18416。Mersenne给出相亲数的构造步骤：

(i) 写出2的幂数列各项；

(ii) 3倍 (i) 各项；

(iii) (ii) 各项减1；

(iv) 从第二项起，(ii) 中前后项相乘积减1。

如果 (iv) 中有素数项，那么它与同列第一项的乘积是一对相亲数成员之一，而同列第一、三项与前一列第三项连乘积是相应另一成员。

我们列表说明

(i)	2	4	8	16	32	64	128
(ii)	6	12	24	48	96	192	384
(iii)	5	11	23	47	95	191	383
(iv)		71	287	1 151	4 607	18 431	73 727

按照命题步骤所说：第 (iv) 行第二项71是素数，那么$2^2\times71$，$2^2\times5\times11$，即284，220是相亲数：第 (iv) 列第三项不是素数，就不必考虑。第四项1 151是素数，就得另一对相亲数

$$1\ 151\times16=18\ 416 \text{ 与 } 23\times47\times16=17\ 296。$$

1638年R. Descartes在致Mersenne信中借助于Fermat命题，他发现表中第 (iv) 行第七项73 727为素数，得又一对相亲数

$$73\ 727\times128=9\ 437\ 056 \text{ 与 } 191\times383\times128=9\ 363\ 584。$$

① S.，pp. 36～42.

1747年L. Euler宣称，他找到了三十对新的相亲数。三年后，1750年他发表一张含六十二对相亲数的表，其中有三对有误。这是从来最富有成果的记录①。

第二节　代　数

一、求根公式

对多项式方程求根公式进一步完善。L. Euler在1733年对Cardano三次方程$x^3+px=q$的根作了细致讨论：方程应该有三个根。他记$x^3-1=0$，即$(x-1)(x^2+x+1)=0$的三个根为1，w，w^2，那么Cardano三次方程的三个根应是

$$\sqrt[3]{A}-\sqrt[3]{B},\ w\sqrt[3]{A}-w^2\sqrt[3]{B},\ w^2\sqrt[3]{A}-w\sqrt{B}。$$

A. De Moivre提出

命题　二项方程　$z^n-1=0$有n个根，它们是

$$z=\cos\frac{2k\pi}{n}+i\sin\frac{2k\pi}{n}\ (k=0,1,2,\cdots,n-1)。$$

19世纪上半叶对五次（及以上）方程有否求根公式问题才作出结论

命题　一般形式的五次（及五次以上）方程不可能有根式解(N. H. Abel，1802－1829，挪威)②。

1824年Abel指出对于五次（及五次以上）一般形式的方程的根不可能以其系数用四则运算及根式来表示。这一事实简称为五次（及五次以上）方程无求根公式。甚至五次（及五次以上）某些数值系数方程也不能以其系数用四则运算及根式来表示：$x^5-4x-2=0$即为其中一例。

① 详见S. pp. 38～39.

② Sm., vol. 2, p. 470.

二、方程论

代数基本定理

N. H. Abel

图 6.3.3

命题 一个有多少次的方程就能有多少个不同的根。(R. Descartes，1596—1650，法国《方法论·几何》第三章，1637)

命题 在复数范围内，每一个 n ($n\geqslant 1$)次多项式方程至少有一个根。[1]其等价命题

命题 在复数范围内，每一个 n ($n\geqslant 1$)次多项式方程总有n 个根。(C. F. Gauss，1799)

算术基本定理[2] 保证自然数分解为素数因数的可能（存在），从而保证所有算术（数论）问题的可能（存在）和无歧义（惟一），而代数基本定理保证代数学研究的重要对象，多项式方程的根的必然存在，而且引出其等价命题，从而保证n 次方程根的个数无歧义：有且仅有n个。

因式定理

命题 $f(x)$ 能被 $(x-a)$ 整除的充分必要条件是：a 是 $f(x)=0$的一个根。（R. Descartes《方法论·几何》第 3 章，1673)

方程变换

命题

加根 方程 $f(x)=a_0x^n+a_1x^{n-1}+\cdots+a_{n-1}x+a_n=0$ （$*$）

与 $f(y)=a_0(y-m)^n+a_1(y-m)^{n-1}+\cdots+a_{n-1}(y-m)+a_n=0$ （$**$）

---

① F. p. 588.

② 参见本章第四节定理1.

R. Descartes

图 6.3.4

二者的根有如下关系：$y=x+m$。当$m>0$，$m<0$时，方程（＊）变换为方程（＊＊）分别称为加根、减根变换。直接代换比较繁琐。我国从《九章算术》开始在开平方、开立方运算。宋代贾宪、秦九韶增乘方法、正负开方术中都熟练运用这种运算，① 用以数值解方程。欧洲称为综合除法。

扩根　方程 $f(x)=a_0x^n+a_1x^{n-1}+\cdots+a_{n-1}x+a_n=0$（＊）与 $f(y)=a_0y^n+ka_1y^{n-1}+k^2a_2y^{n-2}+\cdots+k^{n-1}a_{n-1}y+k^na_n=0$（＊＊）

二者之间关系如下：$y=\dfrac{x}{k}$，当$k>1$，$1>k>0$，方程（＊）变换为方程（＊＊），分别称为扩（k倍）根、缩（k倍）根变换，我国从《九章算术》开始在做数值解方程时，都熟练运算这命题求根到所需精度。

附带说一句，当$k=-1$时，方程（＊）变换成方程（＊＊），使前者的根变号。

倒根

方程$f(x)=a_0x^n+a_1x^{n-1}+\cdots+a_{n-1}x+a_n=0$与$f(y)=a_ny^n+a_{n-1}y^{n-1}+\cdots+a_1y+a_0=0$二者的根互为倒数。

符号法则

命题　如$f(x)=a_0x^n+a_1x^{n-1}+\cdots+a_{n-1}x+a_n$（＊）的系数数列$a_0$，$a_1$，…，$a_{n-1}$，$a_n$的符号从正到负或从负到正变号个数为$u$，则①它的正根个数$p$，$p\leqslant u$。②如$f(-x)=0$系数数列变号个数为$v$，则方程（＊）负根的个数$q$，$q\leqslant v$。又由于虚数根必成

① ②详见本《大系》卷5，pp. 33～36

对出现，因此③$p=u-$偶数，$q=v-$偶数。(R. Descartes《方法论·几何》第3章，1763)

我国清代李锐在正根、负根个数与方程系数数列变号、同号个数的关系独立地与Descartes 符号法则，有与类似的探索，并取得卓越成绩。正如业师钱宝琮老师评价说：李锐对高次方程的正根、负根个数的研究成果……同笛卡尔符号规则相比是不分轩轾的。①

三、数值解方程

用求根公式解多项式方程的另一条途径是运用方程变换法则按部就班数值解方程，欧洲最先，意大利P. Ruffini (1765—1822) 1802年发明逐步逼近法解数字系数高次方程。不久英国中学数学教师W. G. Horner (1785—1857) 也于1819年发表论文"连续近似解任何次数数字方程的新方法"在英国皇家学会宣读，并在当年学会会刊发表。在论文中他把代数方程算术化，其计算程序与我国北宋以来正负开方法是一致的。②

I. Newton

图 6.3.5

四、代数教学工作

从问题列出方程是从算术思考到代数处理的难点。用"式子"翻译"文字"，对照地进行是好的教学方法。英国哲人牛顿 (I. Newton, 1643—1727)《广义算术》中作出范

① 钱宝琮，中国数学史，pp. 286～295，科学出版社，1964.

② 文献已载本《大系》卷5，pp. 468～470.

例，我们选介其中一例。

问题：一人经商。每年财产增加$\frac{1}{3}$倍，但从中要花去家用100英镑。经过三年后，他的财产翻了一番。问：他原有财产是多少？答数1 480英镑。

原著中的对照表如下：

文字	式子
商人原有财产，	x，
第一年花去家用100英镑①，	$x-100$，
财产增加$\frac{1}{3}$倍。	$x-100+\frac{x-100}{3}=\frac{4x-400}{3}$。
第二年又花去100英镑，	$\frac{4x-400}{3}-100=\frac{4x-700}{3}$，
财产又增加$\frac{1}{3}$倍。	$\frac{4x-700}{3}+\frac{4x-700}{9}=\frac{16x-2\ 800}{9}$。
第三年又花去100英镑，	$\frac{16x-2\ 800}{9}-100=\frac{16x-3\ 700}{9}$，
财产又增加$\frac{1}{3}$倍。	$\frac{16x-3\ 700}{9}+\frac{16x-3\ 700}{27}=\frac{64x-14\ 800}{27}$。
他的财产增加2倍。	$\frac{64x-14\ 800}{27}=2x$。
所求数是1 480英镑。	$10x=14\ 800$，$x=1\ 480$。

① 扣除家用后的资金从事商业投资.

第三节　数列与极限

微积分是本时期的重大数学发明，因限于本卷所论性质，文献从略。本节仅引在数学发展步入微积分之前有关数列与极限材料四则。

J. Bernoulli

图 6.3.6

一、自然数幂和公式

J. Bernoulli（1654—1705，瑞士）在自然数幂和公式研究工作上取得成果。他的遗作《猜度术》（Ars Conjestand，1713年出版）中有公式

$$\sum_{r=1}^{n} r^p = \frac{1}{p+1}\sum_{j=0}^{p} B_j \binom{p+1}{j} n^{p+1-j},$$

其中 $B_0=1$，$B_1=\frac{1}{2}$，$B_2=\frac{1}{6}$，$B_3=0$，

$B_4=-\frac{1}{30}$，$B_5=0$，$B_6=\frac{1}{42}$，$B_7=0$，$B_8=-\frac{1}{30}$。①……

Bernoulli认为自然数前面 n 项 p 次幂的和是 n 的 $p+1$ 次多项式（缺常数项）。他记

$$\sum_{r=1}^{n} r^p = S(n) = a_0 n^{p+1} + a_1 n^p + a_2 n^{p-1} + \cdots + a_p n,$$

即 $$\sum_{r=1}^{n+1} r^p = S(n+1) = a_0(n+1)^{p+1} + a_1(n+1)^p + a_2(n+1)^{p-1} + \cdots + a_p(n+1)。$$

从 $S(n+1)-S(n) = (n+1)^p = a_0\left((n+1)^{p+1}-n^{p+1}\right)+$

① ，②对照关孝和的工作，第七编第三章第三节

$a_1\left((n+1)^p-n^p\right)+a_2\left((n+1)^{p-1}-n^{p-1}\right)+\cdots$

展开二项式，比较系数，得到

$$a_0=\frac{1}{p+1},\ a_1=\frac{1}{2},\ a_2=\frac{1}{6}\times\frac{p}{2},\ a_3=0,$$

$$a_4=-\frac{p(p-1)(p-2)}{720},\ a_5=0,\ \cdots$$

由于奇数标号系数从a_3开始都等于0，他又假设

$$S(n)=\frac{n^{p+1}}{p+1}+\frac{1}{2}n^p+B_2\frac{p}{2!}n^{p-1}+B_4\frac{p(p-1)(p-2)}{4!}n^{p-3}+$$

$$B_6\frac{p(p-1)(p-2)(p-3)(p-4)}{6!}n^{p-3}+\cdots$$

二、Cavalieri 原理

阿基米德《方程》长期湮没，直至19世纪末才发现中世纪时羊皮纸抄本。后有英文译本。而以B. Cavalieri(1598－1647，意大利）为代表的欧洲数学家在求积问题上基本精神与《方法》却不谋而合。他在《六道几何练习题》所阐述——今天已编入中学立体几何教科书的Cavalieri 原理就是在这一思想指导下完成的。他应是微积分研究的先驱者。他创导用不可分量(无穷小)研究连续形体。他认为面积是无数个等距平行线段构成，体积是无数个平行的平面构成，他分别把这些元素称为面积和体积的不可分量。他形象地在《六道几何练习题》中指出："不可分法认为线是由点构成的，就象项链是由珍珠穿成的一样；面是由直线构成的，就象布匹是由纱线织成的一样；立体是由平面构成的，就象书本

B. Cavalieri

图 6.3.7

是由纸页组成的一样。不过，它们是对于无穷多个组成部分来说的。”在他另一本专著《不可分法几何学》(1635) 又通过比较不可再分割元素，用别的图形来度量图形的面积或体积。用彼此平行的不可再分割元素，他发明至今以他的名字命名的原理——Cavalieri 原理：如果二平面图形画在二平行直线之间，又作任意直线与所作二平行线各有相等距离。而为平面图形所截的线段如处处相等，那么这二平面图形面积相等。如果二立体图形画在二平行平面之间，又作任意平面与所作二平行平面各有相等距离，而为立体图形所截平面图形面积如处处相等，那么这二立体图形体积相等[①]（图版6.3.1 为原著书影）

这一原理（我们称为祖暅原理）至今在中学教学中广为运用，因为借此可以不动用积分学工具，而达到求某些图形面积或体积的同样目的。

在中国，当西方微分知识未东来之前，清末数学大师李善兰著《方圆阐幽》，他以类似于Cavalieri 所拟手段研究求积问题。李善兰说：“书由叠纸而成，盈丈之绢由积丝而成也”。

P. de Fermat

图 6.3.8

三、曲线复盖下面积

P. de Fermat (1601－1665，法国) 求广义抛物线$y=x^k$ 复盖下区间$[0,a]$内面积。

把 $[0, a]$ 分成n 等分子区间。于是所求面积介乎外接多边形Q_n 与内接多边

① st., pp. 209～219

LIBER VII. 485

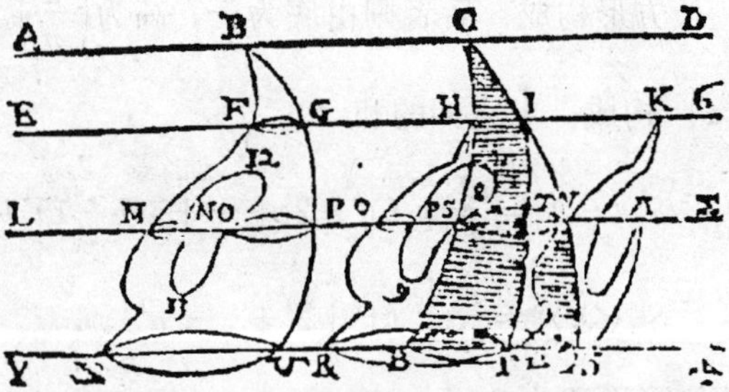

ipsi, SV, quod, & de cæteris quibuscunq; ipsi, AD, parallelis in vtraque figura liquidò apparet. Quod vero pars vn us figuræ, vt, BZ&, congruat necessario parti figuræ, C ΦA & non toti, dum fit superpositio tali lege, quali dictum est, sic demonstrab tur. Cum enim ductis quibuscunq; ipsi, AD, parallelis conceptæ in figuris ipsarum portiones, quæ erant sibi in directum, adhuc post superpositionem maneant sibi in directum, illæ vero ante superpositionem essent ex hypotesi æquales, ergo post superpositionem portiones parallelarum ipsi, AD, in figuris superpositis conceptæ erũt pariter æquales, vt ex.g. QR, ST, simul sumptæ æquabuntur ipsi, SV, ergo nisi vtræque, QR, ST, congruant toti, SV, congruente parte alicui parti, vt, ST, ipsi, ST, erit, QR, æqualis ipsi, TV, &, QR, quidem erit in residuo figuræ, BZ&, superpositæ, TV, verò in residuo figuræ, C ΦA, cui fit superpositio. Eodem modo ostendemus cuicunq; parallelæ ipsi, AD, conceptæ in residuo, figuræ, BZ&, superpositæ, quod sit, ΣΙ Β 597, respondere in directum æqualem rectam lineam, quę erit in residuo figuræ, C ΦA, cui fit superpositio, ergo superpositione hac lege facta, cum supersit aliquid de figura superposita, quod non cadat super figuram, cui fit superpositio, necesse est reliquæ figuræ aliquid etiam superesse, super quod nihil sit superpositum. Cum autem vnicuiq; rectæ lineæ parallelę, AD, conceptæ in residuo, vel residuis (quia possunt esse plures figuræ residuæ) figuræ, BZ&, siue, C β Γ, superpositæ, respondeat in directum in residuo, vel residuis figuræ; C ΦA, alia recta linea, manifestum est has residuas figuras, siue residuarum aggregata, esse in eisdem parallelis, cum ergo residua figura, ΙΙ Β 597,

図版 6.3.1

形 P_n 面积之间，前者 Q_n 是由底为 $\frac{a}{n}$，高为 $\left(\frac{a}{n}\right)^k$，$\left(\frac{2}{n}a\right)^k$，…，$(a)^k$ 的一些长方形构成，后者则由底为 $\frac{a}{n}$，高为 $\left(\frac{a}{n}\right)^k$，$\left(\frac{2}{n}a\right)^k$，…，$\left(\frac{n-1}{n}a\right)^k$ 构成，求它们的和

$$S(P_n)=\frac{a^{k+1}}{n^{k+1}}(1^k+2^k+\cdots+(n-1)^k),$$

$$S(Q_n)=\frac{a^{k+1}}{n^{k+1}}(1^k+2^k+\cdots+n^k)。$$

记所求曲边梯形面积为 S

$$a^{k+1}\cdot\frac{1^k+2^k+\cdots+n^k}{n^{k+1}}-\frac{a^{k+1}}{n}<S<a^{k-11}\cdot\frac{1^k+2^k+\cdots+n^k}{n^{k+1}}。$$

当 $n\to\infty$ 时取极限，由于

$$\lim_{n\to\infty}\frac{1^k+2^k+\cdots+n^k}{n^{k+1}}=\frac{1}{k+1}。$$

四、曲线上给定点切线的斜率

P. Barrow（1630－1677，英国）对 Descartes 叶形线①$f(x,y)=x^3+y^3-3xy=0$ 上一点 $P(x,y)$ 切线斜率求法：设 x 的增量，因此引起 y 的增量分别为 Δx，Δy。则

$$(x+\Delta x)^3+(y+\Delta y)^3-3(x+\Delta x)(y+\Delta y)=x^3+y^3-3xy,$$

$$3x^2\Delta x+3x(\Delta x)^2+(\Delta x)^3+3y^2\Delta y+3y(\Delta y)^2+(\Delta y)^3-3x\Delta y-3y\Delta x-3\Delta x\Delta y=0,$$

舍弃 Δx 和 Δy 的所有高次项，得到

$$3x^2\Delta x+3y^2\Delta y-3x\Delta y-3y\Delta x=0。$$

于是所求斜率

① 本编本章第五节，五、曲线，代数曲线

$$m=\frac{\Delta y}{\Delta x}=\frac{y-x^2}{y^2-x},$$

上面文献广义抛物线复盖下的求积问题与自然数幂和数列求和有不可分割的联系。这也是在微积分成为数学分支以前为什么数学界对之特感兴趣的主因。求曲线上一点切线斜率的方法与今日解析几何数学课相一致。如果我们进一步审问，对于等式

$$\frac{\Delta y}{\Delta x}=\frac{3y+3\Delta y-3x^2-3x\Delta x-\Delta x^2}{3y^2+3y\Delta y+(\Delta y)^2-3x},$$

为什么右侧无穷小Δx，Δy视为零，而左侧两无穷小之比该怎样理解？这正是19世纪数学第二次危机①急需解决的课题之一。

第四节　不定分析

C. F. Gauss

图 6.3.9

欧洲在同余理论方面的工作经L. Euler，J. L. Lagrange（1736—1813，法国）C. F. Gauss三代人的钻研，取得精湛成果。其中与中算比较，有重要关系的一次同余理论在Gauss《算术探讨》(Disquisitiones Arithmeticae，1801）第一、二两章有详尽总结，这是一份完整研究报告。原著用拉丁文写。我们从美国耶鲁大学出版社1966年出版A. Arthur和S. J. Clarke英文译本中译了有关的前面1～36节，并结合本《大系》内容作比较性简注。

Gauss《算术探讨》节1～36参考译文

1. 如果一个数a整除数b，c之差，那么b以及c称为关于a同

---

① S. 第六章第二节

余，否则b以及c非同余。数a称为模。如果数b，c同余，它们彼此是另一数的一个余数，否则称为无余。

这里所论的数必须是正数或是负数，①不是分数。例如-9，$+16$同余于模5。-7，$+15$彼此是11的一个余数，3就不是［11关于15］的一个余数。由于任意一数整除零，因此我们考虑任意一数关于任意模与它自己同余。

2. 已给a，那么关于模m，它的一切余数都包含在下面的表达式$a+km$之中，这里k是任意整数。这一命题读者易于推导。下文有关证明都直接据此浅显的命题。

今后我们用记号≡表示同余，必要时用括号标记模数，例如$-7\equiv 15 \pmod{11}$，$-16\equiv 9 \pmod{5}$。②

3. **定理** 设有m个相继整数，a，$a+1$，$a+2$，…，$a+m-1$。A是已给另一整数，那么在这m个整数中有一个，也仅有一个，与A关于m同余。

如$\frac{a-A}{m}$是整数，则$a\equiv A$；如果它是分数，设k是最相近的最大整数部分（如果分数是负数，k③就取不计符号的最小整数部分）。那么$A+km$就落在a与$a+m$之间，这就是所求的。显然，这些商：$\frac{a-A}{m}$，$\frac{a+1-A}{m}$，$\frac{a+2-A}{m}$，等等都在$k-1$，$k+1$之间，因此其中仅仅一个是整数。

---

① 模数显然必须是绝对值

② 之所以采用这一记号，是因为它与等号有相近性质。据同一理由，Legendre 也用此. 下文我们经常要引用. 英文译本注用*，**，…，本卷笔者注用①，②….

③ 事实上，k与$\frac{a-A}{m}$的正负有关。当$\frac{a-A}{m}$是分数时，分两种情况：其一、$a>A$，设$\frac{a-A}{m}=f$ $f=[f]+\{f\}$，此时取$k=[f]+1$，其二、$a<A$，设$\left|\frac{a-A}{m}\right|=|f|$，$|f|=[|f|]+\{|f|\}$，此时取$k=-[|f|]$，这样，节3及其推导才成立.

4. 因此每一个数在下面数列中有它的一个余数：0，1，2，…，－（$m-1$）；在下面数列中也有它的一个余数：0，－1，－2，…，－（$m-1$）。我们称之为最小余数。显然，除去余数0以外，它们都成对出现：一个正，另一个负。如果它们大小不同，其中一个将小于$\frac{m}{2}$；否则每一个都等于$\frac{m}{2}$（不计符号）。因此每一个数都有不大于模之半的余数。它称为绝对最小余数。

例如，关于模5，－13有最小正余数2，这也是绝对最小余数；而－3是最小负余数。关于模7，＋5本身是它的最小正余数，－2是最小负余数，又是绝对最小余数。

5. 当建立了这些概念之后，我们再建立由此产生的一些性质。

关于合数模同余的一些数也与模的任一个因数同余。

关于同一模、一些数与同一数同余，那么这些数关于此模彼此同余。

下文各命题是对同一模而言。

同余的一些数具有相同最小余数；非同余的数具有相异最小余数。

6. 已给数A，B，C等等，又另外一些数a，b，c等等。它们彼此关于任一模对应同余。这是说，$A\equiv a$，$B\equiv b$等等，那么$A+B+C+$等等$\equiv a+b+c+$等等。

如果$A\equiv a$，$B\equiv b$，那么$A-B\equiv a-b$。

7. 如果$A\equiv a$，那么$kA\equiv ka$也成立。如果k是正数，则此命题只是上节（§6）的特殊情况：设$A=B=C$等等，$a=b=c$等等。如果k是负的，$-k$是正的，于是$-kA\equiv -ka$，因此$kA=ka$。

如果$A\equiv a$，$B\equiv b$，那么$AB\equiv ab$。这是因为$AB\equiv Ab\equiv ba$。

8. 已给数A，B，C等等，又另外一些数a，b，c等等。它们彼此关于任一模对应同余。这是说，$A\equiv a$，$B\equiv b$等等，那么它们各自乘积也同余：ABC等等$\equiv abc$等等。从上节知$AB\equiv ab$，同样

理由 $ABC\equiv abc$，那么任意多少因数都可以相乘。

如果 A，B，C 等等所有数都相等，又对应的 a，b，c 等等也假定相等，那么下面的定理成立：如果 $A\equiv a$，k 是正整数，则 $A^k\equiv a^k$。

9. 设 X 是如下面形式未知数 x 的代数函数：$Ax^a+Bx^b+Cx^c+$ 等等，其中 A，B，C 等等是任意整数，a，b，c 等等是非负整数。当给定的 x 是关于某一模同余的值时，那么函数 X 的值也与它同余。

设 f，g 与 x 同余，从上一节知：$f^a\equiv g^a$，且 $Af^a\equiv Ag^a$。同样理由，$Bf^b\equiv Bg^b$ 等等。因此 $Af^a+Bf^b+Cf^c+$ 等等 $\equiv Ag^a+Bg^b+Cg^c+$ 等等。Q. E. D。①

易于理解，怎样把此定理推广到含几个未知数的函数。

10. 因此如果把相继一些整数代入 x，对应的 X 值取最小余数，那么它们将形成一数列经过 m 项间隔后出现相同的项。(m 为模）这就是说，此数列以 m 项为周期永远无限次重复。例如，设 $X=x^3-8x+6$，取 $m=5$。对于 $x=1$，2，3，等等，X 值取最小余数：1，4，3，4，3，1，4 等等。它的前面五个数1，4，3，4，3 将永远无限次重复。如果此数列取相继逆序，这是说，如果人们给定 x 为负值，则将出现项的次序相反，周期相同的数列。由此可见，在整个数列中除了构成周期中的数以外，不再出现其他的数。

11. 在此例中，X 不能 $\equiv 0$，也不能 $\equiv 2$（mod，5）至少不能 $=0$，或 $=2$。因此方程 $x^3-8x+6=0$，$x^3-8x+4=0$ 无整数解。于是，如我们知道那样，导致它没有有理数解。假设 X 是含未知数 x，具有形式

$$x^n+Ax^{n-1}+Bx^{n-2}+\text{等等}+N,$$

① 原著“已证”记为Q. E. D，此为拉丁文quot erat demonatrandum 三字缩写. 义：已证明.

其中A，B，C，等等是整数，n是正整数。显然所有代数函数都可以化成这一形式。显然，一般地方程$X=0$没有有理数根，除非关于某一模$X\equiv 0$。我们将在第八章* 详论，这里从略。从此例还可获致某些应用，简说如下。

12. 算术教科书中经常遇到的很多内容有赖于本节所涉及的定理。例如，要确定已给数是否被9，11或其他数整除。关于模9所有10的幂都同余于1，于是如果有数具有$a+10b+100c+$等等形式，关于模9，它有最小余数$a+b+c+$等等。因此很明显，十进制表示的数中的数字不计所在位置，加起来，它的和与已给数有相同最小余数。因此如果前者能被9整除，后者也是如此；反之亦然。对于除数3的推导同样正确。又关于模11，$100\equiv 1$，一般说，$10^{2k}\equiv 1$，$10^{2k+1}\equiv 10\equiv -1$。于是当一数具有$a+10b+100c+$等等与$a+b+c+$等等关于模11有相同最小余数。从此这众所周知的法则就立刻推导出来。从这同一原理我们易以推导类似法则。

从上面的判断我们也可以发现经常用来检验算术运算是否正确所据重要原理。特别是，当从一些已给数经过加、减、乘或乘方得到另一些数，就可以关于某一模（在十进制数中9与11的余数易于找到，我们就取它们）的最小余数取代已给数，我们将很快得到答数。它必须与从已给数所得答数同余，否则在计算中有差错。因为这些及类似结果是大家熟知的，过多讨论将是多余的。

13. **定理**　二数都小于某一素数，那么二者乘积不能被此素数整除。

设p是素数，另一正数$a<p$，那么不存在小于p的正数b，使$ab\equiv 0 \pmod{p}$。

证明　如果此定理不真，那么我们就有小于p的b，c，d等等：

* 原来Gauss打算《算术探讨》含八章，其第八章讨论高次同余式. 后来为了不增加印刷费用，决定只印七章.

$ab\equiv 0$，$ac\equiv 0$，$ad\equiv 0$ 等等（mod p）。假设b是其中最小的一个，因此比b小的数不再具有这种性质。显然$b>1$，因为如果$b=1$，则$ab=a<p$（假设）将不能被p整除。现在p既是素数，就不能被b整除，它在b的相继两乘数mb，$(m+1)b$之间。设$p-mb=b'$。b'是小于b的正数。由于已假设过$ab\equiv 0$ (mod p)，且$mab\equiv 0$（第7节），从$ap\equiv 0$做减法，我们有$a(p-mb)=ab'\equiv 0$。也就是说b'肯定是b，c，d等中的一个，而它又小于它们中的最小的一个。矛盾。

14. 如果a，b都不能被素数p整除，那么乘积ab也不能被p整除。

设α，β分别是a，b关于模p的最小正余数。其中没有一个是0（从假设）。现在如果$ab\equiv 0$ (mod p)，则$\alpha\beta\equiv 0$。因为$ab\equiv\alpha\beta$，这与上面的定理相矛盾。

欧几里得在《原本》7.32[①]已证明此定理，我们不想略去。因为现在有好些作者运用不清楚的计算代替证明，或干脆略去证明。用这一非常简练的事实，我们易于领会方法的本质，借此还可以在后文解决更为困难的问题。

15. a，b，c，d等等数之中如果没有一个能被素数p整除，那么它们的乘积$abcd$等等也不能被p整除。

从上一节，ab不能被p整除，所以abc也不能，类似地$abcd$等等也不可能被p整除。

16. 合数只有一种方式分解为素因数。

证明 从初等结构考虑，显然任何合数都可以分解为素数因数。但是这只是默认，未予证明。事实上它不能用不同方式分解。

① T. L. Heath本《原本》英文译释此为命题7.24．我国李善兰、伟力亚烈汉译本卷7把此命题列入第二六题："大小两数与他数俱无等数，则两数相乘与他数仍无等数."

我们假设一个合数是$A=a^{\alpha}b^{\beta}c^{\gamma}$等等，其中$a$，$b$，$c$等等是不相等的素数。如果它还可以分解为另一种素因数乘积。首先，显然后者不能出现异于a，b，c等等以外的素数，因为它不能整除A。类似地，后者也不能失去a，b，c等等中的任何一个，否则按上一节命题后者就不能整除A。那么在这两种因数分解中只能是有些素数出现的次数多于另一种。设某一因数p在一种分解式中出现m次，在另一种中为n次，如$m>n$。就把这两因数的幂都约去n次。原来含n次的素因数幂消失了，另外一个则有$m-n$次。于是形成两种分解式：在数$\frac{A}{p^n}$中：一种没有因数p，另一种则含p^{m-n}次。这就导致矛盾。

17. 因此如果合数A是BCD等等乘积，那么显然在B，C，D等等的素因数中没有一个不是A的因数。而且在A分解式中每一个因数出现的次数必须是在B，C，D等等出现次数的总和。因此我们得到一个判别准则：数B能够整除A或者不能。B能够整除A，它不含有A所含以外的因数；又B能够整除A，它含有因数的次数不超过A所含的次数。如果这二条件都不满足，B就不能整除A。

用组合方法我们易于看出：如上所述：a，b，c等等是不同的素数。使$A=a^{\alpha}b^{\beta}c^{\gamma}$等等，那么在$A$中有（$\alpha+1$）（$\beta+1$）（$\gamma+1$）等等个包括1及$A$本身在内的不同因数。

18. 如果$A=a^{\alpha}b^{\beta}c^{\gamma}$等等，$K=k^{k}l^{\lambda}u^{\mu}$等等，其中$a$，$b$，$c$等等，$k$，$l$，$u$等等为相异素数，则显然$A$，$K$除1以外无公约数。换句话说，二者互素。

已给A，B，C等等，最大公约数求法如下。把各数都分解为素因数式。取A，B，C等等的公因数。（如果没有，它们间无公约数）然后记出这些素因数在A，B，C等等中出现的次数。换句话说记出在A，B，C等等中各自出现的维数。最后，标出在A，B，

C 等等中各自出现的最小维数。它们的乘积是我们所要求的公约数。

当我们要求最小公倍数时，应循下法进行。取所有能整除 A，B，C 等等的素数，标出在 A，B，C 等等中各自最高维数。它们的乘积是我们要求的倍数。

例　设 $A=504=2^3\times3^2\times7$，$B=2\,880=2^6\times3^2\times5$，$C=864=2^5\times3^2$。最大公约数：因数2，3；分别取维数3，2，答数是 $2^3\times3^2=72$。最小公倍数是：$2^6\times3^3\times5\times7=60\,480$。

由于道理简单，我们略去证明。再者，我们知道当 A，B，C 等等不分解为因式乘积时怎样从初等考虑去处理。①

19. 如果数 a，b，c 等等关于另一数 k 互素，那么它们的乘积也与 k 互素。

因为数 a，b，c 等等与 k 无公素因数，因此乘积 abc 等等除了 a，b，c 等等本身素因数外，再无其他因数。所以乘积 abc 等等与 k 无公素因数。从上节知 k 与 abc 等等互素。

如果 a，b，c 等等互素，而它们每一个都整除 k，那么乘积也整除 k。

从节17，18易于得到证明。设 p 是乘积 abc 等等中的一个素因数，它含 π 次。显然在数 a，b，c 等等中某一个必须含此因数 π 次。因此此数整除的 k 中也含有 π 次 p。类似地在乘积 abc 等等中其余因数也是如此。

同理二数 m，n 关于某些互素模 a，b，c 等等同余，也关于它们的乘积同余，因为 $m-n$ 各被 a，b，c 等等整除，因此也被它们的乘积整除。

最后，如果 a，b 互素，且 ak 被 b 整除，那么 k 也被 b 整除，这

---

① 《九章算术》更相减损术、少广术都是避开分解素因数求几个数最大公约数、最小公倍数的算法，见本《大系》卷2，pp. 151～155.

是因为ak同时被a以及b整除，也就是说：$\frac{ak}{ab}=\frac{k}{b}$是整数。

20. 假设a，b，c等等是不相等素数，而$A=a^{\alpha}b^{\beta}c^{\gamma}$等等。如果$A$是某一幂：$A=k^n$，那么所有次数$\alpha$，$\beta$，$\gamma$等等都被$n$整除。

因为k中除了a,b,c等等所含素因数之外，不再含其他因数。设k中含α'次因数a，$k^n=A$含此因数$n-\alpha'$次，即$n\cdot\alpha'=\alpha$。而$\frac{\alpha}{n}$是整数，同理$\frac{\beta}{n}$等等都可以用整数表示。

21. 当a，b，c等等互素时，而乘积abc等等为某一幂：k^n，那么a，b，c各自为同次幂。

设$a=l^{\lambda}m^{\mu}p^{\pi}$等等，其中$l$，$m$，$p$等等为相异素数。从假设知它们间没有一个是$b,c$等等的因数。因此乘积$abc$等等含因数$l$，$\lambda$次，因数$m$，$\mu$次，等等。从上节知$\lambda$，$\mu$，$\pi$被$n$整除，因此$\sqrt[n]{a}=l^{\frac{\lambda}{n}}m^{\frac{\mu}{n}}p^{\frac{\pi}{n}}$等等为整数，对$b$，$c$等等同理可证。

至此我们已获得素数方面的结论，现在进一步深入我们所要探讨的课题。

22. 假设数a,b能被另一数k整除，它们又关于模m同余，m与k互素；那么$\frac{a}{k}$，$\frac{b}{k}$与同一模同余。

显然，$a-b$被k以及m整除，因此从节19，

$$\frac{a-b}{k}\text{被}m\text{整除，即}\frac{a}{k}\equiv\frac{b}{k}\pmod{m}\text{。}$$

再者，另一事实与此等价：m，k有最大公约数e，那么$\frac{a}{k}\equiv\frac{b}{k}\pmod{\frac{m}{e}}$，这里$\frac{k}{e}$，$\frac{m}{e}$互素。而$a-b$同时被$k$以及$m$整除，因此$\frac{a-b}{e}$，同时被$\frac{k}{e}$，$\frac{m}{e}$整除，导致被$\frac{km}{ee}$整除。这就是说，$\frac{a-b}{k}$被$\frac{m}{e}$整除，此即$\frac{a}{k}\equiv\frac{b}{k}\pmod{\frac{m}{e}}$。

23. 如果a，m互素；e，f关于模m不同余，那么ae，af关于m不同余。

这很简单，是上节定理之逆。

显然，如a与从0以$m-1$所有整数相乘，然后把乘积化为关于模m的最小余数，它们都不相等。由于这里有m个余数，没有一个大于m。已包括所有从0到$m-1$在内的数。

24. 设a，b是已给数，x是未知数或变数。表达式$ax+b$可以关于模m与任意数同余，这里m，a互素。

设那个要取为同余的数是c，又设关于模m，$c-b$的最小正余数是e。从上节知：只要x小于m，使积ax的最小余数是e。设此数为v，则我们有$av\equiv e\equiv c-b$，于是 $av+b\equiv c \pmod{m}$。Q. E. F.[①]

25. 含有二同余量的表达式起着方程的作用，称为同余式。如果其中一个是未知数，当找到一个值（根）满足此同余式，就称为已解。因此同余式可解或不可解是明显的。这种区别与方程有无解相类似。下文将出现超越同余式之例。代数同余式以未知数的最高次数分为一次、二次、高次同余式。类似地，不少同余式含许多未知数，我们用消去法处理。

26. 从节24，当模与a互素时，一次同余式$ax+b\equiv c$恒有一解。如果v是x的适合值，这就是同余式的一个根。显然，所有关于模与v同余的数都是根（节9）。同样显然的是所有的根必须与v同余。因此如果t是某一另外的根，$av+b=at+b$，因此$av=at$，$v\equiv t$（节22)我们作结论：同余式$x\equiv v \pmod{m}$已给出同余式$ax+b\equiv c$的全解。

因为，同余式的解所有x值彼此都同余。所以同余的数都考虑为等价。我们只要取其中一个就是同余式的全解。同余式$ax+b\equiv$

① 原著“已完成”记为Q. E. F. 此为拉丁文quot erat faciendum三字缩写.

c 不允许有其他解。它有一解，也只有一解。这就是说，它有一根，只有一根。例如同余式 $6x+5\equiv 13\ (\mathrm{mod}\ 11)$，除了 $x\equiv 5\ (\mathrm{mod}\ 11)$ 以外，不再有其他解。但是这句话并不全真。当同余式的次数高于一次或在一次同余式中未知数乘以与模不互素的一数时，情况就变化了。

27. 现在我们讨论解同余式细节。首先我们观察形式：$ax+t\equiv u$。其中如模与 a 互素，与 $ax\equiv\pm 1$ 有关。因为如果 $x\equiv r$ 满足后者，则 $x\equiv\pm(u-t)r$ 就满足前者。但是不定方程 $ax=by\pm 1$ 等价于同余式 $ax\equiv\pm 1$，[①] 其中模是 b。我们已经知道怎样解它，因此已有足够的算法作计算。

如果量 A,B,C,D,E 等等与 $\alpha,\beta,\gamma,\delta,\varepsilon$ 等等有以下关系：

$A=\alpha,\ B=\beta A+1,\ C=\gamma B+A,\ D=\delta C+B,\ E=\varepsilon D+C$ 等等。

我们简记为：

$A=[\alpha],\ B=[\alpha,\ \beta],\ C=[\alpha,\ \beta,\ \gamma],\ D=[\alpha,\ \beta,\ \gamma,\ \delta]$，等等[②]。

现在我们来考虑不定方程 $ax=by\pm 1$，其中 a，b 都是正数，且 a 不小于 b。[③] 现在运用大家熟知的算法：求二数最大公约数，按照常规除法，我们记出方程

$$a=\alpha b+c,\ b=\beta c+d,\ c=\gamma d+e,\ \text{等等。}$$

---

① 秦九韶《数书九章》卷 3 题 3，（治历演纪）把同余式化为不定方程获解，见本《大系》卷 5，pp. 393～403.

② 这一关系我们可以作进一步考虑：

1）$[\alpha,\ \beta,\ \gamma,\ \cdots\lambda,\ \mu]\cdot[\beta,\ \gamma,\ \cdots,\ \lambda]-[\alpha,\ \beta,\ \gamma,\ \cdots,\ \lambda]\cdot[\beta,\ \gamma,\ \cdots,\ \lambda,\ \mu]=\pm 1$，如果 $\alpha,\ \beta,\ \gamma,\ \cdots,\ \mu$ 为偶，取正，否则取负。

2）其次序可以倒置，即

$[\alpha,\ \beta,\ \gamma,\ \cdots,\ \lambda,\ \mu]=[\mu,\ \lambda,\ \cdots,\ \gamma,\ \beta,\ \alpha]$ 我们略去简单证明.

③ 《数书九章》都取 a 小于 b，所以大衍总数术说："诸衍数各满定母，去之．不满曰奇."

使其中α，β，γ等等，c，d，e等等都是正整数；而b，c，d，e恒递降，直至$m=\mu n+1$。这种运算总能做到，其结果是

$$a=[n,\ \mu,\ \cdots,\ \gamma,\ \beta,\ \alpha],\ b=[n,\ \mu,\ \cdots,\ \gamma,\ \beta]^{①}。$$

如果我们取$x=[\mu,\ \cdots,\ \gamma,\ \beta]$，$y=[\mu,\ \cdots,\ \gamma,\ \beta,\ \alpha]$，当$\alpha$，$\beta$，$\gamma$，…，$\mu$，$n$个数为偶，我们有$ax=by+1$，当个数为奇时，则$ax=by-1$。[②] Q. E. F。

28. 欧拉最早给出这种类型不定方程的一般解法（圣彼得堡科学院报1734－35，1740，1746）* 他的方法包括以其他未知数取代x，y，是今天大家众所周知的方法。Lagrange 处理问题的方法略有不同。他指出用连分数理论易于求解。把分数$\frac{b}{a}$化为连分数

$$\cfrac{1}{\alpha+\cfrac{1}{\beta+\cfrac{1}{\gamma+\text{等等}\cfrac{+1}{\mu+\cfrac{1}{n}}}}}$$

把最后部分$\frac{1}{n}$删去，重新化为普通分数$\frac{x}{y}$，那么如果a，b互素，$ax=by\pm 1$，两种方法使用了同一种算法。[③]

---

① 高斯借助于欧几里得算法解一次不定方程，其实秦九韶所创大衍求一术与同义，但早出550年.

② 大衍求一术也着重两种情况，特别指出："须使右上末后奇一而止."

* "Solutio problematis arithmetici de inventendo numero qui per datos numeros devisus, relinquat data residua."

③ 参见本《大系》卷5，p. 327.

Lagrange 的研究成果发表在柏林历史科学院院报 1767，p. 173。* 后来有人在欧拉代数论文的法文译本作为附录发表。**

29. 在同余式 $ax+t\equiv u$ 中，模与 a 不互素，就容易化为上文情况。设模为 m，而 a，m 的最大公约数是 δ。易知任何满足关于模 m 的解 x，也满足关于模 δ 的解（节5），但是因为 δ 整除 a，$ax\equiv 0 \pmod{\delta}$。因此除非 $t\equiv u \pmod{\delta}$，即 $t-a$ 被 δ 整除，此同余式无解。①

现在使 $a=\delta e$，$m=\delta f$，$t-u=\delta k$，而 e，f 互素，则 $ex+k\equiv 0 \pmod{\delta f}$ 与所假设的 $\delta ex+\delta k\equiv 0 \pmod{\delta f}$ 等价，即不论 x 是什么数，只要满足其中一个，就满足另一个，反之亦然。易知当 $\delta x+\delta k$ 被 δf 整除时，$ex+k$ 就被 f 整除，反之亦然。但是我们已从上文看到怎样解同余式 $ex+k\equiv 0 \pmod{f}$，因此很明显：如果 v 是 x 的一个解，那么 $x\equiv v \pmod{f}$ 已给出所示同余式的全解。

30. 当模是合数时，用下面解法有时是方便的。

设模是 mn，同余式是 $ax\equiv b$，首先按模 m 解此同余式，设 $x\equiv v\left(\bmod \dfrac{m}{\delta}\right)$ 满足此式，其中 δ 是 m，a 的最大公约数。显然，满足以 mn 为模的同余式 $ax\equiv b$ 的解也满足以 m 为模的同余式。解可记为 $v+\left(\dfrac{m}{\delta}\right)x'$，$x'$ 是某一参变数。反过来则不真，因为并不是所有形如 $v+\left(\dfrac{m}{\delta}\right)x'$ 都满足以 mn 为模的同余式。为确定 x' 使 $v+\left(\dfrac{m}{\delta}\right)x'$ 满足同余式 $\left(\dfrac{am}{\delta}\right)x'+av\equiv b \pmod{mn}$ 的一个根，或其等

* "Sur la solution des problemes indetermines du second degre."

** "Elemens d'Algebre par L. Euler traduits de L'Allemand avec des Notes et des additions," Lyon, 1795.

① 《数学九章》卷1"古历会积"题命题舛错，无解的原因：就是因为 $\delta\nmid t-a$. 参见本《大系》卷5，p. 381

价同余式$\left(\frac{a}{\delta}\right)x'\equiv\frac{b-av}{m}\pmod n$，这就导致结论：任一关于模$mn$的一次同余式的解可以化为两个分别关于$m$，$n$的同余式，而且显然，如果$n$又是二因数的乘积，那么关于$n$的那个同余式又可以化为两个分别关于这二因数的同余式。一般说，以合数为模的同余式解可以化为由这些组成合数的因数为模的同余式，方便的话这些因数可以分解到素数为止。

例　假如我们要解$19x\equiv1\pmod{140}$，先解关于模2，得$x\equiv1\pmod 2$。设$x\equiv1+2x'$，于是$38x'\equiv-18\pmod{140}$。这等价于$19x'\equiv-9\pmod{70}$。如还是解关于模2，得$x'\equiv1\pmod 2$。再设$x'\equiv1-2x''$，得$38x''=-28\pmod{70}$，或$19x''\equiv-14\pmod{35}$。关于模5，得解$x''=4\pmod 5$。代入$x''=4+5x'''$，成为$95x'''\equiv-90\pmod{35}$或$19x'''\equiv-18\pmod 7$。这就导致$x'''\equiv2\pmod 7$。又设$x'''=2+7x''''$，得$x=59+140x''''$。也就是说$x\equiv59\pmod{140}$是同余式的全解。[①]

31. 用同样方法$ax=b$的根可以表示为$\frac{b}{a}$。同余式$ax\equiv b$也可以记为$\frac{b}{a}$。同时使与同余式$ax\equiv b$的模相联系，以为区别。例如$\frac{19}{17}\pmod{12}$可以表示任意数$\equiv11\pmod{12}$。这就易知$\frac{b}{a}\pmod c$并不表示任何实的东西。(你可以认为是虚的)，但a，c如有公约

---

① 按照《孙子算经》以来中国习惯，中算是这样考虑的：

$$19x\equiv1\pmod{140}\Leftrightarrow\begin{cases}19x\equiv1\pmod 4\\19x\equiv1\pmod 5\\19x\equiv1\pmod 7\end{cases}\Leftrightarrow\begin{cases}3x\equiv1\pmod 4\\4x\equiv1\pmod 5\\5x\equiv1\pmod 7\end{cases}\Leftrightarrow\begin{cases}x\equiv3\pmod 4\\x\equiv4\pmod 5\\x\equiv3\pmod 7\end{cases}\Leftrightarrow$$

求F_1，F_2，F_3，使：
$$\begin{matrix}35F_1\equiv1\pmod 4 & & 3F_1\equiv1\pmod 4 & & F_1\equiv3\pmod 4,\\28F_2\equiv1\pmod 5 & \Leftrightarrow & 3F_2\equiv1\pmod 5 & \Leftrightarrow & F_2\equiv2\pmod 5,\\20F_3\equiv1\pmod 7 & & 6F_3\equiv1\pmod 7 & & F_3\equiv6\pmod 7\end{matrix}$$

$x=35\times3\times3+28\times2\times4+20\times6\times3\pmod{140}$　　$x\equiv59\ (\mathrm{mol}\ 140)$.

数，不允许整除b。除去这一例外，表达式$\frac{b}{a}$（mod c）总有实值：当a，c互素时，它有无限多个值，所有这些值都关于c同余。或者，当a，c有公约数δ时，它关于$\frac{c}{\delta}$同余，这种表达式有一种算法与普通分数算法非常相像。从上面的讨论很容易导出某些性质，我们指出：

1）关于模c，如$a\equiv\alpha$，$b\equiv\beta$；那么表达式$\frac{a}{b}$（mod c）与$\frac{\alpha}{\beta}$（mod c）等价。

2）$\frac{a\delta}{b\delta}$（mod $c\delta$）与$\frac{a}{b}$（mod c）等价。

3）$\frac{ak}{bk}$（mod c）与$\frac{a}{b}$（mod c）等价，其中k，c互素。

我们还可以引述很多类似的命题，但它们不难导出，而且对下文并不特别有用，我们将进行别的考虑。

32．要求出关于已给模A，B，C已给剩余一切数的问题易于从上文所说获解。下面的方法将证实非常有用。

设二模A，B为已给，关于二者要求出z，使各与a，b同余。所求z将有形式$Ax+a$，这里x是不定的，且$Ax+a\equiv b$（mod B）。如果A，B有最大公约数δ，那么这同余式的全解是$x\equiv v$（mod $\frac{B}{\delta}$）或$x\equiv v+\left(\frac{kB}{\delta}\right)$，$k$为参变数。所以公式$Av+a+\frac{kAB}{\delta}$将包含所有$z$值。也就是说$z\equiv Av+a$（mod $\frac{AB}{\delta}$）是问题的全解。如果在模A，B之外我们再添上第三个模C，又$z\equiv c$。显然我们可以用同样方法去解。因为上面二条件已并为一个。如果$\frac{AB}{\delta}$，C的最大公约数是e，又同余式$\left(\frac{AB}{\delta}\right)x+Av+a=c$（mod C）的解

是 $x\equiv w$ $\left(\bmod \dfrac{C}{e}\right)$，那么借助于同余式 $z=\left(\dfrac{ABw}{\delta}\right)+Av+a\left(\bmod \dfrac{ABC}{\delta e}\right)$，问题已全部解出。我们知道$\dfrac{AB}{\delta}$，$\dfrac{ABC}{\delta e}$分别是$A$，$B$以及$A$，$B$，$C$ 的最小公倍数，因此不论模A，B，C 等等有多少，如果它们的最小公倍数是M，那么全解具有形式$z\equiv r$（mod M）。但是必须没有一个辅助同余式无解，这意味着问题蕴含不可能性。当然当A，B，C 等等互素，此事就不会出现。

例 设A，B，C；a，b，c 是504，35，16；17，-4，33。这里有二条件：$z\equiv 17$（mod 504），$z=-4$（mod 35）这等价于一个条件$z=521$（mod 2 520）。如与条件$z=33$（mod 16）联系，就得$z\equiv 3\ 041$（mod 5 040）

33. 如果A，B，C 等等都互素，显然它们的乘积就是最小公倍数。在此情况中，所有同余式$z\equiv a$（mod A），$z\equiv b$（mod B）等等价于一个同余式$z\equiv r$（mod R），其中R 是数A，B，C 等等的乘积。这一事实转化为：单一条件$z\equiv r$（mod R）可以分解为许多条件。R 可以分解为因数A，B，C 等等。其中A，B，C 等等互素。那么$z\equiv r$（mod A），$z\equiv r$（mod B），$z\equiv r$（mod C）等等。这一分析不仅能使我们发现问题是否存在不可能性，而且还提供令人满意的优美解法。

34. 如上所述，设 $z\equiv a$（mod A），$z\equiv b$（mod B），$z\equiv c$（mod C）。分解所有模成为彼此互素的因数：A 成为$A'A''A'''$ 等等，B 成为$B'B''B'''$等等，等等。它们都是互素或幂互素，如果数A，B，C 等等本身是素数或素数的幂，就没有必要再分解。显然代替原设问题可以改写为$z\equiv a$（mod A'），$z\equiv a$（mod A''），$z\equiv a$（mod A'''）等等；$z\equiv b$（mod B'），$z\equiv b$（mod B''），$z\equiv b$（mod B'''）等等，等等。如果并不是A，B，C 所有数都互素（例如A，B 不互素），显然A，B 所有素因数并非全互异。在A'，A''，A''' 等等之中一个或另外一个是B'，B''，B''' 等等中的一个或其乘积，作为

第一种可能：$A'=B'$。此时条件$z\equiv a$（mod A'），$z\equiv b$（mod B'）等价，即$a\equiv b$（mod A'或mod B'），因此二者之一可以略去。如果$a\equiv b$（mod A'）不真，问题就无解。第二种可能是B'为A'的倍数，条件$z\equiv a$（mod A'）包含在条件$z\equiv b$（mod B'）之中，也就是说条件$z\equiv b$（mod A'）是从后者化过来，与前者等价。这样分析，就导致条件$z\equiv a$（mod A'）可以略去。当然话得说回来，在某种矛盾条件出现，例如问题本身无解，就不能略去。当所有多余的条件被略去后，所有剩下的模以因数存在：A'，A''，A''' 等等；B'，B''，B''' 等等，等等都互素。至此，肯定说：问题有解，且可按上文计算。

35. **例**　从节32，$z\equiv 17$（mod 504），$z\equiv -4$（mod 35），$z\equiv 33$（mod 16），这些条件可以化为：$z\equiv 17$（mod 8），$z\equiv 17$（mod 9），$z\equiv 17$（mod 7），$z\equiv -4$（mod 5），$z\equiv -4$（mod 7），$z\equiv 33$（mod 16）在这些条件中$z\equiv 17$（mod 8）与$z\equiv 17$（mod 7）可以略去，因为前者已包含在$z\equiv 33$（mod 16）中，而后者则与$z\equiv -4$（mod 7）等价。这就留下：

$$z\equiv\begin{cases}17 \pmod{9},\\ -4 \pmod{5},\\ -4 \pmod{7},\\ 33 \pmod{16},\end{cases}$$

就得到　$z\equiv 3\,041$（mod 5 040）。

这很明显：把经过挑选后余下的条件整理，解题是很方便的。某些条件$z\equiv a$（mod A'），$z\equiv a$（mod A''）等等已被略去，余下的是$z\equiv a$（经过略去后的A'，A''，A''' 乘积为模）。上述例中条件$z\equiv -4$（mod 5），$z\equiv -4$（mod 7）已被$z\equiv -4$（mod 35）代替。这不只是因略去了多余的条件而简化了计算，更重要的是解题的细节和技巧。①

36. 当所有模A，B，C，D等等都互素时，下面解法尤其方便。确定一个数α使关于模A同余于1，关于其余模的乘积同余于0。这就是说，α是一值（最小），具有表达式$\frac{1}{BCD\text{等等}}$(mod A)乘以BCD等等（节32）。类似地设$\beta\equiv 1$（mod B）$\equiv 0$（mod ACD等等），$r\equiv 1$（mod C）$\equiv 0$（mod ABD等等）等等。那么如果我们把z看做关于模A，B，C，D等等分别同余于a，b，c，d等等，就可以记为

$$z\equiv \alpha a+\beta b+\gamma c+\delta d \text{ 等等 (mod } ABCD \text{ 等等)}$$

显然$\alpha a\equiv a$（mod A），而其余的数βb，γc等等都$\equiv 0$（mod A）。因此$z\equiv a$（mod A）。对于其他的模可作类似证明。其应用起源于年序学：当小纪、黄金数、太阳周期已给定要确定儒略年。这里$A=15$，$B=19$，$C=28$。因为以下的值$\frac{1}{19\times 28}$（mod 15）或$\frac{1}{532}$(mod 15)是13，那么$\alpha=6\ 916$。同理我们找到β是4 200，γ是4 845而所求数是$6\ 916a+4\ 200b+4\ 845c$的最小余数，其中a

---

① 我们感到有兴趣的是秦九韶《数书九章》所收一次同余式组十例中，不少在解题时也先剔除多余的模. 当然秦氏未用分解因数方法，而是运用富含中国特色的“约奇弗约偶”法.（本《大系》卷5p. 341～345）以“积尺寻源”题为例，问题相当于要解 $x\equiv 60$（mod 130）$\equiv 30$（mod 120）$\equiv 20$（mod 110）$\equiv 30$（mod 100）$\equiv 30$（mod 60）$\equiv 30$（mod 50）$\equiv 5$（mod 25）$\equiv 10$（mod 20）. 经过按部就班，有条不紊地“约奇弗约偶”步骤，略去多余的模，化为与原题等价的同余式组

$$x\equiv 60 \text{ (mod 13)} \equiv 30 \text{ (mod 8)} \equiv 20 \text{ (mod 11)} \equiv 30 \text{ (mod 3)} \equiv 30 \text{ (mod 25)}.$$

秦九韶异途同归，已获得五个两两互素模13，8，11，3，25，就可以按照中国剩余定理解得所求

$$x\equiv 4\ 291\ 230\equiv 1\ 230 \text{ (mod } 13\times 8\times 11\times 3\times 25)$$

是小纪，b是黄金数，而c是太阳周期。①

第五节　几　何

本时期内在几何学领域内也有许多创新，我们分段选述部分有关文献。

一、三角形

直角三角形

对欧几里得《原本》卷1命题47，T. Simpson（1710—1761，英国）以出入相补原理，获见图自明的新证。（图6.3.10）

平面上的勾股定理有推广到三维空间的文献记录。在三维直角坐标系中一平面截割坐标三面角成三直角三棱锥，其四个面上（图6.3.11）$\triangle ABC$，$\triangle ABO$，$\triangle ACO$，$\triangle BCO$面积间有以下关系：

$$(S(ABC))^2=(S(ABO))^2+(S(ACO))^2+(S(BCO))^2。$$

（J. Faulhaber，1580—1635，德国）

① 本节高斯所说只是记号不同，与中国剩余定理（或孙子定理）同义，在此我们作一对照．参见本《大系》卷5p．331定理14．

高斯《探讨》2.36	中国剩余定理
余数a，b，c，d.	r_i（$1\leqslant i$，$j\leqslant n$）
模A，B，C，D等等都互素.	m_i，$(m_i, m_j)=1$
确定系数α，β，… $\alpha\equiv 1 \pmod{A}$ $\equiv 0 \pmod{BCD}$ $\beta\equiv 1 \pmod{B}$ $\equiv 0 \pmod{ACD}$ ……	求F_i，使 $\frac{M}{m_i}F_i\equiv 1 \pmod{M}$， $M=\prod_1^n m_i$
问题的解是 $z=\alpha a+\beta b+\gamma c+\delta d \pmod{ABCD}$	所求解是： $x\equiv\sum_1^n \frac{M}{m_i}F_i r_i \pmod{M}$

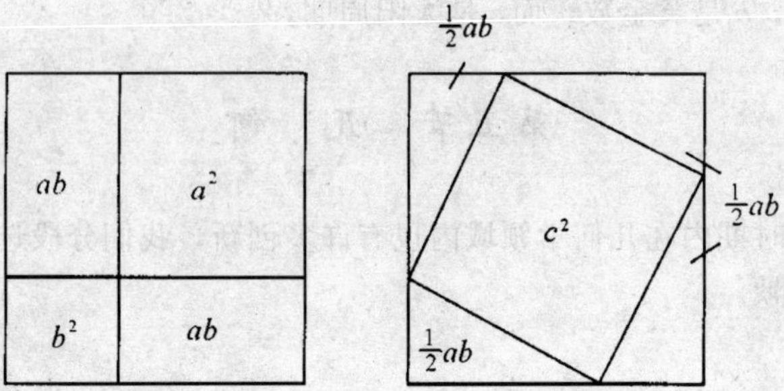

图 6.3.10

Faulhaber 自证①：从勾股定理 $AC=\sqrt{a^2+c^2}$，$BC=\sqrt{b^2+c^2}$，$AB=\sqrt{a^2+b^2}$. 从Heron面积公式，$S(ABC)=\frac{1}{2}\cdot(AC+BC+AB)\cdot\frac{1}{2}\cdot(AC+BC-AB)\cdot\frac{1}{2}\cdot(AC-BC+AB)\cdot\frac{1}{2}\cdot(BC+AB-AC)=$

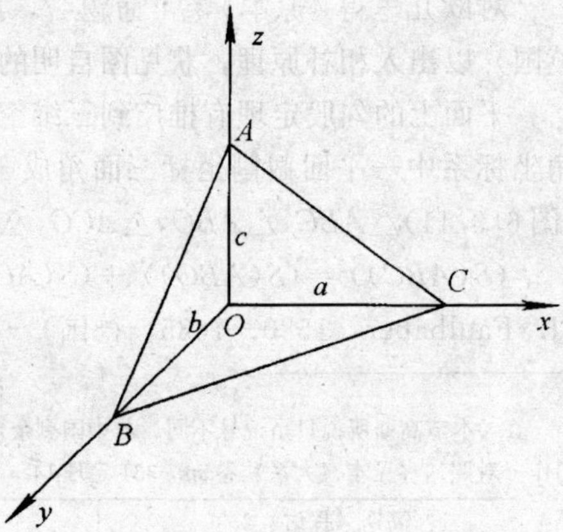

图 6.3.11

$\frac{1}{16}\cdot[(AC+BC)+AB]\cdot[(AC+BC)-AB]\cdot[AB+(AB-BC)]\cdot[AB-(BC-AC)]$

$=\frac{1}{16}(AC^2+BC^2+2AC\cdot BC-AB^2)(AB^2-BC^2-AC^2+2BC\cdot$

① HG, vol. 2, pp. 370～371.

AC）

$=\frac{1}{16}\left(2\sqrt{a^2+c^2}\sqrt{b^2+c^2}+2c^2\right)\left(2\sqrt{a^2+c^2}\sqrt{b^2+c^2}-2c^2\right)$

$=\frac{1}{4}\left(a^2b^2+a^2c^2+b^2c^2\right)$，命题已证。

在推导过程中，他巧妙地作代数恒等变换使问题得优美解。

正三角形

定理

正三角形内一点上三边距离的和为定值。(此定值为高)(V. Viviani，1622—1703，意大利)

证法　V. Viviani 自证很简洁。设正三角形$\triangle ABC$内任一点为O，O点到三边BC，AC，AB的距离分别为h'_a，h'_b，h'_c。则$\triangle BOC$，$\triangle AOC$，$\triangle AOB$的面积分别是$\frac{1}{2}ah'_a$，$\frac{1}{2}bh'_b$，$\frac{1}{2}ch'_c$。我们又记底边BC的边长为a，其上高为h。从正三角形三边相等的性质，命题得证：$h'_a+h'_b+h'_c=h$。

面积证法是常见几何证法，以其简洁见胜，应该说Viviani的推导方法是开创性的。

一般三角形

与距离有关的命题

定理①　$\triangle ABC$中，AD是$\angle A$的平分线，其长度记为t_a。又记$BD=x$，$DC=y$，则

$$bc=t_a^2+xy.$$

其中b，c为$\angle B$，$\angle C$所对边长，D为角平分线与BC交点(F. van Schooten. 约1615—1660，荷兰)

定理②　　P是$\triangle ABC$内任意一点，G是重心，则$PG^2=$

---

① 详见S，p. 466.

② 详见S，p. 464.

$\frac{1}{3}(PA^2+PB^2+PC^2)-\frac{1}{9}(a^2+b^2+c^2)$。$a$，$b$，$c$ 为三边长。(G. W. Leibniz，1646—1716，德国)

G. W. Leibniz

图 6.3.12

定理①　在△ABC 底边 BC 上取一点 P，连结 AP，则

$$AB^2\cdot PC+AC^2\cdot PB-PA^2\cdot BC=BC\cdot PC\cdot PB$$

(M. Stewart，1717—1785，英国)

共线点与共点线

定理　过△ABC 的顶点 A，B，C 分别作共点 (O) 的三直线，各交对边 BC，AC，AB 于 D，E，F，则所截线段 $\frac{BD}{DC}\frac{CE}{EA}\frac{AF}{FB}=1$ (T. Ceva，1648—1737，意大利)

证明　Ceva 于1678年公布此命题，并以面积证法推导定理。

在图 6.3.13 中

$$\frac{BD}{DC}=\frac{S(BAD)}{S(DAC)}=\frac{S(BOD)}{S(DOC)}$$

$$=\frac{S(BOA)}{S(COA)} \qquad \text{(i)}$$

同理　$$\frac{CE}{AE}=\frac{S(BOC)}{S(AOB)} \qquad \text{(ii)}$$

$$\frac{AF}{FB}=\frac{S(AOC)}{S(BOC)} \qquad \text{(iii)}$$

(i) ～ (iii) 三式左右边相乘，命题已证。

Ceva 发表此命题上距希腊亚历山大学者 Menalaus 关于三角形共点线的定理已十五个世纪。二者有对偶性质，在几何学理论和应用上都有重要意义。

① 详见S，P. 464.

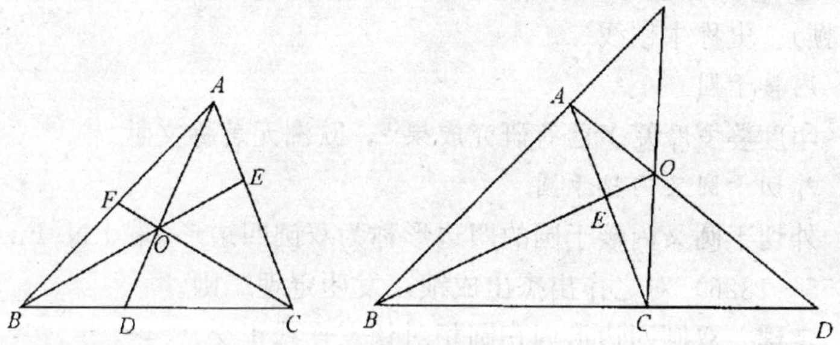

图 6.3.13

定理　三角形内切圆切点分别与对角顶点连线，三线共点（J. D. Gergonne，1771—1859，法国）。

二、四边形

我们以四边形有否内切圆或外接圆分类叙述①。

不外切于圆也不内接于圆

定理　四边形两对角线中点、两组对边交点连线的中点，三点共线。此线史称牛顿线一，牛顿（I. Newton，1643—1727，英国）。

定理　依次连结四边形各边中点的图形，是平行四边形。(P. Varignon，1654—1722，法国)

定理　四边形对边中点连线、两条对角线中点连线，三线共点，并且互相平行。(Varignon)

外切于圆

定理　外切于圆的四边形，对边切点连线、四边形二对角线，四线共点。(牛顿）此点史称牛顿点。

① 详见S.，第三章第五节，一般四边形

定理 外切于圆的四边形二对角线中点与圆心、三点共线(牛顿)。史称牛顿线二。

内接于圆

印度婆罗摩笈多已有研究成果[1]，欧洲无著称文献。

外切于圆又内接于圆

外切于圆又内接于圆的四边形称为双圆四边形，瑞士N. Fuss(1755—1826)对之作出杰出成绩，发明定理二则。

定理 双圆四边形内切圆相对切点连线正交。

Fuss自证：(图6.3.14)四边形$ABCD$的内切圆切点为X，X'，Y，Y'。DC，AB；AD，BC的延长线分别交于Q，P，$QX=QX'$，因此$\angle 4=\angle 5$。同理$\angle 1=\angle 6$。在四边形$Y'DX'E$中：

$\angle D+\angle 1+\angle 2+\angle Y'EX'=360°$。

在四边形$YEXB$中：

$\angle B+\angle 3+\angle 4+\angle XEY=360°$

而 $\angle 1=\angle 6=180°-\angle 3$,

$\angle 2=180°-\angle 5=180°-\angle 4$,

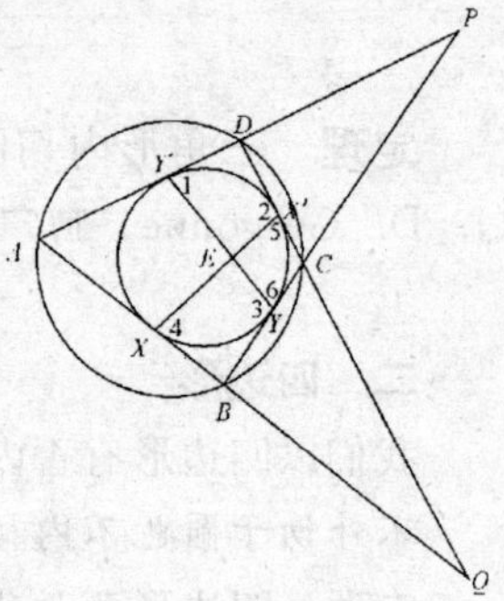

图6.3.14

又$\angle D+\angle B=180°$，于是$\angle Y'EX'+\angle XEY=180°$。而$\angle Y'EX'$，$\angle XEY$是对顶角，命题得证。

定理二 大圆、小圆内离，它们的半径分别为R，r，圆心距为d。两圆分别是某一四边形的外接圆不是内切圆的充要条件是

$$2r^2(R^2+d^2)=(R^2-d^2)^2。$$

N. Fuss自证充分性，后人补证必要性。[2]

① 参见第四编第三章第二节几何，二、四边形

② 详见S.，p. 564.

三、六边形

内接于圆

B. Pascal

图 6.3.15

B. Pascal (1623—1662，法国) 16岁(1639)发表《圆锥曲线论》论文虽仅八页，含此定理："内接于圆锥曲线的六边形，每两条对边相交成三点，三点共线。"论文未给出证明，不久失传。少数学者曾见此文。R. Descartes 读后，惊叹说，他不能相信文章竟出自少年人之手。G. W. Leibniz 于1678年在巴黎获读论文，并向Pascal的姨甥论述此事及其内容。直至1779年名著又重新被发现。定理的逆命题也成立，是射影几何最重要命题之一。

定理 内接于圆的六边形三组对边的交点、三点共线。史称Pascal线。①

外切于圆

Pascal定理发表后160多年，其对偶定理经巴黎综合技术大学在学学生C. J. Brianchon (1783—1864，法国) 发现，当时他才23岁 (1806)。

定理 外切于圆的六边形，三组对顶点连线，三线共点。史称Brianchon点。

与Pascal定理允称数学中璀璨美玉，同是射影几何最重要命题之一。②

---

① 详见S.，p. 570～573

② 详见S，pp. 574～576，其一般形式，对外切于圆锥曲线的六边形本命题也成立

四、圆

圆周率表达式

在17～18世纪期间数学发展益快，研究数学的工具增多，因此也出现不同形式的圆周率表达式

连乘积

J. Wallis（1616—1703，英国）于1650年发表他的表达式

$$\frac{\pi}{2}=\frac{2\times2\times4\times4\times6\times6\times8\cdots}{1\times3\times3\times5\times5\times7\times7\cdots}$$

J. Wallis

图 6.3.16

连分数

英国皇家学会首任主席 W. Brouncker（1620—1684）用连分数表达式

$$\frac{\pi}{4}=\frac{1}{1+}\frac{1^2}{2+}\frac{3^2}{2+}\frac{5^2}{2+}\cdots$$

据说他是从Wallis公式推导，于1655年发表。当时谁也说不清他是怎样推导的①。

交错级数

G. W. Leibniz（1646—1716，德国）的表达式1674年发表

$$\frac{\pi}{4}=1-\frac{1}{3}+\frac{1}{5}-\frac{1}{7}+\cdots$$

上面三式形式上很简洁、优美，但不便于用：它们都收敛太慢，即使求π的几位有效数字也得计算成千上万项。特别是那个交错级数，正负相间。求总和时更是逶迤徘徊，很难达标：要获得二位有效数字得计算几百项。

幂级数

牛顿于1676年发表

① S., p. 620

$$\frac{\pi}{6}=\frac{1}{2}+\frac{1}{2}\left(\frac{1}{2}\right)^3\frac{1}{3}+\frac{1\times3}{2\times4}\left(\frac{1}{2}\right)^5\frac{1}{5}+\frac{1\times3\times5}{2\times4\times6}\left(\frac{1}{2}\right)^7\frac{1}{7}+\cdots$$

此式于1701年传来我国，称为杜氏[①]九术之一

反正切

J. Machin（1680—1751，英国）指出（1706）

$$\frac{\pi}{4}=4\arctan\frac{1}{5}-\arctan\frac{1}{239},$$

其中　$\arctan x=x-\frac{x^3}{3}+\frac{x^5}{5}-\frac{x^7}{7}+\cdots$

C. Hutton（1737—1823 英国）（1776年）

$$\frac{\pi}{4}=\arctan\frac{1}{2}+\arctan\frac{1}{3},$$

C. F. Gauss（1777—1855，德国）

$$\frac{\pi}{4}=12\arctan\frac{1}{18}+8\arctan\frac{1}{57}-5\arctan\frac{1}{239},$$

用π的反正切关系又运用幂级数展开，收敛速度快。W. Shanks（1812—1882，英国）借助于Machin公式，以毕生年华，计算π至707位小数，图版6.3.2为原著书影。近世用计算机把π值运算到小数点后位数以亿计[②]。我国曾纪鸿于1877年用Hutton公式计算π到小数点后一百位，对此式收敛速度感到满意，他深有体会地说："若用内容外切法（即按阿基米德《量圆》命题3方法）则需数年之力，始可得二、三十位。"

① 杜德美（P. Jartoux，1668—1720，法国）

② 2001年最近记录：日本学者已计算圆周率有效数字达2061．5843亿位.

图版 6.3.2

用投针实验求圆周率

已有不少实验方法求圆周率值，18世纪最早出现了投针方法。（图6.3.17）

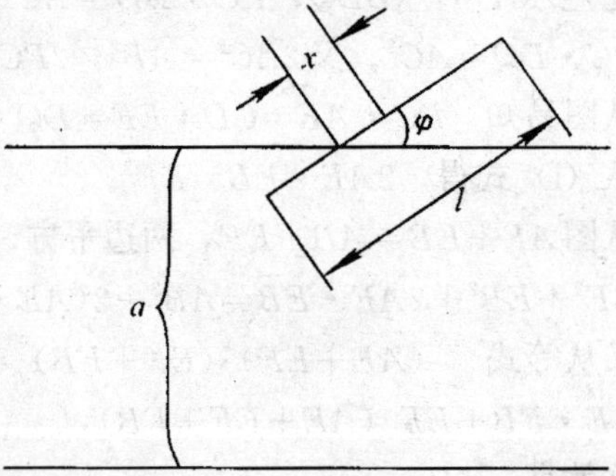

图 6.3.17

G. L. L. Buffon（1707—1788，法国）于1777年提供一个有名的实验。在一张纸上画好一条条等距离（a）平行线。用长度为$l\left(l=\frac{a}{2}\right)$的缝衣针，随机向纸张投针2 212次，其中与平行线相交704次。Buffon认为：

$$\frac{2\ 212}{704}\approx 3.142\approx\pi^{①}。$$

半圆与长方形

定理　AB 是半圆 AMB 的直径。作长方形 $ABDC$，使它的高是圆内接正方形的一边。连接 CM，DM，交直径于 E，F，则

$$AF^2+BE^2=AB^2。$$

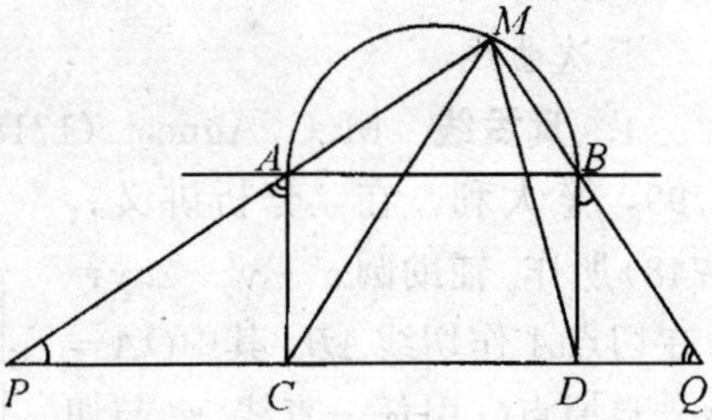

图 6.3.18

（P. de Fermat，1601—1665，法国）

Fermat自证：图6.3.18中，$\angle P=\angle DBQ$，$\angle Q=\angle PAC$，因

① 详见S.，p. 612

此$\triangle ACP \backsim \triangle BDQ$，$PC : BD = AC : DQ$。已给$BD = AC$，则$PC \cdot DQ = AC^2$。又$2AC^2 = AB^2$，$2PC \cdot DQ = AB^2 = CD^2$。 (i)

从图易知 $PC : AE = CD : EF = DQ : FB$。 (ii)

从 (i) 式得 $2AE \cdot FB = EF^2$。 (iii)

从图$AF + EB = AB + EF$，两边平方，再从 (iii) 式，得

$AF^2 + EB^2 + 2AF \cdot EB = AB^2 + 2(AE \cdot FB + AB \cdot EF)$。 (iv)

又从等式 $(AE + EF)(EF + FB) = AE \cdot FB + EF(AE + EF + FB)$，

这就是

$AF \cdot EB = AE \cdot FB + AB \cdot EF$。 (v)

综合 (iv)，(v) 两式，命题已证。

五、曲线

本时期在古希腊数学基础上作出各种曲线。品种之多、范围之广、研究深入、周到是前所未有的。我们选介八例。

代数曲线

三次曲线

M. G. Agnesi

图 6.3.19

1. 箕舌线 M. G. Agnesi (1718—1799，意大利，在《分析讲义》，1748) 所作。辅助圆$x^2 + y^2 - 2ay = 0$在切点A作切线AB，其中$OA = 2a$。自原点O引任一直线OC与切线及圆相交于B，C。引$CP \parallel AB$，又引$BP \perp CP$，P为垂足，P的轨迹就是箕舌线 (图6.3.20) 方程是

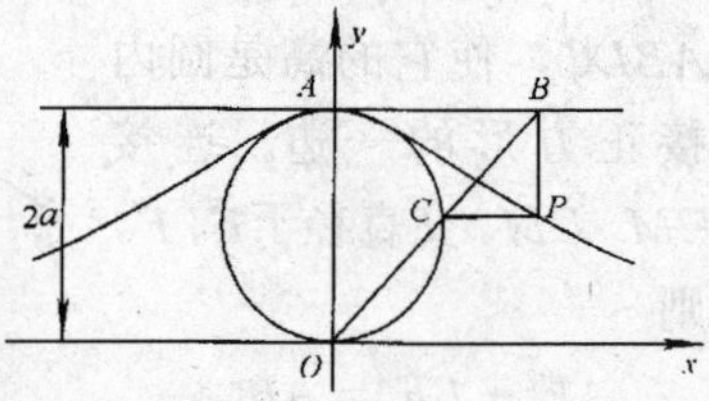

图 6.3.20

$y = \dfrac{8a^3}{4a^2 + x^2}$，它的渐近线$y = 0$。

2. 叶形线 R. Descartes 于1638 年最先作出

$$x^3+y^3=3axy$$

的图像，它有渐近线$x+y+a=0$（图6.3.21）。

3. 环索线　最先是I. Barrow（1630—1677，英国）后来Jean Bernoulli（1667—1748，瑞士），M. G. Agnesi（1718—1799）相继研究这一曲线作法：在Ox上取$OR=OS=a$，从R作Ox的垂直线TQ。从S起作任意直线如SK，交Oy轴于K。在SK上取$KP=KP'=OK$，那么$P(P')$的轨迹是环索线，方程是$y^2=\frac{x^2(x+a)}{a-x}$（图6.3.22），$x=a$（TQ）是它的渐近线。

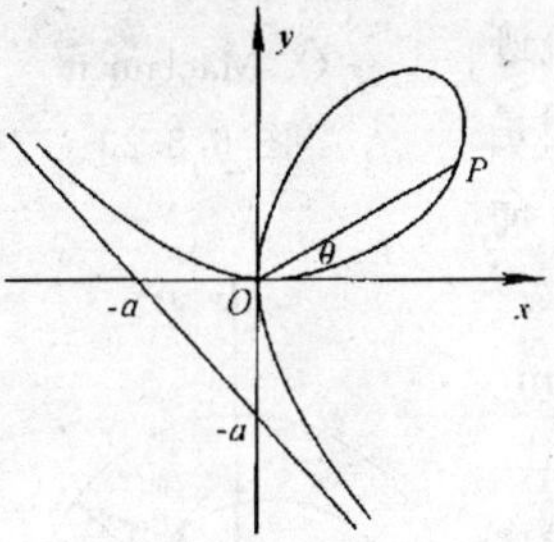

图 6.3.21

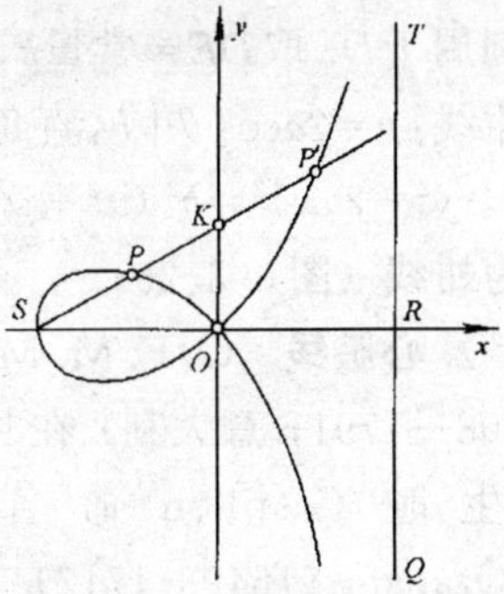

图 6.3.22

4. 角三等分曲线　C. Maclaurin（1698—1746，英国）以此曲线为工具三等分任意角。他以a为半径，在直角坐标系中作圆：

$$x^2+y^2=a^2,$$

过点$A(-a, 0)$作射线OP，交圆于C。作半径OC的中垂线交AP于P，P点的轨迹就是所求角三等分曲线。（图6.3.24）

Maclaurin设P的坐标为（x，y）。计算

$$OP=\sqrt{x^2+y^2}，AP=\sqrt{(a+x)^2+y^2}。$$

从作图知，两等腰三角形$\triangle ACO\backsim\triangle OPC$，于是$OP:OC=AO:AC$，而$AC=AP+PC=AP+OP$，于是$\sqrt{x^2+y^2}:a=a:$

$\left(\sqrt{(a+x)^2+y^2}+\sqrt{x^2+y^2}\right)$。

这就是$2x(x^2+y^2)=2\left(a^3-3\ (x^2+y^2)\right)$ 如果以点 A 取作新的原点经过坐标轴平移，则方程为

$$2x\ (x^2+y^2)\ =a\ (3x^2-y^2)。$$

C. Maclaurin

图 6.3.23

四次曲线

1. 蚶线　E. Pascal 以此为工具，三等分任意角。他在极坐标系的极轴 OA 上，以 $2a$ 为直径作圆。过极点 O 的动径交圆周于 D。取 DE＝常量 b，则 E 的轨迹为蚶线：$\rho=2a\cos\theta+b$，直角坐标方程是 $(x^2+y^2-2ax)^2=b^2\ (x^2+y^2)$。Pascal 命名为蚶线（图 6.3.25）。

2. 心脏线　G. F. M. M. Salvamini（1708—1791，意大利）在 1741 年以其诞生地 Castillon 命名此曲线。J. Ozanam（1640—1717）曾以此作为蚶线的特殊情况考虑：曲线的极坐标方程是 $\rho=2a\ (1-\cos\theta)$，对应的直角坐标方程为 $(x^2+y^2+2ax)^2=4a^2\ (x^2+y^2)$。这是今日解析几何教科书教学内容。它也是外旋轮线的特例。（图 6.3.26）

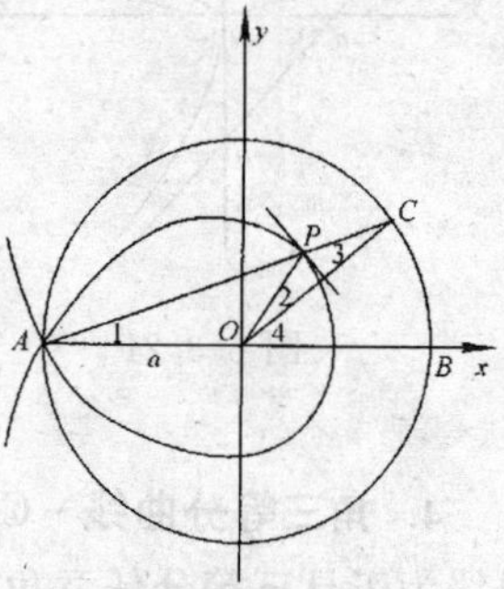

图 6.3.24

非代数曲线

1. 蔷薇曲线　在中世纪欧洲哥特式建筑教堂主立面中央常以蔷薇花为饰。图版 6.3.3 为巴黎圣母院十六瓣大蔷薇花窗、圣母院教堂建于 12～13 世纪（1163—1235）。

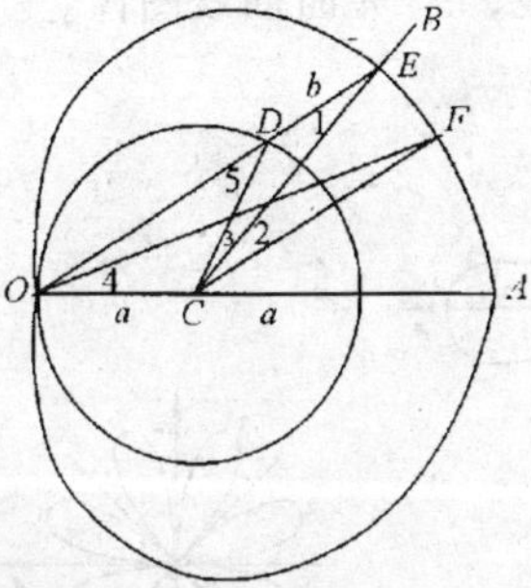

图 6.3.25

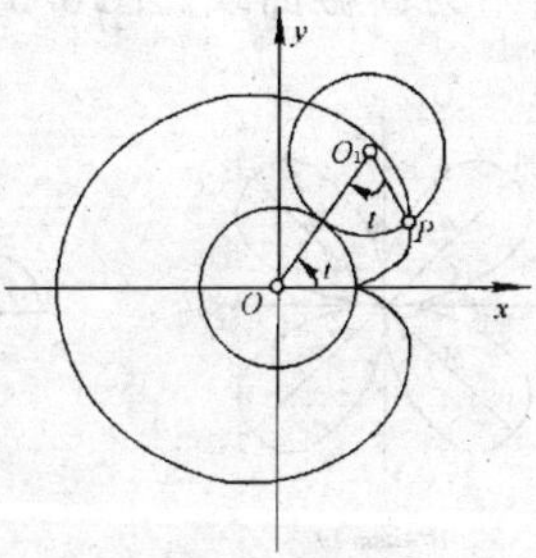

图 6.3.26

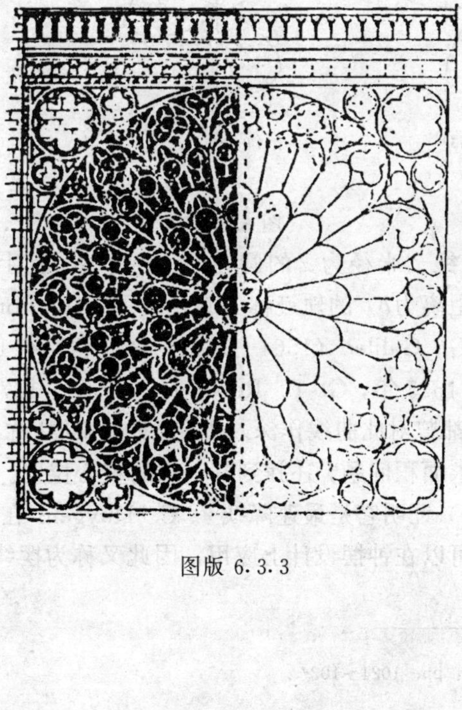

图版 6.3.3

G. Brandi 1713年命名$\rho=a\sin n\theta$，$\rho=a\cos n\theta$（n为自然数，$n>1$）为蔷薇曲线。图6.3.27示$n=2$，3，4时曲线图像。

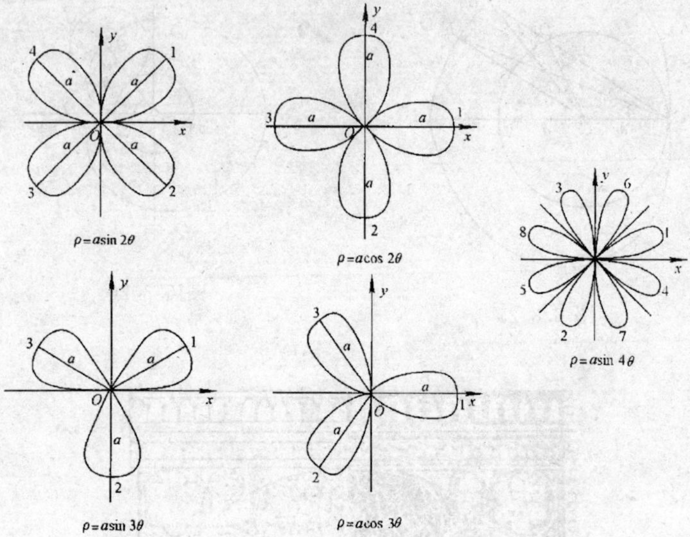

图 6.3.27

2. 旋轮线 半径为a的圆在Ox上滚动。其上一点P（x，y）（与圆心距离为b）的轨迹称为旋轮线。C. de Bonells 1501年提出，后来G. Galileo（1564—1642，意大利）在1599年，M. Mersenne在1625年，G. P. Roberval。（1602—1675，法国）在1634年分别都曾对此曲线作深入研究。E. Pascal称之为旋轮线，并借以讨论求面积问题，还找到其一拱的重心位置。J. Bernoulli（1654—1705）证明它是最速降线[1]。C. Huygens在1673年指出其等时性，可以在钟摆设计上应用，因此又称为摆线。

① 详见S.，pp. 1024～1027.

当辅助圆（半径a）圆周上的定点P（x，y）从$x=0$起动，则旋轮线方程是（$a=b$）

$$x=a\arccos\left(1-\frac{y}{a}\right)-\sqrt{2ay-y^2}。$$

当辅助圆半径上的定点P'（P''）从$x=0$起动，旋转角θ，点P'（P''）与圆心距离OP'（OP''）为b，则旋轮线方程是

$$x=a\left(\theta-\frac{b}{a}\sin\theta\right),$$

$$y=a\left(1-\frac{b}{a}\cos\theta\right)。$$

图6.3.29中曲线1（$a=b$），曲线2（$a>b$），曲线3（$a<b$）。

C. Huygens

图 6.3.28

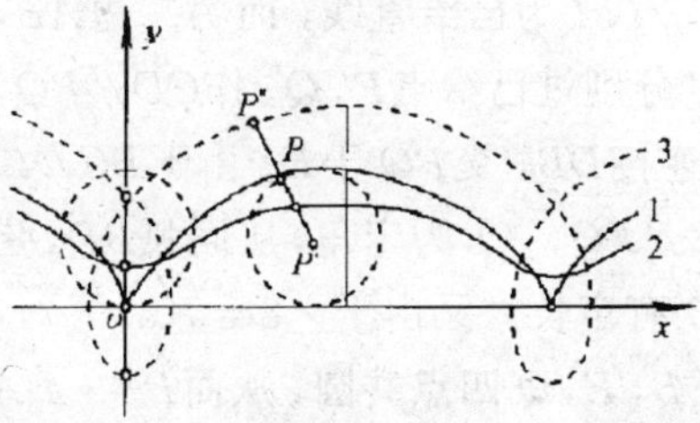

图 6.3.29

六、作图题

尺规作图

这里选录文献二例

问题　作同心圆，三等分圆面积。(G. Galileo) Galileo 作法：图6.3.30在半径OA上取三等分点M，N，即$AM=MN=NO$。以AO为直径作半圆。从M，N引垂线垂直于AO，交半圆于P，Q。

以O为心分别以OQ,OP为半径所作同心圆，三等分圆面积。

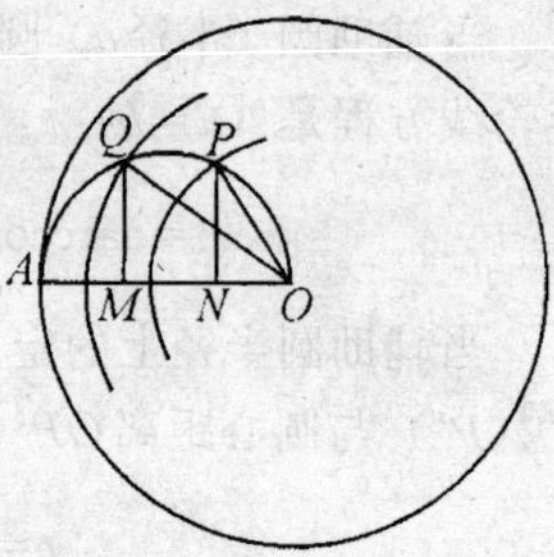

图 6.3.30

问题 作已给圆的内接三角形，使它的三边分别过已给三点（G. Cramer，1704—1752 瑞士）

问题提出后，直至 1776 年 J. Castillon（1704—1791，意大利）获得解法，史称Castillon 题。后来J. Steiner（1796—1863，瑞士）另拟新的解法。

Castillon 作图法分两步走，先解一条件较弱的辅助问题。在此基础上本题获解。

辅助问题 作所给圆的内接三角形，使其一边平行于已给直线，另二边分别过已给二点。

分析 图 6.3.31，$\triangle ABC$ 的边 $BC /\!/ l$，l 为已给直线，而另二边AB，AC 分别过已给点P，Q。作$CD /\!/ PQ$，又连接DB，交PQ于E。由于$BC /\!/ l$，$DC /\!/ PQ$，$\angle 1$为定角，从而弧BD，弦BD有定长。又由于$\angle 2=\angle 3=\angle 4$，$A$，$B$，$E$，$Q$四点共圆，从而$PB \cdot PA = PE \cdot PQ = PT^2$，$T$为圆$O$直线$PT$的切点。也就是说$E$为定点。

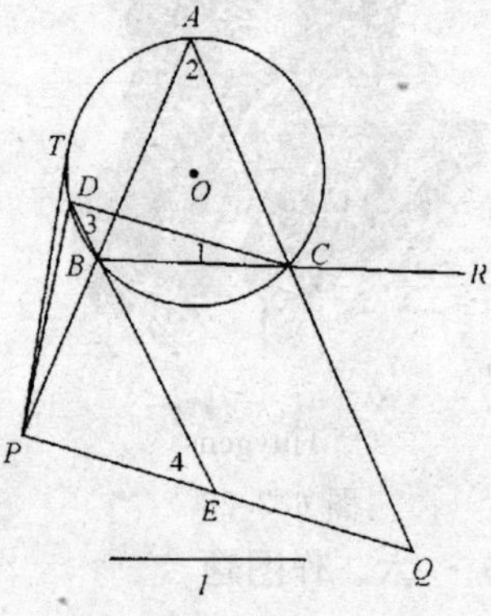

图 6.3.31

作法 在PQ线段上取E点，使$PE \cdot PQ = PT^2$，过点E引圆O的割线EBD，使弦BD=定长（它所对圆周角$=\angle 1$，BC，PQ夹角）作$\triangle BEQ$的外接圆与已给圆O交于A。AQ交圆O于C，则$\triangle ABC$为所求三角形。

Crammer 问题的解法：如P，Q，R为已给点，同图内用辅助问题作法，在已给圆O内作内接△BCD，使得$DC /\!/ PQ$，而另两边DB，BC分别过E，R，其中$PE \cdot PQ = PT^2$，T为过P对圆所引切线的切点。然后连接PB，交圆于A。则△ABC为所求三角形。

几何三大作图问题

本时期数学界对此三大问题的解法持续感到兴趣，文献记载：

三等分一角

1. E. Pascal 利用他创制的蚶线为工具，取$b=a$，图6.3.25中，已给角$\angle AOB$的一边放在极轴上，角顶与极相合。角的另一边交圆于D，交蚶线于E。从圆的中心C作$CF /\!/ OE$，则$\angle ECF$为所求角。

这是因为从蚶线性质和作法知

$OC=CD=DE$，$\angle 4=\angle 5$，$\angle 1=\angle 3$，又$\angle 1=\angle 2$，$\angle FCA=\angle 4=\angle 5=2\angle 1$，命题得证。

A. C. Clairaut

图 6.3.32

2. C. Maclaurin 利用他设计的角三等分曲线，三等分任意角图 6.3.24 中$\angle BOC$为已给角，置AB在Ox轴上，AP交角三等分曲线于P，交圆$x^2+y^2=a^2$于C，连接OC，则OC三等分已给角。

这是因为从作法知，$\angle 2=\angle 3$，而$\angle 1=\angle 3$。又$\angle 4=\angle 2+\angle 3$。也就是说$\angle 4=2\angle 2$。

3. A.C. Clairaut 变通Pappus原法，作了简化。设$\angle AOB$为已给角，以O为心，$OA=OB$为半径作圆弧。连结AB，取其三等分点：$AH=HK=KB$（图6.3.33）角平分线OC交AB于L，即$2HL=AH$。

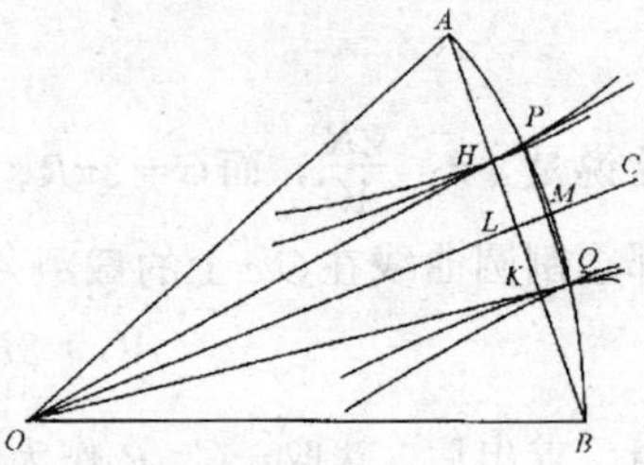

图 6.3.33

以A为焦点，OC为准线，H为顶点作双曲线。

双曲线交圆弧AB于P。

作$PM\perp OC$，延长PM交圆弧于Q，

从$AP:PM=AH:HL=2:1$，

$$AP=2PM=PQ,$$

获知　　弧AP=弧PQ，

于是　　$\angle AOP=\frac{1}{3}\angle AOB$。

命题得证①。

化圆为方

借助于古希腊Hippias of Elis的割圆曲线（图3.1.7）化圆为方，割圆曲线方程是

$$x=y\cot\frac{\pi y}{2R}。$$

当向量半径AD'，平行线$B'C'$都趋近Ox轴时，借助于L'Hospital (G. F. A. de，1661—1704法国）法则

$$AG=\lim_{y\to 0}y\cot\frac{\pi y}{2R}$$

$$=\lim_{y\to 0}\frac{y}{\tan\frac{\pi y}{2R}}=\lim_{y\to 0}\frac{2R}{\pi}\cdot\frac{\frac{\pi y}{2R}}{\tan\frac{\pi y}{2R}}=\frac{2R}{\pi}。$$

这说是，$\pi=\frac{2R}{AG}$，而$C=2\pi R$。

那么割圆曲线在Ox上的截距AG，可用以尺规作出圆周长C：

$$AG:2R=2R:C。$$

当C求出后，就取$\frac{1}{2}C$，R作为二项，其比例中项就是面积等于圆

① 详见S. p. 412

面积（半径为R）的正方形边长$\sqrt{\frac{1}{2}CR}$。

立方倍积

数学家深知立方倍积问题等价于探求二数的双比例中项。17～18世纪这二百年间发明不少用尺规以外的工具解决这耐人寻味的作图题。

1. G. de Saint-Vincent（1584—1667，法国）在1647年提出作法：过长方形顶点$Q(a,b)$引一双曲线使其渐近线是长方形，另二边（即$x=0,y=0$）。双曲线与长方形外接圆交点P与二渐近线距离是长方形二边a,b的双比例中项。

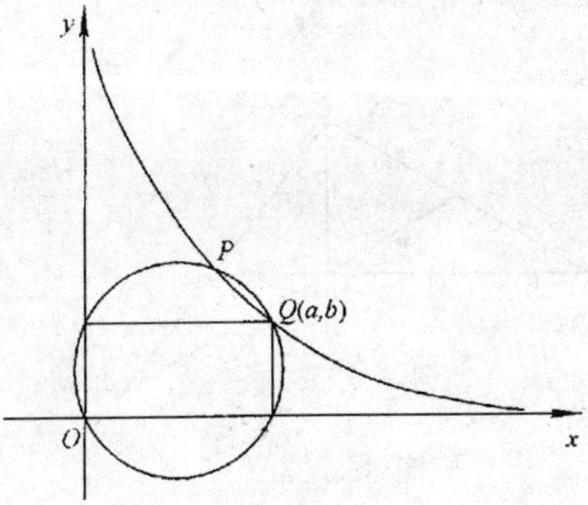

图 6.3.34

理由：图6.3.34中双曲线$xy=ab$与外接于长方形的圆$x^2+y^2-ax-by=0$二者交点，异于（a，b）之外，还有$P\left(a^{\frac{2}{3}}b^{\frac{1}{3}},\ a^{\frac{1}{3}}b^{\frac{2}{3}}\right)$，适是$a$，$b$间双比例中项。当$b=2a$，问题已解。

2. R. Descartes（1596—1650，法国）提出两种方法

作法一　$x^2+y^2=ay+bx$，$x^2=ay$的交点是a，b间双比例中项。显然这就是$x^2=ay$，$y^2=bx$的另一组合形式，而后者即$a:x=x:y=y:b$。希腊Menaechmus早有论述（$b=2a$）。

作法二　图6.3.35中，作边长为a的正三角形，延长CA至D，使$AD=a$。延长AB至P，作直线PC交DB的延长线于Q，使$QP=a$，则$a:x=x:y=y:2a$，其中$QC=x$，$BP=y$。

3. 牛顿（1643—1727，英国）对此也有成果。

作法：已知$a<b$。作$OA=b$（图6.3.36），B为其等分点。以

O 为心，OB 为半径作圆。引 $BC=a$，过 O 作直线 l，与 AC 交于 D，BC 交于 E，使 $ED=OB=\frac{1}{2}b$。则

$$a : OD = OD : EC = EC : b。$$

牛顿指出，从截线 AC 和 $\triangle OBE$ 知：

$$OA \cdot BC \cdot ED = BA \cdot EC \cdot OD。$$

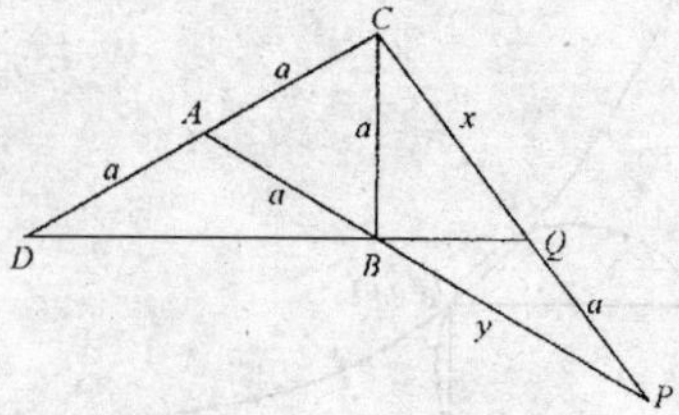

图 6.3.35

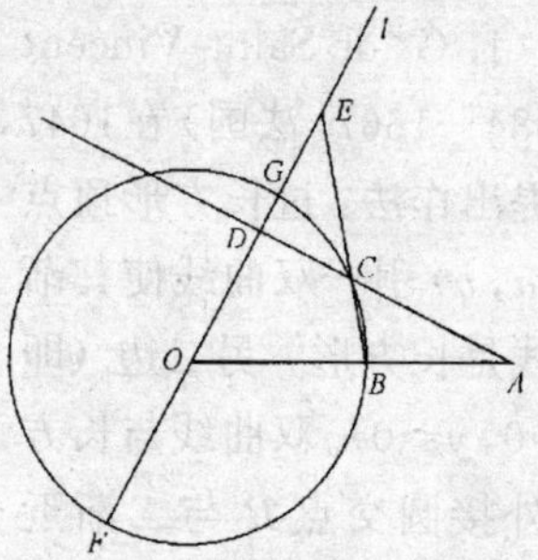

图 6.3.36

从作图条件得　$2BC \cdot ED = EC \cdot OD$，$BC \cdot 2ED = EC \cdot OD$。

于是　　　　　　$BC : OD = EC : OA$。　　　　(i)

又 $BC : EC = OD : OA$，$(BC+EC) : EC = (OD+OA) : OA$，

$BE : EC = FE : OA$，$BE : FE = EC : OA$。

从圆外一点所作二割线，则 $BE \cdot EC = FE \cdot GE$。

也就是说　$GE : EC = BE : FE = EC : OA$。

因此　　　　　　$OD : EC = EC : OA$。　　　　(ii)

综合 (i)，(ii)，命题已证。

第六节　趣味数学

在本时期内提出的不少脍炙人口的趣味数学问题。为后世、直至今天组合数学、拓扑学等分支的启蒙内容。我们选录文献数则。

一、幻方[①]

一方面是在构造幻方方法上，进一步掌握了一般规律。例如S. de la Lombere1687—1688年期间任法王路易十四派往驻暹罗（今泰国）使节时，在那里学到奇数阶幻方制作步骤，经他整理、提炼，发表Lombere法。对任意阶幻方的制作也有成法可循；这是法国科学院院士B. Frenicle de Bessy（1605—1675）所创立。把已作成为n阶幻方镶边，拓广为$n+2$阶[②]。

23	18	11	6	25
10	5	24	17	12
19	22	13	4	7
14	9	2	21	16
1	20	15	8	3

30	21	6	15	28	19
7	16	29	20	5	14
22	31	8	35	18	27
9	36	17	26	13	4
32	23	2	11	34	25
1	10	33	24	3	12

图6.3.37

另一方面是增多条件，使新成果成为幻方中的精品，传颂古今。代表作为L. Euler1759年构造的马步幻方二例，一为五阶，另一为六阶（图6.3.37）。在n^2个数中从某一数起填，时上时下，忽左忽右。其结束恰好填满全局无一重叠，也无一漏缺。而且前者与中心元素13等距离，二元素和都等于18，共12对。后者的对称性又非比一般。与中心等距离二元素之差都等于18，共18对；此外，如果考虑从元素6起填，历经7，8，9，…，36，1，…，4，5，又重新回到6，真是巧夺天工。《不列颠百科全书》长文“幻方”条就以这二幻方为全文殿后，作者为此郑重指出：“在不同作

① 详见S. 第八章第二节，二、构造·幻方.

② 杨辉所作六阶幻方也是镶边法制成，见本《大系》卷5，pp. 625～627.

者所作许许多多的美妙机智的幻方之中，我把发表在《柏林皇家科学院学报（1759）》Euler的作品代表本文结语。”①

二、Euler名题

七桥问题

L. Euler于1727年，他20岁时，去俄罗斯圣彼得堡科学院工作。德国友人告诉他一个令人困惑的问题：当时普鲁士名城Königberg七桥问题。

Königsberg寇尼斯堡，德语义：王者之城，在Pregel河上，河中小岛名Kneiphof。河流过小岛后，分为新河与旧河（图6.3.38）在小岛附近商业繁荣，以河流为界分为A，B，C，D四区，在18世纪时建有七座桥：a，b，c，d，e，f，g以为连系。Königsberg七桥问题：“一人从Königsberg城任何一点出发散步。要求他经过每一座桥，而且只经过一次，再返回出发点。问：他是否能完成这个散步方案？”

这一问题属于拓朴学一笔画课题，Euler为之建立四条定理，简明扼要地对此问题给出否定的结论②。

三十六军官问题

L. Euler在他逝世前一年，1782年在荷兰一份杂志上发表论文，提出36个军官的问题：“在6个兵种中分别选出6种军阶（衔）军官各一名。把选出的36个军官排成6行6列方阵，使每行每列都有来自不同兵种、而且不同军阶的军官。”Euler认为这个方阵不存在，而且问题的证明是困难的。

这一问题属于组合数学正交拉丁方问题。自从Euler提出$n=6$时，方阵不存在的猜想后。数学界为之作跨越两个世纪的富有成

---

① Encyclopaedia Britanica, vol. 17, p. 313, 11th Edition.

② 详见S. pp. 819～829.

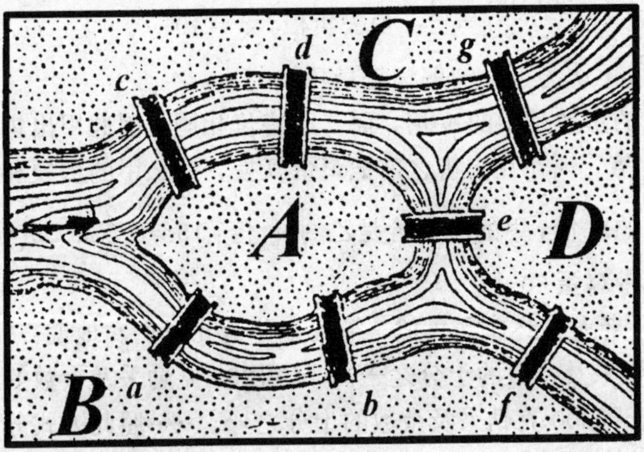

图 6.3.38

果的辛勤研究。1959年终于获证，对此猜想作了结论：$n=6$时，Euler方阵不存在[①]

古题新编

L. Euler在他的《代数基础》专著中改编先人算题成为有趣味的问题，这里选录二题

1. 两农村妇女共带100个鸡蛋上市场。二人所带蛋数不同，出售单价也不同，而总售价相同。甲说："你的蛋照我的单价卖，可以卖15个克勒采[②]"。乙说："你的蛋照我的单价卖，可以卖$6\frac{2}{3}$个克勒采。"问：二人各带多少个蛋？答数：甲40个，乙60个。

我们如设妇女甲带x个鸡蛋，则乙带$100-x$个。按题意，甲所定出售单价是$\frac{15}{100-x}$，而乙所定单价是$\frac{20}{3x}$。那么原来自有蛋所

① 见S. p. 870

② 克勒采（Krenzer）德国货币名称

值$\frac{15x}{100-x}=\frac{20(100-x)}{3x}$。舍去负根，$x=40$。

Euler 认为下面的解法是最巧妙的：

乙的蛋数是甲的m倍，而二人售价相同，因此甲出售单位是乙的m倍。现在在出售之前把鸡蛋互换，那么甲的蛋数和单价分别是乙的m倍，甲的总售价是乙的m^2倍：$15=6\frac{2}{3}m^2$，$m=\frac{3}{2}$。于是得乙带鸡蛋60个。

2. 老人临终遗嘱，把一笔现金分给儿子们。他说："长子得100克勒采及余数的十分之一。次子得200克勒采及余数的十分之一。三子得300克勒采及余数的十分之一。……照此方式分配遗产给其余的儿子。"这个分配方案还要求所有儿子所得相同，也就是说各人得这笔现金的平均数。问：这笔现金有多少克勒采？老人有多少儿子？

Euler 设遗产有x个克勒采，每个儿子得y个克勒采，据题意立出方程组。

长子得$y=100+\frac{1}{10}(x-100)$，次子得$y=200+\frac{1}{10}(x-y-200)$，三子得$y=300+\frac{1}{10}(x-2y-300)$，……而长子与次子，次子与三子，…两两之差为0，于是不妨取长子、次子所得立式，整理，得$100-\frac{y+100}{10}=0$，$y=900$，而$x=8\ 100$（克勒采），$\frac{8\ 100}{900}=9$个儿子。[①]

三、蜂房问题

蜂房由正六棱柱组成，其截面为正六边形，其底部为三个合同的菱形。有关蜂房构造的最早数学文献是希腊亚历山大时期

---

① 注意对照本编第一章第一节，三、Planudes 第二题.

Pappus所作。我们已在第三编第三章第四节，三、卷5《蜜蜂的智慧》序引述。蜜蜂用同样多的蜡，建造容积最大的蜂房截面、用正六边形以外，在其空间形式上另有节约措施：正六棱柱用三块含有特定夹角的菱形封底。蜂巢正是这些特定空间形式——蜂房的总和。(图6.3.39)

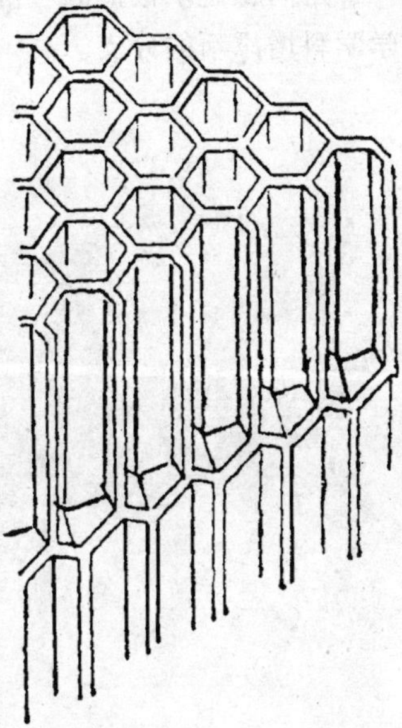

图6.3.39

蜂房这一奇特的空间构造形式引起数学界的关注。G. F. Maraldi（1665—1729，法国）在1712年著文“蜜蜂的观察和研究”文中指出蜂房的底由三块菱形板块组成，各含钝角109°28′，锐角70°32′。不久R-A. Ferchault de Réaumur（1683—1757，法国）设想，蜜蜂之所以采取这一构造是出于节约建材（蜡）的需要。他就向J. S. Koenig（1712—1757，德国）请教，并提出问题：“请问由怎样三个合同的菱形封底,使一个正六棱柱含相同的容积,而其表面积为最小?”Koenig在法国科学院学报发表简报，证实Réammur的设想，并算出（未述算法）他的结果；封底的菱形二夹角分别是109°26′，70°34′，与Maraldi实测各相差2′。C. Maclaurin（1698—1746，英国)在1743年著文“论存放蜜的蜂房的底”，他用初等几何方法算出相应角度是109°28′16″，70°31′44″与31年前实测一致，而与Koenig计算有差异。有人查对，是因为Koenig所用对数表有误。

蜂房问题是求极值的一例①，后来进一步又发展为变分法，为数学学科增添新的分支。

① 详见S. 第九章第一节、三、立体体积·蜂蜜问题

第七编

日　本

概　说

三上义夫在《中国和日本数学发展史》下编概论中说:“日本上古时代所掌握的数学知识我们一无所知。”藤原松三郎编著的五卷本《明治前日本数学史》以中国数学摄取时代开篇，对日本上古数学也不着一字。我们只能在远藤利贞编著的《日本数学史》第一编得知:上古时代以小石、木片为算器以记数，用十进位值制。计量制度极为粗糙:例如长度用“握”(合并除去大拇指以外四指宽)、阿多(伸直大拇指、中指指端间跨度)、比目(伸直两臂，左右手中指指端间距离)。远藤利贞对那一个时代文化总结说:“上古蒙昧，蠢尔原人，无智无算，固无论矣。”

公元3世纪时朝鲜、日本间有战事，中算直至6世纪才传入日本。[1]当时日本数学文献我们已在本《大系》第四卷第七编系统介绍。其中主要工作如记数法、著书体例、数学用语、计量制度、天文历法、数学教育以及数学研究成果如:九九、互减、齐约、入子、盗人、百五、百鸡等项目都模拟中算，本编不再赘述。

---

① 本《大系》第四卷，379～402

有特色的日本数学史称“和算”[1]，是指江户时代（1603—1868）的数学研究成果。17世纪之始，伴随城市手工业和工商业的发展，对数学的要求日益迫切；中国元代朱世杰、明代程大位数学专著的输入，对和算的成长无疑产生巨大影响。1622年，日本出版了第一部印刷本数学专著，即毛利重能编写的《割算书》。1627年吉田光由编写的《尘劫记》也相继出版，其中很多算题都是根据本乡本土的实际编写。此书对当时及以后和算的普及、提高都具有重大作用。已有统计：《尘劫记》发行了各种版本达300多种。1639年今村知商编写的《竖亥录》出版，是另一部与《尘劫记》相仿佛的脍炙人口的和算专著。

从17世纪70年代之后，关孝和（约1642—1708）及其学派经几代人的努力，使和算进入兴旺发达时期。关氏备受尊崇，誉为和算之圣，师弟相承，硕果甸甸。据统计，知名和算学者有300余人，和算书籍5000余种。和算主要师承世系如表7.0.1。

表7.0.1

- 毛利重能（16世纪末—17世纪初）
  - 吉田光由（1598—1672）
  - 今村知商（1639年左右）
  - 高原吉种
    - 礒村吉德（?—1710）
    - 关孝和（约1642—1708）
      - 建部贤弘（1661—1716）……（六传至）……会田安明（1747—1827）
      - 荒木村英（1640—1718）— 松永良弼（?—1744）— 山路主任（1704—1772）

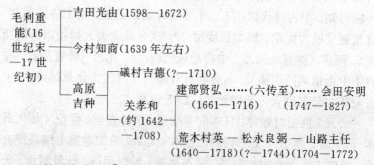

和算浩如烟海[2]，本编选述有代表意义的三位和算家——吉田光由、今村知商、关孝和力作中的有关文献，分三章介绍。

---

① D.，pp. 300～301.

② 藤原松三郎巨著《明治前日本数学史》五卷合共3000余页，可以想见和算内容的丰富.

三上义夫（1875—1950）是和算史研究的奠基人。在他的影响下，20世纪和算史力作迭出，在本编撰写中笔者深受其益，主要参考文献有：

Y. Mikami, The Development of Math. in China and Japan. Dresden, 1910

Y. Mikami & D. E. Smith, The Hisd of Math. in Japan, New York, 1913

远藤利贞遗著，三上义夫编，增修日本数学史. 恒星社，1916

藤原松三郎，林鹤一博士和算研究集录（上下卷），开成馆，1937

加藤平卫门，和算の整数论，台北：1944

藤原松三郎，明治前日本数学史（五卷），东京，1955—1957

第一章 吉田光由

吉田光由（1598—1672）履历久晦。幸明治十三年（1880）川北朝邻《本邦算法者小传》有记，始明大略。大正六年（1915），丸山戒岳《本朝数学家小传》（汉语）道之尤详。

吉田幼时名与七，后名七兵卫，正式名光由。出家后易名久菴。宽文十二年（1672）壬子十一月二十一日死，寿七十五。法名悠久菴显机圆哲，娶妻灰屋与兵卫之女，号妙哲。

光由年青时立志学数学，由叔父、汉学家角仓素菴启蒙。后从师毛利重能，始学《九章算术》，后又习程大位《算法统宗》。于宽永四年（1627）写成算法专著十八卷，选取其中特别重要的三卷，请天龙寺长老玄光写书名，玄光起名《尘劫记》。按“劫”(梵文Kalpa)，喻时间之长，“尘”喻空间之小。《法华经》有云：“三千尘点劫。”我国徐岳《数术记遗》：“不辨积微之为量，讵晓百亿于大千。”甄鸾以《楞严经》作注：“积微成为一阿耨，七阿耨为一铜上尘……”，自极小讲到至大：“小千世界，大千世界。”同谓数学遍历无穷小迄无穷大时空。

1977年，日本岩波文库大矢真一新编本《尘劫记》，共三卷。全书体例、层次、系统都较零乱，但也有其特色，其中：

卷1含19段，分述大数、小数、比重表、九九表、珠算口诀、买卖、互换、垛积、折扣、利息等算题等；

卷2含16段，分述分配比例、平面图形面积及地积、容器容积、建筑材料计算、土方计算等；

卷3含21段，分述Josephus问题、分油问题等趣味数学内容，又间接测量、进一步复杂的分配比例、加倍算、国事统计、开平方和开立方等。

上文已述中算对日本数学发展有直接巨大影响，而“日本从中国得到好多东西，江户时代的和算是从学习《算法统宗》开始的”[①]这一事实，在《尘劫记》中反映特别显著，好些内容源自《算法统宗》，例证很多，例如：

《算法统宗》卷10有题：“今有程途二千七，十八人骑马七匹，言定十里轮转骑，各人骑、行怎得知？”（答数：人行1650里，骑马1050里。）《尘劫记》有题对应：“行程六里，有四人、三马。问：各骑行、步行多少里？”增作插图如图版7.1.1。

图版 7.1.1

又仿照程氏解法：一马行6里，三马行18里，每人可骑行4.5

① 薮内清．中国的数学．东京：1974

里。(C3. 16)[1]

《算法统宗》卷11有题:“隔墙听得客分银,不知人数不知银。七两分之多四两;九两分之少半斤。”(答数:6人,银46两)“尘劫记”摹拟为:“桥下盗人分绢。每人分八匹,少七匹;人分七匹,多八匹。问:有多少人,有多少绢?”(答数:15人,113匹绢,C3. 10。)也增补插图如图版7.1.2。

图版 7.1.2

我们按各卷各段所论,以所属不同数学内容分五节介绍。

第一节 度量衡制度

公元7世纪上半叶开始,日本采用中国计量制度。公元606年仿造中国漏刻时计一昼夜时间等分一百刻[2]。8世纪制订计量国家标准,颁布《大宝令》(702)[3],对各种计量都有明确规定。

① C3. 16指《尘劫记》卷3第16段.

② 远藤利贞. 日本数学史. 1981年平山谛修订本.

③ 伊东俊太郎. 科学技术史事典. 东京:1983

度　原《大宝令》中规定："十分为寸，十寸为尺，十尺为丈。"日本尺称为曲尺，以唐尺为准折合曲尺九寸七分八厘。今测日本奈良法隆寺藏象牙曲尺，确合唐尺九寸八分弱。一千多年来日本长度单位变化不大。《尘劫记》成书前在日本使用的4种尺，经实测实长如下：

享保尺	30.363 厘米
折衷尺	30.304 厘米
量地尺	30.369 厘米
四郎尺	30.258 厘米

《大宝令》还仿唐制规定导出单位：5 尺为1 步，300 步为1 里。

量　《大宝令》也仿唐制规定："十合为升，十升为斗，十斗为斛。"升的大小至《尘劫记》有标准升尺度：底方4.9 寸×4.9 寸，深2.7 寸，容积＝64.827 立方寸（C2. 7）。宽文（1661—1672）间，国家借以公布标准升容积64.827 立方寸，在日本全国通行①。

衡　《大宝令》把唐时24 铢为1 两改10 钱1 两，10 分1 钱。16 两1 斤承唐制，又新增单位贯（1 000 钱＝100 两＝6.25 斤）。

吉田光由《尘劫记》计量制度忠实记录日本千年传统，而有差异。其各级单位名称及进制如下：

长度　里（36 町），町（60 间），间（6.5 尺），尺（10 寸），寸（10 分），分（10 厘），厘（10 毛），（C3. 9）。

面积　町②（60 间×60 间＝3600 坪），反（300 坪），亩（30 坪），坪（步，6.5 尺×6.5 尺＝1 间×1 间），分（6.5 尺×6.5 分），厘（6.5 寸×6.5 寸），毫（6.5 寸×6.5 分），丝（6.5 分×6.5 分），忽（6.5 分×6.5 厘），微（6.5 厘×6.5 厘）。（C1. 4）

---

① 下平和夫．江户時代初期の長さ・面积・体积につじて．计量史研究，1986（1）

② 注意长度、面积单位都有町级，但意义不一样．

容量 斛，斗，升，合，勺，抄，撮，圭，粟（C1. 3）进制同《孙子算经》[①]。

重量 同《大宝令》。

钱币 银15钱值铜钱1贯，但有浮动[②]。

日本明治维新后，于明治二十四年（1891）颁布度量衡法，其中规定：

1尺＝30.303 0……厘米，

1升＝1 804.1立方厘米，

1斤＝0.6公斤。

《尘劫记》计量折合公制是多少，可以参考上引数据折算。

第二节 记数法、运算法则与珠算

一、记数法

大数 共21种单位，万以下十进，万以上万进，除改称无量数为无量大数以外，与《算法统宗》卷1大数法全同。

一，十，百，千，万，亿，兆，京，垓，秄，穰，沟，涧，正，载，极，恒河沙，那僧祇，那由他，不可思议，无量大数。（C1. 1）

小数 共10种单位。除尘下增设埃以外，与《算法统宗》卷1小数法无殊。其整数单位称文，10文（钱）为两，小数都十进。

两，文（即钱）[③]，分，厘，毫，丝，忽，微，纤，沙，尘，埃。

---

① 本《大系》第四卷，42～43

② 参见第三节第二段折扣第2题.

③ “文”即“钱”，与旧中国习惯相符. 但这里的钱（铜钱）与银1两为10钱的钱币值不一样.

二、运算

乘法九九表：二二、四，二三、六，二四、八，二五、十，二六、十二，二七、十四，二八、十六，二九、十八；

三三、九，三四、十二，三五、十五，三六、十八，三七、二十一，三八、二十四，三九、二十七；

四四、十六，四五、二十，四六、二十四，四七、二十八，四八、三十二，四九、三十六；

五五、二十五，五六、三十，五七、三十五，五八、四十，五九、四十五；

六六、三十六，六七、四十二，六八、四十八，六九、五十四；

七七、四十九，七八、五十六，七九、六十三；

八八、六十四，八九、七十二；

九九、八十一。(C1. 6)

共36句，删去《算法统宗》卷1“九九合数”原55句中的“一一如一，二二如二，……一九如九”等9句。

除法口诀

二一天作五，逢二进一十；

三一三十一，三二六十二，逢三进一十；

四一二十二，四二天作五，四三七十二，逢四进一十；

五一倍作二，五二倍作四，五三倍作六，五四倍作八，逢五进一十；

六一加下四，六二三十二，六三天作五，六四六十四，六五八十二，逢六进一十；

七一加下三，七二加下六，七三四十二，七四五十五，七五七十一，七六八十四，逢七进一十；

八一加下二，八二加下四，八三加下六，八四天作五，八五六十二，八六七十四，八七八十六，逢八进一十；

九归加下一倍，逢九进一十。(C1. 7)

共37句与《算法统宗》卷1“九归歌”略异。我国珠算口诀琅琅成诵，原因之一是汉语为单音节，一字一音节，随呼随拨算珠，得心应手，计算便捷。日语与汉语有异，上引口诀虽源自中算，对“九归歌”已作某些改动。

三、珠算

中国珠算盘与《算法统宗》同时传入日本。丰臣秀吉侵朝时，前田利家在朝鲜所用珠算盘至今保存，[①] 是珠算传入日本早期实物证据。珠算不久就风行日本，至今仍是不能被取代的大众化计算用具。《尘劫记》用大量篇幅全图描述除数为一位数及多位数的除法（C1. 7～1. 9），图版7.1.3示

$$3\ 060\div 375=8.16$$

珠算运算过程。(含口诀)

第三节 算 术

《尘劫记》以《算法统宗》为蓝本。吉田光由的叔叔角仓又从事商业、土木营造业，在此双重影响下，《尘劫记》命题偏重经济生活。

一、四则运算

题 日本有男1 994 828人，女2 904 820人，合共4 899 648人。每人每日口粮五合，问：每日共需粮食多少？年共需粮食多少？答数：日需24 498石2斗4升，年需867万2 376石9斗6升。(C3. 7)

---

① 金容云，金容局. 韩国的数学史. 东京：1972

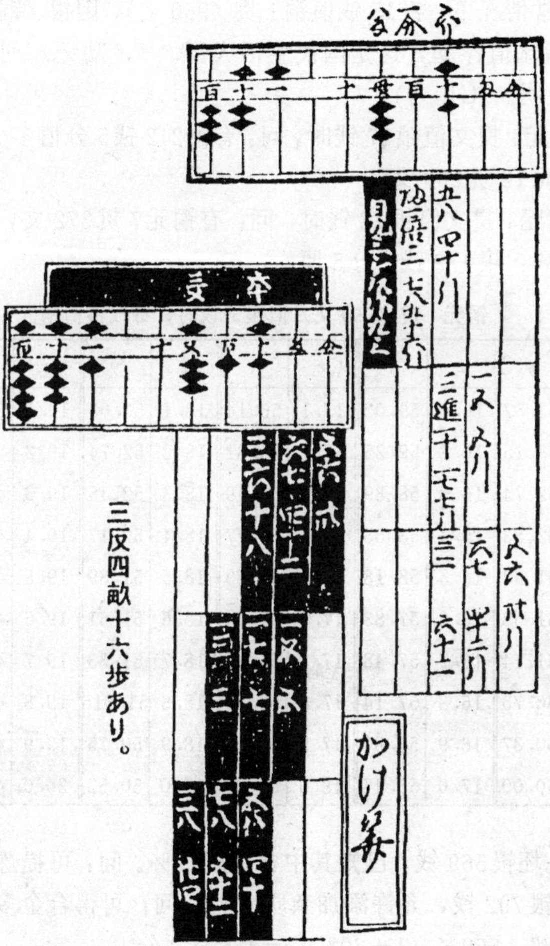

图版 7.1.3

二、折扣

在正常情况下，银15钱值铜1贯（960文），因银、铜市价升降[①]，二者比值浮动，这是国民生活大事。《尘劫记》列表（表7.1.1）说明。（C1. 4）

1. 铜元1贯文值银17钱时，问：有银212钱5分值多少铜元？答数：铜元12贯500文。

2. 铜元1贯文值银18钱时，问：有铜元7贯372文，值多少钱银？答数：银132钱7分5厘。

表7.1.1 铜元1贯（960文）值银x钱时，每钱银值铜元y文

x	y	x	y	x	y	x	y	x	y
15.1	63.57	16.1	59.02	17.1	56.14	18.1	53.03	19.1	50.26
15.2	63.15	16.2	59.25	17.2	55.81	18.2	52.74	19.2	50.0
15.3	62.74	16.3	58.89	17.3	55.49	18.3	52.45	19.3	49.74
15.4	62.33	16.4	58.53	17.4	55.17	18.4	52.17	19.4	49.48
15.5	61.93	16.5	58.18	17.5	54.85	18.5	51.89	19.5	49.23
15.6	61.53	16.6	57.83	17.6	54.54	18.6	51.61	19.6	48.97
15.7	61.14	16.7	57.48	17.7	54.23	18.7	51.33	19.7	48.73
15.8	60.75	16.8	57.14	17.8	53.93	18.8	51.016	19.8	48.48
15.9	60.37	16.9	56.80	17.9	53.33	18.9	50.75	19.9	48.24
16.0	60.00	17.0	56.47	18.0	53.03	19.0	50.52	20.0	48.00

3. 毛坯银569钱，已知其中含杂质20%。问：可提炼纯银多少？又纯银792钱，允许添加杂质20%。问：可得合金多少？

原著解：569×（1－20%）＝455钱2分，

① 20世纪30年代我国民国时，银元、铜元比值每日市价不一. 银元1元不变，变更每银元能兑换铜元数。《尘劫记》则反是：铜钱1贯文数（960）不变，变更它能兑换银的钱（重量）数.

792÷（1－20%）＝990 钱。

（C1.15）图版 7.1.4　为原著插图。

图版 7.1.4

4. 1 石米中有 3 升稗草，问：850 石米中共有正品粮多少？解法相当于说，有正品粮

850×（1－3%）＝824 石 5 斗。（C1. 11）

三、利息（C1.18）

1. 贷银 6 850 钱，年利率 15%。问：一年后获利息多少？解法：6 850×15%＝1 027.5（钱）。

2. 一年得本利和 3 000 钱，年利率 20%。问：本金是多少？解法：3 000÷（1＋20%）＝2 500 钱。

3. 用米复利放债，3 年共得米本利和 137.28 石。已知利率，第一年 30%，第二年 20%，第三年 10%。

问：原放债米多少石？

解法：

$137.28\div(1+10\%)\div(1+20\%)\div(1+30\%)=80$(石)。

4. 本银1贯，年利率50%。问10年后得复利本利和多少？解法：

$1\times(1+50\%)^{10}=57.665\,039\,07$[1] 贯。

四、数列

倍算

1. 1粒米，第二天加倍成2粒，第三天成4粒。问：30日后有米多少？

原著解：1升含6万粒米，30日后有米536 870 912粒。[2] 折合89石4斗7升8合4勺8千5撮3圭3粟。(C3.6)

垛积

2. 物件三角垛（图版7.1.5左）共13层，问：共有多少个物件？解：$\frac{1+13}{2}\times13=91$。(C1.12)

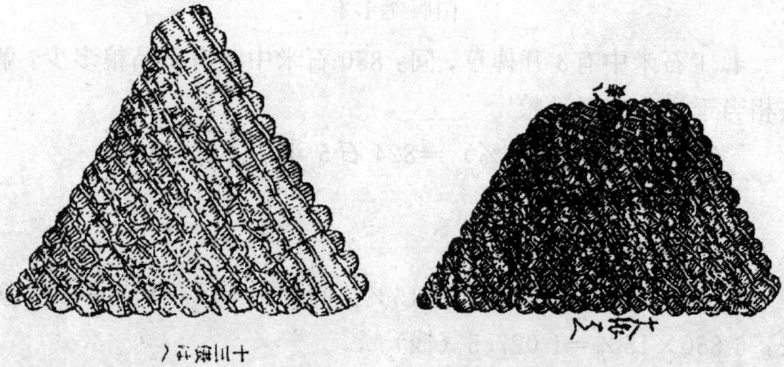

图版 7.1.5

① 原著答为57贯65钱4厘.

② 应是1 073 741 824粒.

3. 物件梯形垛（图版7.1.5右）上层8个，底层18个共11层。问：共有多少件？

解　$\frac{8+18}{2}\times 11=143$。(C1.12)

五、分配比例

1. 8个锅子分别容1，2，3，4，5，6，7，8升，这套锅子共值银43钱2分。如按容量多少递增锅价，问：各值银多少？（图版7.1.6为原著插图）

解：以1，2，3，4，5，6，7，8分别乘43.2÷（1＋2＋3＋4＋5＋6＋7＋8）＝1.2（钱）得答数1钱2分，2钱4分，3钱6分，4钱8分，6钱，7钱2分，8钱4分，9钱6分。(C2.1)

2. 甲、乙、丙三人各付款银64.8，52.3，42.9贯，以购买人参250斤、沉香70斤、绢280匹、[1] 丝8 400斤4种货物。如按付款银数比例分配，问：各人各分得多少？

原著按648，523，429比例分配4种货物。答数为：

甲：人参101斤10两，沉香28斤14两，绢113匹1丈5尺2寸，丝3 402斤。

图版 7.1.6

① 照中国习惯每匹4丈.

乙：人参81斤28两[①] 3钱，沉香22斤35两1钱，绢91匹1丈9尺9寸5分，丝2 745斤12两。

丙：人参67斤1两1钱，沉香18斤30两3钱，绢75匹2尺8寸5分。丝2 252斤4两。(C2.2)

3. 十四个街坊合资兴建两座桥梁。其中四个街坊在两桥之间，七个街坊在桥北，其余三个在桥南。建桥费用7 000钱，由街坊分摊支付。规定两桥之间街坊支付相同费用，桥外街坊按离桥距离递减。如果递减率是43钱，问：每街坊应支付多少？(图版7.1.7为原著插图)

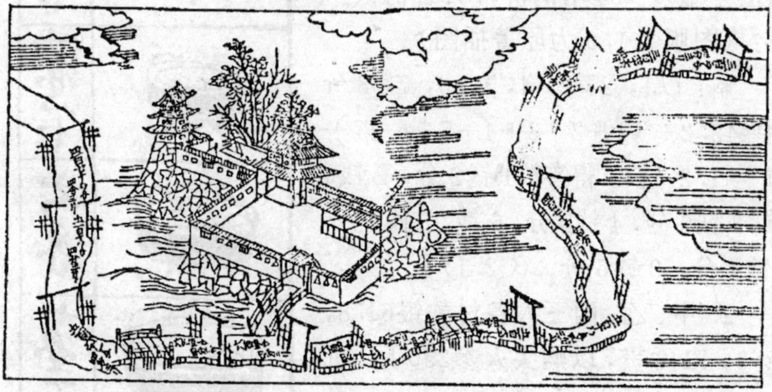

图版7.1.7

解法：我们设两桥之间每街坊支付a钱，则三处街坊各自支付数为：

两桥之间街坊	$4a$，
桥北街坊	$7\left(a-43\times\frac{1+7}{2}\right)$，
桥南街坊	$3\left(a-43\times\frac{1+3}{2}\right)$。

---

① 答数中出现28两，35两，30两未按16两1斤进位，令人费解.

据题意得方程　$14a=7\,000+43\,(7\times4+3\times2)$

解得　$$a=604\frac{6}{14}\text{（钱）}$$

原题后也作相同理解，认为桥北、桥南递减总数为

$$43\times((1+2+3+4+5+6+7)+(1+2+3))。$$

题后详记答数：两桥中间各街坊支付$604\frac{6}{14}$（钱）；桥北各街坊支付依次为$561\frac{6}{14}$，$518\frac{6}{14}$，$475\frac{6}{14}$，$432\frac{6}{14}$，$389\frac{6}{14}$，$346\frac{6}{14}$，$303\frac{6}{14}$（钱）；桥南各街坊支付依次为$561\frac{6}{14}$，$518\frac{6}{14}$，$475\frac{6}{14}$①（钱）。(C3.2)

六、百五算

今有物不知数，只云七数剩二，五数剩一，三数剩二。问：共几何？答数：86。(C3.13)

第四节　几　　何

《尘劫记》几何成果较少，水平也不高，分述如下：

一、平面图形（C2.4）

仅述平面图形面积、地积计算

1. 长方形长37间、宽28间，问：地积多少？

原著有见图自明解说，答数：3反4亩16步。(图版7.1.8为原著插图)

2. 正六边形，已给每边长7间，问：地积多少？原著说："以

① 插图中数据尾数已折为过剩近似值4分2厘.

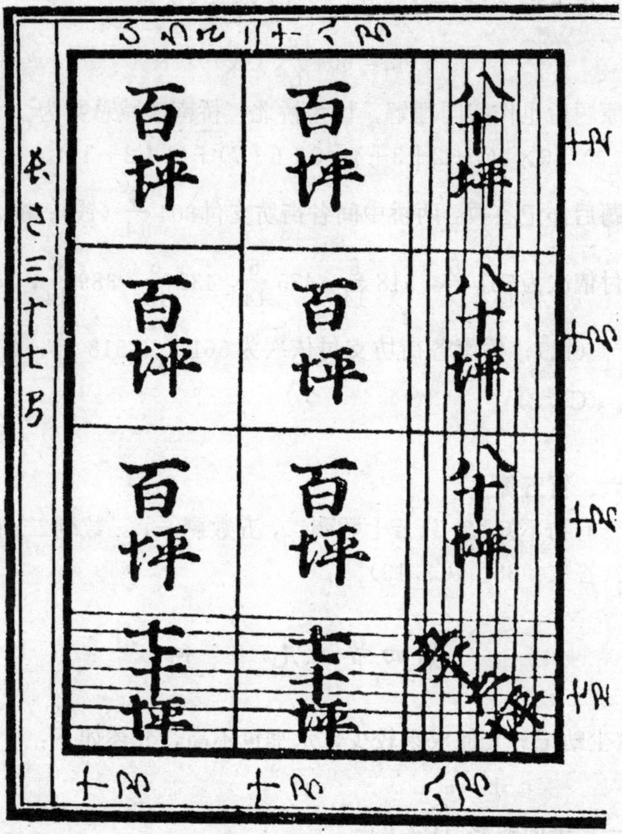

图版 7.1.8

六角法7乘7，又以2 598相乘”，得27坪3分2毛又说：“7，7相乘，乘以433，得21 217；又乘6。”也得127坪3分2毛①。

① 相当于把正六边形分割为6个正三角形．每个底为7间，高为7sin 60°≈7×0.433间．

3. 正八边形，已给每边长6间，问：地积是多少？原著说："6，6相乘，得36。乘以2，得72。以八角法4 142相除。"得172坪8分3厘①。

4. 圆直径15间，问：地积是多少？原著说："15，15相乘，得225。又乘以79。"得5亩27步7分5厘。②

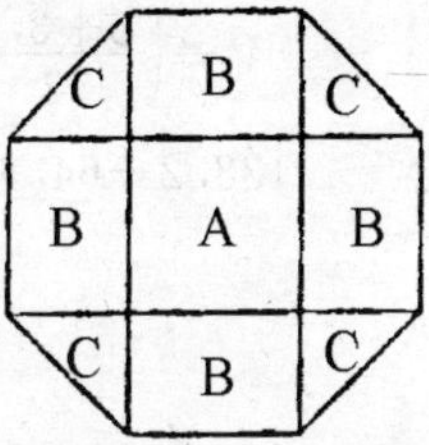

图 7.1.1

二、立体体积

1.《尘劫记》取正方形底边长4寸9分，高2寸7分的立方体作为量器，基本单位"升"。（图版7.1.9）

$$4.9\times 4.9\times 2.7$$
$$=64.827\text{（立方寸）。（C2.7）}$$

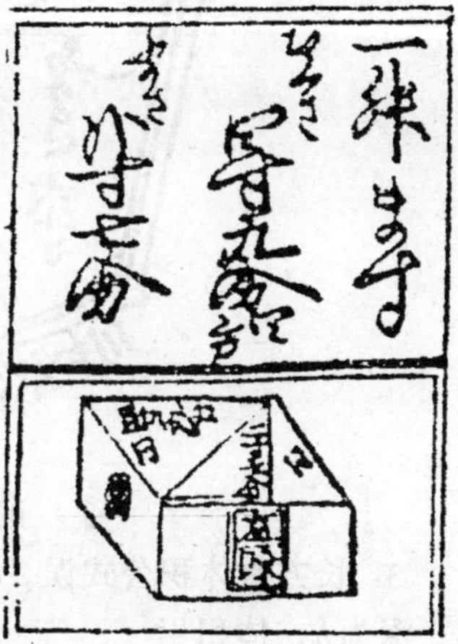

图版 7.1.9

2. 方台体积公式误。上底、下底边长如为a_1，a_2，深h时，体积用

$$V=\left(\frac{a_1+a_2}{2}\right)^2 h。$$

有题云：一方台形容器（图版7.1.10）上、下底边长分别为6寸、3寸6分，深6寸，问：它的容积是多少？合多少升？原著解法相当于说：

---

① 据大矢真一解释（图7.1.1）把正八边形分为9块。如记原图形边长为a，那么正八边形面积$=A+4B+4C=a^2+2\sqrt{2}a^2+a^2=\frac{2(\sqrt{2}+1)(\sqrt{2}-1)a^2}{\sqrt{2}-1}=\frac{2a^2}{\sqrt{2}-1}\approx\frac{2a^2}{0.4142}$.

② 由此推测，《尘劫记》取$\pi\approx\sqrt{10}\approx 3.16$，因此$\frac{\pi}{4}=0.79$.

$$V=\left(\frac{6+3.6}{2}\right)^2\times 6=23.04\times 6\approx 138.2\ (\text{立方寸})$$

合　　138.2÷64.827≈2（升）1（合）3（勺）。(C2.7)

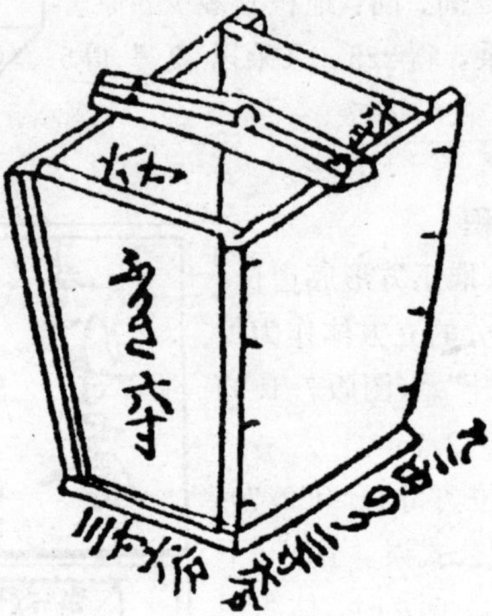

图版 7.1.10

3. 长方台体积公式误。设上底边长为a_1，b_1，下底边长为a_2，b_2；深为h，体积用

$$V=\left(\frac{a_1+a_2}{2}\right)\left(\frac{b_1+b_2}{2}\right)h。$$

有题：一长方台容器，上底长4尺，宽3尺8寸；下底长2尺，宽1尺8寸，容器的深是5寸，问：它有容积多少？原著解法相当于说：

$$V=\left(\frac{4+3.8}{2}\right)\left(\frac{2+1.8}{2}\right)\times 0.5=3.9\times 1.9\times 0.5$$

$$=7.41\times 0.5=3.705\ (\text{立方寸}),\ (\text{C2.7})$$

4. 圆台体积公式误：设上底、下底直径分别为d_1，d_2，深为h。体积用

$$V=\frac{\pi}{4}\left(\frac{d_1+d_2}{2}\right)^2 h\approx 0.79\left(\frac{d_1+d_2}{2}\right)^2 h。$$

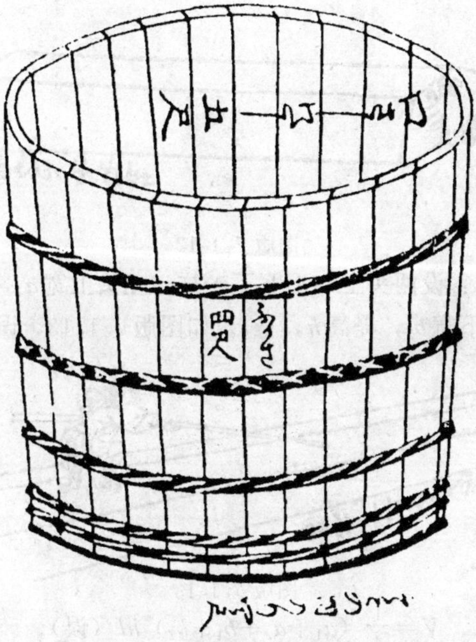

图版 7.1.11

图版7.1.11要计算上、下底直径分别为5尺，4尺，深为4尺的米桶容积，原著相当于说

$$V=\pi\left(\frac{5+4}{2}\right)^2\times 4\approx 0.79\times(4.5)^2\times 4$$
$$=0.79\times 20.25\times 4\approx 0.79\times 81$$
$$=63.99\text{ 立方尺}。\text{(C2.7)}$$

5. 堤体：设堤上宽a_1，下宽a_2；高h，长l，体积取$V=\frac{a_1+a_2}{2}hl$。有题：堤体上宽2间，下宽6间，高2间，长17间。问：堤体土方多少？原著相当于说

$$V=\frac{6+2}{2}\times2\times17=136\text{（坪）。（图版 7.1.12，C2.15）}$$

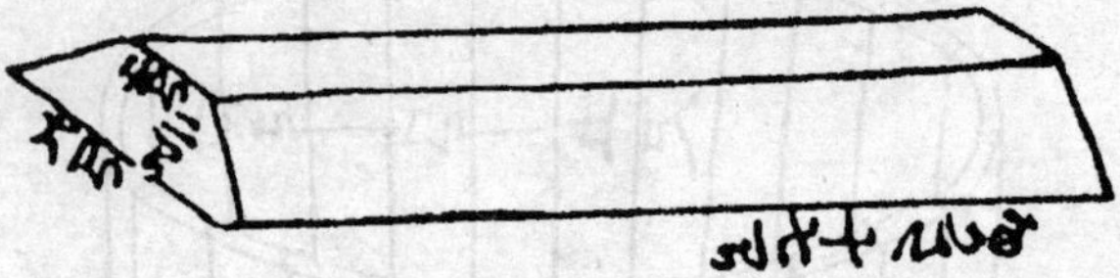

图版 7.1.12

6. 堤体：设两头上、下宽不一样。左头上宽 a_1，下宽 a_2；右头上宽 a_2，下宽 b_2，堤高 h，长 l。如图版 7.1.13，误取体积公式

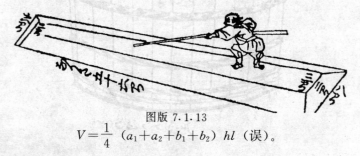

图版 7.1.13

$$V=\frac{1}{4}\left(a_1+a_2+b_1+b_2\right)hl\text{（误）。}$$

图版 7.1.13 中 $a_1=3$，$a_2=2$，$b_1=8$，$b_2=6$，$h=2$，$l=56$（单位间）。原著作解，相当于说

$$V=\frac{1}{4}(3+2+8+6)\times2\times56=4.75\times2\times56$$

$$=9.5\times56=532\text{（坪）。（C2.15）}$$

三、测量

《尘劫记》提到测量问题：

直接测量

在卷3 第九节有：把一块绸缎的经丝、纬丝全长量度河宽的故事。（图版 7.1.14）

图版 7.1.14

故事说和服是用“九纪”绸缎制成的。每块绸缎宽1.2尺，长33.6尺，已知在宽度方向内用80根经线，每线用丝9根。在长度方向内每寸用50根丝，把这块绸缎所用丝全长接起来，刚好是河宽。问：河宽是多少？

原著计算

经线用丝全长　33.6×80×9＝24 192（尺）＝1里26町1间5尺5寸，

纬丝全长　2×336×50＝20 160（尺）＝1里15町41间3尺5寸。

合共全长3里5町43间1尺5寸（河宽），

原著答数3里6町43间2尺5寸，有舛错。

间接测量

利用等腰直角三角形直角边相等这一事实作间接测量。(C.3.3)

其一（图版7.1.15）是趴在地上。躯干与两腿成直角，考虑眼睛与腰部距离等于腿长。当视线看到树顶时，眼睛与树根距离，就是树高。

其二（图版7.1.16）把正方形厚纸对折。直角边之一下悬垂球，使另一直角边水平。视线沿斜边前视，当看见树顶时，量树根到测量人距离。这一距离就是所求树高。

前者是很原始的做法，但蕴含着日本早期间接测量文献。后者具体可行，如果是在平地操作，有一定精度。这与古代埃及、古代希腊量手杖影长测高度的文献，同样是使用工具而不必计算的简便方法。

利用矩尺（图版7.1.17下）测量者手持矩尺（图版7.1.17上）其股（横尺）长2尺1寸7分。人在远处，假设他有高度5尺，读勾（竖尺）上值，如为y厘，（0.008y尺）则人立处与测量者距离为

$$x=5\times 2.17\times 1\,000\div y\ (\text{尺})$$

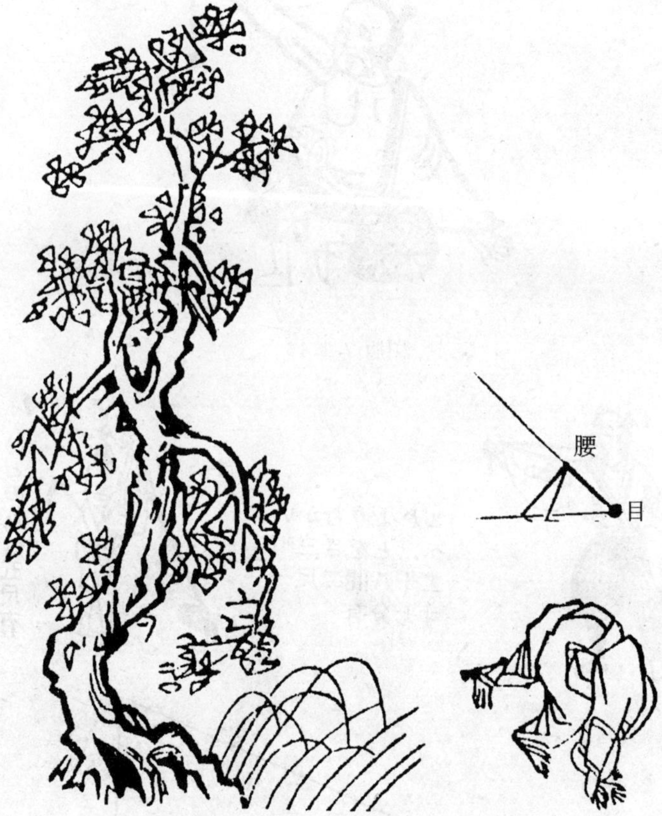

图版 7.1.15

图版 7.1.16

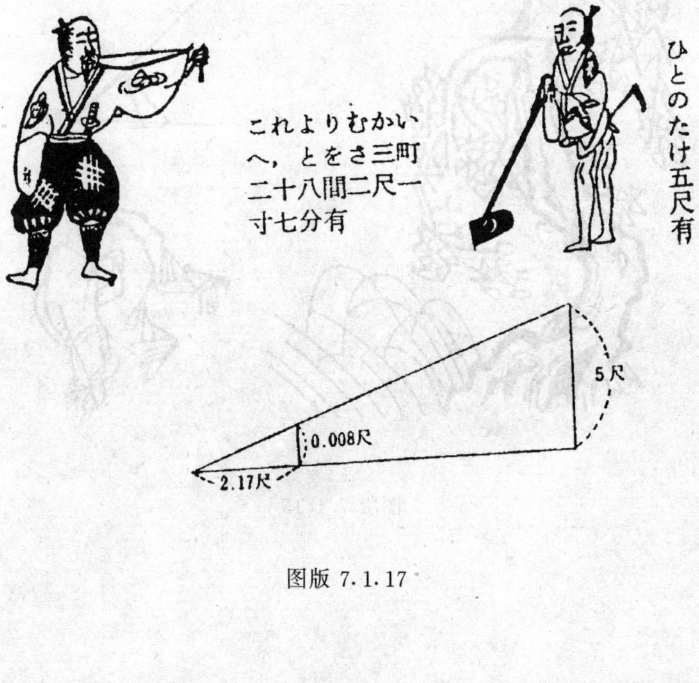
これよりむかい
へ，とをさ三町
二十八間二尺一
寸七分有
ひとのたけ五尺有
5尺
0.008尺
2.17尺

图版 7.1.17

$$=5\times 2.17\times 3\times 1\,000\div 3y\ (\text{尺})$$

$$\approx\frac{5\,000}{3y}\ (\text{间})^{①}。$$

图是指人高5尺，当读勾（竖尺）上值为8厘时，$x=\frac{5\,000}{3y}=3$町28间2尺1寸7分。

《尘劫记》另考虑人在远处持表（标杆高1丈=10尺），则人立处与测量者距离为$\frac{1\,0000}{3y}$（间），原著附表（表7.1.2）记x，y间关系，从读值y（上面粗体字）即可查得相距（间）数（下面宋体字）。(C3.4)

四、从正方形面积、立方体体积反求边长

1. 已给正方形面积为15 129 坪，问：它的边长是多少？答数：123 间。(C3.19)（图版7.1.18）

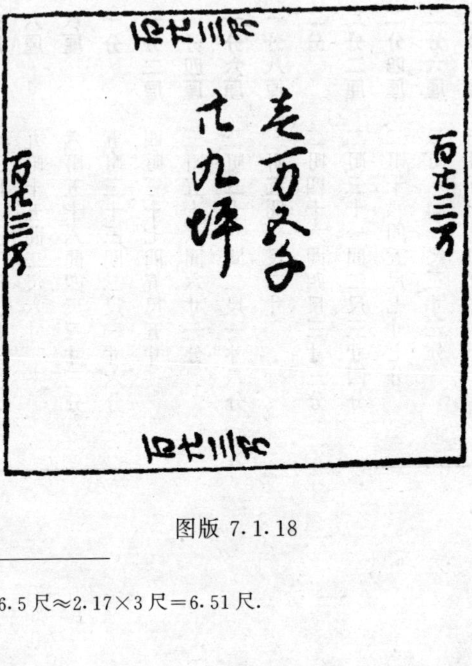

图版 7.1.18

① 1间=6.5尺≈2.17×3尺=6.51尺.

表 7.1.2

一厘	五十五町三十三間二尺一寸六分	二厘	二十七町四十六間四尺三寸三分
三厘	十八町三十一間七寸二分	四厘	十三町五十三間二尺一寸六分
五厘	十一町六間四尺三寸三分	六厘	九町十五間二尺六寸
七厘	七町五十六間一尺二寸三分	八厘	六町五十六間四尺三寸三分
九厘	六町十間二尺四寸	一分	五町三十三間二尺一寸六分
一分一厘	五町三間一寸九分	一分二厘	四町三十七間五尺五寸
一分三厘	四町十六間二尺六寸六分	一分四厘	三町五十八間六寸一分
一分五厘	三町四十二間一尺四寸四分	一分六厘	三町二十八間二尺一寸六分
一分七厘	三町十六間五寸	一分八厘	三町五間一尺二寸
一分九厘	二町五十五間二尺八寸五分	二分	二町四十六間四尺三寸三分
二分一厘	二町三十八間四尺七寸四分	二分二厘	二町三十一間二尺三寸四分
二分三厘	二町二十四間六尺二分	二分四厘	二町十八間五尺七寸七分
二分五厘	二町十三間二尺一寸六分	二分六厘	二町八間一尺三寸三分
二分七厘	二町三間二尺九寸六分	二分八厘	一町五十九間三寸
二分九厘	一町五十四間六尺一寸二分	三分	一町五十一間七寸二分

2. 芥子一粒每日倍增，120 日后把芥子堆成立方体，问：这立方体每边长多少？（每 4 粒芥子占长度 1 分）答数：155 392 里 9 町 31 间 1 尺 7 寸 2 分 7 厘 5 毛。（C3.6）（图版 7.1.19）

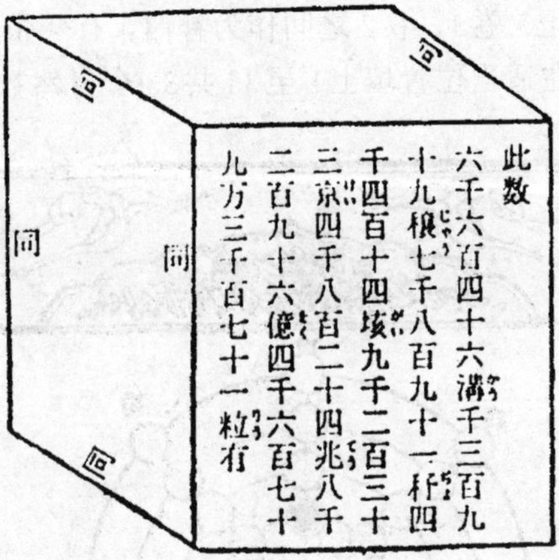

此数
六千六百四十六溝千三百九
十九穣七千八百九十一杼四
千四百十四垓九千二百三十
三京四千八百二十四兆八千
二百九十六億四千六百七十
九万三千百七十一粒有
間
間
間
間

图版 7.1.19

第五节　趣味数学

《尘劫记》记载不少趣味数学，成为它的特色，并且提供了东西方数学交流新的凭据。

图版 7.1.20

一、999^3（C3.8）

1 只乌鸦有 999 根羽毛，每个海滩上有 999 只乌鸦。我国有 999 个海滩。问：共有多少根乌鸦羽毛？（图版 7.1.20）

原著答 997 002 999 根，是正确的答案。大矢真一注说这是《孙子算经》开门见九堤题的摹拟工作。

二、幻圆

在《尘劫记》卷1、卷2之间作为补白，有一张四环四径幻圆征解图，要求在适当位置填上1至33共33个自然数。它的解显然

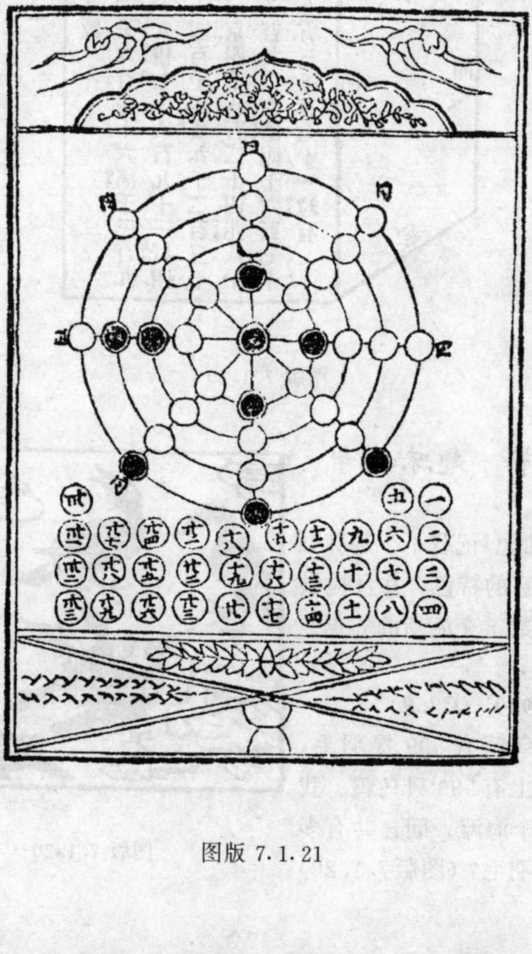

图版 7.1.21

就是杨辉的攒九图[①]。（图版 7.1.21）

三、分油（C.3.11）

有一斗油，要用 3 升、7 升容器转辗平分。问：该怎样分？（图版 7.1.22）原著说，关键是要使 3 升容器中剩有 2 升油，把它倒入 7 升容器中，再把 3 升倒入，那么 7 升容器和原来盛一斗容器都各有 5 升油。问题已解。大矢真一作注说："1 斗油用 3 升、7 升容器平分是求不定方程 $3x-7y=5$ 或 $7x-3y=5$ 的最小正整数解的问题。"它们是

$$x=4,\ y=1, \qquad ①$$

$$x=2,\ y=3。 \qquad ②$$

图版 7.1.22

我们认为如果三种容器都不止一个，就不存在问题，只要列出方程，求解就是。问题就在于：以本题而论，1 斗（10 升），7 升，3 升容器只允许有一个。对于第①种情况来说，从数学模型的信息，用 3 升容器取 4 次，得 12 升，再用 7 升容器取出 1 次，就得结果：5 升。正因为三者各只有一个，问题就来了：油总量才 10 升，就不可能连续用 3 升容器取 4 次，即使能取到 12 升，又没有比 10

① 本《大系》第五卷，p.641.

升大的器皿，就无处可倒等等。但是如果根据具体条件适当变通，移东补西，那么解不定方程提供的线索，很有用处。我们作表说明，表中上中下行分别表示每次取出倒入后容器中存油升数。

表 7.1.3

10	10	7	4	1	1	8	8	5	5
7	0	0	3	6	7	0	2	2	5
3	0	3	3	3	2	2	0	3	0

表中下面一行出现4个3字，说明用3升容器在10升容器内共取出4次，而中间一行出现一个7字：用7升容器倒入1次。最终结果，上、中容器各有油5升。

四、药师算（C3.13）

图版7.1.23右表示每边8子排成的空心方边阵。如果左竖列保持不动，其余3边重排成8子竖边2列，还有一列缺少4子（原著称为端子）药师算是说，从这缺少端子数的4倍，不论每边有多少子，都可以借以推算原方阵总共有多少子。本题答数是4×4＋12＝28。如果原方阵每边有13子，共有子数是（13－4）×4＋12＝9×4＋12＝48等等。这个不变的常数12，对于在数学发展初级阶段的人们来说，是很神秘的现象。大矢真一为之作注说：“药师琉璃光如来是立十二誓愿的佛，常带领十二神祇。其庙会在每月的十二日，本问题计算的末尾一定是加12，因此这种算法称为药师算。”

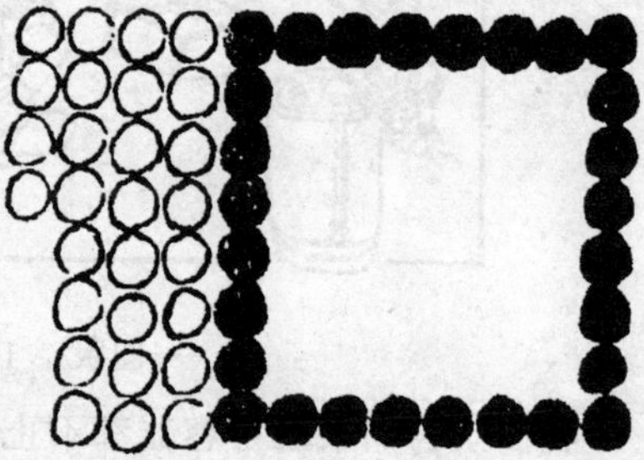

图版 7.1.23

我们认为对一般情况说，如每边有 n 个子，方阵总子数 $N=4(n-1)$，这是极为明显的现象。按照端子的说法，设 $n=r+4$，那么

$$N=4(r+3)=4r+12=4(n-4)+12,$$

上世纪上半叶日本和算学家，林鹤一（？—1935）对此有专文论述。[①]

五、继子立（C 3.1）

继子立日本语，义：前妻之子。吉田光由原题大意是说，老人前妻生了15 个儿子，后妻也生了15 个儿子。此人病危时要后妻选定一个儿子继承家业。后妻设计好，要30 个儿子按照她预定的位置站立，排成圆圈，图版7.1.24[②] 中穿白衣的表示前妻所生子，穿黑衣的是后妻所生子。原图记看汉字，意思是说顺时针方向点人数到10，第10 人退出圆圈，即告淘汰，失去继承权。如此轮番循环进行，被淘汰的14 人全系白衣人。老人知其中有诈，责令重新挑选：点数规则不变，只把顺时针改为逆时针方向，并从仅余的前妻儿子起数。结果，前妻的儿子以1 比15 劣势险胜，获得继承权。

本题与Josephus 问题是同一类型。[③] 而西方人所拟题充满恐怖凶杀题材，本题却笔锋突转，改变为喜剧内容。Josephus 问题与继子立问题之间的承袭、交流关系值得我们去探查。英人李约瑟在其《中国科学技术史》卷3（数学）中指出："一些与幻方相联系的问题被称为Joseph 问题……可以肯定，它曾引起后期日本

---

① 林鹤一．和算研究集录卷下．p.739，开成馆，东京．

② 为原著插图，第47 页．

③ 第六编第二章第四节，四、Josephus 问题．

图版 7.1.24

数学家的极大兴趣”。① 他以继子立插图作为凭证.

六、鼠算（C 3.5）

问题：正月里一对大老鼠和6对小老鼠住在一个窝里。二月里7对老鼠每对又会生下12只小老鼠，假使它们雌雄各半，就增至49对。照此方法繁衍，请问：到年底将会有多少只老鼠？（图版7.1.25为原著书影）

① N.，卷3，pp.136～137.

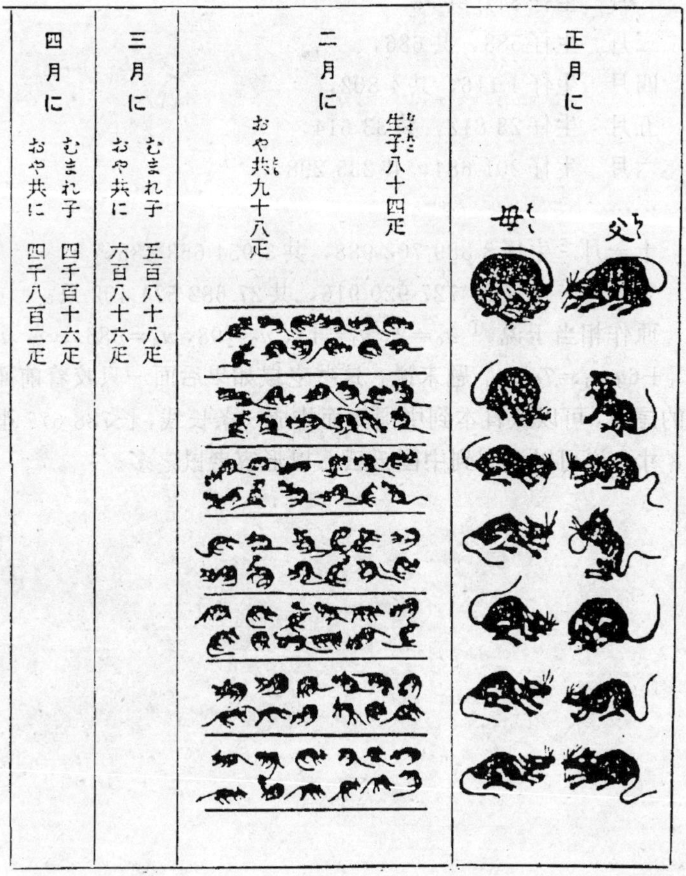
正月に
父
母
二月に
生子八十四疋
おや共九十八疋
三月に
むまれ子 五百八十八疋
おや共に 六百八十六疋
四月に
むまれ子 四千百十六疋
おや共に 四千八百二疋

图版 7.1.25

答数：

正月　大2，仔12，

二月　生仔84，共98，

三月　生仔588，共686，

四月　生仔4 116，共4 802，

五月　生仔28 812，共33 614，

六月　生仔201 684，共235 298，

……

十一月　生仔3 389 702 988，共3 954 653 486，

十二月　生仔23 727 920 916，共27 682 574 402只。

原作相当于说，[1] $u_0=2$，$u_1=14$，$u_2=98$，$u_3=686$，…，$u_n=u_{n-1}+6u_{n-1}=7u_{n-1}$。题末说，这些老鼠如果后面一只咬着前面一只的尾巴，可以从日本到中国海面排成一条长线，长788 677 里12町8寸，说可以渡海到中国云云，以形容老鼠之多。

① 参考第六编第一章第三节，五、数列、有关斐波那契数列通项的记法.

第二章 今村知商

今村知商，生卒年失考，又名仁兵卫，他也是毛利重能及门弟子。用日本式汉语添加假名写数学专著《竖亥录》(1639) 及《因归算歌》(1640)、《日月会合算法》(1641) 传世。从他自撰《竖亥录》序，能说明和算发展初期对数学的见解、和算与中算的关系以及今村知商学算的经过。以下选录其中主要情节。“僕幼志于算术，……不能尽解也。爰一日传闻毛利氏重能为明算学士，寻往吐予立塞矣。重能曰：欲作算业者，常纪实与法，勘考因乘归商，或增减之术，或方弦之术，……所谓方弦之术乃勾股弦……也。……苟宇宙之洪荒且有度数乎？因以虽为小学，又不可不明此术。而或问师，师曰：夫算数之滥觞者，伏牺始画八卦，黄帝定三数为十等，隶首因以为著九章。故八卦九章、万物之本，一也。予顾以质钝，遂钻研，以圆弦之术，乃名径矢弦、弧矢弦。是矩也。无规矩者，何以模仿，然而规矩，算术之法元也，亦事物之□枢也。……故予不揣芜陋，立算术之要枢、方圆平直之式九条……编册，而目曰竖亥录。盖古之竖亥，步中谓乾坤测量。今使此书有掌内事物之度数，立料设矣。敢以知不登而高，知不行而远乎，岂又妄言哉？将寿其传于吾家之子弟，不羞他见人嘲弄而已，且为幸欤。时宽永己卯岁［十六］仲春吉旦。今村知商谨书。”

笔者据谢野宽、正宗敦夫、与谢野晶子编纂《日本古典全集·古代数学·竖亥录》共九卷，(李迪教授藏此书，1999 年5 月在北京借阅) 选述撰写本章。

竖亥是传奇人物，源出我国古代地理典籍《山海经》。其中有记："大章竖亥。禹使大章步自东极，至于西垂，二亿三万三千三百里七十一步。又使竖亥步南极，尽于北垂，二亿三万三千五百里七十五步。竖亥右手把算，左手指青邱北。"今村知商借以名专著，可见他对汉学的崇敬。各卷内容为：

卷1 数式 分述大数、小数、度量衡及其进制。

卷2 定式 乘除口诀。

定3 术式 四则运算算法。

卷4 开平式 述二次方程：二项及完全二次方程的数值解法。

卷5 开立式 述三次方程：缺项及完全三次方程的数值解法。

卷6 方平式 直线形有关计算问题。

卷7 圆平式 圆及其部分的计算题。

卷8 方直式 多面体的有关计算问题。

卷9 圆直式 曲面体特别是球及其部分的计算题。

卷1、卷2内容与《尘劫记》卷1有关内容大多相同，但有其特色。如在卷1中提出基数：一、二、三、四、五、六、七、八、九、十。在计量中：度的基本单位选为尺，并明确指出，丈——曲尺百寸。全书九卷只示术文（公式），无应用题，与《尘劫记》大异其趣。

大体说，卷1至卷5讨论数量，其中卷4，卷5涉及代数问题，此已在《尘劫记》基础上提高一步，但只是中算有关工作的基础阶段。卷6至卷9讨论图形，先直后曲、先平面后立体。卷7尤有特色，反映他的研究独有所钟："予顾以质钝，遂钻研，以圆弦之术，乃名径矢弦、弧矢弦。"我们选述值得称道的工作，分二节介绍。

第一节　直线形与多面体

一、直线形

斜三角形面积公式

我们已在第三编第三章第四节海伦，一、图形面积中述著名的海伦公式及其推导过程，也在本《大系》卷5秦九韶有关工作中记同一问题的中算成果，其中关键是在建立三角形高与三边的关系。除希腊、中国外，印度、阿拉伯国家在数学发展中也热衷于此：即如已给$\triangle ABC$三边a，b，c；a，b在c上的射影为p，q，高为h，则　$h=\dfrac{c^2+b^2-a^2}{2c}$　(图7.2.1)

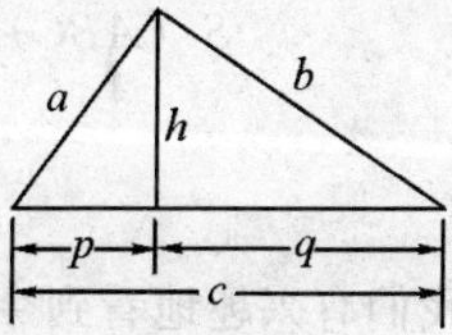

图 7.2.1

今村知商有“双弦股”设想，原著叙述虽然隐晦，但其主旨恰道出这一射影关系[①]：

“今有山形（图7.2.1中的$\triangle ABC$）之纵[②]（c）与长短登（b，a）知横式（h）者。(Sh6)[③]

双弦股，长短者双弦，纵者股，横者勾也。

以长登自因而得步数[④](b^2)，又短登自因乘而得步数(a^2)。长登之步数内减去短登之步数，而余之步数。(b^2-a^2)，于是加纵之自乘c^2，而得步数。($c^2+b^2-a^2$)，于是用纵之步数倍（$2c$）。归除而得，是长凳之纵也$\left(q=\dfrac{c^2+b^2-a^2}{2c}\right)$。”

---

① 所引文献在不失原意条件下，已有删改。下文仿此.

② 今村知商纵横与我们理解适相反.

③ sh6 指竖亥录卷6，下仿此.

④ 步数指平方尺，坪数指立方尺.

接着，他就利用以a，b，c表示的q，求高："是为股（q），长凳为弦（b），因知勾股弦之勾，是横（h）也。"这就相当于说，

$$h=\sqrt{b^2-q^2}。$$

接着，他又明确地说："今有山形之纵（c），横（h），知步式矣"：

$$S(ABC)=\frac{1}{2}ch=\frac{1}{2}c\sqrt{b^2-\left(\frac{c^2+b^2-a^2}{2c}\right)^2}$$
$$=\frac{1}{2}\sqrt{b^2c^2-\left(\frac{c^2+b^2-a^2}{2}\right)^2}。$$

我们有兴趣地看到今村知商在此，已完整地推导出秦九韶三斜求积公式①。

对于这有关键意义的q公式，今村知商未及说明其所以然的理由。1681年村濑义益在《算法勿惮改》中用出入相补原理道其详②。在图7.2.2中，他把以c为边的正方形分成四块，又在以q为边的正方形打上Δ记号，以p和q为边的长方形打上○号。从勾股定理易知

$$(b^2-a^2)+c^2=q^2-p^2+c^2$$
$$=2\times\left(\boxed{\Delta}+\boxed{\bigcirc}\right)$$
$$=2cq。$$

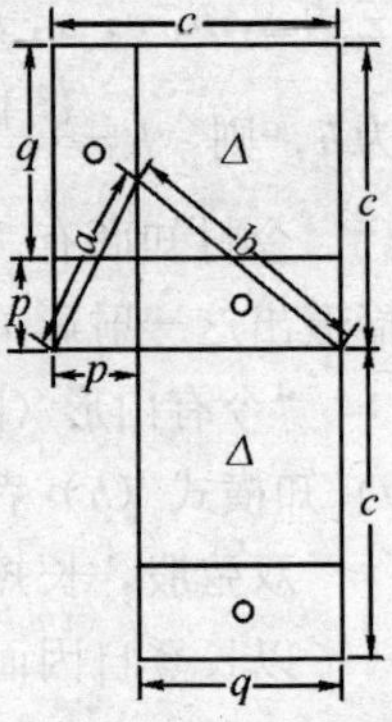

图 7.2.2

正多边形

今村知商对正多边形中某些特征线段长度，给出有一定精度的近似计算，他称边长为方。奇数（$2m+1$）边形的边长至对角顶点间距离为钩（g），偶数（$2m$）边形的外接圆直径为角钩（D），

① 参见本《大系》第五卷. 247. 沈康身. 九章算术导读. 湖北教育出版社，1997，113

② J. 卷1，368.

内切圆直径为平钩（d）。（图版7.2.1为原著插图）

例如

“五方　方一寸，钩一十五四五七。”

“六方　方一寸，平钩一寸七三二，角钩二寸。”

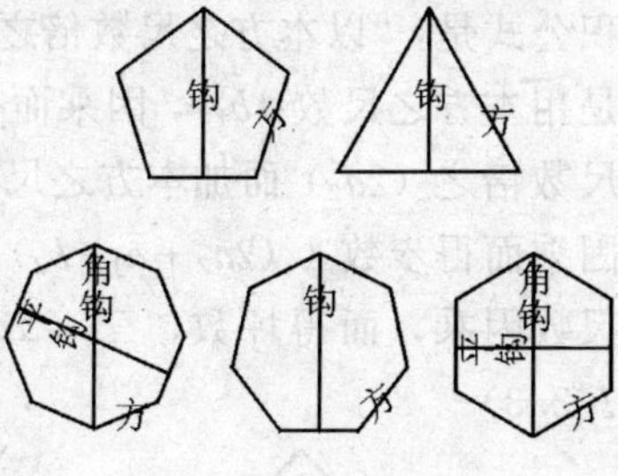

图版 7.2.1

他计算所得近似值和真值的比较见表7.2.1。(Sh6)

表　7.2.1

奇数边形（边长为1）的钩（g）

m	n（$2m+1$）	$\theta=\frac{360°}{n}$	$\cot\frac{\theta}{4}$	钩（g）
1	3	120°	0.866	0.866
2	5	72°	1.538 8	1.545 7
3	7	$\frac{360°}{7}$	2.190 6	2.194

偶数边形（边长为1）的角钩（D）和平钩（d）

m	n（$2m$）	$\theta=\frac{360°}{n}$	角钩（D）	$2\cos\frac{\theta}{2}$	平钩(d)
2	4	90°		1.414	1.412
3	6	60°	2	1.732	1.732
4	8	45°		1.848	1.847

二、多面体

在卷8中所论多面体改正了《尘劫记》长方台体体积近似公式，以中算《九章算术·商功》刍童公式代替，这是一大进步。原著记“今有方台之本末之方背，知竖式者。(图版7.2.2)”方台体积公式是："以本方之尺数倍之（$2a_1$），而加末方之尺数（a_2）。于是用本方之尺数（b_1），因乘而得步数（（$2a_1+a_2$）b_1）。以末方之尺数倍之（$2a_2$）而加本方之尺数（a_1），于是用本方之尺数（b_2），因乘而得步数（（$2a_2+a_1$）b_2）。并合而得步数，于是用竖（h）之尺数因乘，而得坪数，三（二因）归则得数。"这就是说：（图 7.2.3）

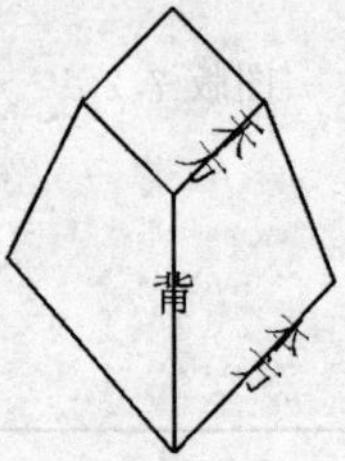

图版 7.2.2

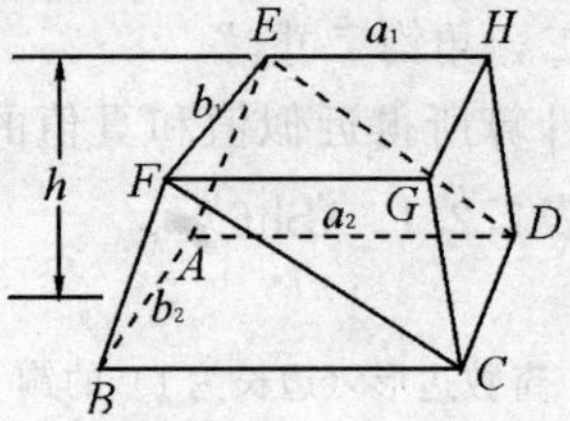

图 7.2.3

$$V=\frac{1}{6}\left(\left(2a_1+a_2\right)b_1+\left(2a_2+a_1\right)b_2\right),^{①}$$

此公式之所以正确，今村知商也未示所以然之理。1661 年礒村吉德《算法缺疑抄》对此有推导②：把方台剖割成两个羡除（和算称为榨形③），方法简洁，为中算自刘徽注以来各家所未逮：

$$\begin{aligned} V &= V(EF—CDHG)+V(CD—BAEF)\\ &= \frac{1}{6}(2b_1+b_2)a_1h+\frac{1}{6}(2b_2+b_1)a_2h\\ &= \frac{1}{6}((2a_1+a_2)b_1+(2a_2+a)b_2)h。\end{aligned}$$

① 对照本《大系》第二卷，p. 185

② J.，卷1，p. 302

③ 沈康身. 九章算术导读，武汉：湖北教育出版社，1997，p. 382

第二节 圆与弓形（Sh. 7）

《竖亥录》卷 7 论述圆及弓形

一、圆面积、周长

“径知圆之周，法三寸一六二。径自因之步法，七分九厘五”显然是指圆周长及面积，

$$C=\pi D\approx 3.162D,\ A=\frac{1}{4}\pi D^2\approx 0.795D^2。$$

二、弓形弦，矢与圆直径

1. 从弦、矢求直径（图版 7.2.3 为原著插图，图 7.2.4 用现代数学记号表示）

原著说：“以弦之尺数自因乘而得步数。于是用矢之尺数四因之，而得尺数，而归除，而得尺数。于是加矢之尺数，俱是得尺数，是圆径也。”这就是 $D=\frac{a^2}{4b}+b$。此为正确公式。我国程大位《算法统宗》(1592) 则是：“弦长折半，自乘，以矢除之，加矢。”指同一命题。

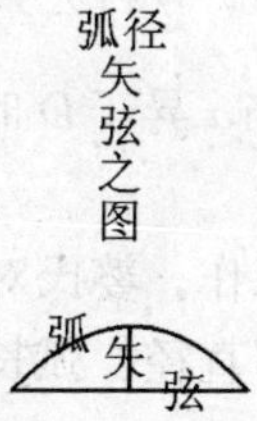

图版 7.2.3

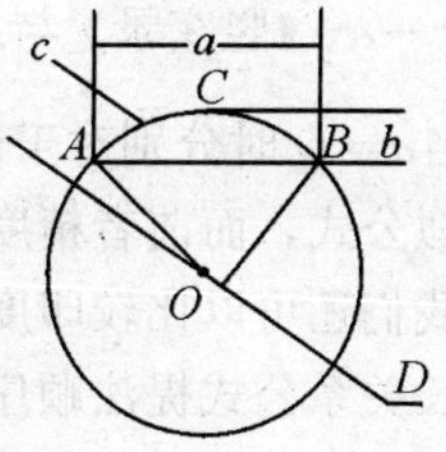

图 7.2.4

2. 从径、矢求弦

“圆径之尺数内减去矢之尺数而止。余之尺数。于是用矢之尺数四因之，而得尺数。自乘而得步数为实。用开平之式，则得尺

数，是弦也。”这就是$a=\sqrt{4b(D-b)}$。

3. 从径、弦求矢

“以圆径之尺数自因乘而得步数，内减去弦之尺数，自因乘而得步数。此余之步数为实，用开平之式，而得尺数。又圆径之尺数内减开平方商之尺数而止。余之尺数半之，则得尺数，是矢也。”

这就是 $b=\frac{1}{2}\left(D-\sqrt{D^2-a^2}\right)$，

后面两种关系（2，3）易从第一种关系（1）推导得出。于此也见今村熟练代数运算的技能、技巧。[①]

三、弓形弦、矢、径、弧长与面积

1. 从弓形弦，所在圆直径求弧长

“用知径矢弦之径式，知圆径。而圆径之尺数，于是加矢径之尺数半之，而得尺数，俱是尺数。于是用矢之尺数四因之，而得尺数。因乘而得步数为实，而开平之式，则得尺数。”这是说弓形弧长 $c=\sqrt{4b\left(D+\frac{b}{2}\right)}$。

我国北宋沈括有会圆术[②]，认为弓形弧长与弦，直径的关系是$c=\frac{2b^2}{D}+a$。《竖亥录》与之不合；但经分析[③]，今村公式与沈括公式，当$a=D$时分别对于$\pi\approx 3$，$\sqrt{10}$准确。当a异于D时，二者都是近似公式，而前者精度优于沈括公式。

我们还可以比较印度婆什迦罗的相应工作。婆氏对弓形弧长与弦长关系公式提法顺序相反：先述如何用直径、弧长、圆周长

① 对照第三编第六章第六节，五、圆及其部分．弓形具有相同的成果．

② 见本《大系》第五卷，p. 72

③ 徐泽林．“竖亥录”中的圆型图形．数学史研究文（三）．内蒙古大学出版社，1992，pp. 152～158

表示弦长，然后反算弧长。① 至于二者精度比较，有待研究。

2. 从弓形弧长、矢高求圆直径及弦长。

“以弧之尺数自乘而得步数，于是用矢之尺数，四因之，而得尺数，归除而得尺数。内减去矢之尺数，半之，而得尺数而止余之尺数，是圆径也。知圆径而用知径矢弦之弦式，则得尺数，是弦也。”这就是说　$D=\frac{c^2}{4b}-\frac{b}{2}$。而$a=\sqrt{4b\ (D-b)}$。其中$c$是弓形的弧长（图7.2.4）。此式显然是从上一段弧长公式反算径长所得。

3. 从已给弧长、矢高、弦长，求弓形面积。

“用径矢弦之径式，知圆径。而圆径之尺数与弧之尺数，相因乘，而得步数，四归之而得步数。圆径之尺数，半之，而得尺数；内减去矢之尺数，而止。余之尺数与弦之尺数相因乘，而得步数；半之，而得步数。右径弧相乘，四归之。步数内减去弦，止。余相因半之步数，而止。余之步数，是寸步也。”这是说，所求弓形面积（图7.2.4）

$$A=\frac{1}{4}cD-\frac{a}{2}\left(\frac{D}{2}-b\right)。$$

其中第一项是扇形O—ABC面积，第二项是等腰△ABC的面积。公式正确。此公式与中算《九章算术·方田》弧田公式② 有很大差异。如果用径弦近似公式计算弧长，再求弓形面积。其精度是否与弧田公式相当，值得研究。

---

① 见第三编第六节，三、圆及其部分．弓形．

② 本《大系》第2卷，p. 178.

第三章 关孝和

关孝和
图 7.3.1

关孝和(约1642—1708)一名新助，字子豹，号自由亭。郡马县人。在东京从高原种吉学数学。后在东京为甲府（贵族家庭）掌管财务（审计工作)。他是关流（和算关氏学派）宗师，日本人民尊为和算之圣。

关氏数学著作等身，创作丰硕，都用加假名的日本式汉语写，生前仅在友人、弟子间转抄流传。正式出版物仅其弟子荒木村英刊行《发微算法》一种。直至1974年，平山谛、下平和夫、谷瀬秀雄合作，在大阪教育图书株式会社编纂《关孝和全集》出版，全书一巨册，1～572 页加附录1～211 页（含英文提要、索引)。《全集》收关氏专著：《规矩要明算法》、《缺疑抄答术》、《勿惮改答辩》、《发微算法》、《解见题之法》、《解隐题之法》、《解伏题之法》、《开方翻变之法》、《题术辨议之法》、《病题明致之法》、《方阵之法・圆攒之法》、《算脱之法》、《验符之法》、《求积》、《球缺变形法》、《开方算式》、《括要算法》、《八法略诀》、《授时发明》、《授时历经立成之法》、《授时历经立成》、《关订书》、《四余算法》、《宿曜算法》、《算法许状》、《发微算法演段谚解》共26 种。我们选述与本《大系》各卷关系密切的《括要算法》(1683—1688）以及《方阵之法・圆攒之法》（1683)、《算脱之法》(1683)、《解伏题之法》(1683）等有关内容，分六节介绍，其中我们，或图版形式，摘录关氏原著的日本式汉语（删去假名），以存其真。

第一节　几　何（G4）[1]

一、圆周率

在《括要算法》卷4一开始就讨论圆周率。

“求圆周率术　假如有圆，满径一尺，问：圆率若干?。答曰：径一百一十三，周三百五十五。依环矩术，得径一之定周。而以零约术得径一百一十三，周三百五十五。合问。”

我们依次引述关氏的工作。

其一、环矩术。

在原著中有环矩插图（图版7.3.1），这是指在直径一尺的圆内，从正方形开始，倍增边数，逐步计算这些倍增的正2^n边形周长。我们记正n边形边长为a_n，环矩术就是运用勾股定理逐步从a_n计算a_{2n}，从而获得周长

$$p_{2n}=2na_{2n},\cdots \qquad (i)$$

而关氏a_{2n}与a_n的关系就用刘徽割圆术[2]的结果。

$$a_{2n}=\sqrt{\left(R-\sqrt{R^2-\left(\frac{a_n}{2}\right)^2}\right)^2+\left(\frac{a_n}{2}\right)^2}$$

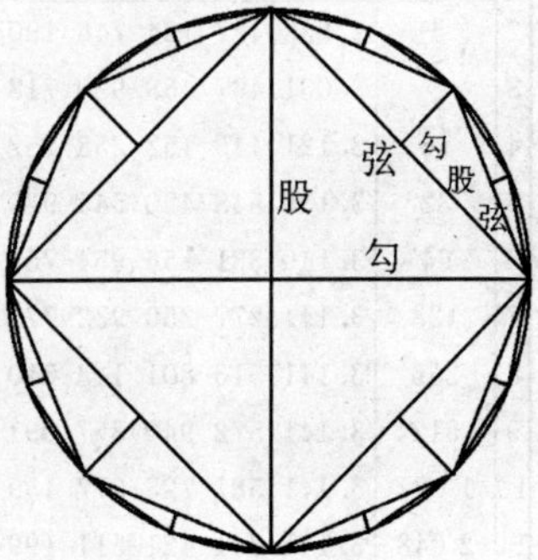

图版 7.3.1

① G4 表示《括要算法》卷4，下仿此.

② 本《大系》第三卷，pp. 152～167

$$=\sqrt{2R^2-2\sqrt{4R^2-a_n^2}}。$$

原著记录周长 $p_{2^n}=2^n a_{2^n}$（$n=2, 4, \cdots, 17$）16 个周长，有效数字多达 20 余位，例如，

"四角[①]，勾 5 寸，股 5 寸，弦 7.017 067 818 0…寸，周 2.828 427 122 4…尺。

八角，勾 1.464 466 094 037…寸，股 2.535 535 905 93…寸，弦 3.826 834 223 65…寸，周 3.061 467 458 52…尺。……" 其完整成果如表[②] 7.3.1。

表 7.3.1

n	2^n	$\frac{1}{2}p_{2^n}$(尺)	$p_{2^{n+1}}-p_{2^n}$	$\frac{p_{2^{n+2}}-p_{2^{n+1}}}{p_{2^{n+1}}-p_{2^n}}$
2	4	2.828 427 124 746 190 097 6	$2.330\ 403\ 318\times10^{-1}$	1/3.885 450 07
3	8	3.061 467 458 920 718 173 8	$5.997\ 776\ 933\times10^{-2}$	1/3.971 143 00
4	16	3.121 445 152 258 052 285 6	$1.510\ 338\ 294\times10^{-2}$	1/3.992 787 44
5	32	3.136 548 490 545 939 263 8	$3.782\ 666\ 416\times10^{-3}$	1/3.999,819,30
6	64	3.140 331 156 954 752 912 3	$9.460\ 939\ 804\times10^{-4}$	1/3.999 548 37
7	128	3.141 277 250 932 772 865 1	$2.365\ 502\ 033\times10^{-4}$	1/3.999 886 82
8	256	3.141 513 801 143 010 763 3	$5.913\ 922\ 408\times10^{-5}$	1/3.999 971 85
9	512	3.141 572 940 367 091 384 3	$1.478\ 491\ 006\times10^{-5}$	1/3.999 992 93
10	1 024	3.141 587 725 277 159 700 8	$3.696\ 234\ 050\times10^{-6}$	1/3.999 998 24
11	2 048	3.141 591 421 511 199 974 1	$9.240\ 589\ 598\times10^{-7}$	1/3.999 999 56
12	4 096	3.141 592 345 576 117 742 5	$2.310\ 147\ 549\times10^{-7}$	1/3.999 999 89
13	8 192	3.141 592 576 584 872 666 8	$5.775\ 369\ 032\times10^{-8}$	1/3.999 999 97
14	16 384	3.141 592 634 338 562 990 8	$1.443\ 842\ 268\times10^{-8}$	1/3.999 999 98
15	32 768	3.141 592 648 770 985 670 8	$3.609\ 605\ 682\times10^{-9}$	1/3.999 999 98
16	65 536	3.141 592 652 386 591 357 1	$9.024\ 014\ 188\times10^{-10}$	
17	131 072	3.141 592 653 288 992 775 9		

① 所引原文在必要时，数字改写为阿拉伯数字，下仿此.

② 前后二项周长差及其比值是我们添加的.

其二、定周

关氏从16个近似值获得高精度圆周近似值，称为定周。在《括要算法》卷2诸约之术中有增约术，他举例二则，其一是："今有原15个，递增$\frac{2}{5}$，问，极数几何？"他的解法相当于说，分母5减去分子2，余数3为除数，分母5乘以已知数15，得75，为被除数，做除法运算，得所求极限25。由此可见，关孝和的增约术，事实上就是求等比级数和的极限。而且关氏还规定公比如超过1，则没有极限，这就是说：

①$S_n=a\ (1+r+r^2+\cdots+r^{n-1})$；

②$S_n\rightarrow\frac{a}{1-r}\ (r\rightarrow\infty)$ 当$r<1$；

③$S_n\rightarrow\infty\ (n\rightarrow\infty)$ 当$r>1$。

估计关氏获得上述圆内接正多边形(半周长)16个数据后，曾经作过反复考察，他发现相邻两差数之比逐渐趋近$r=\frac{1}{4}$。于是猜测当n相当大时半圆周长$\frac{1}{2}p$取：

$$\frac{1}{2}p=\frac{1}{2}p_{2n}+\frac{1}{2}\ (p_{4n}-p_{2n})\ (1+r+r^2+\cdots+r^{n-1})。\quad\text{(ii)}$$

作为圆周率近似值，其精度将高于$\frac{1}{2}p_{4n}$。但是关氏并没有像刘徽那样取$r=\frac{1}{4}$①，而取计算终了前最后一个相邻差比值作为r，即

$$r=\frac{p_{4n}-p_{2n}}{p_{2n}-p_n}。\quad\text{(iii)}$$

代入公式（ii）得：

$$\frac{1}{2}p=\frac{1}{2}p_{2n}+\frac{1}{2}\ (p_{4n}-p_{2n})\ \frac{1}{1-r}$$

---

① 沈康身等，割圆术近析．杭州大学学报，1991（3），pp. 271～281

$$=\frac{1}{2}p_{2n}+\frac{1}{2}\frac{(p_{4n}-p_{2n})(p_{2n}-p_n)}{(p_{2n}-p_n)-(p_{4n}-p_{2n})} \quad \text{(iv)}$$

这就是关孝和求定周公式。我们认为此公式的思路与刘徽“消息”（参见注①论文）是一脉相承的，而且此公式（iv）又正是破译刘徽“消息”之谜的旁证。

上表$\frac{1}{2}p_{2^{17}}$含π真值10位有效数字，而综合$p_{2^{15}}$，$p_{2^{16}}$，$p_{2^{17}}$结果，用公式（iv）算出定周。

$$p=\frac{1}{2}p_{2^{17}}+\frac{1}{2}\frac{(p_{2^{17}}-p_{2^{16}})(p_{2^{16}}-p_{2^{15}})}{(p_{2^{16}}-p_{2^{15}})-(p_{2^{17}}-p_{2^{16}})} \quad \text{(v)}$$

$$=3.141\,592\,653\,589\,793\,238\,4$$

含π20位有效数字！近似值的精度已大为提高。

其三、圆径率

对于已求得的定周（小数）要求用有最佳逼近的分数表示。在《括要算法》卷2诸约之术中还设有零约术，他也举例二则。其中之一：“今有方1尺斜1尺4寸1分4厘1毫2丝强，问：零约之，内（不足）、外（过剩）亲疏（近似值）方斜率各几何？”答数：$\frac{5}{7}$（不足）[①]，$\frac{7}{10}$（过剩），$\frac{41}{29}$（不足），$\frac{58}{41}$（过剩）。具体解法是：他从$\frac{1}{1}<1.414\,21<\frac{2}{1}$起算，以这两个不足、过剩近似值的分子和及分母和分别作为第三个近似值：$\frac{f}{e}$。如果它是不足近似值，则以$\frac{f+2}{e+1}$作为第四近似值，否则以$\frac{f+1}{e+1}$作为第四近似值。照此继续计算，以得到更高精度的近似值。关氏的零约术事实上就是我国古代用于天文计算的调日法。也就是法国N. Chuquet（1445—约

① 这就是《九章》勾股章题11刘注所说“方五斜七”.

1500）所介绍的分数插入法：当$\frac{a}{c}<\frac{b}{d}$，则$\frac{a}{c}<\frac{a+b}{c+d}<\frac{b}{d}$。

关氏以零约术求圆周率的近似分数。当从增约术得到小数表示的定周之后，他从

$3<3.141\ 592\ 653\ 589\ 793\ 238\ 4<4$

开始，做6次零约术，得到祖冲之约率$\left(\frac{22}{7}\right)$，做23次零约术，得到徽率$\left(\frac{157}{50}\right)$，做112次零约术得到祖冲之密率$\left(\frac{355}{113}\right)$。我们抄摘其部分结果（表7.3.2）

表7.3.2

	周率	径率	周数
古法	3	1	3
	7	2	3.5
	10	3	3.333 3
	⋮	⋮	⋮
约率	22	7	3.142
智率	25	8	3.125
	⋮	⋮	⋮
桐陵法	63	20	3.15
	⋮	⋮	⋮
和古法	79	25	3.16
	⋮	⋮	⋮
陆绩率	142	45	3.155 5
	⋮	⋮	⋮
徽率	157	50	3.14
	⋮	⋮	⋮
密率	355	113	3.141 592 924 4

祖冲之关于圆周率计算的第二次结果，即约率与密率是怎样求得的，向来是难解的谜。关孝和求周径率工作无疑为我们提供另一条解谜的重要线索。

二、球体积

在《括要算法》卷2有推导球体积公式的内容：

“求立圆积术　玉法　假如有立玉，贯一尺，则问：玉积若干？

答曰：玉积五百二十三寸三百三十九分寸之二百零三。

立圆率解：

第一、求初积　径一尺立圆、厚各二分、截五十片，以径矢弦术各得弦幂。相并上下弦幂，以厚乘之，得数折半之，各得截积。通计为初积。

第二、求中积　径一尺立圆，厚各一分。截一百片，以径矢弦术各得弦幂。相并上下弦幂，以厚乘之，得数折半之，各得截积，通计为中积。

第三、求后积　径一尺立圆，厚各五厘，截二百片。以径矢弦术各得弦幂，相并上下弦幂，以厚乘之，得数折半之，各得截积，通计为后积。

第四，求约积　列初积与中积于左，以中积与后积相乘之，得数寄位。列初积与中积差，内减中积与后积差，为弦法。以中积相乘之。得数加入奇位，共得数为实。如法而一，不满者，各以五厘约之，得六百六十六寸三分寸之二，为约积也。

第五、求定积　列约积，通分内子。以圆周率相乘之，得数为实。列圆周率、四之。亦以分母三乘之，得数为法。实如法而一。不满者各以四约之，得五百二十三寸三百三十九分寸之二百零三，为定积也。”

我们依次解释关氏的工作。

立圆、立玉都指球体。

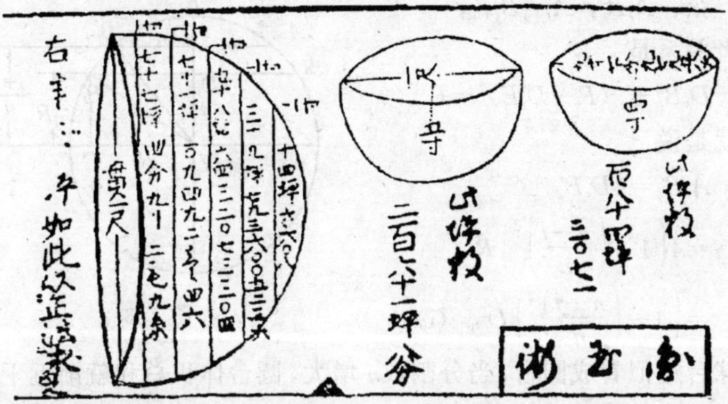

图版 7.3.2

日本在17世纪为求球体积，另设“会玉术”：仿照刘徽割圆术思想，截球成相等厚度的球台，以求球体积的近似值（图版7.3.2）。1663年村松茂清用汉语写的《算俎》说：“球率事繁，难以委细写出，可如平圆将串一尺之球劈成若干枚，达至球心，成各圆台，叠成坪[①]数”他的结果是$V_{球}=0.524$立方尺。1674年村濑义益在《算法不惮改》说：“将一尺之球劈成一万枚，……以径、矢、弦之术而知其弦，……合一万枚成五百二十三坪六分；故为定法也。”这是说对于直径为一尺的球，通过计算一万枚球台体积的巨大工作量，算得

$$V_{球}=0.5236\ (\text{立方尺})$$

仅得四位有效数字。文中提到“以径、矢、弦之术而知其径”是指把半径$OE=R$取n等分，从直角三角形知（图7.3.2）

径：$OB_{i+1}=OB_i=R$，

矢：D_iE，$D_{i+1}E$，

① 坪，日本字．义：6.5尺见方的地面．转义：块．

弦：A_iB_i，$A_{i+1}B_{i+1}$，

三者关系是

$$D_iB_i^2+(R-D_iE)^2=R^2。$$

也就是说

$$A_iB_2^i=4D_iB_2^i$$

$$=4\left(1-\left(\frac{n-i}{n}\right)^2\right)R^2$$

$$=\left(1-\left(\frac{n-i}{n}\right)^2\right)D^2。\text{(i)}$$

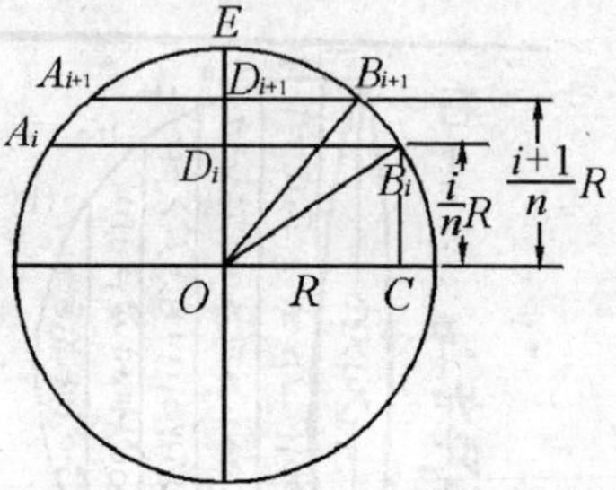

图 7.3.2

把球台近似看成圆台，当分割数n 增大，圆台体积总和就渐近于球体积，这种思考是可取的。

但是限于历史条件，日本数学家只取n 为有限数，取

$$V_{球}\approx 2\sum_{i=1}^{n}\frac{\pi}{4}\cdot\frac{A_iB_2^i+A_{i+1}B_{i+1}^2}{2}\cdot\frac{R}{n}。\qquad\text{(ii)}$$

没有进行极限运算。

关孝和在其先辈工作基础上，仍借助于从已求得的 3 个近似值，经过适当运算[①] 从获得高精度的近似值。在上面引文中具体描绘了他的工作进程。他称$A_iB_2^i$（公式（i））为弦幂。又称

$$\frac{A_iB_i^2+A_{i+1}B_{i+1}^2}{2}=\frac{D^2}{2n}\left(2-\left(\frac{n-i}{2}\right)^2-\left(\frac{n-i-1}{2}\right)^2\right)\qquad\text{(iii)}$$

为截积。取 $n=25$，$n=50$，$n=100$ 分别计算这些截积（表 7.3.3），并依次把各截积的和分别称为初积 (a)，中积 (b)，后积 (c)。对此三球积的近似值，关氏原来意图是得到精度能提高一步的约积，借助于运算

$$约积=b+\frac{(b-a)\ (c-b)}{(b-a)\ -\ (c-b)},\qquad\text{(iv)}$$

① 这种计算方法是上世纪初才建立理论，称为外推极限法，参见沈康身等论文：割圆术近析，杭州大学学报，1991 (3)，pp. 270～281.

表 7.3.3①

i	积幂（方寸）$A_iB_i^2$	截积（立方寸）$\frac{A_iB_i^2+A_{i+1}B_{i+1}^2}{2n}$	i	积幂（方寸）$A_iB_i^2$	截积（立方寸）$\frac{A_iB_i^2+A_{i+1}B_{i+1}^2}{2n}$	i	积幂（方寸）A_iB_i	截积（立方寸）$\frac{A_iB_i^2+A_{i+1}B_{i+1}^2}{2n}$
1	7.84	0.784 4	1	3.96	0.018 4	1	1.99	0.049 75
2	15.36	2.32	2	7.84	0.59	2	3.96	0.148 75
3	22.56	3.792	3	11.61		3	5.91	
⋮	⋮	⋮	⋮	⋮	⋮		⋮	⋮
23	99.36	19.92	48	99.84	9,99	98	99.96	4.998 75
24	99.84	19.984	49	99.96	9.998	99	99.99	4.999 75
25	100.00		50	100.00		100	100.00	
初积$(a)=666.4$			中积$(b)=666.6$			后积$(c)=666.65$		

其中初积$=2\sum_{i=1}^{25}\frac{A_iB_i^2+A_{i+1}B_{i+1}^2}{2n}$，

中积$=2\sum_{i=1}^{50}\frac{A_iB_i^2+A_{i+1}B_{i+1}^2}{2n}$，

后积$=2\sum_{i=1}^{100}\frac{A_iB_i^2+A_{i+1}B_{i+1}^2}{2n}$。

从表 7.1.3 至 7.1.5，可知

约积

$$=(0.666\,6+\frac{(0.666\,6-0.666\,4)\ (0.666\,65-0.666\,6)}{(0.666\,6-0.666\,4)\ -\ (0.666\,65-0.666\,6)}$$

$$=\left(0.666\,6+\frac{(0.000\,2)\ (0.000\,05)}{0.000\,2-0.000\,05}\right)D^3$$

$$=\left(0.666\,6+\frac{2}{3}\ (0.000\,1)\right)D^3=\frac{2}{3}D^3。\qquad (v)$$

① 表中数据都是精确值

事实上这并不是“约积”，而恰是精确值！

关氏从这个“约积”计算定积：

$$V_{\text{球}}=\frac{\pi}{4}\frac{2}{3}D^3=\frac{\pi}{6}D^3。\qquad \text{(vi)}$$

他又取$\pi\approx\frac{355}{113}$，于是当直径是1尺时，得结论：

$$V_{\text{球}}\approx523\,\frac{203}{339}\text{①（立方寸）}。$$

《括要算法》成书在《算法勿惮改》后7年。很可能关氏看到村濑义益劈球一万枚的算草纪录。可以从公式（i）用平行平面等间距分割球体n次，$n=25$，50，…，至1600，又据公式（iii）计算倍截积。相邻项之差及其比值如表7.3.4。当发现这些比值都是$\frac{1}{4}$时，得（这里我们简记“积”为j.）

$$\begin{aligned}\text{约积}&\approx j_{50}+(j_{100}-j_{50})(1+r+r^2+\cdots+r^n+\cdots)\\&=j_{50}+(j_{100}-j_{50})\frac{1}{1-r}\\&=j_{50}+(j_{100}-j_{50})\frac{1}{1-\dfrac{j_{100}-j_{50}}{j_{50}-j_{25}}}\\&=j_{50}+\frac{(j_{100}-j_{50})(j_{50}-j_{25})}{(j_{50}-j_{25})-(j_{100}-j_{50})}\end{aligned}$$

显然这就是公式（iv）及计算式（v）。

事实上：对球积估计的情况有区别于对圆周长的估计。内接于圆正多边形倍增边数时，前后二项周长差的比值不是常数，当$n\to\infty$，它的极限才等于$\frac{1}{4}$；而内接于球的柱体集合，当倍增分割次数时，前后二集合体积差的比值，不论n是多少，都是常数$\frac{1}{4}$。

---

① 注意$\frac{203}{339}\approx0.598\,820\,059$，比他先辈的精度大为提高.

我们从自然数平方和公式易知

表7.3.4

n	j_n	$j_{2n}-j_n$	$\frac{j_{4n}-j_{2n}}{j_{2n}-j_n}$
25	0.666 4 (a)	0.000 2	$\frac{1}{4}$
50	0.666 6 (b)	0.000 05	$\frac{1}{4}$
100	0.666 65 (c)	0.000 012 5	$\frac{1}{4}$
200	0.666 662 5	0.000 003 525	$\frac{1}{4}$
400	0.666 665 625	0.000 000 781 25	$\frac{1}{4}$
800	0.666 660 406 25	0.000 000 195 312 5	
1600	0.666 666 601 562 5		

$$j_n=\frac{D^2}{n}\sum_{i=1}^{n-1}\left(1-\left(\frac{n-i}{n}\right)^2+\left(1-\frac{n-i+1}{n}\right)^2\right)$$
$$=\frac{D^2}{2n}\left(2n-1-\frac{(n-1)(2n-1)}{3n}\right)$$
$$=\frac{D^2}{6n^2}(2n-1)(2n+1)。\quad\text{(vii)}$$

因此对于任意二相邻倍截积的差的比

$$\frac{j_{4n}-j_{2n}}{j_{2n}-j_n}=\frac{1}{4}\quad(n=1,2\cdots)。$$

其实关孝和在其《括要算法》卷1垛积术中记述自然数幂和公式很是周到，但他竟舍近就远，对于j_n的计算不用（vii）式，而是逐个进行，以致计算繁琐费时，还误把精确值看成近似值（约积）。而无独有偶，三国时刘徽又误把这个$\frac{1}{4}$，近似值视为精确值，铸成数学史上智者千虑有失的有趣轶事。

第二节　几何代数（G3）

《括要算法》卷3论角法，是今村知商《竖亥录》正多边形角钩、平钩径知识的发展。他不厌求详地研讨正n边形（$n=3$至20）边长与其内切圆、外接圆半径间的关系。他正确列出和数值解高次方程，次数有高达18次者。全卷对自正三角形至正二十边形列有17道题：已知边长a（1寸）求角中径（外接圆半径R）、平中径（内切圆半径r）解题步骤都先立天元一（设角中径或平中径为x），然后根据题设条件列出“开方式”（多项式方程）。再“翻法开之”（数值解方程），以计算所求数。可见关氏运用正宗中算术语及解法处理问题。我们摘抄其成果在表7.3.5中。这类问题的精密计算，直至1715年英国B. Taylor（1685—1731）《增量法及其逆》（Methodus Incrementorum Directa et Inverse）论文发表，始明三角函数展开为幂级数的方法。在此以前要使正多边形半径计算到10位有效数字，数值解方程是惟一可行途径，而关氏当时计算工具仅有算筹而已。他能取得如许精密结果，诚叹为观止。这36个答数有效数字多达9至10位。即使有误差，偏差不大。我们用计算器核对，错末尾一位（标*）者11次，二位者（标**）2次，错三位者（标***）1次而已。我们选“已知正十一边形边长（1寸）求其外接圆半径”作为典型例子来认真鉴赏。在读关氏原文之前，我们应先了解四事。

其一、关流学派对正多边形内切、外接圆研究很深入。各种线段都列专门术语。这里引关孝和及门弟子建部贤弘（1664—1739）《大成算经》用语。图7.3.3中$A_0A_1A_2\cdots$为某一正多边形。a为其边长，r，R分别为其内切、外接圆半径。而

表7.3.5

n	方程次数	$r=\frac{1}{2}\text{actg}\,\frac{360°}{2n}$	$R=\frac{1}{2}\text{acsc}\,\frac{360°}{n}$
3	2	0.288 675 134	0.577 350 269
4	2	0.500 000 000	0.707 106 781
5	2	0.681 819 096	0.850 660 808
6	2	0.866 205 403	1.000 000 000
7	6	1.038 260 698	1.153 382 435*
8	2，4	1.207 106 781	1.306 562 964*
9	6	1.373 738 709**	1.461 902 2
10	2，4	1.538 841 768*	1.618 033 988***
11	10	1.702 843 619*	1.714 732 766*
12	4	1.866 025 402*	1.931 851 653*
13	12	2.028 579 742	2.089 249 073
14	3，6	2.190 647 133	2.246 979 603
15	8	2.352 315 054*	2.404 867 172
16	4，8	2.513 669 745	2.562 915 447*
17	16	2.674 763 752*	2.721 095 572*
18	3，6	2.835 640 939**	2.879 385 241*
19	18	2.996 335 729	3.037 766 91
20	4，8	3.156 875 757	3.196 226 61

一面斜：$A_0A_1=a_1=a$，二面斜：$A_0A_2=a_2$，三面斜：$A_0A_3=a_3$，……

一面中宽：$OB_1=r_1=r$，二面中宽：$OB_2=r_2$，三面中宽：$OB_3=r_3$，……

三面中报角径：$OC_3=OC'_3=b_3$，五面中报角径：$OC_5=OC'_5=b_5$，……

三面中报面：$C_3C'_3=a'_3$，五面中报面：$C_5C'_5=a'_5$，……

面之汎数：$e_3=\frac{Ra_3}{a}$，$e_5=\frac{Ra_5}{a}$，……

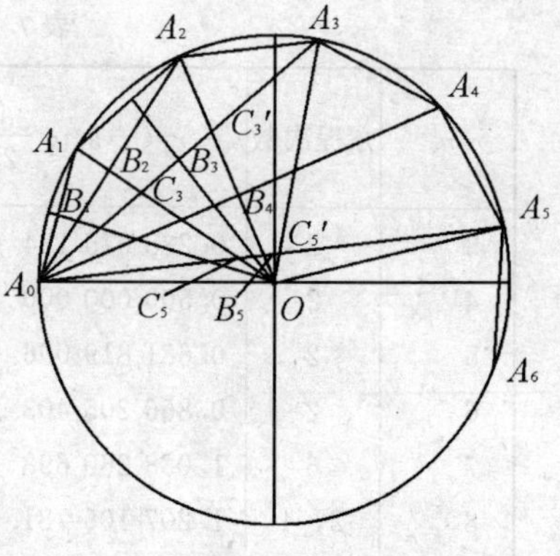

图 7.3.3

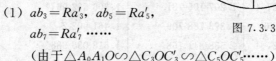

其二、关孝和能发前人未道之秘——这些线段间的和谐关系。[①]

（1）$ab_3=Ra'_3$，$ab_5=Ra'_5$，

$ab_7=Ra'_7$ ……

（由于$\triangle A_0A_1O\backsim\triangle C_3OC'_3\backsim\triangle C_5OC'_5$……）

（2）$Rr_3=rb_3$，$Rr_5=rb_5$，$Rr_7=rb_7$，……

（由于$\triangle OA_1B_2\backsim\triangle OB_3C'_3\backsim\triangle OB_5C'_5$……）

（3）$b_3=2r_2-R$（见图自明）

$b_3+b_5=2r_4$，$b_5+b_7=2r_6$，……

（由于A_0A_4 平分$\angle C'_3A_0C_5$，……，$C'_3B_4=B_4C_5$，……）

（4）$e_3=b_3+2R$，$e_5=b_5+2R$，$e_7=b_7+2R$，

（由于$A_0A_3=C_3C'_3+2A_0C_3$，这就是

$a_3=a'_3+2a$，$Ra_3=Ra'_3+2Ra$

从公式（1）得　$Ra_3=ab_3+2aR=a(b_3+2R)$，类似地

$Ra_5=a(b_5+2R)$，……

（5）$4r^2=4R^2-a^2$（见图自明）

$2Rr_2=2R^2-a^2$，$2Rr_4=2R^2-a_2^2$，$2Rr_6=2R^2-a_4^2$，……

（由于直角三角形关系：$A_0A_1^2=2R\cdot A_1B_2$，$A_0A_0^2=2R\cdot A_2B_4$，……）

① J. 卷2，p. 178

(6) $2ar = Ra_2$，$2a_2r_2 = Ra_4$，$2a_3r_3 = Ra_6$，……

(由于面积关系：$2OA_0A_1 = A_0B_2 \cdot OA_1 = OB_1 \cdot A_0A_1$，

$2\triangle OA_0A_2 = A_0A_2 \cdot OB_2 = A_0B_2 \cdot OA_1$，……

其三、关氏原题附图（图7.3.4），对有关线段注释子、丑、寅、卯等地支字样，其含义作如下理解：

子：$OA = r_2$，丑：$OB = r_1$，

寅：$OC = r_4$，卯：$OD = r_5$，

辰：$OE = b_3$，己：$FG = \frac{1}{2}e_3$，

午：$HK = a_2$，未：$OL = b_5$。

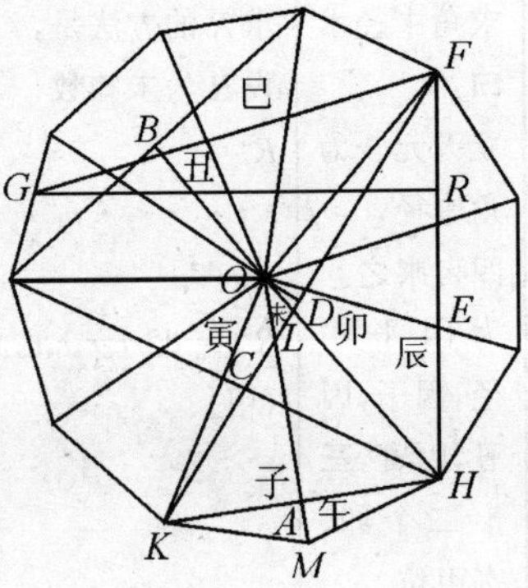

图 7.3.4

为便于读者鉴赏，我们以对照表的形式，并列《括要算法》原始文献一段，在其右并列今译和今释。（表7.3.6）

表7.3.6

《括要算法》原著	今译	今释
“今有一十一角，每面一寸。问：…角中径…若干？答曰：角中径一寸七分一厘四毫七丝三二七六六半弱。	现有正十一边形，已知边长1寸，求外接圆半径R。答R=－1.714 732 766 5（寸）	

续表

《括要算法》原著	今译	今释
求角中径术曰： 立天元一为角中径，四自乘之。 为因平中径,因子,因丑,因寅,三十二个卯。寄甲位。	求 R 的方法是，设 R 为未知数 R^5 $r\cdot r_2\cdot r_3\cdot r_4\cdot 32r_5$ $R^5=32rr_2r_3r_4r_5$（甲）	此等式得来甚妙。从公式（6） $2ar=Ra_2$ $2a_2r_2=Ra_4$ $2a_3r_3=Ra_6$ $2a_5r_5=Ra_{10}=Ra$，其中 $a_{11-n}=a_n$ 两端各互乘，得（甲）
列角中径，自之。 内减面幂余为因角中径辰、寄乙位。	R^2 $-a^2$ $R^2-a^2=Rb_3$（乙）	为得另一多项式以施行“如积相消”，关氏先设计（乙）：从公式（3），（5）有 $Rb_3=R(2r_2-R)=(2R^2-a^2)-R^2=R^2-a^2$
列角中径，自之，得数倍之。 加入寄乙位。 为因角径二个巳，寄丙位。	$2R^2$ $2R^2+$（乙） $2R^2+Rb_3=Re_e$（丙）	次设计（丙）：从公式（4）有 $R(2R+b_3)=Re_3$。

续表

《括要算法》原著	今译	今释
列角中径，自之，四因，内减面幂。余为四段平中经幂。 以面幂相乘， 为因角中径幂午幂； 以减倍之角中径三乘幂，余为因角中径再乘幂二个寅，寄丁位。	$4R^2$ $4R^2-a^2=4r^2-a^2$ $4r^2a^2$ $4r^2a^2=R^2a_2^2$ $2R^4-R^2a_2^2$ $R^2(2R^2-a_2^2)=2R^3r_4$（丁）	又设计（丁）。 从公式（6）得知。 从公式（5）得知。
列角中径自之，以寄丁位相乘，以减寄丁位，余为因角中径再乘幂未。	丁－（乙）R^2， $2R^3r_4-R^3b_3=R^3b_5$	从公式（3）得知。

续表

《括要算法》原著	今译	今释
以寄乙位、丙位各相乘之，又以四段平中径幂相乘，为因角中径四乘幂，因平中径，因子、因丑、因寅、三十二个卯寄左。	$R^3b_5 \cdot Rb_3 \cdot Re_3 \cdot 4r^2$ $=R^5 \cdot r \cdot r_2 \cdot r_3 \cdot r_4 \cdot 32r_5$ $=32R^5rr_2r_3r_4r_5$ (左)	从公式(6)得 $R^2a=4a_3r_3r_5$，又从公式(4)得 $Ra_3=ae_3$， 从公式(2)得 $Rr_3=rb_3$，$Rr_5=rb_5$。于是 $R^3b_5 \cdot$（乙）$\cdot$（丙）$\cdot 4r^2=4b_3b_5e_3r^2$， $R^{10}=R^3b_5 \cdot Rb_3 \cdot Re_3 \cdot 4r^2$ 而从(甲)：$R^5 \cdot R^5=32R^5rr_2r_3r_4r_5$
与左相消，得开方式  九乘方翻法开之，得角中径，合问。”	$R^3b_5 \cdot Rb_3 \cdot Re_3 \cdot 4r^2-R^{10}=0$ 得多项式方程 $11R^{10}-55a^2R^8+77a^4R^6-44a^6R^4+11a^8R^2-a^{10}=0$， 取 $a=1$。 数值解这十次方程，得所求的半径长。	从公式（3），得 $R^3b_5=R^2 \cdot R(2r_4-b_3)=2R^3r_4-R^3b_3$ 而 $2R^3r_4=2R^4-a_2^2R^2$…公式(3) $=2R^4-4a^2r^2$…公式(6) $=2R^4-a^2(4R^2-a^2)$…公式(5) $Rb_3=R^2-a^2$…(乙)，这就是 $R^3b_5=R^4-3a^2R^2+a^4$ $Rb_3=R^2-a^2$…(乙) $Re_3=R(b_3+2R)=3R^2-a^2$…公式(4)，(3)，(2) $4r^2=4R^2-a^2$…公式(5) $R^3b_5 \cdot Rb_3 \cdot Re_3 \cdot 4r^2-R^{10}=0$ $(R^4-3a^2R^2+a^4)(R^2-a^2)(3R^2-a^2) \cdot (4R^2-a^2)-R^{10}=0$ 取 $a=1$，展开为多项式方程。

在时间上我国明代相当于日本的江户时代，中算已输入日本者，《算经十书》而外有《杨辉算法》(1274—1275)，朱世杰《算学启蒙》(1299)，程大位《算法统宗》(1592)。把关氏这一工作与中算文献作一对比是饶有兴味的。《算学启蒙》卷下开方释锁门三十四问，都用天元术列出方程。如第二题云：“今有大小方田二段，只云，大方幂内减小方面，余一千二百六十八步。又云，小方幂内减大方面，余七百四十八步。问：大小方面各几何？答曰：大方面三十六步，小方面二十八步。术曰：立天元一为小方面〇
𝍠，自乘内减又云数为大方面𝍦𝍫𝍧̸
〇
𝍠。自之，为大方幂：𝍬𝍤𝍮𝍣〇𝍣
〇
𝍩𝍣𝍱𝍥̸
〇
𝍠，寄左。又列小方面〇
𝍠，加入先云数𝍩𝍡𝍭𝍧
𝍠，亦为大方幂，寄左。相消，得开方式：𝍬𝍤𝍮𝍡𝍪𝍥
𝍠̸
𝍩𝍣𝍱𝍥̸
〇
𝍠。三乘方翻法开之，得小方面，……合问。”从关孝和设题题文、答文、术文次序以及所用术语：“立天元一为……，寄左。与左相消，得开方式，九乘方翻法开之，得……，合问。”可见关氏列方程知识渊源，出于《算学启蒙》，自无疑义。至于“九乘方翻法开之”具体步骤，关氏书未载，而介绍正负开方的秦九韶《数书九章》当时是否已传入日本，至今未见著录。关氏于奈良某寺得读中国算学书凡三年，仅属传闻，所读何书，亦无可考。[①] 查杨辉算书中有《田亩比类乘除捷法》，卷下“姑摘中山刘［益］《议古根源》”。杨辉为“详注图草，以明后学。其余自可引而伸之，触类而长，不待尽述也。”其第18问云：“圆田一段，直

① 李俨，中算史论丛第五集，第180页，科学出版社，1955

径十三步。今从边截积三十二步，问：所截弦矢各几何？”答曰：弦十二步，矢四步。（图版7.3.3）。术曰：倍积自乘为实。四因积步为上廉。四因径步为下廉，五为负隅。开三乘方除之，得矢。……草曰：倍田积自乘，得四千九十六步为实。四因积步，得一百二十八为上廉，列四因径步，得五十二，为下廉。置五算为负隅。于实上商得矢四步，以命负隅五，减下廉二十，余三十二。以上商四步依三乘方乘下廉，入上廉共二百五十六。又以上商四步乘上廉，得一千二十四，为三乘方法。以上商命方法，除实尽，得矢四步。……合问。”很可能关氏“九乘方翻法开之”是从此得到消息。杨辉举一反三，关氏心领神会，不愧为“引而伸之，触类而长”的后学。他尽传杨辉朱世杰天元术和开方释锁术，并推广解法：从解三、四次方程到十八次。答数的有效数字从一、二个算到九、十个！

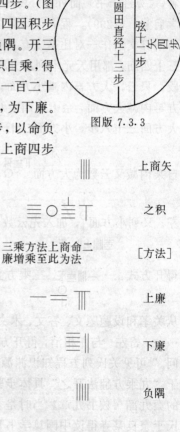

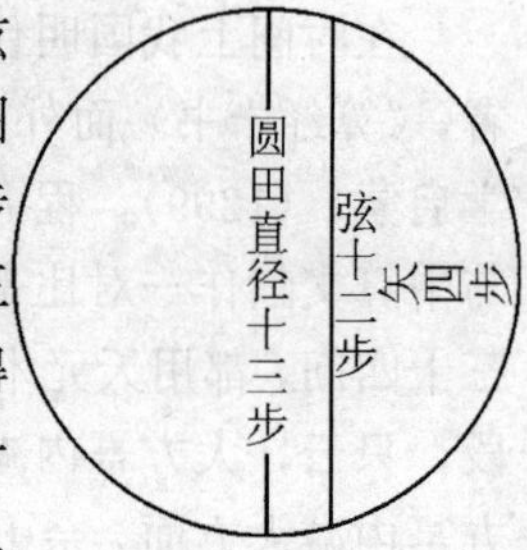

图版 7.3.3

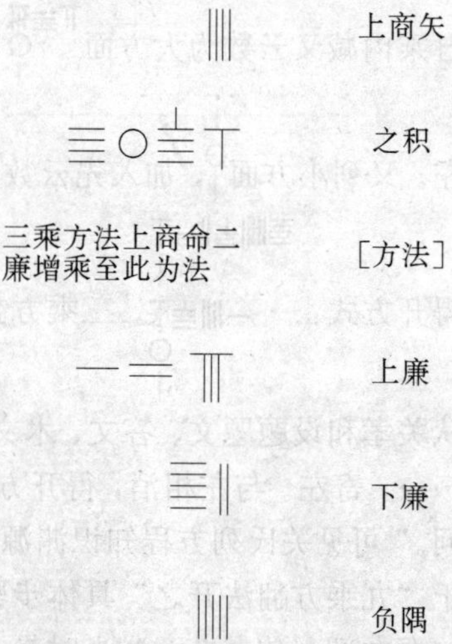

在立天元式时，为获得等式，关氏运用几何代数变换，极为精巧，已达炉火纯青境界。在我国明末清初中算衰微之际，关氏一枝独秀，令人深有墙内开花墙外俏之感。

第三节 自然数幂和公式

《括要算法》卷1为“垛积总术”，记自然数前n项幂和公式($n=1$，2，3，…，10，11)及其推导过程。垛积总术也用注假名的日本式汉语撰写。所用术语如垛积、招差、幂、演段、等数、自乘（平方）、再乘（三方）、三乘方（四次幂）、实、法、实如法而一、通分内子等等用字、取义与中算完全一致。

关孝和先于瑞士J. Bernoulli (1654—1707)，设想自然数前n项p次幂之和是n的$p+1$次多项式(缺常数项)。他还认为这一多项式①

$$\sum_{r=1}^{n} r^{p}=S(n)\ =a_0 n^{p+1}+a_1 n^{p}+a_2 n^{p-1}+\cdots+a_p n。\quad (1)$$

各项系数与贾宪三角形第$p+1$层系数有对应关系. 从垛积总术所记十种演段，可以推知他熟知以下事实

$$(p+1)S(n)=n^{(p+1)}+G_1\binom{p+1}{1}n^{p}+G_2\binom{p+1}{q}n^{p-1}+\cdots+G_p\binom{1+1}{p}n \quad (2)$$

当$n=1$时，

$$p+1=1+G_1\binom{p+1}{1}+G_2\binom{p+1}{q}+\cdots+G_p\binom{p+1}{p}$$

借此得到一系列递推公式：

当$p=1$时，$2=1+G_1\binom{2}{1}$，$G_1=(2-1)\div 2$ (2.1)

$p=2$ $3=1+3G_1+3G_2$

$G_2=(3-(1+3G_1))\div 3$ (2.2)

① 见本卷第六编第三章第三节，一、自然数幂和公式.

$p=3 \qquad 4=1+4G_1+6G_2+4G_3$

$$G_3=(4-(1+4G_1+G_2))\div 4 \tag{2.3}$$

$p=4 \qquad 5=1+5G_1+10G_2+10G_3+5G_4$

$$G_4=(5-(1+5G_1+10G_2+10G_3))\div 5 \tag{2.4}$$

我们对照关氏原著说明如下：

公式（1）可以推导出另一等价表达式

$$\sum_{r=1}^{n} r^p=\frac{1}{p+1}\sum_{i=0}^{p} B_i\binom{p+1}{i} n^{p+1-i}, B_i \text{ 为 Bernoulli 数，其中}$$

$$B_0=1, B_1=\frac{1}{2}, B_2=\frac{1}{6}, B_3=0, B_4=-\frac{1}{30}, B_5=0, B_6=\frac{1}{42}, B_7=0,$$

$$B_8=-\frac{1}{30}, \cdots \tag{3}$$

关氏用杨辉及中算习惯分别命名

$p=1$ 圭垛， $p=2$ 方垛

$p=3$ 立方垛， $p=4$ 三乘方垛

$p=5$ 四乘方垛，……

$p=11$ 十乘方垛。

对每一种垛求和，都有详细推导

原著	今释
圭垛演段：	前面 n 个自然数求和推导
置基数自乘，得数与一个相消得式	二项式二次展开，其中常数项为 0，取系数 0，$\binom{2}{1}$，$\binom{2}{0}$；即 0，2，1

续表

原著	今释
置圭垛原法（$p+1=2$）内减一级数$\left(\binom{2}{1}\right)$，余一为实。以二级数$\left(\binom{2}{1}\right)$为法，实如法而一，得二分之一为加，是为逐乘二级之项数（G_1）也。	（2.1）式

又如

原著	今释
平方垛演段	前面 n 个自然数平方和公式推导方法。
置基数再自乘，得数与一个相消得式。	二项式三次展开，其中常数项为 0，取得数 $0,\ \binom{3}{2},\ \binom{3}{1},\ \binom{3}{0}$，即 0,3,3,11。
置二级数$\left(\binom{3}{1}=3\right)$，取二分之一（$G_1$）得一个二分个之一。一级数$\left(\binom{3}{0}\right)$二位相并，共得二个二分个之一。通分内子得五，寄位。置平方垛原法三（$p+1$），以分母 2 相乘得六。内减寄位，余一为实，置三级数$\left(\binom{3}{2}=3\right)$，以分母二相乘得六为法，实如法而一，得六分之一为加。是逐乘三级之取数（G_2）也。	（2.2）式

原著求得$G_3=0$后，继续三乘垛演段："置基数四，自乘之得数与一个相消得式（0，5，10，10，5，1）。置二级数（5），取二分之一（G_1），得二个二分个之一。置三级数（10），取六分之一（G_2），得一个三分个之二。四级数取数空（G_3），一级数（1），三位以遍通术求同分母六，通分内子得三十一，寄位。置三乘方垛原法五（$p+1$），以分母六相乘，得三十，以减寄位，余一为实。置五级数（5）以分母六相乘，得三十为法。实如法而一，得三十分之一，为减，是逐乘五级之取数（G_4）也。"于此，原著所说就是公式(2.4)可得$G_4=-\frac{1}{30}$关氏如法演段至十乘方垛，分别得G_1，G_2，G_3，…，G_{11}各值[①]。在"垛积总术"列详表（表7.3.7—7.3.9）按照公式（2），把所算出的G_i值与所对应的贾宪三角形数相乘，得到$G_i\binom{p+1}{i}=(p+1)\,ai$，$p$次的自然数幂和也就随着得到。显然$G_i$就是Rernoulli，数$B_i$，而关孝和的发现早于Bernoulli，所以有人建议应改称关孝和Bernoulli数[②]。我们知道杨辉《乘除通变算宝》关于垛积术仅载二题："三角垛底面七个，问：积几何？""四隅垛底层六个，问：积几何？"后有答文、术文。而垛积总术，设题与杨辉同一口气："今有三角衰垛，底子三个，问：积几何？""今有平方垛，底子三个，问：积几何？"答文、术文体例也相一致。关孝和仅仅凭借杨辉这一简短信息，却推衍出如此大块文章：完整解决了自然数幂和公式构造问题。

---

① 沈康身．关孝和与李善兰的自然数幂和公式．中国数学史论文集（一），山东教育出版社，1987，81～93

② J.，卷2，p.160

表7.3.7　贾宪三角形（常数项为0）

$p+1$ \ j	0	1	2	3	4	5	6	7	8	9	10	11	12
1	1	1											
2	1	2	0										
3	1	3	3	0									
4	1	4	6	4	0								
5	1	5	10	10	5	0							
6	1	6	15	20	15	6	0						
7	1	7	21	35	35	21	7	0					
8	1	8	28	56	70	56	28	8	0				
9	1	9	36	84	126	126	84	36	9	0			
10	1	10	45	120	210	252	210	120	45	10	0		
11	1	11	55	165	330	432	462	330	165	55	11	0	
12	1	12	66	220	495	792	924	792	495	220	66	12	0

从表7.3.7，7.3.8合成7.3.9关氏的合成方法：取7.3.7，7.3.8两表对应数的乘积。例如当$p=3$，就取两表$p+1=3+1=4$的对应数相乘，并除以$p+1=4$，得立方垛系数，

$$\begin{aligned}\sum_{r=1}^{n} r^3 &= \frac{1}{4}1\times1\times n^4+\frac{1}{4}\times4\times\frac{1}{2}\times n^3+\frac{1}{4}\times6\times\frac{1}{6}\times n^2+\frac{1}{4}\times\\&\quad 4\times0\times n+\frac{1}{4}\times0\times\left(-\frac{1}{30}\right)\\&=\frac{1}{4}n^4+\frac{1}{2}n^3+\frac{1}{4}n^2+0\times n+0\end{aligned}$$

表 7.3.8 G_j 数表

j / $p+1$	0	1	2	3	4	5	6	7	8	9	10	11	12
1	1	$\frac{1}{2}$											
2	1	$\frac{1}{2}$	$\frac{1}{6}$										
3	1	$\frac{1}{2}$	$\frac{1}{6}$	0									
4	1	$\frac{1}{2}$	$\frac{1}{6}$	0	$-\frac{1}{30}$								
5	1	$\frac{1}{2}$	$\frac{1}{6}$	0	$-\frac{1}{30}$	0							
6	1	$\frac{1}{2}$	$\frac{1}{6}$	0	$-\frac{1}{30}$	0	$\frac{1}{42}$						
7	1	$\frac{1}{2}$	$\frac{1}{6}$	0	$-\frac{1}{30}$	0	$\frac{1}{42}$	0					
8	1	$\frac{1}{2}$	$\frac{1}{6}$	0	$-\frac{1}{30}$	0	$\frac{1}{42}$	0	$-\frac{1}{30}$				
9	1	$\frac{1}{2}$	$\frac{1}{6}$	0	$-\frac{1}{30}$	0	$\frac{1}{42}$	0	$-\frac{1}{30}$	0			
10	1	$\frac{1}{2}$	$\frac{1}{6}$	0	$-\frac{1}{30}$	0	$\frac{1}{42}$	0	$-\frac{1}{30}$	0			
11	1	$\frac{1}{2}$	$\frac{1}{6}$	0	$-\frac{1}{30}$	0	$\frac{1}{42}$	0	$-\frac{1}{30}$	0	$\frac{5}{66}$		
12	1	$\frac{1}{2}$	$\frac{1}{6}$	0	$-\frac{1}{30}$	0	$\frac{1}{42}$	0	$-\frac{1}{30}$	0	$\frac{5}{66}$	0	

表7.3.9 关孝和自然数幂和公式系数表①

a_{12}	a_{11}	a_{10}	a_9	a_8	a_7	a_6	a_5	a_4	a_3	a_2	a_1	a_0	名称	p
										0	$\frac{1}{2}$	$\frac{1}{2}$	圭　　垛	1
									0	$\frac{1}{6}$	$\frac{3}{6}$	$\frac{2}{6}$	平方垛	2
								0	0	$\frac{1}{4}$	$\frac{2}{4}$	$\frac{1}{4}$	立方垛	3
							0	$-\frac{1}{30}$	0	$\frac{10}{30}$	$\frac{15}{30}$	$\frac{6}{30}$	三乘方垛	4
						0	0	$-\frac{1}{12}$	0	$\frac{5}{12}$	$\frac{6}{12}$	$\frac{2}{12}$	四乘方垛	5
					0	$\frac{1}{42}$	0	$-\frac{7}{42}$	0	$\frac{21}{42}$	$\frac{21}{42}$	$\frac{6}{42}$	五乘方垛	6
				0	0	$\frac{2}{24}$	0	$-\frac{7}{24}$	0	$\frac{14}{24}$	$\frac{12}{24}$	$\frac{3}{24}$	六乘方垛	7
			0	$-\frac{3}{90}$	0	$\frac{20}{90}$	0	$-\frac{42}{90}$	0	$\frac{60}{90}$	$\frac{45}{90}$	$\frac{10}{90}$	七乘方垛	8
		0	0	$-\frac{3}{20}$	0	$\frac{10}{20}$	0	$-\frac{14}{20}$	0	$\frac{15}{20}$	$\frac{10}{20}$	$\frac{2}{20}$	八乘方垛	9
	0	$\frac{5}{66}$	0	$-\frac{33}{66}$	0	$\frac{66}{66}$	0	$-\frac{66}{66}$	0	$\frac{55}{66}$	$\frac{33}{66}$	$\frac{6}{66}$	九乘方垛	10
0	0	$\frac{10}{24}$	0	$-\frac{33}{24}$	0	$\frac{44}{24}$	0	$-\frac{33}{24}$	0	$\frac{22}{24}$	$\frac{12}{24}$	$\frac{2}{24}$	十乘方垛	11

这种对应二数相乘，又除以$p+1$，关氏制$p=1\sim11$表，如表7.3.9所求自然数幂和系数可直接查表，迅速获知。例如$p=7$（六乘方垛）则

$$\sum_{r=1}^{n} r^7 = a_0 n^8 + a_1 n^7 + a_2 n^6 + a_3 n^5 + a_4 n^4 + a_5 n^3 + a_6 n^2 + a_7 n$$

① 此表摘自《垛积总术》。原表用算筹记数，我们改用阿拉伯数字。按原件：自右而左记系数而且分数不是既约的.

$$=\frac{3}{24}n^8+\frac{12}{24}n^7+\frac{14}{24}n^6-\frac{7}{24}n^4+\frac{2}{24}n^2$$

$$=\frac{1}{8}n^8+\frac{1}{2}n^7+\frac{7}{10}n-\frac{7}{24}n^4+\frac{1}{12}n^2。$$

第四节　行列式

关孝和在1783年著有稿本《解伏题之法》涉及行列式。全稿6篇。从具体问题建立方程，经过消元、降阶（次）变形入手。我们分4段介绍主要情节。

一、方程变形、降阶（次）

1.“假如有勾股，只云：勾为实平方开之。得数与弦和若干。又云：勾股和若干。问勾。”“只云数有、股有、勾有，虚术见开方数。初依只云数、股、勾得前式，依勾得后式。”(F1)①

上段是说：如设直角三角形勾股弦为a，b，c。问题给出：$\sqrt{a}+c=A$，$a+b=B$，其中A，B为已知，求a。下段是解题过程：设所求$\sqrt{a}=y$，则据题意：$(A-y)^2=c^2=a^2+b^2=a^2+(B-a)^2$（前式），又$y^2=a$（后式）。从前后两式消去$a$，就得到只含$y$的多项式方程：

$$(A-y)^2=y^4+(B-y^2)^2。$$

2.“假如有方台积若干。只云：下方与高，和若干。又云：下方幂、高幂相并，共若干。问上方。”

“积有、下方与高和有，下方幂与高幂和有，虚术见高。”(F2)

这是说：正方台已给体积，设为V；上、下底长为x，y，高为h，而已给$y+h=A$，$y^2+h^2=B$。求：上底边长是多少？

---

① F1，指引自《解伏题之法》第一篇，下仿此.

原稿用中算立天元一方法列方程，消元、降阶（次）。值得商榷的地方是原稿所提出的问题有3个未知数，三方程中所含未知数条件不全，但所列天元式以及消元次序，都井井有条，我们刊出原稿对照：（图版7.3.4）

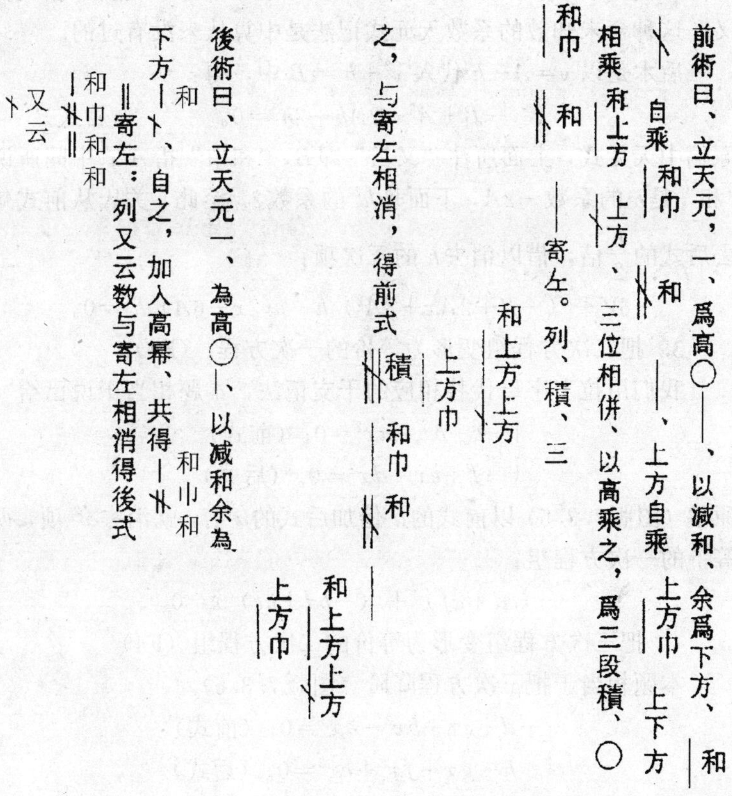

图版 7.3.4

其中前术是说，下底边长为$y=A-h$，$y^2=(A-h)^2$；上、下底长的乘积为$xy=x(A-h)=xA-xh$，因此可建立方程。因V

$=\frac{1}{3}(x^2+xy+y^2)h$，整理后，可得关于$h$的三次方程，按中算立元术，常数在上，依次是一次、二次、三次项系数，相当于列出$-3V+(x^2+xA+A^2)h-(x+2A)h^2+h^3=0$。(前式)

原稿“巾”字即汉字“幂”，义大巾、日语作此简化，循我古义。这种含未知数的系数天元式记法是中算从来没有过的.

后术是以$y=A-h$代入$y^2+h^2=B$中，得：

$$-B+A^2-2Ah+2h^2=0。\quad（后式）$$

原稿中天元式，上面所注“又云”即B，“和巾”指A^2；中间所说“和”是h的系数$-2A$，下面是h^2的系数2。至此，关氏从前式减去后式的$\frac{h}{2}$倍，借以消去h的三次项：

$$-6V+(-B+2Ax+3A^2)h-(2x+6A)h^2=0。$$

3. 把二次方程组变形为等价的一次方程。(F4)

我们用拉丁字母代替相应的干支记法，本题相当于说已给

$$\begin{cases}-c-bx+ax^2=0;\text{(前式)}\\-f+ex-dx^2=0。\text{(后式)}\end{cases}$$

原稿（图版7.3.5）以前式的d倍加后式的a倍，就消去x^2项，得等价的一次方程组：

$$-(cd+af)+(-bd+ae)x=0。$$

4. 把三次方程组变形为等价的二次方程组（F4）

本题相当于把三次方程降阶（图版7.3.6）

$$\begin{cases}-d+cx+bx^2-ax^3=0;\text{(前式)}\\-h-gx+fx^2+ex^3=0。\text{(后式)}\end{cases}$$

原稿以后式的$-a$倍减去前式的e倍得

$$(ad+ed)+(ag-ce)x-(af+ae)=0,\text{(一式)}$$

又以后式的d倍减去前式的h倍得：

$$-(dg+ch)+(df-bh)x+(de+ah)=0。\text{(二式)}$$

仮如

前式、平方

卜丙
卜乙
|甲

後式、同

卜己
|戊
卜丁

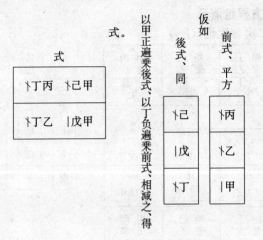

以甲正遍乘後式、以丁负遍乘前式、相減之、得式。

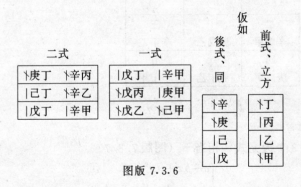

式

卜丁丙	卜己甲
卜丁乙	|戊甲

图版 7.3.5

仮如

前式、立方

卜丁
|丙
|乙
卜甲

後式、同

卜辛
卜庚
|己
|戊

一式

|戊丁	|辛甲
卜戊丙	|庚甲
卜戊乙	卜己甲

二式

卜庚丁	卜辛丙
|己丁	卜辛乙
|戊丁	|辛甲

图版 7.3.6

二、方程组消元

1. 二次方程组（F5）

相乘 壬乙丁 生	相乘 己辛甲 生	相乘 丙戊庚 生
○	○	○
三 辛丁乙	二 辛戊甲	一 庚戊乙
六 庚丁乙	五 辛丁甲	四 庚戊甲

相乘 壬戊甲 尅	相乘 己乙庚 尅	相乘 丙辛丁 尅
○	○	○
二 辛戊甲	一 庚戊乙	三 辛丁乙
四 庚戊甲	六 庚丁乙	五 辛丁甲

仮如、

三式	二式	一式
壬	己	丙
辛	戊	乙
庚	丁	甲

图版 7.3.7

右表是3个天元式，相当于（图版7.3.7）

$$\begin{cases} c+bx+ax^2=0, & ① \\ f+ex+dx^2=0, & ② \\ k+hx+gx^2=0。 & ③ \end{cases}$$

要求三式分别乘一些数使消去x。

原稿分别以eg，$-dh$乘①式，ah，$-bg$乘②式，bd，$-ae$乘③式，就得到6个方程：

㊀　㊃

$$ceg+begx+aegx^2=0,$$

$$\overset{\text{㊂}}{-cdh}-bdhx-\overset{\text{㊄}}{adhx^2}=0,$$

$$\overset{\text{㊁}}{ahf}+ahex+\overset{\text{㊄}}{ahdx^2}=0,$$

$$\overset{\text{㊀}}{-bgf}-bgex-\overset{\text{㊅}}{bgdx^2}=0,$$

$$\overset{\text{㊂}}{bdk}+bdhx+\overset{\text{㊅}}{bdgx^2}=0,$$

$$\overset{\text{㊁}}{-aek}+aehx-\overset{\text{㊃}}{aegx^2}=0。$$

易于看出具有相同汉字数字的系数和都等于零，于是未知数 x，x^2 项已相消。另一条件就是6 个常数 ceg，$-cdh$，ahf，$-bgf$，bdk，$-aek$ 的和也应是零。而这6 个数刚好是方程组①②③式系数行列式

$$\begin{vmatrix} c & b & a \\ f & e & d \\ k & h & g \end{vmatrix}$$

的展开值。

在原稿左表中所说“生”、“尅”分别义：正，负。左表含18 个系数，其中6 个就是三阶行列式展开的项，其余12 个分别是 x，x^2 的系数，它们构成6 对绝对值相等、符号相反的值。读者可以仔细琢磨对照。

2. 三次方程组（F5）

原稿还以我国天文常用二十八宿星宿名为符号，论述三次方程组消元。稿中的上表是4 个天元式（图版6.3.8），相当于

$$\begin{cases} d+cx+bx^2+ax^3=0, & ① \\ h+gx+fx^2+ex^3=0, & ② \\ n+my+lx^2+kx^3=0, & ③ \\ s+rx+qx^2+px^3=0。 & ④ \end{cases}$$

要求四式分别乘一些数，使消去 x。

四式	三式	二式	仮如、一式
婁	危	斗	房
奎	虚	箕	氐
壁	女	尾	亢
室	牛	心	角

相尾婁 乘牛氐 尅	相亢危 乘心奎 生	相壁斗 乘角虚 尅	相女房 乘室箕 生
○	○	○	○
四 奎牛尾氐	三 奎虚心亢	二 壁虚箕角	一 室女箕氐
八 壁牛尾氐	七 奎女心亢	六 壁虚尾角	五 室女箕亢
十二 室牛尾氐	十一 奎牛心亢	十 壁虚心角	九 室女箕角

相亢婁 乘心虚 尅	相壁危 乘角箕 生	相女斗 乘室氐 尅	相尾房 乘牛奎 生
○	○	○	○
三 奎虚心亢	二 壁虚箕角	一 室女箕氐	四 奎牛尾氐
十六 壁虚心亢	十五 壁女箕角	十四 室女尾氐	十三 奎牛尾亢
廿 室虚心亢	十九 壁牛箕角	十八 室女心氐	十七 奎牛尾角

相尾婁 乘角虚 生	相亢危 乘室箕 尅	相壁斗 乘牛氐 生	相女房 乘心奎 尅
○	○	○	○
廿四 奎虚尾角	廿三 室虚箕亢	廿二 壁牛箕氐	廿一 奎女心氐
六 壁虚尾角	五 室女箕亢	八 壁牛尾氐	七 奎女心亢
廿八 室虚尾角	廿七 室牛箕亢	廿六 壁牛心氐	廿五 奎女心角

相女婁 乘角箕 尅	相尾危 乘室氐 生	相亢斗 乘牛奎 尅	相壁房 乘心虚 生
○	○	○	○
卅二 奎女箕角	卅一 室虚尾氐	卅 奎牛箕亢	廿九 壁虚心氐
十五 壁女箕角	十四 室女尾氐	十三 奎牛尾亢	十六 壁虚心亢
九 室女箕角	十二 室牛尾氐	十一 奎牛心亢	十 壁虚心亢

相女婁 乘心氐 生	相尾危 乘角奎 尅	相亢斗 乘室虚 生	相壁房 乘牛箕 尅
○	○	○	○
廿一 奎女心氐	廿四 奎虚尾角	廿三 室虚箕亢	廿二 壁牛箕氐
卅六 壁女心氐	卅五 奎女尾角	卅四 室虚尾亢	卅三 壁牛箕亢
十八 室女心氐	十七 奎牛尾角	廿 室虚心亢	十九 壁牛箕角

相亢數 乘牛箕 生	相壁危 乘心氐 尅	相女斗 乘角奎 生	相尾房 乘室虚 尅
○	○	○	○
卅 奎牛箕亢	廿九 壁虚心氐	卅二 奎女箕角	卅一 室虚尾氐
卅五 壁牛箕亢	卅六 壁女心氐	卅五 奎女尾角	卅四 室虚尾亢
廿七 室牛箕亢	廿六 壁牛心氐	廿五 奎女心角	廿八 室虚尾角

图版 7.3.8

原稿分别以 glp，$-rle$，$-gqk$，rfk，mql，$-mfp$ 乘①式；$-mqa$，cqk，mbp，$-clp$，$-rbk$，rla 乘②式；rbe，$-gbp$，$-rfa$，gqa，cfp，$-cqe$ 乘③式；$-cfk$，nfa，ble，$-nbe$，$-gla$，gbk 乘④式，就得到24 个方程。

图版7.3.9 中已注明具有相同汉字数字一、二、三、……、卅四、卅五、卅六的系数和都等于零，于是 x，x^2，x^3 项都已消去。另一条件是24 个常数 $dglp$，$-drle$，$-dgqk$，$\cdots$，$-sgla$，$sgbk$ 的和也应是零。它们刚好是①至④式系数行列式

$$\begin{vmatrix} d & c & b & a \\ h & g & f & e \\ n & m & l & k \\ s & r & q & p \end{vmatrix}$$

的展开值。

三、行列式展开

关氏还在原著中提出行列式计算及其展开一般法则

1. 三阶行列式的计算（F6）

例1

图版7.3.9 右为3 个天元式，按照中算习惯，不记未知数，恰是行列式

$$\begin{vmatrix} -1 & 4 & -3 \\ 4 & -5 & 1 \\ -3 & 1 & 2 \end{vmatrix}$$

左为关氏对此展开的6 项值，分别是丙戊庚(生)＝(－3)×(－5)×(－3)＝－45,己辛甲（生），壬乙丁（生），丙辛丁（尅），己乙庚（尅），壬戊甲（尅）分别是32，－1，－12，－12，10。他

的正负术乘除运算可谓熟练。①

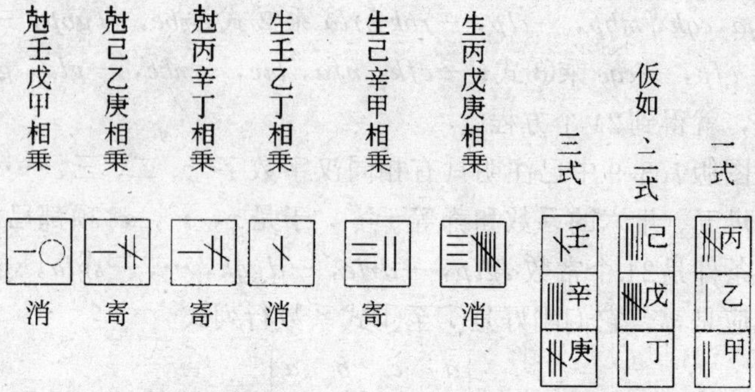

图版 7.3.9

例 2

图版7.3.10为含零元素的三阶行列式。见图自明，我们不作文字说明了。

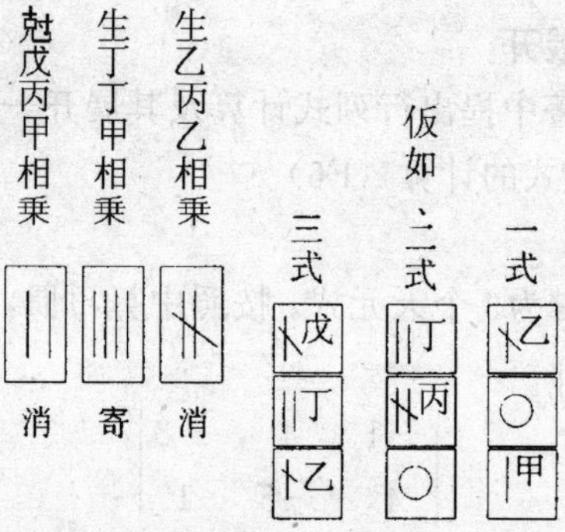

图版 7.3.10

2. 行列式展开的一般法则

关氏对此有正确论述："相乘数位繁多而不易，故以交式、斜

① 此原始文献中生、尅与原来定义不合.

乘代之。”他在行列式展开时，采取“交式”“斜乘”二步骤。

其一，交式 原著说：“从换三式，起换四式，从换四式，起换五式；若顺逆相交也。”后面附列三阶、四阶、五阶交式三表(图版7.3.11)：

换五式

五	四	三	二	一
四	五	二	三	一
三	二	五	四	一
二	三	四	五	一
三	五	四	二	一
五	三	二	四	一
四	二	三	五	一
二	四	五	三	一
四	三	五	二	一
三	四	二	五	一
五	二	四	三	一
二	五	三	四	一

换四式

逆	顺	逆	顺
四	三	二	一
二	四	三	一
三	二	四	一

换三式

顺	顺	顺
三	二	一

图版 7.3.11

右表是说，三阶行列式展开“交式”只有一种，相当于说，

$$\begin{vmatrix} a_3 & a_2 & a_1 \\ b_3 & b_2 & b_1 \\ c_3 & c_2 & c_1 \end{vmatrix}$$

三、二、一是指元素脚标次序。

对于四阶行列式，交式应用3种：

$$\begin{vmatrix} a_4 & a_3 & a_2 & a_1 \\ b_4 & b_3 & b_2 & b_1 \\ c_4 & c_3 & c_2 & c_1 \\ d_4 & d_3 & d_2 & d_1 \end{vmatrix}, \begin{vmatrix} a_2 & a_4 & a_3 & a_1 \\ b_2 & b_4 & b_3 & b_1 \\ c_2 & c_4 & c_3 & c_1 \\ d_2 & d_4 & d_3 & d_1 \end{vmatrix}, \begin{vmatrix} a_3 & a_2 & a_4 & a_1 \\ b_3 & b_2 & b_4 & b_1 \\ c_3 & c_2 & c_4 & c_1 \\ d_3 & d_2 & d_4 & d_1 \end{vmatrix}$$

对于五阶行列式、交式应有12种：

$$\begin{vmatrix} a_5 & a_4 & a_3 & a_2 & a_1 \\ b_5 & b_4 & b_3 & b_2 & b_1 \\ c_5 & c_4 & c_3 & c_2 & c_1 \\ d_5 & d_4 & d_3 & d_2 & d_1 \\ e_5 & e_4 & e_3 & e_2 & e_1 \end{vmatrix}, \begin{vmatrix} a_4 & a_5 & a_2 & a_3 & a_1 \\ b_4 & b_5 & b_2 & b_3 & b_1 \\ c_4 & c_5 & c_2 & c_3 & c_1 \\ d_4 & d_5 & d_2 & d_3 & d_1 \\ e_4 & e_5 & e_2 & e_3 & d_1 \end{vmatrix} \cdots\cdots$$

$$\begin{vmatrix} a_2 & a_5 & a_3 & a_4 & a_1 \\ b_2 & b_5 & b_3 & b_4 & b_1 \\ c_2 & c_5 & c_3 & c_4 & c_1 \\ d_2 & d_5 & d_3 & d_4 & d_1 \\ e_2 & e_5 & e_3 & e_4 & d_1 \end{vmatrix}$$

怎样获得这一系列交式？有否一般规律可循以展开n阶行列式？n阶行列式有多少个交式？日本和算学家林鹤一已有论文[①]指出，交式个数是$\frac{n!}{2n}$。

四阶行列式交式的构造步骤：是从三阶行列式的交式3 2 1各加1（如图7.3.5），成为4 3 2然后沿右下指向写，4—4—4，3—3，2—2。左下角右上角添缺少的2，3，右侧添1—1—1，这就是所求三个交式：

① 林鹤一. 和算中的伏题与行列式（英文）. 东京数学物理学会记事，第五卷第二期，1910

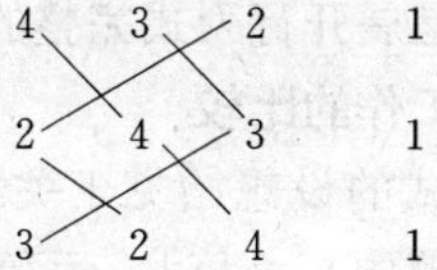

图 7.3.5

4　3　2　1，2　4　3　1，3　2　4　1

五阶行列式交式的构造步骤是：从四阶行列式的交式各加1，成为

5　4　3　2　，3　5　4　2，4　3　5　2

然后沿右下指向前者写5—5—5—5，4—4—4，2—2—2，3—3，3—3；在左下角添写缺少的4，右上角缺少的2，右侧添1—1—1—1。类似地写出中间以及后者共12个交式（图7.3.6）

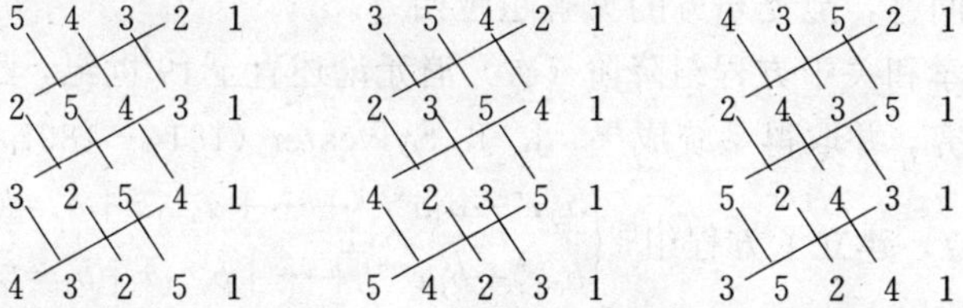

图 7.3.6

这一构造方法可以一直写出 n 阶行列式的 $\frac{n!}{2n}$ 个交式。

其二，斜乘　原著说："交式各布之，从左右斜乘而得生尅也。以左斜乘为生，以右斜乘为尅。"这是说以所得交式为脚标就可写出足够多的行列式①，然后对这些行列式分别展开：自左上角至右下角乘积为正，自右上角至左下角乘积为负。原著还不厌其详地对二阶至五阶行列式的斜乘作图解说明。(图版7.3.12）不难验证

① 相当于今称子式.

关氏的交式与斜乘说法是展开行列式完整的叙述。

四、与西方行列式工作的比较

众信，西方对行列式的设想始见于关孝和的同代人G. W. Leibniz（1646—1716，德国）手稿[①]。手稿中记载方程组

$$\begin{cases}10+11x+12y=0,\\20+21x+22y=0,\\30+31x+32y=0。\end{cases}\qquad (*)$$

存在的必要条件是$10\times21\times32-10\times22\times31-11\times20\times32+11\times22\times30+12\times20\times31-12\times21\times30=0$[②]显然从以上介绍：关氏对类似于方程组（*）的消元法则有更一般的意义[③]。从当时历史、交通条件看，关氏的发明与Leibniz的设想没有联系[④]。此外关氏还从三阶行列式推广到n阶，其理论可以解决n个$n-1$次方程组的消元问题，显见东方的见解超越西方。

关孝和关于方程组降阶（次）消元论述直至19世纪，西方人仍有研究，并取得系统成果。J. J. Sylvester（1814—1897，英国图7.3.7）建立了方程组[⑤]$\begin{cases}a_0x^n+a_1x^{n-1}+\cdots+a_{n-1}x+a_n=0,\\b_0x^n+b_1x^{n-1}+\cdots+b_{n-1}x+b_n=0\end{cases}$的消元法则，称为析配法（dialytic method），其中也以行列式为工具。例如：

---

① 引自林鹤一论文.

② 把方程组（*）视为三直线方程，那么那个必要条件$\begin{vmatrix}10&11&12\\20&21&22\\30&31&32\end{vmatrix}=0$就是三直线共点条件.

③ 把关孝和3个x的二次方程组中的x^2视为另一变数y，那么关孝和与Leibniz方程组一致.

④ 见林鹤一同一论文.

⑤ F.，p. 512

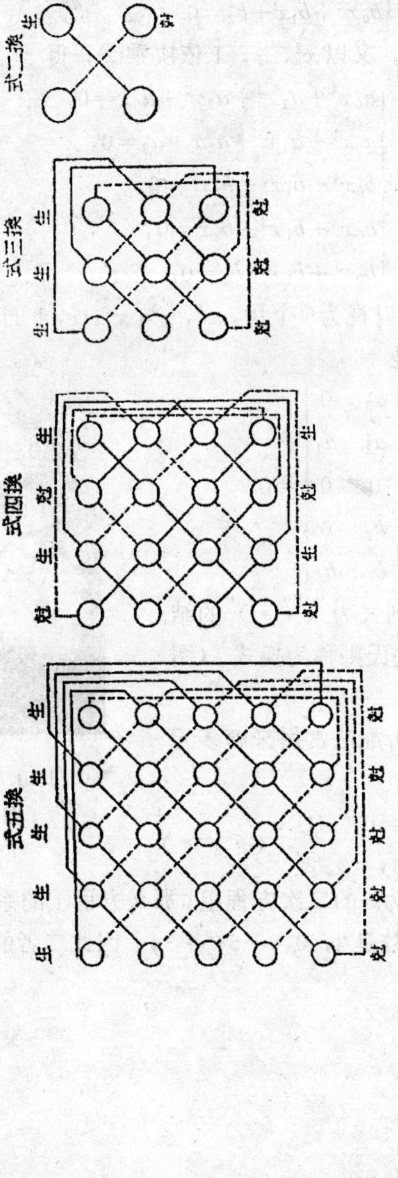

图版 7.3.12

$$\begin{cases} a_0x^3+a_1x^2+a_2x+a_3=0, & ① \\ b_0x^2+b_1x+b_2=0. & ② \end{cases}$$

以 x，1 依次乘①，又以 x^2，x，1 依次乘②，得

$$\begin{cases} a_0x^4+a_1x^3+a_2x^2+a_3x=0, \\ a_0x^3+a_1x^2+a_2x+a_3=0, \\ b_0x^4+b_1x^3+b_2x^2=0, \\ b_0x^3+b_1x^2+b_2x=0, \\ b_0x^2+b_1x+b_2=0。 \end{cases} \qquad (**)$$

方程组（* *）可以视为5个量，x^4，x^3，x^2，x，1 的齐次方程组，有解的充要条件是

$$\begin{vmatrix} a_0 & a_1 & a_2 & a_3 & 0 \\ 0 & a_0 & a_1 & a_2 & a_3 \\ b_0 & b_1 & b_2 & 0 & 0 \\ 0 & b_0 & b_1 & b_2 & 0 \\ 0 & 0 & b_0 & b_1 & b_2 \end{vmatrix}=0。$$

J. J. Sylvester

图 7.3.7

Sylvester 称此行列式为（* *）的结式（resultant），关氏则称为换式。（图 7.3.6）

Sylvester 的析配法常用来解多元方程组。例如

$$\begin{cases} x^2-2y^2-x=0, & ① \\ 2x^2-5y^2+3y=0。& ② \end{cases} \qquad (***)$$

可以视（* * *）为 x 的二次方程组，那么方程①的系数是1，−1，$-2y^2$，而②的系数是2，0，$-5y^2+3y$。因此二者的结式是

$$\begin{vmatrix} 1 & -1 & -2y^2 & 0 \\ 0 & 1 & -1 & -2y^2 \\ 2 & 0 & -5y^2+3y & 0 \\ 0 & 2 & 0 & -5y^2+3y \end{vmatrix}=0。$$

这就是　$y^4-6y^3-y^2+6y=0$，它有解 $y=0，1，-1，6$。于是得方程组（＊＊＊）的解是

$$x，y=0，0；-1，1；2，-1；9，6。$$

第五节　不定分析[①]

第六节　趣味数学

一、幻方与幻圆[②]

幻方

关氏称幻方为方阵，有专著《方阵之法》。书中以概论先导，所述与现代幻方术语及其含语几无轩轾：

"总子数：置方数，自乘之，得总子数"是指 n 阶幻方含 n^2 个元素。

"共积数　副置总子数，下位添一，以上位相乘之，得数折半之，得共积数。"这是说 n 阶幻方的幻方和是 $\frac{1}{2}n^2(n^2+1)$。

"纵、横、斜角并积数　置共积数，以方数除之，得纵横斜角并积数。"是指 n 阶幻方的幻和是 $\frac{1}{2}n(n^2+1)$。

"相对数　置总子数，添一，为相对数。"是指 n 阶幻方关于中

① 在本《大系》第5卷，456～467，已详引述，不赘.

② S.，第八章第二节，二、幻方.

心对称二元素和是n^2+1。

“表里数　置方数内减一，余倍之。得数以从一顺至此数，为表数。又以从总子数末逆至此数者，为里数。”举例说，对于$n=4$阶幻方：$2(n-1)=6$，此数就是6。1至6是表数，$n^2=16$逆至$16-6+1=11$为里数。

下文所引关氏构造法都是指对已完成的m阶幻方外围镶边，使扩大为$m+2$阶幻方。当m为奇数，$m+2$也是奇数。当m为偶数：如①m为奇偶数，$m=2(2n-1)$，则$m+2$是偶偶数：$m+2=2\cdot 2n=4n$，②m为偶偶数时，$m=4n$，则$m+2$为奇偶数：$m+2=4n+2=2(2n+1)$。因此三者构造方法有异。运用这三种方法按部就班，可以把已成m阶幻方扩大为任意阶幻方。从已存文献看，关氏方法与法国科学院院士B. Frenicle de Bessy（1605—1665）镶边法在发表时间上虽相仿佛，而具体细节互异。① 关氏法不必列和解不定方程，有如下围棋，按法布子，一举定局。是其优点。

奇方

奇数阶幻方关氏称为奇方：“奇方者、起于三方阵，乃从三方至五方，从五方至七方，从七方至九方、逐效之。”

“三方阵歌　九子斜推，上下相移，左右对换，四正出维。”这显然是杨辉洛书图构造法② 的另一种说法。以洛书图为核心可以构造出阶数更大的奇数阶幻方。

与其他两种构造法一致，构造方法分为前后两步，先是填数，后是对换。

“置方数内减一，余、折半之，为甲段数；起于右上角次左格至右上角，从其顺下。置方数，内减三，余、折半之，为乙段数；起于右上角左第三格，逐至左，置方数加入一，得数折半之，为

① S.，pp883～885

② 本《大系》第五卷，623

丙段数；起于甲段，次下格顺下至右下角次上格。以甲段数为丁段数；起于乙段次左格，逐至左上角。甲、乙、丙、丁段各以表数，从一逐阵之。仍各纵横斜角，以各里数，如合相对数，阵之。”

“以甲段数，又为对换格数。起于右上角次左格，命对换格数。逐至左而又对换。复起于右下角次右格，命对换格数，逐至上而对换。”

两段引文中，填数手续是明确的：在 $2n-1$ 阶幻方镶边成为 $2n+1$ 阶须填 4 段，其中：

甲段：从上行右起第二格，自左而右地填上 1，2。又在右列第二格起依次填 3，4，…，$n-1$，n 至第 $n-1$ 格止，共 n 个数；

乙段：从上行右起第三格，自右而左地续填 $n+1$，$n+2$，…，$2n-2$，$2n-1$ 至右起第 $n+1$ 格止，共 $n-1$ 个数；

丙段：又从右列第 n 格起续填 $2n$，$2n+1$，…，$3n-1$，$3n$ 至右列第 $2n$ 格止，共 $n+1$ 个数；

丁段：再从上行自右而左接乙段填写 $3n+1$，$3n+2$，…，$4n-1$，$4n$ 止，共 n 个数。

甲、乙、丙、丁 4 段共 $4n$ 个数，因阶数为 $2n+1$，按照表数的定义：$2(2n+1-1)=4n$。从 1 至 $4n$ 就是表数；而里数就是从 n^2，n^2-1，n^2-2 逆序至 n^2-4n+1 也是 n 个数。关氏是说在所镶边（含 $8n$ 个数）填满 4 段共 $4n$ 个数后，再在下行（左列）填关于过幻方中心水平（竖直）轴与上行（右行）一一对应的补数①（$4n$ 个）。

引文中所述对换手续很含糊，对照关氏所作 5，7 阶幻方（图版 7.3.13～14），我们校订为："对已填的四段以及对应补数共 $8n$ 个数：左、右列上面 n 个数，上、下行左起第二至第 n 个数共 $4n-2$ 个数在原格不动。其余左、右列下面 $n+1$ 个数，上、下行左起

① a 关于 N 的补数就是 $N-a$，a 与 $N-a$ 就是关氏所说一对表里数.

第$n+1$至第$2n$个数都分别关于通过幻方中心的竖直、水平轴作轴对称对换。”

经过填数、变换后所镶边$8n$个数有以下性质：①上、下、左、右相应数都有补数关系；②上、下行，左、右列各含$2n+1$个数，它们各有幻和$\frac{1}{2}(2n+1)((2n+1)^2+1)$；③左上、右下角，右上、左下角两数分别互成补数。因为满足这三性质，$2n-1$阶幻方已扩大成$2n+1$阶幻方。

図之陣方五

八	七	二十三	二十五	二
二十二	十二	十七	十	四
五	十一	十三	十五	二十一
六	十六	九	十四	二十
二十四	十九	三	一	十八

图版 7.3.13

図之陣方七

十二	十一	十	四十五	四十六	四十九	二
四十七	二十	十九	三十五	三十七	十四	三
四十四	三十四	二十四	二十九	二十二	十六	六
七	十七	二十三	二十五	二十七	三十三	四十三
八	十八	二十八	二十一	二十六	三十二	四十二
九	三十六	三十一	十五	十三	三十	四十一
四十八	三十九	四十	五	四	一	三十八

图版 7.3.14

我们验证如下：

当 $n=1$，$2n+1=3$，对 3 阶幻方说，按法则，其相对数为 $n^2+1=10$，那么：甲段：1，乙段没有数，丙段：2，3，丁段：4；又相应填记它们的补数（图 7.3.8 左）。然后对换。按照法则，仅左上，右上两数在原位置不变，其余都如法作轴对称变换（图 7.3.8 右），中心格补填 5，这就是洛书图。

4	1	2
7		3
6	9	8

（左）

4	9	2
3		7
8	1	6

（右）

图 7.3.8

在一般情况下：

填数（图7.3.9（i））甲段：1，2至n，乙段：$n+1$至$2n-1$，丙段：$2n$至$3n$，丁段$3n+1$至$4n$，及其$4n$个补数，对换如图7.3.9（ii）。性质①②的满足见图自明。性质③可以经过计算获证，不妨说，对于右列$2n+1$个数之和是：

$$(2+3+\cdots+n)+2n+(n+1)N-2n\cdot n-(1+2+3+\cdots+n)-4n$$
$$=\frac{1}{2}n(n+1)-1+2n+4n^3+8n^2+6n+2-2n^2-\frac{1}{2}n(n+1)$$
$$=4n^3+6n^2+2n+1=(2n+1)(2n^2+2n+1)$$
$$=\frac{1}{2}(2n+1)((2n+1)^2+1)$$

偶方

偶数阶幻方分两种："偶方者起于四方阵，乃从四方至六方，从六方至八方，从八方至十方，逐仿之。"其中奇偶数幻方，关氏称为单偶方。

$4n$	…	$3n+1$	$2n-1$	…	…	$N-n-1$	$N-1$	2
$N-3$								3
⋮								⋮
$N-n$								n
$N-2n$								$2n$
$2n+1$								$N-2n-1$
⋮								⋮
$3n$								$N-3n$
$N-2$	…	$N-3n-1$	$N-2n+1$	…	…	$n+1$	1	$N-4n$

$N=(2n+1)^2+1$

图7.3.9（i）

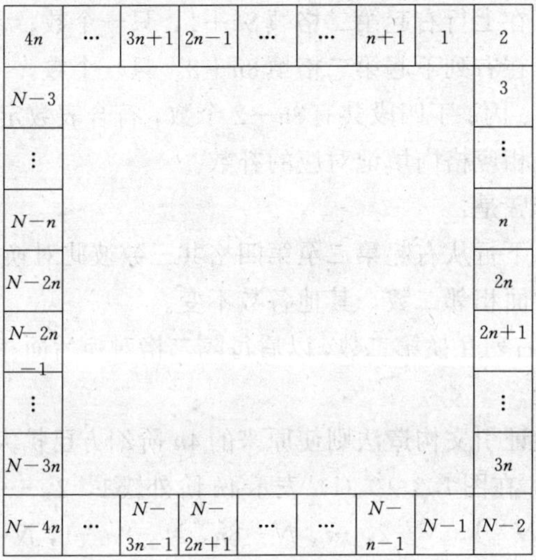
4n
…
3n+1
2n−1
…
…
n+1
1
2
N−3
3
⋮
⋮
N−n
n
N−2n
2n
N−2n
−1
2n+1
⋮
⋮
N−3n
3n
N−4n
…
N−
3n−1
N−
2n+1
…
…
N−
n−1
N−1
N−2

图 7.3.9 (ii)

"单偶方者（六方、十方、十四方谓单偶方也）。置方数内减二，余为甲段数，记于右上角左起第三格，至左上角。以甲段数为乙段数，起于右上角，顺下至右下角上第三格。以一为丙段，右上角次左格。又以一为丁段数，右下角上第二格。甲乙丙丁段各以表数从一逐阵之。仍各纵横斜角，以各里数如含相对数，阵之。"

"以右上角次左格三格对换，次隔二格，而二格对换。又隔二格而二格对换，逐如此，至左上角右第三格也。复右上角次下一格对换，次隔二格而二格对换，又隔二格而二格对换，逐如此，至右下角次上格也。"

引文是说在偶偶（$4n$）阶幻方外镶边成奇偶数阶 $2(2n+1)$ 阶幻方的构造步骤：

填数：四段每段个数，填记位置为：（图 7.3.10 (i)）

甲段　从上行右起第三格、自右而左地填 1，2，至 $4n$，则为左上角格；

乙段　从右列第一格起填 $4n+1$，$4n+2$ 至 $8n$；

丙段　在上行右起第二格填 $8n+1$，只一个数；

丁段　在右列下起第二格填 $8n+2$，只一个数。

甲、乙、丙、丁四段共有 $8n+2$ 个数，符合表数定义。再仿照奇阶幻方在相应格内填记对应的补数。

对换步骤是：

上行、下行从右起第二至第四格共三数彼此对换，以后每隔二格对换后面相邻二数，其他各数不变。

左列、右列互换第二数，以后每隔二格对换后面相邻二数。其他各数不变。

可以验证引文构造法则使原来的 $4n$ 阶幻方已扩大为 2（$2n+1$）阶幻方，在图 7.3.10（i）表示 $4n$ 阶外镶 1，2，…，$8n$，$8n+1$，$8n+2$；$N-1$，$N-2$，…，$N-8n$，$N-8n-1$，$N-8n-2$。后构成 2（$2n+1$）阶幻方的元素分布图．左图为填数，右图为对换结果。借此方法关氏构造了 $b.$，10 幻方，如图 7.3.10（ii）。

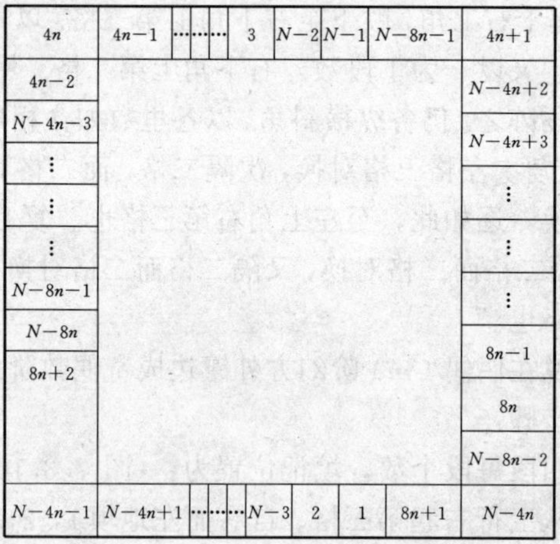

图 7.3.10（i）

$4n$	$4n-1$	……	3	2	1	$8n+1$	$4n+1$
$N-4n-2$							$4n+2$
$N-4n-3$							$4n+3$
⋮							⋮
⋮							⋮
⋮							⋮
$N-8n-1$							$8n-1$
$N-8n$							$8n$
$N-8n-2$							$8n+2$
$N-4n$	$N-4n+1$	……	$N-3$	$N-2$	$N-2$	$N-8n-1$	$N-4n-1$

$$N=(2(2n+1))^2+1$$

图 7.3.10 (ii)

図 之 陣 方 六

四	三	三十五	三十六	二十八	五
六	十四	十九	十五	二十六	三十一
三十	二十四	十七	二十一	十二	七
二十九	二十五	十六	二十	十三	八
十	十一	二十二	十八	二十三	二十七
三十二	三十四	二	一	九	三十三

图版 7.3.15

偶偶阶幻方关氏称为双偶方。

“双偶方者（乃八方、十二方、十六方等类双偶方也）。置方数，内减二，余为甲段数，起于右上角左第三格，逐至左上角。以二为乙段数，起于右上角次左格。以甲段数为丙段数，起于右上角次下格，顺下至右下角次上格。甲乙丙段各以表数，从一逐阵之。仍各纵横斜角，以各置数如合相对数，阵之。”

十方陣之図

八	七	九十五	九十六	四	三	九十九	百	八十四	九
十	七十七	二十三	二十二	八十	八十一	十九	二十六	七十六	九十一
九十	二十七	三十六	三十五	六十七	六十八	六十	三十七	七十四	十一
八十九	七十三	三十八	四十六	五十一	四十七	五十八	六十三	二十八	十二
十三	七十二	六十二	五十六	四十九	五十三	四十四	三十九	二十九	八十八
十四	三十	六十一	五十七	四十八	五十二	四十五	四十	七十一	八十七
八十六	三十一	四十二	四十三	五十四	五十	五十五	五十九	七十	十五
八十五	六十九	六十四	六十六	三十四	三十三	四十一	六十五	三十二	十六
十八	二十五	七十八	七十九	二十一	二十	八十二	七十五	二十四	八十三
九十二	九十四	六	五	九十七	九十八	二	一	十七	九十三

图版 7.3.16

“以右上角左第四格二格对换，次隔二格而二格对换，又隔二格而二格对换，逐如此。至左上角也。复从右上角二格对换，次隔二格而二格对换。又隔二格而二格对换，逐如此。至右下角上第三格也。”

关氏所拟法则略有舛错，我们根据他所作 8 阶幻方（图版 7.3.17）校订为：

填数：

甲段　从上行右起第三格自右而左地填 1，2，至 $4n-2$ 止；

八方陣之図

五十九	五	四	六十二	六十三	一	八	五十八
九	十八	十七	四十九	五十	四十二	十九	五十六
五十五	二十	二十八	二十三	三十九	四十	四十五	十
五十四	四十四	三十八	三十一	三十五	二十六	二十一	十一
十二	四十三	三十九	三十	三十四	二十七	二十二	五十三
十三	二十四	二十五	三十六	三十二	三十七	四十一	五十二
五十一	四十六	四十八	十六	十五	二十三	四十七	十四
七	六十	六十一	三	二	六十四	五十七	六

图版 7.3.17

乙段　从上行右角而右、而左地填二数：$4n-1$，$4n$；

丙段　从右列第二格起填 $4n+1$，$4n+2$ 至 $8n-2$ 止。

以上三段共有 $8n-2=2(4n-1)$ 个数，符合表数的定义。

对换　左右列上起第一、二两数对换，以后每隔二格对换相邻二数。然后上下行右第一个数对换，以后每隔二格对换相邻二数。最后是左端两数对换。

图7.3.11 示 $2(2n-1)$ 阶幻方镶边成 $4n$ 阶幻方的元素分布情况。图（i）为填数，图（ii）为对换结果，以此方法构成8 阶幻方。图版 7.3.17 为关氏原作。

$N-4n+2$	…	…	$N-3$	$N-2$	1	$4n$	$N-4n+1$
$4n+1$							$N-4n-1$
$N-4n-2$							$4n+2$
$N-4n-3$							$4n+3$
⋮							⋮
⋮							⋮
$N-8n+2$							$8n-2$
$4n-1$	…	…	3	2	$N-2$	$N-4n$	$4n-2$

图 7.3.11（i）

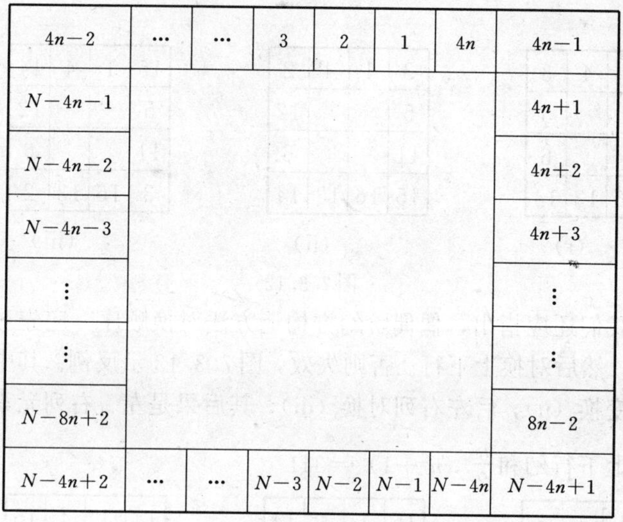

4n−2
…
…
3
2
1
4n
4n−1
N−4n−1
4n+1
N−4n−2
4n+2
N−4n−3
4n+3
⋮
⋮
⋮
⋮
N−8n+2
8n−2
N−4n+2
…
…
N−3
N−2
N−1
N−4n
N−4n+1

$N=4n^2+1$

图 7.3.11（ii）

对于4阶幻方关氏作歌："四四方阵，外角递垛，内隅对换，定是平均。"这显然是杨辉花十六子图[①]做法的另一种叙述。

我们感到有兴趣的是：对于2（$2n-1$）阶，当$n=1$时，在2阶方阵外用关氏法可镶4阶方阵；其所镶边元素同样满足性质：对应元素间的补数关系以及二行、二列幻和关系（图7.3.12）。遗憾的是1至16个自然数中除了1至6，11至16这12个数外，7至10那4个数构成的二阶方阵，不可能构成幻方[②]。很可能关氏遇到过这个麻烦，所以他就更弦易张地移植杨氏旧作，以飨读者。

① 本《大系》第五卷，624

② 二阶幻方不存在，证明见S.，p. 870

(i)

2	1	4	3
12			5
11			6
15	16	13	14

(ii)

3	1	4	2
5			12
11			6
15	16	13	14

(iii)

15	1	4	14
5			12
11			6
3	16	13	2

图 7.3.12

我们还应指出，偶偶阶幻方构造方法对换顺序，应先对换左右列，然后对换上下行。否则失效，图 7.3.13 示反例。其中先上下行变换（ii），后左右列对换（iii），其后果是左、右列元素和不等于上下行幻和 $\frac{n}{2}(n^2+1)=34$！

(i)

2	1	4	3
12			5
11			6
15	16	13	14

(ii)

15	1	4	14
12			5
11			6
2	16	13	3

(iii)

14	1	4	15
5			12
11			6
2	16	13	3

图 7.3.13

杨辉在《续古摘奇算法》创作了 3 至 10 阶幻方多幅，除 3，4 阶外，其余都未详给构造方法。关孝和用镶边法在洛书图、花十六子图外分别逐层扩大为 5 至 10 阶幻方。可以对照这些作品与杨作无一相同①。可见都是关氏自创。特别是他的三种构造方法很重要，对之作进一步源流和数理分析是很艰难而又很有意义的探索工作。

幻圆

杨辉在《续古摘奇算法》有幻圆图，称攒九图：以 9 为中心元

① 本《大系》第五卷，625～639

素，共4环4直径，除中心元素外，含$8\times8=64$个元素，含自然数1至65。[①] 关氏称幻圆为攒圆。有专著《攒圆之法》，与方阵之法类似先作概说。这是关氏首创：

“总子数　置周径数，自乘之，得数倍之，添一，得总子数。”是指幻圆环（径）数是n时，则共有元素$2n^2+1$。

“共积数　副置总子数，下位添一。以上位相乘之。得数折半之，得共积数。”这是说，当自然数1至$2n^2+1$作为元素，那么此幻圆元素各数总和是$(n^2+1)(2n^2+1)$。

“周径并积数　置共积数内减一，余以周径数除之，得数添一，得周径并积数。”指同一环（径，除去中心元素）上元素各数的和是

$$\frac{(n^2+1)(2n^2+1)-1}{n}。$$

“相对数　置总子数，加入二，为相对数。”指同直径上与中心元素对称的二元素和是$N=2n^2+3$。

“攒配　以一为中心，从二逐同周同径如合相对数，配之。”指填记元素时的原则是：使同直径关于中心元素对称的二元素和应是相对数。具体填记方法未详，他只说，“而合数繁复，难枚举也，故省略而已。”

关氏按自己的构造法作了2，3，4，5环幻圆四图，图版7.3.18为其中一例。他所作幻圆概说是幻圆理论的创举。我们在此补给中心元素为1，n环n直径幻圆的一般构造方法：把自然数1，2，3，…，$2n^2$，$2n^2+1$中的1作为中心元素，其余分成二集合：

①$2，3，4，\cdots，n^2-1，n^2，n^2+1$；

②$2n^2+1，2n^2，2n^2-1，\cdots，n^2+4，n^2+3，n^2+2$。

选取上下对应的元素，使它们的和是相对数$(2n^2+3)$。把它俩填

① 本《大系》第五卷，641

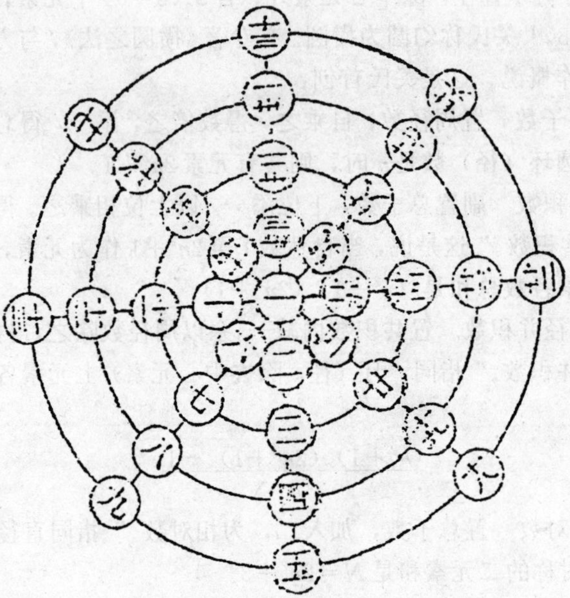

图版 7.3.18

在直径上任意位置，只要与中心元素极对称。当n环、n直径交点填满了元素，幻圆就已完成。理由是显然的：因为在直径上关于中心对称的所有数对：N，$N-a_i$（$i=1$，2，$\cdots$，n），其中N为相对数。同直径元素和与同环元素和[①]都是$nN=n(2n^2+3)$，刚好就是$\dfrac{(n^2+1)(2n^2+1)-1}{n}$。

关氏所作四图比较拘谨，都用相继自然数填写，按上法随机填，同样满足幻圆条件。当然中心元素如不取1，情况就变得复杂。例如杨辉攒九图。其构造法则应进一步探索。

① 中心元素1不计.

二、继子立问题的推广

关氏对《尘劫记》卷3继子立问题作出推广，作专著《算脱之法》。此题我们改用白黑子依次代表前妻和后妻儿子，作圆周排列（图7.3.14）并改用阿拉伯数字标记数序。

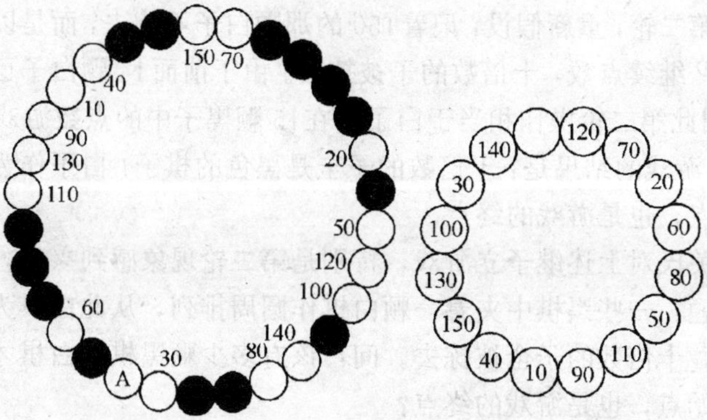

图 7.3.14

按照后妻旨意记上数序号(10 的倍数)的全是白子,这包括第150号的前妻儿子,将全被剥夺继承权。《尘劫记》原图记七十流水号的白衣儿童左邻未给编号,即图中150号。由于老人及时指责,重新变换方法挑选:从150号开始,循逆时针指向点数,每十人淘汰一人,所淘汰的竟全是黑衣人。最后150号险胜,取得继承权。

在此专著中关氏用古汉语记其事：

“谓之继子立者，俗谚曰：往者，富农有子三十人、内十五人前妻之子，十五人后妻子也。后妻以为令我所产子嗣夫家。或时，谓夫曰：交立三十子，而定算初、顺算、而中十者脱去之。使最末止者，嗣家乎？夫诺，即后妻如前图立之。从算初顺算，而既脱去继子十四人。止一人，彼曰：迄今，一偏脱去了。请此后以我为算初，逆算，而脱去焉。乃如其言，终。后妻子之脱尽，而彼继子一人止，得嗣夫家也。此甚野鄙之语，而虽不是取之，然又于算不可无术也。故扩充之，以述其法也”

在此题启发下，关氏另拟题，相当于说：

第一轮，把黑白棋子各15颗作圆周排列如图左。从A子起顺时针方向点数（A子作为1），十倍数的子即拣去。图中记着十倍数的白子都应被拣去，最后一子是记着150的那颗白子。

第二轮，重新假设：记着150的那颗白子不拣去，而是以它为起点[①]继续点数，十倍数的子被拣去。由于前面14颗白子已被拣去，因此第二轮操作相当于白子排在15颗黑子中的点数游戏。（图右）[②]游戏的结果是：十倍数的子全是黑色的棋子！白子作为游戏的始点，也是游戏的终点。

关氏对上述继子立游戏，特别是第二轮现象感到兴趣，他提出问题：一些黑棋中夹着一颗白棋作圆周排列，从此白棋为起点点数，十倍数的子全被拣去。问：该有多少颗黑棋，白棋才是游戏的始点，也是游戏的终点？

经过考虑，关氏回答：黑棋数：

$N=1$，15，21，70，或226。

他又进一步提出问题：黑棋中间夹着一颗白棋作圆周排列。从白棋为起点点数，依次把m倍数（$m=2$，3，4，…，9，10）的子拣去。问：该有多少颗（k）黑棋，白棋才是游戏的始点，也是游戏的终点？

经过考虑，他的回答如表7.3.10。

关氏的推广也说明，凡是满足表中的m，k，点数方向顺时针或逆时针不必规定，异途同归。因此《尘劫记》卷3第一节中第二轮关于逆时针的规定，可以取消。故事的戏剧色彩益臻浓郁[③]。

---

① 关氏原著未说明点数方向，在此特殊情况下顺时针向或是逆时针向的结果是一样的.

② 为记数方便，图中的棋子不以黑白色区分。正中上面不记数序的那一颗是第一轮最后一只白子.

③ 也就是说，起到改变白衣人命运的关键，仅仅依赖于“从仅余的前妻儿子数起”.

表　7.3.10

m	k
2	1，3，7，15，31
3	3，5，8，30，69
4	1，4，8，11，15
5	2，5，11，14，36
6	1，2，7，13，73
7	22，49，92，234，319
8	1，4，9，19，29
9	90，145，207，233，474
10	1，15，21，70，226

我们知道有k个子作圆周排列，用“见m去一”方法去子。如每次所去子编号为N_n（$n\in 0$，1，2，…，$k-2$，$k-1$）。这些编号与m，k，点数方向（顺或逆时针），起始点位置都有依赖关系。在《算脱之法》中关氏不仅对确定的m，还对不同的m，k言简意赅地说明k是多少时（不止一个）使

$$N_k=0 \tag{1}$$

他论述了更一般的问题及其解法如下：

“置一为原法，实位先空。仍、法一、实脱数各累加之。实满法，则去之、遇实尽，而法数内减一。余为正限数。求次正限数者，置前法，实位又空。法一、实脱数，各累加之。实满法而去之。遇实尽，而法数内减一，余为次正限数。逐如此，各求正限诸数也。”

乍一看，使人很难理解。经仔细推敲，关氏所论正是对不同的m，k怎样确定k，使满足（1）。用现代数学语言表述，关氏所论就是用一系列同余式计算，获解：

$$0\equiv r_1=0 \pmod 1 \tag{2.1}$$

$$m+r_1=m\equiv r_2 \pmod 2 \qquad (2.2)$$

$$m+r_2\equiv r_3 \pmod 3 \qquad (2.3)$$

$$\cdots\cdots$$

$$m+r_{k-2}\equiv r_{k-1} \pmod{k-1} \qquad (2.k-1)$$

$$m+r_{k-1}\equiv r_k=0 \pmod k \qquad (2.k)$$

$$\cdots\cdots$$

上述（2）式与关氏用语，我们对照表7.3.11解释如下：

表 7.3.11

式	意义	关氏用语
2.1	模1	“置一、为原法”。
	同余式等号左右侧都等于0	“实位先空”。
2.2至2.k-1	模：2，3，…，$k-1$	在原法一基础上，模每次“累加法一”。
	同余式左侧	都是“实”，其中每次所点m个数，关氏称为“实脱数”。
	同余式右侧的剩余	称为“前法”。
	运算：$m+r_{k-2}\equiv r_{k-1} \pmod{k-1}$	“实满法而去之”。
2.k	$m+r_{k-1}\equiv r_k=0 \pmod k$	“遇实尽”。
	所求黑子数是$k-1$	“法数内减一，余为正限数”。①
……	继续上面的运算，直到再次发生剩余为0，此时又得另一黑子数满足条件（1）	“逐如此，各求正限诸数也”。

① 关氏有兴趣的是：白子作为编号0，有多少个黑子（正限数$k-1$），那么$N_k=0$.

关氏还以$m=5$为例，具体解释，怎样求满足条件（1）的k，他说：

“假如五脱者，置一为法，实位先空。法加一，实加五，得法二、实五。以法去实，余一。又法加一，实加五，得法三实六。以法去实，无余。即法三内减一，余二为正限。又置前法三，实位又空。法加一，实加五，得法四、实五。以法去实，余一，又法加一，实加五，得法五实六。以法去实，余一。又法加一，实加五，得法六、实六。以法去实，无余。即法六内减一，余五，又为正限。次第如此，求正限诸数也。”

为便于理解，上面论述，我们用相当的同余式表达，表7.3.12对原著用语作出对照

表7.3.12 对于$m=5$求k，使$N_k=0$

同余式计算	关氏用语
$0\equiv0 \pmod 1$	“置一为法，实位先空”
$5+0\equiv1 \pmod 2$	“法加一”（$1+1=2$），“实加五”（$0+5$） “得法二、实五”。“以法去实，余一”（$5-2-2=1$）
$5+1=6\equiv3\equiv0 \pmod 3$. 于是所求黑子数是$3-1=2$。	“又法加一”（$2+1=3$）“实加五，得法三实六，以法去实，无余，即法三内减一，余二为正限”。

续表

同余式计算	关氏用语
继续运算 0≡0（mod 3） 5＋0＝5≡1（mod 4） 5＋1＝6≡1（mod 5） 5＋1＝6≡0（mod 6） 于是得另一黑子数： 6－1＝5	又置前法三，实位又空。 法加一，实加五，得法四、实五，以法去实，余一。 又法加一，实加五，得法五、实六。以法去实，余一。 又法加一，实加五。得法六、实六。以法去实，无余。即法六内减一，余五，又为正限。
5＋0≡5（mod 7） 5＋5＝10≡2（mod 8） 5＋2≡7（mod 9） 5＋7＝12≡2（mod 10） 5＋2＝7（mod 11） 5＋7＝12≡0（mod 12） 于是另一黑子数 12－1＝11	次第如此，求正限诸数也。
继续运算可得第四个黑子数为 15－1＝14	
第五个黑子数为 36－1＝35	

$m=5$ 是奇数，关氏的解法也适用于 m 是偶数，例如 $m=10$

10≡0（mod 2）（3.1）	10＋7≡7（mod 10）（3.9）
10＋0≡1（mod 3）（3.2）	10＋7≡6（mod 11）（3.10）
10＋1≡3（mod 4）（3.3）	10＋6≡4（mod 12）（3.11）
10＋3≡3（mod 5）（3.4）	10＋4≡1（mod 13）（3.12）
10＋3≡1（mod 6）（3.5）	10＋1≡11（mod 14）（3.13）

10＋1≡4（mod 7）（3.6） 10＋11≡6（mod 15）（3.14）

10＋4≡6（mod 8）（3.7） 10＋6≡0（mod 16）（3.15）

10＋6≡7（mod 9）（3.8）

通过（3）式计算，说明$k=2$或$k=16$都满足条件（1），特别是后者相应的正限数（黑子数）$k-1=15$，刚好是《尘劫记》继子立问题第二轮点数时、后妻子人数。①

表7.3.12就是用他发明的算法获解。

关氏虽未给出m，k间的一般代数关系，其中引人入胜的研究价值，当不逊于西方Kirkmen十五女生问题，② 有待我们进一步探索、开发。

---

① 郭世荣，万中通《数度衍》中所见的约瑟夫斯问题，自然科学史研究，2002. 21（1），29～35

沈康身，东方约瑟夫问题研究选析，自然科学史研究，2003. 22（1），60～68

② S.，第八章第二节，四、Kirkman十五女生问题.

本卷主要参考文献目录

1. 总论

1. 1　百科全书、辞典

华罗庚. 中国大百科全书·数学. 北京：大百科全书出版社，1988

日本数学会. 数学百科辞典. 北京：科学出版社，1984

梁宗巨. 数学家传略辞典. 济南：山东教育出版社，1989

梁宗巨. 数学历史典故. 沈阳：辽宁教育出版社，1992

梁宗巨. 科学家大辞典. 数学. 上海：上海科技教育出版社，2001

杜瑞芝等. 数学史辞典. 济南：山东教育出版社，1991

1. 2　专著

1. 2. 1　英文、中文

Bell, E. T.. The Development of Math., Mcgraw Hill BK. Co. 1945

Bell，E. T.. Men of Math. Simon & Schaster，1965

Berggen，J. L.. Episodes in the Math of Melieval Islam.，Spr. -Ver.，1988

Boyer, C. B.. A Hist. of Math.. John Wilen & Sons, Inc., 1968

Cajori，F.. A Hist. of Math.. Mcmillon Co.，1921

Cajori，F.. A Hist. of Math., Notations. Open Court Puh Co.，2 vols.，1928—1929

Cajori，F.. A Hist. of Elementary Math.. Mcmillon Co.，1929. 中译本：初等数学史，北京：商务印书馆，1931

Dauben, J. W.. The Hist. of Math; a Selective Bibliography.

Garl & Pub. Inc.，1986

Edward，C. H.. The Hist. of Development of the Calculus.，Northholland Pub.，1981。中译本：微积分发展史. 北京：北京出版社，1987

Eves，H.. An Infroduction to the Hist. of Math.，CBS College Pub.，1983. 中译本：数学史概论，太原：山西人民出版社，1986

Fauver，J. B.. The Hist. of Math. A Reader，1987

Gillispie，C. C.. DSB，vol. 1～16，1970—1981

Karpinski，L. C.. The Hist. of Arithmetic，Rand Menally，1925

Kline，M.. Math. Thought from Ancient to Modern Times. OUP，1972。中译本：古今数学思想. 上海：上海科学技术出版社，1979—1981

梁宗巨. 世界数学史简编. 沈阳：辽宁教育出版社，1979

李文林. 数学珍宝，北京：科学出版社，1998

Needham，J.. Science & Civilization in China vol. 3. Cambridge Uni. Press，1959. 中译本：中国科学技术史·数学. 北京：科学出版社，1978

沈康身. 历史数学名题赏析. 上海：上海教育出版社，2002

Smith，D. E.. Hist. of Math.. Ginn & Co.，2 vols.，1925

Smith，D. E.. A Source BK. in Math.，Mcgraw Hill，1929

Struik，D. J.. A Concise Hist. of Math.. Dover Pub. Inc.，1948. 中译本：数学简史. 北京：科学出版社，1956

Struik，D. J.. A Source BK. in Math.，Cambridge Uni. Press，1969

Waerden，B. L. Vander. Science Awakening. Noordhoff co.，1954

Waerden，B. L. Van der. A Hist. of algebra. Spr. —Ver.，

1985

Waerden, B. L. Van der. Geometry and Algebra in Ancient Civilization. Spr. —Ver., 1988

吴文俊. 世界著名科学家传记·数学家. 北京：科学出版社, 1989—

1.2.2 德文

Cantor, M. B.. Vorlesungen—über Geschichte der Math., Band1—4. Teubne, 1880—1908

Tropfke, J.. Geschichte der Elementarmath, Band1—3. Berlin, 1980

1.2.3 俄文

Депман, N., Рассказы О Математиках, Деттиз, 1954.

Чистяков, В. Д. Рассказы О Математиках, Минск, 1963.

Чистяков, В. Д., Старинные Задачи по Злем. Математике, Минск, 1978.

Юшкевич, А. П., История Математики в Средние Века, Москва, 1961.

1.2.4 日文

中野广，数学史，八元社，1943

伊东俊太郎. 数学の历史,全10 卷,共立出版株式会社,1988—

2. 分论（文献散见各编各章，不另录）

2.1 埃及

2.2 巴比伦

2.3 希腊

2.4 印度

2.5 阿拉伯

2.6 欧洲（6—18 世纪）

2.7 日本

人名（专著）索引①

（题后数字是在本书起始页码）

Abel，N. H.. 1802—1829，挪威
五次方程 629
Abu Kamil. 约 850—约 930，阿拉伯
不定方程 437
Abu Sahl al-Kuhi. 10 世纪后半叶，阿拉伯
正七边形 453
Abu'l Jud. 10—11 世纪之交，阿拉伯
三次方程 452
Abul Wefa. 940—998，阿拉伯
图形剪拼 443 定半径作图 439
Agnesi，M. G.. 女，1718—1799，意大利
箕舌线 668 环索线 669
《Akhmin（阿克明）纸草》，6～7 世纪文书.
单位分数 78 余数问题 79
Alcuin. 约 756—804，英国
《益智题集》521
王命征兵 524 两人运牛 525 兄妹渡河 525
狼羊白菜 525 夫妇二子 528 狗追一兔 529
老人祝愿 531 某人建屋 532 购买牲口 532
山上羊群 532 梯有百级 533 骆驼运粮 534
Anania，S.. 约 620—约 685，亚美尼亚

① 以拉丁字母为序，日本人按汉字拼音字母检索，俄国人参照拉丁字母比照、检索，西方人、阿拉伯人都用拉丁字母拼写，少数特别著名学者附相应汉译名.